中国农垦农场志丛

内蒙古
吐列毛杜农场志

中国农垦农场志丛编纂委员会 组编
内蒙古吐列毛杜农场志编纂委员会 主编

中国农业出版社
北 京

图书在版编目（CIP）数据

内蒙古吐列毛杜农场志／中国农垦农场志丛编纂委员会组编；内蒙古吐列毛杜农场志编纂委员会主编．—北京：中国农业出版社，2021.9
（中国农垦农场志丛）
ISBN 978-7-109-28669-6

Ⅰ.①内… Ⅱ.①中…②内… Ⅲ.①国营农场－概况－内蒙古 Ⅳ.①F324.1

中国版本图书馆CIP数据核字(2021)第160105号

出 版 人：陈邦勋
出版策划：刘爱芳
丛书统筹：王庆宁
审 稿 组：干锦春　薛　波
编 辑 组：闫保荣　王庆宁　黄　曦　李　梅　吕　睿　刘昊阳　赵世元
设 计 组：姜　欣　杜　然　关晓迪
工 艺 组：王　凯　王　宏　吴丽婷
发行宣传：毛志强　郑　静　曹建丽

内蒙古吐列毛杜农场志
Neimenggu Tuliemaodu Nongchangzhi

中国农业出版社出版
地址：北京市朝阳区麦子店街18号楼
邮编：100125
责任编辑：刘昊阳
责任校对：吴丽婷　　责任印制：王　宏
印刷：北京通州皇家印刷厂
版次：2021年9月第1版
印次：2021年9月北京第1次印刷
发行：新华书店北京发行所
开本：787mm×1092mm　1/16
印张：40.75　插页：22
字数：980千字
定价：278.00元

ISBN 978-7-109-28669-6
9 787109 286696

一、领导关怀

2017 年 3 月 28 日，兴安盟盟委书记张恩惠（左三）、副盟长隋维钧（左二）到场调研

2019 年 4 月，兴安盟副盟长聂新鹏（左二）到场调研农牧业生产情况，兴安农垦集团公司董事长张双城（左一）陪同调研

2015 年 7 月 28 日，兴安盟盟委副书记杨春山（左一）到场调研

2015 年 7 月 31 日，内蒙古农垦总局局长王慧忠（左二）到场调研

2017 年 8 月 22 日，兴安盟纪委书记王俊（左二）到场调研

2019 年 8 月，兴安农垦集团公司董事长张双城（左一）到场调研农业生产情况

2019 年 10 月，兴安农垦集团公司总经理武宝林（右一）到场调研

2020 年 6 月 2 日，兴安盟农牧场管理局党委副书记王浩（左一）到场调研农业生产情况

2020 年 2 月 4 日，兴安盟农牧场管理局副局长史毅（左二）到场检查疫情防控工作

2020 年 2 月 7 日，兴安农垦集团纪委书记贾磊（左二）到场检查疫情防控工作

2020 年 7 月 12 日，兴安农垦集团副总经理孙百川（左二）到场调研农业生产情况

2020 年 6 月 9 日，兴安农垦集团公司副总经理张金锁（左二）到场调研农业生产情况

2020 年 5 月，兴安农垦集团公司副总经理刘华（左二）到场调研

2020 年 9 月，农垦文化旅游开放日局、场领导合影

二、现任领导

吐列毛杜农场（分公司）党委书记、场长、总经理　隋德慧

吐列毛杜农场（分公司）党委副书记　许刚

吐列毛杜农场（分公司）党委委员、副场长、副总经理、社区管理委员会主任　韩聚东

吐列毛杜农场（分公司）党委委员、副场长、副总经理　李连生

吐列毛杜农场（分公司）党委委员、副场长、副总经理　丁晓明

吐列毛杜农场（分公司）党委委员、副场长、副总经理　姜文涛

吐列毛杜农场（分公司）党委委员、纪检委书记、工会主席　滕倩

三、历史回眸

机械化播种（20 世纪 60 年代）

田间管理 1（20 世纪 60 年代）

田间管理 2（20 世纪 60 年代）

机械化收割（20 世纪 60 年代）

扬场（20 世纪 60 年代）

小麦粮跺（20 世纪 80 年代）

机械化播种（20 世纪 90 年代）

镇压器整地（20 世纪 90 年代）

小麦喷药（20 世纪 90 年代）

金属粮仓（20 世纪 90 年代）

机械收割小麦（20 世纪 90 年代）

清理小麦（20 世纪 90 年代）

清选机清理小麦（20 世纪 90 年代）

农机具停放场（20 世纪 90 年代）

小麦收割（1996 年）

收割小麦（20 世纪 90 年代末）

四、垦区建设

吐列毛杜农场机关办公楼

吐列毛杜农场机关办公楼旧址

场区航拍图

吐列毛杜农场住宅小区

吐列毛杜农场住宅小区夜景

规模化经营管理区

规模化经营管理区办公楼

补修道路

队间公路整修

街道硬化前

新建设的街道

文化广场修建前

文化广场喷泉夜景

文化休闲广场一角

植物园一角

五、党建、党风廉政建设工作

2018 年 7 月，全局党建拉练检查，全体党员重温入党誓词

2017 年 12 月，吐列毛杜农场开展廉政文化书法展

2018 年 7 月，为促进基层党建工作水平提升，农场局组织部开展拉练检查并进行“一对一”式交流指导

2019 年 10 月 21 日，吐列毛杜农场（分公司）党委开展主题党日活动

2019 年 12 月，吐列毛杜农场（分公司）举办知识竞赛

2020 年 3 月，吐列毛杜农场九届五次职工代表大会胜利召开

2020 年 7 月 1 日，吐列毛杜农场（分公司）召开纪念建党 99 周年庆祝大会

2020 年 7 月 1 日，吐列毛杜农场（分公司）表彰优秀共产党员

2020 年 9 月，农场局组织部到场检查基层支部党建工作开展情况

六、现代农业

机械装备现代化

约翰迪尔 9330 大型拖拉机

约翰迪尔联合收获机

标准化农机停放场

马特马克播种机

植保无人机

无人机飞防大队出征作业

生产全程机械化

深松

耙地

耢地

大豆起垄

大豆播种

小麦播种　镇压

机械喷药

移动喷灌

无人机植保

收获大豆航拍

收获高粱

小麦收获

凯斯 1904 割晒紫花苜蓿草

生产管理标准化

半军事化管理

整装待发

农机具停放标准化 1

农机具停放标准化 2

农机停放标准化

农机修理车间

小麦晾晒

锥底形钢构通风储粮钢板仓

农业科技示范园区

吐列毛杜农场农业科技示范园区航拍

吐列毛杜农场农业科技示范园区一角

吐列毛杜农场农业科技示范园区育花大棚

新品种试验基地

玉米种植技术展示田

农业科技示范基地（大豆田）

农业科技示范基地（小麦田）

种植结构调整高粱示范田

大麦田

油葵

农业科技示范园区长廊一角

农业科技示范园区种植的 400 斤“瓜王”

科技交流

2019 年 7 月 3 日，黑龙江八一农垦大学工程学院教授庄卫东（左二）与生产科科长陈宏（左三）、农业技术推广站副站长白洪生（左一）交流大豆种植技术

2019 年 7 月 3 日，新疆农垦科学院研究员尹飞虎（左二）、新疆农垦科学院研究刘辉（左三）与中国农垦经济发展中心推广处副处长徐鸿（左四）、江苏华源节水股份有限公司总经理邱志鹏（左五），场党委书记、场长、分公司总经理隋德慧（左一）讲解无花果未熟落果原因

2019 年 9 月 26 日，中国农垦经济发展中心专家组组长马文礼（前右一）到吐列毛杜农场调研

2020 年 8 月，全局农业拉练检查现场会在吐列毛杜农场召开

七、现代畜牧业

标准化肉牛舍饲养殖

标准化肉羊舍饲养殖

标准化肉羊舍饲养殖

疫病防疫

乌珠穆沁大尾羊

八、现代林业

干部植树

栽植松树

清挖树坑

栽植柳树

九、工业企业

黑麦花青粉

有机羔羊肉

五谷杂粮

十、商贸流通

出售油葵

观赏花卉即将上市

便民超市一角

十一、社会民生

2019 年 4 月 1 日，民兵体检

2019 年 8 月 28 日，获得兴安农垦首届“户户通”运维人员技能大赛团体一等奖

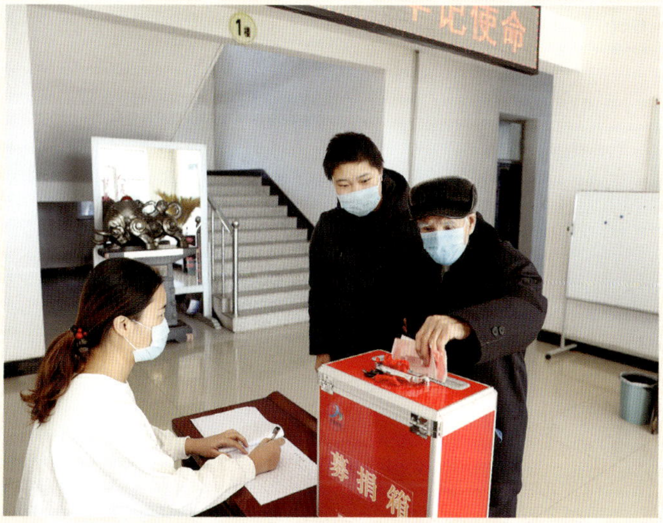

2020 年 3 月，80 岁高龄老党员为疫情防控工作捐款

防洪

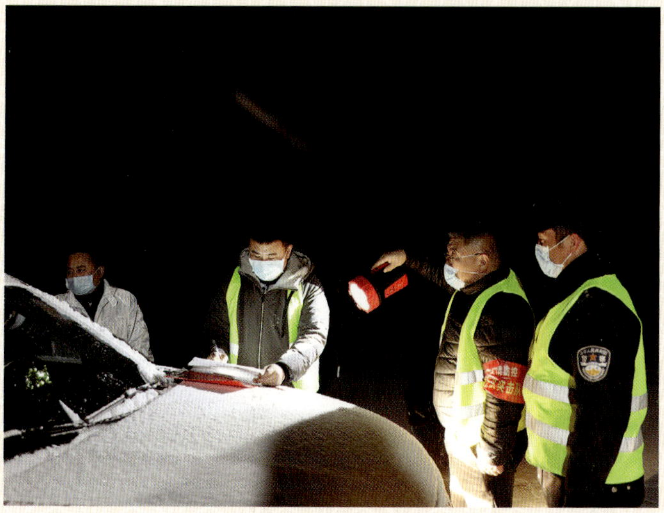

疫情防控劝返点一线值班人员雪夜值守

幸福晚年

十二、群团工作

2020 年 12 月，兴安农垦妇联为“美家美户”标兵户颁发荣誉奖牌

2020 年 9 月，举办农垦文化旅游开放日活动

2020 年 9 月，举办农垦文化旅游开放日活动

多彩广场舞

工会为职工颁发荣誉奖牌

配乐诗朗诵

青年志愿者

慰问一线工人

演讲比赛

疫情防控，志愿者在行动

主题团日

十三、教育卫生事业

吐列毛杜农场小学教学楼

吐列毛杜农场小学旧教学楼

快乐童年

室外活动

少年足球

吐列毛杜农场卫生院

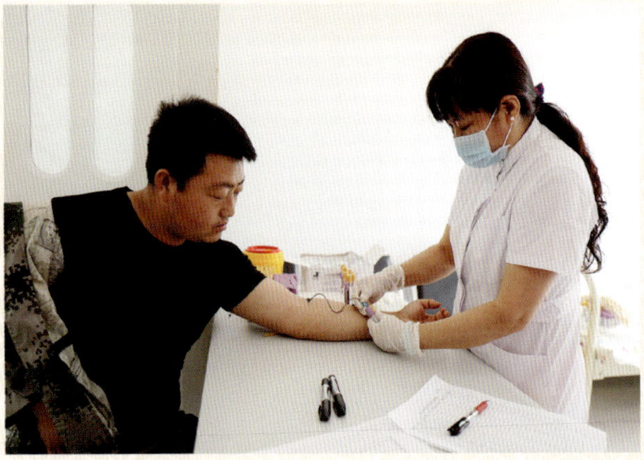

体检

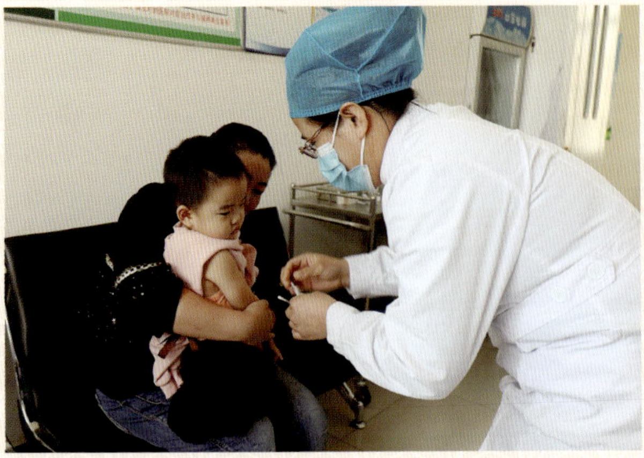

婴幼儿计划免疫

十四、文化体育

篮球比赛

门球比赛

拔河比赛

多彩广场舞

安代舞

老年娱乐

春节联欢会

书法展

十五、农垦卫士

护秋

民警工作窗口

民兵训练 1

民兵训练 2

与群众心连心

安全宣传

十六、宣传展示

2018 年 7 月，全国农垦宣传部长到吐列毛杜农场观摩

2020 年 4 月，兴安日报社党委书记、社长刘向阳到场调研（左二），场党委书记、场长，分公司总经理隋德慧（左三），总农艺师张宝君（左一）陪同调研

十七、农垦风光

2019 年 5 月，职工参加“践行和谐共生理念、建设青山绿水家园”植树活动

油葵花海

麦浪

“金豆”摇铃

丰收

千顷豆田

赤麻鸭

太平鸟

喜鹊

猫头鹰

苍鹰

野鸡

狼

梅花鹿

狍子

野猪

野兔

狐狸

哈拉海菜

黑天天（龙葵）

榛蘑

鸡爪蘑

紫花脸蘑

杨树蘑

十八、宣传展示

2012 年 2 月，农场被内蒙古自治区科学技术厅、内蒙古老区建设促进会评为革命老区科技对接工程“先进集体”荣誉

2014 年 1 月，获得内蒙古自治区总工会颁发的“全区示范化企业工会”荣誉称号

2014 年 4 月，规模化经营管理区获得中华全国总工会颁发的“工人先锋号”荣誉

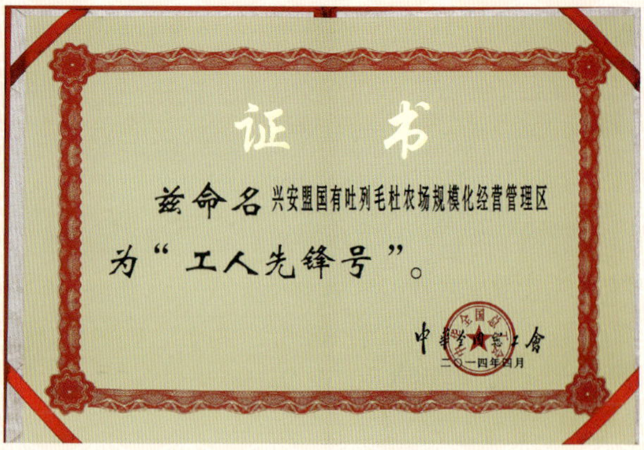

“工人先锋号”证书

2016 年 7 月，农场被中共兴安盟委员会评为“先进基层党组织”

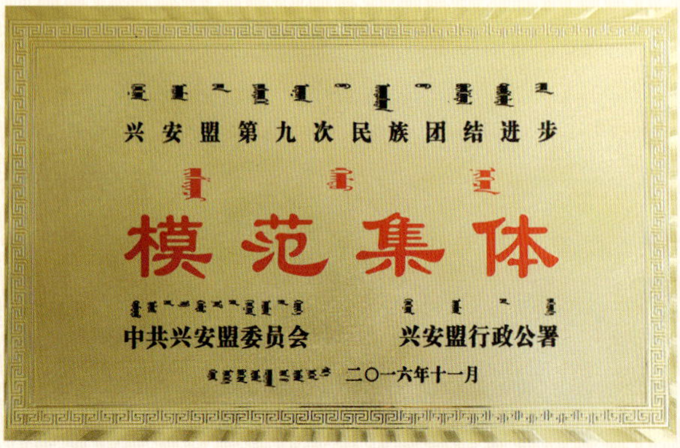

2016 年 11 月，农场被中共兴安盟委员会、兴安盟行政公署评为兴安盟第九次民族团结进步“规范集体”

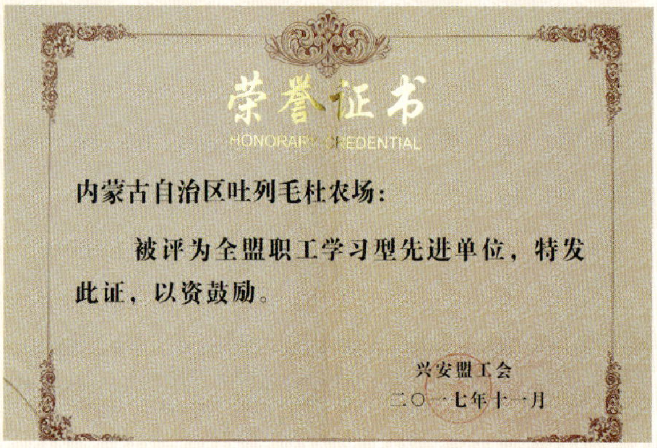

2017 年 11 月，农场被兴安盟工会评为“全盟职工学习型先进单位”

2019 年 3 月，获得兴安盟妇女联合会颁发的“工作先进集体”荣誉称号

十九、人物合影

现任领导班子成员
左起：丁晓明、姜文涛、许刚、隋德慧、李连生、韩聚东、滕倩

编审人员合影 1
前排左起：滕倩、张宝君、丁晓明、韩聚东、隋德慧、许刚、李连生、姜文涛、陈福
后排左起：任娇、孔颖、韩艳秋、温艳霞、高春艳、黄伟、白巴图孟贺、王树有、许强、白青山

编审成员合影 2

左起：任娇、黄伟、温艳霞、高春艳、滕倩、许刚、陈福、王树有、许强

编审成员合影 3

左起：任娇、陈福、黄伟

2021 年 5 月，在吐列毛杜农场召开《内蒙古吐列毛杜农场志（2000—2020 年）》评审会议

中国农垦农场志丛编纂委员会编委会

主　任

张桃林

副主任

左常升　邓庆海　李尚兰　陈邦勋　彭剑良　程景民　王润雷

成　员（按垦区排序）

马　辉　张庆东　张保强　薛志省　赵永华　李德海　麦　朝
王守聪　许如庆　胡兆辉　孙飞翔　王良贵　李岱一　赖金生
于永德　陈金剑　李胜强　唐道明　支光南　张安明　张志坚
陈孟坤　田李文　步　涛　余　繁　林　木　王　韬　魏国斌
巩爱岐　段志强　聂　新　高　宁　周云江　朱云生　常　芳

中国农垦农场志丛编纂委员会办公室

主　任

王润雷

副主任

陈忠毅　刘爱芳　武新宇　明　星

成　员

胡从九　李红梅　刘琢琬　闫保荣　王庆宁

内蒙古吐列毛杜农场志编纂委员会（2018年4月—2019年4月）

主　任

武宝权（吐列毛杜农场党委书记、场长）

副主任

隋德慧（吐列毛杜农场党委副书记）

委　员

许　刚（吐列毛杜农场党委委员、副场长）

韩聚东（吐列毛杜农场党委委员、副场长）

李连生（吐列毛杜农场党委委员、纪检书记）

丁晓明（吐列毛杜农场党委委员、副场长）

姜文涛（吐列毛杜农场党委委员、工会主席）

王翠清（吐列毛杜农场总财会师）

张宝君（吐列毛杜农场总农艺师）

（2019年9月—2020年12月）

主　任

隋德慧（吐列毛杜农场党委书记、场长）

副主任

许　刚（吐列毛杜农场党委副书记）

委　员

韩聚东（吐列毛杜农场党委委员、副场长）

李连生（吐列毛杜农场党委委员、副场长）

丁晓明（吐列毛杜农场党委委员、副场长）

姜文涛（吐列毛杜农场党委委员、副场长）

滕　倩（吐列毛杜农场党委委员、纪检书记、工会主席）

王翠清（吐列毛杜农场总财会师）

张宝君（吐列毛杜农场总农艺师）

内蒙古吐列毛杜农场志编纂委员会办公室（2018年4月—2019年4月）

主　　任

隋德慧（吐列毛杜农场党委副书记）

副 主 任

韩聚东（吐列毛杜农场党委委员、副场长）

陈　福［《吐列毛杜农场志（2000—2020 年）》编纂委员会办公室主编］

委　　员

滕　倩（吐列毛杜农场组宣科长）

胡占双（吐列毛杜农场行政办公室主任）

陈　宏（吐列毛杜农场生产科长）

马向东（吐列毛杜农场绿办主任）

许　强（吐列毛杜农场劳资科长）

王树有（吐列毛杜农场纪检监察室主任）

温艳霞（吐列毛杜农场群工部主任）

高春艳（吐列毛杜农场综治办主任）

主　　编

陈　福

编辑人员

韩聚东　滕　倩　王树有　马向东　高春艳

韩艳秋　高艳玲　孔　颖

工作人员

白青山　高艳玲　孔　颖

内蒙古吐列毛杜农场志编纂委员会办公室（2019年9月—2020年12月）

主　　任

许　刚（吐列毛杜农场党委副书记）

副 主 任

滕　倩（吐列毛杜农场党委委员、纪检书记、工会主席）

陈　福［《吐列毛杜农场志（2000—2020 年）》编纂委员会办公室主编］

委　　员

胡占双（吐列毛杜农场行政办公室主任）

陈　宏（吐列毛杜农场生产科长）

马向东（吐列毛杜农场绿办主任）

许　强（吐列毛杜农场劳资科长）

王树有（吐列毛杜农场民政办主任）

温艳霞（吐列毛杜农场群工部主任）

高春艳（吐列毛杜农场综治办主任）

黄　伟（吐列毛杜农场场志编纂人员）

任　娇（吐列毛杜农场场志编纂人员）

陈良忠（吐列毛杜农场场志编纂人员）

主　　编

陈　福

编辑人员

韩聚东　滕　倩　王树有　马向东　高春艳

韩艳秋　高艳玲　孔　颖　黄　伟　任　娇

陈良忠　白巴图孟贺

工作人员

白青山　高艳玲　孔　颖

内蒙古吐列毛杜农场志基础资料提供人员

丁晓明　王　权　王翠清　王树有　王程里　王天瑜　王晶波
王永华　王　蒙　王景洲　王　兵　马向东　马利军　马秀兰
孔　颖　白红生　白玉军　白永强　白德才　白青山　白德利
白勇刚　白英楠　白龙梅　白巴图孟贺　付宝彬　史红光
史玉清　孙中华　刘维光　刘立新　刘青海　刘　颖　刘　军
刘纯成　刘梓璇　刘爱国　许　刚　许艳梅　许　强　全会良
全会峰　李连生　李明玉　李天娇　李丽君　李桂荣　李仓德
闫　俊　任　娇　朱　明　吴双喜　吴树学　陆　建　陈　宏
陈　忠　何志刚　张宝君　张胜利　邹海英　邹海鸿　姜学仁
姜文涛　易兴国　金凤岐　苗敬沾　胡占双　赵红光　赵青亮
庞利俊　袁　红　高春香　高春艳　高艳玲　高青格勒吐
梁海峰　徐建康　徐炳银　黄　伟　隋玉靓　隋玉纯　程志英
程春霞　韩聚东　韩延杰　韩艳秋　葛显文　温艳霞　董立春
蔡春波　滕　倩　藏建民

内蒙古吐列毛杜农场志摄影及提供照片人员

王玉才　王树有　王晶波　白巴图孟贺　张宝君　陈　福
高青格勒吐　韩聚东　韩艳秋　潘　顺

总序

中国农垦农场志丛自2017年开始酝酿，历经几度春秋寒暑，终于在建党100周年之际，陆续面世。在此，谨向所有为修此志作出贡献、付出心血的同志表示诚挚的敬意和由衷的感谢！

中国共产党领导开创的农垦事业，为中华人民共和国的诞生和发展立下汗马功劳。八十余年来，农垦事业的发展与共和国的命运紧密相连，在使命履行中，农场成长为国有农业经济的骨干和代表，成为国家在关键时刻抓得住、用得上的重要力量。

如果将农垦比作大厦，那么农场就是砖瓦，是基本单位。在全国31个省（自治区、直辖市，港澳台除外），分布着1800多个农垦农场。这些星罗棋布的农场如一颗颗玉珠，明暗随农垦的历史进程而起伏；当其融汇在一起，则又映射出农垦事业波澜壮阔的历史画卷，绽放着“艰苦奋斗、勇于开拓”的精神光芒。

（一）

“农垦”概念源于历史悠久的“屯田”。早在秦汉时期就有了移民垦荒，至汉武帝时创立军屯，用于保障军粮供应。之后，历代沿袭屯田这一做法，充实国库，供养军队。

中国共产党借鉴历代屯田经验，发动群众垦荒造田。1933年2月，中华苏维埃共和国临时中央政府颁布《开垦荒地荒田办法》，规定“县区土地部、乡政府要马上调查统计本地所有荒田荒地，切实计划、发动群众去开荒”。到抗日战争时期，中国共产党大规模地发动军人进行农垦实践，肩负起支援抗战的特殊使命，农垦事业正式登上了历史舞台。

20世纪30年代末至40年代初，抗日战争进入相持阶段，在日军扫荡和国民党军事包围、经济封锁等多重压力下，陕甘宁边区生活日益困难。“我们曾经弄到几乎没有衣穿，没有油吃，没有纸、没有菜，战士没有鞋袜，工作人员在冬天没有被盖。”毛泽东同志曾这样讲道。

面对艰难处境，中共中央决定开展“自己动手，丰衣足食”的生产自救。1939年2月2日，毛泽东同志在延安生产动员大会上发出“自己动手”的号召。1940年2月10日，中共中央、中央军委发出《关于开展生产运动的指示》，要求各部队“一面战斗、一面生产、一面学习”。于是，陕甘宁边区掀起了一场轰轰烈烈的大生产运动。

这个时期，抗日根据地的第一个农场——光华农场诞生了。1939年冬，根据中共中央的决定，光华农场在延安筹办，生产牛奶、蔬菜等食物。同时，进行农业科学实验、技术推广，示范带动周边群众。这不同于古代屯田，开创了农垦示范带动的历史先河。

在大生产运动中，还有一面“旗帜”高高飘扬，让人肃然起敬，它就是举世闻名的南泥湾大生产运动。

1940年6—7月，为了解陕甘宁边区自然状况、促进边区建设事业发展，在中共中央财政经济部的支持下，边区政府建设厅的农林科学家乐天宇等一行6人，历时47天，全面考察了边区的森林自然状况，并完成了《陕甘宁边区森林考察团报告书》，报告建议垦殖南泥洼（即南泥湾）。之后，朱德总司令亲自前往南泥洼考察，谋划南泥洼的开发建设。

1941年春天，受中共中央的委托，王震将军率领三五九旅进驻南泥湾。那时，南泥湾俗称“烂泥湾”，“方圆百里山连山”，战士们“只见梢林不见天”，身边做伴的是满山窜的狼豹黄羊。在这种艰苦处境中，战士们攻坚克难，一手拿枪，一手拿镐，练兵开荒两不误，把“烂泥湾”变成了陕北的“好江南”。从1941年到1944年，仅仅几年时间，三五九旅的粮食产量由0.12万石猛增到3.7万石，上缴公粮1万石，达到了耕一余一。与此同时，工业、商业、运输业、畜牧业和建筑业也得到了迅速发展。

南泥湾大生产运动，作为中国共产党第一次大规模的军垦，被视为农垦事业的开端，南泥湾也成为农垦事业和农垦精神的发祥地。

进入解放战争时期，建立巩固的东北根据地成为中共中央全方位战略的重要组成部分。毛泽东同志在1945年12月28日为中共中央起草的《建立巩固的东北根据地》中，明确指出“我党现时在东北的任务，是建立根据地，是在东满、北满、西满建立巩固的军事政治的根据地”，要求“除集中行动负有重大作战任务的野战兵团外，一切部队和机关，必须在战斗和工作之暇从事生产”。

紧接着，1947年，公营农场兴起的大幕拉开了。

这一年春天，中共中央东北局财经委员会召开会议，主持财经工作的陈云、李富春同志在分析时势后指出：东北行政委员会和各省都要“试办公营农场，进行机械化农业实验，以迎接解放后的农村建设”。

这一年夏天，在松江省政府的指导下，松江省省营第一农场（今宁安农场）创建。省政府主任秘书李在人为场长，他带领着一支18人的队伍，在今尚志市一面坡太平沟开犁生产，一身泥、一身汗地拉开了“北大荒第一犁”。

这一年冬天，原辽北军区司令部作训科科长周亚光带领人马，冒着严寒风雪，到通北县赵光区实地踏查，以日伪开拓团训练学校旧址为基础，建成了我国第一个公营机械化农场——通北机械农场。

之后，花园、永安、平阳等一批公营农场纷纷在战火的硝烟中诞生。与此同时，一部分身残志坚的荣誉军人和被解放的国民党军人，向东北荒原宣战，艰苦拓荒、艰辛创业，创建了一批荣军农场和解放团农场。

再将视线转向华北。这一时期，在河北省衡水湖的前身“千顷洼”所在地，华北人民政府农业部利用一批来自联合国善后救济总署的农业机械，建成了华北解放区第一个机械化公营农场——冀衡农场。

除了机械化农场，在那个主要靠人力耕种的年代，一些拖拉机站和机务人员培训班诞生在东北、华北大地上，推广农业机械化技术，成为新中国农机事业人才培养的“摇篮”。新中国的第一位女拖拉机手梁军正是优秀代表之一。

（二）

中华人民共和国成立后农垦事业步入了发展的“快车道”。

1949年10月1日，新中国成立了，百废待兴。新的历史阶段提出了新课题、新任务：恢复和发展生产，医治战争创伤，安置转业官兵，巩固国防，稳定新生的人民政权。

这没有硝烟的“新战场”，更需要垦荒生产的支持。

1949年12月5日，中央人民政府人民革命军事委员会发布《关于1950年军队参加生产建设工作的指示》，号召全军“除继续作战和服勤务者而外，应当负担一部分生产任务，使我人民解放军不仅是一支国防军，而且是一支生产军”。

1952年2月1日，毛泽东主席发布《人民革命军事委员会命令》：“你们现在可以把战斗的武器保存起来，拿起生产建设的武器。”批准中国人民解放军31个师转为建设师，其中有15个师参加农业生产建设。

垦荒战鼓已擂响，刚跨进和平年代的解放军官兵们，又背起行囊，扑向荒原，将“作战地图变成生产地图”，把“炮兵的瞄准仪变成建设者的水平仪”，让“战马变成耕马”，在戈壁荒漠、三江平原、南国边疆安营扎寨，攻坚克难，辛苦耕耘，创造了农垦事业的一个又一个奇迹。

1. 将戈壁荒漠变成绿洲

1950年1月，王震将军向驻疆部队发布开展大生产运动的命令，动员11万余名官兵就地屯垦，创建军垦农场。

垦荒之战有多难，这些有着南泥湾精神的农垦战士就有多拼。

没有房子住，就搭草棚子、住地窝子；粮食不够吃，就用盐水煮麦粒；没有拖拉机和畜力，就多人拉犁开荒种地……

然而，戈壁滩缺水，缺“农业的命根子”，这是痛中之痛！

没有水，战士们就自己修渠，自伐木料，自制筐担，自搓绳索，自开块石。修渠中涌现了很多动人故事，据原新疆兵团农二师师长王德昌回忆，1951年冬天，一名来自湖南的女战士，面对磨断的绳子，情急之下，割下心爱的辫子，接上绳子背起了石头。

在战士们全力以赴的努力下，十八团渠、红星渠、和平渠、八一胜利渠等一条条大地的“新动脉”，奔涌在戈壁滩上。

1954年10月，经中共中央批准，新疆生产建设兵团成立，陶峙岳被任命为司令员，新疆维吾尔自治区党委书记王恩茂兼任第一政委，张仲瀚任第二政委。努力开荒生产的驻疆屯垦官兵终于有了正式的新身份，工作中心由武装斗争转为经济建设，新疆地区的屯垦进入了新的阶段。

之后，新疆生产建设兵团重点开发了北疆的准噶尔盆地、南疆的塔里木河流域及伊犁、博乐、塔城等边远地区。战士们鼓足干劲，兴修水利、垦荒造田、种粮种棉、修路架桥，一座座城市拔地而起，荒漠变绿洲。

2. 将荒原沼泽变成粮仓

在新疆屯垦热火朝天之时，北大荒也进入了波澜壮阔的开发阶段，三江平原成为“主战场”。

1954年8月，中共中央农村工作部同意并批转了农业部党组《关于开发东北荒地的农建二师移垦东北问题的报告》，同时上报中央军委批准。9月，第一批集体转业的“移民大军”——农建二师由山东开赴北大荒。这支8000多人的齐鲁官兵队伍以荒原为家，创建了二九〇、二九一和十一农场。

同年，王震将军视察黑龙江汤原后，萌发了开发北大荒的设想。领命的是第五师副师长余友清，他打头阵，率一支先遣队到密山、虎林一带踏查荒原，于1955年元旦，在虎林县（今虎林市）西岗创建了铁道兵第一个农场，以部队番号命名为“八五〇部农场”。

1955年，经中共中央同意，铁道兵9个师近两万人挺进北大荒，在密山、虎林、饶河一带开荒建场，拉开了向三江平原发起总攻的序幕，在八五〇部农场周围建起了一批八字头的农场。

1958年1月，中央军委发出《关于动员十万干部转业复员参加生产建设的指示》，要求全军复员转业官兵去开发北大荒。命令一下，十万转业官兵及家属，浩浩荡荡进军三江平原，支边青年、知识青年也前赴后继地进攻这片古老的荒原。

垦荒大军不惧苦、不畏难，鏖战多年，荒原变良田。1964年盛夏，国家副主席董必武来到北大荒视察，面对麦香千里即兴赋诗：“斩棘披荆忆老兵，大荒已变大粮屯。”

3. 将荒郊野岭变成胶园

如果说农垦大军在戈壁滩、北大荒打赢了漂亮的要粮要棉战役，那么，在南国边疆，则打赢了一场在世界看来不可能胜利的翻身仗。

1950年，朝鲜战争爆发后，帝国主义对我国实行经济封锁，重要战略物资天然橡胶被禁运，我国国防和经济建设面临严重威胁。

当时世界公认天然橡胶的种植地域不能超过北纬17°，我国被国际上许多专家划为“植胶禁区”。

但命运应该掌握在自己手中，中共中央作出“一定要建立自己的橡胶基地”的战略决策。1951年8月，政务院通过《关于扩大培植橡胶树的决定》，由副总理兼财政经济委员会主任陈云亲自主持这项工作。同年11月，华南垦殖局成立，中共中央华南分局第一书记叶剑英兼任局长，开始探索橡胶种植。

1952年3月，两万名中国人民解放军临危受命，组建成林业工程第一师、第二师和一个独立团，开赴海南、湛江、合浦等地，住茅棚、战台风、斗猛兽，白手起家垦殖橡胶。

大规模垦殖橡胶，急需胶籽。“一粒胶籽，一两黄金”成为战斗口号，战士们不惜一切代价收集胶籽。有一位叫陈金照的小战士，运送胶籽时遇到山洪，被战友们找到时已没有了呼吸，而背上箩筐里的胶籽却一粒没丢……

正是有了千千万万个把橡胶看得重于生命的陈金照们，1957 年春天，华南垦殖局种植的第一批橡胶树，流出了第一滴胶乳。

1960 年以后，大批转业官兵加入海南岛植胶队伍，建成第一个橡胶生产基地，还大面积种植了剑麻、香茅、咖啡等多种热带作物。同时，又有数万名转业官兵和湖南移民汇聚云南边疆，用血汗浇灌出了我国第二个橡胶生产基地。

在新疆、东北和华南三大军垦战役打响之时，其他省份也开始试办农场。1952 年，在政务院关于“各县在可能范围内尽量地办起和办好一两个国营农场”的要求下，全国各地农场如雨后春笋般发展起来。1956 年，农垦部成立，王震将军被任命为部长，统一管理全国的军垦农场和地方农场。

随着农垦管理走向规范化，农垦事业也蓬勃发展起来。江西建成多个综合垦殖场，发展茶、果、桑、林等多种生产；北京市郊、天津市郊、上海崇明岛等地建起了主要为城市提供副食品的国营农场；陕西、安徽、河南、西藏等省区建立发展了农牧场群……

到 1966 年，全国建成国营农场 1958 个，拥有职工 292.77 万人，拥有耕地面积 345457 公顷，农垦成为我国农业战线一支引人瞩目的生力军。

（三）

前进的道路并不总是平坦的。“文化大革命”持续十年，使党、国家和各族人民遭到新中国成立以来时间最长、范围最广、损失最大的挫折，农垦系统也不能幸免。农场平均主义盛行，从 1967 年至 1978 年，农垦系统连续亏损 12 年。

“没有一个冬天不可逾越，没有一个春天不会来临。”1978 年，党的十一届三中全会召开，如同一声春雷，唤醒了沉睡的中华大地。手握改革开放这一法宝，全党全社会朝着社会主义现代化建设方向大步前进。

在这种大形势下，农垦人深知，国营农场作为社会主义全民所有制企业，应当而且有条件走在农业现代化的前列，继续发挥带头和示范作用。

于是，农垦人自觉承担起推进实现农业现代化的重大使命，乘着改革开放的春风，开始进行一系列的上下求索。

1978年9月，国务院召开了人民公社、国营农场试办农工商联合企业座谈会，决定在我国试办农工商联合企业，农垦系统积极响应。作为现代化大农业的尝试，机械化水平较高且具有一定工商业经验的农垦企业，在农工商综合经营改革中如鱼得水，打破了单一种粮的局面，开启了农垦一二三产业全面发展的大门。

农工商综合经营只是农垦改革的一部分，农垦改革的关键在于打破平均主义，调动生产积极性。

为调动企业积极性，1979年2月，国务院批转了财政部、国家农垦总局《关于农垦企业实行财务包干的暂行规定》。自此，农垦开始实行财务大包干，突破了“千家花钱，一家（中央）平衡”的统收统支方式，解决了农垦企业吃国家“大锅饭”的问题。

为调动企业职工的积极性，从1979年根据财务包干的要求恢复“包、定、奖”生产责任制，到1980年后一些农场实行以“大包干”到户为主要形式的家庭联产承包责任制，再到1983年借鉴农村改革经验，全面兴办家庭农场，逐渐建立大农场套小农场的双层经营体制，形成“家家有场长，户户搞核算”的蓬勃发展气象。

为调动企业经营者的积极性，1984年下半年，农垦系统在全国选择100多个企业试点推行场（厂）长、经理负责制，1988年全国农垦有60%以上的企业实行了这项改革，继而又借鉴城市国有企业改革经验，全面推行多种形式承包经营责任制，进一步明确主管部门与企业的权责利关系。

以上这些改革主要是在企业层面，以单项改革为主，虽然触及了国家、企业和职工的最直接、最根本的利益关系，但还没有完全解决传统体制下影响农垦经济发展的深层次矛盾和困难。

“历史总是在不断解决问题中前进的。”1992年，继邓小平南方谈话之后，党的十四大明确提出，要建立社会主义市场经济体制。市场经济为农垦改革进一步指明了方向，但农垦如何改革才能步入这个轨道，真正成为现代化农业的引领者？

关于国营大中型企业如何走向市场，早在1991年9月中共中央就召开工作会议，强调要转换企业经营机制。1992年7月，国务院发布《全民所有制工业企业转换经营机制条例》，明确提出企业转换经营机制的目标是：“使企业适应市场的要求，成为依法自主经营、自负盈亏、自我发展、自我约束的商品生产和经营单位，成为独立享有民事权利和承担民事义务的企业法人。”

为转换农垦企业的经营机制，针对在干部制度上的“铁交椅”、用工制度上的“铁饭碗”和分配制度上的“大锅饭”问题，农垦实施了干部聘任制、全员劳动合同制以及劳动报酬与工效挂钩的三项制度改革，为农垦企业建立在用人、用工和收入分配上的竞争机制起到了重要促进作用。

1993年，十四届三中全会再次擂响战鼓，指出要进一步转换国有企业经营机制，建立适应市场经济要求，产权清晰、权责明确、政企分开、管理科学的现代企业制度。

农业部积极响应，1994年决定实施“三百工程”，即在全国农垦选择百家国有农场进行现代企业制度试点、组建发展百家企业集团、建设和做强百家良种企业，标志着农垦企业的改革开始深入到企业制度本身。

同年，针对有些农场仍为职工家庭农场，承包户垫付生产、生活费用这一问题，根据当年1月召开的全国农业工作会议要求，全国农垦系统开始实行“四到户”和“两自理”，即土地、核算、盈亏、风险到户，生产费、生活费由职工自理。这一举措彻底打破了“大锅饭”，开启了国有农场农业双层经营体制改革的新发展阶段。

然而，在推进市场经济进程中，以行政管理手段为主的垦区传统管理体制，逐渐成为束缚企业改革的桎梏。

垦区管理体制改革迫在眉睫。1995年，农业部在湖北省武汉市召开全国农垦经济体制改革工作会议，在总结各垦区实践的基础上，确立了农垦管理体制的改革思路：逐步弱化行政职能，加快实体化进程，积极向集团化、公司化过渡。以此会议为标志，垦区管理体制改革全面启动。北京、天津、黑龙江等17个垦区按照集团化方向推进。此时，出于实际需要，大部分垦区在推进集团化改革中仍保留了农垦管理部门牌子和部分行政管理职能。

“前途是光明的，道路是曲折的。”由于农垦自身存在的政企不分、产权不清、社会负担过重等深层次矛盾逐渐暴露，加之农产品价格低迷、激烈的市场竞争等外部因素叠加，从1997年开始，农垦企业开始步入长达5年的亏损徘徊期。

然而，农垦人不放弃、不妥协，终于在2002年“守得云开见月明”。这一年，中共十六大召开，农垦也在不断调整和改革中，告别“五连亏”，盈利13亿。

2002年后，集团化垦区按照“产业化、集团化、股份化”的要求，加快了对集团母公司、产业化专业公司的公司制改造和资源整合，逐步将国有优质资产集中到主导产业，进一步建立健全现代企业制度，形成了一批大公司、大集团，提升了农垦企业的核心竞争力。

与此同时，国有农场也在企业化、公司化改造方面进行了积极探索，综合考虑是否具备企业经营条件、能否剥离办社会职能等因素，因地制宜、分类指导。一是办社会职能可以移交的农场，按公司制等企业组织形式进行改革；办社会职能剥离需要过渡期的农场，逐步向公司制企业过渡。如广东、云南、上海、宁夏等集团化垦区，结合农场体制改革，打破传统农场界限，组建产业化专业公司，并以此为纽带，进一步将垦区内产业关联农场由子公司改为产业公司的生产基地（或基地分公司），建立了集团与加工企业、农场生产基地间新的运行体制。二是不具备企业经营条件的农场，改为乡、镇或行政区，向政权组织过渡。如2003年前后，一些垦区的部分农场连年严重亏损，有的甚至濒临破产。湖南、湖北、河北等垦区经省委、省政府批准，对农场管理体制进行革新，把农场管理权下放到市县，实行属地管理，一些农场建立农场管理区，赋予必要的政府职能，给予财税优惠政策。

这些改革离不开农垦职工的默默支持，农垦的改革也不会忽视职工的生活保障。1986年，根据《中共中央、国务院批转农牧渔业部〈关于农垦经济体制改革问题的报告〉的通知》要求，农垦系统突破职工住房由国家分配的制度，实行住房商品化，调动职工自己动手、改善住房的积极性。1992年，农垦系统根据国务院关于企业职工养老保险制度改革的精神，开始改变职工养老保险金由企业独自承担的局面，此后逐步建立并完善国家、企业、职工三方共同承担的社会保障制度，减轻农场养老负担的同时，也减少了农场职工的后顾之忧，保障了农场改革的顺利推进。

从1986年至十八大前夕，从努力打破传统高度集中封闭管理的计划经济体制，到坚定社会主义市场经济体制方向；从在企业层面改革，以单项改革和放权让利为主，到深入管理体制，以制度建设为核心、多项改革综合配套协调推进为主：农垦企业一步一个脚印，走上符合自身实际的改革道路，管理体制更加适应市场经济，企业经营机制更加灵活高效。

这一阶段，农垦系统一手抓改革，一手抓开放，积极跳出“封闭”死胡同，走向开放的康庄大道。从利用外资在经营等领域涉足并深入合作，大力发展“三资”企业和“三来一补”项目；到注重“引进来”，引进资金、技术设备和管理理念等；再到积极实施“走出去”战略，与中东、东盟、日本等地区和国家进行经贸合作出口商品，甚至扎根境外建基地、办企业、搞加工、拓市场：农垦改革开放风生水起逐浪高，逐步形成“两个市场、两种资源”的对外开放格局。

（四）

党的十八大以来，以习近平同志为核心的党中央迎难而上，作出全面深化改革的决定，农垦改革也进入全面深化和进一步完善阶段。

2015年11月，中共中央、国务院印发《关于进一步推进农垦改革发展的意见》（简称《意见》），吹响了新一轮农垦改革发展的号角。《意见》明确要求，新时期农垦改革发展要以推进垦区集团化、农场企业化改革为主线，努力把农垦建设成为保障国家粮食安全和重要农产品有效供给的国家队、中国特色新型农业现代化的示范区、农业对外合作的排头兵、安边固疆的稳定器。

2016年5月25日，习近平总书记在黑龙江省考察时指出，要深化国有农垦体制改革，以垦区集团化、农场企业化为主线，推动资源资产整合、产业优化升级，建设现代农业大基地、大企业、大产业，努力形成农业领域的航母。

2018年9月25日，习近平总书记再次来到黑龙江省进行考察，他强调，要深化农垦体制改革，全面增强农垦内生动力、发展活力、整体实力，更好发挥农垦在现代农业建设中的骨干作用。

农垦从来没有像今天这样更接近中华民族伟大复兴的梦想！农垦人更加振奋了，以壮士断腕的勇气、背水一战的决心继续农垦改革发展攻坚战。

1. 取得了累累硕果

——坚持集团化改革主导方向，形成和壮大了一批具有较强竞争力的现代农业企业集团。黑龙江北大荒去行政化改革、江苏农垦农业板块上市、北京首农食品资源整合……农垦深化体制机制改革多点开花、逐步深入。以资本为纽带的母子公司管理体制不断完善，现代公司治理体系进一步健全。市县管理农场的省份区域集团化改革稳步推进，已组建区域集团和产业公司超过300家，一大批农场注册成为公司制企业，成为真正的市场主体。

——创新和完善农垦农业双层经营体制，强化大农场的统一经营服务能力，提高适度规模经营水平。截至2020年，据不完全统计，全国农垦规模化经营土地面积5500多万亩，约占农垦耕地面积的70.5%，现代农业之路越走越宽。

——改革国有农场办社会职能，让农垦企业政企分开、社企分开，彻底甩掉历史包袱。截至2020年，全国农垦有改革任务的1500多个农场完成办社会职能改革，松绑后的步伐更加矫健有力。

——推动农垦国有土地使用权确权登记发证，唤醒沉睡已久的农垦土地资源。截至2020年，土地确权登记发证率达到96.3%，使土地也能变成金子注入农垦企业，为推进农垦土地资源资产化、资本化打下坚实基础。

——积极推进对外开放，农垦农业对外合作先行者和排头兵的地位更加突出。合作领域从粮食、天然橡胶行业扩展到油料、糖业、果菜等多种产业，从单个环节向全产业链延伸，对外合作范围不断拓展。截至2020年，全国共有15个垦区在45个国家和地区投资设立了84家农业企业，累计投资超过370亿元。

2. 在发展中改革，在改革中发展

农垦企业不仅有改革的硕果，更以改革创新为动力，在扶贫开发、产业发展、打造农业领域航母方面交出了漂亮的成绩单。

——聚力农垦扶贫开发，打赢农垦脱贫攻坚战。从20世纪90年代起，农垦系统开始扶贫开发。“十三五”时期，农垦系统针对304个重点贫困农场，绘制扶贫作战图，逐个建立扶贫档案，坚持“一场一卡一评价”。坚持产业扶贫，组织开展技术培训、现场观摩、产销对接，增强贫困农场自我“造血”能力。甘肃农垦永昌农场建成高原夏菜示范园区，江西宜丰黄冈山垦殖场大力发展旅游产业，广东农垦新华农场打造绿色生态茶园……贫困农场产业发展蒸蒸日上，全部如期脱贫摘帽，相对落后农场、边境农场和生态脆弱区农场等农垦“三场”踏上全面振兴之路。

——推动产业高质量发展，现代农业产业体系、生产体系、经营体系不断完善。初步建成一批稳定可靠的大型生产基地，保障粮食、天然橡胶、牛奶、肉类等重要农产品的供给；推广一批环境友好型种养新技术、种养循环新模式，提升产品质量的同时促进节本增效；制定发布一系列生鲜乳、稻米等农产品的团体标准，守护“舌尖上的安全”；相继成立种业、乳业、节水农业等产业技术联盟，形成共商共建共享的合力；逐渐形成“以中国农垦公共品牌为核心、农垦系统品牌联合舰队为依托”的品牌矩阵，品牌美誉度、影响力进一步扩大。

——打造形成农业领域航母，向培育具有国际竞争力的现代农业企业集团迈出坚实步伐。黑龙江北大荒、北京首农、上海光明三个集团资产和营收双超千亿元，在发展中乘风破浪：黑龙江北大荒农垦集团实现机械化全覆盖，连续多年粮食产量稳定在400亿斤以上，推动产业高端化、智能化、绿色化，全力打造“北大荒绿色智慧厨房”；北京首农集团坚持科技和品牌双轮驱动，不断提升完善“从田间到餐桌”的全产业链条；上海光明食品集团坚持品牌化经营、国际化发展道路，加快农业

“走出去”步伐，进行国际化供应链、产业链建设，海外营收占集团总营收20%左右，极大地增强了对全世界优质资源的获取能力和配置能力。

千淘万漉虽辛苦，吹尽狂沙始到金。迈入“十四五”，农垦改革目标基本完成，正式开启了高质量发展的新篇章，正在加快建设现代农业的大基地、大企业、大产业，全力打造农业领域航母。

（五）

八十多年来，从人畜拉犁到无人机械作业，从一产独大到三产融合，从单项经营到全产业链，从垦区“小社会”到农业“集团军”，农垦发生了翻天覆地的变化。然而，无论农垦怎样变，变中都有不变。

——不变的是一路始终听党话、跟党走的绝对忠诚。从抗战和解放战争时期垦荒供应军粮，到新中国成立初期发展生产、巩固国防，再到改革开放后逐步成为现代农业建设的“排头兵”，农垦始终坚持全面贯彻党的领导。而农垦从孕育诞生到发展壮大，更离不开党的坚强领导。毫不动摇地坚持贯彻党对农垦的领导，是农垦人奋力前行的坚强保障。

——不变的是服务国家核心利益的初心和使命。肩负历史赋予的保障供给、屯垦戍边、示范引领的使命，农垦系统始终站在讲政治的高度，把完成国家战略任务放在首位。在三年困难时期、“非典”肆虐、汶川大地震、新冠肺炎疫情突发等关键时刻，农垦系统都能“调得动、顶得上、应得急”，为国家大局稳定作出突出贡献。

——不变的是“艰苦奋斗、勇于开拓”的农垦精神。从抗日战争时一手拿枪、一手拿镐的南泥湾大生产，到新中国成立后新疆、东北和华南的三大军垦战役，再到改革开放后艰难但从未退缩的改革创新、坚定且铿锵有力的发展步伐，“艰苦奋斗、勇于开拓”始终是农垦人不变的本色，始终是农垦人攻坚克难的“传家宝”。

农垦精神和文化生于农垦沃土，在红色文化、军旅文化、知青文化等文化中孕育，也在一代代人的传承下，不断被注入新的时代内涵，成为农垦事业发展的不竭动力。

“大力弘扬‘艰苦奋斗、勇于开拓’的农垦精神，推进农垦文化建设，汇聚起推动农垦改革发展的强大精神力量。”中央农垦改革发展文件这样要求。在新时代、新征程中，记录、传承农垦精神，弘扬农垦文化是农垦人的职责所在。

（六）

随着垦区集团化、农场企业化改革的深入，农垦的企业属性越来越突出，加之有些农场的历史资料、文献文物不同程度遗失和损坏，不少老一辈农垦人也已年至期颐，农垦历史、人文、社会、文化等方面的保护传承需求也越来越迫切。

传承农垦历史文化，志书是十分重要的载体。然而，目前只有少数农场编写出版过农场史志类书籍。因此，为弘扬农垦精神和文化，完整记录展示农场发展改革历程，保存农垦系统重要历史资料，在农业农村部党组的坚强领导下，农垦局主动作为，牵头组织开展中国农垦农场志丛编纂工作。

工欲善其事，必先利其器。2019年，借全国第二轮修志工作结束、第三轮修志工作启动的契机，农业农村部启动中国农垦农场志丛编纂工作，广泛收集地方志相关文献资料，实地走访调研、拜访专家、咨询座谈、征求意见等。在充足的前期准备工作基础上，制定了中国农垦农场志丛编纂工作方案，拟按照前期探索、总结经验、逐步推进的整体安排，统筹推进中国农垦农场志丛编纂工作，这一方案得到了农业农村部领导的高度认可和充分肯定。

编纂工作启动后，层层落实责任。农业农村部专门成立了中国农垦农场志丛编纂委员会，研究解决农场志编纂、出版工作中的重大事项；编纂委员会下设办公室，负责志书编纂的具体组织协调工作；各省级农垦管理部门成立农场志编纂工作机构，负责协调本区域农场志的组织编纂、质量审查等工作；参与编纂的农场成立了农场志编纂工作小组，明确专职人员，落实工作经费，建立配套机制，保证了编纂工作的顺利进行。

质量是志书的生命和价值所在。为保证志书质量，我们组织专家编写了《农场志编纂技术手册》，举办农场志编纂工作培训班，召开农场志编纂工作推进会和研讨会，到农场实地调研督导，尽全力把好志书编纂的史实关、政治关、体例关、文字关和出版关。我们本着“时间服从质量”的原则，将精品意识贯穿编纂工作始终。坚持分步实施、稳步推进，成熟一本出版一本，成熟一批出版一批。

中国农垦农场志丛是我国第一次较为系统地记录展示农场形成发展脉络、改革发展历程的志书。它是一扇窗口，让读者了解农场，理解农垦；它是一条纽带，让农垦人牢记历史，让农垦精神代代传承；它是一本教科书，为今后农垦继续深化改革开放、引领现代农业建设、服务乡村振兴战略指引道路。

修志为用。希望此志能够“尽其用”，对读者有所裨益。希望广大农垦人能够从此志汲取营养，不忘初心、牢记使命，一茬接着一茬干、一棒接着一棒跑，在新时代继续发挥农垦精神，续写农垦改革发展新辉煌，为实现中华民族伟大复兴的中国梦不懈努力！

中国农垦农场志丛编纂委员会

2021年7月

序一

经过吐列毛杜农场编纂人员近两年的辛勤努力，在吐列毛杜农场成立60周年之际，《内蒙古吐列毛杜农场志》付梓问世了，这是吐列毛杜农场可喜可贺的一件大事。

在此，我向为志书编纂做出无私奉献的领导、编辑以及提供资料的同志表示感谢，对志书的出版发行表示祝贺！也相信这部志书编纂完成定会实现继承传统、服务当代、指引未来、激励后人的作用。

吐列毛杜农场是兴安盟农垦系统社会发展、经济建设、规模化经营较好的农场之一。60载春华秋实，在吐列毛杜农场发展的历程中，为国家和社会做出了令人瞩目的贡献。60年来，吐列毛杜农场披荆斩棘、破浪远航，走过跌宕起伏、越过惊涛骇浪，铸就了平凡而彰显华彩的乐章。建场初期的第一代农垦人长途奔袭，开赴莽莽荒原，向荒原宣战，定叫荒原变良田！他们忍饥挨饿，日夜奋战，开垦荒原，在物资匮乏、生活条件艰苦的情况下，仍开垦出6万亩良田，向国家交售粮食。60年来，吐列毛杜农场人在这片热土上不辞劳苦、辛勤耕耘，在农业生产中，种植小麦、油菜等农作物，为国家交售了大批优质小麦、油菜。在种植结构调整的关键时刻，农场人又种植适宜本地生长的油葵、大豆等油料作物，为国家和社会提供了2.5亿多公斤的油料产品，并为农场附近村屯百姓的农业生产发展起到了示范引领的带动作用。

沧海桑田，厚积薄发。60年来，特别是改革开放后的40多年来，吐列毛杜农场职工群众发扬“艰苦奋斗、勇于开拓、顾全大局、无私奉献”的农垦精神，实施富民强场的发展方针，农场经济持续稳定健康发展，农业、牧业等基础设施日臻完善。种植结构调整和特色养殖业方兴未艾，职工群众生活水平逐年攀升。社会事业欣欣向荣，党的建设、精神文明建设、生态文明建设水平不断提高。这完全反映了吐列毛杜农场人自强不息、艰苦奋斗、再创辉煌的可贵精神和取得的成就，是我们实现富民强垦新征程上奏响的壮丽凯歌。《内蒙古吐列毛杜农场志》的编竣付梓，更加有利于我们总结经验，吸取教训，凝聚力量，振兴农垦。

几代吐列毛杜农场人挥洒热血和汗水筑就的壮美乐章，正乘着兴安农垦新一轮改革的东风，续写出新的华章。《内蒙古吐列毛杜农场志》是这部豪迈乐章的奏响和集成，它所记录的沿革变化和发展，饱含的艰辛、苦乐、成绩，都是兴安农垦的宝贵财富，它所记载的农垦精神值得我们永远弘扬！

兴安盟农牧场管理局　党委书记、局长

兴安农垦集团有限责任公司　董事长

2021年3月

内蒙古吐列毛杜农场志

NEIMENGGU TULIEMAODU NONGCHANGZHI

序二

《内蒙古吐列毛杜农场志》即将印刷出版，手捧书稿，敬畏之心油然而生，它记载了吐列毛杜农场2000—2020年的发展变迁。吐列毛杜农场奋然前行至今天，已满一甲子，六十载春华秋实在吐列毛杜农场发展变化的厚重历史被记录了下来。

特别是近21年的发展历程，是吐列毛杜农场极其不平凡的历史。一路走来，我们发扬艰苦奋斗、无私奉献、开拓创新的精神，坚决执行党的各项方针、政策，不断总结经验，才取得了今天的骄人业绩。

《吐列毛杜农场志》续修编纂是吐列毛杜农场两届党委的想法，也是全体吐列毛杜农场人的企盼。2018年4月，吐列毛杜农场党委成立了为《兴安农垦志》提供基础资料的《吐列毛杜农场志》（以下简称“场志”）续篇工作领导小组，2019年，农场党委又调整充实了该场志续篇工作领导小组，抽调相关人员，集中各科室之力，翔实记载农场21年的经历。编纂人员查阅档案、广征博采，笔耕两载，拓笔耕耘，完成了45.7万字，终成其“志”，在《场志》付梓之时，向对《场志》编纂工作给予指导、帮助的各单位、各位领导及所有人员表示衷心的感谢！

欣逢盛世，修志意义深远，今年又恰逢中国共产党建党100周年，我们吐列毛杜农场人以此书向伟大的中国共产党成立100周年献礼。我们要更好地执行党的路线、方针、政策，坚决贯彻党中央、内蒙古自治区兴安盟委行署、兴安盟农牧场管理局（兴安农垦集团有限责任公司）的决策部署，紧密围绕“改革、发展、稳定”这一主线，坚持稳中求进的工作总基调，深入推进供给侧结构性改革，持续深化农场体制机制创新，加快农场企业化改革，同时重点抓好“一体两翼”思路，一手抓铁牛、一手抓肉牛。农业向结构要增量，牧业向舍饲要增量。建设大型优质安全食品生产供应基地，提高农业生产组织化程度和规模化水平；加快市场营销和品牌建设，打造农牧业全产业链，努力为兴安农垦高质量发展贡献力量。

场志使用完善的体例，采用述、记、至、传、图表、录等形式，记录了农场21年来各行各业的历史变迁，客观记述了吐列毛杜农场的自然风貌、地理环境、乡土风情，以及生产发展、社会建设，文化、政治和党的建设等方面的真实历史现状，反映了吐列毛杜农场21年的发展轨迹。场志内容翔实、述略合体、结构严谨，具有鲜明的农垦特点。该场志的出版问世，起到了继承和弘扬“农垦精神”的作用，必将激励农场后人“不忘初心、牢记使命”，继往开来，在习近平新时代中国特色社会主义思想指导下，在兴安农垦新一轮改革大潮中乘风破浪、勇立潮头。

兴安盟农牧场管理局吐列毛杜农场党委书记、场长

兴安农垦集团有限责任公司吐列毛杜分公司总经理

2021年3月

吐列毛杜

内蒙古吐列毛杜农场志

NEIMENGGU TULIEMAODU NONGCHANGZHI

凡例

一、宗旨

《内蒙古吐列毛杜农场志》以马克思列宁主义、毛泽东思想、邓小平理论、“三个代表”重要思想、“科学发展观”、习近平新时代中国特色社会主义思想为指导，坚持实事求是、存真求实的原则，坚持辩证唯物主义和历史唯物主义的观点，科学论述，全面反映农垦企业特点、地方特点、时代特点，力求做到思想性、科学性、资料性和史实性的统一。

二、年限

志书，上限始于2000年1月1日，个别内容上延至建场初期，下限至2020年12月31日。

三、体例

志书采用篇、章、节体，依篇、章、节、目层次展开记述；彩色图片载于卷首；概述、大事记、人物、荣誉、附录、编纂始末不列入篇章序列；表格穿插于各篇章之中，力求图文并茂。

志书采用述、记、志、传、图、表、录、引等体裁进行表述，以志为主。志书遵循“事以类从，类为一志”的原则，坚持“横排门类、纵述史实、据实直书、重在记述、述而不论”的原则。

四、人物

人物坚持生不立传原则，未设传记，只设简介。人物简介中收录了在吐列毛杜农场任过副场长职务级别以上的领导，自治区级以上的劳动模范，由吐列毛杜农场调到外地担任县、处级及以上领导职务的人员和调出后在外地做出贡献的企业家或知名人士。

人物中收入正、副场级领导人物，以任职时间先后为序；荣誉中集体及个人均按表彰时间先后顺序排列。

五、叙述方式

志书站在第三人称角度记述，人物直书其名，必要时冠以职务、职称。行文涉及组织机构、会议、文件、官职等，均按当时称谓，一般采用全称。志书简称的“党”均指中国共产党，“团”均指中国共产主义青年团。

六、文体

志书使用现代规范语体文、记述体。文字以 2001 年 1 月颁布的《中华人民共和国通用语文字法》规定执行，标点符号以 2011 年新闻出版社总署修订的《标点符号用法》为准。

七、纪年及称谓

志书中对纪年的记述一律采用公元纪年，对农场内机构、单位名称均按当时称谓，并随隶属关系和单位名称变动而改变，所用农场党委均指吐列毛杜农场党委，所有农场均指吐列毛杜农场，其他地名按《科尔沁右翼中旗地名志》中所用称谓。

八、统计数据

志书中所用统计数据均为兴安盟农牧场管理局、吐列毛杜农场计划财务科、生产科等有关部门统计确定的数字；数字计量单位的使用按照国家相关规定执行。

九、参考资料

志书主要参考资料来源于呼伦贝尔市档案馆、呼伦贝尔农牧场管理局档案室、通辽市档案馆、兴安盟科右中旗档案馆、兴安盟科右中旗气象局、兴安盟农牧场管理局有关科室以及吐列毛杜农场档案室等。

十、保密原则

志书编纂，遵守保密原则，执行《中华人民共和国保密法》。

中国农垦农场志丛

目　录

第三编　人口　民族　职工生活

第四编　农场机构与人员

第五编 基本建设 生态环境保护

第六编 农 业

第七编　畜 牧 业

第八编　林　　业

第九编　商　　业

第十编　电力　交通　通信与快递

第十一编　经营管理

第十二编　人事劳动　社会保障

第十三编　党的建设

第十四编　群团组织

第十五编　社会治安综合治理

第十六编 民政 精神文明建设

第十七编 教育 卫生

第十八编 文化 体育 档案管理

第十九编　艺　　文

第二十编 人物 荣誉

中国农垦农场志丛

概　述

一

吐列毛杜农场位于内蒙古自治区兴安盟科尔沁右翼中旗（以下简称“科右中旗”）北部，隶属于兴安盟农牧场管理局及兴安农垦集团总公司，地理位置坐标为北纬45°6′—45°53′，东经120°12′—120°41′。全场南北长37.4公里，东西宽34.4公里，总面积633.3平方公里，南与科右中旗巴仁哲里木镇接壤，东与科右中旗吐列毛杜镇毗邻，北与科尔沁右翼前旗（以下简称“科右前旗”）树木沟相连，西与霍林河矿区农场相接。场区内有乌锡铁路和乌锡高等级公路穿过农场第四生产队、金界壕古遗址横穿农场第四生产队，东西走向14.5公里。在第四生产队南面有一座200米×200米的古方城，围墙高1.1～1.65米，墙壕上有8个对称的土堡垒。

吐列毛杜农场地处大兴安岭西南麓，地势北高南低，属于低山丘陵区，为低温半干旱大陆性季风气候。春季干旱多风，升温快，夏季温热，降雨集中，最热为7月，秋季温凉时间短促，气温急剧下降，冬季严寒期较长，最冷为1月。年平均气温0～3℃，积温2700～2900℃，作物生长期光照1046～1250小时，年无霜期95～110天，年降水量350～400毫米，五级以上大风年均38.5天，海拔高度为590～700米。

吐列毛杜农场资源较为丰富。全场有天然草场55万亩，生长着以禾本科、豆科为主的草类，适于发展畜牧业，每年可产草6000吨左右。有天然次生林3.5万亩，生长着12种树木。野生植物中经济价值较高的药用植物有甘草、车前、麻黄、黄芩、防风、桔梗、赤芍、苍耳、柴胡、百合等30多种；油科植物有山杏，年产量约1万公斤；纤维植物有猪鬃草、乌拉草、马蔺等，食用菌类有蘑菇及黄花（金针草）等。农场境内野生动物有马鹿、黄羊、猞猁、狐狸、貉、狍、狼、獾、黄鼬、兔、刺猬等，其中，马鹿是国家二类保护动物。此外，还有灰鹤、白鹤、天鹅、大雁、雉、野鸭、赤麻鸭、沙半鸡、乌鸡、鹌鹑、百灵鸟、报喜鸟等，种类繁多。农场境内有4条河流，最大的是界生图河，发源一队附近，向南流入霍林河；地下水也较为丰富，且埋藏较浅。农场境内已探明的矿藏资源有珍珠岩、钼等。

2020年，吐列毛杜农场全场总户数1340户，总人口3004人，其中汉族1344人、蒙古族1480人、满族179人、朝鲜族1人。建场60年来，各民族干部职工群众和睦相处，守望相助。

吐列毛杜农场下辖5个生产队和3个规模化经营管理区，有环境卫生整治大队、农业技术推广土肥站、畜牧服务中心等场直单位，机关设有20个科室。此外，还有职工卫生院、吐列毛杜农场小学、吐列毛杜农场派出所、农村信用社等派驻机构。

二

1960年仲夏，奉农垦部部长王震将军的命令，一支以牡丹江农垦局支援内蒙古呼伦贝尔盟开荒指挥部索伦分部（后称为乌兰浩特分部）第一开荒大队拖拉机手为主组成的垦荒机务技术人员团队，共31人，从黑龙江省牡丹江军马场四分场（五道梁子）出发，一路风雨兼程、披星戴月，先期到达科尔沁右翼前旗索伦镇西口进行开荒。随后，他们又接到乌兰浩特开荒指挥部命令，到科尔沁右翼中旗支援开荒，接到命令后，乌兰浩特开荒指挥分部副总指挥薛东坡带领大队长刘凤祥，大队书记兼教导员李忠时，机务技术员姜学仁，军队转业干部王天瑜、程金良、黄相寺、黄文城、黄朝忠、刘庭安、刘延增、张明月、白宝介、华文池、程富、南相奎等15人，垦荒队员范守和、葛显文、张言伦、吴树学、褚金中、马焕君、姜树恒、徐文广、王和中、陈效国、刘连珠、李国勋、温景清、唐巨功、穆国勋、杨占才、李凤高等31人，携带拖拉机等农机具混合19台套，马不停蹄地奔赴大兴安岭中段南麓的科尔沁草原，转战到这里安营扎寨，住的是简易帐篷和地窨子，吃的是整粒粮食，有时还吃不饱。机务技术人员们硬是在林莽荒原中开垦出一片片耕地，使沉睡多年的草原有了生机。

1960年7月中下旬，牡丹江农垦局支援呼伦贝尔盟开荒指挥部通知乌兰浩特分部，第一开荒大队的全体人员和农机具全部留在垦荒所在地筹建农场。农场隶属于内蒙古自治区呼伦贝尔盟农牧场管理局领导，吐列毛杜农场正式成立。8月初，中共科右中旗委员会批准薛东坡为中共吐列毛杜农场委员会第一副书记兼场长，陶特格、李忠时为副书记，阿拉坦敖老为第一副场长，刘凤祥、佟寿山、康万兴为副场长。至此，吐列毛杜农场党委和行政领导班子建立。吐列毛杜农场建场初期，正赶上全国大办农业的热潮。由于交通不便、生产条件艰苦、人力不足、机械设备不完善、缺乏生产经营经验等原因，粮食产量不高，在严重的困难面前，领导和职工群众同吃同住，艰苦奋斗，勇于开拓，甘于奉献，克服困难继续建场。

中共十一届三中全会之后，吐列毛杜农场认真贯彻以农为主、农牧林结合、多种经营发展方针，坚持以经济建设为中心，逐步推行联产承包责任制，扭转了亏损局面。1984

年，农场继续深化改革，组建联合家庭农场，实行大农场套小农场的经营体制，农场的经济效益一年上一个台阶。1980—1998年，农场连年盈利，到1999年年底，累计盈利1418.02万元，年均产粮1362.2万公斤，职工生活有了明显改善。1999年，全场人均收入达2870元。农场多次被兴安盟委行署、内蒙古自治区人民政府、农业部评为“先进单位”。2000年年底，吐列毛杜农场为激发企业活力，对企业的经营机制进行了转换，由原来大机组承包经营一定规模的土地，农场垫付一切生产经营费用，变为由职工群众单独承包土地，生产经营中的一切费用由承包户自己承担，以维持企业的发展。

2009年，农场为适应现代化农业生产发展的需要，组建了规模化经营管理区，购入先进的农机设备大马力胶轮拖拉机、联合收割机及相应配套的农机具；集中一定的土地面积，由场组建的规模化经营管理区统一耕种经营。在第四生产队建立了第一个规模化经营管理区，2011年春，农场在第四生产队成立第二规模化经营管理区，2014年春，农场在第五生产队设立了第三规模化经营管理区。规模化经营管理区成立以来，粮油产量不断提高，促进了经济效益的增长。

2012年4月，吐列毛杜农场被内蒙古自治区协调劳动关系三方会议评为“全区模范劳动关系和谐单位”；2012年2月，被内蒙古自治区科学技术厅、内蒙古老区建设促进会评为“革命老区科技对接工程先进集体”；2014年1月，吐列毛杜农场工会被内蒙古自治区总工会授予“全区示范化企业工会”；是年4月，吐列毛杜农场规模化经营管理区被中华全国总工会授予“工人先锋号”；2016年和2017年，吐列毛杜农场被兴安盟工会分别授予“五一”劳动奖和“全盟职工学习型先进单位”等荣誉。2020年年末，农场实现农作物总产3152.5万公斤。

三

农业是吐列毛杜农场的支柱产业。1960—2000年以种植小麦为主，油菜为辅；2001—2016年以种植油葵、大豆为主，小麦、玉米、杂粮为辅；2017—2019年，农场以种植大豆、玉米为主，小麦、杂粮杂豆为辅。开荒建场初期，尽管新开垦的土地肥沃，但由于生产力水平低，作物品种不佳，农机具简陋，耕作粗放，没有任何防御自然灾害的能力，基本上是“靠天种地”广种薄收，平均亩产少则十几公斤，多则不足五十公斤。随着农场的发展，生产力水平有了一定的提高，耕作方式亦逐步改变，粮食单产有所增长，但增长幅度不大。中共十一届三中全会以来，特别是农场转换经营管理机制后，农业生产水平有了根本性的改变，单产、总产和经济效益都有了明显的提高。

政策引导、职工队伍素质提升、科技推广、物资投入、机械更新换代等诸多因素是吐列毛杜农场农业发展的根本途径。

中共中央、国务院对农业工作的一系列路线、方针、政策，充分调动了农场广大干部职工的生产积极性，在改革开放和社会主义市场经济条件下，促进农业大发展。

一支过硬的职工队伍是农场最宝贵的财富，是生产力水平提高的关键。建场60年来，特别是近十几年来，农场在抓农业等生产的同时，注重对各类人才的培养，坚持抓职工培训，着眼于提高职工队伍的素质，2020年，农场共有农机农艺技术人员34人。农场在经济发展的同时，加大投入力度，逐年加大对农业的投入，向现代化、精准化、智慧型迈进。近几年，每年对农业投入1000多万元，引进新型大马力农机具，同时增加科技含量的投入，引进新项目，建设高标准农田，把科技渗透到农业生产的各个环节，扩大覆盖面。2020年，全场标准化农田达到47041亩。集约化、规模化运用新型农机具是发展大农业和现代农业的有效途径。吐列毛杜农场土地集中连片，实行区域化大面积统一种植，较好地发挥了现代化大型机械化作业的优势和规模经营效益。

农场规模化经营管理区有各种大型联合收割机11台，其中约翰迪尔S660联合收获机3台，能收获10余种作物。此外，还有约翰迪尔9330胶轮拖拉机3台、2204大马力拖拉机5台、2054胶轮拖拉机2台、1854胶轮拖拉机3台、1404胶轮拖拉机9台。其中有16台套大型机械安装了卫星定位导航系统，实现了田间作业自动化驾驶，进一步提高了标准化作业质量和水平。

农场3个规模化经营管理区均建有“三库一场”，即机车停车库、零件存放库、油料贮存库和农机具停放场，农机具管理日臻规范化、标准化。农机具达到192台套，机械总动力达7400千瓦。2017年，吐列毛杜农场被农业部农垦局评为全国农垦农机标准化示范农场。

2009—2020年，吐列毛杜农场以发展现代化农业为中心，根据市场需求，不断调整种植业结构，加强农业基础设施建设，加大农业科技推广力度，提高科学种田水平，加快了农垦企业发展现代农业的进程。

2009年，吐列毛杜农场自筹资金220多万元，购置了东方红185-4型胶轮拖拉机、130-4拖拉机等配套的翻转犁、轻重耙、免耕气吸式播种机及配套农机具。2011年后，相继成立了3个规模化经营管理区。规模化经营管理区每年不断购入新大型机械，2019年，农场投入资金700万元，购置大型机动车4台，配套农机具24台套。

2019年年末，全场集体及个人拥有大中小型农用机械650台套，全场机械总动力40865千瓦。农机社会化服务体系外出服务作业2.3万亩，组织无人机植保飞防大队赴新疆进行植保服务作业面积1.5万亩。

截至2020年年末，农场规模化经营管理区和职工个人共拥有大中型农用机械722台套，机械总动力43143.5千瓦，是2000年的3倍之多。2020年，农机社会化服务体系为第二生产队整合土地进行作业服务，每亩实现纯利润755元；7月，为科右中旗中阳公司种植的农作物进行无人机植保作业，面积1.4万亩；10月，为长春农场收获莜麦拾禾作业面积8086亩。2018年，开始建设吐列毛杜农场农机信息化管理平台，共投入资金110万元，2020年6月正式投入使用，农机管理和田间作业实现精准化。

吐列毛杜农场依托空气纯净、水质优良、土地无污染等优势，生产绿色、有机农畜产品，培育发展有机产业。2017年，获国家绿色有机食品认证部门颁发的绿色无公害基地认证书，土地面积达到1.6万亩，生产的小麦、大麦、玉米等为绿色农产品，已申报注册商标的农产品有垦1960、小摩哥、团场、团场好粮、兴垦慢牛镇、盘牛小镇、兴垦盘牛小镇，均已由内蒙古欣洋瑞知识产权代理有限公司受理注册商标，成为农场的拳头农产品，以满足市场的需要。

农场于1981年成立种子推广站，它的前身是1967年以前农场设立的实验站，后发展成为现在的农业技术推广土肥站。2010年，农业技术推广土肥站增加人员、扩大技术力量，同时，农场为农业技术推广土肥站划出300亩土地进行农业技术良种推广试验、观光农业，以及上级科研单位、作物育种研究所安排的小麦、大麦、大豆、芸豆等品种的对比实验，每年试验品多达60～70个，筛选出了适宜农场地区种植的油葵T012244、S606等品种。

2019年，农场完成黑龙江省农业科学院作物育种研究所安排的小麦、大麦、大豆、芸豆等品种对比试验；完成局（集团公司）安排的“全国基层农技推广体系改革与建设补助项目”大豆，新品种试验示范展示品种达71个，大豆中区对比试验800亩，展示新品种4个，筛选出华菜豆3和中黄901两个适用于农场地区种植的大豆品种。此外，农场每年种植用于观赏的特大型南瓜，大的达到150公斤。

2020年，科技示范园区共引进作物新品种320个，还有118个玉米新品种对比试验，62个大豆品种对比实验，28个油葵、食葵品种对比试验，12个高粱新品种对比试验，2个大麦新品种扩繁，15个小麦品种化肥利用率处理试验，7个玉米品种肥料处理试验，7个大豆肥料处理试验，7个大豆处理耕地质量监测，6个玉米不同品种密度试验，24个中药材品种种植试验，2个马铃薯品种高产栽培示范，72个蔬菜品种展示采摘，2个大棚2个品种蘑菇种植采摘大棚，1个灵芝种植采摘大棚。通过对园区各品种和各生育期的田间调查记载、室内考种及产量分析，选拔出了几个优良新品种、新技术，计划继续试验、示范，逐步筛选出适合当地种植、适合农场大面积推广应用的新品种及新技术。其中，表现突出的优良品种有：①大豆，包括北豆53、华疆4号、龙垦306、中黄901、华菜豆3等；②玉米，包括利和518、垦沃2、益农玉14、益农玉18、东北丰0022等；③高粱，包括龙杂19、龙杂20等。肥料试验突出品种有硅谷复合肥、史丹利复合肥等。

四

吐列毛杜农场水草丰美，有自然草场55万亩，发展畜牧业的条件得天独厚。畜牧业也是吐列毛杜农场富民强场的支柱产业，共有112个家庭牧场。几十年、几代人艰辛努力，坚持品种改良，引进优良种畜，从改造传统饲养方式入手，对全场草牧场进行管理规划配置，实行了草原“双权一致”制度，激发了职工的养畜积极性。加强了畜牧业基础设施建设，对家庭养殖牧场统一规划、统一模式，实现了家庭牧场水、草、料、机、窖、棚舍六配套。农场还增强了对畜牧业的服务体系建设，成立了畜牧服务中心和集兽医良种改良、牲畜防检疫为一体的畜牧综合机构，保证畜牧业各项工作量化、细化、具体化。严格实行草畜平衡责任制，让生态质量型畜牧业走上了可持续发展之路。目前，农场已有2万只有机肉羊经通过北京中安质环认证中心认证。

重视对兽医和养殖户的科技培训，全面推广青贮饲料，牛羊春季驱虫、药浴，塑料暖棚养育，“四良四改”养猪法的应用。调整牲畜品种结构，反复筛选适应本地的毛肉兼用型邦德，肉用品种道赛特、黑白头萨福克、杜泊、萨姆种公羊，经过杂交导血，显著提高了牲畜毛肉的性能。农场不断提高良种覆盖率，畜牧业科技含量不断加大，经营水平有了明显提高，经济效益也显著增加。2020年年末，全场大小牲畜存栏70790头/匹/只。

五

吐列毛杜农场共有人工林地面积12979.84亩，栽培的林木有樟子松、云杉、光辉海棠、柳树、金枝柳、金叶榆、银中杨、果树等。天然次生林有榆树、白桦树、柳树、山杏树等，占地面积为85047.5亩，多分布在山谷中，也有部分在山坡和山顶上。

为改变农场的生态环境，农场每年4月下旬至5月初大搞春季植树造林，主要是防风固沙，防止水土流失，营造农田林、路旁林、家庭园林植树。全场退耕还林总面积8500亩，种植的树种有杨树、山杏、锦鸡儿等。居民区植有松树、柳树及各类景观树。

六

建场初期，农场成立了农机修配所，于20世纪60年代初购入车床、钻床、铣床、电焊机，后期又购入油泵、试验台等相关修理设备。修配所后更名为修配厂，增加了烘炉车间，翻砂车间等，此外，农场还生产过白酒和面粉。经过多年的努力，对制酒和面粉加工方面进行了技术改造与扩建，具备了一定生产规模，白酒和面粉质量都有了明显提高，曾一度在兴安盟内外受到消费者的青睐。农场为满足场内职工群众建房及建筑需要，成立过机制砖厂，建立了烧砖用的18门轮窑，年生产红砖850万块；成立了建筑材料厂，生产钢窗、门等产品。2001年，农场在转换经营机制时，场办工业全部变为个体经营。

建场时，场区一片荒凉，没有通向场外的公路，交通闭塞。建场60年来，农场多次组织职工群众义务修路，1986年以前，场部通往生产队之间的道路都是土路，大多是沿着田边、山脚开辟的。1986年，农场动员全场广大职工群众大干半个月，修整场部通往一、二、三队的公路，以后每年都组织人力修整场区及和场区相通的外地公路，将其变为砂石公路。1990年，农场成立筑路队，负责道路维修，交通状况有了较大改善，形成了四通八达的公路网。

2017年，农场至后索根9.6公里的水泥路建成通车，场投资200万元，将此水泥路由4.5米加宽至6米。乌兰浩特至锡林郭勒的铁路和一级公路大大改善了四队的交通条件，人们出行的交通工具也由建场初期时的小马车、驴车、自行车变成了小汽车等。

到2020年，场区通信事业有了长足的发展。建场时通信落后，仅有一部电台与外界联系，只能按规定时间进行通信联络。不通电话、不通邮，邮寄信件、包裹只能到离场15公里的西哲里木镇办理。1968年10月2日，农场到巴仁哲里木镇20公里电话线架设完工通话。1986年年初，农场与兴安盟农牧场管理局及边远第四生产队利用单边电台，每天定时开机联络，进行农业生产指挥及防雹作业。1996年，农场安装了程控电话，改变了通信滞后的局面，程控电话、手机、网络、宽带网络入户职工群众家中。此外，场内还有邮政所、白马快递等快递服务网点。

农场远离城乡，建场时不通长电，只是场部地区有一台功率为24千瓦的柴油发电机组，只能白天供应修配厂维修机械和夜晚照明使用。1987年，农场自筹资金164万元，架通了63.96公里10千伏高压输电线路，贯通全场境内，使场部和4个生产队及牧业点都通有长电。2009年，场供电所并入蒙东国家电网，归兴安盟科右中旗分公司管理。

建场时，场办商业为空白，只有科右中旗吐列毛杜镇（当时称吐列毛杜公社供销合作社驻农场分销店）经营简单的日常生活用品。1980年，场办商业开始起步，场内商业形成了国营集体和个人一起上的新格局，其中，个体商业网点更加活跃。2020年，全场个体商业服务网点达54家。

建场初期，文化生活缺乏。1976年，农场成立电影放映队；1980年后，场部恢复了图书室；1986年以后，全场共建立3处电视卫星地面接收站。经过几十年的发展，全场的文化生活日益丰富多彩，职工业余文化生活更加丰富。2020年，农场建有职工文化活动中心、职工技能培训楼、图书阅览室、两个塑胶篮球场、两个塑胶网球场、两个草坪门球场及休闲广场，供职工群众学习娱乐健身之用。此外，农场每年还举办全场范围内的职工篮球、乒乓球、象棋、扑克比赛，在重要的节庆日举办文艺演出、扭秧歌、广场舞比赛。

1961年，农场只有一所小学，两间地窖子为教室，仅有两名教师。1962年，第二所小学在三队建立，1964年，第三所小学在二队建立。农场非常重视教育，陆续办起3所小学、1所中学，当时来场“上山下乡”的大学生等知识青年为中学教师。1984年，农场有1所初级中学和6所小学，各生产队均设有学前班、幼儿园。全场有中小学教师63人，其中小学教师合格率为100%、初中教师合格率为70%，儿童入学率达到100%，职工子女都能在场接受九年义务教育。1988—1992年，农场每年为学校投资51万元，以弥补教育经费不足。1996年，农场投资62万元，用于改善教学条件，并顺利通过了兴安盟和科右中旗两级教育局的“双基”达标验收。农场曾被内蒙古自治区农垦系统评为“尊师重教先进单位”。2000年，全场在校中学生160人、小学生295人，有校舍94间，总建筑面积为3830.55平方米，全部为砖瓦结构和楼板结构的北京平房。同时，还购置了电化教学设备，健全了理化试验室的设备。2003年以后，国家为减轻企业负担，将农场办学从企业中剥离，学校由科右中旗教育局管理。

建场60年来，农场的医疗卫生事业发展较快。建场初期，农场医务室只有1名医务护士人员和两间简易土房，缺医少药。1992年，农场投资13.9万元，兴建占地面积1500平方米、建筑面积460平方米的医院；1997年，农场4个基层生产队均设有医务室。2009年，医院新建519.96平方米，室外硬化2875平方米，并配备了先进的医疗设备，设有病床10张、临床医技科室3个。2019年10月，医院有卫生专业人员22人。2019年10月，农场医院隶属科右中旗卫生局管理。

七

吐列毛杜农场社会保障体系日益健全，农场职工基本实现了老有所居、老有所养、老有所医、老有所乐，城镇居民最低生活保障得到落实，特殊贫困家庭得到救助，全场社会稳定祥和，人心向上。

吐列毛杜农场场区面貌焕然一新，红砖瓦房分布在各生产队和场部地区的居民区。机关办公楼、职工住宅楼完成建设，场区道路宽敞整洁，几条主要街道安装了太阳能路灯，道路两旁栽植景观树。2020年，全场人均收入28159元。

精神文明、生态文明建设不断加强，职工群众的思想道德水平和文化素质教育有了很大提高。2018 年，吐列毛杜农场被中国美丽乡村百佳范例宣传推介活动组委会、农业农村部中国农村杂志社评为“中国美丽乡村百家范例”。

八

建场 60 年来，吐列毛杜农场几经风霜考验，走过了艰苦曲折的道路。但是，任何艰难险阻都难不倒吐列毛杜农场人，“艰苦奋斗、勇于开拓、顾全大局、甘于奉献”的农垦人精神在场区发扬光大。一代又一代农垦人心系农场之沃土，为之奉献青春年华，甚至奋斗终生。

悠悠岁月，道不尽农垦人情怀；星移斗转，诉不完农场人衷肠。当茫茫沃野泛开第一捧黑土，千里草原升起第一缕炊烟时，农场人就没有忘记建设农垦的历史使命。沼泽荒山今何在，大雁不语问春天。一代又一代拓荒者情系热土，在困难面前，他们满怀坚定的信心，战胜了一个又一个困难，使得农场昔日荒原变成今日米粮仓。历史证明，农垦具有旺盛的生命力，有着十分广阔的发展前景。沧海桑田，逝者如斯，吐列毛杜农场从 1960 年开犁第一田畴、放牧第一群牛羊算起，迄今已整整 60 载了。

建场 60 年来，吐列毛杜农场坚持中国共产党的领导，党委一班人积极、认真贯彻执行党的各项方针政策，在带领职工群众致富和企业发展的道路上取得了跨越性的进步。同时，农垦人艰苦奋斗、勇于开拓、善于打硬仗的拼搏精神，照顾全局的协作精神，像主人翁一样为企业分忧解难的农垦精神在几代人身上充分展示出来。农场所取得的成绩和做出的历史性贡献，不仅体现在经济发展和农牧业生产科技应用方面，在增进本地区民族团结、繁荣地方经济与文化方面，农场同样贡献明显。吐列毛杜农场诞生在国家需要粮食时期，从建场到 2000 年，共为国交售优质定购粮食 1.39 亿公斤，给社会售粮 1.4 亿公斤，交纳各种税金 1156.6 万元，这充分体现出农垦人听从党的召唤、以国家民族利益为重、为国家无私奉献的精神。

2000 年以后，吐列毛杜农场每年都向社会销售 1600 万公斤以上的优质粮油，在农场经济发展的同时，也带动了周边农村经济的发展，农场的先进种植技术对他们起到了辐射作用。他们纷纷向农场学习种植小麦、油菜、油葵、大豆的先进技术，提高了他们的科学种田水平，帮助其获取了较为可观的经济效益。

九

忆往昔峥嵘岁月，纵观吐列毛杜农场 60 年建设发展的历程，有成功的经验，也有挫折感触。机遇与挑战同在，希望与困难共存。跨入 21 世纪，农垦又迎来一个新的历史起点。2015 年 11 月《中共中央国务院关于进一步推进农垦改革发展的意见》为农垦系统进一步深化改革指明了方向，掀起的农垦改革大潮，把吐列毛杜农场推向建设有中国特色新型现代化农场的必由之路。在中共十九大和十九届二中、三中、四中、五中全会精神指引下，在新一届党委班子带领下，吐列毛杜农场以经济建设为中心的各项事业也将进入快捷、高效的发展轨道。

60 年披荆斩棘、春华秋实、继往开来、奋勇攀登，在新的历史条件下，吐列毛杜农场人将用勤劳的双手，过人的胆识、智慧和勇气，把吐列毛杜农场建设得更加美丽、繁荣、富强。展望未来，豪情满怀的吐列毛杜农场人将以场兴民富、环境优美、文化繁荣、社会和谐、稳定创新的姿态屹立在兴安盟大地上，吐列毛杜农场必将成为一个崭新而充满活力的现代化农场。

回望吐列毛杜农场的历史：建场时，生产、生活条件艰苦，但是农场人不畏艰难、敢于拼搏，把昔日一穷二白的吐列毛杜农场建设成为今天的山河日月一片新。在农场的山川大地上，曾经呈现出了麦浪滚滚闪金光、油葵花香溢四海、油葵花漫山遍野流金淌蜜的喜人景象。看今朝，豆浪荡漾、玉米吐蕊、高粱一片耀红。在党中央、自治区党委、兴安盟委、兴安盟农牧场管理局和兴安农垦集团公司党委的正确领导下，场党委一班人沿着中共十九届二中、三中、四中、五中全会精神及“十四五”规划精神指导，必将为吐列毛杜农场创造出更加美好的未来。

大 事 记

2000 年 1月 吐列毛杜农场申报中低产田改造项目，申请改造1.2万亩中低产田。

1月7日 吐列毛杜农场在机关大会议室举行机关各科室科长演讲，通过演讲，竞争上岗。此次演讲共有8名科长参加，在演讲中陈述上岗理由和工作方法。

2月19日 吐列毛杜农场进行了五届职工代表的换届选举工作，2月24日选举完毕，选举产生职工代表66人。

3月8日 吐列毛杜农场下发《关于辞退职工手续有关规定的通知》。

3月18日 吐列毛杜农场办公室转发《内蒙古中阳农业股份有限公司“农机标准化作业竞赛规则”的通知》。

3月27日 吐列毛杜农场调整场行政、经济管理委员会等相应的组织机构。

5月20日 吐列毛杜农场成立第五次全国人口普查工作领导小组。

6月29日 吐列毛杜农场开展了计划生育集中整治，对外来人口在场居住没有申报暂住证的人员进行清理。下发了集中整治方案，整治时间为6月20日至9月30日。

8月8日 吐列毛杜农场举行建场40周年暨首届油葵节，兴安盟行政公署、科尔沁右翼中旗、兴安盟农牧场管理局等单位的领导及各兄弟场领导共120多人到会祝贺。

8月30日 兴安盟行政公署以兴署字〔2000〕39号文件明确：对国有吐列毛杜农场施业区界限确权，并由兴安盟国土资源局按施业区界限予以发证确权。

2001 年 2月15日 吐列毛杜农场召开场直各单位、生产队、机关各科室副科级以上干部会议。内容是开展“三个代表”重要思想学习教育活动，传达兴安盟“三级干部”会议精神。同日，农场召开“三个代表”重要思想学习教育安排动员大会。

2月26日　吐列毛杜农场第一生产队受到内蒙古中阳农业股份有限公司的表彰奖励。

3月21日　吐列毛杜农场召开全场五届二次职工代表大会暨2000年度劳模表彰大会，表彰了12名劳动模范、8名先进工作者。

3月23日　农场下发对畜牧管理的紧急通知，决定从2001年3月1日起，各户散养畜由生产队统一组织、统一安排、集中放牧。

3月28日　吐列毛杜农场开展对2001年度农业机械及驾驶操作人员的检查工作。

4月2日　吐列毛杜农场下发《抓好当前时期的防火工作的通知》。

5月29日　吐列毛杜农场召开计划生育工作会议。

5月31日　吐列毛杜农场召开全场社会治安综合治理会议。

6月1日　吐列毛杜农场召开第六届全场运动会。

6月5日　吐列毛杜农场向科右中旗农业局农业技术推广站上报了农场农田及草场遭受地老虎、蝗虫虫灾情况的报告。全场总播种面积8万亩，其中，1.1万亩油葵、大豆、玉米受灾，2.5万亩草场受灾。

7月2日　吐列毛杜农场向内蒙古中阳股份有限公司申报了农业遭受虫灾和旱灾的报告，减产、投入成本累计损失2188.74万元。

7月22日　吐列毛杜农场开展场区内修养公路工作，修路总长度为6580米，养路长度：一队9830米，四队12870米，二队11600米，三队8200米，林业队11600米，工商建400米，历时19天。

7月24日　吐列毛杜农场下发《夏翻地管理的通知》，鼓励个人和家庭农场多翻夏翻地。

9月9日　吐列毛杜农场下发《加强秋季野外防火工作的通知》。

2002年　3月21日　吐列毛杜农场召开五届三次职工代表大会，暨2001年度劳模表彰大会。

9月13日　中共兴安盟农牧场管理局委员会委任孙建国为吐列毛杜农场党委副书记。

9月15日　吐列毛杜农场一队、二队、三队、场部地区开通移动无线通信业务。

2003年　3月1日　吐列毛杜农场对2003年的土地承包进行了“两田制”改革，

即以租赁田、口粮田两种形式发包给场内职工、合同工或场外单位和个人，承包单位和承包人实行两费自理。

3月10日　吐列毛杜农场设立护林护草管护队。

4月25日　科右中旗旗委办下发进一步加强“非典”防治工作的紧急通知，要求农场认真开展好此项工作，大力开展爱国卫生运动，齐心协力做好“非典”防治工作。14时05分，吐列毛杜农场一队八号沟发生荒山野火，吐列毛杜农场向科右中旗防火办报告。

4月26日　科右中旗旗委办和人民政府办联合发文（中旗党办发〔2003〕14号文件），关于成立非典型肺炎防治工作指挥部，要求农场成立防治非典型肺炎防治工作领导机构。

4月28日　吐列毛杜农场向科右中旗“非典”防治领导小组申请调拨解决“防非”设备和器材，申请给予调拨防控设备和器材——呼吸机和X光机各1台。

5月8日　兴安盟农牧场管理局下发《关于开展场长任期经济责任审计的通知》，决定对农牧场管理局所属十个农场场长进行任职期间的经济责任审计。

6月23日　共青团兴安盟委下发《关于对抗击“非典”先进青年、集体和个人的表彰的决定》，对吐列毛杜农场青年志愿者服务队、优秀青年组织者高金泉，优秀团干部隋德慧，青年标兵齐那木拉，优秀青年志愿者曲桂芝进行表彰。

6月25日　吐列毛杜农场开始收取2003年牧业提取和草牧场使用费。

7月10日　吐列毛杜农场下发《2004年退耕还林工程计划》，计划退耕还林10000亩，其中退耕5000亩，还林5000亩。

8月8日　吐列毛杜农场场长办公会决定2003年职工普调工资一级半，向上争取调二级。

8月29日　吐列毛杜农场下发《关于林地和农业开发区全年禁牧的通知》。

8月31日　吐列毛杜农场下发《2003年农业提取回收方案》。

11月3日　吐列毛杜农场下发《关于封锁四队牛五号病疫区的命令》。

11月10日　吐列毛杜农场农业综合开发办对农场农业综合开发工程建设工作进行了总结。

12月6日　吐列毛杜农场印发《吐列毛杜农场2004年土地承包办法》。

12月20日　吐列毛杜农场成立职工参加养老保险统筹工作领导小组。

2004年　2月15日　中共兴安盟农牧场管理局委员会下发《关于对农场领导班子进行调整的通知》：董宝石任吐列毛杜农场场长、党委副书记；陈福任吐列毛杜农场党委副书记、纪检委书记；陈良忠任吐列毛杜农场党委委员、副场长；刘姝任吐列毛杜农场党委委员、工会主席；许刚任吐列毛杜农场党委委员、副场长。

3月11日　吐列毛杜农场党委下发《关于机构变更的通知》，组织科和宣传科合并为组宣科，清欠办更名为清欠结算中心，档案室归劳资科管理，取消物资科、粮油科，库存材料、设备交工商管理站管理，成立土地管理站。

3月18日　吐列毛杜农场召开六届一次职工代表大会暨2003年度劳动模范表彰大会。

3月21日　吐列毛杜农场下发《2003年退耕还林工程实施方案的通知》，要求所有退耕还林地按100%补植，当年验收不合格的，将取消粮食和现金补助，回收林地，并补植达到合格标准。同日，农场下发了关于调整场行政、经济管理委员会等组织机构的通知，要求各单位成立相应的组织机构。

4月8日　吐列毛杜农场制订参加全局农业高产高质量竞赛方案，共7个参赛项目。

6月4日　吐列毛杜农场向科右中旗人民政府报送科右前旗桃合木苏木抢种农场四队耕地231亩，抢翻耕地94亩，开荒69亩，合计394亩的情况，恳请科右中旗人民政府解决。

7月1日　农场党委评选第二生产队为红旗党支部，第四生产队为先进党支部；徐立文、李仓德为优秀党务工作者，范宝山、许强、吴双喜、程文达为优秀共产党员。

7月10日　吐列毛杜农场劳动人事科为181名退休职工办理养老保险、社会统筹。人员工资经盟社保局重新核实，具体退休费从2003年7月10日起执行。

11月21日　吐列毛杜农场下发《关于农牧业提留收取各项工作有关事宜的通知》《2005年畜业管理的实施费收取办法》及《关于禁牧工作的

通知》。

2005 年 3 月 14 日　吐列毛杜农场召开六届二次职工代表大会暨 2004 年度劳动模范表彰大会，表彰劳动模范 17 人、先进工作者 8 名。

5 月 9 日　吐列毛杜农场成立土地核查领导小组，重点核查部分领导干部多种地、种好地的现象。

6 月 29 日　吐列毛杜农场党委表彰了先进党支部和优秀共产党员。第四生产队党支部为先进党支部；姚福贵、朱明、陈良华、马向东、李建梅、隋德慧为优秀共产党员。

9 月 12 日　吐列毛杜农场在全局夏季农田水利建设中验收评比获得第二名，综合得分 93 分，奖励人民币 1.5 万元。

11 月 25 日　吐列毛杜农场在兴安盟农牧场管理局完成提取、清欠、统筹收缴工作中获得第一名，完成任务指标 97%。

12 月 9 日　农场全额完成合同提取，与呼和马场并列第一名，清欠完成任务排名第二。

2006 年 2 月 23 日　吐列毛杜农场成立筹建场综合办公楼领导小组，计划建造 1 座集门市和办公一体化的综合楼。

3 月 1 日　吐列毛杜农场李艳华种植的油葵在兴安盟农牧场管理局举办的 2005 年农业油葵亩产高效竞赛中获得第二名，亩产达 353 斤。

3 月 7 日　吐列毛杜农场第六生产队、场财务科被兴安盟农牧场管理委员会农牧场管理局评为 2005 年度先进集体；程文达、李仓德被评为 2005 年度先进个人。

3 月 16 日　吐列毛杜农场举办 2005 年农业高产高效竞赛，对经场验收达标的机组、种植户给予奖励。

3 月 18 日　吐列毛杜农场召开六届三次职代会暨 2005 年度劳动模范表彰大会。

3 月 24 日　吐列毛杜农场调整了管理委员会等组织机构，并要求各单位建立相应的组织机构。

4 月 10 日　吐列毛杜农场印发《2006 年安全生产实施细则》，并与各生产单位签订安全生产合同。同日，农场向科右中旗发改委申请兴建一栋 1100 平方米的二层门市综合楼，总投资 90 万元，交工时间为 2006 年 12 月。

6月23日　兴安盟农牧场管理局批复同意农场农牧业科技培训中心综合楼建设项目。

10月12日　吐列毛杜农场党委根据农场局党委的要求，在第四生产队召开会议，研究“关于黑龙江省大西江农场承包农场土地的事宜”，决定把4.6万亩土地承包给大西江农场，每亩土地提取费为80元，合同期限十年。

2007年　3月18日　吐列毛杜农场召开六届四次职工代表大会暨2006年度劳动模范表彰大会，表彰了先进工作者9名、劳动模范16名。

3月14日　吐列毛杜农场对机关机构设置及人员编制进行调整，调整后，生产科4人、计财科4人、政工科5人、办公室7人。

4月20日　吐列毛杜农场印发2007年四个文明建设综合考评办法和验收标准的通知。

7月5日　经场党委会研究决定，评选第四生产队党支部、机关党支部为先进党支部，黄爱军、许强、石玉莲、藏建民、马向东、付宝彬、徐炳银、孙中华、齐那木拉为优秀共产党员，李仓德、徐立文为优秀党务工作者。

7月9日　吐列毛杜农场第四生产队受暴雨洪水袭击，1名儿童溺水身亡，111户405人严重受灾，72座房屋受淹成危房，冲毁耕地867公顷，冲毁公路8公里，造成经济损失1300多万元。

8月15日　吐列毛杜农场向兴安盟农牧场管理局呈报关于“五项统筹”资金分配办法的申请，对企业办学期间拖欠教师工资的基本情况和支付比例进行了说明。

8月26日　王权担任农场学校校长，免去季学华的校长职务。

9月10日　中共吐列毛杜农场委员会在第22个教师节来临之际，对场学校程春艳、张玉华、王丽娟、何芳、白铁柱5名教师进行了表彰。

11月10日　吐列毛杜农场党委向兴安盟农牧场管理局党委呈报关于调整企业管理人员工资标准办法的请示。

2008年　1月24日　科右中旗机构编制委员同意在吐列毛杜农场设立国土资源分局。

3月16日　中共科右中旗委员会、科右中旗人民政府评选吐列毛杜农场王永华为计划生育工作先进个人。

3 月 27 日　吐列毛杜农场成立测土施肥项目领导小组。

4 月 1 日　吐列毛杜农场印发《2007 年度吐列毛杜农场参加兴安盟农牧场管理局农业高产高效竞赛活动实施方案》的通知。

4 月 9 日　吐列毛杜农场颁布 2008 年农场科技生产措施，共 8 个大项、13 个小项的内容。同日，农场召开六届五次职工代表大会暨 2007 年度劳模表彰大会。

6 月 5 日　吐列毛杜农场三、五、六队遭暴雨冰雹袭击，冲倒房屋 6 间，损失大小牲畜 83 头，冲毁耕地 666.6 公顷。

7 月 13 日　吐列毛杜农场印发《2007 年农机标准化作业竞赛实施方案》的通知。

7 月 28 日　吐列毛杜农场下发《关于开展支部书记大接访和机关干部下访工作的实施方案》，共五项内容要求。

12 月 1 日　吐列毛杜农场颁布土地承包经营管理实施方案。

12 月 4 日　吐列毛杜农场为退休未参加医疗保险的退休人员办理医疗保险，共计 66 人。

2009 年

1 月 4 日　吐列毛杜农场成立土地经营制度改革领导小组及卫生院新址设计搬迁工作领导小组。

2 月 23 日　吐列毛杜农场召开七届一次职工代表大会暨 2008 年度劳动模范表彰大会。

2 月 28 日　吐列毛杜农场聘任一队易兴国、二队蔡春波、三队包文成、四队藏建民、五队程春华、六队韩延杰为生产队劳动保障协理员，负责提供本队外出人员就业信息、求职登记及农场劳资科的各种业务报表。

3 月 7 日　选聘滕倩、王蒙、毛超民 3 名高校毕业生到吐列毛杜农场工作。

3 月 11 日　吐列毛杜农场落实绿色有机基地建设任务为 26000 亩土地。

3 月 15 日　吐列毛杜农场印发《关于土地规模经营中有关事宜的通知》，决定对原有耕地中的抗旱井进行测试，成立测井小组。

3 月 18 日　吐列毛杜农场下发《关于土地调整中有关事宜的通知》。

4 月 2 日　吐列毛杜农场向科右中旗国土资源局呈报《吐列毛杜农场关于新建卫生院的用地申请》，拟建 400 平方米的卫生院一座。

4 月 14 日　刘华任吐列毛杜农场党委委员。

5月25日　吐列毛杜农场颁布《2009年粮食直补和农资综合补贴实施方案》，共8项规定。

5月26日　吐列毛杜农场向兴安盟建设局申请小城镇建设资金。

8月6日　吐列毛杜农场第三生产队发生洪水，洪水涌入部分职工住宅，造成部分财产损失。

9月2日　中共兴安盟管理局委员会分配张马莲根、吴玉兰、刘晓燕、白金山四名“大学生村官”到吐列毛杜农场基层生产队任职工作。

10月8日　兴安盟工会按照中华全国总工会安排，吐列毛杜农场派出劳动模范王翠清、韩聚东随国庆劳模进京观光团到北京参加国庆劳模招待会。

11月6日　兴安盟财政局下达2009年测土配方施肥补贴资金，为吐列毛杜农场拨付项目补贴资金60万元。推广测土配方施肥面积15万亩。国有吐列毛杜农场召开七届二次职代会，通过关于耕地、草场、林地排查情况的决议。

11月16日　中共兴安盟农牧场管理局委员会通知，免去刘姝吐列毛杜农场党委委员、工会主席职务，办理退休手续，享受正场级待遇。

12月19日　吐列毛杜农场颁布《关于妥善解决退耕还林工程中存在的问题实施方案》。

同日　农场颁布《关于进一步完善土地承包关系的实施方案》，该方案共3个内容27项规定。

12月29日，吐列毛杜农场颁布《关于进一步完善草牧场承包工作实施方案》，该方案共4个内容17项规定。

2010年　3月14日　武宝权任吐列毛杜农场党委书记、场长，常志民任吐列毛杜农场党委副书记、副场长，吴玉琴任吐列毛杜农场党委委员、副场长、工会主席，刘华任吐列毛杜农场党委委员、副场长，隋德慧任吐列毛杜农场纪检委书记、副场长，王玉才任吐列毛杜农场党委委员。

3月26日　吐列毛杜农场被中共兴安盟农牧场管理局评为工作实绩突出单位，奖励1.5万元；对“维护稳定先进个人”陈忠、“十杰母亲”胡淑琴、“优秀通讯员”隋德慧进行表彰，奖励每人500元。

4月1日　科尔沁右翼中旗人民政府评选吐列毛杜农场武装部为先进单位，隋德慧被评为武装工作先进个人。

4月16日　吐列毛杜农场召开七届三次职工代表大会暨2009年劳动模

范表彰大会。

4 月 28 日　共青团兴安盟农牧场管理局委员会对吐列毛杜农场一队团支部、优秀青年致富带头人韩延杰、优秀青年志愿者滕倩进行表彰。

4 月 30 日　韩聚东任吐列毛杜农场党委委员。

6 月 2 日　中共兴安盟国有吐列毛杜农场委员会印发《吐列毛杜农场建场 50 周年庆典暨第二届油葵节庆祝活动实施方案》的通知。

6 月 13 日　兴安盟农牧场管理局对吐列毛杜农场的 4 户危房进行改造。其中，一户为特困户、三户为困难户，特困户补贴 1 万元、困难户每户补贴 6000 元。

6 月 30 日　中共国有吐列毛杜农场委员会表彰先进党支部 1 个、优秀党务工作者 2 名、优秀共产党员 12 名。

7 月 11 日　吐列毛杜农场计划生育办公室副主任王秀英被兴安盟人口和计划生育局、兴安盟计划生育协会评为计划生育工作先进个人。

9 月 30 日　吐列毛杜农场向兴安盟土地整理估价中心呈报《关于土地整理项目变更申请》，共两项内容。

10 月 1 日　吐列毛杜农场聘任徐炳利为农场卫生院院长。

10 月 8 日　吐列毛杜农场党委批准吐列毛杜农场卫生院院设立党支部，齐那木拉任卫生院党支部书记。

10 月 21 日　吐列毛杜农场学校谭桂香被中共科尔沁右翼中旗委员会评为先进教师。

11 月 19 日　许刚任吐列毛杜农场党委委员、副场长。程文达为吐列毛杜农场总农艺师，不参与农场领导班子分工。

2011 年　2 月 20 日　吐列毛杜农场重新调整机关机构设置，保留计财科、生产科、办公室设置，撤销政工科设置。增设组织科、宣传科、劳资科、群工部、土地规划办公室、畜牧科、法制办、武装部、合作社推进办公室、审计科、计生办、物资供销科、监察室、综治办、信访办。在场直单位设置方面，撤销第六生产队、草原站、兽医站、改良站，成立畜牧业服务中心和场土地规模化经营第二管理区。

2 月 28 日　兴安盟农牧场管理局下发同意建设吐列毛杜农场肉牛养殖项目的批复。

3 月 8 日　吐列毛杜农场制定《土地规模化经营管理办法（草案）》，其基本体制为“五统四强、二定一分”的经营模式。

3月13日 中共兴安盟农牧场管理局委员会，兴安盟农牧场管理局表彰吐列毛杜农场为实绩突出单位及产业化基地建设先进单位，评选朱明、白珉为先进个人。实绩突出奖励1.5万元，先进单位奖励5000元，先进个人奖励500元。

4月8日 吐列毛杜农场召开八届一次职工代表大会暨2010年度劳动模范表彰大会。会上表彰了2010年度先进集体4个、先进个人8名、劳动模范6名。先进集体奖励人民币1000元，先进个人奖励人民币500元。

5月8日 吐列毛杜农场向兴安盟农牧场管理局申报2012年农业综合开发高标准农田建设预备项目的申请。

5月18日 吐列毛杜农场下发《机关管理实施细则》，共4章，30条内容。

5月29日 吐列毛杜农场向兴安盟农牧场管理局提交《关于建设派出所及农牧业产业化办公室用房的请示》。

6月1日 兴安盟发展和改革委员会转发《对于2011年保护性工作工程项目可行性研究报告的批复》的通知。

7月4日 吐列毛杜农场印发危房改造实施方案，共2项内容，5条要求。

8月3日 吐列毛杜农场向兴安盟农牧场管理局呈报《关于华电能源合作开发风能资源项目的请示》。

9月7日 中共科右中旗委员会、科右中旗人民政府评选吐列毛杜农场学校徐炳银为优秀教育工作者，李永兵为优秀教师。

10月11日 科右中旗农村信用联社驻农场信用社成立。

10月19日 吐列毛杜农场为解决部分贫困人员的基本生活保障问题，向科右中旗扶贫办呈报申请扶贫救助资金的报告。

10月22日 兴安盟农牧场管理局拨付2011年农作物良种补贴资金。

10月31日 中共兴安盟农牧场管理局委员会下发兴管兴发〔2011〕26号文件。通知要求从2011年10月开始，徐连成、白金祥、隋亚生、姜庆云、孙建国、陈福、陈良忠每人每月补助200元。

11月22日 吐列毛杜农场调整场行政经济管理委员会的组织机构。

2012年 2月14日 吐列毛杜农场向兴安盟政府采购办公室呈报《实施保护性耕

作工程项目亟须购置机械设备的申请》。

3月10日　吐列毛杜农场召开八届二次职工代表大会暨2011年度劳动模范表彰大会。

3月21日　兴安盟农牧场管理局下发《关于吐列毛杜农场成立经营公司的批复》。

3月28日　兴安盟国有吐列毛杜农场向兴安盟农牧场管理局呈报《加快黑土地整理项目建设进度的申请》。

4月3日　兴安盟国有吐列毛杜农场向科右中旗规划局申请变更土肥站建设工程许可证。

5月6日　国有吐列毛杜农场向兴安盟农牧业局请示购买大马力机械设备，购置132千瓦以上拖拉机3台，合计金额125万元。

5月22日　吐列毛杜农场向兴安盟农场局综改办申报了吐列毛杜农场2011年“一事一议”项目。

6月7日　吐列毛杜农场向兴安盟农牧业局呈报《关于测土配方施肥项目初验的申请》。

6月8日　吐列毛杜农场印发《关于吐列毛杜农场管理人员工作实施细则的通知》，共7章46条。

7月1日　中共兴安盟国有吐列毛杜农场评选第五生产队党支部、学校党支部为先进党支部，姚福贵、吴建萍、马振华、崔子军、隋洪生、程志英、隋玉靓、戴玉军为优秀共产党员，张华、刘立新为优秀党务工作者。

7月23日　兴安盟人力资源和社会保障局、兴安盟财政局联合转发自治区人力资源和社会保障厅、财政厅《关于2012年调整企业退休人员基本养老金的通知》，对退休职工养老金进行调整。

7月24日　吐列毛杜农场向兴安盟农牧场管理局申请补办2011年保护性耕作工程项目政府采购手续。

7月25日　兴安盟农牧场管理局拨付2012年粮棉油高产创建补助资金给吐列毛杜农场小麦高产创建项目，补助资金20万元。

8月14日　兴安盟农牧场管理局下拨2012年玉米抗旱坐水种补贴项目资金给吐列毛杜农场，共2.92万亩，补贴14.6万元。

11月8日　吐列毛杜农场向兴安盟国有资产管理局申请购买测土配方施

肥项目土壤化验仪器。

12月31日　吐列毛杜农场呈报《关于绩效工资分配的请示》。2012年，在全体干部职工的共同努力下，创造利润815万元。

2013年　1月3日　吐列毛杜农场向兴安盟农牧场管理局呈报《关于争取棚户区改造项目的申请报告》。项目地点在第五生产队，拟申请改造棚户区300户，建设住宅楼2.4万平方米。

2月23日　吐列毛杜农场向科右中旗计生局申请关于从事计生工作十年以上离职人员待遇，农场有4名符合条件的人员。

3月20日　吐列毛杜农场为2013年内蒙古妇女创业小额贷款提供担保。

3月21日　吐列毛杜农场召开第八届三次职工代表大会暨2012年度劳模大会。

3月23日　吐列毛杜农场委员会表彰效益突出单位、实绩突出单位、先进科室、先进个人。

4月11日　吐列毛杜农场向科右中旗人民政府呈报关于《内蒙古兴安盟农牧场管理局吐列毛杜农场场部城镇总体规划》的请示。

4月14日　兴安盟国有吐列毛杜农场下发《吐列毛杜农场工资调整方案》的通知。

4月19日　吐列毛杜农场下发《吐列毛杜农场机关管理制度实施细则》的通知，共7章41条。

4月24日　吐列毛杜农场向科右中旗农牧业局上报成立吐列毛杜农场农畜产品质量安全监管站。

5月17日　吐列毛杜农场向兴安盟农牧场管理局综改办申报2013年“一事一议”项目。

6月3日　兴安盟国有吐列毛杜农场保护性耕作项目竣工，并呈报内蒙古自治区农牧厅申请验收。

7月1日　中共兴安盟国有吐列毛杜农场委员会评选陈宏、张宝君、戴玉军、吴双喜为优秀共产党员。

7月12日　吐列毛杜农场以农场管理区耕地承包经营权做抵押，为妇女创业进行小额贷款担保。

7月25日　吐列毛杜农场向兴安盟农牧场管理局申请建设4栋5层职工住宅楼。

8月6日　吐列毛杜农场向科右中旗国土资源局申请调整基本农田预留城镇建设用地，申请调整场部周边制约小城镇建设和经济发展的基本农田2025亩。

8月18日　董立春任农场卫生院院长。

9月4日　场党委研究决定2013年8月服务期满的大学生村干部刘晓燕、白金山留场任用。吐列毛杜农场向科右中旗退耕办申请退耕还林工程。

9月15日　吐列毛杜农场向兴安盟农牧场管理局申请拨付2013年“五项统筹”资金。学校取暖燃料等支出121401.74元，武装民兵训练支出162194.24元，优抚支出83020.00元，道路建设支出953384.02元。

10月21日　吐列毛杜农场向兴安盟农牧场管理局请示成立吐列毛杜农场种植养殖业协会。

10月23日　兴安盟农牧场管理局给吐列毛杜农场下拨2012年中央补助基层医疗卫生机构实施国家基本药物制度专项补助资金，共计12万元。

10月24日　吐列毛杜农场盛垦农牧业专业合作社申报“2014年内蒙古自治区兴安盟农场局2000只肉羊养殖基地新建设项目”。

11月11日　吐列毛杜农场向兴安盟财政局呈报《关于2012年玉米膜下滴灌农业技术推广与体系建设项目政府采购的报告》。

12月24日　吐列毛杜农场向兴安盟发改委农牧场管理局申请对卫生院周转宿舍建设项目施工进行验收。

2014年

1月8日　吐列毛杜农场成立老年科协组织机构。

2月21日　吐列毛杜农场成立规模化经营第三管理区，同时撤销第二合作社，原第二合作社物资、资源管理等并入第三管理区经营管理。同日，农场规模化经营管理区设立党支部，第一、第二管理区的党员教育和管理工作由管理区党支部管理。

3月1日　吐列毛杜农场成立党的群众路线教育实践活动领导小组。

3月4日　中共兴安盟吐列毛杜农场委员会向各党支部印发《兴安盟吐列毛杜农场党的群众路线教育实践活动方案》。

3月5日　中共兴安盟农牧场管理局委员会对2013年度各农牧场综合考评结果进行了通报。吐列毛杜农场领导班子综合考评打分875分，排名第三；党政班子目标考评打分974.09分，排列第二名。

3月6日　中共兴安盟国有吐列毛杜农场委员会召开农场党的群众路线

教育实践活动大会。

3月20日　中共兴安盟国有吐列毛杜农场委员会印发《吐列毛杜农场党的群众路线教育实践活动集中听取意见工作方案》。

3月21日　兴安盟农牧场管理局批复同意吐列毛杜农场用自有资金为派出所购置一台越野型警用车辆。

3月30日　兴安盟国有吐列毛杜农场召开第八届四次职工代表大会。

6月16日　2013年吐列毛杜农场农业综合开发项目施工通过兴安盟农场局的验收。

6月20日　吐列毛杜农场将2014年粮食直补、农资综合补贴发放清册进行公示。2014年吐列毛杜农场种粮农牧民补贴户数为769户，粮食直补面积165264亩，标准为5.51元/亩，金额910600.51元。

7月25日　吐列毛杜农场与驻场加油站协商另迁新址，远离人员活动紧密区选址重建。

8月12日　兴安盟摄影家协会主席潘顺带领兴安盟各旗县市摄影家协会会员24人来场进行摄影创作。

8月25日　吐列毛杜农场农牧民补助资金通过“一卡通”发放。

9月11日　吐列毛杜农场党委研究决定撤销农场经济发展办公室。

10月10日　吐列毛杜农场工会向兴安盟农牧场管理局工会申请帮扶资金。

10月12日　吐列毛杜农场对管理区晒场用地的情况进行了说明。

10月20日　兴安盟农牧场管理局拨付给吐列毛杜农场粮棉油高产创建补助资金15万元。和2014年农作物粮种补贴资金，农场粮种补贴面积28218亩，享受补贴户140户。同日，吐列毛杜农场向科右中旗质检站申请对农场新杜家园住宅小区进行初验。

12月26日　吐列毛杜农场向科右中旗经信局申请减免散装水泥专项资金收费。

12月30日　吐列毛杜农场向乌锡铁路项目部催缴第四生产队火车站用地补偿资金。

2015年　1月8日　吐列毛杜农场成立农业综合开发土地综合治理专项领导小组。

1月17日　兴安盟国有吐列毛杜农场成立公益事业建设“一事一议”验收领导小组。

1月28日　吐列毛杜农场对道路交通安全领导小组成员进行调整。

1月29日　经吐列毛杜农场党委研究，拟聘任王翠清为吐列毛杜农场总会计师。

2月9日　吐列毛杜农场工会对场内享受贫困职工生活救助资金家庭进行公示，并发放救助资金6000元。

3月1日　吐列毛杜农场妇联开展慰问贫困单亲母亲工作，共慰问单亲母亲5名，慰问资金2500元。开展“我爱我家，三控两禁”主题宣传活动。

3月3—5日　吐列毛杜农场团委组织各基层团支部开展学雷锋志愿者服务活动。

3月12日　吐列毛杜农场成立产业化推进工作领导小组及产业化推进办公室。

3月16日　吐列毛杜农场成立公益事业建设“一事一议”询价（招投标）工作领导小组。

3月18日　吐列毛杜农场向兴安盟农牧场管理局综改办呈报2015年“一事一议”项目。

3月21日　吐列毛杜农场成立清理整顿“一卡通”系统农牧户及其家庭成员信息领导小组。

3月22日　吐列毛杜农场下发《吐列毛杜农场农垦农产品质量追溯系统建设项目实施方案》。

3月23日　吐列毛杜农场成立农垦产品质量追溯系统建设项目领导小组。

3月25日　吐列毛杜农场下发关于《紧急动物疫情控制应急预案》的通知，预案共分为6大项24条。

3月31日—4月1日　吐列毛杜农场举办农垦农产品质量追溯系统建设项目培训班。

4月1日　吐列毛杜农场向兴安盟农牧场管理局呈报《关于清理整顿“一卡通”系统农牧户及其家庭成员信息排查情况的报告》。

4月2日　吐列毛杜农场成立农业基本建设工程队（正科级单位），同时撤销环保筑路队。

4月9日　吐列毛杜农场举办了通讯员培训班。

4月18日　吐列毛杜农场召开第八届五次职工代表大会。同日，吐列毛杜农场成立万亩小麦高产创建项目领导小组，负责指挥组织项目的实施。同时，成立万亩小麦高产创建项目技术专家指导小组，负责指导专项工作的具体实施及技术培训。

5月4日　吐列毛杜农场向兴安盟农牧场管理局劳资科申请，招聘27名场合同制工人。

5月6日　吐列毛杜农场成立各生产队交通协管员队伍。第一生产队协管员戴玉军，第二生产队协管员程志强，第三生产队协管员吴建平，第四生产队协管员张鹏，第五生产队协管员李明玉。

5月12日　吐列毛杜农场向科右中旗林业局呈报《退耕还林项目尾款发放的申请》，共计两户、54亩，款额14400.00元。

5月16日　吐列毛杜农场成立2015年1%人口抽样整理工作领导小组。

5月20日　吐列毛杜农场成立禁牧休牧工作领导小组。确定每年5月15日—8月15日实行禁牧策。

5月21日　吐列毛杜农场下发《场容队貌整治工作督察及报送材料的通知》。

5月30日　吐列毛杜农场成立夏季畜牧业普查工作领导小组。

5月31日　吐列毛杜农场成立基建办公室。

6月1日　吐列毛杜农场调整人工影响天气领导小组。同日，农场向兴安盟农牧场管理局申请“一事一议”资金。

6月5日　吐列毛杜农场向科右中旗交通局申请调整水泥路公里数。

6月9日　吐列毛杜农场成立防汛指挥部，下发《吐列毛杜农场防汛预案》《吐列毛杜农场山洪灾害防御预案》。

6月10日　吐列毛杜农场分别向兴安盟农牧场管理局、科右中旗文体局申报农场四队增挖泄洪渠的有关事宜。

6月27日　吐列毛杜农场党委向农场各单位党支部转发《关于重申严禁办升学宴、谢师宴的通知》。

7月31日—8月2日　吐列毛杜农场举办2015年度职工篮球赛，共有18支男女代表队参加了比赛。

7月31日　吐列毛杜农场下发《危房旧房改造实施方案》，并成立危房旧房改造任务领导小组。

8月3日　吐列毛杜农场公示2015年种粮农牧民补贴。

8月10日　兴安盟摄影家协会主席潘顺带领会员王志国、础伦巴根、齐小红、白文涛等一行8人来场拍摄油葵花海。

8月13日　吐列毛杜农场向兴安盟农牧场管理局申请拨付2015年吐列毛杜农场农牧机具购置补贴项目资金。

8月16日　中国书法家协会会员、兴安盟书法家协会副主席、乌兰浩特市书法家协会主席金永光，中国楹联协会会员、兴安盟书法家协会副主席柏云锦来吐列毛杜农场采风写作，并留下10幅书法作品。

8月21日　吐列毛杜农场成立农机安全监督管理领导小组。

8月30日　吐列毛杜农场对确定的10名贫困大学生进行公示，每名学生发放助学救助资金3000元。

9月22日　吐列毛杜农场向兴安盟劳动能力鉴定委员会申请对程庆新进行异地危重病劳动能力鉴定。

10月8日　吐列毛杜农场按照机关干部驻队“推进‘四个全面’，加强重点工作落实”的工作要求，经场党委研究决定，王树有任第一生产队党支部第一书记，许强任第二生产队党支部第一书记，全会峰任第三生产队党支部第一书记，丁晓明任第四生产队党支部第一书记，韩聚东任第五生产队党支部第一书记。同日，按盟管理局党委要求，吐列毛杜农场成立机关干部驻队“推进‘四个全面’，加强重点工作落实”工作领导小组。

10月14日　吐列毛杜农场在职工群众中开展健康和生命安全教育活动。

10月15日　吐列毛杜农场对发放良种补贴进行公示。同日，农场对患大病的两名贫困职工进行公示，每人发放救助资金4000元。

11月20日　吐列毛杜农场危旧房改造建设项目完成289户，投资433.5万元。

12月10日　吐列毛杜农场上缴2015年1—12月职工养老保险金，补交2015年1—12月医疗保险金差额。

12月15日　吐列毛杜农场对场关心下一代工作委员等组织机构进行调整。

12月22日　吐列毛杜农场党委按照局党委组织部要求，对场10个党支部的232名党员进行核审。

12 月 24—25 日 吐列毛杜农场举办为期两天的农垦农产品质量追溯系统建设项目培训班。

12 月 27—29 日 吐列毛杜农场对 2015 年 360 户危房改造，每户补贴 15000 元的情况进行公示。

2016 年 1 月 5 日 吐列毛杜农场在全体党员中开展学习《中国共产党廉洁自律准则》和《中国共产党纪律处分条例》。同日，农场成立“三无”城镇就业困难人员申请认定工作领导小组。

1 月 17 日 对 2015 年度吐列毛杜农场种植业保险赔款资金进行了公示。

2 月 24 日 吐列毛杜农场成立第三次全国农业普查领导小组。

3 月 6 日 吐列毛杜农场党委开展党员组织关系集中排查工作。

3 月 29 日 吐列毛杜农场成立第九届职工代表大会代表换届选举工作领导小组及职工代表资格审查委员会。同日，农场成立“美丽场队”工程领导小组。

3 月 30 日 吐列毛杜农场调整安全生产委员会成员。

4 月 6 日 吐列毛杜农场成立环境卫生整治管理大队（正科级），刘维光任队长，同时撤销农业基本建设工程队。

4 月 7 日 吐列毛杜农场收缴 1996 年 1 月至 2003 年 6 月的养老统筹金职工补缴款，职工补缴金额及名单由劳资科及生产队核算员共同核对，场成立领导小组。

4 月 8 日 吐列毛杜农场开展“送法进场队”活动，下发活动实施方案，成立了吐列毛杜农场“送法进场队”工作领导小组。

4 月 12 日 吐列毛杜农场召开九届一次职工代表大会。同日，中共兴安盟国有吐列毛杜农场委员会表彰了 2015 年度农场各条战线上涌现出的先进集体、劳动模范和先进个人。

5 月 4 日 吐列毛杜农场成立“两学一做”工作领导小组。同日，农场党委在全体党员中开展“学党章党规、学系列讲话，做合格党员”学习教育工作，并印发学习教育工作方案。

5 月 11 日 吐列毛杜农场境内公共草场 5 月 15 日起全面实施禁牧，农场成立禁牧领导小组。

5 月 13 日 吐列毛杜农场党委开展“纪律作风建设年”活动实施方案，并成立场“纪律作风建设年”活动领导小组。

5 月 29 日　吐列毛杜农场制订了《农产品质量追溯系统建设项目实施方案》。

5 月 30 日　吐列毛杜农场向科右中旗城乡规划局请示霍阿公路与吐列毛杜农场场部连接线建设项目规划选地事宜。同日，农场党委开展庆祝中国共产党成立 95 周年系列活动。

6 月 6 日　吐列毛杜农场成立绿色食品办公室。

6 月 8 日　吐列毛杜农场农产品质量追溯项目各项制度制定完成。

6 月 11 日　吐列毛杜农场举办有机肉羊养殖管理培训班。

6 月 12—14 日　为发挥党员的先锋模范带头作用，广大党员走上街头，整治环境卫生。

6 月 16 日　吐列毛杜农场开展知识竞赛，内容为“五个好”。

6 月 19 日　吐列毛杜农场制订《吐列毛杜农场防汛预案》和《吐列毛杜农场山洪灾害预防预案》。

6 月 20 日　吐列毛杜农场举办广场健身走步活动及广场舞比赛。

6 月 20—30 日　吐列毛杜农场开展走访慰问老党员困难党员活动。

6 月 30 日晚　吐列毛杜农场举办“广场唱红歌”大型活动。

7 月 1 日晚　吐列毛杜农场党委召开庆祝中国共产党成立 95 周年活动。

7 月 2 日　吐列毛杜农场印发《2016 年吐列毛杜农场危房改造实施方案》。

7 月 19 日　吐列毛杜农场向兴安盟农牧场管理局申请“美丽场队”环境整治修建院墙资金，共需 1281633.21 元。

7 月 27 日　吐列毛杜农场下发加强草原管理七项规定。

9 月 16 日　吐列毛杜农场党委成立党支部委员会换届选举工作领导小组，并下发选举工作方案。

9 月 19 日　吐列毛杜农场制订农业“三项补贴”发放方案，成立吐列毛杜农场“三项补贴”领导小组。

9 月 28 日　吐列毛杜农场对 2019 年度农业“三项补贴”资金进行公示。

11 月 3 日　吐列毛杜农场成立第三次全国农业普查领导小组。

2017 年　1 月 3 日　吐列毛杜农场向科右中旗民政局申请灾害救助。

1 月 5 日　吐列毛杜农场对 2016 年中央财政专项补贴资金进行发放前公示，2016 年医疗救助补贴 2 人，补贴金额 4000 元。同日，农场十项工程人行道工程建设完成64109.62平方米，完成投资1500000元。

1月6日　吐列毛杜农场对2016年种植玉米户进行公示。

1月8日　吐列毛杜农场购买洗扫车、压缩式垃圾车、垃圾箱等环境卫生管护设备，共投资1612750元。同日，农场对2016年深松耕地作业补助资金进行发放前公示，补助标准20元/亩。

1月10日　吐列毛杜农场委员会向各单位转发《自治区纪委监察厅关于强化监督执纪问责严防2017年元旦春节“四风”反弹的通知》。

2月16日　吐列毛杜农场委员会办公室下发《2016年度队级领导班子和领导干部实绩考核工作方案》，成立考核领导小组。

3月2日　吐列毛杜农场向兴安盟农牧场管理局申请农场“美丽场队”建设工程2016年未完工程继续建设项目资金，共需8605072.88元。

3月3日　吐列毛杜农场妇联在机关三楼会议室举办女性健康知识讲座。

3月8日　吐列毛杜农场对2016年种植业保险赔款资金进行公示。

3月20日　吐列毛杜农场举办农机标准化农场培训班。

3月25日　吐列毛杜农场表彰2016年度先进集体和劳动模范。

3月29日　吐列毛杜农场下发《做好森林草原防火工作的通知》。

3月30日　吐列毛杜农场下发《吐列毛杜农场人居环境综合整治“百日攻坚”行动方案》，并成立吐列毛杜农场人居环境综合治理“百日攻坚”行动领导小组。

4月5日　吐列毛杜农场开展集中整治“雁过拔毛”式腐败问题工作实施方案，成立集中整治工作领导小组，同日，农场党委下发《国有吐列毛杜农场推进“两学一做”学习教育常态化制度工作方案》。

4月6日　吐列毛杜农场成立惠农惠牧财政专项资金自查工作领导小组。

4月25日　吐列毛杜农场印发国有吐列毛杜农场《二〇一七生产经营管理方案》。

5月1日　吐列毛杜农场印发《吐列毛杜农场管理制度》和《2017年国有吐列毛杜农场规模化经营管理方法》。

5月2日　吐列毛杜农场向兴安盟农牧场管理局申请拨付“美丽场队”建设资金1551749.6元。同日，农场下发《2017年国有吐列毛杜农场环境卫生管理整治大队管理办法》的通知，此办法共分7个大项34条内容。

5月2日　吐列毛杜农场向兴安盟农牧场管理局申请拨付十项工程建设资金230万元，拨付十项工程绿化工程资金1182950元。

5月11日　吐列毛杜农场对2017年度农业“三项补贴”资金进行公示。

5月31日　吐列毛杜农场成立防汛指挥部，同时下发《吐列毛杜农场防汛预案》，预案共4大项11条款。

6月2日　吐列毛杜农场印发《吐列毛杜农场残疾人精准康复服务行动实施方案》，共4个大项内容，18小项细则。同时，下发《2017年国有吐列毛杜农场物资科管理办法》的通知，共3章115条款。同日，聘任丁晓明为场长助理，协助场长负责农业生产、农机管理、安全生产工作。

6月3日　吐列毛杜农场向兴安盟农牧场管理局申请“一事一议”项目资金393.75万元。

6月10日　吐列毛杜农场落实《兴安盟国土资源局集中开展严厉打击私挖盗采、私搭乱建专项行动实施方案》的通知。

6月20日　吐列毛杜农场落实农场局《关于严禁操办升学宴的通知》，并设立吐列毛杜农场纪检监察监督举报电话。

6月21日　吐列毛杜农场委员会印发《“我为庆祝内蒙古自治区成立70周年做贡献”党员志愿服务活动实施方案》。同日，农场对2017年农机具购置补贴资金进行公示，补贴农牧机具25台套，补贴金额为132.48万元。

7月5日　吐列毛杜农场向兴安盟农牧场管理局申请农场至后索根连线水泥公路配套加宽资金，农场至后索根9.6公里，水泥路连接线已获科右中旗交通局立项审批，设计标准为4.5米宽水泥路。按实际需求，应加宽1.5米，向农牧场管理局申请配套资金201.6万元。同日，农场向农场局党委申请“美丽场队”工程项目资金，并成立环境卫生常态化督导组，负责对农场环境卫生进行定期和不定期的督导检查。

8月2日　吐列毛杜农场成立全民健身工作领导小组。

8月12日　吐列毛杜农场工会、团委、妇联联合开展“慈善救助一日捐”活动，为第五生产队居民郝成龙女儿郝琳菲募捐手术费用，共收到捐款19600元。

8月18日　吐列毛杜农场对《有机羊肉产品质量控制方案》进行修订。

9月5日　吐列毛都农场落实2017年度农牧场管理局重点目标、重点工作综合考评实施办法和考评细则。

9月14日　吐列毛杜农场成立禁牧工作领导小组。

9月19日　吐列毛杜农场下发《国有吐列毛杜农场全面落实河长制实施工作方案》。方案共分为5大类，17个分项，28个小项内容。

10月9日　吐列毛杜农场成立人民代表换届选举领导小组。同日，农场对一卡通系统中涉及的各类银行卡开展集中清查。

10月11日　吐列毛杜农场对农机购置补贴进行公示。

10月17日　吐列毛杜农场向科右中旗国土资源局呈报《建设畜牧业养殖场建设项目实施农用地备案的请示》。该项目位于吐列毛杜农场第四生产队境内，总用地面积约为45亩。

10月28日　吐列毛杜农场对2017年大豆及玉米生产者补贴资金进行公示。同日，农场成立党建突出问题专项整治工作领导小组。

12月6日　中共兴安盟吐列毛杜农场委员会办公室下发各党支部《关于召开支部组织生活会和开展民主评议党员工作的通知》。

12月10日　吐列毛杜农场确立残联第七届主席团成员：隋德慧为分管残联工作领导，温艳霞为残联理事长，袁红为专职委员。同日，中共兴安盟国有吐列毛杜农场委员会派驻场纪检组，向兴安盟农牧场管理局党委、驻局纪检组报告了对盟纪委反馈意见整改情况的报告。

12月15日　吐列毛杜农场对2017年深松整地作业补助清册公示。中共兴安盟国有吐列毛杜农场委员会办公室下发《吐列毛杜农场党的十九大精神学习教育培训工作实施方案》。同日，农场组织实施了“十项工程”建设工程街巷硬化质量检测，本次质量检测里程8.869公里，投资11202元。

12月16日　吐列毛杜农场申请在第四生产队进行2018年5000亩的农业综合开发高标准农田建设项目。

12月19日　吐列毛杜农场推荐庞佳农业专业合作社申报兴安盟盟级规范农牧业合作社。

12月20日　吐列毛杜农场供电所总体规划做局部调整。

12月21日　吐列毛杜农场向科右中旗司法局申请成立农场司法所。

12月27日　吐列毛杜农场举办农业生产培训班。

12月28日　吐列毛杜农场落实《中共兴安盟农牧场管理委员会办公室

文件《关于做好2018年元旦、春节期间廉洁自律工作的通知》》。

12月29日　吐列毛杜农场分别向科右中旗环保局、农牧业局、林业局、国土资源局申请办理科右中旗新杜农机专业合作社规模化粮食生产区配套设施农用占地手续规划事宜。

12月30日　吐列毛杜农场向兴安盟农牧场管理局申请拨付十项工程建设资金。

12月31日　吐列毛杜农场十项工程项目已完成投资7183043.28元。同日，农场科右中旗弘牧种养殖专业合作社申报兴安盟农场局2500只肉羊养殖基地新建项目开工建设。

12月　吐列毛杜农场农机标准化工作经农业部检查验收，被评为全国“农机标准化农场”。

2018年　1月11日　李连生任吐列毛杜农场纪检书记，免去其驻场纪检组长职务。

1月11日　王玉才、程文达免原职，享受正场级工资待遇，场党委另行安排工作。同日，韩聚东任吐列毛杜农场党委委员、副场长，丁晓明任吐列毛杜农场党委委员、副场长，姜义涛任吐列毛杜农场党委委员、工会主席，王翠清为吐列毛杜农场总会计师，张宝君为吐列毛杜农场总农艺师。

1月18日　吐列毛杜农场第二生产队经营的“科右中旗庞佳农业专业合作社”被兴安盟农牧场管理局评为局级规范农牧业合作社。

2月4日　吐列毛杜农场举办“辉煌十九大·春雨润梦圆”迎新春趣味知识竞赛联欢会。

3月5日　吐列毛杜农场妇联举办了“迎三八家庭、家教、家风”家庭教育讲座。讲座期间，兴安盟家庭教育协会为吐列毛杜农场举行了“家庭教育指导站”挂牌仪式，并为场小学10名贫困学生赠送铅笔盒、本子、书包等文具。

3月17—18日　吐列毛杜农场100名管理人员参加了为期两天的管理人员素质提升培训班，邀请了兴安盟委党校李忠海老师和兴安职业技术学院的张方、孙玲老师到场授课。

4月1日　吐列毛杜农场召开了九届三次职工代表大会暨2017年度劳模表彰大会。

4月2日　吐列毛杜农场召开了2018年党风廉政建设工作会。

4月5日　为纪念“五四运动”99周年，吐列毛杜农场团委以多种形式开展了“青年大学习”五四主题日活动。

4月15日　成立《兴安农垦》及《吐列毛杜农场志（2000—2020年）》编纂工作组织机构。

4月18日　为进一步完善“党员活动日＋青年志愿者服务活动”模式，机关党支部组织80名党员和青年志愿者参加了义务植树活动。在人口居住较集中的场部地区街道两侧栽种柳树、银中杨、金叶榆、松树、果树等1200多棵，在场科技示范园区内栽植果树2000余棵。

4月25日　吐列毛杜农场团委组织60名青年志愿者开展了以“净化环境、美化农场”为主题的捡拾白色垃圾活动。

5月8日　吐列毛杜农场组织专业技术人员对全场4个炮点的防雹增雨高射炮进行了检修，并对各炮点操作人员进行了理论和现场操作培训。

5月13日　吐列毛杜农场妇联走访慰问了3名患有癌症的贫困妇女，为每人送去1000元慰问金。

6月26日　吐列毛杜农场妇联、派出所联合开展了以“远离毒品　珍爱生命”为主题的禁毒宣传活动。

6月27日　吐列毛杜农场出资2.6万元邀请乌兰浩特市人民医院医生为场187名退休人员、内退人员、遗属、“五七工”体检。

7月1日　吐列毛杜农场召开了建党97周年庆祝大会，场党委班子成员、机关全体党员、场直单位及生产队党员干部、各支部受表彰党员共80人参加了会议。

7月17日　兴安盟农牧场管理局党委副书记陈霞，局组织部、宣传部相关人员及各场党委副书记、组织科长、宣传科长一行36人到吐列毛杜农场调研督导党建工作。

8月5日　吐列毛杜农场引进种植优质景观树4488棵；加强了对7500亩2003—2006年退耕还林、荒山造林项目的抚育和管护，顺利通过科右中旗林业局的验收。

8月8日　兴安盟农牧场管理局农业拉练检查现场会在吐列毛杜农场拉开帷幕，农牧场管理局副局长武宝林、副调研员贾磊、局机关相关科室工作人员及十个农牧场场长、分管农业副场长、部分场推广站站长共计

30 人参加了现场会。

8 月 13 日　吐列毛杜农场工会举办了以“开展全民健身·共建和谐农场”为主题的广场舞比赛。

8 月 15—16 日上午　吐列毛杜农场举办了第二届管理区篮球邀请赛，来自场机关、管理区、生产队管理人员、各直属单位的工作人员共 8 支代表队参加了比赛。

8 月 16 日下午　吐列毛杜农场举办职工拔河比赛，来自机关、管理区、生产队的管理人员及直属单位工作人员共 8 支队伍参加比赛。

8 月 28 日　吐列毛杜农场举办门球比赛，邀请科右中旗老年体协门球协会、布敦化牧场、索伦牧场、阿力得尔牧场、吐列毛杜镇、西哲里木镇、桃和木苏木 7 支代表队与场 2 支代表队进行了比赛。桃合木苏木代表队获得第一名，中旗老年体协代表队获得第二名，吐列毛杜农场第一代表队获得第三名。

8 月 29 日　吐列毛杜农场开展 2018 年农业阶段性成果拉练检查。场领导、总财会师、总农艺师、行政办主任、生产科长、组宣科长及相关工作人员共 17 人参加了检查。

9 月 4 日　经北京中安质环认证中心认证，吐列毛杜农场完成 1.6 万亩基地认证工作，并获得有机基地认证证书。其中小麦 3736.95 亩，认证产量 74.74 万斤；油菜 696 亩，认证产量 5.36 万斤；大豆 11593.8 亩，认证产量 185.5 万斤。完成 2 万只有机羊的认证工作并获得有机证书。

9 月 6 日　吐列毛杜农场规模化经营第三管理区结合“红旗车组”创建活动，开展农机驾驶平行倒车、倒车入库技能大比武活动，14 名农机驾驶员参加了比赛。

9 月 12 日　科右中旗乌兰牧骑的演员和场内干部联袂举办了“走进吐列毛杜农场丰收季”文艺演出活动。

9 月 17 日　吐列毛杜农场开展了“网络安全为人民，网络安全靠人民”主题宣传活动。

9 月 20 日　按照中共中央、国务院进行农垦体制改革的精神要求，兴安农垦集团公司正式挂牌成立，吐列毛杜农场成立分公司。

9 月 22 日　吐列毛杜农场为切实做好非洲猪瘟防控工作，切实加强组织领导，成立了非洲猪瘟防控工作领导小组。

10月30日　吐列毛杜农场妇联分别组织机关、各直属单位妇女干部、各生产连队妇女在机关三楼会议室观看了中国妇女第十二次全国代表大会开幕式。

11月8日　吐列毛杜农场召开了意识形态工作专题会议，场党委成员、组宣科、纪检部门相关工作人员及各支部书记参加了会议。

11月23日　为响应科右中旗政协办公室号召，吐列毛杜农场开展了为贫困农村牧区家庭捐赠衣物活动，筹集到衣服200余件。

12月10日　吐列毛杜农场召开农业生产总结大会。场领导、财务、农业生产管理和服务各部门负责人以及三个规模化经营管理区主任、职工共计100人参加了会议。

12月18日　吐列毛杜农场党员、管理干部、职工群众在机关三楼会议室集中收看《庆祝改革开放40周年大会》。

12月26日　为迎接2019年元旦佳节，开展迎“元旦”系列庆祝活动。

12月　吐列毛杜农场购置农牧机具28台套，受益户27人，享受国家农牧机具补贴资金77.48万元。

是年　农业技术推广站紧紧围绕场党委对农业农村的部署和要求，在科技园内安排各项田间试验。经试验观察及产量分析发现：油葵早熟品种有K989、XFT1208，抗旱抗逆品种为T012244，高油品种为S606，油仁兼用品种有t8221、西部骆驼、西域朝阳等，出仁率高的品种有西部骆驼、NX65001、18221、NX44166。大豆适宜的品种有华疆2、嫩奥5、益农015、华疆4、金选1号。高粱龙杂18示范展示田刨除田间损失，实收产量为1000斤/亩，容重达755克/升。小麦表现较好的品种有龙麦35。玉米适宜、适合机械收获的品种有：垦沃2、东北风001、和玉4号、德美亚1、德美亚2等。葫德美2、墨单8621玉米大斑病较重，垦沃2号出浆率最高。张杂香3号谷子实收产量200斤/亩。

吐列毛杜农场实现播种面积19.5万亩，农作物参保面积18.66万亩，全场实现土地集约化经营面积15.2万亩，其中规模化经营管理区经营5.7万亩。管理区种植大豆3.38万亩、小麦0.49万亩、油菜1.45万亩、玉米0.25万亩，实现粮油总产654.3吨；完成玉米大豆倒茬轮作2万亩；完成夏、秋深松整地1.98万亩。

吐列毛杜农场为规模化经营第三管理区建设完成办公室、活动室，面积计 259.06 平方米、库房 800 平方米、晾晒场 9374.4 平方米；为管理区新购进迪尔 2204 轮式拖拉机 1 台、进口马克精量播种机 3 台、6 行起垄机 3 台、S660 联合收割机 2 台、1500 升喷药机 3 台。

牧业年度畜牧存栏 84469 头（只）；严格执行草畜平衡制度，畜牧服务中心指导 29 户养殖户种植 3 年生牧草 2599 亩；完成玉米秸秆打包 2000 包、青贮饲草打包 12.85 万斤。查处挖药材等破坏草原行为 27 人；完成 43.2 万余亩草牧场奖补资金统计上报工作；保质保量完成全场春、秋季动物防疫工作；严格按中旗政府要求完成 9 月 23 日—12 月 1 日非洲猪瘟防控各项工作。

吐列毛杜农场协调科右中旗气象局在场建气象站 2 处；5 月 1 日—9 月 25 日，全场共发射人工防雹增雨炮弹 146 发、火箭弹 22 枚；邀请兴安盟人工影响天气办公室 2 位工程师到场进行防雹作业培训。

吐列毛杜农场协助中旗国土资源局完成对场的第三次国土调查；配合盟国土资源局完成场土地确权工作；办理设施农用地 4 宗。

缴纳职工医疗保险 730 人，计 327 万元；缴纳大病保险 1002 人，计 11 万元；缴纳工伤保险 712 人，计 36 万元，款项全部由企业承担。缴纳城镇居民医疗保险 1502 人，缴费 39 万元；缴纳农村合作医疗 1100 人；为 499 名女职工办理了特病保险；实现了常住人口医疗保险全覆盖。缴纳住房公积金 207 人，计 185 万元；办理退休职工 37 人，其中病退 2 人。截至 11 月，全场退休职工达 414 人，“五七工” 111 人；办理新农保退休 3 人；为 4 户 8 人争取了城镇居民最低生活保证金。

吐列毛杜农场被兴安盟盟委、盟公署授予“全盟社会矛盾化解专项行动先进集体”。

吐列毛杜农场被中国美丽乡村百佳范例宣传推介活动组委会、农业农村部中国农村杂志社评为“中国美丽乡村百家范例”。

2019 年 1 月 4 日　隋德慧任吐列毛杜农场（分公司）党委书记、场长、总经理，免去其吐列毛杜农场党委副书记职务。武宝权为兴安农垦集团有限责任公司董事长助理（享受集团副总待遇），免去其吐列毛杜农场（分公司）党委书记、场长职务，派驻吐列毛杜农场（分公司）指导工作。

1 月 9 日　兴安盟农牧场管理局党委委员、副调研员贾磊，局审计科负责人夏淼，局人力资源和社会保障办公室副主任赵利到吐列毛杜农场召开农牧场管理局党委民主生活会征求意见座谈会。场党委委员、机关科室负责人、生产连队书记队长、基层党员代表、老同志代表、职工代表共37人参加会议。

1月23日　兴安盟农牧场管理局党委委员、副调研员贾磊，局审计科负责人夏焱、局人力资源和社会保障办公室副主任赵利先后走访慰问农场困难职工吴聪、困难党员胡德格吉日呼，了解他们的生活和身体情况，并为他们送上慰问金。

1月25日　吐列毛杜农场工会、妇联、共青团联合组织全场管理人员举办了以“2019我们和我们的事业一起出发”为主题的迎新春联欢会。

1月—5月底　吐列毛杜农场开展涉黑涉恶线索摸排工作，联合场派出所出动警力25人、警车5次，走访入户67户，到辖区百姓家中进行了线索摸排工作，共走访排查22人，未发现可疑人员。

2月15日　吐列毛杜农场组宣科、妇联、团委联合开展了为老党员“送学上门”志愿服务活动。

2月16日　吐列毛杜农场（分公司）党委组织全场管理人员参加中心组（扩大）学习。

2月26日　兴安盟农牧场管理局（兴安农垦集团公司）党委书记、局长、董事长张双城，集团公司总经理武宝林，副总经理张金锁，财务总监杨春富到吐列毛杜农场（兴安农垦分公司）调研。吐列毛杜农场（分公司）党委班子成员陪同调研。

2月27日　吐列毛杜农场（分公司）召开信访维稳工作会议，农牧场管理局党委委员、副调研员贾磊到会指导。吐列毛杜农场（分公司）党委书记、场长、总经理隋德慧，党委委员、副场长韩聚东，党委委员、纪检委书记李连生，派出所所长刘军，信访维稳工作人员及各生产队党支部书记、队长共16人参加会议。

3月　吐列毛杜农场成立了农机社会化服务联合体和无人机植保飞防大队，使用无人机进行灭草、灭虫和施肥作业。

3月1日　吐列毛杜农场（分公司）规模化经营管理区对农机具进行全面检修、保养和调试，确保全部农机具能够根据作业要求及时投入到农业生产中。

3月5日　吐列毛杜农场（分公司）学习贯彻全局党建暨群团工作会议

精神，场正科级管理干部、场直单位负责人、生产队队长、书记参加了会议。下午，吐列毛杜农场（分公司）开展防火、防汛工作会和安全生产工作会。

3月6日下午　吐列毛杜农场妇联举办了2019年“魅力女性·精彩绽放”庆三八联欢会。

3月7日下午　吐列毛杜农场（分公司）召开落实兴安盟农牧场管理局（兴安农垦集团公司）党委（扩大）会议精神研讨会，全场副科级以上管理干部参加会议。

3月8—17日　吐列毛杜农场（分公司）举办为期10天的植保无人机操作培训班，共有29名学员参加培训。

3月13日　兴安农垦集团公司总经理武宝林、副总经理张金锁、生产部门负责人李斌深入吐列毛杜农场（分公司）调研农牧业生产工作和春备耕情况，并与场党委班子和农牧业生产相关负责人进行座谈。

3月14日　吐列毛杜农场（分公司）党委召开党委中心组第三次集中理论学习。

3月20日　兴安盟农牧场管理局农机监理站安全生产及驾驶员培训班在吐列毛杜农场（分公司）举办。

3月22日　吐列毛杜农场（分公司）党委召开“重实干、强执行、抓落实”专项行动整治“四官”问题和深入整治形式主义、官僚主义两个专题会议，机关全体、各支部书记、副书记、生产队长、场直单位负责人70人参加会议。

3月31日　吐列毛杜农场（分公司）九届四次职工代表大会在机关三楼会议室召开，来自全场各条战线的59名职工代表、59名列席代表及3名特邀代表参加了会议。农牧场管理局党委委员、副调研员贾磊，群工部部长杨秀红，社会事业办阿图出席会议。

4月2日下午　兴安盟委委员、副盟长聂新鹏，盟交通局副局长吴树恩一行到吐列毛杜农场（分公司）调研，兴安盟农牧场管理局（兴安农垦集团公司）党委书记、局长、董事长张双城，兴安农垦集团公司党委副书记、总经理武宝林，集团公司党委委员、副总经理张金锁，场党委班子成员陪同调研。

4月16日　兴安盟委第一巡察组组长杨志勇，副组长张连成，组员吕艳彬、吕军听、白秀芳一行到吐列毛杜农场（分公司），开展巡察工作。同日，内蒙古成吉思汗书画院院长李兴伦、副院长张高立涛、副院长孙玉富、秘书长侯佳农、内蒙古老松堂书画院院长李甲忠、内蒙古成吉思汗书画院会员国家二级美术师李雪山一行6人到吐列毛杜农场创作采风。

4月23日　吐列毛杜农场妇联组织机关、场直单位20名妇女干部召开“70年，我的家与国”女性恳谈会。

4月30日　吐列毛杜农场团委举办了“我的青春·我的梦”主题演讲比赛。来自全场各条战线的13名选手参加比赛。

5月　吐列毛杜农场规模化经营管理区抢抓“墒机”，全力做好春播生产工作。干部职工连续奋战五个昼夜，完成了3.8万亩大豆的播种工作。

5月1日　吐列毛杜农场党委获得“兴安盟五一劳动奖”。

5月31日　农牧场管理局党委委员、副调研员贾磊到吐列毛杜农场（分公司）调研指导扫黑除恶专项工作，并与吐列毛杜农场扫黑除恶专项工作领导小组成员进行座谈。会上，副场长韩聚东对全场扫黑除恶专项工作进行部署，并宣读了《关于调整吐列毛杜农场扫黑除恶专项斗争领导小组的通知》和《吐列毛杜农场扫黑除恶专项斗争工作方案》。

6月6日　吐列毛杜农场（分公司）召开扫黑除恶专项斗争专题会。场级领导干部，机关各科室负责人，各生产队书记、队长，场直单位负责人共32人参加会议。

6月13日　兴安农垦集团总经理武宝林、副总经理张金锁、兴安农垦集团相关部门负责人一行到吐列毛杜农场（分公司）调研农业生产和防汛工作，分公司总经理隋德慧等领导陪同调研。

6月27日　吐列毛杜农场分公司党委召开了党委中心组（扩大）理论学习会。

6月30日　为纪念中国共产党成立98周年，吐列毛杜农场（分公司）党委举行纪念建党98周年庆祝活动。同日，农场（分公司）携手科右中旗乌兰牧骑在场中心广场举办“不忘初心、牢记使命”——吹响企业化改革号角主题晚会。

7月3日　中国农垦经济发展中心技术推广处副处长徐鸿、黑龙江八一农垦大学工程学院教授庄卫东、新疆农垦科学院研究员尹飞虎、新疆农垦科学院研究员刘辉、江苏华源节水股份有限公司总经理邱志鹏及相关人员一行 9 人莅临吐列毛杜农场（分公司）调研玉米绿色高效模式提升行动进展情况和节水灌溉情况，吐列毛杜农场分公司总经理隋德慧及场相关领导陪同调研。

7 月 6 日　来自上海、通辽市科左后旗等地的 17 名老知青回农场探访。

7 月 8 日　许刚任吐列毛杜农场（分公司）党委副书记，免去其吐列毛杜农场副场长职务；韩聚东任吐列毛杜农场（分公司）副总经理、社区管理委员会主任；李连生任吐列毛杜农场（分公司）副场长、副总经理，免去其吐列毛杜农场纪检委书记职务；丁晓明任吐列毛杜农场副总经理；姜文涛任吐列毛杜农场（分公司）副场长、副总经理，免去其吐列毛杜农场工会主席职务；滕倩任吐列毛杜农场（分公司）党委委员、纪检委书记、工会主席；陈宏享受吐列毛杜农场（分公司）副总经理待遇。

7 月 17 日　兴安盟农牧场管理局党委委员、副调研员史毅及局机关相关科室工作人员深入吐列毛杜农场（分公司），对乡村振兴各项工作的开展落实情况进行督查指导，党委书记、场长、分公司总经理隋德慧等领导陪同调研。

7 月 20 日　内蒙古自治区农牧业种业管理处处长王慧忠一行三人到兴安农垦集团吐列毛杜农场（分公司）调研种子的试验、示范、推广情况，集团公司总经理武宝林、副总经理张金锁、分公司总经理隋德慧及相关领导陪同调研。

7 月 27 日　吐列毛杜农场机关管理人员共 60 人参加了在科尔沁右翼中旗图什业图赛马场举办的 2019 年全国速度马经典大赛暨第二届科尔沁右翼中旗那达慕大会开幕式。吐列毛杜农场获得主办单位中共科尔沁右翼中旗委员会、科尔沁右翼中旗人民政府颁发的“体育道德风尚奖”。

8 月 1 日　兴安盟农牧场管理局（集团公司）党委书记、董事长张双城，副调研员史毅、贾磊及相关科室负责人到吐列毛杜农场（分公司）调研，先后深入场现代农业科技示范园区和规模化经营管理区实地考察，场（分公司）总经理隋德慧、副场长丁晓明等陪同调研。

8 月 14 日　呼和马场（分公司）总农艺师刘建华带领相关工作人员一行 4 人到吐列毛杜农场分公司农业科技示范园区进行实地观摩。

8 月 21 日　来自全国各地的 30 家智慧农业、农机、农药、种子企业到“兴安农垦智慧农垦开放日”活动第二站——吐列毛杜分公司参观考察，兴安农垦集团公司总经理武宝林、副总经理张金锁、相关科室领导及分公司领导陪同参观。

8月24—25日　吐列毛杜农场绿色食品办公室副主任白永强参加了内蒙古自治区在锡林郭勒举办的全区农垦农产品质量安全培训班。

8月26日　吐列毛杜农场下乡知青陆健捐助3万元，对2019年考上大学的24名职工子女给予每人1000元的资助，并对两名成绩突出的贫困考生给予3000元的特殊资助。同日，兴安农垦集团杜尔基农场（农牧有限公司）党委书记、场长、董事长、总经理徐立文带领杜尔基农场管理干部代表一行16人到吐列毛杜农场（分公司）交流参观，场党委书记、场长、总经理隋德慧等领导陪同参观。

8月28日　吐列毛杜农场3名工作人员赴索伦牧场参加“户户通”运维人员技能大赛，王程里、白玉军、安文鹏获得了团体第一名，安文鹏获得个人第三名。

8月30日　吐列毛杜农场（分公司）无人机飞防大队共派出4架无人机和4个飞手、2个助手远赴新疆，为种植的1.04万亩棉花进行脱叶剂喷洒作业。

9月8日　吐列毛杜农场派出所工作人员与吐列毛杜农场卫生院医护人员联合对辖区男性居民族系进行采血，帮助公安机关和医疗卫生单位快速查明人员身份。

9月24日　为庆祝中华人民共和国成立70周年，吐列毛杜农场组织工作人员在场内主要街道悬挂国旗70面。

9月26日下午　吐列毛杜农场召开2019年秋冬季森林草原防灭火工作会议，全场90名管理干部参加会议。

9月27日　吐列毛杜农场举办了廉政文化书法展，场内30名书法爱好者参加活动，分别展示了硬笔书法、毛笔书法作品40幅。

10月10日　兴安盟地方志办公室主任岳晓勇、副主任窦向华在兴安盟农牧场管理局（集团公司）党委副书记、总经理武宝林，兴安农垦志主编张月胜、兴安农垦志办公室副主任胡龙的陪同下，到吐列毛杜农场（分公司）调研场志编纂情况，场党委书记、场长、总经理隋德慧等领导陪同调研。

10月12日　吐列毛杜农场（分公司）组织管理干部、党员共76人，在机关三楼会议室通过远程视频，参加了盟农场局（兴安农垦集团）“不忘初心、牢记使命”专题辅导讲座。

10月14日　农场局（集团公司）党委书记、局长、董事长张双城到吐列毛杜农场（分公司）进行工作调研，场党委书记、场长、总经理隋德慧等领导陪同调研。

10月16—22日　吐列毛杜农场（分公司）党委组织各包片场领导深入包联单位，各基层党支部书记在本支部以“不忘初心、牢记使命”为主题讲专题党课。

10月17日　吐列毛杜农场（分公司）党委组织全场98名管理干部进行“学习强国”知识专项测试。测试结束后，场党委书记、场长、总经理隋德慧以《不忘初心、牢记使命》为题，给全体管理干部讲党课，局（集团公司）主题教育工作第四指导组组长贾磊、局审计科负责人夏焱、局人力资源和社会保障办公室副主任赵利列席。全场管理干部观看了“不忘初心、牢记使命”北疆英模先进事迹报告会等。

10月18日　兴安盟纪检委驻局纪检组负责人黄雷子、工作人员毛翠兰、局纪检监察办公室主任赵光喜一行到吐列毛杜农场（分公司），就党风廉政建设和反腐败工作及企业发展情况进行调研，场党委书记、场长、总经理隋德慧、纪检委书记滕倩陪同调研。

10月21日上午　吐列毛杜农场（分公司）党委组织各支部书记、2018年度优秀共产党员代表、特色养殖户代表共33人到科右前旗巴日嘎斯台乡兴安村爱国主义教育示范基地内蒙古自治区东部区第一个农村党支部参观。

10月21日下午　兴安盟农牧场管理局宣传部部长廖彤带领吐列毛杜农场党委中心组成员到兴安职业技术学院参观学习“忆初心、明使命”主题教育。

10月24日　内蒙古成吉思汗书画院院长李兴伦、内蒙古老松堂书画院院长李甲忠、中国人民书画院内蒙古分院院长王墨、京华书画院院长高歌一行4人到吐列毛杜农场采风创作。

11月　吐列毛杜农场召开鼠疫防控工作推进会。

11月6日　吐列毛杜农场（分公司）党委在机关三楼会议室举办了基层支部书记培训会。场党委副书记许刚主持会议，各基层支部书记、机关支部支委成员、组宣科工作人员共16人参加了培训。

11月15日　吐列毛杜农场举办消防知识培训班，特邀内蒙古国安消防知识宣传中心王永强教官为场防灭火小组成员80多人进行专业消防安全知识培训。

11月21日　吐列毛杜农场（分公司）党委召开“不忘初心、牢记使命”主题教育调研成果交流会和对照党章党规找差距专题会议。全体党委班子成员参加了会议，场党委书记、场长、总经理隋德慧主持会议，局（集团公司）主题教育工作第四指导组组长贾磊到会指导。

11月22日　兴安盟农牧场管理局（集团公司）党委副书记、总经理武宝林，副总经理孙百川、张金锁三人深入吐列毛杜农场（分公司）调研，场（分公司）党委书记、场长、总经理隋德慧等领导陪同调研。同日，兴安盟农牧场管理局农机监理站站长伊秀成及农机购置补贴办公室工作人员到吐列毛杜农场进行农机安全检查和办理农机购置补贴手续等工作。

11月29日　吐列毛杜农场规模化经营管理区职工开展技能大比武。比武共分为理论知识考试和实践操作考核两个内容，三个规模化经营管理区共有70人参加比赛。

12月4日　吐列毛杜农场（分公司）召开职工技能大比武表彰会。随后，进行吐列毛杜农场（分公司）2019年度农业生产总结大会。场（分公司）党委书记、场长、总经理隋德慧等场领导，农业生产部门负责人及三个规模化经营管理区主任和职工共100人参加了会议。

12月13日　吐列毛杜农场（分公司）开展“守初心、担使命、做新时代好青年”学习强国知识竞赛，来自各基层党支部、直属单位、管理区的共13支代表队参加了比赛。

12月20日　吐列毛杜农场召开2019年度党支部书记述职评议考核大会。场党委成员、机关全体、各基层党支部及场直单位管理人员共90人参加会议，局（集团公司）“不忘初心、牢记使命”主题教育工作第四指导组成员赵利到会指导。

是年　吐列毛杜农场农业技术推广体系完成了黑龙江农科院作物育种研究所安排的小麦、大麦、大豆、芸豆等品种对比试验；完成局（集团公司）安排的“全国基层农技推广体系改革与建设补助项目”大豆新品种试验示范展示品种71个。大豆中区对比试验800亩，试验展示新品种4

个，筛选出华菜豆3和中黄901两个适用品种；大棚春季育苗20万株左右，育各类蔬菜、葫芦、瓜类等近5万株，为场区及各生产队美化环境，园区观赏等方面节约资金近20万元。园区内新增景观长廊30米，观景台一座。

吐列毛杜农场牲畜总头数67046头（只）；完成2万只有机绵羊的追溯任务，有机羊肉产品达到300吨；畜牧服务中心落实43户牧户种植三年生牧草1.5万亩，统计上报退化草原补播牧草1.5万亩；累计组织参加培训及疫病防治11次；保质保量完成全场春、秋季动物防疫工作。

吐列毛杜农场出资1.04万元，邀请乌兰浩特市人民医院专家来场为110名在职职工、204名退休职工进行体检。

2020年

1月　根据工作需要，经吐列毛杜农场党委研究决定，进行领导班子分工调整。

1月2日　兴安农垦农场局（集团公司）纪检委书记贾磊、纪检监察室负责人赵光喜，在吐列毛杜农场（分公司）副场长姜文涛，纪检委书记、工会主席滕倩的陪同下，来到第三生产队困难职工徐小占和第五生产队困难职工何青兰家，了解他们的生产生活情况，并为他们送去慰问金。

1月17日上午　吐列毛杜农场（分公司）召开全体管理干部大会。

1月17日下午　吐列毛杜农场（分公司）召开“瑞鼠兆丰年、协力谱新篇”新年联欢会，场领导班子成员、管理干部、职工共100人参加。

1月26日　吐列毛杜农场成立新型冠状病毒感染性肺炎防控工作领导小组，制订了新型冠状病毒感染性肺炎防治应急预案。

1月27日　兴安盟农牧场管理局（集团公司）党委副书记、总经理武宝林到吐列毛杜农场主持召开疫情防控专题会议。场党委书记、场长、隋德慧等场领导，派出所、卫生院负责人参加会议。

1月30日上午　科右中旗疫情防控第十六督导组组长王剑到吐列毛杜农场检查督导疫情防控工作。

1月31日　吐列毛杜农场党员志愿服务队的20名党员深入场内5个生产连队，为职工群众发放疫情防控知识宣传单。

2月　在抗击新冠肺炎疫情的关键时期，吐列毛杜农场社会各界朋友和爱心人士纷纷为疫情防控工作捐款捐物，塔日干赛养殖场康总向吐列毛杜农场捐款2万元，新兴农种子经销处李晓刚向吐列毛杜农场捐款1

万元。

2月10日　为进一步做好新冠肺炎疫情防控工作，吐列毛杜农场党委组织党员特遣队、党员志愿服务队的40名党员干部深入各个生产连队，在前期摸排基础上再次开展全面、深入、彻底的拉网式排查，确保“不漏一户、不漏一人”。

2月13日　兴安盟农牧场管理局（集团公司）党委副书记、总经理武宝林，副总经理张金锁，财务总监杨春富一行，深入吐列毛杜农场暗访督查疫情防控工作，看望慰问一线值班人员，并调研备耕生产工作。

2月14日　科右中旗疫情防控第十六督导组组长王剑深入吐列毛杜农场，对疫情防控工作进行再部署、再强调、再落实。看望慰问一线工作人员，并送来旗委政府调拨的口罩、消毒液、温度计等物资。

2月24日下午　科右中旗疫情防控第十六督导组组长王剑、科右中旗中医院副院长董晓军深入吐列毛杜农场体温监测劝返点及卫生院，检查督导疫情防控工作。场党委书记、场长隋德慧，纪检委书记、工会主席滕倩陪同检查。

2月27日　兴安盟农牧场局（集团公司），党委副书记、总经理武宝林，副总经理孙百川，财务总监杨春富一行深入吐列毛杜农场（分公司），暗访督查疫情防控工作，看望慰问一线值班人员，送来口罩等物资，并调研经济发展及备耕生产工作。

3月1日　吐列毛杜农场分公司规模化经营管理区全体员工正式返岗上班，开启农业生产工作。

3月6日　为积极响应党中央对广大党员的号召，全力打赢疫情防控阻击战，吐列毛杜农场党委积极动员全场党员，自愿为疫情防控工作捐款献爱心，全场有167名党员捐款，共计18850元。同日，吐列毛杜农场召开春季森林草原防灭火部署会。

3月12日　兴安盟气象局人工影响天气办公室专家顾玉坤、吕冬栢到吐列毛杜农场对23名人工影响天气作业人员进行理论培训。

3月15日　吐列毛杜农场森林草原防火指挥部联合科右中旗森林公安局、科右中旗林草局防火站开展森林草原防火宣传活动，普及相关防火知识，保护森林草原资源，维护生态安全。

3月21日　吐列毛杜农场团委开展了“学雷锋全民爱卫生”志愿服务

活动。

3 月 29 日　兴安农垦吐列毛杜农场九届五次职工代表大会胜利召开，来自全场各条战线的 57 名职工代表、3 名列席代表参加了会议。职代会召开后，吐列毛杜农场（分公司）召开了 2019 年度劳模表彰大会。

3 月 31 日　为全面做好第七次人口普查工作，吐列毛杜农场成立第七次人口普查工作领导小组。

4 月　根据兴安盟农牧场管理局、科右中旗政府下发的《国有企业公职人员涉煤违规违法问题全面排查整治工作方案》，对在职管理人员和 2000 年以来退休的公职人员全部进行了排查，共计排查 125 人，全场范围内无违规违纪人员。

4 月 10 日　统一二维码标识注册管理中心（UTC China）兴安盟服务中心主任吴玉库，兴安盟溯源产品商会副会长、理事等人到内蒙古兴安农垦集团吐列毛杜分公司考察交流。

4 月 26 日下午　吐列毛杜农场工会、妇联、共青团联合组织 10 名青年志愿者开展了“防疫有我，爱卫同行”主题爱国卫生月活动，捡拾职工休闲广场、植物园内的垃圾，清理卫生死角。志愿者们还发放 120 份“防疫有我，爱卫同行”倡议书。

4 月 27 日　吐列毛杜农场开始春耕生产。同日，兴安日报社党委书记、社长刘向阳一行 5 人在兴安盟农牧场管理局宣传部部长廖彤的陪同下，到吐列毛杜农场（分公司）采访春播生产情况，场（分公司）党委书记、场长、总经理隋德慧等领导陪同。

5 月 7 日　兴安盟农牧场管理局（集团公司）督查组成员赵光喜、夏焱、姜和到吐列毛杜农场（分公司）对党风廉政建设工作落实情况及审计工作开展情况进行督查。

5 月 18 日　科右中旗林业局派出一架直升机对吐列毛杜农场 2 万亩林地进行喷药灭虫作业。

5 月 19 日　兴安盟农牧场管理局吐列毛杜农场党委书记、场长隋德慧荣获兴安盟“五一劳动奖章”。

5 月 20 日　吐列毛杜农场（分公司）召开基层党组织建设工作会议、党风廉政建设和反腐败工作会议，全场 60 名管理人员参加了会议。

6 月 2 日　兴安盟农牧场管理局（集团公司）党委副书记王浩一行到吐

列毛杜农场（分公司）就去行政化机构改革情况进行督查调研，场（分公司）党委书记、场长、总经理隋德慧等领导陪同调研。

6月9日　兴安盟农牧场管理局（集团公司）党委书记、局长、董事长张双城，副总经理张金锁，综合部副部长陈铁锁一行到吐列毛杜农场（分公司），调研生产经营和农牧业产业发展情况，场（分公司）党委书记、场长、总经理隋德慧等领导陪同调研。

6月12日　兴安农垦举办了全系统“学习强国”11个学习管理组的55名队员挑战答题赛决赛，吐列毛杜农场选派孔颖、韩艳秋、袁红、赵青亮、尹鹏军5名队员参赛。经过激烈的角逐，孔颖以1030道题的成绩，获得“答题挑战赛标兵”称号。

6月24日　工会组织机关妇女干部为管理区包粽子，并送到一线工人手中。

7月1日上午　为纪念中国共产党成立99周年，吐列毛杜农场（分公司）党委举行庆祝活动。

7月1日下午　局（集团公司）党委副书记、总经理武宝林，财务总监杨春富，水利开发办主任罗红军一行到吐列毛杜农场（分公司）列席参加了党委第六次中心组集中理论学习会。会上，武宝林为与会人员讲了题为《聚力农垦改革　实现绿色发展》的专题党课。会后，武宝林一行实地察看了吐列毛杜农场（分公司）防汛工作，就山洪灾害治理和水利设计规划提出意见建议。

7月2日　局（集团公司）党委副书记、总经理武宝林，财务总监杨春富，水利开发办主任罗红军一行到吐列毛杜农场（分公司）调研农业生产情况。场（分公司）党委副书记许刚，副场长、副总经理丁晓明陪同调研。同日，吐列毛杜分公司召开“智慧农场”一期项目鉴定验收会。

7月6日　按照农场局（集团公司）党委要求，吐列毛杜农场成立审计反馈意见整改领导小组。同日，吐列毛杜农场（分公司）召开了加强执纪监督规范生产经营管理监督检查工作会，全场60名管理人员参加会议。

7月7日　吐列毛杜农场（分公司）召开防汛、防雹调度会。场（分公司）党委书记、场长隋德慧，副场长、副总经理李连生，副场长、副总经理丁晓明，各生产队班子成员及相关单位负责人共30人参加会议。

7月22日　内蒙古绰勒水利水电有限责任公司设计工程师刘文艳在局（集团公司）水利开发办罗红军的陪同下，到吐列毛杜农场（分公司）就山洪沟治理项目进行现场勘察调研，场（分公司）党委书记、场长、总经理隋德慧，副场长、副总经理丁晓明，场领导程文达陪同调研。调研组一行先后到第二生产队和第五生产队山洪沟进行实地勘察，详细查看山洪沟河道、周边地形地貌等情况，并就洪水山洪沟成因、山洪治理措施等情况进行了解询问。

7月29日　兴安盟水务局副局长宋跃平、水保科科长张德禹、水保站站长吴国忠在局（集团公司）党委副书记、总经理武宝林，副总经理张金锁，水利开发办主任罗红军的陪同下，到吐列毛杜农场（分公司）就水土保持治理工作进行调研，场（分公司）党委书记、场长、总经理隋德慧，场领导程文达陪同调研。调研组先后来到第四、第二、第五生产队，实地察看了各生产队的地形地貌、水流条件及水上保持治理等情况，详细了解了气候条件、治理措施、治理范围等情况。

8月6日　吐列毛杜农场庆祝举办建场60周年职工篮球赛，共有12支篮球队伍、96名运动员参加。篮球比赛结束后，举办了共有12支队伍参加的职工拔河比赛。

8月10日　兴安农垦党建引领绿色发展现场观摩会在吐列毛杜农场分公司拉开帷幕，集团公司党委书记、董事长张双城，党委副书记、总经理武宝林，党委副书记王浩，副总经理孙百川、张金锁、刘华，相关科室工作人员及十个分、子公司党委书记、总经理、副总经理共计40人参加了此次现场观摩会。观摩团先后来到规模化经营管理区农机停放场、农机信息化管理平台指挥中心、种植结构调整展示田、弘牧种养殖专业合作社、现代农业科技示范园区实地勘查观摩。

8月11日　吐列毛杜农场（分公司）党委开展“关爱职工健康”活动，组织在职员工、退休职工、内退职工、“五七工”、职工遗属共800人到场卫生院免费体检。体检为期7天，分批次进行，包括测量血压、血常规、尿常规、肝胆功能、心电图、B超等检查项目，所有体检费用全部由场（分公司）承担。

8月13日　通辽市农业技术推广站站长叶建全一行10人在盟农业技术推广站副站长臧健、集团公司副总经理张金锁的陪同下，到吐列毛杜分公司调研农业技术推广工作，分公司党委书记、总经理隋德慧等领导陪同调研。

8月23日　兴安农垦集团吐列毛杜分公司农业科技示范园区吸引了霍林郭勒市旅游团的30名游客到科技示范园区旅游观光。

8月27日下午　吐列毛杜农场邀请内蒙古国安消防知识宣传中心高级消防教官王建平为全场干部职工进行消防安全培训，机关、场直单位、各生产队共70人参加培训。

9月2日　《中国农垦》编辑部副主编蔡基松，农垦宣传文化中心副主任张韧，广东省农垦集团公司党群工作部部长、《广东农垦》杂志主编王元，广东省广垦橡胶集团有限公司党委副书记、纪委书记、工会主席熊银忠，广东省农垦集团公司党群工作部黄元章在局（集团公司）党委副书记王浩、宣传部部长廖彤的陪同下来到吐列毛杜农场（分公司），就农垦企业发展情况进行采访和考察，场（分公司）党委书记、场长、总经理隋德慧等领导陪同考察。

9月12日　吐列毛杜农场（分公司）举办“走进兴安　遇见农垦”——农垦文化旅游开放日活动。

9月12日晚　农场邀请科右中旗乌兰牧骑的演员、场管理人员和学校的小朋友们联袂在职工文化广场举办了“走进兴安　遇见农垦”——农垦文化旅游开放日与吐列毛杜农场60华诞文艺汇演。

9月15—16日　吐列毛杜农场场志编纂人员任娇参加了中国农垦农场志在哈尔滨举办的第一批农场场志编纂培训班。

9月16日　吐列毛杜农场联合科右中旗防火办公室、森林公安局等相关单位开展森林草原防火宣传活动。

9月22日　吐列毛杜分公司召开秋收生产动员大会，分公司党委书记、总经理隋德慧，副总经理丁晓明，生产部门负责人及工作人员，管理区负责人及全体员工共80人参加会议。

9月24日　局（集团公司）党委书记、董事长张双城主持召开全系统视频会议，传达全盟决胜全面建成小康社会推动经济社会高质量发展现场会会议精神，局（集团公司）领导及相关部（室）负责人在主会场参加会议，各农牧场（分、子公司）场领导在各自分会场参会。

9月28日　吐列毛杜农场2020年1—12月养老统筹按内蒙古自治区

2019 年社平工资 60%作为缴费基数，1 月分配统筹地职工缴费金额 757.01 元，2—11 月缴费金额为 2775.70 元，合计缴费 3532.71 元。未分配统筹地职工及享受场内退待遇人员 1—12 月缴费金额为 3028.03 元。

10 月 10 日　吐列毛杜农场开始进行第七次人口普查的摸底普查工作。

10 月 25 日　吐列毛杜农场特邀兴安盟人民医院“五大中心”专家团队到吐列毛杜农场卫生院开展联合义诊活动。

10 月 24 日—11 月 13 日　吐列毛杜农场全体管理人员以及管理区职工 100 多人组成护粮突击队，对管理区受灾严重的玉米地块进行人工捡拾。

11 月 2 日　吐列毛杜农场开始进行第七次人口普查的入户正式普查工作。

11 月 18 日　集团公司党委书记、董事长张双城，副总经理张金锁，财务总监杨春富，生产部负责人李斌一行 4 人到吐列毛杜分公司调研，分公司党委书记、总经理隋德慧等领导陪同调研。

11 月 23 日　中国农业银行科右中旗支行“三农”部经理白双权、刘伟国一行到吐列毛杜农场洽谈支农惠农贷款事宜并召开座谈会。场党委书记、场长隋德慧及各生产队书记、队长、核算员共 17 人参会。

11 月 30 日　吐列毛杜农场党委组织全体管理干部通过视频收看了盟委宣讲团走进兴安农垦宣讲党的十九届五中全会精神报告会。

中国农垦农场志丛

第一编

建置　沿革

中国农垦农场志丛

第一章 地理位置与概况

第一节 地理位置

吐列毛杜农场地处大兴安岭中段东南麓，位于兴安盟西北部，科尔沁右翼中旗（以下简称“科右中旗”）北部。

地理位置为东经 120°12′—120°41′，北纬 45°36′—45°53′。

第二节 概　　况

吐列毛杜农场隶属于兴安盟农牧场管理局及兴安农垦集团总公司。

农场资源较为丰富。全场有天然草场 55.6 万亩，生长着以禾本科、豆科为主的草类，适于发展畜牧业，每年可产草 6000 吨左右。有天然次生林面积 3.5 万亩，生长着 12 种树木。

农场境内有 4 条河流，最大的是界生图河，发源一队附近，向南流入霍林河。地下水也较为丰富，且埋藏较浅。农场境内已探明的矿藏资源有珍珠岩、钼等。

2020 年，吐列毛杜农场全场总户数 1340 户，总人口 3004 人，其中汉族 1344 人、蒙古族 1480 人、满族 179 人、朝鲜族 1 人。建场 60 年来，各民族干部职工群众和睦相处、守望相助。

吐列毛杜农场下辖 5 个生产队和 3 个规模化经营管理区，有环境卫生整治大队、农业技术推广土肥站、畜牧服务中心等场直单位，机关设有 20 个科室。此外，还有职工卫生院、吐列毛杜农场小学校、吐列毛杜农场派出所、农村信用社等派驻机构。

第二章　区划　沿革

第一节　区　　划

吐列毛杜农场东与吐列毛在镇乌兰哈达嘎查毗邻，南与巴仁哲里木镇接壤，西与霍林河煤矿五七马场八连相接，北与科尔沁右翼前旗（以下简称科右前旗）相连。农场南北长37.4公里，东西宽30.4公里，全场总面积633.3平方公里。

第二节　沿　　革

1930年以前，这里人烟稀少。日本侵华时，曾在这里建起保和院农场。1945年8月，保和院农场消亡。中华人民共和国成立后，在这里成立了巴仁哲里木林场。

1960年6月28日，经国家农垦部部长王震批准，由牡丹江军马场调出开荒队进驻吐列毛杜农场，正式成立国营吐列毛杜农场，隶属呼伦贝尔盟（现呼伦贝尔市）开荒指挥部领导。

1960年7月，吐列毛杜农场隶属海拉尔农牧场管理局；1965年11月，隶属哲里木盟（现通辽市）农牧场管理局；1971年3月，隶属于生产建设兵团；1973年4月，生产建设兵团撤销，吐列毛杜农场隶属于哲里木盟国营农牧场管理局；1980年10月，随着兴安盟的复建，吐列毛杜农场隶属于兴安盟农牧场管理局；2018年9月20日，按中共中央、国务院文件精神，进行农垦体制改革，兴安农垦集团公司正式挂牌成立，吐列毛杜农场成为分公司。

第二编

自然环境

中国农垦农场志丛

第一章 地 貌

第一节 特 征

吐列毛杜农场地处大兴安岭西中段南麓，地势西北高、东南低，东部略高于西部，属于低山丘陵区。境内分布着 4 条较大沟谷，呈西北—东南走向或南北走向。山间沟谷深切，切割深度400～600 米，地形较破碎。山峰高度为800～1000 米，山脉走向为西北—东南。整体地貌为山地，无平原，较为平坦的耕地均为山间谷地。

第二节 类 型

全场地貌类型主要分为山坡、甸子、沟壑三类。

1. **山坡** 全场地区属低山丘陵地带，大多数山属低山漫岗，地形以山坡居多。山坡坡度大多为 15°～25°，个别山峰坡度在 30°以上。坡度为 15°～25°的山坡多数为农田，坡度在 25°以上的山坡多用于植树造林。

2. **甸子** 甸子是场区内又一主要地貌，甸子地带多数为草原，其余为耕地。

3. **沟壑** 沟壑系雨水冲刷而成，形成沟壑地段，土壤有机质被冲走，砂石泛起，个别地段岩石裸露、寸草不生。此类地貌场区境内虽有，但数量极少。

第二章 气 候

第一节 四季特征

吐列毛杜农场属温带大陆性季风气候。全境处于大兴安岭主脊东侧，纬度、海拔较高，因此，全场冬季严寒漫长，夏季温热短促。

一、春季

春季为4—5月，降水较少，变率大，多大风天气，春旱发生率高。气温回升快，平均每天回升1℃，气温日差较大，终霜较晚，偶有倒春寒发生。

二、夏季

夏季为6—8月，温热短促，只有2个月稍多，最热月为7月，平均气温多在24.4℃，极端天气最高为42.2℃。全年降水多集中在6—8月，降水量为250～300毫米，变化大，常有干旱或洪涝发生。由于水气充沛，热力对流作用较强，易形成冰雹天气。

三、秋季

秋季为9—10月，秋高气爽，降水量明显减少，为64～80毫米。冷空气活动增多，气温急剧下降，初霜在9月中旬。多大风天气，风力多在4～5级。

四、冬季

冬季为11月—来年3月，严寒漫长，最冷月为1月，多年平均气温为－11.7℃，极端最低气温为－27.1℃。降雪少，多年平均在5～6毫米，占全年降水量的1.6%，多大风天气。

第二节　气候要素

一、气温

吐列毛杜农场气候属于温带半干旱气候型，气温较低，四季分明，寒暑悬殊，气温变化成单峰性。最热为7月，月平均气温24.4℃，极端最高气温为42.2℃；最冷月为1月，月平均气温−11.7℃，年均气温为1～3℃。气温年较差为36.9℃，昼暖夜凉，气温日差较大，初春或初冬气温日较差为10～12℃。春季回暖快，秋季冷空气活动频繁，常有寒流侵袭，降温快。盛夏气温月际变化较小，为1～2℃。吐列毛杜农场初霜早、终霜晚、无霜期短，多年平均无霜期为110天，多年平均初霜日为9月17日，终霜日为5月23日。2000　2020年吐列毛杜农场积温情况如表2-1所示。

表2-1　2000—2020年吐列毛杜农场积温表

稳定通过初日	稳定通过终日	天数（天）	有效积温（℃）
2000-04-26	2000-10-17	165	1844.2
2001-04-24	2001-10-02	162	1841.8
2002-04-26	2002-10-04	162	1725.0
2003-04-20	2003-10-09	173	1764.6
2004-04-24	2004-09-29	159	1772.3
2005-05-07	2005-10-13	160	1712.5
2006-04-25	2006-10-09	168	1793.5
2007-04-19	2007-10-10	175	1999.4
2008-04-27	2008-10-04	161	1704.9
2009-04-25	2009-10-06	165	1706.3
2010-04-30	2010-09-30	154	1818.6
2011-04-25	2011-09-27	156	1706.0
2012-04-26	2012-10-09	167	1672.8
2013-04-22	2013-10-13	175	1801.2
2014-05-07	2014-09-28	145	1676.4
2015-05-13	2015-10-07	148	1667.4
2016-04-26	2016-10-03	161	1722.6
2017-04-27	2017-09-26	153	1783.2

（续）

稳定通过初日	稳定通过终日	天数（天）	有效积温（℃）
2018-04-16	2018-10-06	167	1683.4
2019-04-12	2019-10-06	172	1725.9
2020-04-15	2020-10-08	171	1715.9

二、日照

吐列毛杜农场光照充足，光能资源丰富，全年日照时数为2500～3100小时，年太阳辐射总能量达5268兆焦耳/平方米。作物生长期（4—9月）太阳辐射量月平均在418兆焦耳/平方米以上。其中5月太阳辐射量最多，为646.2兆焦耳/平方米以上。日照时数充足，历年平均年日照时数为2959.1小时，日照率为71%，作物生长期（4—9月）五个月日照时数都大于270小时，其中5月最多，达308.5小时。2000—2020年吐列毛杜农场日照时数如表2-2所示。

表2-2　2000—2020年吐列毛杜农场日照时数

年份	年日照时数（小时）
2000	3072.1
2001	3288.6
2002	3231.6
2003	3017.2
2004	3129.5
2005	3254.4
2006	3123.0
2007	3071.1
2008	2792.8
2009	2919.8
2010	2919.2
2011	3140.5
2012	2950.7
2013	2766.0
2014	2964.0
2015	2827.7
2016	2879.0
2017	3025.8
2018	2410.2

（续）

年份	年日照时数（小时）
2019	2398.5
2020	2401.2

三、降水

吐列毛杜农场的降水量多年平均值为 347.005 毫米。由于受季风、地形的影响，降水量年变化率呈单峰性，春、秋、冬降水少，夏季降水多，年降水量的 80%集中在 6—8 月。年际变率大，降水最多年（2015 年 549.4 毫米）为最少年的 2.53 倍。2000—2020 年吐列毛杜农场降水量如表 2-3 所示。

表 2-3　2000—2020 年吐列毛杜农场降水量

年份	年降水量（毫米）
2000	262.3
2001	231.5
2002	313.5
2003	294.7
2004	218.3
2005	319.7
2006	217.0
2007	271.7
2008	369.9
2009	261.1
2010	297.1
2011	337.8
2012	541.4
2013	390.9
2014	382.8
2015	549.4
2016	478.0
2017	489.4
2018	250.4
2019	463.2
2020	328.4

第三章　水　　文

第一节　地 表 水

境内有霍林河支流界生图郭勒从北向南流过，其余均为降水形成的小溪，属季节性存在。由于降水少，河流季节性小溪的大气候降水补给很少，因而地表径流很小，且极不稳定。境内地表水仅能解决部分畜牧业用水，无法用于大面积农田灌溉，只有两处用于发展养殖业。

第二节　地 下 水

境内的地下水属松散层潜水和基岩裂隙水，埋层 16 米，储量较大，给水度 0.01～0.03。水质良好，适于居民生活及农牧业使用。由于农田面积大，尚未用于大面积农田灌溉，现所采水仅为居民生活用水及居民点的园田浇灌等。

第四章　土壤植被

第一节　土　　壤

吐列毛杜农场位于兴安盟西部低中山地带，境内土壤共有暗棕壤、黑钙土、草甸土、粗骨土 4 个土类，含 5 个亚类、7 个土属、12 个土种。

一、暗棕壤

暗棕壤分布于低山坡地及丘陵顶部，面积为 55.8 万亩，占全场总面积的 63%。典型剖面构型由枯枝落叶层、腐殖质层、淋溶淀积层、母质层等层次构成。腐殖质层一般厚 21~40 厘米，平均厚度 25 厘米，pH 为 6.8 左右。其典型剖面由 A、B、C 层组成。腐殖质 A 层厚度为 20～40 厘米，平均厚度 18 厘米，呈棕色。B 层为暗棕色或棕色，结构面上有铁锰胶膜。

境内暗棕壤有 1 个亚类、2 个土属和 5 个土种，为蒙古栎和阔叶落叶林下发长的土壤。亚类为典型暗棕壤亚类，2 个土属分别为酸性岩暗棕壤土属和中性岩暗棕壤土属。

暗棕壤自身肥力较高，有机质含量为 1.73%～8.93%、速磷为 4～5PPM①，速钾为 125～129PPM，速氮为 176～285PPM，全氮为 0.16%～0.23%，各区间差异较大。由于暗棕壤所处部位较高，土层较薄，利用的限制因素多，故宜以发展林牧业。

二、黑钙土

黑钙土集中分布在山间沟谷中，多呈条状或岛状。成土母质为酸性岩的沉积物和坡积物，成土过程为腐殖质积累和弱钙化过程，土壤质地为壤质。黑钙土分布总面积 18.05 万亩，占农场总面积 20.4%。其自然肥力较高，有机质含量 4.43%，速磷平均

---

① PPM 为非法定计量单位，1PPM=0.001%。

含量 10.2PPM，速钾平均含量 194PPM，速氮平均含量 237PPM，全氮平均含量 0.22%。黑钙土的剖面构型由 A、AB、B、C 层组成。A 层为腐殖质层，呈黑灰色，基本呈黑色；AB 层为过渡层，腐殖质呈舌状下渗过渡。黑钙土的腐殖质平均厚度在 56 厘米左右。

境内黑钙土由两个亚类组成，分别为典型黑钙土亚类和石灰性黑钙土亚类，共有 3 个土属，4 个土种。黑钙土自然肥力较高，利用的限制因素少，发展农牧林业皆宜。

三、草甸土

草甸土分布在窄沟内，分布面积为 1.31 万亩，占全场总面积的 1.49%。其成土过程为草甸化过程，受地下水的直接影响，典型层次是锈纹锈班层。草甸土成土母质为冲积-洪积物，0～20 厘米表土有机质含量 5.91%，速磷含量 5PPM，速氮含量 320PPM。境内草甸土共分为 2 个亚类、2 个土属、2 个土种，2 个亚类是草甸土亚类和石灰性草甸土亚类。

草甸土肥力较高，宜发展农业，但石灰性草甸土亚类 pH 较高，宜发展畜牧业。

四、粗骨土

粗骨土分布在石质山小地和丘陵顶部，分布面积为 1766 亩，占全场总面积的 0.2%。粗骨土土层较石质土厚，但多为 A-C 或 A-AC-C 构型。表土层厚度 10～20 厘米，质地砾质性强，结构性差，根系少，疏松多孔。表土层以下即为风化或半风化的母质层，厚度变幅较大，20～50 厘米，夹有大量岩屑体。表土层及母质层中石砾含量超过 35%。土壤颜色除表土层略深外，以下母质层颜色因岩性不同各异，但均较鲜艳，且上下过渡较明显。

第二节 植　　被

吐列毛杜农场位于大兴安岭西南麓，地处中低山、丘陵地带。植被以草甸草原为主，主要建群植物有禾本科、蔷薇科和菊科等。

北部植被以高大杂草类及多年生旱生草体为主，优势建群种有大针茅、羊草、线叶菊、多叶隐子草等，伴生植物有地榆、细叶胡枝子和山杏等。

西北部山区的阴坡有山杨、紫桦分布，较平坦处有菴毛蒿、地榆、羊草、大针茅等；

在薄土碎石的阳坡则以蒙古蒿、山杏等及杂草为主。南部山区分布的主要建群植物有羊草、针茅等，伴生有丛生隐子草、大籽蒿、蒙古蒿、艾蒿等；在低山区及山间谷地分布着以多年生中生草本为主的草群，主要植物有羊草、地榆、星星草等。东南部低山丘陵区植被主要以禾本科草及山杏等灌木群落为主，主要植物有羊草、大针茅、蒙古羊茅、锋芒草、狗尾草、牛鞭草、山杏、野苜蓿等。

第五章　自然资源

第一节　土地资源

一、土地

吐列毛杜农场辖区总面积633.3平方公里，其中耕地面积19.58万亩。

二、草原

吐列毛杜农场草原面积55.6万亩。

三、林地

吐列毛杜农场有自然林85047.5亩，天然次生林以榆树、白桦树、柳树和杏树为主，基本源于低质林或残次林。白桦树、柳树和山榆分布在山谷中，山杏及灌木丛主要分布在山坡。人工林以杨树为主，成片在田间路旁和坡地栽植。针叶松等树种主要分布在办公区、住宅区和街道旁绿化美化环境，栽植数量少。吐列毛杜农场的禾本科种类较多，被子植物有小叶杨、白林2号、白林4号、小杨、青皮柳、小叶柳、红柳、沙柳、龙须柳、垂柳、薏榆、白榆、蒙古榆、黑桦、白桦、糖槭、山杏、山葡萄、野山楂、樱桃、山丁子、欧里、刺梅、沙果、李子、苹果、梨等，裸子植物有油松、樟子松、云杉、兴安落叶松、华北落叶松、侧柏、圆柏等。

农场人造林面积为12979.84亩，栽培的林木有樟子松、云杉、光辉海棠、柳树、金枝柳、金叶榆、银中杨、果树等；退耕还林总面积为8500亩，种植的树种有杨树、山杏、沙棘树。

第二节　生物资源

一、植物资源

场内野生植物种类较多，涉及14种。主要种类有：

（1）柳科：山杨（火杨）、兴安柳、沼柳。

（2）桦木科：紫桦。

（3）榆科：大果榆（黄榆、蒙古黄榆）、白榆、榆。

（4）蓼科：酸模（酸溜溜、酸不溜）、珠芽蓼（山高粱、山谷子）。

（5）毛茛科：芍药、回回蒜（回回毛茛、野桑葚）。

（6）蔷薇科：山荆子（山定子、林荆子）、地榆（黄瓜香、蒙古刺）、金露梅（金老梅、硅蜡梅、老鸹爪）、山杏（野杏）。

（7）豆科：紫花苜蓿（紫苜蓿、苜蓿）、野火球（野车轴草、野火荻）。

（8）伞形科：防风（旁风、关防风、北防风）。

（9）萝蘑科：地捎瓜（沙奶草、老瓜瓢、地瓜瓢、沙奶奶）。

（10）车前科：平车前（车前草、车串串、车轱辘菜）、车前（大车前、车轱辘、车串串）。

（11）旋花科：打碗花（小旋花）。

（12）菊科：蒙古蒿、艾蒿、野艾蒿、大籽蒿（白蒿）、蒲公英、（蒙古蒲公英、婆婆丁、姑姑英）、苣荬菜（苦菜）。

（13）禾本科：蒙古羊茅、草地早熟禾、蒙古早熟禾、细叶早熟禾、星星草、羊草、大针茅、锋芒草、狗尾草（毛莠莠）牛鞭草、画眉草。

（14）百合科：黄花菜（金针菜）、野韭、蒙古葱（蒙古韭）、韭。

二、动物资源

境内野生动物种类较多，数量较多的涉及5纲、15目、16科。在昆虫中，益虫、害虫都有，但害虫占大多数。

（一）哺乳纲

1. 食肉目

（1）犬科：狼、狐狸、貉。

(2) 猫科：猞猁、豹猫（山猫）。

(3) 猪科：野猪。

2. **啮齿目** 仓鼠科：田鼠。

3. **偶蹄目** 鹿科：鹿、狍子。

4. **兔形目** 兔科：兔。

5. **翼牛目** 蝙蝠。

6. **食虫目** 猬科：刺猬。

（二）鸟纲

1. **隼形目** 鹰科：鸢苍鹰、雀鹰、普通鹰、毛脚鹰、秃鹰、鹊鹞、白头鹞。

2. **鸡形目** 雉科：班翅山鹑 鹌鹑 环颈雉。

3. **鸽形目** 沙鸡科：沙鸡（沙半鸡）、毛脚沙鸡。

4. **鹃形目** 大杜鹃。

5. **夜鹰目** 夜鹰科：普通夜鹰。

6. **雀形目**

(1) 百灵科：蒙古百灵、角百灵、凤头百灵、云雀。

(2) 燕科：灰沙燕、家燕、金腰燕。

(3) 鸦科：松鸦、灰喜鹊、喜鹊、秃鼻乌鸦、寒鸦、大嘴乌鸦、小嘴乌鸦。

(4) 山雀科：银喉（长尾）、山雀、大山雀。

(5) 文鸟科：麻雀。

（三）两栖纲

无尾目 蟾蜍、青蛙。

（四）爬行纲

1. **蜥蜴目** 蜥蜴、壁虎

2. **蛇目** 蛇。

（五）昆虫纲

主要种类有蜜蜂、蟑螂、蝉、蝈蝈儿、蟋蟀、蜻蜓、蝴蝶、蛾、蜈蚣、蚱蜢、牛虻、蚊、蝇、蚜、螟虫、食心虫、萤火虫、蟑螂、跳蚤、臭虫、蜘蛛、蝎子、钱串子、蚂蚁等。

第三节　矿　　藏

一、珍珠岩矿

珍珠岩矿位于吐列毛杜农场第四生产队西 4 公里“八连沟”北侧，储量为 50 万吨。

二、钼矿

钼矿位于吐列毛杜农场第三生产队东北 10 公里处。

第六章　自然灾害

吐列毛杜农场地处大兴安岭中段南麓，多年平均降水量为347.005毫米，85%的降水集中在6—8月。因此，农场春季易干旱，夏季易形成洪涝灾害，秋季大风天气多，易形成“摔籽风”，霜冻亦早，主要自然灾害有干旱、洪涝，冰雹、大风、霜冻及病虫害等。

第一节　干　　旱

2000年，吐列毛杜农场受灾面积8.001万亩，其中绝收2.85万亩。

2001年，吐列毛杜农场受灾面积7.5万亩，其中绝收2.241万亩。

2002年，吐列毛杜农场受灾面积8.16万亩，其中绝收2.85万亩。

2004年，吐列毛杜农场受灾面积5.8035万亩，其中绝收2.5395万亩。

2005年，吐列毛杜农场受灾面积0.846万亩，其中绝收0.846万亩。

2006年，吐列毛杜农场受灾面积6.312万亩，其中绝收1.0995万亩。

2007年，吐列毛杜农场受灾面积7.0005万亩，其中绝收1.5万亩。

2008年，吐列毛杜农场受灾面积3.3015万亩。

2009年，吐列毛杜农场受灾面积4.9万亩，其中绝收0.3万亩。

2010年，吐列毛杜农场受灾面积15.49万亩，其中绝收1.77万亩。

2011年，吐列毛杜农场受灾面积5.85万亩，其中绝收1.5万亩。

2016年，吐列毛杜农场春夏两季农牧业遭受旱灾，农场19.5万亩耕地、56万亩草场受灾，其中有6万亩农作物绝产，4.2万只牲畜缺少牧草。

2017年，吐列毛杜农场遭受自1960年以来最严重的旱灾，土壤墒情跌至有气象记录以来的历史最低，没有有效降水，截至6月上旬，累计降水量不足10毫米。全场19.5万亩耕地播种出苗后，有90%以上的幼苗旱死，直接经济损失550万元，受灾户231户。牧业方面，全场55.6万亩草场受灾，青草难以萌发，春季接羔受到严重影响，成活率不足70%，成年母羊也有不同程度死亡，损失惨重，经济损失达650万元。

2018年，吐列毛杜农场春季干旱，其中受灾面积18.5万亩，绝收8万亩。

2019年，吐列毛杜农场春季干旱，其中受灾面积1.5万亩，绝收0.34万亩。

第二节 洪 涝

2003年，吐列毛杜农场受灾面积1.0005万亩，其中绝收0.96万亩。

2005年，吐列毛杜农场受灾面积3.723万亩，其中绝收1.5万亩。

2006年，吐列毛杜农场受灾面积0.1905万亩，其中绝收0.12万亩。

2007年，吐列毛杜农场受灾面积2.7万亩，其中绝收0.6万亩，

2008年，吐列毛杜农场受灾面积6.699万亩，其中绝收0.4995万亩。

2009年，吐列毛杜农场受灾面积3万亩，其中绝收1.005万亩。

2011年，吐列毛杜农场受灾面积4.9995万亩，其中绝收1.0005万亩。

2012年吐列毛杜农场受灾面积2.1万亩，其中绝收0.4005万亩。

2013年9月，吐列毛杜农场遭受暴风雨袭击，出现洪涝灾害，农作物受灾面积0.8万亩，其中小麦0.2万亩、大豆0.1万亩、油葵0.4万亩、油菜0.1万亩，造成经济损失424万元。

2014年8月，吐列毛杜农场农作物遭受洪涝灾害，受灾面积0.6万亩，造成经济损失470万元。

2015年，吐列毛杜农场受灾面积3.3825万亩，其中绝收1.2万亩。

2017年7月，吐列毛杜农场遭受暴雨冰雹袭击，出现严重洪涝灾害，受灾户231户。

2018年6月11日，吐列毛杜农场第二生产队北沟和第一生产队11号沟突降暴雨，一个小时内降水量达55毫米以上，致使下游第一生产队、第二生产队、第五生产队多处农田被毁，场部居民遭洪水袭击。洪涝灾害共造成0.9213万亩粮食被冲毁或被淤泥淹没，其中完全冲毁0.4120万亩，水毁减产0.5093万亩。冲走成年绵羊10只，冲毁桥涵护栏一处，冲毁泄洪堤坝600米。场部地区26处房屋和22户仓房进水，冲毁院墙550米。

第三节 冰 雹

2012年8月，吐列毛杜农场遭受雹灾，农作物受灾面积0.4万亩，造成经济损失176万元。

2018年7月9日，吐列毛杜农场遭受多年不遇的雹灾，第一生产队大部分农田和第四生产队西部农田受灾，受灾面积达1.7万亩。

第四节 风　灾

2014年10月4日，吐列毛杜农场连续两天刮风，风力达到8级，导致收获期延后，受灾面积达7万亩。

第五节 霜　冻

2001年，吐列毛杜农场受灾面积1.0005万亩，其中绝收0.249万亩。

2003年，吐列毛杜农场受灾面积2.76万亩，其中绝收1.5万亩。

2011年5月，吐列毛杜农场遭受霜冻，受灾面积0.5万亩。

2018年5月23日，吐列毛杜农场农牧业遭受严重霜冻，幼苗全部冻死。

第六节 雪　灾

2000年12月—2001年1月，吐列毛杜农场连续降大雪，部分职工家中养羊的圈舍被大雪压倒，圈舍被雪埋没，羊挤堆被压死。

2010年11月7日—26日，吐列毛杜农场全境连降4场大雪，积雪厚度达20厘米，场内数条公路和通往野外牧点道路被大雪封堵，给全场职工群众出行带来不便，牧业生产遭受严重白灾。据统计，农业受灾户达32户，牧业受灾户达148户，总计受灾180户，受灾人口548人，受灾牲畜4.9万头/匹/只，死亡20头牛、347只羊。受灾草牧场面积45万亩，造成直接经济损失36万元。

2012年10月下旬，吐列毛杜农场连续多天降雪，积雪厚度达25厘米以上，场内职工种植的油葵被积雪覆盖，埋在地里，联合收割机无法下地进行直接收获，共计0.5万亩，造成直接经济损失100万元。

2016年10月下旬，吐列毛杜农场连续降雪3天，地面积雪厚度达20厘米以上，造成部分地块积雪厚度达30厘米以上，致使0.04万亩油葵无法收获，造成经济损失35万元。

第七节 病虫灾

吐列毛杜农场境内农作物常发生的病虫害有小麦根腐病、赤霉病、白粉病等。这些病害多发生在小麦扬花、穗实期间，是由于长时间阴雨，作物得不到充足的光照和适宜的温度引发的。

2001 年，吐列毛杜农场遭受虫灾，受灾面积 1.101 万亩，其中绝收 0.1995 万亩。

2015 年，由于 8 月初到 8 月中旬阴雨连绵，场内种植的部分油葵发生菌核病（即烂头），发病率达到 85%～90%，减产 80%～85%，经济损失在 1000 万元以上。

2016—2017 年，菌核病发病较重，造成油葵根部腐烂，花盘及种仁腐烂。油葵减产 80%～85%，造成经济损失 800 多万元。

中国农垦农场志丛

第三编

人口　民族
职工生活

中国农垦农场志丛

第一章 人口和计划生育工作

第一节 人口数量

2000年，吐列毛杜农场人口的民族构成为汉族1623人、蒙古族1445人、满族137人、朝鲜族2人。总户数为933户，职工总数为1511人，总人口数为3207人。

2001年，吐列毛杜农场人口的民族构成为汉族1614人、蒙古族1440人、满族136人、朝鲜族2人。总户数为1010户，职工总数为1388人，总人口数为3192人。

2002年，吐列毛杜农场人口的民族构成为汉族1672人、蒙古族1463人、满族137人、朝鲜族2人。总户数为1067户，职工总数为1388人，总人口数为3274人。

2003年，吐列毛杜农场人口的民族构成为汉族1760人、蒙古族1560人、满族147人、朝鲜族2人。总户数为1097户，职工总数为1213人，总人口数为3469人。

2004年，吐列毛杜农场人口的民族构成为汉族1741人、蒙古族1589人、满族153人、朝鲜族2人。总户数为1101户，职工总数为1078人，总人口数为3485人。

2005年，吐列毛杜农场人口的民族构成为汉族1551人、蒙古族1431人、满族184人、朝鲜族2人。达斡尔族1人。总户数为1007户，职工总数为1105人，总人口数为3169人。

2006年，吐列毛杜农场人口的民族构成为汉族1532人、蒙古族1433人、满族182人、朝鲜族2人、达斡尔族1人。总户数为1021户，职工总数为1049人，总人口数为3150人。

2007年，吐列毛杜农场人口的民族构成为汉族1526人、蒙古族1475人、满族172人、朝鲜族2人。总户数为1031户，职工总数为1165人，总人口数为3175人。

2008年，吐列毛杜农场人口的民族构成为汉族1522人、蒙古族1494人、满族173人、朝鲜族1人。总户数为1071户，职工总数为1290人，总人口数为3190人。

2009年，吐列毛杜农场人口的民族构成为汉族1507人、蒙古族1499人、满族173人、朝鲜族1人。总户数为1092户，职工总数为1098人，总人口数为3180人。

2010年，吐列毛杜农场人口的民族构成为汉族1473人、蒙古族1471人、满族182

人、朝鲜族1人。总户数为1127户，职工总数为1089人，总人口数为3127人。

2011年，吐列毛杜农场人口的民族构成为汉族1461人、蒙古族1492人、满族178人、朝鲜族1人。总户数为1118户，职工总数为1176人，总人口数为3132人。

2012年，吐列毛杜农场人口的民族构成为汉族1458人、蒙古族1495人、满族177人、朝鲜族1人。总户数为1120户，职工总数为1193人，总人口数为3131人。

2013年，吐列毛杜农场人口的民族构成为汉族1435人、蒙古族1480人、满族177人、朝鲜族1人。总户数为1183户，职工总数为1173人，总人口数为3093人。

2014年，吐列毛杜农场人口的民族构成为汉族1447人、蒙古族1511人、满族179人、朝鲜族1人。总户数为1163户，职工总数为1123人，总人口数为3138人。

2015年，吐列毛杜农场人口的民族构成为汉族1282人、蒙古族1577人、满族175人、朝鲜族1人。总户数为1282户，职工总数为1123人，总人口数为3035人。

2016年，吐列毛杜农场人口的民族构成为汉族1414人、蒙古族1508人、满族177人、朝鲜族1人。总户数为1312户，职工总数为1112人，总人口数为3100人。

2017年，吐列毛杜农场人口的民族构成为汉族1389人、蒙古族1516人、满族177人、朝鲜族1人。总户数为1317户，职工总数为1111人，总人口数为3083人。

2018年，吐列毛杜农场人口的民族构成为汉族1379人、蒙古族1504人、满族176人、朝鲜族1人。总户数为1331户，职工总数为1074人，总人口数为3060人。

2019年，吐列毛杜农场人口的民族构成为汉族1418人、蒙古族1439人、满族176人、朝鲜族1人。总户数为1338户，职工总数为1028人，总人口数为3034人。

2020年，吐列毛杜农场人口的民族构成为汉族1344人、蒙古族1480人、满族179人、朝鲜族1人。总户数为1340户，职工总数为999人，总人口数为3004人。

第二节　人口来源

吐列毛杜农场的人口来源主要有以下几个：

1. **部队转业官兵及复员退伍军人**　在建场初期，部队转业官兵是吐列毛杜农场人口和职工的主体。复员转业军人主要是指20世纪60年代以后安置的转复军人和场内青年应征入伍服役期满回场参加工作的人员。

2. **北大荒农垦系统干部调入和盟内同系统企业干部、职工调入**　这些干部调入时，其家属子女一同迁入吐列毛杜农场，这也是农场人口来源的一个因素。

3. **接受大、中专毕业生，下乡知识青年和从社会招录青年工人**　从20世纪50年代开始，国家为加强农场建设，就曾向企业多次分配大学生，以充实军农场的各类专业人才所需。从1968年起，到1971年，农场又接收了中国人民解放军后字201部队所辖单位的“老三届”下乡知青，从吉林通榆招录了一批社会青年，从白城、镇赉、泰赉、乌兰浩特等地接受了一批上山下乡尚未返城的知识青年。这些人虽然大多已返城离场，但还有一部分人在农场安家立业、娶妻生子。

4. **其他流入人口** 20世纪50年代和60年代初，辽宁、河北、内蒙古、河南、吉林等地的一些人员因家乡受灾、投亲找工作等因素，流入当时的吐列毛杜农场。这部分人一部分被遣返回原籍，另一部分符合条件的被批为农场职工。他们在场工作、生活、繁衍后代，这也是农场人口来源的一个方面。

除上述因素外，农场人口的自然增长也是人口来源之一。

第三节 人口构成

在吐列毛杜农场的人口构成中，男性人口和女性人口比例相差不大。人口总数到2020年年底为3004人，其中职工999人，占总人口的33.3%；少数民族占总人口的55.2%，在少数民族人口中，蒙古族人口占总人口的49.2%，其他少数民族比例占总人口的5.9%。

第四节 计划生育工作

2000年，吐列毛杜农场计划生育办公室有主任1人、科员1人，设立微机管理，建立育龄妇女信息库及局域网，提高了统计质量和工作效率。

2004年，科右中旗人民政府授予吐列毛杜农场党政主要领导人口与计划生育目标管理责任制“优良奖”。

2007年，吐列毛杜农场配备了一台计生服务车和一台新电脑。

2008年，吐列毛杜农场独生子女补贴由原来的每月5元变成男孩每月10元、女孩每月20元。

2010年10月，吐列毛杜农场进行了全国第六次人口普查。

2011年，确立独生子女和双女结扎户家庭“三结合”户15户。

2012年，吐列毛杜农场邀请科右中旗计划生育服务站的专家到场进行“妇女健康知识讲座”，免费为全场育龄妇女开展“两癌”筛查服务活动。

2013年，科右中旗计划生育局为农场配备了一台LK-600全数字超声诊断仪一台，开展了“五项病毒”技术服务检测。继续推行“一杯奶”生育关怀行动，共有16人受益。

2014年，吐列毛杜农场新增少生快富户5户，开始推行“单独两孩”政策，计生员工资提高到每人每年5000元，并落实到位。

2015年10月15日开始，历时15天时间完成全国1%人口抽样调查工作。全场有育龄妇女565人，实施计划生育526人，计划生育率100%，人口出生率9.8%。

2016年3月30日，《内蒙古自治区人口与计划生育条例》开始实施，全面两孩政策放开，全场518名流动人口全部纳入流动人口信息管理平台，PADIS平台应用率达到100%。

2017年10月，历时15天时间完成全国1%人口抽样调查工作。

2018年8月，吐列毛杜农场为已婚育龄妇女进行妇科疾病大普查，即“民心工程”，免费为49周岁以内的已婚育龄妇女进行全面身体检查，累计检查2426人。

2019年，吐列毛杜农场对计划生育协会工作也加大了管理力度。全场对计生贫困家庭进行了摸底，三队赵国顺家庭被旗计生局评为创建“幸福家庭”示范户。

2020年，吐列毛杜农场为独生子女伤残死亡家庭申报特别扶助金，申报、审批、建档工作已经完成，合格率100%。10月，吐列毛杜农场进行了全国第七次人口普查。

三、政策措施

为使计划生育工作更加完善、规范，吐列毛杜农场每年都开展计划生育创先争优活动；场党委中心组每年进行四次关于人口的理论学习。同时，严格执行《内蒙古自治区计划生育条例》，坚持“党政领导一把手亲自抓、负总责”的原则，对场直单位和各生产队在落实计划生育工作方面实行“一票否决制”。

工作实践使吐列毛杜农场的计划生育工作形成了规范的模式，账、卡、册、表统计一致，场队两统一，上下无误差，实行一月一清、一月一报、一月一查，统计资料不虚报、瞒报、篡报、迟报，使计划生育管理走向制度化、规范化。

四、成效

2007年，避孕节育“知情选择”率达到96%，已婚育龄妇女综合节育率95.96%，长效节育率90.85%，环情孕情监测，避孕措施检查率达到92%以上，避孕药具免费发放覆盖率达到95%。

2010年，吐列毛杜农场有已婚育龄妇女702人，已采取节育措施的649人，节育率为92.45%。

2015年，吐列毛杜农场已婚育龄妇女565人，已采取节育措施的526人，节育率为93.09%，与2010年相比，节育率提高了30.64%。

2002—2017年，吐列毛杜农场计生办连续16年被科右中旗政府评为“计划生育先进单位”。

2000—2020年吐列毛杜农场计划生育情况如表3-1所示。

表3-1　2000—2020年吐列毛杜农场计划生育情况

年份	出生数（人）	一胎		二胎		多胎		独生子女证
		人数（人）	百分比（%）	人数（人）	百分比（%）	人数（人）	百分比（%）	
2000	15	15	100.00	0	0	0	0	190
2001	46	37	80.43	9	19.57	0	0	190
2002	16	10	62.00	5	31.25	1	6.25	192
2003	33	27	81.82	5	15.16	1	3.03	176
2004	30	21	70.00	9	30.00	0	0	172
2005	45	29	64.44	16	35.56	0	0	167
2006	30	24	80.00	6	20.00	0	0	163
2007	31	25	80.65	6	19.35	0	0	158
2008	19	18	94.74	1	5.26	0	0	152
2009	17	9	52.94	8	47.06	0	0	134
2010	20	13	65.00	7	35.00	0	0	136
2011	16	8	50.00	8	50.00	0	0	81
2012	21	8	38.10	13	61.90	0	0	77
2013	15	8	53.33	7	46.67	0	0	72
2014	22	11	50.00	10	45.45	1	4.55	69
2015	26	16	61.54	10	38.46	0	0	56
2016	19	5	26.32	11	57.89	3	15.79	43
2017	22	9	40.91	13	59.09	0	0	34
2018	13	4	30.76	9	69.23	0	0	20
2019	12	4	33.33	8	66.66	0	0	18
2020	14	3	21.42	11	78.57	0	0	19

附件一：

为贯彻落实《科右中旗人民政府办公室关于开展第六次全国人口普查的通知》（右中政办发〔2009〕82号）文件精神，吐列毛杜农场成立第六次全国人口普查领导小组。

组长：武宝权

副组长：吴玉琴　隋德慧

普查指导员：刘军　高金权　温艳霞　王秀英

成员：陈忠　朱明　白福全　岳利军　李仓德　马向东

付宝彬　王永华　隋玉靓　张马莲根　白金山　刘晓艳

根据职责和工作任务，下设6个普查组，组织机构。

第一组：

组长：朱明

副组长：周玉林

成员：白立东　郭亚娟　刘建军

第二组：

组长：白福全

副组长：吴建平

成员：蔡春波　吴建平（女）　白广军

第三组：

组长：岳利军

副组长：赵玉成

成员：赵冰冰　邹海英　马振华　赵曙杰

第四组：

组长：李仓德

副组长：胡占双　温铁成

成员：藏爱国　崔凤莹　陈玉杰

第五组：

组长：马向东

副组长：李明玉　白勇光

成员：程春华　李艳华　董占春

第六组：

组长：程庆新

副组长：付宝彬

成员：韩延杰　张华　胡宁

附件二：

为全面做好吐列毛杜农场第七次人口普查工作，按照《兴安盟行政公署关于做好第七次全国人口普查工作的通知》（兴署发〔2020〕11号）、《科右中旗人民政府关于做好第七次全国人口普查工作的通知》（右中政发〔2020〕18号）要求，经场研究决定成立第七次人口普查工作领导小组，成员如下：

组　长：隋德慧

副组长：韩聚东　王翠清

成　员：戴玉军　吴建平　程志强　白永生　王　蒙
　　　　张　鹏　藏建民　张孝德　陈玉杰　韩延杰
　　　　刘　颖

领导小组下设办公室，办公室设在场计生办。

主　任：刘　颖（兼）

工作人员：张　萍　赵图雅　李丽君　胡桂霞　罗守莲
　　　　　郭　芳　马洪波　赵丽欣　崔冬霞　李艳玲
　　　　　沈丽敏

第二章　民　　族

第一节　民族构成

吐列毛杜农场是一个多民族聚居的农场。农场以蒙古族和汉族为主体，蒙古族人口较多，占全场人口总数的49.2%，汉族占全场人口总数的44.7%。此外，还有满族、朝鲜族。

第二节　民族工作

吐列毛杜农场少数民族人口占一定比例，在农场发展的不同时期，历任党委认真贯彻党的各项民族政策，注重培养和选拔少数民族干部，尊重少数民族语言文化和风俗习惯，建立平等、团结、互助的新型社会主义民族关系，为农场的繁荣、稳定、发展创造了良好的内部环境。

农场各族人民在多年的社会活动中建立起了深厚友谊，彼此平等相处、互敬互爱，并且广泛联姻，形成了一个和睦友好、稳定繁荣的社会主义大家庭。

第三章　职工生活

第一节　职工收入

随着全场经济建设的不断发展，职工群众收入逐年增加，生活水平不断提高，逐年实现由“温饱型”向“小康型”过渡，向舒适、美好型迈进。

2001—2006 年，吐列毛杜农场人均年收入 3389 元。

2006—2010 年，吐列毛杜农场人均年收入 6030 元。

2010　2015 年，吐列毛杜农场人均年收入 26262 元。

2020 年，吐列毛杜农场实现人均年收入 28159 元。

第二节　职工支出

一、穿着

进入 21 世纪以后，吐列毛杜农场职工的生活水平进一步提高。人们对衣着打扮更加讲究，对于服装的面料逐步向追求高档、名牌发展。涤纶、纯棉、纯毛、裘皮等已成为人们着装面料的首选，农场人的衣着打扮和城里人的衣着区别越来越小。

二、住房

2000 年，吐列毛杜农场 80%的职工家庭新建砖瓦结构住宅。全场住房面积 5.01 万平方米，人均占有住房面积 15.7 平方米。

2013 年，吐列毛杜农场拆迁了原场部地区的老住宅区，2014 年新建职工住宅楼，共 20026.43 平方米。2014—2017 年入住 195 户；2018 年新建住宅楼一栋，入住 45 户。

三、饮食

进入 21 世纪以后，吐列毛杜农场职工的生活水平进一步提高，在膳食标准要求上由以大鱼大肉为主而转向以荤素搭配，健康、绿色、营养为主。时令水果，四时海鲜也成为农场家庭必备的食品。居民副食品消费水平日益提高。

四、其他消费

进入 21 世纪以后，随着农场职工经济收入逐年提高和物质生活的极大改善，人们的生活追求和消费理念也发生了显著变化。人们不再为衣食和住所发愁，满足精神生活需求和追求现代化文明成为当今农场人的时尚。农场人的社交活动越来越频繁，出手越来越大方，餐厅、酒店、商场是人们交朋聚友、选购商品的去处；大城市的健身房、体育馆、美容院也常被农场人光顾。农场人用于精神生活方面的支出越来越多了。

第四编

农场机构与人员

中国农垦农场志丛

第一章　机构设置与人员

第一节　机构设置

一、机关

吐列毛杜农场机关2020年共有科室20个，其中行政生产部门科室11个，党群政工部门科室9个。

行政生产部门科室包括行政办公室、计财科、生产科、劳资科、审计科、计划生育办公室、土地规划办公室、档案室、绿色食品办公室、产业化推进办公室、基建办公室。

党群政工部门包括组织科、宣传科、群工部、纪检监察室、社会治安综合治理办公室、信访办公室、司法武装部、民政办公室、广电办公室。

二、场直属单位

场直属单位共10个，包括物资科、畜牧服务中心、农业科技示范园区、农机监理站、环境卫生整治管理大队、水利开发办公室、农业设施管理站、第一规模化经营管理区、第二规模化经营管理区、第三规模化经营管理区。

三、基层行政单位

吐列毛杜农场有基层行政单位有5个，分别为第一生产队、第二生产队、第三生产队、第四生产队、第五生产队。

第二节　人　　员

2020年年末，吐列毛杜农场（分公司）有管理人员99人、工勤人员42人、管理区工人 71 人、公益性岗位 4 人、计生员 6 人。

2020 年年末，吐列毛杜农场（分公司）领导班子成员为：党委书记、场长隋德慧，党委副书记许刚，党委委员、副场长韩聚东，党委委员、副场长李连生，党委委员、副场长丁晓明，党委委员、副场长姜文涛，党委委员、纪检书记、工会主席滕倩。

第二章 行政机构

2020年12月，吐列毛杜农场（分公司）机关共有20个科室，分别是行政办公室、组织科、宣传科、群工部、产业化推进办公室、司法武装部、纪检监察室、劳资科、档案室、绿色食品办公室、生产科、土地规划办公室、计财科、审计科、社会治安综合治理办公室、信访办公室、民政办公室、计划生育办公室、广电办公室、基建办公室。

第一节 行政办公室

行政办公室的职责包括对场内行政事务的上传下达、行政文秘、机关日常管理、协调场内、场外各单位关系、行政会议的筹备服务、防火防汛、抢险救灾等工作。

2020年12月，行政办公室主任胡占双，副主任李贺。

2000—2020年吐列毛杜农场行政办公室历任主任、副主任如表4-1所示。

表4-1 2000—2020年吐列毛杜农场行政办公室历任主任、副主任名录

职务	姓名	任职时间
主任	姜文涛	2000年2月—2004年4月
主任	隋德慧	2004年4月—2005年6月
副主任	韩聚东	2005年6月—2006年3月
主任	韩聚东	2006年3月—2010年5月
副主任	白珉	2007年3月—2010年5月
主任	白珉	2011年2月—2014年8月
副主任	白永生	2011年2月—2014年9月
后勤主任（副科级）	包伟	2013年3月—2019年12月
主任	胡占双	2014年9月—2020年12月
副主任	李贺	2015年5月—2020年12月
主任助理	孙常治	2016年5月—2020年12月

2000—2020年，行政办公室工作人员有：王秀英、王永华、张淑芳、田志广、韩延杰、白永强、蔡春路、白青山、蔡春波、张宝君、庞利俊、隋玉靓、吴玉兰、宋莉莉、敖洋、胡宁、高艳玲、舒畅、王宏贺、孔颖。

第二节 组 织 科

组织科是吐列毛杜农场党委的办事部门和干部、党员的管理机构，是农场党的组织工作领导管理中枢。其主要职责是党员教育、组织管理、基层组织建设；干部管理，对干部的推荐、考核、管理；干部档案管理、党委行文、发文等。

2020 年 12 月，组织科科长滕倩，干事白巴图孟贺。

2000—2020 年吐列毛杜农场组织科历任科长、副科长如表 4-2 所示。

表 4-2 2000—2020 年吐列毛杜农场组织科历任科长、副科长名录

职务	姓名	任职时间
科长	许刚	2000 年 1 月—2004 年 3 月
科长	徐立文	2004 年 3 月—2011 年 2 月
副科长（正科级）	隋德慧	2007 年 3 月—2009 年 3 月
副科长	姜文涛	2007 年 3 月—2011 年 2 月
科长	姜文涛	2011 年 2 月—2018 年 2 月
副科长	滕倩	2017 年 8 月—2018 年 2 月
科长	滕倩	2018 年 2 月—2020 年 12 月
纪检委书记、工会主席兼科长	滕倩	2019 年 7 月—2020 年 12 月

2000—2020 年，组织科工作人员有（按任职时间先后顺序排序）：张毅、吴建平、刘忠宝、滕倩、刘晓艳、白冰、白巴图孟贺。

第三节 宣 传 科

吐列毛杜农场宣传科的主要职责是企业的内外宣传工作及政治宣传活动的策划，组织企业政策的宣传及职工群众的政治思想、文化宣传等工作，以起到讴歌新风、弘扬正气和推动党委中心工作、促进各项工作开展的作用。

2020 年 12 月，宣传科科长滕倩，干事韩艳秋。

2000—2020 年吐列毛杜农场宣传科历任科长如表 4-3 所示。

表 4-3 2000—2020 年吐列毛杜农场宣传科历任科长名录

职务	姓名	任职时间
科长	许刚	2000 年 1 月—2004 年 3 月
科长	徐立文	2004 年 3 月—2005 年 6 月

（续）

职务	姓名	任职时间
科长	隋德慧	2005 年 6 月—2010 年 2 月
科长	韩聚东	2011 年 2 月—2018 年 1 月
科长	滕倩	2018 年 2 月—2020 年 12 月

2000—2020 年，宣传科工作人员有（按任职时间先后顺序排序）：王蒙、韩艳秋。

第四节　群 工 部

群工部的职责是维护职工利益，组织开展各项有益的活动，激发职工的劳动热情，增强职工的主人翁意识，丰富职工的文化生活，以及开展捐资助困、送温暖、献爱心活动。

2005—2010 年，组织、宣传、劳资、妇联 4 个部门合并，称政工科。

2011 年 2 月，吐列毛杜农场成立群工部，群工部工作主要负责工会、妇联、团委的各项具体工作。

2020 年 12 月，群工部主任温艳霞，干事袁红。

2004—2020 年吐列毛杜农场历任工会主席、工会副主席如表 4-4 所示，2006—2014 年群工部历任科长、主任、副主任如表 4-5 所示。

表 4-4　2004—2020 年吐列毛杜农场历任工会主席、工会副主席名录

职务	姓名	任职时间
工会主席	刘姝	2004 年 2 月—2009 年 11 月
工会副主席	吴玉琴	2007 年 10 月—2010 年 3 月
工会主席	吴玉琴	2010 年 3 月—2016 年 1 月
工会主席	姜文涛	2018 年 1 月—2019 年 7 月
工会主席	滕倩	2019 年 7 月—2020 年 12 月

表 4-5　2006—2014 年吐列毛杜农场群工部历任科长、主任、副主任名录

职务	姓名	任职时间
副科长（正科级）	梁五月	2006 年 3 月—2010 年 4 月
主任	温艳霞	2011 年 2 月—2020 年 12 月
副主任	高春艳	2011 年 2 月—2017 年 3 月

2000—2020 年，群工部工作人员有（按任职时间先后顺序排序）：吴建平、庞利俊、滕倩、刘晓艳、高春艳、吴玉兰、朱晶晶、袁红、李晨威。

第五节　产业化推进办公室

吐列毛杜农场产业化推进办公室成立于2015年3月12日，产业化推进办公室职责是切实推进农场产业化发展，做好农场先期规划、设计、研发及筹备工作。

2020年12月，产业化推进办公室副主任白德才。

2015—2019年吐列毛杜农场产业化推进办公室历任主任、副主任、科员如表4-6所示。

表4-6　2015—2019年吐列毛杜农场产业化推进办公室历任主任、副主任、科员名录

职务	姓名	任职时间
主任	姜杰	2015年3月—2019年1月
副主任	白德才	2016年8月—2020年12月
科员	徐帅	2017年3月—2019年12月

第六节　农场民兵组织部门

武装部门的主要职责是负责全场的民兵建设、民兵训练、民兵登记、兵源组织征集；组织民兵做好战时教育及准备工作，配合企业进行抢险救灾工作和拥军优属工作。武装部门接受农场党委和科右中旗人民武装部的双重领导。

吐列毛杜农场司法、武装部成立于1984年8月，场设立司法助理员，在场党委领导下，负责全场司法工作。

1988年2月，农场成立司法所，司法业务归属科右中旗司法局领导，行政事务归场党委领导。

1993年8月，成立司法科，司法业务归属科右中旗司法局管理，司法科负责全场司法工作。

2020年12月，司法、武装部部长韩聚东，副部长付宝彬。

2000—2020年吐列毛杜农场司法办公室历任主任如表4-7所示，2000—2019年武装部历任部长、副部长如表4-8所示。

表4-7　2000—2020年吐列毛杜农场司法办公室历任主任名录

职务	姓名	任职时间
主任	岳利军	2000年1月—2000年5月

（续）

职务	姓名	任职时间
主任	隋洪生	2000年6月—2006年3月
主任	隋德慧	2006年3月—2011年2月
主任	付宝彬	2011年2月—2020年12月

表4-8　2000—2019年吐列毛杜农场武装部门历任部长、副部长名录

职务	姓名	任职时间
部长	陈福	2000年1月—2009年6月
副部长	隋洪生	2000年1月—2006年6月
副部长	隋德慧	2006年7月—2010年3月
部长	隋德慧	2010年3月—2018年1月
副部长（正科级）	付宝彬	2011年2月—2020年12月
部长	韩聚东	2018年1月—2019年12月

第七节　纪检监察室

吐列毛杜农场纪检监察室的工作职责是协助场党委和场领导加强全场反腐工作，开展党员干部廉政教育，检查督促各单位对党的路线、方针、政策的贯彻落实；按照干部管理权限，调查各级管理人员违反党纪、政纪的案件，并向党委和纪委提交对有关违纪人员的处理意见；开展日常基层行政监察，加强干部作风建设；负责做好不稳定因素的排查、化解、汇报工作；受理职工群众的检举、控告、申诉和信访工作。

2020年12月，纪检监察室书记滕倩，干事韩艳秋。

2011—2020年吐列毛杜农场纪检监察办公室历任主任如表4-9所示。

表4-9　2011—2020年吐列毛杜农场纪检监察办公室历任主任名录

职务	姓名	任职时间
主任	白福全	2011年2月—2012年3月
主任	郝淑红	2012年3月—2013年12月
主任	白珉	2014年8月—2016年6月
主任	王树有	2016年6月—2019年8月
书记（兼任）	滕倩	2019年8月—2020年12月

2011—2020年，纪检监察办公室工作人员有（按任职时间先后顺序排序）：白德才、韩艳秋。

第八节　劳资科

吐列毛杜农场劳资科是农场劳动工资和社会养老保险的职能部门，主要负责职工劳动工资、职工社会养老保险、职工劳动保护、职工福利待遇、职工档案管理等工作。

2020年12月，劳资科科长许强，兼劳动保障所长及劳动保障中队队长；副科长庞利俊；干事戴汝迪。

2000—2020年吐列毛杜农场劳资科历任科长、副科长如表4-10所示。

表4-10　2000—2020年吐列毛杜农场劳资科历任科长、副科长名录

职务	姓名	任职时间
科长	高青山	2000年3月—2004年3月
科长	姜文涛	2004年3月—2011年2月
科长	许强	2011年2月—2020年12月
副科长	庞利俊	2017年4月—2020年12月

2000—2020年，劳资科工作人员有（按任职时间先后顺序排序）：白福全、庞利俊、戴汝迪。

第九节　档案室

档案室是吐列毛杜农场档案管理的专业职能部门，负责全场各类档案的归档、整理、立卷、保管工作，按档案达标要求，对各类档案进行管理。

2004年，档案室归场劳资科管理。2007年，档案室归场行政办公室管理。

2020年12月，档案室档案员高艳玲。

2000—2018年吐列毛杜农场档案办公室历任主任、副主任如表4-11所示。

表4-11　2000—2018年吐列毛杜农场档案办公室历任主任、副主任名录

职务	姓名	任职时间
主任	程庆新	2000年1月—2001年2月
副主任	程春华	2016年5月—2018年12月

2000—2020年，档案办公室工作人员有（按任职时间先后顺序排序）：张丽君、姜文涛、张淑芳、程春华、高艳玲。

第十节　绿色食品办公室

2011年4月，吐列毛杜农场开展绿色食品原料标准化基地创建工作，由生产科负责此项业务工作，由于工作业务量增加，2016年6月6日，成立绿色食品办公室。

绿色食品办公室的主要职责是负责农畜产品有机基地认证，进一步完善农产品质量追溯体系建设标准化工作，绿色食品原料标准化基地建设工作，农牧业机械购置补贴。

2020年12月，绿色食品办公室主任马向东，副主任白永强。

2016—2020年吐列毛杜农场绿色食品办公室历任主任、副主任如表4-12所示。

表4-12　2016—2020年吐列毛杜农场绿色食品办公室历任主任、副主任名录

职务	姓名	任职时间
副主任	白永强	2016年6月—2020年12月
主任	马向东	2017年8月—2020年12月

第十一节　生　产　科

生产科是吐列毛杜农场农业生产、林业生产、农机管理、农业开发、设施农业的主要业务职能部门和农业、林业、开发项目等生产工作的指导中枢。其主要职责是制订全场的农业、林业生产发展规划及年度生产计划，对全场农业生产、林业生产、农机管理进行指导、服务、督促、检查和指导协调，并对上述工作做年度工作总结。

2020年12月，生产科科长陈宏，干事何志刚、张胜利。

2001—2020年吐列毛杜农场生产科历任科长、副科长如表4-13所示。

表4-13　2001—2020年吐列毛杜农场生产科历任科长、副科长名录

职务	姓名	任职时间
科长	程文达	2001年3月—2014年2月
副科长	戴玉军	2001年3月—2011年2月
副科长	全会峰	2001年3月—2011年2月
副科长（正科级）	马向东	2011年2月—2016年6月
副科长（正科级）	丁晓明	2011年2月—2014年2月
科长	丁晓明	2014年2月—2018年2月
科长	陈宏	2018年2月—2019年7月
科长（副总经理待遇）	陈宏	2019年7月—2020年12月

2000—2020 年，生产科办公室工作人员有（按任职时间先后顺序排序）：白永强、何志刚、张胜利。

第十二节　土地规划办公室

土地规划办公室原称土地管理站、土地科，2010 年更改为土地规划办公室。其主要职责包括管理规划场境内土地，管理场内各类土地的地籍，非农业用地的审批、发证及土地监察工作；场内林地生产及管护；人工影响天气与气象灾害防御指挥。

2020 年 12 月，土地规划办主任全会峰，副主任蔡春波。

2000—2020 年吐列毛杜农场土地规划办公室历任站长、科长、主任、副主任如表 4-14所示。

表 4-14　2000—2020 年吐列毛杜农场土地规划办公室历任站长、科长、主任、副主任名录

职务	姓名	任职时间
科长	朱宝	2000 年 1 月—2006 年 3 月
站长	白金喜	2004 年 5 月—2009 年 4 月
副主任	郭刻宏	2010 年 2 月—2011 年 2 月
主任	全会峰	2011 年 2 月—2020 年 12 月
副主任（正科级）	蔡春波	2016 年 5 月—2020 年 12 月

第十三节　计 财 科

计财科是吐列毛杜农场财务管理、会计核算的中心，也是农场经济管理工作的计划、核算中枢。其主要职责是负责场内财务计划的编制、上报，并对计划的实施进行检查、监督；负责农场的统计工作，对全场各单位财会人员的业绩进行考核；对于财会人员的任免录用，有向场长提出主导性意见的权利；承担企业的决算业务；负责企业资金的筹措、管理工作。

2020 年 12 月，计财科科长王翠清，副科长韩延杰。

2000—2020 年吐列毛杜农场计财科历任总会计师、科长、副科长如表 4-15 所示。

表 4-15　2000—2020 年吐列毛杜农场计财科历任总会计师、科长、副科长名录

职务	姓名	任职时间
科长	秦加义	2000 年 1 月—2001 年 1 月
科长	常志民	2001 年 2 月—2011 年 2 月
副科长	郝淑红	2001 年 2 月—2010 年 5 月

（续）

职务	姓名	任职时间
总会计师	常志民	2007 年 2 月—2012 年 3 月
副科长	许强	2008 年 3 月—2011 年 3 月
副科长	王翠清	2010 年 5 月—2011 年 2 月
科长	王翠清	2011 年 2 月—2017 年 12 月
副科长	韩延杰	2014 年 1 月—2020 年 12 月
总会计师	王翠清	2018 年 1 月—2020 年 12 月

2000—2020 年，计财科工作人员有（按任职时间先后顺序排序）：温艳霞、王洪涛、易兴国、程春华、白银莲、庞利俊、张马莲根、戴汝迪、程晶、孙德、林秀奇、包玲玲、刘梓璇、钟凯月。

第十四节　审 计 科

吐列毛杜农场审计科是对农场财务监察、资金管理、项目审批进行检查、监督的职能部门。其主要工作任务是对隐瞒、截留、乱摊成本费用、挤占挪用专项资金、随意增大管理费用支出和招待费用支出进行审计监察；负责企业的专项审计，基建工程及其有关项目的预算、决算、审计和验收；配合协助上级审计部门进行干部离任审计，并对违反财务制度的事项提出改进、处理意见，以保证企业的财务管理工作正常进行和企业建设健康发展。

2000—2019 年吐列毛杜农场审计科历任科长、副科长如表 4-16 所示。

表 4-16　2000—2019 年吐列毛杜农场审计科历任科长、副科长名录

职务	姓名	任职时间
科长	杨光志	2000 年 1 月—2002 年 2 月
科长	秦加义	2002 年 2 月—2006 年 3 月
科长	郝淑红	2006 年 3 月—2013 年 12 月
副科长	温艳霞	2010 年 5 月—2011 年 2 月
副科长	谷兴华	2015 年 4 月—2016 年 6 月
科长	谷兴华	2016 年 6 月—2019 年 4 月

2000—2020 年，审计科办公室工作人员有：罗振。

第十五节　社会治安综合治理办公室

社会治安综合治理办公室的主要职责是维护场内的社会稳定；群众内部矛盾的调节排

查；法制宣传教育；民事纠纷调解；普法教育以及监管民政、司法，维护社会稳定。

2010年，吐列毛杜农场社会综合治理办公室、信访办公室合署办公。

2020年12月，社会治安综合治理办公室主任高春艳。

2000—2020年吐列毛杜农场社会治安综合治理办公室历任主任、副主任如表4-17所示。

表4-17　2000—2020年吐列毛杜农场社会治安综合治理办公室历任主任、副主任名录

职务	姓名	任职时间
主任	刘军	2000年3月—2003年2月
副主任	白珉	2003年2月—2006年3月
主任	白珉	2006年3月—2012年3月
主任	白福权	2011年2月—2012年2月
副主任	王树有	2012年2月—2013年3月
主任	王树有	2013年3月—2017年3月
主任	高春艳	2017年3月—2020年12月

2000—2020年，社会治安综合治理办公室工作人员有：赖文清。

第十六节　信访办公室

吐列毛杜农场信访办公室成立于2002年，与社会治安综合治理办公室合署办公，主要职责是负责群众来信来访接待工作，受理举报、控告、申诉案件，承办上级部门和领导交办的控告、申诉、举报案件的登记和立案查处工作。

2020年12月，信访办公室副主任白青山。

2012—2020年吐列毛杜农场信访办公室历任主任、副主任如表4-18所示。

表4-18　2012—2020年吐列毛杜农场信访办公室历任主任、副主任名录

职务	姓名	任职时间
副主任	王树有	2012年2月—2013年3月
主任	王树有	2013年3月—2017年3月
副主任	白青山	2017年8月—2020年12月

第十七节　民政办公室

民政办公室的主要职责是按照国家的相关政策把党的优抚政策真正落到实处，场民政办公室的工作人员按照政策，要经常深入各生产队一线，了解调查各类人员的生产生活情况，及时让那些应该享受到各项待遇的人员享受到党的优抚政策，解决他们在生活生产中的困难。民政工作是场的一项主要工作，民政办公室承担着最低生活保障、民生服务、救济、救灾、老龄、残疾等事务。

2000年以前，吐列毛杜农场民政工作没有专门的工作机构，民政工作是由场办公室主任或工作人员兼管的。民政工作自2001年开展，归综治办兼管，主管部门是科右中旗民政局，向西哲里木镇民政所报送低保户申请信息、低保申报工作。2011年2月，民政工作有了专业机构和工作人员，由场工会主管。2016年6月，与科右中旗民政局对接业务。

2020年12月，民政办公室主任王树有。

2011—2020年吐列毛杜农场民政办公室历任主任、副主任如表4-19所示。

表4-19 2011—2020年吐列毛杜农场民政办公室历任主任、副主任名录

职务	姓名	任职时间
主任	白福全	2011年2月—2012年2月
副主任	王树有	2012年2月—2019年8月
主任	王树有	2019年8月—2020年12月

第十八节 广电办公室

广电办公室主要负责全场有线电视、广播、路灯的安装、维修、维护等工作。

2020年12月，广电办公室主任王程里，干事白玉军。

2010—2020年吐列毛杜农场广电办公室历任主任、副主任如表4-20所示。

表4-20 2010—2020年吐列毛杜农场广电办公室历任主任、副主任名录

职务	姓名	任职时间
副主任	王程里	2010年5月—2013年3月
主任	王程里	2013年3月—2020年12月

2000—2020年，广电办公室工作人员有（按任职时间先后顺序排序）：王程里、王树有、白玉军。

第十九节 基建办公室

基建办公室原称工副业基建科，成立于1961年12月，1996年更名为基建办公室，

主要职责是负责全场基本建设、职工个人住宅工程施工管理、基建工程项目的落实施工、签订施工等有关合同。在工程项目实施过程中，监督工程质量、进度、安全和投资，组织工程的竣工验收备案、工程决算送审，督促好工程保修期内的回访和维护工作。

2020 年 12 月，基建办公室现任负责人邹海英，干事赵青亮。

2000—2020 年吐列毛杜农场基建办公室历任主任、副主任如表 4-21 所示。

表 4-21　2000—2020 年吐列毛杜农场基建办公室历任主任、副主任名录

职务	姓名	任职时间
主任	郭科宏	2000 年 1 月—2014 年 8 月
副主任	付宝林	2013 年 3 月—2014 年 8 月
主任	朱明	2014 年 9 月—2015 年 4 月
主任	邹海英	2015 年 5 月—2020 年 12 月

第三章　直属单位

2020年12月，吐列毛杜农场（分公司）管辖直属单位共10个，分别是物资科、畜牧业服务中心、农业科技示范园区、农机监理站、环境卫生整治管理大队、水利开发办公室及农业设施管理站、第一规模化经营管理区、第二规模化经营管理区、第三规模化经营管理区。

第一节　物 资 科

吐列毛杜农场物资科主要负责规模化经营管理区的生产物资采购和农产品销售。

2020年12月，物资科科长易兴国，主管会计郭刻艳，材料会计朱晶晶，保管员黄岩、窦广友、庞学忠。

2000—2020年吐列毛杜农场物资科办公室工作人员如表4-22所示。

表4-22　2000—2020年吐列毛杜农场物资科办公室工作人员名录

职务	姓名	任职时间
科长	孙全喜	2000年1月—2000年12月
会计	藏建民	2001年2月—2014年9月
科长	易兴国	2011年2月—2020年12月
会计	赵武	2011年2月—2013年3月
保管员	宝海龙	2011年2月—2017年8月
保管员	窦广友	2011年2月—2020年12月
保管员	庞学忠	2011年2月—2020年12月
会计	郭刻艳	2012年2月—2020年12月
会计	白金山	2013年3月—2019年2月
保管员	包秀峰	2013年3月—2014年3月
会计	黄玉梅	2014年2月—2015年1月
保管员	徐峰	2014年3月—2015年1月
采购员	刘纯鹏	2014年3月—2017年8月
保管员	黄岩	2017年8月—2020年12月
采购员	敖洋	2017年3月—2019年12月
会计	朱晶晶	2019年2月—2020年12月
采购员	王宏贺	2020年2月—2020年9月

第二节　畜牧服务中心

畜牧服务中心是吐列毛杜农场的畜牧业生产管理指挥中枢，负责主持全场畜牧业生产计划的制订、安排、组织；农场的牲畜繁育、改良、饲养管理，优良品种引进，畜产品销售、牲畜出栏、疫病防控；草原管理与草原划分等工作。畜牧服务中心下设科长1人，副科长1人，畜牧技术人员和兽医人员若干人，下属单位有兽医改良站和草原监理站。

2000年，畜牧管理机构为畜牧服务综合站，下设草原站、兽医站、改良站。

2011年，撤销草原站、兽医站、改良站。畜牧服务综合站更名为草原畜牧综合服务站。

2012年，草原畜牧服务综合站更名为畜牧服务中心。

2020年12月，畜牧服务中心现任科长朱明，书记李明玉，副主任马利军，干事黄伟。

2000—2020年吐列毛杜农场畜牧科、畜牧服务中心工作人员如表4-23所示。

表4-23　2000—2020年吐列毛杜农场畜牧科、畜牧服务中心工作人员名录

职务	姓名	任职时间
畜牧科科长	孙全喜	2000年1月—2001年8月
会计	宝海庭	2000年1月—2003年4月
书记	陶特格	2000年3月—2003年3月
会计	田志广	2000年4月—2005年7月
畜牧科科长	王玉才	2001年8月—2011年2月
书记	蔡阁	2003年3月—2011年2月
会计	白桂兰	2003年4月—2005年7月
会计	张淑芳	2005年7月—2008年4月
畜牧综合服务站站长	王玉才	2007年3月—2011年2月
会计	高雪刚	2008年4月—2014年8月
畜牧科科长	张鹏	2011年2月—2012年2月
书记	岳利军	2011年2月—2012年2月
畜牧服务中心副主任	马利军	2011年2月—2016年5月
干事	包文成	2011年2月—2015年4月
会计	包文成	2012年2月—2016年1月
会计	罗守连	2014年8月—2019年3月
畜牧科科长	朱明	2015年4月—2020年12月
畜牧科副科长	包文成	2015年4月—2016年1月

（续）

职务	姓名	任职时间
畜牧服务中心主任	朱明	2015 年 4 月—2020 年 12 月
畜牧业服务中心副主任（正科级）	马利军	2016 年 5 月—2020 年 12 月
书记	朱明	2016 年 6 月—2017 年 8 月
干事	黄伟	2016 年 11 月—2020 年 12 月
畜牧业服务中心副主任	李明玉	2017 年 8 月—2020 年 12 月
书记	李明玉	2017 年 8 月—2020 年 12 月

2000—2020 年，畜牧服务中心工作人员有（按任职时间先后顺序排序）：唐焕兴、徐建强、由东林、王树有、刘忠宝、赵冰冰、胡宁、刘纯成、张同庆、佟少波、田志广、付宝权、刘鹏飞、师志强、韩海燕、张晶波、韩勇、王苏日嘎拉图。

2000—2008 年吐列毛杜农场草原站历任负责人如表 4-24 所示。

表 4-24　2000—2008 年吐列毛杜农场草原站历任负责人名录

职务	姓名	任职时间
草原站站长	白哈斯	2000 年 1 月—2001 年 6 月
草原站副站长	陈宝山	2000 年 1 月—2002 年 3 月
草原站副站长	蔡振	2001 年 2 月—2003 年 3 月
草原站副站长	王晶波	2002 年 3 月—2007 年 4 月
草原站站长	蔡阁	2004 年 3 月—2011 年 2 月
草原站站长	王玉才	2004 年 8 月—2011 年 2 月
草原站副站长	李方武	2007 年 3 月—2008 年 5 月

2000—2011，草原站工作人员有（按任职时间先后顺序排序）：董占春、赵斯琴、付宝彬、李方武、王晗、许桂兰、刘海瀛、付宝玉、蔡振、田志广、付宝权、胡宁。

2000—2011 年吐列毛杜农场兽医站历任负责人如表 4-25 所示。

表 4-25　2000—2011 年吐列毛杜农场兽医站历任负责人名录

职务	姓名	任职时间
兽医站站长	刘忠宝	2000 年 1 月—2004 年 8 月
兽医站站长	王玉才	2004 年 8 月—2011 年 2 月

2000—2011 年，兽医站工作人员有（按任职时间先后顺序排序）：唐焕兴、徐建强、由东林、王树有、刘忠宝、李明玉、赵冰冰、刘纯成、张同庆、刘鹏飞、师志强、韩海燕、张晶波、韩勇、王苏日嘎拉图。

2007—2011 年，吐列毛杜农场改良站副站长马利军。

2000—2011 年，改良站工作人员有（按任职时间先后顺序排序）：唐焕兴、徐建强、由东林、王树有、刘忠宝、李明玉、赵冰冰、刘纯成、张同庆、刘鹏飞、师志强、韩海燕、张晶波、韩勇、王苏日嘎拉图。

第三节 现代化农业科技示范园区

吐列毛杜农场现代化农业科技示范园区因体制改革曾被命名为推广站、农业技术推广土肥站、农业技术推广站。

吐列毛杜农场现代化农业科技示范园区的主要职责是积极进行农业生产领域中新品种、新技术的试验和推广；进行适合本场地理环境及气候特点的优良农作物新品种的栽培试验；进行农药、肥料应用试验，以实现农业生产的新品种与新技术在农场的普及、推广和应用。

2020 年 12 月，现代化农业科技示范园区站长张宝君，副站长白红生。

2000—2020 年吐列毛杜农场农业科技示范园区历任站长、副站长、总农艺师如表4-26所示。

表 4-26 2000—2020 年吐列毛杜农场农业科技示范园区历任站长、副站长、总农艺师名录

职务	姓名	任职时间
生产科科长兼站长	程文达	2000 年 3 月—2002 年 3 月
站长	马向东	2000 年 3 月—2007 年 3 月
生产科科长兼站长	程文达	2007 年 3 月—2008 年 4 月
站长	许慧林	2008 年 4 月—2009 年 4 月
站长	张宝君	2009 年 4 月—2017 年 12 月
副站长	白红生	2011 年 2 月—2014 年 8 月
副站长（正科级）	白红生	2014 年 8 月—2020 年 12 月
总农艺师	张宝君	2018 年 1 月—2020 年 12 月

2000—2020 年，现代化农业技术推广站工作人员有：许慧林、白洪生、贺其乐图、刘建军、程志强、赵武、温海明、张国栋、邵智勇、徐峰、张国亮、侯艳杰、任娇、刘颖、黄岩、董敬春、黄伟、赵曙莲、关明霞、裴晓星、代文强、李云琦。

第四节 农机监理站

吐列毛杜农场农机监理工作始于 1988 年，农机监理站的主要职责是田间作业车辆及小型拖拉机的安全管理、年度审检、户籍管理等。

2020 年 12 月，吐列毛杜农场农机监理站现任站长付宝林，监理员徐峰。

2000—2020 年吐列毛杜农场农机监理站历任站长、干事如表 4-27 所示。

表 4-27　2000—2020 年吐列毛杜农场农机监理站历任站长、干事名录

职务	姓名	任职时间
站长	李仓德	2000 年 2 月—2003 年 3 月
副站长	张会良	2001 年 2 月—2006 年 3 月
站长	刘殿军	2003 年 3 月—2006 年 3 月
站长	陈宏	2011 年 2 月—2014 年 8 月
站长	付宝林	2014 年 8 月—2020 年 12 月
干事	徐峰	2015 年 3 月—2020 年 12 月

第五节　环境卫生整治管理大队

吐列毛杜农场环境卫生整治管理大队因体制改革曾被命名为环保筑路队、农业建设基本工程队。

环境卫生整治管理大队成立于 2007 年，主要工作任务是负责全场的环境卫生、应急抢险、草原防火，并协助规模化经营管理区进行农业生产、道路整修、植树造林、场容场貌整治等。

2020 年 12 月，环境卫生整治管理大队队长刘维光，副队长韩银桩。

2007—2020 年吐列毛杜农场环境卫生整治大队历任队长、副队长如表 4-28 所示。

表 4-28　2007—2020 年吐列毛杜农场环境卫生整治大队历任队长、副队长名录

职务	姓名	任职时间
队长	白金喜	2007 年 3 月—2009 年 4 月
副队长	陈宏	2007 年 3 月—2009 年 4 月
队长	付宝林	2010 年 3 月—2014 年 8 月
队长	刘维光	2013 年 3 月—2020 年 12 月
副队长	白勇光	2015 年 4 月—2017 年 3 月
副队长	韩银桩	2017 年 3 月—2020 年 12 月

2007—2020 年，环境卫生整治大队工作人员有（按任职时间先后顺序排序）：邹海英、白立东、王国勇、张全格、白德利、刘纯鹏、白玉军、王玉桩、张继生、朱春华、毕春峰、吴常海、高延国、董刚、祝文龙、姜建林、王默涵、经磊、尹鹏军、王久军、戚东亮、张浩天。

第六节　水利开发办公室及农业设施管理站

吐列毛杜农场水利开发办公室及农业设施管理站成立于2012年3月，主要负责水利项目开发，水利工程建设、技术指导，水利设施维护等工作。

2020年12月，水利开发办公室及农业设施管理站站长赵志勇，助理员李延成。

2012—2020年吐列毛杜农场水利开发办公室及农业设施管理站历任站长、主任、助理员如表4-29所示。

表4-29　2012—2020年吐列毛杜农场水利开发办公室及农业设施管理站历任站长、主任、助理员名录

职务	姓名	任职时间
站长	程志强	2012年2月—2014年9月
站长	赵志勇	2014年9月—2020年12月
主任	程文达	2014年2月—2020年12月
助理员	李延成	2018年5月—2020年12月

2012—2020年，水利开发办公室及农业设施管理站工作人员有（按任职时间先后顺序排序）：庞忠彬、刘兴林、包秀峰、胡宝泉、李延成、刘建国。

第七节　规模化经营第一管理区

吐列毛杜农场2009年成立规模化经营管理区，2010年，规模化经营管理区分为第一管理区、第二管理区。

规模化经营管理区以公有土地为主，通过多种方式流转部分职工土地，进行规模化种植。生产经营场所及机械设备由场提供，规模化经营管理区承担折旧及各种费用，生产经营资金由场及职工集资投入。各管理区由主任进行承包经营管理，施行“六统一、六强化、一优化”管理模式（即统一生产核算、统一生产计划、统一劳动管理、统一技术措施、统一采购供应、统一产品销售；强化党的领导、强化队伍素质建设、强化科技推广应用、强化农业现代化管理、强化节水灌溉工程实施、强化绿色农产品基地建设；优化种植结构）。

2020年12月，第一规模化经营管理区现任主任陈良华、书记白勇刚、副主任马清彬、核算员程宇豪，有工人18人。

2009—2020年吐列毛杜农场规模化经营第一管理区历任管理人员如表4-30所示。

表 4-30　2009—2020 年吐列毛杜农场规模化经营第一管理区历任管理人员名录

职务	姓名	任职时间
主任	丁晓明	2009 年 4 月—2011 年 2 月
副主任	白金喜	2009 年 4 月—2011 年 2 月
会计	易兴国	2009 年 4 月—2011 年 2 月
统计员	王蒙	2009 年 4 月—2011 年 2 月
出纳员	滕倩	2009 年 4 月—2011 年 2 月
保管员	张孝德	2009 年 4 月—2010 年 2 月
保管员	侯艳杰	2009 年 4 月—2011 年 2 月
助理	包秀峰	2010 年 3 月—2010 年 6 月
助理	安文清	2010 年 3 月—2015 年 4 月
主任	陈宏	2011 年 2 月—2018 年 2 月
副主任	滕倩	2012 年 2 月—2014 年 2 月
副主任	张孝德	2014 年 2 月—2017 年 8 月
助理	李延成	2015 年 4 月—2018 年 2 月
技术员	白勇刚	2016 年 5 月—2018 年 5 月
核算员	程宁豪	2017 年 8 月—2020 年 12 月
副主任	白勇刚	2018 年 5 月—2020 年 2 月
副主任	马清彬	2018 年 5 月—2020 年 12 月
书记	白勇刚	2019 年 12 月—2020 年 12 月
主任	陈良华	2020 年 2 月—2020 年 12 月

第八节　规模化经营第二管理区

吐列毛杜农场 2009 年成立规模化经营管理区、2010 年，规模化经营管理区分为第一管理区和第二管理区。2020 年 12 月，规模化经营第二管理区主任陈良华、书记白勇刚、副主任宝海青、核算员韩艳奇，有工人 20 人。

2011—2020 年吐列毛杜农场第二规模化经营管理区历任管理人员如表 4-31 所示。

表 4-31　2011—2020 年吐列毛杜农场第二规模化经营管理区历任管理人员名录

职务	姓名	任职时间
主任	陈良华	2011 年 2 月—2014 年 2 月
副主任	滕倩	2012 年 2 月—2014 年 2 月
工作人员	赵武	2013 年 3 月—2018 年 2 月
主任	陈宏	2014 年 2 月—2018 年 2 月
副主任	张孝德	2014 年 2 月—2017 年 8 月
助理	齐晓东	2015 年 4 月—2016 年 9 月

（续）

职务	姓名	任职时间
技术员	白勇刚	2016 年 5 月—2018 年 5 月
助理	宝海青	2017 年 3 月—2018 年 2 月
核算员	韩艳奇	2017 年 8 月—2020 年 12 月
主任	赵武	2018 年 2 月—2020 年 2 月
副主任	宝海青	2018 年 2 月—2020 年 12 月
书记	白勇刚	2019 年 12 月—2020 年 12 月
主任	陈良华	2020 年 2 月—2020 年 12 月

第九节　规模化经营第三管理区

吐列毛杜农场规模化经营第三管理区于 2014 年成立，共有农机具 42 台套。

2020 年 12 月，规模化经营第三管理区主任赵武、书记白勇刚、副主任张玉祥、核算员李艳秋，有工人 21 名、更夫 1 名。

2014—2020 年吐列毛杜农场规模化经营第三管理区历任管理人员如表 4-32 所示。

表 4-32　2014—2020 年吐列毛杜农场规模化经营第三管理区历任管理人员名录

职务	姓名	任职时间
主任	陈良华	2014 年 2 月—2020 年 2 月
助理	张玉祥	2015 年 4 月—2018 年 2 月
核算员	李艳秋	2017 年 8 月—2020 年 12 月
副主任	张玉祥	2018 年 2 月—2020 年 12 月
书记	白勇刚	2019 年 12 月—2020 年 12 月
主任	赵武	2020 年 2 月—2020 年 12 月

第四章　基层生产队

2020年12月，吐列毛杜农场有5个生产队，分别为第一生产队、第二生产队、第三生产队、第四生产队、第五生产队。

第一节　第一生产队

吐列毛杜农场第一生产队成立于1961年3月，位于吐列毛杜农场西北部，距离场部7.5公里。

第一生产队总面积187117亩，其中耕地面积41400亩、草场101618亩、林地810亩；全队总户数184户，总人口444人，其中职工121人；有牧业包点29个，大小牲畜存栏1.26万头/匹/只；有商店2个。第一生产队以机械化栽培油葵、大豆、玉米为主体产业，全队拥有机械总动力3260千瓦。

2020年12月，吐列毛杜农场第一生产队队长戴玉军、书记吴建平、队长助理刘纯成、核算员张萍。

2000—2020年吐列毛杜农场第一生产队历任队长、书记如表4-33所示，2002—2016年历任副队长、副书记如表4-34所示，2007—2020年历任队长助理、核算员如表4-35所示。

表4-33　2000—2020年吐列毛杜农场第一生产队历任队长、书记名录

职务	姓名	任职时间
队长	张会良	2000年1月—2000年12月
书记	张文彬	2000年1月—2003年2月
队长	张文彬	2001年1月—2002年12月
队长	张鹏	2003年1月—2004年3月
书记	李方文	2003年3月—2004年2月
队长	陈显武	2004年3月—2007年3月
书记	陈显武	2004年3月—2007年3月
队长	朱明	2007年3月—2011年2月

（续）

职务	姓名	任职时间
书记	朱明	2007 年 3 月—2011 年 2 月
队长	蔡春波	2011 年 2 月—2014 年 9 月
书记	温铁成	2012 年 2 月—2014 年 8 月
队长	戴玉军	2014 年 9 月—2020 年 12 月
书记	戴玉军	2014 年 8 月—2016 年 6 月
书记	王蒙	2016 年 6 月—2017 年 8 月
书记	吴建平	2017 年 8 月—2020 年 12 月

表 4-34　2002—2016 年吐列毛杜农场第一生产队历任副队长、副书记名录

职务	姓名	任职时间
副队长	周玉林	2002 年 3 月—2011 年 2 月
副队长	陈宏	2004 年 3 月—2006 年 3 月
副队长	朱明	2006 年 3 月—2007 年 3 月
副书记	张孝德	2011 年 2 月—2012 年 2 月
副队长	刘建军	2011 年 2 月—2014 年 9 月
副队长	王蒙	2014 年 9 月—2017 年 8 月
副书记	王蒙	2014 年 8 月—2016 年 6 月

表 4-35　2007—2020 年吐列毛杜农场第一生产队历任队长助理、核算员名录

职务	姓名	任职时间
核算员	易兴国	2007 年 3 月—2009 年 4 月
队长助理	白金山	2009 年 11 月—2012 年 2 月
核算员	白立东	2010 年 3 月—2011 年 2 月
核算员	郭亚娟	2011 年 2 月—2013 年 8 月
核算员	高雪刚	2014 年 2 月—2017 年 8 月
队长助理	高雪刚	2014 年 2 月—2017 年 8 月
队长助理	刘纯成	2014 年 9 月—2020 年 12 月
核算员	张萍	2017 年 8 月—2020 年 12 月

第二节　第二生产队

吐列毛杜农场第二生产队成立于 1961 年，位于吐列毛杜农场东北部，距离场部 4 公里。

第二生产队总面积 132116 亩，其中耕地 36394 亩、草场 83537 亩、林地 700 亩；全队总户数 95 户，总人口 290 人，其中职工 193 人；有牧业包点 29 个，大小牲畜存栏 1.67

万头/匹/只；有商店1个。第二生产队以机械化栽培油葵、大豆、玉米为主体产业，全队拥有机械总动力3556千瓦。

2020年12月，第二生产队队长程志强，书记白永生，副队长赵斯琴、白勇光，核算员李丽君。

2000—2020年吐列毛杜农场第二生产队历任队长、书记如表4-36所示，历任副队长、副书记如表4-37所示，历任队长助理、核算员如表4-38所示。

表4-36 2000—2020年吐列毛杜农场第二生产队历任队长、书记名录

职务	姓名	任职时间
队长	庞忠彬	2000年2月—2004年3月
书记	徐占臣	2000年1月—2004年3月
队长	程庆新	2004年3月—2007年3月
书记	程庆新	2004年3月—2007年3月
队长	李方文	2007年3月—2007年3月
书记	李方文	2007年3月—2007年3月
书记	白福全	2007年3月—2011年2月
队长	白福全	2007年3月—2011年2月
队长	邹海英	2011年2月—2014年9月
书记	张孝德	2012年2月—2014年2月
书记	许强	2014年2月—2014年9月
队长	程志强	2014年9月—2020年12月
书记	白永生	2014年9月—2020年12月

表4-37 2000—2020年吐列毛杜农场第二生产队历任副队长、副书记名录

职务	姓名	任职时间
副队长	裴志海	2000年1月—2004年2月
副队长	许强	2000年2月—2008年3月
副队长	白福权	2007年3月—2011年2月
副队长	吴建平	2007年7月—2001年12月
副书记	周玉林	2011年2月—2012年2月
副队长	佟少波	2014年8月—2016年9月
副队长	赵斯琴	2017年6月—2020年12月
副队长	白勇光	2017年3月—2020年12月

表4-38 2000—2020年吐列毛杜农场第二生产队历任队长助理、核算员名录

职务	姓名	任职时间
核算员	许强	2000年2月—2008年3月
核算员	蔡春波	2007年9月—2011年2月
核算员	罗守连	2011年2月—2014年8月

（续）

职务	姓名	任职时间
队长助理	佟少波	2014年4月—2014年8月
核算员	赵斯琴	2014年8月—2017年8月
核算员	朱晶晶	2017年8月—2019年3月
核算员	李丽君	2019年3月—2020年12月

第三节　第三生产队

吐列毛杜农场第三生产队成立于1961年3月，位于吐列毛杜农场东南部，距离场部6公里。

第三生产队总面积109226亩，其中耕地23630亩、草场71170亩、林地800亩；全队总户数70户，总人口218人，其中职工154人；有牧业包点28个，大小牲畜存栏1.33万头/匹/只；有个体经营户2个。第三生产队以机械化栽培油葵、大豆、玉米为主体产业，全队拥有机械总动力2900千瓦。

2020年12月，吐列毛杜农场第三生产队队长、书记王蒙，副队长刘建军、高雪刚，队长助理刘纯鹏，核算员罗守连。

2000—2020年吐列毛杜农场第三生产队历任队长、书记如表4-39所示，历任副队长、副书记如表4-40所示，历任队长助理、核算员如表4-41所示。

表4-39　2000—2020年吐列毛杜农场第三生产队历任队长、书记名录

职务	姓名	任职时间
队长	赵百岁	2000年1月—2001年3月
书记	雷树祥	2000年1月—2000年3月
书记	岳利君	2000年3月—2011年2月
队长	裴志财	2001年3月—2003年2月
队长	白金喜	2003年2月—2004年2月
队长	岳利君	2004年2月—2011年2月
书记	吴建平	2011年2月—2017年8月
队长	李明玉	2011年2月—2014年9月
队长	吴建平	2014年9月—2017年8月
队长	王蒙	2017年8月—2020年12月
书记	王蒙	2017年8月—2020年12月

表 4-40　2000—2020 年吐列毛杜农场第三生产队历任副队长、副书记名录

职务	姓名	任职时间
副队长	陈宏	2000 年 1 月—2001 年 3 月
副队长	陈良华	2001 年 2 月—2004 年 2 月
副队长	赵玉成	2007 年 3 月—2011 年 2 月
副书记	吴建平	2011 年 2 月—2012 年 2 月
副队长	刘建军	2014 年 9 月—2020 年 12 月
副队长	白青山	2015 年 4 月—2017 年 8 月
副队长	高雪刚	2019 年 4 月—2020 年 12 月

表 4-41　2000—2020 年吐列毛杜农场第三生产队历任队长助理、核算员名录

职务	姓名	任职时间
核算员	周玉林	2000 年 3 月—2001 年 3 月
核算员	王洪涛	2001 年 3 月—2005 年 3 月
核算员	韩延华	2005 年 3 月—2007 年 3 月
核算员	包文成	2007 年 3 月—2010 年 3 月
队长助理	张马莲根	2009 年 11 月—2011 年 2 月
核算员	邹海英	2010 年 3 月—2011 年 2 月
核算员	许凤莲	2011 年 2 月—2014 年 8 月
核算员	张建	2014 年 8 月—2017 年 6 月
核算员	郝天时	2017 年 6 月—2018 年 5 月
队长助理	刘纯鹏	2017 年 8 月—2020 年 12 月
核算员	高雪刚	2018 年 5 月—2019 年 4 月
核算员	罗守连	2019 年 4 月—2020 年 12 月

第四节　第四生产队

吐列毛杜农场第四生产队成立于 1973 年 3 月，位于吐列毛杜农场西北部，距离场部 25 公里。

第四生产队总面积 197448 亩，其中耕地 63000 亩、草场 103500 亩、林地 840 亩；全队总户数 130 户，总人口 360 人，其中职工 145 人；有牧业包点 30 个，大小牲畜存栏 2.3 万头/匹/只；有个体经营户 2 个。第四生产队以机械化栽培油葵、大豆、玉米为主体产业，全队拥有机械总动力 3600 千瓦。

2020 年 12 月，吐列毛杜农场第四生产队队长张鹏、书记藏建民、副队长安文鹏、副队长兼核算员马洪波。

2000—2020 年吐列毛杜农场第四生产队历任队长、书记如表 4-42 所示，2005—2020

年历任副队长、副书记如表4-43所示，2000—2017年历任队长助理、核算员如表4-44所示。

表4-42 2000—2020年吐列毛杜农场第四生产队历任队长、书记名录

职务	姓名	任职时间
队长	刘殿军	2000年1月—2003年2月
书记	徐占臣	2000年2月—2004年3月
队长	李仓德	2003年3月—2011年2月
书记	李仓德	2003年3月—2007年3月
书记	胡占双	2007年3月—2014年9月
队长	朱明	2011年2月—2014年9月
队长	张鹏	2014年9月—2020年12月
书记	张鹏	2014年9月—2016年6月
书记	藏建民	2016年6月—2020年12月

表4-43 2005—2020年吐列毛杜农场第四生产队历任副队长、副书记名录

职务	姓名	任职时间
副队长	胡占双	2005年7月—2007年3月
副队长	丁晓明	2007年3月—2009年4月
副队长	王蒙	2012年2月—2014年9月
副书记	藏建民	2014年9月—2016年6月
副队长	马洪波	2014年9月—2020年12月
副队长	安文鹏	2017年6月—2020年12月

表4-44 2000—2017年吐列毛杜农场第四生产队历任队长助理、核算员名录

职务	姓名	任职时间
核算员	田志广	2000年3月—2005年4月
核算员	易兴国	2005年4月—2007年3月
核算员	韩延杰	2007年3月—2008年4月
核算员	藏建民	2008年4月—2012年2月
队长助理	温铁成	2009年4月—2012年2月
核算员	马洪波	2011年2月—2020年12月
队长助理	陈玉杰	2011年2月—2015年4月
队长助理	安文鹏	2015年4月—2017年6月

第五节 第五生产队

吐列毛杜农场第五生产队成立于2000年，位于吐列毛杜农场场部地区。

第五生产队总面积 93472 亩，其中耕地 28834 亩、草场 45852 亩、林地 1670 亩；全队总户数 506 户，总人口 1374 人，其中职工 376 人；有牧业包点 26 个，大小牲畜存栏 1.5 万头/匹/只；有个体经营户 2 个。第五生产队以机械化栽培油葵、大豆、玉米为主体产业，全队拥有机械总动力 2900 千瓦。

2020 年 12 月，吐列毛杜农场第五生产队队长张孝德、书记陈玉杰、副队长白德利、核算员崔冬霞。

2000—2020 年吐列毛杜农场第五生产队历任队长、书记如表 4-45 所示，2000—2019 年历任副队长、副书记如表 4-46 所示，2000—2020 年历任队长助理、会计、核算员如表 4-47 所示。

表 4-45　2000—2020 年吐列毛杜农场第五生产队历任队长、书记名录

职务	姓名	任职时间
队长	王景州	2000 年 1 月—2004 年 3 月
书记	王景洲	2000 年 2 月—2004 年 3 月
队长	庞忠彬	2004 年 3 月—2007 年 3 月
书记	庞忠斌	2004 年 3 月—2007 年 3 月
队长	张鹏	2007 年 3 月—2011 年 2 月
书记	张鹏	2007 年 3 月—2011 年 2 月
队长	白立东	2011 年 2 月—2013 年 12 月
书记	张华	2012 年 2 月—2013 年 12 月
队长	张华	2013 年 12 月—2014 年 8 月
书记	滕倩	2013 年 12 月—2017 年 8 月
队长	李明玉	2014 年 9 月—2017 年 2 月
队长	张孝德	2017 年 2 月—2020 年 12 月
书记	陈玉杰	2019 年 12 月—2020 年 12 月

表 4-46　2000—2019 年吐列毛杜农场第五生产队历任副队长、副书记名录

职务	姓名	任职时间
副队长	白金喜	2000 年 2 月—2001 年 3 月
副队长	白福权	2002 年 2 月—2004 年 3 月
副队长	陈良华	2004 年 2 月—2006 年 3 月
副队长	马向东	2007 年 3 月—2011 年 2 月
副队长	白永光	2011 年 2 月—2014 年 1 月
副书记	张华	2011 年 2 月—2012 年 2 月
副队长	白德利	2014 年 8 月—2020 年 12 月
副书记	陈玉杰	2015 年 4 月—2019 年 12 月

表 4-47　2000—2020 年吐列毛杜农场第五生产队历任队长助理、会计、核算员名录

职务	姓名	任职时间
会计	程春华	2000 年 6 月—2014 年 9 月
核算员	马向东	2007 年 3 月—2011 年 2 月
队长助理	吴玉兰	2009 年 11 月—2010 年 9 月
队长助理	宋丽丽	2010 年 9 月—2011 年 2 月
队长助理	张马莲根	2012 年 2 月—2013 年 8 月
核算员	崔冬霞	2014 年 8 月—2020 年 12 月

因体制改革，第六生产队于 2011 年 2 月撤销，第六生产队与第五生产队合并为第五生产队。2002—2011 年吐列毛杜农场第六生产队历任队长、副队长如表 4-48 所示，2002—2010 年历任队长助理、核算员如表 4-49 所示。

表 4-48　2002—2011 年吐列毛杜农场第六生产队历任队长、副队长名录

职务	姓名	任职时间
队长	蔡阁	2002 年 2 月—2005 年 2 月
副队长	白金喜	2002 年 2 月—2003 年 2 月
副队长	陈宏	2003 年 2 月—2004 年 6 月
队长	张鹏	2005 年 2 月—2007 年 2 月
副队长	李方文	2005 年 2 月—2006 年 3 月
队长	程庆新	2007 年 2 月—2011 年 2 月
副队长	付宝彬	2007 年 2 月—2011 年 2 月

表 4-49　2002—2010 年吐列毛杜农场第六生产队历任队长助理、核算员名录

职务	姓名	任职时间
核算员	白银莲	2002 年 2 月—2008 年 3 月
核算员	韩艳杰	2008 年 3 月—2011 年 2 月
队长助理	刘晓燕	2009 年 11 月—2010 年 5 月

第五章　驻场单位与历史上曾经设置的单位

第一节　现驻场单位

一、科右中旗农村信用合作联社

2011 年 10 月 11 日，科右中旗农村信用合作联社在吐列毛杜农场成立农村信用合作联社，主要办理吐列毛杜农场的信贷及储蓄业务。

2011 年 10 月 17 日—2012 年 1 月 2 日，李石头任吐列毛杜农场信用合作联社主任。

2012 年 1 月 2 日—2014 年 5 月 16 日，陈文生任吐列毛杜农场信用合作联社主任。

2014 年 5 月 16 日—2017 年 5 月 16 日，包文江任吐列毛杜农场信用合作联社主任。

2017 年 5 月 16 日—2020 年 7 月 10 日，王纯龙任吐列毛杜农场信用合作联社主任。

2020 年 7 月 10 日—2020 年 12 月，郭建任吐列毛杜农场信用合作联社主任。

二、吐列毛杜农场中国联通营业厅

吐列毛杜农场联通营业厅成立于 2004 年，隶属中国联合网络通信有限公司科尔沁右翼中旗分公司吐列毛杜农场营业厅，2020 年 12 月负责人为黄玉梅，维修员林园。

其经营范围包括：固定网本地电话业务（含本地无线环路业务），公众电报和用户电报业务，国内通信设施服务业务，固定网国内长途电话业务、IP 电话业务、第二代数字蜂窝移动通信业务、因特网数据传输业务、国际数据通信业务、无线接入业务；3.5 无线接入业务；国内小口径终端地球站通信业务；固定网国内数据语言送业务、用户驻地网业务、网络托管业务、在线数据处理与交易处理业务、国内因特网虚拟专用网业务、因特网数据中心业务、语音信箱业务、传真储存转发业务、因特网接入服务业务和信息服务业务；传真储存转发业务、因特网接入服务业务和信息服务业务；经营无线数据传送业务、400 电子邮件业务和互联网信息服务业务中心的电子公告服务；与通信及信息业务相关的系统集成、设备生产销售、设计施工业务；技术开发、技术服务、技术咨询、技术培训；手机及其配件的销售、维修；电信卡的制作、销售；客户服务；房屋租赁；经相关部门批准后，还可开展编辑、出版、发行电话号码簿（依法须经批准的项目）业务。

三、科右中旗吐列毛杜农场赵志勇通讯店

注册时间为2009年11月4日，经营者赵志勇。经营范围包括代办移动营业、手机、手机饰品销售服务等。

四、科右中旗吐列毛杜农场师宝根手机卖场

注册时间为2014年3月18日，经营者石温都色。主要经营范围包括：手机及配件销售、维修，计算机及软硬件销售、维修，通信设备、数码产品、家电智能家居销售，代办移动通信业务及移动宽带的安装、维修业务；通信工程设计及施工、设备租赁或现代服务、技术咨询服务。

2017年11月末，开通移动有线网络，覆盖吐列毛杜农场场部，无线覆盖吐列毛杜农场场部、吐列毛杜农场四队。

五、中国邮政

吐列毛杜农场中国邮政注册时间为1976年，主要办理报刊订阅、印刷品、包裹、汇兑、信函业务；代办补换领机动车号牌、补换领机动车行驶证、补领机动车检验合格标志、小型私家车6年免检业务、补领驾驶证、换领驾驶证。2020年12月，负责人为舒莹莹。

六、白马快递

吐列毛杜农场白马快递成立于2016年6月1日，负责人舒莹莹，派送员刘胜杰，主要负责收发快递和物流。

可收发的快递及物流有圆通快递、中通快递、天天快递、申通快递、韵达快递、顺丰快递、百世快递、汇通快递、安能快递、优速快递、德邦物流、小迪物流等。

第二节　历史上曾经设置的单位

一、驻外单位

乌兰浩特办事处　1963年3月13日，成立吐列毛杜农场驻乌兰浩特办事处，办事处主任刘凤祥，工作人员张殿元、石双喜、李生林。1965年10月，吐列毛杜农场驻乌兰浩特办事处主任崔凤先，工作人员王杰。1983年3月，吐列毛杜农场驻乌兰浩特办事处主任范宝玉，工作人员李凤春、罗成、张春秀。1985年6月，吐列毛杜农场驻乌兰浩特办事处主任赵福发，工作人员邹海华、王永艳、祁淑芝、王丽萍。1996年，吐列毛杜农场驻乌兰浩特办事处主任崔胜良。2000年，吐列毛杜农场驻乌兰浩特办事处主任全慧彬。

2002年，由于房屋作价偿还吐列毛杜农场所欠外债，办事处撤销。

二、场内单位

1. **砖厂**　场志书有记载农场砖厂于1996年成立，归工业队管理。于2000年年底停产。

2. **电管所**　吐列毛杜农场于1988年2月成立电管所，站长麻荣，副站长刘润深。1990年1月，吐列毛杜农场电管所所长夏志军。1992年2月，吐列毛杜农场电管所所长张俊生。1995年2月，吐列毛杜农场电管所所长王永刚。

2009年，农场电管所并入蒙东国家电网兴安盟科右中旗分公司管理。

3. **种子站**　吐列毛杜农场于1967年成立种子试验站，隶属农场生产办管理，站长姜学仁、徐文广，职工刘凤森、戴泽富、陈万仁、黄树臣。

1969年1月，受“文化大革命”的影响，种子试验站停产。1981年1月，吐列毛杜农场建立种子站，站长刘连珠。1984年12月，吐列毛杜农场种子站站长裴志才。1992年12月，吐列毛杜农场种子站站长裴志友。1996年12月，吐列毛杜农场种子站站长赵百岁。

2001年，吐列毛杜农场种子站停业。

4. **科右中旗农业支行营业所**　1981年，科右中旗农业支行在吐列毛杜农场设农行营业所，为科右中旗农业支行派驻金融机构。营业所主要办理农场信贷及全场的储蓄存款业务。

1981年，营业所有职工2人，布哈白拉任营业所主任。1985年，努利马任营业所主任。1990 年，赵焕芳任营业所主任。1999 年，营业所有职工 3 人，赵明生任营业所主任。

2000 年 11 月，撤销科右中旗农业支行营业所。

5. **合作社推进办公室** 吐列毛杜农场合作社推进办公室成立于 2011 年 2 月，负责管理农场药材种植工作，品种有黄芩、桔梗、水飞蓟、板蓝根、防风。

合作社推进办公室主任戴玉军，副主任白勇光，工作人员有崔冬霞、白德利、张继生、齐锁、董敬春、秦晓亮、秦海金、张玉祥、郭建军、王君红、戴玉伟、庞忠彬、尹鹏军。

2015 年，吐列毛杜农场合作社推进办公室解散。

第五编

基本建设
生态环境保护

中国农垦农场志丛

第一章　基本建设

第一节　管理机构

基建办公室原称工副业基建科，归属于农场工副业，成立于1961年12月，主要负责全场基础建设、职工个人住宅工程施工管理。1996年更名为基建办公室，主要负责全场的基本建设、基建工程项目的落实施工、签订施工有关合同等，在工程项目实施过程中，监督控制工程质量、进度、安全和投资，工程的竣工验收备案、工程决算送审，督促好工程保修期内的回访和维护工作。

第二节　基本建设概况

2010年，吐列毛杜农场第三生产队修建了两条文明街及五条街道墙1000米、砂石路3000米。

2011年，吐列毛杜农场第一生产队安装路灯18盏，种植绿化树56株，修复路边沟720米；第四生产队安装路灯24盏，种植绿化树50株，修复路边沟850米，建设小型公共粮储库晒场12600平方米、围墙415米；第五生产队在场部机关门前建设小型文化广场1418平方米，在场部机关门前种植绿化树195株。

2012年，吐列毛杜农场第一生产队安装有线电视设施5880米；第二生产队安装有线电视设备4550米，建设公共厕所43平方米，安装路灯20盏；第四生产队安装有线电视设施7510米；第五生产队在场部小康楼南建设小型公共粮储库晒场6500平方米、围墙356米、厕所43平方米，在一号地北至半拉山建设毛渠4500米，在场部小康楼南建设秸秆加工厂围墙440米、电子磅及磅房1座、厂房1500平方米，安装路灯20盏，在场部正街东建设桥涵1座。

2013年，吐列毛杜农场第四生产队建设小型公共粮储库晒场18000平方米；第五生产队在新杜家园南侧和西侧建设水泥路560米，在场部小康楼南建设小型公共粮储库晒场

17500平方米、路灯20盏，在新杜家园小区南侧和西侧安装照明路灯24盏、种植绿化树168株，在新杜家园小区架设户外电力线路600米。

2015年，吐列毛杜农场第四生产队修复路边沟94.86平方米，建设院墙7286.9米，完成管理区旗杆、旗台建设；第五生产队在机关门前西侧建设休闲广场3264平方米，在机关门前建设景观石1座，在机关门前西侧种植绿化树708株、铺种草坪8840平方米，在机关门前西侧建设亭子1座、硬化路面7568.51平方米、建设院墙2826.8米。

2016年，吐列毛杜农场第一生产队建设休闲广场2072平方米，硬化街道7862.88平方米，铺设人行道792.26平方米，修建间墙865.27米，院墙1692.08米，安装大门92对；第二生产队架设户外电力线路160米，第四生产队建设休闲广场2068平方米，硬化街道3626.39平方米，铺设人行道11246.62平方米，修建间墙1565.62米、花墙916.73米、院墙85.5米，安装大门72对；第五生产队在小康楼前植树300株，在广场前建设河道护坡215米，在场部西建设垃圾存放点围墙174米，在场部南建设蔬菜基地60400平方米，建设筑路队办公室315.07平方米、车库268平方米，改造管理区油罐区，硬化道路8962.98平方米，铺设人行道29550.12平方米、修建间墙1766.4米、花墙1186米、院墙6064.73米，安装大门127对，建设厕所300个，安装路灯124盏；维修改造第一、二、三、四、五生产队及机关办公室。

2017年，吐列毛杜农场第一生产队硬化街道5142.83平方米，铺设人行道8542.47平方米，修建花墙160.47米、建设厕所56平方米；第二生产队建设休闲广场2030平方米；第四生产队在管理区建设600吨钢板仓4个、晒场9500平方米，在管理区建设活动室405.6平方米，硬化街道3066.02平方米，铺设人行道10843.15平方米，修建花墙390.58米；第五生产队在油库东、南、西侧安装路灯28盏，硬化街道32388.95平方米，铺设人行道19903.6平方米，修建花墙1307.18米、间墙4547.44米、主墙3907.11米，铺设场部至后索根水泥路9.6公里。全场共平整路间5公里，修砂石路35公里、田间路20公里；科技园区建设暖棚1000平方米、暖棚工作间18平方米、气象基座3处、第三管理区库房1800平方米；筑路队建设车库248平方米。

2018年，吐列毛杜农场第二生产队硬化街道4395平方米，安装路灯4盏；第三管理区建设办公室295.06平方米、库房800平方米；科技园区建设围墙147.52米、彩砖611.02平方米、水泥路985.02平方米；第四生产队在养殖小区建设青贮窖2栋、消毒间1处、饲料加工间300平方米，修建围栏1734.2米、挡土墙74.75米、草料库1152平方米，硬化地面10490平方米，建设羊舍4栋；第五生产队建设护坡水渠3287.64平方米、水渠墙302米、水渠1.1公里，修整路间3公里，修砂石路50公里、田间路20公里，清理垃圾6万平方米。

2019年，吐列毛杜农场第三生产队建设院墙413.1米，铺设人行道948.33平方米，硬化街道1208.81平方米；第四生产队建设过水路面5处，队部外墙喷漆，建设彩钢板房145.82平方米，建设休闲广场5361.13平方米及附属设施；第五生产队建设护坡7424.56平方米；科技园区建设育苗架32个及浇花设备、观景台1处、长廊6处。

2020年，吐列毛杜农场第四生产队建设肉牛养殖基地，包括牛舍3栋，共4809平方米，附属设施、草料库2445平方米，办公室120平方米；第五生产队进行了机关办公楼亮化工程，办公楼外墙粉刷2728平方米，安装机关办公楼落水管175米；科技园区建造蘑菇大棚2座、南瓜架18个。

第二章 生态环境保护

2011 年，吐列毛杜农场成立了场、队“一事一议”工作领导小组，明确项目责任、技术指导、质量监督责任人，并纳入主要工作的议事日程。做到与社会主义新农村、小城镇建设相结合，与加强基层组织建设相结合，与加强基层连队公益事业相结合。

第四生产队小型公共粮储库“一事一议”工程于 2011 年 5 月 20 日开工建设，8 月 30 日竣工，建设晒场 1.26 万平方米、围墙 415 米。

第四生产队“一事一议”村容村貌改造建设工程于 2011 年 4 月 20 日开工建设，8 月 30 日竣工，共砌筑路边沟 850 米，安装路灯 24 盏，栽树 50 棵。

第一生产队“一事一议”村容村貌改造建设工程于 2011 年 4 月 20 日开工建设，8 月 30 日竣工，共砌筑路边沟 720 米，安装路灯 18 盏，栽树 56 棵。

第五生产队“一事一议”小型文体广场建设项目工程于 2011 年 4 月 20 日开工建设，8 月 30 日竣工，共修建两个门球场、一个网球场，总面积 1418 平方米。

第五生产队“一事一议”村容村貌改造建设项目工程于 2011 年 4 月 20 日开工建设，8 月 30 日竣工，栽树 195 棵。

2012 年 3 月 11 日，吐列毛杜农场为更好地促进公益事业建设“一事一议”工作长期稳步发展，加大了此项工作的力度。经场党委研究决定，成立兴安盟国有吐列毛杜农场公益事业建设“一事一议”工作领导小组。

兴安盟国有吐列毛杜农场公益事业“一事一议”工作领导小组成员如下：

组　长：许　刚

成　员：王翠清　郝淑红　郭刻宏　韩延杰

办公室设在场计财科。

主　任：王翠清

工作人员：韩延杰

2012 年 3 月 20 日，为更好地将惠民工程做好、做实，打造出精品工程，严把工程质量关，场党委研究决定成立兴安盟国有吐列毛杜农场公益事业建设“一事一议”验收领导小组。

兴安盟国有吐列毛杜农场公益事业“一事一议”工作验收领导小组名单如下：

组　长：许　刚

成　员：王翠清　郝淑红　郭刻宏　韩延杰

办公室设在场计财科。

主　任：王翠清

工作人员：韩延杰

2012年3月24日，为全面做好吐列毛杜农场公益事业建设“一事一议”询价（招投标）工作，保证工程质量，选重信誉、高质量的建设单位来承建施工，场党委研究决定成立兴安盟国有吐列毛杜农场公益事业建设“一事一议”工作询价（招投标）领导小组。

兴安盟国有吐列毛杜农场公益事业“一事一议”工作询价（招投标）领导小组名单如下：

组　长：许　刚

成　员：王翠清　郝淑红　郭刻宏　韩延杰

办公室设在场计财科。

主　任：王翠清

工作人员：韩延杰

2012年，吐列毛杜农场第一生产队“一事一议”财政奖补实施安装有线电视项目，覆盖第一生产队151户，共计407人。

2012年，吐列毛杜农场第二生产队“一事一议”财政奖补建设一座43平方米砖混结构公共厕所项目。

2012年，吐列毛杜农场第二生产队“一事一议”财政奖补实施安装有线电视项目，覆盖第二生产队145户、405人。

2012年，第五生产队“一事一议”财政奖补实施毛渠建设项目，建设一条8米宽、4米深、4500米长的防洪水渠。

2012年，第六生产队“一事一议”财政奖补实施桥涵建设项目，在第六生产队东部的水渠建设一座跨度8米、宽8米、孔高4米的钢筋混凝土结构的桥涵。

2012年，吐列毛杜农场第六生产队“一事一议”财政奖补实施安装照明灯项目，在学校门前水泥路安装20盏太阳能照明灯。

2012年，吐列毛杜农场第四生产队“一事一议”财政奖补实施安装有线电视项目，安装7510米有线电视设施，覆盖四队219户、634人。

2012年，吐列毛杜农场第五生产队“一事一议”财政奖补实施秸秆加工厂建设项目，建设1500平方米的砖混彩钢厂结构厂房、440米围墙、电子磅及一座磅房。

2012年，吐列毛杜农场第五生产队“一事一议”财政奖补实施小型公共粮储库项目，建设晒场6500平方米、围墙440延长米、厕所43平方米。

2012年，吐列毛杜农场第二生产队“一事一议”财政奖补实施安装照明灯项目，二队修砂石路800米，每40米安装一盏太阳能路灯，共安装20盏。

2013年，吐列毛杜农场第五生产队“一事一议”财政奖补实施架设户外电力线路项目，共架设600米电力线路。

2013年，吐列毛杜农场第五生产队“一事一议”财政奖补实施安装照明灯和绿化项目，安装照明灯24盏，绿化420平方米。

2013年，吐列毛杜农场第五生产队“一事一议”财政奖补实施小型公共粮储库建设项目，建设1.75万平方米水泥晒场，安装照明灯20盏。

2013年，吐列毛杜农场第四生产队“一事一议”财政奖补实施小型公共粮储库建设项目，建设1.8万平方米水泥晒场。

2013年，吐列毛都农场第五生产队“一事一议”财政奖补实施街道硬化项目，建设0.56千米水泥路。

2015年3月15日，兴安盟国有吐列毛杜农场成立公益事业“一事一议”工作领导小组，名单如下：

组　长：许　刚

成　员：王翠清　邹海英　谷兴华　韩延杰

办公室设在场计财科。

主　任：王翠清

工作人员：韩延杰

2015年，吐列毛杜农场第五生产队“一事一议”财政奖补实施村容村貌整治项目，建设景观石1座。

2015年，吐列毛杜农场第五生产队“一事一议”财政奖补实施村容村貌整治绿化和植树项目，植树708株，绿化8840平方米。

2015年，吐列毛杜农场第五生产队“一事一议”财政奖补实施村容村貌整治项目，建设休闲广场3264平方米。

2015年，吐列毛杜农场第五生产队“一事一议”财政奖补实施村容村貌整治广场项目，建设广场2639平方米。

2015年，吐列毛杜农场第五生产队“一事一议”财政奖补实施村容村貌整治建设项目，建设凉亭1座、长廊30米。

2016年，吐列毛杜农场第二生产队“一事一议”财政奖补实施架设电力线路项目，共架设160米电力线路。

2016年，吐列毛杜农场第五生产队“一事一议”财政奖补实施建设蔬菜基地项目，建设蔬菜基地60400平方米。

2016年，吐列毛杜农场第五生产队“一事一议”财政奖补实施建设河道护坡项目，建设护坡215延长米。

2016年，吐列毛杜农场第五生产队“一事一议”财政奖补实施建设垃圾存放点项目，建设垃圾存放点一个。

2016年，吐列毛杜农场第五生产队“一事一议”财政奖补实施植树项目，植树300株。

2017年，吐列毛杜农场“一事一议”财政奖补实施第五生产队路灯、第四生产队钢板仓、第四生产队晒场、第四生产活动室4个项目。

2018年，吐列毛杜农场“一事一议”财政奖补实施第二生产队巷道硬化、第二生产队院墙工程、第五生产队晒场3个项目。

2019年，吐列毛杜农场“一事一议”财政奖补实施3个项目。

2020年，吐列毛杜农场“一事一议”项目包括：草料库2445平方米、办公室120平方米及其他基础性建设。

2010—2020年吐列毛杜农场“一事一议”项目如表5-1所示。

表5-1　2010—2020年吐列毛杜农场“一事一议”项目

项目年度	项目名称	建设地点
2010年	吐列毛杜农场三队修建两条文明街及五道街道墙	吐列毛杜第三生产队
2011年	吐列毛杜农场五队小型文体广场建设项目	场部机关门前
	吐列毛杜农场五队村容村貌改造	场部机关门前
	吐列毛杜农场一队村容村貌改造	吐列毛杜农场第一生产队
	吐列毛杜农场四队村容村貌改造	吐列毛杜农场第四生产队
	吐列毛杜农场四队小型公共粮储库建设	吐列毛杜农场第四生产队
2012年	吐列毛杜农场六队安装照明灯项目	场部学校前水泥路
	吐列毛杜农场六队桥涵建设项目	场部正街东
	吐列毛杜农场五队小型公共粮储库建设	场部小康楼南
	吐列毛杜农场五队毛渠建设项目	一号地北至半拉山

（续）

项目年度	项目名称	建设地点
2012年	吐列毛杜农场五队秸秆加工厂建设项目	场部小康楼南
	吐列毛杜农场四队安装有线电视实施项目	吐列毛杜农场四队
	吐列毛杜农场二队安装有线电视设施项目	吐列毛杜农场二队
	吐列毛杜农场二队公共厕所建设项目	吐列毛杜农场二队
	吐列毛杜农场二队安装照明灯项目	吐列毛杜农场二队
	吐列毛杜农场一队安装有线电视设施项目	吐列毛杜农场一队
2013年	吐列毛杜农场五队街道硬化项目	新杜家园南侧和西侧
	吐列毛杜农场五队小型公共粮储库建设	场部小康楼南
	吐列毛杜农场五队安装照明灯和绿化项目	新杜家园南侧和西侧
	吐列毛杜农场五队架设户外电力线路项目	新杜家园小区
	吐列毛杜农场四队小型公共粮储库建设	吐列毛杜农场四队
2015年	吐列毛杜农场场部村容村貌整治建设	机关门前西侧
	吐列毛杜农场五队村容村貌整治	机关门前
	吐列毛杜农场场部村容村貌整治广场建设项目	机关门前西侧
	吐列毛杜农场场部村容村貌整治绿化和植树	机关门前西侧
	吐列毛杜农场场部村容村貌整治	机关门前西侧
2016年	吐列毛杜农场“一事一议”财政奖补植树项目	小康楼前
	吐列毛杜农场五队“一事一议”财政奖补河道护坡项目	广场前
	吐列毛杜农场五队“一事一议”财政奖补建设垃圾存放点项目	场部西
	吐列毛杜农场五队“一事一议”财政奖补建设蔬菜基地	场部南
	吐列毛杜农场二队“一事一议”财政奖补架设户外电力线路	吐列毛杜农场二队
2017年	吐列毛杜农场五队路灯建设项目	油库南、东、西
	吐列毛杜农场四队钢板仓	第四生产队
	吐列毛杜农场四队晒场	第四生产队
	吐列毛杜农场四队活动室	第四生产队
2018年	吐列毛杜农场第二生产队巷道硬化	第二生产队
	吐列毛杜农场第二生产队院墙工程	第二生产队
	吐列毛杜农场第五生产队晒场	第五生产队
2019年	吐列毛杜农场三队院墙改造项目	第三生产队
	吐列毛杜农场三队小型文体广场项目	第三生产队
	吐列毛杜农场五队河道护坡项目	第五生产队
2020年	吐列毛杜农场四队养殖小区	第四生产队

第三章　环境卫生保护

第一节　美丽场队建设

2006 年，吐列毛杜农场完成植树 250 亩，共 3.35 万株。挖路边沟 5000 延长米，修路 16 公里。

2007 年，吐列毛杜农场种植沙棘 300 亩，共计 3 万株。完成造林 770 亩，其中，退耕还林 500 亩、荒山造林 100 亩、农业开发区造林 170 亩。进行退耕还林补植 260 亩，秋季完成三荒造林补植 1000 亩。

2008 年，以治山造林、退耕、围封、禁牧为重点，加大生态环境建设和保护。治理荒山 3000 亩，完成三荒造林 6000 亩、路旁造林 5 万株、封山育林 1 万亩。修建第五生产队文明一条街，千米商业街的硬化路面全面竣工，主街道两侧建筑全部实行商业化设计，统一安装路灯、标语牌。1 万平方米的休闲娱乐广场初具规模，广场中间设有人文景观、草坪及花园、门球场、网球场、排球场，还安装了文体器材、健身器材。

2009 年，吐列毛杜农场全年造林 1005 亩，抚育管理 5150 亩。春季完成了补栽农防林树 3000 棵，夏季抚育打畦子 6551 个，秋季清挖死树坑 2100 个。投资 10 万元建成了“党风廉政建设文化长廊”，休闲广场安装路灯 14 盏。

2010 年，吐列毛杜农场农防林、退耕还林地以及荒山造林地树木补植造林 1005 亩，抚育管理 5200 亩。投资 60 万元对 6 个生产队队部和活动室进行翻修建设，在第五生产队建设一座草原书屋。6 个生产队修建文明街共计 8000 延长米。疏通修建第三生产队、第四生产队导洪渠和防洪堤坝，第五生产队扩建盖板涵洞一座，共计用土方 8.3 万立方米。整修场至西哲里木镇、场与各生产队间砂石路 4.3 万延长米。

2011 年，吐列毛杜农场完成农防林、退耕还林地及荒山造林补植 120 亩，荒山造林 700 亩，抚育管理 5200 亩。整修文明街 8000 延长米，争取第一生产队、第四生产队、第五生产队“一事一议”项目，安装太阳能路灯 51 盏。疏通第二生产队、第三生产队、第四生产队、第五生产队导洪渠和防洪堤坝，整修场公路 4.3 万延长米。全年环保筑路大队共修缮砂石路面 79.6 公里，其中场部地区街道重铺砂石路段 4 公里。修路砂石量 93095

立方米，修缮水渠760米，清理场部地区68个垃圾池及各生产队上百个垃圾点的垃圾千余吨。

2012年，吐列毛杜农场投资21万元在第五生产队修建“便民桥”一座，投资70万元加固堤坝扩宽修建泄洪毛渠4.5千米，消除了渠东住户汛期出行的安全隐患。在第二生产队、第五生产队、学校安装太阳路灯54盏。

2013年，吐列毛杜农场以巩固成果为重点，加大林木灌溉密度，完成春季造林560亩，抚育管护退耕还林、荒山造林7500亩，引进欧里苗60亩，栽松树87棵。通过积极争取旧房改造项目支持，在场部地区开发建设职工住宅楼3栋、180户，建筑面积1.8万平方米，通过“一事一议”财政奖补为第五生产队建设水泥路600延长米，安装路灯20盏。

2014年，吐列毛杜农场修整村屯及田间道路70公里，第五生产队修筑水泥路3公里，重点路段栽种松树50棵；通过争取“一事一议”财政奖补资金，安装太阳路灯70盏。小城镇建设步伐不断加快，场部地区建筑面积1.8万平方米的“新杜”家园住宅小区交付使用，购房职工陆续入住。环保筑路大队共清运居民区生活垃圾2500立方米。

2015年，吐列毛杜农场全场完成危旧房改造968户，利用“一事一议”财政补贴和“美丽场队建设”工程硬化场区道路9公里，安装太阳能路灯54盏，修整、修砌院墙1万延长米，栽种景观树木1200棵，建设文体休闲综合活动广场2.8万平方米。在主要道路、重点部位安装监控112处。累计投资37.673万元，完成街巷硬化7568.51平方米，修复路边沟94.86平方米，第四生产队修建院墙7286.9延长米，第五生产队修建院墙2826.8延长米。完成荒山造林1万株，完成第五生产队重要街道绿化工作。

2011—2016年，吐列毛杜农场完成全场危草房改造1184户，每户国家补贴9000元，自治区补贴6000元。

2016年，吐列毛杜农场投资2041万元完成第一、四、五生产队3个公路沿线建设任务，街道硬化5.755万平方米，修建广场6170平方米，修建护坡挡墙1308米，修砌间墙4197.32米、花墙2102.73米、院墙1.1284万米，安装大门291对、厕所300个，安装路灯124盏，铺设人行道4.13万平方米，植树8500棵；投资100万元，购买了洒水车、多功能垃圾清扫车和垃圾清运车，投放各类垃圾箱600个；制定了《生产队环境卫生管理办法》，与各居住户签订了《门前三包协议书》，确保场环境卫生实现常态化管理。修建筑路队办公室315.07平方米，投资46.19万元；筑路队车库268平方米，投资28.38万元；改造管理区油罐区，投资17.73万元；维修各生产队、机关、管理区办公室，投资701095.35元。

2017 年 8 月，进一步加强河湖管理保护工作，吐列毛杜农场修改河长制，名单如下：

总河长：武宝权（场党委书记、场长）

副总河长：许刚（副场长）

场级河长：

和日木扎拉嘎河长：隋德慧（党委副书记）

解生图郭勒河长：李连生（纪检组长）

乌兰恩扎拉嘎河长：许刚（副场长）

霍斯台扎拉嘎河长：王玉才（总畜牧师）

和勒木亭郭勒河长：隋德慧（党委副书记）

塔尔巴格扎拉格河长：许刚（副场长）

生产队级河长：

和日木扎拉嘎第四生产队段河长：张鹏（第四生产队队长）

解生图郭勒第一生产队段河长：戴玉军（第一生产队队长）

解生图郭勒第五生产队段河长：张孝德（第五生产队队长）

乌兰恩扎拉嘎第二生产队段河长：程志强（第二生产队队长）

霍斯台扎拉嘎第三生产队段河长：王蒙（第三生产队队长）

和勒木亭郭勒第四生产队段河长：张鹏（第四生产队队长）

塔尔巴格扎拉格第二生产队段河长：程志强（第二生产队队长）

2017 年，吐列毛杜农场春季种植景观树 1.3259 万棵。整修场内砂石路 35 公里，平整水泥路肩 5 公里，修整田间路 20 公里。场部至后索根嘎查 6 米宽 9.6 公里水泥路修建完成。继续完成对第一生产队、第四生产队、第五生产队三个重点连队“美丽场队”建设 2016 年未完工程的收尾工作，投资 7 万元为第一生产队修建公共厕所一处，完成街道硬化 3600 平方米、修砌间墙 141.6 米、花墙 1858.2 米、院墙 545.11 延长米，铺设人行道 3.8873 万平方米，累计投资额为 1400 万元。投资 19.47 万元，建筑路队车暖库 248 平方米，全场挖污水井 110 个，清理场队垃圾 4 万方，各生产连队根据实际制定了《生产队环境卫生管理办法》，与各居住户签订了《门前三包协议书》，确保全场环境卫生管理实现常态化。

2018 年，开展“美丽场队建设”和环境卫生整治项目，在平房区的，由生产队落实到居民户，按房前屋后专户管护，公共住宅小区和单位周边的卫生落实到卫生协管队伍、人员或单位负责管护。

2018 年，积极向上争取，筹措资金，开展“美丽场队”建设工作，累计投资 835.7

万元。三个公路沿线连队硬化铺满盖严、无死角，其他生产队的公共基础设施也得到较大改观。环境卫生管理基本实现常态化，在人口居住较集中的场部地区的街道两侧栽种柳树、银中杨、金叶榆、松树、果树等1200棵，在科技示范园区内栽植果树2000余棵。引进种植优质景观树4488棵；加强了对7500亩2003—2006年退耕还林、荒山造林项目的抚育和管护。开挖水渠1.1公里，修整水泥路路肩3公里，整修场队间砂石路50公里，修整田间路20公里，清运垃圾6万立方米。

2018年，吐列毛杜农场基础工程建设投资983万元。一是投资200.79万元为规模化经营第三管理区新建了办公室、库房、晾晒场等；二是投资26万余元为规模化经营第一、第二管理区建设了水泥晒场，并对第四生产队原队部进行了拆除和平整，同时，投资19.6万元为农业科技示范园区建设了围墙、水泥路等基础设施；三是投资89.77余万元为第二生产队修葺院墙1436.86米，铺设人行道彩砖4394.1平方米，架设路灯4盏；四是投资43万元为第三生产队修葺院墙161.21米，建设职工休闲广场1800平方米；五是投资103.6万元修建第五生产队泄洪渠护坡297延长米（其中，护坡5242.5平方米、挡土墙302米、涵洞1处），维修泄洪桥1处，粉刷新杜小区外墙1.4044万平方米；六是投资近500万元完成四队养殖小区一期工程建设。

2019年4月—5月初，吐列毛杜农场在第四生产队队部前、第五生产队广场西侧植物园开展了以“践行和谐共生理念　建设青山绿水家园”为主题的植树活动，全场52名干部职工积极参与到活动当中。

2019年9月，进一步加强河湖管理保护工作，吐列毛杜农场修改河长制，名单如下：

总河长：隋德慧（党委书记、场长）

和日木扎拉嘎河长：丁晓明（副场长）

解生图郭勒河长第一生产队段：李连生（副场长）

解生图郭勒河长第五生产队段：李连生（副场长）

乌兰恩扎拉嘎河长：韩聚东（副场长）

霍斯台扎拉嘎河长：姜文涛（副场长）

和勒木亭郭勒河长：丁晓明（副场长）

塔尔巴格扎拉格河长：韩聚东（副场长）

2019年，吐列毛杜农场引进种植优质景观树1万棵，加强了对7500亩退耕还林、荒山造林项目的抚育和管护；科技示范园区修建观景台一座；在第四生产队建设了休闲广场、防洪渠护坡铁丝网270平方米、过水路面5处；对场部锅炉进行基础改造、维修机关围墙等；修缮第二生产队小桥、五队水渠护坡；第三生产队修葺院墙413米，新建硬化

1208 平方米，修建人行道 948.33 平方米，建设职工休闲广场 1800 平方米。结合“人居环境卫生整治”工程，对田间道路进行修整。田间水土治理 5000 亩，用料 1 万立方米；整修场队间砂石路 35 公里、田间路 25 公里；加固水渠 500 延长米，清运垃圾 1.5 万立方米。

第二节 环境保护措施

吐列毛杜农场成立环境卫生整治管理大队，主要负责全场环境卫生、应急抢险、草原防火、规模化经营管理区农业生产、道路整修、植树造林、场容场貌整治等工作。

附：

2017 年国有吐列毛杜农场环境卫生管理整治大队管理办法

为提高管理的现代化水平，规范车辆使用和管理，充分发挥环境卫生管理整治大队的作用，在降低费用、缩减支出，保证安全生产的前提下更好地美化环境、建设美丽农场，特制定此办法。

一、体制

环境卫生管理整治大队隶属于农场，系农场下属非独立核算单位。负责全场环境卫生治理及道路桥梁建设。农场拥有所有资产所有权，环境卫生管理整治大队拥有使用权，负责日常使用、管理与维修维护工作。场负担其所有费用及人员开支。

二、岗位职责

为了更好地发挥每个人的作用，环境整治大队管理人员及各位职工应做到分工明确、各尽其责、提高工效。

1. 队长

（1）负责全面工作，贯彻执行农场的各项规章制度。

（2）按照场统一规划，带领职工保质保量按时完成场下达的各项工作任务。安排好每日车辆调度，并认真做好记录。

（3）有组织有计划地安排驾驶员教育培训，提高驾驶员的安全意识、业务水平。

（4）抓好安全生产、防火工作。组织技术骨干成立技术监督指导小组。定期对本单位各种车辆的保养与维修情况进行检查指导，保证无因保养、维修不当而影响作业或出现安全生产事故。

（5）抓好各项内部控制制度的执行工作，严格控制费用支出，减少跑冒滴漏。

（6）积极参与本单位采购物资询价、定价、验收等工作对明显高于市场同期价格的物资、伪劣物资予以拒收，并保证年底物资库存零增长。

（7）审核、审批本单位的物资领用单及其他各种报销单据、各种报表等，并对其合理性、真实性、可靠性承担相应责任。

（8）负责考勤监督、审核工作，定期核对考勤签到记录。

（9）在工作中严于律己、克己奉公，身先士卒，做好职工的表率，完成场下达的其他工作任务。

2. 副队长

（1）协助队长全面贯彻执行农场的各项规章制度；按照场统一规划安排好各项工作任务，带领职工保质保量按时完成场下达的各项工作任务。

（2）负责本单位安全生产、安全防火等工作的具体实施，熟悉并掌握安全驾驶规程，在职工中进行安全生产、文明生产的宣传教育。

（3）对于各车组更换的零件，及时鉴定，严格把控；按照财务各项要求，认真、准确、及时地填写本单位零件领料单并及时交物资部门办理出库手续，并对其真实性、准确性承担相应责任。

（4）保管好本单位领料单，禁止外流。

（5）负责本单位考勤签到管理工作，按月装订考勤签到簿，准确统计奖罚情况并及时汇总上报。

（6）建立车辆外出修理登记，按车分别登记修理时间内容、修理费、经办人及旧件交回情况。

（7）建立各车随车工具台账，并定期组织相关人员进行盘点。

（8）建立、登记本单位固定资产及各种工具用品台账，并定期自盘。

（9）按照场统一要求，及时精准地做好各车组的油耗、行车里程及作业量、作业内容等其他各项数据的收集和整理，按季度上报，并确保及时准确。

3. 驾驶员

（1）负责所驾驶车辆的安全驾驶工作，保证车辆装备齐全、性能良好，严格遵守各种车辆操作规程和交通条例，及时对车辆进行保养、维修与维护，确保安全行车、安全作业。

（2）合理使用、精心爱护车辆，保持车容车貌整洁。

（3）认真填写本车组的工作日记，准确记录车辆每日的工作内容、工作量、机车维修保养时间、保养内容及交旧领新情况，并保证工作日记真实、整洁，认真填写每日车组油耗、里程及工作量登记表。

（4）保管好车内随车工具，丢失照价赔偿。

（5）努力提高车辆运行的经济性，努力降低油耗和副油损耗，减少车辆的不正常损坏，延长零部件使用寿命。

4. 修理工

（1）及时配合驾驶员完成各种车辆的修理工作。保证随到随修，小修不过夜，不得以各种理由推诿，耽误车辆调度。

（2）保管好修理间的各种工具、用品。努力降低损耗，节约物资。

（3）做好修理间的安全生产及防火工作，保证修理间干净、整洁。

三、管理制度

在遵守农场管理制度的前提下，环境卫生管理整治大队各项工作必须严格遵守以下管理制度，场各相关部门定期检查其执行情况。

1. 固定资产管理

（1）各种车辆、房屋等所有权属于农场，环境整治大队拥有使用权，负责其修理与维护，未经场同意不得对外出租出借。

（2）对于多年受益、价值较高的非易损耗零部件的更换，按照财务规定，逐年进行摊销。

2. 生产物资管理制度

（1）各种车辆所需燃油、零配件、副油及其他车需物品由单位技术小组鉴定后提出采购申请，场物资部门统一采购，按规定程序到物资部门领取。未经场批准，任何人不得私自外购，特殊原因需报主管领导批准。非特殊原因私自采购，场均不予报销。

（2）参与本单位申请采购物资的询价、定价及验收入库并有权拒绝接受、使用伪劣物资。因使用伪劣物资造成车辆损坏，经确认属实，对单位负责人、技术鉴定人员及驾驶员处以每人每次200元罚款，并平均承担维修费用。对于接受使用明显高于市场价格的零配件，造成费用增加的，一经核实，超出部分由参与询价、验收的负责人承担，并处以同等金额的罚款。

(3) 油料、副油、零配件等的领用，严格按照规定程序进行。由单位指定人员填写领料单，单位负责人审批、领料人签字后，到物资部门领用。保证票物相符，并及时将领料单交由物资部门办理出库手续。

(4) 各车组更换零配件要由专门技术人员鉴定、单位负责人审批后方可更换。千元以上零配件采购报场主管领导批、备案，5000元以上由场领导批复后方可采购。

(5) 零件领用实行交旧领新制度，需在领料单备注栏注明交旧情况。旧件交由物资科保管。外出修理更换旧件，须建立详细登记簿。年度结束，由物资部门会同财务部门对所有旧件进行盘点销售。

(6) 各车组领取每日油料必须详细填写行车里程、工作量登记表，并与统计员定期核对。统计员按季度汇总上报相关部门，确保统计数字准确、真实。

(7) 严禁任何人利用职务之便窃取，私自外送、外借、外卖油料、配件、废旧物品等各种物资。一经发现严肃处理，情节严重予以解聘，触犯法律的移交司法部门处理。

(8) 各种物资严禁出现虚领、代签等情况。一经发现，视其情节轻重，对单位负责人及驾驶员等相关责任人予以每人每次200元罚款或解除聘用。

(9) 为严格划分费用，防止出现账外物资，各种物资必随用随领，禁止多领，特殊原因出现剩余或不需用等，必须及时办理退库，不得私自留存、私设物资库。一经发现存在账外物资，视情节对单位负责人处以500元以上5000元以下罚款。

3. 车辆管理制度

(1) 所有车辆定车定人，不得私自将车辆交由他人驾驶。如有违规，对驾驶员或指派人处以每次200元的罚款；造成事故的，由驾驶员或指派人承担全部责任及维修费用。

(2) 各种车辆使用由场统一管理，按照场统一规划安排每日车辆调度，并准确记录。未经场批准，严禁干私活、严禁对外作业。如有违规，扣罚主要责任人全部绩效工资，予以解聘，并追究单位负责监管责任。如单位负责人私自派出作业，予以相应扣罚，并视情节予以停职或免职处理。造成事故的，由主要责任人承担全部责任及修理费用。

(3) 各种车辆作业完成必须及时归队，按规定地点停放，禁止非工作任务在外停留。如有违规，每次罚款100元，造成燃油、零部件丢失、车辆损坏的，驾驶员照价赔偿，发生事故，驾驶员负全部责任。

4. 车辆维修、保养、修理制度

(1) 各种车辆必须按时、按项、按技术要求完成保养，如因维修、保养不到位（如缺水、无润滑等）而造成车辆损坏，一经确认，对驾驶员每次罚款200元，发生的费用全部由驾驶员承担。累计三次上停职，扣罚全部绩效工资并追究单位负责人监管责任。因违反操作规程造成的损失，由相关责任人承担。

（2）各种车辆小修及日常保养由驾驶员完成，并保证小修不过夜、不带病作业、不耽误第二天车辆调度。因车辆保养维修不及时而耽误出车，对驾驶员每次处以200元罚款，三次以上解除聘用。

（3）各种车辆大修须经技术小组鉴定，报场批准后方可外出修理。私自外出修理，场不予报销任何费用。车辆大修建立外出修理登记簿，及时登记车辆修理的时间、内容、修理费及旧件交回情况。维修后须经技术小组签字验收，以保证维修质量，避免前修后坏。

（4）车辆外出修理，必须将更换的旧件交物资部门，由物资部门保管员出具旧件接收单，方可到财务部门报销相应零件费，并依据物资部门旧件接收单登记外出修理登记簿。因特殊原因无法交回的，由场领导批准。

5. 修理间管理制度

（1）修理间各种工具、用品应建立台账，指定专人进行管理收发工作，保证领用有据、归还销账，不得外借。若丢失或人为损坏，相关责任人照价赔偿。

（2）修理间必须及时保质保量完成本单位修理工作。

（3）修理间严禁对外、杜绝私活。如有违规，扣罚主要责任人全部绩效工资，予以解聘，并追究单位负责监管责任。如单位负责人私自派活，予以相应扣罚，并视情节予以停职或免职处理。

6. 安全生产、精神文明管理制度

（1）驾驶员必须按各种工程车辆操作规程作业，不得高速驾驶，避免发生事故。如驾驶员违规操作造成事故，由驾驶员承担全部责任及相关修理、赔偿费用。

（2）各种车辆严禁搭载其他人员，违者每次罚款100元，出现事故由驾驶员负全部责任。

（3）各种车辆出车前后，检查车辆动力系统、传动系统液压系统、制动系统、升降装置系统的润滑、紧固情况，杜绝车辆带病作业。

（4）各种车辆工作中，驾驶员要实时关注各种仪表指数是否正常，车辆有无异响。

（5）室外严禁吸烟（车库、零件库、野外），违者每人每次罚款200元。

（6）严禁工作期间饮酒，严禁酒后工作。一经发现酒后上班，立即停止其工作，按旷工处理，并处以200元罚款。屡教不改的予以解聘。

（7）工作时间禁止一切与工作无关的活动（如：玩手机游戏、网购、聊天等），特别是驾驶期间。如有违规，每次罚款200元，3次以上取消其全部绩效工资。屡教不改者解除聘用。

（8）停车场院内禁止非工作人员及车辆进入。

（9）严禁发生打架斗殴事件，违者扣发其一个月工资及绩效工资，全场通报批评。性质恶劣的解除聘用，移交司法部门处理。

7. 考勤管理制度

（1）考勤实行全员签到制度，不得代签。违者当事各方每人每次罚款200元。

（2）职工公出或外出作业无法签到，由单位负责人开具补签证明。

（3）上班迟到、早退每次罚款30元，超过30分钟视为旷工。月累计迟到、早退达3次者，加扣其一天工资及绩效工资；半年累计达5次以上10次以下者，扣罚其一个月的绩效工资；半年累计达10次以上者，停职待岗两个月，停职待岗期间扣罚全部工资及待遇，取消全年绩效工资，并视情况决定是否继续聘用。

（4）旷工，每次扣罚5倍工作日的工资及绩效工资。月累计旷工2天、全年累计超过6天，扣罚其全部绩效工资，并解除劳动关系（含迟到早退30分钟以上）。

（5）病、事假月累计误工超过5天，扣罚一个月绩效工资；全年病、事假缺勤累计超过30天，扣罚全部绩效工资，解除聘用。病、事假超过3天以上，须经场领导批准（特殊情况及住院除外）。

（6）考勤表由专人管理，及时汇总、公示，按月装订，准确统计扣罚情况，于次月4日将考勤汇总表上报场行政办公室，并对其真实性、准确性承担相应责任。

（7）单位负责人定时检查考勤签到情况，如发现有更改、签字不实等弄虚作假现象，所有当事人每人每次罚款300元，累计3次，取消考勤管理人员的全部绩效工资。

（8）职工工作期间，严禁他人替岗。

附：

吐列毛杜农场环境卫生常态化
管理、督导、检查、考核、评比实施方案

按照《内蒙古自治区农村牧区人居环境整治三年行动方案（2018—2020年）》的部署要求，为加快推进吐列毛杜农场人居环境整治，全面提升场人居环境水平，顺应全场职

工群众过上美好生活的期待，建设美丽宜居的场队，紧密结合吐列毛杜农场实际，特定制吐列毛杜农场环境卫生常态化管理、督导、检查、考核、评比实施方案。

一、总体要求

1. **指导思想** 全面贯彻党的十九大精神，以习近平新时代中国特色社会主义思想为指导，深入贯彻习近平总书记考察内蒙古重要讲话和参加十三届全国人大一次会议内蒙古代表团审议时的重要讲话精神，紧紧围绕统筹推进“五位一体”总体布局和协调推进“四个全面”战略布局，牢固树立以人民为中心的发展思想，贯彻落实新发展理念，深入实施乡村振兴战略，坚持农牧业和农村牧区优先发展，坚持绿水青山就是金山银山，顺应全场职工群众过上美好生活的期待，统筹场队发展，统筹生产生活生态，以建设美丽宜居场队为导向，为决胜全面建成小康社会、建设文明、富裕、美丽的吐列毛杜农场打下坚实基础。

2. **基本原则** 职工主体、党委引导。充分发挥职工群众主体作用，尊重职工意愿，保障职工决策权、参与权、监督权，调动职工自觉性、积极性、主动性。引导职工积极投身美丽宜居场队建设。

因地制宜、分类施策。因各生产队基础设施建设不均衡，所以院墙、路不作为评分标准，但保存率、完好率为评分内容。

示范引领、有序推进。评比检查每季度一次，最少不低于半年一次。实行百分制，按得分情况进行奖励，采取以奖代补的方式，激励先进，带动后进。

3. **行动目标** 实现场部地区人居环境明显改善，连队环境基本干净整洁有序，职工环境与健康意识普遍增强。场容队貌显著提升，管护长效机制初步建立。

二、重点任务

每个生产队设立一处符合环保要求的生活垃圾填埋场。为重点解决生活污水排放问题，各生产队动员职工在院内砌脏水井，环保大队可以用钩机免费为各户挖脏水井，采取建管并重的长效运行机制。对生产队街巷两侧的院墙是否有破损，绿化带、树池内是否有垃圾、杂草、污水、废弃物品等进行检查；对秸秆、煤、羊粪砖占道堆放，车斗农机具占道摆放，建筑材料长期占道现象进行检查；对职工家庭院内室内进行抽查。

三、实施步骤

各生产队要对环境卫生实行常态化的管理，场领导包队，队领导分片负责，落实到人头。场领导要对所包生产队的环境卫生进行督促检查，队班子成员对包片范围经常监督检查，形成上下齐抓共管的局面。场成立环境卫生检查评比领导小组，名单如下：

组　长：许　刚

副组长：隋德慧

成　员：韩聚东　李连生　丁晓明　姜文涛

王树有　邹海英　胡占双　戴玉军

程志强　王　蒙　张　鹏　张孝德

评比检查每季度一次，最少不低于每半年一次。对生产队的街巷、绿化带、人行道进行检查；对职工家庭院内进行抽查，采取随机抽查的方式，每个生产队抽5～10户，对院内、室内卫生进行检查评比。

四、工作措施

场党委加大资金投入力度，保障各队人居环境基础设施建设和管护运行资金，采取以奖代补的方式，年底按平均分值奖励，按评分结果，以每分100元的标准对生产队进行奖补。

充分发挥队班子的领导核心作用和党员的先锋模范作用，带领职工群众推进移风易俗、改进生活方式、提高生活质量。

根据各队实际情况确定生活垃圾收运和处理方式。五队日清日洁，垃圾每日定时定点清运；一队每两日清运一次；二队、三队、四队采取分户收集，由队统一清运，集中填埋的处理方式。生产队与各户签订门前“三包”责任书，明确职工的保洁义务，发动职工清理门前屋后垃圾，并定期组织职工开展环境卫生集中治理。

五、保障措施

各部门、各生产队要按照职责分工、各司其职、密切结合，做到信息互通、资源共享、工作联动，形成推进场队人居环境整治工作的合力。统筹解决人居环境治理工作中的重大问题，落实各项政策措施，协同推进各项工作。

通过评比活动，增强职工群众保护人居环境的荣誉感。充分利用各种渠道，广泛宣传推广各队好典型、好经验、好做法，努力营造全社会关心支持场队人居环境整治的良好氛围。

评分标准附后。

序号	评 分 内 容	分值	扣分
1	街巷两侧院墙、人行道、绿化带无破损	8	
2	绿化带、树池内无杂草、垃圾，绿化成活率高	8	
3	街巷两侧无杂草、污水、废弃物品、白色垃圾等	8	
4	垃圾桶（箱）布置合理，垃圾清理及时	8	
5	无秸秆、煤、羊粪砖等占道堆放	8	
6	队内无散养牲畜，无车斗、农机具占道摆放，无建筑材料长期占道	8	
7	庭院内无杂草、杂物打扫及时，包括无人居住院落	8	
8	庭院内生活物资、秸秆等堆放整齐	8	
9	无生活污水乱排、乱倒现象	8	
10	室内卫生整洁，家具器物摆放有序，门窗玻璃洁净、明亮，床单、被褥、窗帘叠置整齐，厨房卫生干净利落，生活垃圾及时清理	12	
11	文体广场卫生整洁、公厕无乱贴、乱涂、乱画现象	8	
12	街道两侧院墙、电线杆、路灯杆无小广告	8	
备注：评比实行100分制，采取逐项扣分的方法，按积分从高到低排名，和奖金挂钩		合计	

第三节　队伍建设及装备

一、队伍建设

2007年3月—2009年4月，白金喜任环境道路管护大队队长，陈宏兼环境道路管护大队副队长。

2010年3月—2014年8月，付宝林任环保筑路队队长。

2013年3月，刘维光任环保筑路队队长（副科级）。

2014年8月，刘维光任环保筑路队队长（正科级）。

2015年4月—2020年12月，刘维光任环境卫生整治管理大队队长。

2015年4月—2017年3月，白勇光任环境卫生整治管理大队副队长。

2017年3月—2020年12月，韩银庄任环境卫生整治管理大队副队长。

2020年，刘维光任环境卫生整治管理大队队长，韩银庄任环境卫生整治管理大队副队长；工作人员11人。

二、机械装备力量

2007 年，投入资金 20 万元购买挖掘机 1 台、“404” 翻斗车 2 辆。

2009 年 6 月，购入东方红 100I 推土机一台。

2010 年 4 月，购入犀牛牌轮式农用挖掘机一台、东风牌自卸车 2 辆。

2011 年 8 月，购入解放牌重型自卸车两辆、龙 I856 型铲车 1 辆。

2013 年 4 月，购入豪沃牌重型自卸车 2 辆。

2015 年 8 月，购入强 I928 型农用铲车 1 辆。

2016 年 3 月，购入龙 I833 型铲车 1 辆、犀牛牌链轨轮式两用挖掘机 1 台。

2016 年 5 月，购入 12 吨东风牌园林洒水车 1 辆。

2016 年 6 月，购入中联重科 6 吨压缩式垃圾车 1 辆，投放各类垃圾箱 600 个。

2016 年 9 月，购入中联重科道路洗扫车 1 辆。

2017 年 3 月，购入豪沃牌重型自卸车 2 辆。

第六编

农　业

中国农垦农场志丛

第一章　农业管理机构　农业科技人员

第一节　机构沿革

吐列毛杜农场有主管农业生产的副场长1人。农业生产管理机构为生产科，生产科是全场农业生产管理、指挥、技术服务的专业职能部门。生产科设科长1人、副科长1人、农机农业技术人员若干。生产科科长对场长和主管农业副场长负责，领导本科室人员工作。

一、主管农业的副场长职责

对全场的农业生产、农机管理、林业生产、农业综合开发、农田水利规划及农业生产领域内的安全生产负主要责任。对全场的农业生产、农机运用、农业科技推广、优良品种引进、大型农业机械设备引进和场内涉农政策的制定及规章制度建设有优先建议权和决策权；在涉农领域的工作及生产活动中有直接指挥权；对农业发展规划、综合开发计划及农业主管部门中层干部的任免有优先建议权；在农业生产计划、措施、农机运用等过程中出现的问题有直接处理权。农业副场长全权负责农业生产部门的各项工作，与农业生产部门组成农场农业生产指挥中枢，负责协调生产指挥部门与各农业生产单位的关系，调动和发挥各单位农业生产的积极性。

二、生产科职责

负责制订全场农业生产计划，交由场领导审定后下发实施执行；积极引进扩繁优良品种，实现栽培作物良种化；检查、指导、监督农业生产计划的落实与实施，包括春耕、田间管理、秋收、翻整地等；对全场农业机械的管理情况进行检查监督，督促基层生产单位对农机精心保养，正确调整维护，保持完好的技术状态，确保农机设备不因人为因素造成损失而影响农业生产；抓好农田基本建设工作，落实好浇灌设施的使用管护措施；全面实施测土配方施肥，引进新型实用农药，有效防治杂草和病虫害；配合上级和农场农机监理部门，做好农机监理工作。严格贯彻执行交通法规，做到安全生产，杜绝事故；积极推广应用科技增产措施，抓好农机、农艺科技培训工作；生产科的科技人员要以己之长送技艺于生产第一线，在春耕、秋收关键时刻到田间地头亲自指导机修及农艺工作；每年进行农业生产工作总结，总结经验教训，积极探索新的发展构想和规划。

第二节　农业科技队伍及专业培训

2000—2020年，吐列毛杜农场的生产活动主要以农牧业生产为主，2000年以后，农业生产规模逐年扩大，农业专业技术人员队伍逐渐壮大。农业专业技术人员的专业结构主要是农机、农学、农艺三大类。农业专业技术人员的来源包括：①国家大、中专院校分配到场工作的毕业生；②上级调动到农场的专业技术干部；③农场长期在农业生产一线的工作者经考试获得技术职称人员；④自费上学，毕业后回场参加工作，从事农业生产工作的人员。

2000年，吐列毛杜农场有农业技术人员12人，其中大学毕业生8人、中专毕业生4人，取得助理农艺师职称的有3人，取得农业技术员职称的有9人。

2001年，由于吐列毛杜农场转换经营机制，有部分农业技术人员离开了农业技术队伍。

2009年，农场农业技术人员队伍增加1名高级农艺师、1名农艺师、2名助理农艺师、6名农业技术员。

随着农场建立规模化经营管理区，实行土地集约规模化经营，不断引进大型农业机械，进行现代化的科学种植，需要从事农业的工作人员具备更高的农业生产技术水平。农场每年利用农闲时节，对规模化经营管理区的人员进行培训。

2009年7月，张宝君参加兴安盟土肥站土壤化验技术培训班。

2010年6月，张宝君参加黑龙江农垦建三江分局举办的全国农垦系统测土配方施肥技术培训会。

2010年11月，张宝君参加内蒙古肥料配方师职业技术培训班。

2011年11月，张宝君参加农业部县域耕地资源管理信息系统应用技术培训班。

2012年3月，程文达、庞忠彬、程志强、赵志勇参加在牙克石举办的农业部农垦局系统滴灌节水技术培训班。

2012年，马向东在乌兰浩特参加兴安盟农牧业局举办的小麦高产创建培训班。

2012 年 6 月，程志强到新疆考察膜下滴灌节水技术。

2012 年 11 月，张宝君参加农业部县域测土配方施肥专家系统建设应用技术培训班。

2013 年 9 月，马向东、白永强在通辽市参加绿色食品内检员培训班。

2013 年 9 月，程志强在白城参加北方垦区滴灌节水培训班。

2014 年，吐列毛杜农场选派滕倩、高春艳、敖洋、蔡春路、何志刚、韩延鹏、邵智勇、张孝德、白勇刚、张胜利到黑龙江农垦大学农机农艺管理班脱产学习。

2014 年，马向东、白永强、包文成在乌兰浩特市盟党校参加全区农垦农产品质量追溯项目培训班。

2014 年 8 月，朱晶晶在大庆市林甸县参加绿色食品、有机食品培训班。

2016 年 3 月，程文达、丁晓明、陈宏、陈良华、白永强参加了中国农垦经济发展中心在上海举办的全国农垦标准化农场培训班。

2017 年 5 月，马向东、白永强在乌兰察布参加绿色食品内检员培训班。

2017 年 8 月，张胜利参加了中国农垦经济发展中心在郑州举办的全国农垦标准化农场培训班。

2017 年 9 月，程文达、赵志勇参加了在新疆举办的中国农垦节水农业产业技术联盟成立大会。

2018 年 3 月，程文达、赵志勇参加了在北京举办的中国农垦节水农业产业技术联盟第二届“一带一路”节水农业高峰论坛。

2018 年 7 月，何志刚、杨雪松、赵源、韩延鹏、李晨威参加了由内蒙古团委举办的 2018 年内蒙古青年就业技能提升无人机植保示范培训班。

2018 年 8 月，陈宏、何志刚参加了中国农垦经济发展中心在天津举办的全国农垦绿色优质高效模式提升培训班。

2018 年 11 月，丁晓明、陈宏、陈良华、赵武、白勇刚、何志刚参加了中国农垦经济发展中心在北海举办的全国农垦绿色优质高效模式提升培训班。

2018 年 12 月，丁晓明、张宝君、陈宏、白红生、何志刚、张胜利、温海明、董敬春、张国栋、赵曙莲、裴晓星、关明霞 12 人参加了 2018 年兴安盟基层农技推广人员培训班。

2019 年 6 月，隋德慧、丁晓明、程文达、赵志勇参加了中国通辽玉米黄金带绿色优质高效节水技术论坛。

2019 年 7 月，何志刚、程宇豪、赵源、韩延鹏、韩艳奇、李艳秋、杨旭、赵孟和、刘海龙、白佰龙、王浩、田德生、李延成、胡宝权、王苏日嘎拉图、齐锁、全少卓、白德宝、毕新鹏、赵曙莲、裴晓星、关明霞 22 人参加了农牧场管理局举办的高素质农民培训班。

2019 年 8 月，陈宏、何志刚参加了中国农垦经济发展中心在西宁举办的全国农垦绿色优质高效模式提升培训班。

2019 年 11 月，丁晓明、陈宏、张胜利、董敬春、温海明、张国栋参加了在杭州举办的兴安农垦集团现代化培训班。

2019 年 11 月，丁晓明、张宝君、陈宏、白洪生、何志刚、张胜利、温海明、董敬春、张国栋、赵曙莲、裴晓星、关明霞 12 人参加了 2019 年兴安盟基层农技推广人员知识更新培训班。

2019 年 12 月，韩延鹏、赵源、李延成、胡宝权、赵曙莲、裴晓星、关明霞参加了农牧场管理局在山东举办的高素质农民培训班。

2020 年 9 月 1—7 日，白洪生、何志刚 2 人参加了兴安农垦集团公司在青岛举办的现代农业发展培训班。

2020 年 9 月 23—24 日，生产科及绿色食品办公室何志刚、马向东、白永强 3 人参加兴安农垦集团公司在乌兰浩特举办的绿色原料标准化培训班。

2020 年 10 月 12—13 日，白洪生、何志刚 2 人参加兴安农垦集团公司在乌兰浩特举办的企业发展培训班。

2020 年 11 月 5 日，陈宏、张宝君、白洪生 3 人参加了在哈尔滨举办的种子博览会。

2020 年 11 月 13—15 日，丁晓明、陈宏、陈良华、赵武、张宝君、白洪生共 6 人参加了在青岛举办的 2020 中国国际农业机械展览会。

2020 年 12 月 9—11 日，丁晓明、陈宏 2 人参加了在江西景德镇参加 2020 年中国农产品质量安全培训班。

2020 年吐列毛杜农场农业技术人员如表 6-1 所示。

表 6-1　2020 年吐列毛杜农场农业技术人员名录

姓名	专业	毕业院校	技术职称
程文达	农业	内蒙古农牧业大学	高级农艺师
陈宏	农业	黑龙江八一农垦大学	工程师
马向东	农业	通辽畜牧学院	农艺师
张宝君	农业	哲里木畜牧学院	农艺师
丁晓明	农业	黑龙江八一农垦大学	技术员
白红生	农业	哲里木畜牧学院	助理农艺师
白永强	农业	内蒙古民族大学	助理工程师

（续）

姓名	专业	毕业院校	技术职称
何志刚	农业	黑龙江八一农垦大学	助理农艺师

第三节 农业生产

一、2000—2002 年农业生产情况

2000 年，吐列毛杜农场农业亏损严重。小麦播种面积 12 万亩、油菜 4 万亩，由于小麦拔节至灌浆期少雨，遭受严重干旱，导致小麦、油菜严重减产。造成亏损的另外一个原因是当时的生产经营模式为集体经营，前期投入为农场投资，大部分物资由农场从外地赊销购买，由于后期场无法投入资金，到收获期时保证不了物资供应，收获不及时。企业没有了资金的投入，生产难以进行，春天在外地赊购的粮食、化肥和借款还不上，农场的生产举步维艰，农场集体经营难以维持。

2000 年 11 月，吐列毛杜农场的生产经营方式开始转变，把现有的机械作价卖给个人，成立 20 个家庭农场，每个家庭农场必须承包 2500 亩土地。由此，农场投资的集体经营模式转变为个人出资经营，农场只是发包土地，收取土地承包费。

2001 年，为加强企业管理，进一步规范土地资源作为农场重要资源进行市场化管理的原则，吐列毛杜农场转换经营体制，对土地经营承包制度进行改革。改革的内容是土地承包由集体经营全部变为职工单独承包。将全场耕地按使用性质分为两类：一类为基本生活保障田，一类为市场田。基本生活保障田分为基本生活田和保障田两部分，作为企业职工保证生活和参加各项统筹的基本来源，不收任何提取。市场田按一、二、三类收取提取，一类土地承包费为每亩 33 元、二类土地承包费为每亩 28 元、三类土地承包费为每亩 22 元。

2001 年，吐列毛杜农场每名职工的基本生活田为 50 亩，其中 20 亩为基本生活田，30 亩为统筹医保田。

2001 年是吐列毛杜农场农业生产转换经营方式的第一年，土地由个人种植经营，当年种植的农作物以油葵、大豆、小麦、玉米、奶花豆、红小豆为主，由于职工初次进行大田种植，缺乏种植经验，农作物产量不高。

2002 年，吐列毛杜农场开始种植油葵“迪卡 101”、大豆、荞麦。当时油葵的田间管理主要是人工除草，田间管理成本高，每户的种植面积都不超过 200 亩。由于油葵产量

高、耐旱、价格好，职工开始大面积种植油葵。

二、2004—2020 年的农业生产情况

2004 年，随着国家农业政策的调整，对种植户进行补贴，补贴由土地承包户享受。

2005 年，吐列毛杜农场播种面积 16.5 万亩，以种植小麦、油菜为主，油葵为辅。

2006 年，国家减免农业税以后，吐列毛杜农场发包给职工的基本生活田依然不收提取，但是承包的市场田价格上涨。

2006，吐列毛杜农场完成播种面积 16.5 万亩，全年实现粮豆总产 2006.9 万公斤，利润 105 万元。

2007 年，吐列毛杜农场市场田一类土地承包费为每亩 50 元、二类土地承包费为每亩 43 元、三类土地承包费为每亩 28 元。新参加统筹的职工每人享受 25 亩保障田，参统人员退休后，场收回基本生活保障田。

2007 年，吐列毛杜农场播种面积 16.5 万亩，其中节水抗旱面积 3.2 万亩，模式化栽培 2 万亩，实现粮豆总产 1534 万公斤。

2008 年，吐列毛杜农场市场田的承包价格为每亩 100 元，不分等级。

2008 年，吐列毛杜农场播种面积 16.53 万亩，实现粮豆总产 2176.75 万公斤。发放粮食补贴 708 万元，农业保险资金 89 万元。组建了 7 个机械化家庭农场，实现规模经营 1.18 万亩。

2009 年，吐列毛杜农场播种面积 19.5 万亩，实现粮豆总产 2026.7 万公斤。落实良种补贴面积 4.2677 万亩。投资 60 万元实施国家测土配方施肥和“3414”项目。

2009 年，吐列毛杜农场成立规模化经营第一管理区，播种面积 2.25 万亩，种植油菜、小麦，实现粮豆总产 125 万公斤。

2010 年，吐列毛杜农场播种面积 19.5 万亩，实现粮豆总产 1656.7 万公斤。

2011 年，吐列毛杜农场播种面积 19.5 万亩，实现粮豆总产 1479.1 万公斤，成为兴安农垦绿色食品原料标准化基地创建单位。全场购置农机具 17 台（套），享受购置农机补贴资金 59.3 万元。建设了 1000 亩的中草药种植基地，其中合作社种植 450 亩，种植品种有板蓝根 370 亩、桔梗 80 亩，白芍育苗 5 亩。

在科学施肥的基础上，油葵采用了大马力胶轮拖拉机播种中耕，提高了作业质量。除草剂采用黑龙江农垦大学推出的葵花宝典 1+1，比以前的扑乙合剂、草甘膦灭草效果提高，使规模化经营管理区油葵亩产达到 150 公斤。

2011年，吐列毛杜农场共购买各类农业机械31台/套，享受国家农机购置补贴资金84.15万元，受益28人。

2012年，吐列毛杜农场播种面积19.5万亩，实现粮油总产1477.7万公斤。全场享受良种补贴面积4.3118万亩，其中，玉米1.6092万亩、大豆0.4912万亩、小麦2.2114万亩，享受补贴资金43.118万元。全场购买农机具62台/套，享受国家农机购置补贴资金94.02万元，受益46人。完成绿色食品原料标准化基地建设面积19.5万亩。

2013年，吐列毛杜农场播种面积19.5万亩，其中主要种植作物小麦2.82万亩、玉米1.6995万亩、大豆0.4005万亩、葵花12.1995万亩、大麦0.651万亩、油菜0.861万亩，实现粮豆总产1159.4万公斤。全场享受粮种补贴面积4.8482万亩，享受补贴资金48.482万元。全场购买农机具60台/套，其中动力机械37台、农具23台/套。享受国家农机购置补贴资金128.619万元，受益46人。

2013年，经北京中安质环认证中心认证，有机转换基地面积5000亩，认证小麦产量14万公斤、油葵产量1.76万公斤，已获准上市销售。农场盛垦合作社以密集型劳动力种植高产值的中药材为主，种植品种有苦参、桔梗、赤芍、党参、绵芪、铁芪、黄芩、防风、柴胡等，共计0.1349万亩。

2014年，吐列毛杜农场播种面积19.5万亩，实现粮豆总产1752.3万公斤。全场享受良种补贴面积2.8218万亩，其中玉米0.5798万亩、大豆0.0524万亩、小麦2.1896万亩，享受补贴资金28.218万元。全场购买农机具72台/套，享受国家农机购置补贴资金140.758万元。北京中安质环认证中心认证有机基地面积1.2万亩。全场中药材基地达到0.2万亩，分布在5个生产队和盛垦合作社，其中盛垦合作社0.196万亩。

吐列毛杜农场非常重视百亩科技示范园区建设，场技术推广站从四队规模化经营管理区节水灌溉区迁到场部修配厂门前，划出0.04万亩平整肥沃的土地规划建设园区，投资近60万元安装了大型喷灌设备，新购进2台29.4千瓦的拖拉机及配套农具，基础设施基本完备。

2015年，吐列毛杜农场市场田提取管理费实行阶梯地价，提取标准为100亩以内每亩100元，101～200亩每亩120元，201～300亩每亩140元，300亩以上超出前三个阶梯的部分每亩170元。规模化经营管理区的土地提取标准为每亩170元；户籍不在场、非职工、未与场签订劳动关系人员，承包农场土地均为市场田，每亩170元。

2015年，吐列毛杜农场播种面积19.5万亩，其中小麦2.92万亩、玉米1.7万亩、大豆0.4万亩、油葵12万亩、大麦0.65万亩、油菜0.86万亩、马铃薯0.02万亩、青贮0.73万亩、药材0.05万亩、其他0.17万亩，实现粮豆总产1770.9万公斤。全场享受良种补贴面积 2.3312 万亩，补贴资金 23.312 万元。全场购进农机具 143 台/套，享受国家农机补贴资金 200.386 万元，受益 99 人。完成有机基地认证面积 1.6 万亩。

为进一步提高农机标准化作业水平，向高水平精准农业方向发展，农场投入 200 多万元，购置了 3 套卫星导航农机田间作业自动驾驶系统以及配套机具，保证机车作业时千米直线误差不超过 0.5 厘米，作业的精准度进一步提高，采用免耕精量播种机播种，保证一次抓全苗。

2016 年，吐列毛杜农场播种面积 19.5 万亩，实现粮豆总产 2503.5 万公斤。农场购买农机具 160 台/套，获得国家农机补贴资金 101.588 万元，受益 110 人。6 月，成立绿色食品办公室。实施国家保护性耕作深松整地项目，深松整地 8685.82 亩，享受补贴资金 17.37164 万元。

2017 年，吐列毛杜农场播种面积 19.5 万亩，实现粮豆总产 1516.3 万公斤。农场购买农机具 33 台/套，享受国家农机购置补贴资金 156.972 万元，受益 30 人。全场完成深松整地面积 2.5175 万亩，享受补贴资金 75.52431 万元。

吐列毛杜农场规模化经营采取场规模化经营管理区加托管职工土地、合作社、职工家庭农场 3 种经营方式，其中规模化经营管理区经营土地面积 6.8 万亩，合作社、家庭农场经营土地面积共 8.4 万亩。农场继续加强有机农产品基地的建设工作，完成了 1.6 万亩的有机农产品基地认证工作，并获得了有机基地认证证书。农场承担完成了农业部 2017 年农垦农业技术试验示范与技术服务支持的《农机标准化等先进适用技术试验示范推广项目》项目，并建设了 1 处人才培训信息化的卫星远程接收站。

2018 年，吐列毛杜农场播种面积 19.5 万亩，实现粮豆总产 3386.3 万公斤。全场购买农机具 28 台/套，享受国家农机购置补贴资金 77.48 元，受益 27 人。全场完成深松整地面积 1.9791 万亩，享受补贴资金 49.4775 万元。

根据《农业农村部、国家发展改革委办公厅、财政办公厅、自然资源部办公厅关于加快制定粮食生产功能区和重要农产品生产保护区的通知》（农计办〔2018〕7 号）、《兴安盟农场局粮食生产功能区和重要农产品生产保护区制定实施方案》的通知要求，结合农场实际，成立“两区”（“两区”即粮食生产功能区和重要农产品生产保护区）划定办公室，办公室由生产科负责。

2019 年，吐列毛杜农场播种面积 19.066 万亩，实现粮豆总产 3152.5 万公斤。全场购买农机具 36 台/套，享受国家农机购置补贴资金 147.26 万元，受益 27 人。全场完成深松整地面积 0.7678 万亩，享受补贴资金 19.198 万元。农场全面完成国家“两区”划定相关信息填报等工作的落实。6 月，规模化经营管理区安装农机信息管理平台；8 月，兴安盟农畜产品质量安全监督管理中心受自治区农畜产品质量安全监督管理中心委托，对绿色食品原料（大麦）基地进行验收。

为进一步推动集约规模经营，实现职工群众持续增收、降低各环节生产成本，在职工自愿的基础上，整合碎片化、均等化耕地，以多数人受益为原则。规模化经营整合职工耕地，按照“六统一分四原则”统筹推进。“六统”即统一品种、统一耕种、统一技术措施、统一建账管理、统一购销结算、统一使用补贴资金；“一分”是分户按面积负担盈亏；“四原则”一是以碎片化土地集中连片、统一耕作为原则，二是规模经营推进要与农机社会化服务体系建设结合对接为原则，三是合作农户以自我民主管理为原则，四是以职工群众自愿合作、双向选择为原则。整合第二生产队 12 名职工、耕地 663 亩，第四生产队 19 名职工、耕地 600 亩，第三生产队 20 名职工、耕地 1704 亩，共计 2967 亩，进行规模化经营。整合的土地全部种植大豆。

购置极飞 P30 植保无人机 8 架，成立无人机植保大队，9 人持有无人机操作许可证。9 月，无人机植保大队赴新疆喷施棉花落叶剂，作业面积 1.04 万亩。

规模化经营管理区推广玉米大垄双行密植技术，首次在四队大面积种植获得成功，均产 500 公斤以上。

2020 年，吐列毛杜农场播种面积 19.1296 万亩，其中规模化经营管理区 6.1406 万亩、生产队 12.989 万亩，播种大豆 13.5168 万亩、玉米 3.7118 万亩、小麦 2870 亩、大麦 1452 亩、紫花苜蓿 1.1988 万亩、青贮 1726 亩、高粱 947 亩、马铃薯 17 亩、油葵 10 亩。农场完成秋深松整地面积 1.382 万亩，获得补贴资金 345519.75 元，获得兴安盟农牧业局农机社会化服务补贴资金 55 万元。

调整规模化经营管理区的种植结构，以国家政策导向性作物为主，侧重适合农场的小麦、大豆、玉米等作物，原则是减豆、稳麦、推玉米。管理区全年播种 6.1406 万亩，其中大豆 2.0948 万亩、玉米 2.1475 万亩、小麦 2870 亩、大麦 1452 亩、紫花苜蓿 1.1988 万亩、青贮 1726 亩、高粱 947 亩。粮豆总产 1391 万公斤，其中大豆 275.154 万公斤、玉米 999.223 万公斤、小麦 54.529 万公斤、大麦 20.34 万公斤、高粱 41.722 万公斤；青贮总产 593.4 万公斤。

农场管理区新购进马斯奇奥动力耙 3 套、马斯奇奥翻转犁 3 套，增强了管理区的机械力量。农机信息化管理平台共计投入资金 110 多万元，2018 年开始建设，2020 年 6 月正式投入使用。

此外，农场不断创新土地流转和规模经营方式，培育专业大户、专业合作社、产业化龙头企业等新型经营主体，积极发展多种形式的适度规模经营。通过改变原先一家一户的分散经营模式，实行规模化生产、标准化种植、集约化经营，让更多的职工群众得到了实惠，非常受职工群众欢迎。

2020年4月，吐列毛杜农场第三管理区为第二生产队整合的0.138万亩土地进行大豆全程作业服务。

2020年7月，吐列毛杜农场管理区与中旗中阳公司合作，进行无人机植保作业，实施作业面积1.4万亩。

2020年10月，吐列毛杜农场管理区与长春农场合作，为他们进行莜麦拾禾作业，实施作用面积0.8086万亩。

2020年春，完成农牧场管理局耕地质量提升项目，获补贴资金50万元。第一生产队、第四生产队、第五生产队共3个生产队实施耕地保护与质量提升项目，主要推广秸秆还田技术、深耕深松技术，耕地地力与耕地环境质量都有所提高，同时，积极探索土壤有机质提升的新模式、新方法，总结适宜本区域大面积推广应用的秸秆还田技术模式。

2020年7月15日，完成3万亩玉米地的赤眼蜂投放工作。长期大面积释放赤眼蜂防治玉米螟，减少了化学农药的使用量，使一些天敌昆虫免受化学农药的杀伤，不仅可使赤眼蜂在田间建立起优势种群，也可使自然天敌的昆虫种群得到恢复和发展，抑制虫害的发生和危害，提高对害虫的控制水平，保持自然界昆虫的生态平衡，同时也保护人类赖以生存的自然环境。

同时，吐列毛杜农场积极参加农业保险，小麦、玉米、大豆、油葵、马铃薯5种可参保的农作物全面积投保，参保总面积达到17.6635万亩。加强与保险公司的合作，发现灾情及时报案，配合保险公司及时准确地完成了多次查勘工作，并根据灾情与保险公司确定了理赔方案。

第四节　农业项目

一、国家粮食高产创建项目

吐列毛杜农场承担国家粮食高产创建项目万亩小麦高产创建任务，实施面积1万亩，在规模化经营管理区建立了万亩小麦高产创建示范区，围绕小麦高产创建展示推广先进实用配套技术，进行测土配方施肥，以小麦高产栽培技术和有机小麦栽培技术操作规程为支撑，以农业技术推广站为载体，以增产增收为目标，充分依靠现代农业科学技术，以创建百亩核心区、千亩展示区为样板，以政策引导、专家指导、补贴资金为主要手段，合理布局，完成各项目标任务，连续五年平均单产达到300公斤以上，有利带动全场小麦生产力水平的提高。

2011—2015年小麦平均亩产及国家补贴资金如表6-2所示。

表6-2 2011—2015年小麦平均亩产及国家补贴资金

年份	小麦平均亩产（公斤）	国家补贴资金（万元）
2011	304.44	20
2012	305.74	20
2013	318.07	20
2014	325.20	15
2015	332.60	15

二、保护性耕作项目

2011年，吐列毛杜农场承担4万亩保护性耕作项目工程。在认真制订项目实施方案的同时，积极开展试验示范研究，强化技术培训，搞好技术服务，全面完成各项经济指标。项目为自治区推广保护性耕作重点投资项目，项目总投资757.67万元，其中中央投资468万元，地方配套50万元，农场自筹239.6694万元。新建机棚2500平方米、机库1894.25平方米，购置保护性耕作机械19台/套、仪器设备6台/套，修缮机耕道50公里。购买机具仪器设备使用资金311.8013万元，土建机耕道工程资金435.318万元，工程建设其他费用基本预备使用资金10.55万元。项目建设期限为2011—2012年，项目的实施可减少耕地表土层流失量40%～80%，减少农田扬尘量40%，工程区可实现粮食增产40万公斤。

三、国家粮豆轮作项目

根据《内蒙古自治区探索实行耕地轮作制度试点方案》通知的要求，为推进农场农业可持续发展，逐步构建农场耕地轮作制度，既有利于平衡粮食供求矛盾、促进种植结构调整优化，又有利于提高耕地质量，实现用地养地相结合。

2017—2019年，吐列毛杜农场规模经营管理区承担的2万亩国家粮豆轮作项目，按照项目工艺流程要求完成，播种采用大垄三行密植精量播种技术，购置的马克播种机和起垄机，发挥了积极的作用。应用粮豆轮作项目，既节本增效，又改善了耕地质量，通过大面积推广应用，使农场获得了显著的经济效益、社会效益和生态效益。

四、农垦农业绿色优质高效技术模式提升行动

根据农业农村部办公厅印发的《农垦农业绿色优质高效技术模式提升行动方案》的要求，吐列毛杜农场被确定为2018—2019年度农垦农业绿色优质高效技术模式提升行动实施单位。根据要求，成立吐列毛杜农场绿色优质高效模式提升活动领导小组和专家指导小组，制订工作方案，加大高产新品种的推广，加强选择测土配方施肥、适期适量播种、病虫害综合防治、机械化收割、合理运用节水灌溉、秸秆还田等技术的应用和技术培训力度，推广大豆高产栽培技术，扎实推进大豆绿色优质高效模式提升行动。大豆绿色优质高效模式提升任务坚持科学发展观，以提高单产、改善品质、降低成本、提高市场竞争力为目标，精心组织、因地制宜，认真抓好大豆绿色优质高效模式提升活动各项工作的落实，积极探索绿色优质高效技术模式，克服了各种不利自然灾害影响，取得了较好的高产示范成绩。

第五节　规模化经营管理区

吐列毛杜农场2009年成立规模化经营第一管理区，规模经营耕地面积3.3001万亩，2011年，规模化经营管理区分为规模化经营第一管理区、规模化经营第二管理区，2014年成立规模化经营第三管理区。

2020年，规模化经营第一管理区耕地面积1.9377万亩，规模化经营第二管理区耕地面积1.9268万亩，规模化经营第三管理区耕地面积1.9362万亩，总面积5.8007万亩。

3个规模化经营管理区内有2个标准化的机务区，机务区面积1.15万平方米，机库961平方米，维修间、零件库、副油库共945平方米，农机具停放场1.5万平方米，水泥硬化晒场10万平方米，还有6座储量为720吨的金属结构的风干式存储仓、标准化加油站1处、地衡2座。

2012年，吐列毛杜农场规模化经营管理区耕地4.9109万亩，种植结构以减小麦、稳大麦、增油葵为目标，减少小麦的种植面积，大幅增加油葵的种植面积，优化种植结构，提高了经济效益，降低了农业生产风险。管理区共种植小麦0.1939万亩、大麦1.5849万亩、油葵2.0247万亩。实现粮油总产1182万斤，其中小麦总产量73万斤、大麦609万斤、油葵500万斤。管理区增加有机油葵的种植面，种植面积0.25万亩，总产量54万斤；种植有机小麦0.0528万亩，总产量168万斤。在农业生产中，化肥的作用越来越明

显，配方施肥显得更科学，全年共使用肥料539吨，其中有机肥32吨。

制定《管理区农业生产标准化管理实施细则》，为实施农业生产标准化奠定了基础。重点加强管理区农业生产标准化，即农机管理标准化、农机具检修标准化、农机作业标准化、农业生产标准化等工作。对于农机作业和农业生产，统一生产计划、统一技术措施、统一劳动管理和机车调度。

2013年，吐列毛杜农场规模化经营管理区种植油葵2.1505万亩、油菜4126亩、小麦1.2605万亩、大麦1.25万亩、燕麦123亩、亚麻154亩、食葵1950亩。实现粮油总产1486万斤，其中油葵565万斤、油菜77.5万斤、小麦211万斤、大麦532万斤、褐麦5.1万斤、燕麦3.3万斤、亚麻9130斤。管理区与弘汇合作社合作，重点引进种植转基因黑油菜。引进有机燕麦、亚麻、褐麦等经济效益较高的新品种，油葵主栽品种以T012244为主，面积扩大到1.98万亩。在耕作制度上，充分利用国家保护性耕作项目，陆续实施油菜、油葵免耕播种技术，实施深松、耙茬耕作方式，经过两年的技术实施，深松耙茬的油葵、油菜茬地种植大麦、小麦超万亩。在种植结构布局上，增加油葵等经济作物的种植面积，扩大大麦种植面积，提高了经济效益，为延长轮作年限，适度推广麦类、油葵、油菜的轮作制度，降低菌核病面积，改善茬口。

2013年，严格进行安全教育培训，职工100%接受安全教育。

2014年，吐列毛杜农场规模化经营已成立3个管理区和1个合作社，整合耕地近5万亩，种植油葵2.3659万亩、油菜3887亩、小麦9195亩、大麦9199亩。粮油总产达1630.45万斤，其中油葵662.45万斤、油菜87.85万斤、小麦459.75万斤、大麦420.4万斤。有直接参与农业生产的管理人员和职工65人，机械总动力3180千瓦，农机具配套设施齐全，三库一场等基础设施完备。管理区有大型拖拉机21台/套、收获机械8台/套、配套农机具100多台/套。

管理区继续完善国家4万亩保护性耕作项目的实施，总结出了适合农场自然条件的耕作方式。

实行免耕播种技术，大小麦茬免耕播种油葵、油菜，油葵油菜茬免耕播种大小麦；实施整地，利用深松后耙茬的方法，提高整地速度，增大库容，提高蓄水能力，达到抗旱保墒、防寒增温的效果，每年作业面积都达到2万亩左右；在全场推广油葵大面积机械化栽培技术，并辐射到周边乡镇，作业面积达50万亩；实施油葵、油菜、大小麦测土配方施肥技术，科学合理施肥，既节约成本又能提高作物产量与品质，管理区全面实施测土配方施肥技术，面积已达到4.6万亩。

2015年，规模化经营管理区经营面积14万亩，落实第四生产队为整体推进规模化经营生产单位，全场实现规模化经营面积 14.2 万亩，采取场规模化经营管理区、合作社、职工家庭农场三种经营方式，其中 3 个规模化经营管理区经营土地面积 5 万亩，合作社、职工家庭农场经营土地面积 9.2 万亩。规模化经营管理区规模经营耕地 5 万亩，实际播种面积 4.8305 万亩，完成夏、秋翻整地 3.2093 万亩，实现粮油总产 8205 吨，同比增长 21%。

吐列毛杜农场 2015 年全年播种面积 19.5 万亩，农作物总产 4790.2 万公斤，其中粮油总产 3815.3 万公斤。

2016 年，吐列毛杜农场规模化经营管理区调整种植结构，本着扩葵、减麦、试大豆的目标，种植油葵 3.9106 万亩，大麦、小麦 5143 亩，大豆 185 亩。利用国家保护性耕作深松整地项目，深松整地 8685.82 亩，获补贴资金 17.37164 万元。全年粮油总产 1586.7 万公斤。

随着约翰·迪尔等新机型的购入，为强化农机田间标准化作业，提高标准化作业水平，组织了培训班对管理区全员进行业务培训和现场指导，在一定程度上提高了职工的业务水平和操作技能。

2017 年，吐列毛杜农场规模化经营管理区扩大大豆种植面积，压缩小麦、大麦、油葵种植面积，种植大豆 2.0361 万亩、油葵 1.0944 万亩、小麦 1.0449 万亩、大麦 6195 亩、休闲 4254 亩，大力推广良种良法，为实现粮食丰收奠定基础。粮豆总产 2115 万公斤。

规模化经营管理区承担的 2 万亩国家粮豆轮作项目补贴资金 300 万元。为使农机农艺相结合，购置了马克播种机和起垄机。按照项目工艺流程要求，采用大垄三行密植精量播种技术，用 132 千瓦以上的拖拉机配带大型起垄机，起垄夹肥，垄体宽 110 厘米，高 16 厘米，实施测深施肥。肥施于种侧下 5 厘米左右，种下 7～12 厘米深处，同时镇压 1 遍，达到播种作业要求。在已深施肥起垄的大垄上进行垄上 3 行播种作业，行间距 22.5 厘米，种子播深 5 厘米，播后镇压。

在规模化经营管理区成立安全生产领导小组，把安全生产列入本单位考核，加强宣传，明确责任。各管理区组织落实每项作业，与工人签订安全生产责任书。

2018 年，吐列毛杜农场规模化经营管理区调整种植结构，本着扩大豆，减小麦，试玉米、水飞蓟的目标，种植大豆 3.3821 万亩、小麦 4911 亩、油菜 1.4499 万亩、玉米 2489 亩、水飞蓟 233 亩，夏翻地 1746 亩，秋整地 4.2096 万亩，实现粮油总产 3716.15 万公斤。实施国家深松整地项目深松整地 6107.96 亩，获补贴资金 15.27 万元。规模化经营管理区继续承担国家粮豆轮作项目 2 万亩，项目补贴资金 300 万元。

管理区坚持“安全第一，预防为主”的方针，定期召开安全生产会，签订责任状，职工受教育率100%，没有发生安全事故。

2019年，吐列毛杜农场规模化经营管理区以国家政策导向性作物为主，侧重适合农场种植的小麦、大豆、玉米等作物，原则是增豆、稳麦、推玉米。管理区全年播种5.619万亩，其中大豆4.5108万亩、玉米6593亩，小麦4489亩。粮豆总产1827万公斤，其中大豆1127.8万公斤、玉米613.2万公斤、小麦86万公斤。完成深松整地面积0.7678万亩，获得补贴资金19.198万元。规模化经营管理区继续承担国家粮豆轮作项目2万亩，项目补贴资金300万元。管理区获得中国农垦农业绿色优质高效技术模式补贴资金40万元。

2019年3月20—25日，管理区共65人进行了为期5天的军事训练。

2019年4月，成立社会化服务组织，与中旗中阳公司合作，进行农机作业服务，实施作业面积1.4万亩。

2019年8月，与农垦牛资公司合作，进行小麦割晒作业，实施作用面积0.33万亩。

2020年，吐列毛杜农场规模化经营管理区调整种植结构，以国家政策导向性作物为主，侧重适合农场的小麦、大豆、玉米等作物，原则是减豆、稳麦、推玉米。管理区全年播种6.1406万亩，其中大豆2.0948万亩、玉米2.1475万亩、小麦287亩、大麦1452亩、紫花苜蓿1.1988万亩、青贮1726亩、高粱947亩。粮豆总产1391万公斤，其中大豆275.154万公斤、玉米999.223万公斤、小麦54.529万公斤、大麦20.34万公斤、高粱41.722万公斤；青贮593.4万公斤。2020年场管理区新购进马斯奇奥动力耙3套、马斯奇奥翻转犁3套，增强了管理区的机械力量，为秋整地奠定了基础。

附：

2020年国有吐列毛杜农场规模化经营管理区管理办法

为了充分发挥国有土地的优势，使农业规模化经营向标准化、集约化、精准化的现代农业发展，提高管理的标准化水平，确保企业增效、职工增收，并促进农场在现代化农业发展方面发挥示范引领作用，特制定本办法。

一、总则

规模化经营管理区以公有土地为主，通过多种方式流转部分职工土地，进行规模化种植。生产经营场所及机械设备由场提供，规模化经营管理区承担折旧及各种费用；生产经营资金由场及职工集资投入。各管理区由主任进行承包经营管理，实行“六统、六强、一优化”管理模式（即统一生产核算、统一生产计划、统一劳动管理、统一技术措施、统一采购供应、统一产品销售；强化党的领导、强化队伍素质建设、强化科技推广应用、强化农业现代化管理、强化节水灌溉工程实施、强化绿色农产品基地建设；优化种植结构）。

二、岗位职责

管理区管理人员、生产人员应做到分工明确、各尽其责、提高工效。

1. 管理区主任

（1）负责本单位全面工作，积极贯彻执行国家的方针、政策和农场的各项规章制度，是本单位各项制度执行工作的第一责任人，对本单位各项制度的执行情况负主要责任。带头执行并随时检查、督促各项制度的落实情况，严肃纪律，严格控制成本。

（2）按照场“六统、六强、一优化”的管理模式，科学合理地安排部署本单位各项工作，保质保量按时完成场下达的各项任务指标。

（3）严格审核、签批本单位物资采购计划，做到零配件计划要准确、齐全、及时，积极参与采购、询价、定价、采购物资验收等工作，对明显高于市场同期价格的物资、过期伪劣物资予以拒收。

（4）严格审核、签批本单位的物资领用单及其他各种报销单据。对于各车组需更换的零配件，进行现场技术鉴定，严格把控，谨慎签批。

（5）监督管理本单位考勤管理工作，严格审核考勤签到记录与考勤汇总的真实性，严肃考勤纪律。

（6）代表本单位在其权限范围内签订合同等各种文书、报表，并对其合理性、真实性、可靠性承担相应责任。

（7）抓好安全生产、防火、防洪、防汛工作，是本单位安全生产工作第一责任人。

（8）在工作中严于律己、克己奉公，做好职工的表率，积极完成场下达的其他工作任务。

2. 党支部书记

（1）参与、监督本单位各项工作，对本单位各项事务与单位负责人负同等领导责任。

（2）负责本支部的党务工作，结合本单位的具体情况，正确贯彻执行党的路线、方针、政策和上级的指示、决议，认真完成上级党委和支部大会提出的各项任务。

（3）了解掌握党员、积极分子及职工的思想、工作和学习情况，发现问题及时解决，做经常性的思想政治工作。

(4) 设计载体激发党团员、积极分子在岗位上争先创优，发挥模范带头示范引领作用。

(5) 负责本单位各项后勤工作的管理。

3. 副主任

(1) 协助管理区主任按照场“六统、六强、一优化”的管理模式，保质保量按时完成场下达的各项任务指标。

(2) 负责本单位各项工作的具体实施；安排部署晒场内的具体工作，并带头实施。

(3) 单位负责人野外作业时，代为现场鉴定需更换的零件、审核签批领料单据，并对此真实性、合理性负责（必须报知单位负责人）。

(4) 负责本单位工具、公共用品、公用小型零配件、材料及晒场农用物资的领用与保管。建立农用物资保管台账，及时填写农用物资运输单，并据此及时、详细登记其收发情况。运输单据装订成册，妥善保管，定期自盘，与核算员对账。

(5) 负责本单位进入晒场内产品的管理工作。认真按运输单严格验收进入晒场的产品，严格按照规定指标进行晾晒、清选、包装定秤及入库仓储。

(6) 组织参与产成品的入库及销售工作，严格计量把关，杜绝各种跑冒滴漏现象的发生。建立产成品保管台账，及时登记，及时进行账物核对。

(7) 负责零配件、副油、低值易耗、生产资料的领料单填写，并配合管理区主任对所损零部件等进行技术鉴定，严格把握。

(8) 协同物资保管员做好场院内农用物资及农产品的保管工作，时时掌握实存数量，定期检查，确保财产物资的安全，防止雨淋、霉变、丢失，并共同承担责任。

(9) 负责本单位所有机械设备、工具用品的使用管理、存放及保管工作。

(10) 负责本单位安全生产及防火工作的具体实施，熟悉并掌握机械安全操作规程，在职工中进行安全生产、文明生产的宣传教育。

4. 核算员

(1) 负责管理本单位考勤签到及汇总工作。本着实事求是的原则，及时精准汇总出所有工作人员的考勤情况，严格按照场及管理区考勤管理制度准确统计累计奖罚，在单位内部公示后，次月1日上报财务，按月装订考勤签到簿及统计表。严谨弄虚作假、修改数据，确保数字真实准确，并对其真实性、准确性承担相应责任。

(2) 建立、登记各种台账。按车组、部门分类建账，管理所有固定资产、工具、用品、中耕轮胎及其他替换零部件台账，保证领用有据、收回手续完备，并及时登记期增减变动情况，参加定期盘点。

（3）参与自制及新购入固定资产、工具、设备的验收，协助采集影像资料，上报财务及资产管理部门，并及时登记台账。

（4）按照财务各项要求，现场认真、准确、及时地填写本单位领料单，严禁出现虚领、代签及后补单据等情况，并对其开具的每一张领料单的真实性、准确性承担相应责任。

（5）及时根据领料单存根，按车组登记，交回旧件台账，翔实登记交回旧件的规格、型号及数量。

（6）保管好本单位领料单，禁止外流。

（7）建立农用物资材料账。从物资部门领回种子、化肥等使用量较大的物资后，分别建账管理。每日发出开具内部出库单，随时登记每天的收发数量，并定期盘点。

（8）参与产成品、副产品的入库及销售工作。按品种建立产成品、副产品材料账。负责现场填写销售单据，并及时登记产成品、副产品流水账。销售单据及时交会计进行账务处理。

（9）制作内外工作人员就餐登记簿。及时登记内外人员就餐记录，准确统计汇总，上报财务部门，按标准申领伙食补助款，不得多列虚报。

（10）凭管理区主任及食堂相关人员审核、签字验收的采购票据支付食堂采购费用，建账管理伙食费收支，及时装订报账票据，接受财务、审计部门的定期检查。

（11）协助厨师制作每周食谱、采购清单，按照采购清单进行采购，确保所采购食品价格合理、质量合格、新鲜多样。

（12）负责管理办公区、生活区的卫生以及其他各项后勤保障工作。

5. 统计员

（1）参与制订、汇总本单位零件采购申请计划，努力做到计划与实际零差距。

（2）按照生产部门的要求，及时精准地做好各车组的油耗、工作量及其他各项数据的收集、整理及报送等工作，并确保其报送及时、数字准确。

（3）负责各单位送油车油料的领取及发放。开具各车组加油内部出库单，保证数字清晰准确、签字真实，并及时装订汇总，准确登记流水账。月末上报财务部门进行油料分摊。

（4）保证农产品收获后按要求认真填写农产品的运输单，及时汇总装订保管，以备检查核对。

6. 修理工

（1）随时待岗，及时完成本单位各项修理工作。保证随到随修，不得以各种理由推诿，耽误生产作业。

（2）负责保管好修理间各种工具和用品，丢失自补。努力降低损耗，节约物资。

（3）做好修理间的安全生产及防火工作，保证修理间干净、整洁。

（4）统计各管理区工作量，按工作量比例分摊费用。

7. 车长

（1）认真制订本车组当年零件更换计划，并对虚列计划承担相应责任。

（2）带领车组成员按要求做好本车组机械设备的维修与维护保养工作。

（3）保管好本车组的随车工具，丢失自补。

（4）负责本车组的安全生产工作，确保零事故、零失误。

（5）认真填写本车组的工作日记，准确记录机车的维修保养时间、保养内容、每日作业项目、作业地块、作业量及耗油量，保证机车工作日记真实、及时。

（6）带领车组按要求及时完成各项作业任务。

8. 驾驶员 协助车长完成车组的各项工作及场和管理区下达的其他工作任务。

9. 助手 协助车长、驾驶员完成车组的各项工作及场和管理区下达的其他工作任务。

三、管理制度

在遵守吐列毛杜农场管理制度的前提下，必须严格遵守管理区的以下管理制度，场各相关部门定期检查其执行情况。

1. 固定资产管理

（1）房屋、晒场机械设备等资产所有权属于农场，各单位拥有使用权，承担相应折旧，负责其修理与维护，未经场批准不得对外出租、出借、私自调换。

（2）各单位自制、自建的固定资产，要严格确认其成本、费用，于完工后及时采集影像资料上报财务及资产管理部门，纳入固定资产进行管理，各单位拥有使用权，承担其折旧费用。

（3）各单位所有资产建立台账，发生增减变动及各单位之间机械设备的调换必须报主管部门及领导批准，协助资产采购部门填制固定资产验收单，采集影像资料，并报资产管理部门及财务部门登记，进行账务处理。

（4）对于多年受益、工程较大的维修、维护费以及价值较高的非易损耗零部件的更换，按照财务规定，逐年进行摊销，由使用者承担。

2. 生产物资管理制度

（1）各种生产物资由场物资部门统一采购，按规定程序领取。未经场批准，任何人不得私自外购，特殊原因需报主管领导批准。未经批准私自采购，场均不予报销。

（2）各单位协同生产科精准做好本年度物资需求计划，参与本单位计划采购物资的询价、定价及验收入库，并有权拒绝接受、使用过期、伪劣物资。对计划物资的使用情况负相应责任，年末物资新增库存超过年初计划的10%以上的，扣发该单位相应金额的可分配绩效奖励工资，并追究相关责任人的责任。

（3）因使用伪劣物资造成经济损失，经相关部门确认属实的，对单位参与验收的人员及车长处以每人每次200元的罚款，并共同承担维修费用及损失等。对于接受使用明显高于市场价格的物资，造成企业成本、费用增大的，一经核实，超出部分由该单位参与询价、验收的人员与物资采购部门共同承担，处以同等金额的罚款。

（4）各单位农用物资、柴油、副油、零配件严格按照规定程序领用。由单位指定人员现场填写领料单，管理区主任负责技术鉴定、领料人现场确认签字后，领料人持票到物资部门领用，做到票物相符，并将领料单相关联交由物资部门办理出库手续。各种物资严禁出现冒领、代签、后补票据、后补签字等情况，一经发现，视其情节轻重，予以罚款或解除聘用。经场加油站领取油料，必须开票员、领料人及物资保管员三方到场，现场签字确认，私自加油的，不予办理结算手续，后果自负。

（5）从物资部门领回种子、化肥等使用量较大的物资后，指定专人分别建账管理。每日发出开具内部出库单，随时登记每天的收发数量，并定期盘点。

（6）各车组更换零配件需由管理区主任或副主任做技术鉴定和审批。千元以上零配件更换须报生产科审批、备案；5000元以上由主管场领导批复后方可提出采购。经审核鉴定因保养使用不当更换的零配件及相关费用由车组自行承担。

（7）零件领用严格实行交旧领新制度，需在领料单备注栏注明交旧情况，并指定专人登记旧件交旧台账。旧件交由物资部门保管，年度结束，由生产科、物资科会同财务部门进行盘点销售（首次使用的零部件无需交旧，只需在备注栏标明）。各单位修理间公用零件由修理工提请申领，单位负责人审批后领用（一、二区在一区申领，一、二区负责人审批签字领取，年末进行汇总分摊）。

（8）各车组油料领用需在备注栏注明作业项目及地块；农药、化肥等领料单须注明施用作物名称。相互作业时，由用车单位负责加油，承担费用及作业量统计。

（9）各单位送油车领取油料由送油员统一到物资部门领取，然后进行发放。送油员据实给各用油车组开具内部出库单，建立流水账，月末整理内部出库单，交财务部门进行分摊。

（10）各车组每日油料领取必须详细记载，并与统计员定期核对，确保统计数字准确、真实。

（11）各车组领用防冻液副油等，由生产科根据各种车辆技术指标、状况及维修保养规定核定出最低、最高使用标准，并在此范围内开票领用。特殊情况超额使用须经主管领导审批后开票领用，未经审批超标领用，由开票员及领料人自行承担费用。

（12）所有物资必须按照规定用途和配方使用，不得挪作他用。严禁任何人利用职务之便私自外送、外借、外卖油料、农机配件、种子、农药、化肥、废旧物品等各种物资。一经发现严肃处理，情节严重的解除聘用。

（13）为了准确核算成本费用，减少损耗浪费，防止出现账外物资，各种生产物资保证“随用随领，随用随开封随拌混”。特殊原因出现无法使用或结余时，即时或季节性完工后及时交物资部门办理退库手续，不得私自留存、私设物资库。

（14）各车组随车工具、中耕轮胎及其他替换零部件应建立台账，指定专人管理其收发工作，保证领用有条、归还抽取、年末汇总。损毁报废报单位负责人签批后，冲减台账。

3. 农机管理制度

（1）各单位农机设备统一管理，未经场批准严禁外出作业。如有违规，扣罚主要责任人全部绩效工资，予以解聘，并追究单位负责人监管责任。如单位负责人私自派出作业，予以相应扣罚，并视情节予以停职或免职处理。

（2）各种农机具养护执行常年维护制度，做到常年保持技术状态良好。必须按时、按项、按技术要求完成保养，做到保养有记录，有验收，达到动力机械的“五净、四不漏、六封闭、一完好”和农具的“六不、三灵活、一完好”的技术状态。因维修保养不当造成的损失由相关责任人承担。

（3）各单位建立机车档案。各车组应按《管理区农机管理细则》做好农机具保养、维护、保管工作。生产科按该细则要求定期抽查，按时验收、评比。

（4）防火、防洪、防汛期等遇突发事件，所有车辆必须全面服从场统一调配使用，不得推诿。

4. 农机田间作业管理制度

（1）农机田间作业，严格按照生产科制定的《农机田间作业质量标准》中规定的程序、生产技术指标操作。

（2）生产科定期对田间作业质量进行抽查、验收、评比。因作业质量未达到《农机田间作业质量标准》规定返工发生的费用，因播种、化学除草、收获、运输等作业造成的经济损失由该车组及相关责任人承担。

5. 农产品、晒场及修理间管理制度

（1）各种农产品收获后，必须认真填写运输单，按规定路线进入晒场，严格履行验收运输单制度。运输单据各方分别统计、装订成册，妥善保管，以备相关部门检查核对。

（2）农产品进入场院应及时清理、晾晒、包装定称、准确计量，确保各种农产品无雨淋、霉变等损耗，并协同财务部门、物资部门及时办理入库手续，不得私自隐匿产品不上报。

（3）建立农产品、副产品材料账、保管台账。所有产品不得私自销售，需经管理区、财务部门、物资部门三方参与方可销售。销售款项由财务部门统一收取，任何人、任何部门不得截留。销售单据由核算员现场填写，经管理区场院负责人、物资部门保管员及购货方签字确认方可发货。

（4）各单位必须定期检查所有产成品及各种物资的仓储情况，时时掌握实存数量，检查有无雨淋霉变等情况，协助物资保管员保证所有财产物资的安全，发现异常情况及时上报。如人为原因造成财产物资损耗、丢失，单位负责人及相关责任人承担全部赔偿责任，取消单位及个人一切评优资格。

（5）建立晒场、修理间各种工具和用品台账，指定专人管理收发工作，保证领用有据、归还抽条、不得外借。年末生产活动结束进行盘点，丢失或人为损坏，相关责任人照价赔偿，报废及消耗部分由单位负责人签批后冲减台账。

（6）修理间因岗位特殊，必须随时待岗，积极配合各车组及时保质保量完成本单位修理工作。保证随到随修，不得以各种理由推诿拖延，影响车组正常出车作业。

（7）各单位修理间严禁对外、杜绝私活。如有违规，扣罚主要责任人全部绩效工资，予以解聘，并追究单位负责人监管责任。如单位负责人私自派活，予以相应扣罚，并视情节予以停职或免职处理

6. 安全生产、精神文明管理制度

（1）各库房应备齐有效消防工具。

（2）管理区室外严禁吸烟（车库、场院、野外等），违者每人每次罚款 200 元。

（3）农业生产中因违章操作，出现人为安全生产事故，造成经济损失的，追究其相关人员责任并赔偿损失。

（4）进入晒场的各种车辆必须减速慢行，确保人身及财产安全。

（5）各单位设置门卫岗，对非本单位车辆进入管理区院内进行出入检查登记管理，职工私家车辆在指定地点顺序停放。场（厂）区及农用物资、产品存放地禁止非工作人员及非生产用车辆进入，违者相关责任人每次罚款 200 元。

（6）所有工作人员严禁工作期间饮酒、酒后工作，违者当日停止工作，按旷工处理，并处以200元罚款，屡教不改的予以解聘。

（7）所有工作人员工作时间禁止一切与工作无关的活动（如玩手机游戏、网购、聊天、视频直播等），如有违规，每次罚款200元，3次以上取消其全部绩效工资（包括联产绩效工资），屡教不改者解除聘用。机车作业过程中严禁玩手机，一经发现罚款500元。造成事故的，当事人自行承担全部责任，赔偿损失，并予以解除聘用。

（8）严格遵守本单位作息制度，保证以饱满的精神状态投入工作。如有违规，每次罚款200元，屡教不改者解除聘用。

（9）各单位住勤人员，非节假日不得擅自离开单位，特殊原因出区须报请单位负责人签批、备案。私自外出，予以警告、批评教育，后果自负，3次以上者停止工作，停职期间扣发其工资及一切待遇，屡教不改者予以解除聘用。

（10）严禁发生打架斗殴事件，违者扣罚当事双方一个月工资及绩效奖励工资，全场通报批评，性质恶劣的解除聘用，移交司法部门处理。

7. 考勤管理及劳动制度

（1）管理区全体职工考勤实行指纹签到制度。正、副主任及核算员按场考勤管理制度规定使用钉钉打卡签到，无故不签到者视为当日旷工。

（2）职工公出或野外作业无法签到的，由单位负责人填写野外作业签到证明单，注明作业项目、作业地块、作业时间。

（3）上班迟到、早退每次罚款30元，超过30分钟视为旷工半日；月累计迟到、早退达3次者，扣罚其一天工资及绩效奖励工资；半年累计达10次以上者解除聘用。

（4）旷工每次扣发5倍工作日的工资及绩效奖励工资。月累计旷工2天、全年累计超过6天，扣罚其全部绩效工资（包括联产绩效工资），并解除劳动关系（含迟到早退30分钟以上）。

（5）职工事假3天以内单位负责人签批，3天以上报场主管领导批准。超期不归视为旷工。

（6）农忙季节无特殊原因不准请假误工（农忙期由各单位根据生产情况自行确定，每月考勤统计表上备注说明期限）。特殊原因请事假，须经报场主管领导批准。每个农忙周期累计超过3天的事假，超过1天扣3天工资及绩效奖励工资。冬季放假期间有工作任务时误工，一次扣发3倍工作日的工资及绩效奖励工资。

（7）所有人员事假扣发所有工资及补助。各种病、事假误工，当月一律按事假发放工资，待手续齐全后年底按规定一次性补发。

（8）所有人员病假，符合医保报销条件住院期间及未住院门诊治疗 3 天以内（含 3 天）的只发放基本工资及取暖补助，但必须提供完整的住院手续或门诊证明，否则按事假处理。

（9）考勤签到记录、野外作业签到证明单由副主任管理，及时汇总、公示，按月装订，准确统计扣罚情况，于次月初将考勤汇总表上报财务部门，并对其真实性、准确性承担相应责任。

（10）管理区主任定时检查考勤制度执行情况，如发现有更改、代签等弄虚作假现象，所有当事人每人每次罚款 300 元，累计 3 次，取消考勤管理人员的全部绩效工资（包括联产绩效工资）。

（11）各单位设置全年满勤奖，并列为各类先进评选首要条件。职工全年出满勤者，奖励 2000 元。

（12）各管理区职工工作期间，严禁他人替岗，违者扣发单位负责人一个月全部工资（包括联产绩效工资），出现事故自行承担。

8. 食堂后勤管理制度

（1）各单位伙食费实行定额制，超支不补。场根据物价水平，核定每人每天 8 元。第一、二管理区提供三餐；第三管理区农忙季节统一提供午餐。不在餐厅就餐要在做饭前通知厨房，否则每餐按 4 元标准从当月工资中扣除。

（2）就餐人员实行就餐登记制度，场工作人员到管理区用餐，场按就餐记录给予管理区同标准的伙食费补助。

（3）各单位建立伙食费收支及食堂费用账簿，凭就餐记录按标准领取伙食费，按规定管理伙食费收支，登记账簿，装订票据，接受财务、审计部门的定期检查（采购票据需经食堂人员验收签字、单位负责人审核签字）。

（4）各单位另设专人，做好本单位职工及场工作人员就餐记录，并按月及时汇总上报财务部门，不得多列虚报。

（5）在定额范围内保质保量进行日常采购，保证工作餐营养、卫生、安全。无特殊需要，日常就餐不得提供酒水。

（6）各单位食堂禁止对非场工作人员、非业务相关人员留餐，违者双倍扣罚餐费。

四、财务核算

规模化经营管理区实行分区核算，资金往来由财务科统一管理、统一结算。

五、工资标准

各管理区管理人员参照场机关管理人员工资标准（管理人员包括主任、书记、副主任、核算员），生产人员执行岗位结构工资。所有人员按实际考勤计薪。

1. 岗位工资标准

车长：3450 元/月。

统计：3300 元/月。

驾驶员：3200 元/月。

修理工：3200 元/月。

助手：3000 元/月。

2. 区龄工资 管理区职工在管理区连续工作满一年可享受区龄工资，每一年为一个区龄（外调及学习期间不计区龄），每一个区龄每月补助 20 元。

3. 计薪办法 管理区所有人员依据实际出勤核定应发工资，每月扣除联产绩效工资后发放。联产绩效工资年底视单位考核及个人奖罚情况发放。发生亏损时，按比例扣发。中途开除、辞职等解聘人员扣发全部联产绩效工资。

4. 联产绩效工资标准

主任：1800 元/月。

书记：1800 元/月。

副主任：1530 元/月。

核算员：1080 元/月。

车长：1080 元/月。

统计：900 元/月。

驾驶员：900 元/月。

修理工：900 元/月。

助手：720 元/月。

六、绩效考核

绩效考核内容分为单位考核和车组考核。由财务、审计、生产科及相关部门组成考核小组进行定期考核。考核施行打分制，每 1 分 100 元。考核与主任、副主任、当事人、车组直接挂钩。

1. 单位考核

（1）经营成果考核。各管理区亩产未达到标准或超额完成，场视情况予以罚款或超产奖励。其中，小麦、大麦亩产450斤，黄豆亩产260斤，油菜亩产200斤，玉米亩产800斤，高粱800斤。

（2）单位费用考核。场按耕地面积核定，零件费每自然亩定额费用为第一管理区10元、第二管理区10元、第三管理区10元。超额部分在本单位净利润中扣除。

（3）管理制度执行情况考核。

①物资领用及产成品销售等程序是否合规、手续是否完备，是否私设物资库，存在账外物资（一次一项5分）。

②按要求建立各种台账、流水账，并准确记录；各种票据按要求填列齐全、真实，汇总装订成册；各项报表报送及时、准确（一次一项5分）。

③工作纪律情况，考勤是否按规定执行签到、审核、汇总上报（一次一项5分）。

④安全生产情况，全年有无安全生产事故发生。违反操作规程造成安全生产事故的，管理区主任扣5分，副主任扣5分，当事人扣10分。

⑤精神文明方面，有无打架斗殴及其他违法违纪事件发生。各单位办公区、宿舍卫生是否达标（一次一项5分）。

（4）晒场、库房考核。

①晒场环境是否达标，各种工具是否按要求摆放，各种机械设备停放是否标准（一次一项2分）。

②晒场各种机器设备是否达到技术要求，操作是否合规（一次一项2分）。

③晒场播种前拌种拌肥是否符合要求（一次一项5分）。

④收获产品按规定验收进入场院、晾晒、清选、包装、苫盖是否符合标准，各种物资存储是否安全合规（一次一项3分）。

（5）内业考核。各种档案是否按要求建立齐全；车组工作日记及机车档案登记是否全面、完整、清晰；各种制度、组织机构是否上墙（一次一项扣0.1分）。

2. 车组考核

（1）农机具检修考核。按照生产科制定的《管理区农机管理年度考核细则》进行考核评分。

（2）农机田间标准化作业质量考核标准。按照生产科制定的《农机田间作业质量标准》进行考核评分。

（3）车组内务。各车组是否按规定进行保养，各种记录是否完备。

（4）车组费用考核。各车组各种费用按场核定标准，定额到车组。费用超标或节余按比例相应扣发或奖励车组成员绩效工资。

①副油费用：各车组耗用的防冻液、副油等，由生产科根据各种车辆技术指标、状况及维修保养规定核定出最低、最高使用标准，由此核定是否超标或结余。

②油料费：将物资部门统计的车组本年度实际耗油量，与生产科测定的标准亩耗油计算出的计划耗油量进行对比，核定是否超标或节余。

标准亩耗油系数如表6-3所示。

表6-3　标准亩耗油系数表

作业项目	系数
夏秋翻捞地	0.135
白茬捞地	0.100
起垄	0.500
条播	0.480
深松	1.020
精播	0.430
播种镇压	0.160
压青、春压地、夏秋翻压地	0.140
重耙	0.750
轻耙	0.200
夏翻	1.800
春翻	1.600
秋翻	1.750
喷药	0.120
直收油葵、黄豆、高粱	0.800
直收大小麦	0.700
拾禾	0.650
割晒	0.330
中耕	0.240
耘地	0.220
搂地	0.090

（5）单车作业量考核。经生产部门核定，各车组每年标准亩作业量如下：

迪尔9330车，2.55万亩；迪尔1854-2204，一区、二区1.3万亩，三区0.9万亩；迪尔1404，1.2万亩；迪尔1354，一区1万亩，三区1.02万亩；东方红1804，0.3万亩。纽荷兰1354、东方红1304每年按60个工作日计算，二区1304按1300标准亩计算，天拖904/754等车每年按1300标准亩计算，其他动力机械作业量按每工作日30标准亩计算（包括运输及其他作业项目，其中，运输作业不计里程），收割机以本单位作业面积平均数为定额作业量。未完成定额作业量或超额完成的车组，每100标准亩按0.5分扣罚获奖励

（不足 100 标准亩的按 100 标准亩计算）。以上机车工作量定额为验收合格的作业面积。

七、利润分配

（1）各管理区形成利润需按规定提取盈余公积。

（2）年末，场视各管理区经营情况，按绩效考核情况进行利润分配。

八、奖励机制与分配方式

年终，场视经营情况，取预计净利润的 25%奖给管理区作为年终绩效奖励工资。如全年绩效考核无扣分，可增加 3 个百分点的绩效奖励工资。盈利时，结合实际考勤和奖罚比例分配绩效奖励工资；亏损时，先由以前年度盈余公积进行补亏，补亏后的余额（最高为亏损总额的 5%）按奖罚比例扣罚该单位所有人员联产绩效工资。

（1）奖罚比例。主任为全员平均数的 2.0 倍，书记为全员平均数的 2.0 倍，副主任为全员平均数的 1.7 倍，核算员、车长为全员平均数 1.2 倍，统计员、驾驶员、修理工为全员平均数，助手为全员平均数的 80%。

（2）单位考核扣罚在本单位可分配的绩效奖励工资内扣减，车组考核扣罚在其车组成员的绩效奖励工资内按比例扣减。发生亏损时，考核扣罚在相应联产绩效工资内按比例扣减。

（3）设立特殊贡献奖，场对在生产经营过程中，经全年综合考评业绩突出的单位及个人予以一定奖励。

（4）凡中途与管理区解除劳动关系者，不参与绩效工资分配。

安全生产管理制度

（1）管理区实施安全教育标准化，各项农业生产作业前，对农机操作人员进行培训，学习安全生产制度、农机操作规程、田间作业质量标准，必要时实施现场定标会，接受学习教育农机人员达 100%，受教育签字率达 100%，全年全体受教育 3 次以上，且有会议记录报生产科。

（2）所有机务操作人员需达到“四懂”和“四会”（懂机械构造原理，懂机务操作规程，懂农业生产知识，懂农机安全法规；会操作，会维修，会保养，会调整），防止错误操作造成安全损失。

（3）严格执行操作规程、交通法规和农机安全法规，违章操作所造成的损失后果自负。

（4）严谨野外吸烟和酒后作业。

（5）实行牌证管理的农业机械驾驶操作人员，必须经农业机械安全监理机构考核及格，领取驾驶操作证后，方可驾驶操作农业机械，违章操作造成的损失管理区自负。

安全生产防火制度

（1）建立健全安全防火组织机构，制定安全防火措施，加强防火教育，提高防火意识。

（2）车库、油料库、修理车间、零件库都要建立各自的安全防火制度。

（3）车库安全防火制度。

①建立健全安全防火组织机构，制定安全防火措施，加强防火教育，提高防火意识。

②车库内严禁烟火，除车油箱外，任何人不得将汽油柴油带入库内。

③如有特殊需要汽油的情况，须经领导同意后，在离车库较远的地方由专人负责并配备灭火工具，违者后果自负。

④不准用汽油刷车，违者后果自负。

⑤各车库必须配有灭火器、防火沙箱，及时检查、修理、登记造册，并有专人负责定期更换灭火器。

⑥灭火设备配齐后，每半年检查一次，如有丢失、损坏，按原价赔偿。车库内的公共灭火器，在没有火警的情况下，任何人不准乱动。

⑦任何人未经允许，不得在车库内私接电线和电源开关（工作期间除外），各种用电工具必须配有插座，安全可靠，用电时需两人以上同时作业，注意节约用电，做到人走灯灭，并及时切断所有电源。

⑧禁止堆放杂物及存放私人物品。

（4）油料库安全生产防护制度。

①油库内严禁吸烟，油库周围严禁用火。

②库内灭火工具不准随意乱动，应保持完好状态。

③保护好室内外清洁卫生，不准堆放其他易燃物。

④油库周围不准长时间停放车辆。

⑤油库 50 米内，严禁动用烟火。

⑥进入油库加油的车辆，必须熄火加油。

⑦油料员时刻注意安全，及时消除各种安全隐患。

（5）修理间防火制度。

①自觉遵守各项安全防火制度，不违章作业，并劝阻他人的违章行为。

②爱护和正确操作机械、电气设备，正确使用工具和个人防护用品。

③经常检查本岗位的安全防火设备，发现异常及时处理。

④加强对防火设备的保养，做好作业场所的安全防火工作。

（6）零件库安全防火制度。

①零件库内严禁吸烟，严禁用火。

②灭火工具齐全，不准挪作他用。

③保持库内外卫生，不准堆放其他易燃物。

④库周围50米内不准堆放柴草。

⑤安全责任人要时刻注意安全，消灭隐患，减少不必要的损失。

农具场及农机停放标准

一、农具场

（1）平坦无杂物。

（2）视野内无杂草、绿草等。

（3）停放的农机具技术状态完好，清理干净，定点停放，排列整齐，涂油垫起。

二、农机具入场保管

农机入库及入场保管做到“八字”标准：全、齐、净、垫、涂、松、卸、封，并做到“三防”。

（1）全：作业结束后的农业机械统一停入农机具停放场内。

（2）齐：入场机具分类、按序整齐摆放，纵横成线，同类机型按大小，不同类机型按区间摆放。

（3）净：彻底清理干净各部灰尘、泥土、油污和杂草，不留死角。

（4）垫：所有入场机具要统一支架，支架规格一致，轮胎放半气。

（5）涂：所有农机具作业面外露齿轮、轴、油缸、耙片、犁壁等都必须涂油，链条用油浸封（尼龙塑料件不涂油）。

（6）松：机具的压力、拉力弹簧、弹板、皮带等均要在放松状态，避免疲劳。

（7）卸：机具易损和贵重零件应卸下，入库保管。

（8）封：农机具的油、水及精密件和其他敞口处以及油缸柱塞外漏部分涂油封包，对不能入库保存的橡胶件也应封包，如轮胎、驾驶室、发动机等。不能入库停放的机车做到“六封闭”。

农具场的管理制度

（1）机车、机具统一停放整齐，各机车、机具之间，前后、左右摆放距离一致，并留有两米隔道。完成阶段性作业后，清理干净，停放在原位置，不得乱停乱放。

（2）凡是进场的农机具，必须清扫干净，修好并达到技术状态后方可进场。

（3）不准随意拆卸农机具配件，违者按规章处罚。

（4）农具场停放的机具要按摆放图分区、有序摆放整齐。

（5）严禁各种车辆和无关人员进入农具场。

（6）播种机具停放标准：种、肥箱彻底清理干净，校正变形机架，种肥箱用塑料布盖严防雨，输送管、覆土器、连接链、链条须拆卸入库保管。

（7）联合收割机停放标准：联合收割机过桥、割台、拾禾器、拾禾台全部彻底分离，用木方垫平；上下筛及抖动板须拆卸入库保管；皮带链条放松，油缸回收，四轮垫起，轮胎包裹、发动机、空气滤清器盖好，排风管盖好不漏雨水。

（8）胶轮车停放标准：挂车和车头按车型停放整齐，清理干净，不能有油泥，发动空气滤清器盖好，排气管盖好。

机车库管理制度

机车库是“三库一场”基础设施之一，是机务管理工作的重要部分，认真管理好机车停放库，有利于机车的安全、检修、保养，延长其使用寿命。

（1）机车要定位停放，有专人管理。保持门窗完整，库内外清洁有序。

（2）出入库必须由本机车驾驶员驾驶，禁止非驾开车。

（3）库内灭火器材应配齐，性能应良好。

（4）库内禁止用明火烤车或照明。

（5）车头应朝门停放，以便随时出库。

（6）停车后应关好门窗，切断电源。

农机作业质量验收制度

（1）为保证田间作业标准化，制定质量验收制度，田间作业遵守农机、农艺技术要求，严格执行《机械作业技术操作标准》《农机田间作业标准》《农业生产技术标准》，实现田间机械作业标准化，做到适时、优质、高效、低耗、安全。

（2）要正确安装调试作业机具，确保良好的技术状态，并经验收，不达标的不准参加作业。

（3）为提高田间作业质量，生产单位安排的新技术、新措施、新作业方法等必须严格执行，否则不准参加生产作业。

（4）场区建立健全田间作业质量检查、验收制度，成立检查、验收小组。

（5）质量检查、验收小组要严格执行田间作业标准和规范，进行质量检查、验收，质量不达标不予付费，并对车组人员进行严肃处理。

（6）填写质量检查、验收单时必须准确、全面、清晰、及时，并要求质量检查，验收人员和车组人员签字，统计人员凭此单据汇总车组工作量，并开具车组作业单。

零件库管理制度

零件库是“三库一场”基础设施之一，是场机务工作的后勤场地，加强零件库的建设，提高管理水平，对于充分发挥机械化的优势起到了重要作用。为此，制定零件库管理标准。

（1）零件库要有专人负责管理，按要求编制零件计划，做好零件供应发放、存放、回收等各项工作。

（2）库内要通风良好，地面干燥，一切配件原材料都要做到划区定位、定架存放，铁离地、链离墙、橡胶品件避太阳、精密件装木箱，遵守“上放轻、下放重、中间放常用”的原则。

（3）各种零件、材料要根据保管的技术要求定期维护。

（4）建立账目、卡片管理制度，货位零件有标签和标记，出入库零件材料要登记入账，并及时核账，做到账目相符、厉行节约，定期交付核算员，公布各机组零件、材料的消耗情况。

无关人员不得进入库内，保持库内整洁有序。防火工具、器材应按安全规定配齐，并处于良好的技术状态，确保随时可用。库内设施、门窗、电器工具等应经常处于良好的状态，杜绝一切事故的发生。

管理区维护修理制度

为达到农机作业“及时、高效、优质”的标准，满足农民对农机作业速度快、不误农时，又要保质量，夺取粮食丰产丰收的目标，制定管理区农机检修制度，以保持机械良好的技术状态。

(1) 维修记录。建立每台机器的维修保养记录，将机器的运作性能、存在故障等问题及维修情况登记在册，随时了解每台机械的状况。

(2) 预防修理。对机械进行预防修理，每台机器作业量达到一定标准或规定时间要对机械进行检修和检查，把故障消除在萌芽之时。

(3) 日常保养。定期对机械进行保养，对农业机械的各个部位进行班前检查、清洗、润滑、紧固、调整等，以减少机械各部位的磨损强度，保持机械良好的技术状态，延长机械使用寿命。

(4) 季前集中技术检测修理。

①在每年夏收和秋收两忙季节前，必须对机械进行检查、调节、保养。

②在机械进入作业前，还需经过管理区技术部的集中检测，利用先进的技术检测设备和检查程序，对机械进行技术诊断，查明机械内部的技术状态变化情况，判断和决定修理的部位。

③安排技术人员解决查明的故障和隐患，在机器维修中遇到不能解决的技术性难题，及时上报管理区技术部门，由管理区安排技术小组研讨解决，从而恢复机械良好的技术状态。

④各种机械经检测合格后方可投入作业，对达不到技术要求、验收不合格的机械，不准安排作业。

⑤机械在工作中性能达不到规定标准的，必须进行维护修理，恢复其原有状态后方可继续作业。

(5) 每年每季作业结束后必须进行一次全面的检验和维修。

(6) 机械无作业时入场入库，必须达到完好的技术状态，并涂油垫起，否则不准入库入场。

农业机械安全操作规程

（1）为加强对农业机械的监督管理，正确驾驶、操作农业机械，确保安全、优质、高效、低耗地完成农机作业，特制定本规程。

（2）凡驾驶、操作各种农用拖拉机、自走式农业机械、农用动力机械以及与其配套的作业机械的人员，均应遵守本规程。

（3）遇到本规程没有规定的情况，驾驶、操作人员及作业有关人员必须在确保安全的原则下作业。

（4）农业机械驾驶、操作人员必须经专门培训，领取驾驶证或操作证后，方准驾驶或操作农业机械。

（5）驾驶、操作人员必须遵守下列规定：

①饮酒后不准驾驶或操作农业机械。

②不准在患有妨碍安全作业的疾病或过度疲劳的情况下驾驶或操作农业机械。

③驾驶或操作农业机械时，不准离开规定的驾驶或操作位置。

④不准赤足或穿拖鞋驾驶拖拉机、联合收割机以及用踏板操纵离合器、制动器、转向等机构的农业机械。

⑤驾驶或操作农业机械时，不准吸烟、饮食、闲谈或有其他妨碍安全作业的行为。

（6）农业机械必须保持技术状态完好，机容整洁，并按《农业机械质量验收标准》规定，认真做好保养和保管。

（7）启动拖拉机必须遵守下列规定：

①检查有无润滑油和防冻液，并按规定添加。

②检查和添加燃油时，严禁烟火。

③检查轮胎外表，内部气压应符合规定。

④主、副变速杆须放在空挡位置。

（8）拖拉机的启动。

①电动机启动时，预热器使用每次不得超过 40 秒。

②电动机启动每次不得超过技术文件规定的时间，两次间歇不少于 2 分钟，连续 3 次启动不着火，应查明原因再启动。

③不准无防冻液启动。

（9）电动机作动力的，须遵守下列规定：

①配电线路应遵守安全用电规定，严禁裸线送电。

②用电设备须有可靠的接地。

③停止作业后，应关闭总电源。

（10）拖拉机和农用动力机械固定作业时，必须遵守下列规定：

①发动机启动后，必须低速空转预温，待水温升至60℃后方可负荷作业。

②使用皮带轮传动时，主、从动皮带轮必须在同一平面，传动皮带应保持合适的张紧度。

③使用动力输出轴时，动力输出轴和机具间的联轴节应用插销紧固在轴上，并有防护罩。

④传递动力前要查看机具周围，确认安全后先低速传递动力，待一切正常后，方可提高转速。

⑤经常观察仪表，检查水温、油压、充电是否正常。

⑥发动机防冻液水箱沸腾时，必须停止作业，不准立即打开水箱盖，不准骤加冷水。应待发动机温度降低后再打开水箱盖加防冻液。

⑦发动机、电动机工作时出现异常声响或仪表指示不正常时，必须立即停机检查。

⑨严禁超负荷作业，夜间作业照明设备必须完好。

（11）拖拉机起步前须环顾四周，发出信号，确认安全后方可起步。

（12）拖拉机挂接农具和挂车，须用低挡小油门，农具手应避开拖拉机和农具间易碰撞和挤压的部位。

（13）拖拉机和自走式农业机械倒车时，须查明机后情况，确认安全后，方准倒车。视线不良的，应有人协助瞭望，指挥倒车。

（14）拖拉机和自走式农业机械在高速行驶时，不准用单边制动作急转弯。轮式拖拉机在道路上行驶时，左、右制动踏板须用连锁板连锁在一起。

（15）拖拉机和自走式农业机械的驾驶室或驾驶台不准超员乘坐，不准放置有碍安全操作的物品。拖拉机和自走式农业机械在作业或行驶中，驾驶员和随机人员不准上、下车。

（16）拖拉机和自走式农业机械在上、下坡时，必须遵守下列规定：

①不准曲线行驶、急转弯和横坡掉头。

②下坡时不准换挡，不准空挡、熄火或分离离合器滑行。

（17）拖拉机和自走式农业机械停机后必须制动。发动机熄火后必须关闭电门，取走钥匙。不准使用分离离合器的方法停车。

（18）拖拉机和自走式农业机械停机后，发动机未熄火并未加制动前，不准到机具底下检查、修理和保养机器。

（19）拖拉机和自走式农业机械作业在道路上行驶时，必须遵守道路交通法规。

（20）在田间、场院进行机械作业需遵守下列规定：

①农业机械进行田间作业前，驾驶、操作人员应熟悉工作地段的道路、桥梁和障碍物等情况。

②作业前应认真检查农机具的技术状况，拖拉机和农具连接要安全可靠，各紧固部位不松动，各传动部位转动灵活，润滑良好。

③农具手须坐（站）在规定的操作位置上，其他位置不准坐（站）人。悬挂式农具上不准坐（站）人或堆放物品。

④作业时，应经常注意农业机械和配套农具工作情况，不准用手、脚清除机具上的泥土、杂草，不准调整和排除故障。需要时须在停机和切断动力后进行。

（21）使用液压悬挂系统时，必须遵守下列规定：

①分配器操纵手柄不能定位时，不准使用。

②不准随意拆掉铅封、调整安全阀开启压力和滑阀的自动回位压力。

③整体式液压悬挂系统除液压输出外，禁止将外手柄置于液压输出位置，也不得用外手柄来提升农具。

④停机后应将悬挂、半悬挂农具落地放置。

（22）使用动力输出轴时，必须遵守下列规定：

①动力输出轴与农具间的万向节须设防护罩。

②在挂非独立式和半独立式传动时，须先将变速杆放在空挡位置，然后接合动力输出轴挡位。

③使用同步式动力输出轴挂倒挡前，应先分离动力输出轴。

④检查农具或发动机熄火时，须先将动力输出轴动力切断。

（23）犁耕（中耕）作业时，必须遵守下列规定：

①机组作业时，落犁起步须平稳，不准操作过猛。

②转弯、倒退时应先将犁升起，不准转圈耕地。

③在坡地上作业时，须调宽拖拉机轮距，不准急速提升农具。

（24）播种作业时，必须遵守下列规定：

①播种机开沟器落地后，拖拉机不准倒退；地头转弯时升起开沟器，不准转圈播种。

②播拌药种子或兼施化肥时，机手须穿戴好防护用品，作业后须洗净与药物、化肥接

触的身体部位。

③作业时不准用手或其他工具捅拨排种轮、排肥轮等排除故障，需要时须停机进行。

④播种机运输时，须将划印器放到运输位置，升起开沟器。复土器不准拖耪，箱内不准装存种子或化肥。

⑤镇压器牵引运输时，时速不准超过5公里。

（25）田间、场院运输时，挂车与拖拉机的连接必须牢固可靠，并安装防护网、保险链、保险销。

（26）联合收割机作业时，必须遵守下列规定：

①联合收割机作业前，应确保各部件传动链条、齿轮、皮带的安全防护罩、防护网和其他安全装置牢固可靠，各部调整符合要求。

②启动时，作业离合器、卸粮离合器手柄须放在分离位置；行走及接合作业离合器前，应检查机具周围和下部，确认安全后方可鸣笛、起步。

③收割机工作时，不准调整和排除故障；清除滚筒、割刀、传动轴、搅龙等部位的堵塞或缠绕禾秆、杂草时，必须熄火停机，切断动力后进行。

④卸粮时，人体不准进入粮箱，不准用手、脚或其他铁器伸入卸粮搅龙、闸门内清理粮食。

⑤若集粮箱装满或搅龙堵塞，警报喇叭鸣叫、报警灯亮，但发动机未自行熄火，应马上停止收割机作业，经过30秒以上再切断脱粒离合器和输送搅龙，排除故障后再行作业。

⑥电器、电路导线的连接和绝缘须良好，不得有油污。夜间作业要有良好的照明设备。加油和排除故障时，不准用明火照明。

⑦联合收割机上必须配有灭火设备，排气管须有灭火罩。严禁在机器旁和成熟的作物旁吸烟。

⑧运输时，收割台须提升到最高位置并锁好保险装置，不准在起伏不平的路上高速行驶。

⑨停机后，应切断作业离合器，拉紧停车制动装置，将收割台放到可靠的支承物上。

⑩不准用联合收割机拖带其他机具。

⑪联合收割机作业时，若发动机或传动箱突然出现异常声响或气味，发动机润滑油压力降低到不正常范围，发动机转速异常升高、油门控制失效或出现其他异常现象，应立即停机进行检查。

⑫防冻液沸腾时应停止作业，使发动机在无负荷状态下低速运转，温度降低后再停机。禁止高温时拧开水箱盖，避免被烫伤。

机车维护保养

（1）发动机更换机油的原则。根据车辆的行驶里程（或发动机工作时间）来定、根据发动机油的使用性能来定、根据发动机油质监测提示定期换油。

（2）发动机油的更换方法：

①放油。根据上述换油标准确定需要更换发动机油后，正常情况下必须换用原牌号的油，如果因质量和油污的问题需更换另外牌号的油，则需供油部门提供油品混溶性试验结果，否则可能会造成机油的过早变质，失去作用。换油过程中必须严格按发动机保养要求进行。

②清污。在确认机油放净后，向油底壳中注入新油，一般应加至油标尺刻线 4/4 或 2/4 处，然后高速运转 3～5 分钟后再一次将机油放净。如有必要可重复上述操作，再一次进行清污。

③加油：一般根据发动机操作规程，将新油加到油标刻线 2/4～4/4 处。

④发动机试运转。注入新油后，进行发动机试运转，观察油压、水温、功率等参数是否正常，如无异常则可投入运行。

（3）机油过量的危害。

①油位过高，会使曲轴的搅油阻力增大，造成油温过高，缩短机油寿命。

②阻力增大，会降低发动机马力，增加燃油消耗。

③过多的润滑油因泼溅作用加强而窜入燃烧室，在燃烧室、活塞环区形成大量积炭，引起发动机故障。

④过多的机油在剧烈的搅动下，还会产生较多泡沫，影响润滑及散热。

（4）润滑油储存方法。

室内储存是最理想的储存方式，将油桶集中储存于厂内指定的地方，可以省去不少搬运的时间，十分方便。油桶绝不能储存在靠近蒸汽管道或加热器的区域。已储存较久的应先使用，不宜被新到的存货阻挡，“先进先用”的原则可减少因存放过久导致油质变坏的机会。

（5）不按期换油，会出现以下问题：

①显著地降低机油对发动机的抗磨损保护。

②机油中混杂了由于燃油燃烧而产生的油泥、积炭、水、酸性物质，以及不完全燃烧产物。

③机油中的添加剂也会随着使用不断消耗，影响机油的使用性能。

(6) 发动机轴承烧坏（烧瓦）的原因有：

①润滑油黏度选择不当。

②油压过低。

③轴承装配不当，轴瓦配合间隙过小。轴瓦与轴颈是一一配对的，一般按尺寸分组，选配错误易造成间隙过大或过小，过大易造成机油压力低，过小则会导致迅速抱瓦，常见于刚大修过的车。

④油路阻塞。长期不换机油或使用劣质机油滤清器，造成异物进入油道，夹在轴与轴瓦间，造成抱瓦。

⑤使用了劣质空气滤清器，造成空气中的颗粒物大量进入发动机，产生磨料磨损，甚至引起抱瓦。

(7) 齿轮油选用注意事项：

①低级油不可以用在高级车辆上，高级油可以用在低级车辆上，但是降级过多会不经济。

②齿轮油的黏度应以能保证润滑为宜，尽可能使用适合条件的多级齿轮油，如果黏度过高，会使燃料消耗显著增加。

③不同等级的车辆齿轮油不能混用。

④变速箱和转向器一般负荷较轻，可以使用比后桥低一级的齿轮油，但为了简便，通常采用与后桥同种的齿轮油。

⑤经常检查各齿轮箱是否渗漏，保持各油封、衬垫完好。

⑥按规定的换油指标换用新油。按车辆制造厂家推荐的换油周期换油，如双曲线齿轮油换油期为20000～25000公里，拖拉机换油期为2000～3000小时，有时可按冬夏季节换油。有油品质量监测条件的单位可按质换油。

(8) 防止液压油变质。

①液压系统由于各种压力损失会产生大量的热量，使系统油温上升。液压油温度过高对液压元件不利，同时还会加速液压油的氧化。

②液压油氧化后会生成有机酸，腐蚀金属元件，还会生成不溶于油的胶状沉淀物，使液压油黏度增大，抗磨性变差。

③液压油中混入空气和水分，也会导致液压油变质。液压油中混入水分后，将降低液压油的黏度，并促使液压油氧化变质。

④空气混入液压油中也会加快液压油的氧化变质，还会引起噪声、气蚀、振动等。

（9）冷却液的使用注意事项。

①在加注防冻液前，应使用10%的烧碱水溶液浸泡水箱一个小时，再将水溶液排掉，然后用软化水反复冲洗2～3次，以清除发动机冷却系统中原积存的水垢，冲洗完后才能加注防冻液。

②加注防冻液前要检查发动机冷却系统有无渗漏现象，并及时排除，然后才能使用防冻液。

③防冻液沸点高，热容量大，蒸发损失小，冷却效率高。

④防冻液的有效期一般为4年，使用中有连续性，为了减少浪费，防冻液加注后不要随意更换。应定期检查使用中的防冻液，每年可结合换季保养对防冻液进行检查。

⑤不同厂家生产的防冻液不能混加，混加容易腐蚀发动机和水箱。

晒场作业安全操作规程

（1）拌种肥前佩戴防尘或防毒口罩及有关劳保用品，检查拌种肥机是否有异常情况，确保安全后方可作业。

（2）严禁酒后或带病作业。

（3）检查用电设备电源线是否接触良好，有无漏电现象。

（4）工作期间，与工作无关的人员不能进入场地。

（5）工作人员随时清理场地卫生，工具摆放整齐。

（6）有专职驾驶员对铲车进行保养维护，发现问题及时修理。

（7）备粮时要一看、二慢、三观察，不能开飞车。

（8）铲车驾驶室外踏板、铲斜严禁载人。

（9）拌种时严禁吃东西，工作完、就餐前要认真清洗手和脸部。

（10）严禁玩手机、听音乐、吸烟、打闹，用电设备及晒场物品有专人负责管理。

农机具检修监管机制

机具的检修是保障机车技术状态、提高机车三率的重要措施。按照“养重于修、防重于治”的原则，加强农机具的日常保养和维护工作。健全保养制度、保养签字制度，按计划做好动力机械的保养，管理区主任亲自监督进口机械按时、按号、按项目、按技术要求进行各种保养，生产科不定期检查，严格监控进口机械保养和保养油购入的正常渠道，确保进口机械的安全。

机具检修实行责任追究制度。机具检修做到四定，即定任务、定标准、定时间、定人员。制定各类机具修后验收标准，在春检、夏检、秋检等检修时，统一验收标准、统一验收时间。做到检修时达到技术标准、作业时达到农艺标准、作业后要恢复技术状态，确保技术状态完好。

田间标准化作业监管机制

田间标准化作业监管机制可概括为坚持田间作业“四统一”管理办法，建立和完善三级作业质量检查验收体系。

“四统一”管理办法即实行农机田间作业统一组织机械调动、统一作业质量标准、统一质量验收标准、统一奖罚标准。

三级作业质量检查验收体系即建立和完善农场验收和抽查、管理区检查、机组自查。

农机具技术检验标准

一、条播机技术检验标准

1. 整机

（1）零部件齐全，外观整洁，无变形、锈蚀。

（2）起落、转动灵活。

2. 工作部件

（1）开沟器间的距离偏差≤±2.5毫米。

（2）开沟器升起后，最低点在同一水平面上，偏差≤5毫米。

（3）运输状态时，开沟器与提升拉杆连接处的摆动量≤5毫米，离地间隙≥110毫米。

（4）排种轮槽齿无损坏，排种轮与阻塞轮间隙≤0.5毫米，阻塞轮与排种杯壁间隙≤1.5毫米。

（5）各排种轮工作长度一致，偏差≤1毫米。

（6）排种轮挡圈在排种杯凹槽内转动灵活。

（7）排种轮工作长度能在0到最大范围内调节。空载时，排种器轴转动和轴向移动轻便灵活。

（8）播种量调节杆移动灵活，空行程不大于二小格，轴向间隙≤2 毫米，径向间隙≤1毫米。

（9）排肥轴转动灵活，主、被动圆锥齿轮啮合长度不少于齿长的 3/4。

（10）排肥星轮转动灵活，与座盘间隙≤1 毫米。

3. 机架和行走装置

（1）机架、开沟器固定梁、牵引梁直线度偏差≤10 毫米。

（2）机架在左右侧梁互相平行，其不平行度偏差≤10 毫米。

4. 传动装置

（1）开沟器升到运输位置时，排种轮停止转动，开沟器降到工作位置，传动装置自动结合运转。

（2）传动部位齿轮或链轮转动灵活、无卡滞，位于同一平面上，其偏差≤3 毫米。链条安装正确，工作时不掉链、不跳齿。

5. 起落机构　起落机构各部件完整，安装正确。

6. 其他

（1）种子箱和肥料箱不破损、不锈蚀，内表面清洁、平滑。箱盖开启灵活，关闭有可靠的锁定装置，无缺损、不锈蚀。

（2）覆土环齐全，覆土板安装正确。

（3）踏板安装牢固，扶手等紧固可靠。

二、精量播种机技术检验标准

（1）部件完好无缺，各部螺栓坚固完好，各润滑点全部注满润滑脂。

（2）开沟器圆盘转动灵活，圆盘偏摆不大于 3 毫米，刃口厚度不大于 0.05 毫米。圆盘最低点应在同一平面上，高低误差不大于 5 毫米。

（3）排种器装好后，排种轴用手转动灵活。

（4）种肥箱外表光滑，内表面应进行防锈处理。箱体不允许有翘曲，箱盖开启灵活，不漏雨水，内隔板严密。

（5）镇压轮安装在同一孔位上，转动灵活。

（6）起垄铧分土板开角应一致，均调到同一孔位上固定。

（7）各传动链轮互相对中，误差不大于 2 毫米。

（8）输肥管不得有变形开口，不得漏肥。在种肥箱内、排种器壳体内充满肥料或种子的情况下，用手应能转动平台排肥轴或排种轴。

(9) 气吸播种机应保证良好气密性，风管、密封圈良好，种盘磨损应低于 0.3 毫米。

三、镇压器技术检验标准

(1) 机件完整，各部螺栓紧固。

(2) 压轮表面无损坏、裂纹，前后压轮互相交错。

(3) 压轮转动灵活，自由间隙小于 2 毫米。

(4) 压轮与轮轴间不旷动。

(5) 机架平整无裂纹，环销完好。

(6) 折叠镇压器折叠枢轴磨损小于 2 毫米，液压系统无泄漏。

四、喷药机械检验技术标准

(1) 药泵工作可靠，压力稳定可调，有压力表，工作压力应为 0.3 兆～0.5 兆帕。

(2) 药罐及管路清洁，状态良好，内部无腐蚀，各部无渗漏。

(3) 喷头雾化良好，各口间流量误差不超过 3%，切口方向一致，相邻喷头重叠宽度 5～15 厘米，无后滴现象。同一药机使用同一型号喷头，封闭和茎叶除草选用不同型号喷头。

(4) 有药液搅拌装置且状态良好，药罐口及药泵进出口有过滤装置，状态良好。

(5) 喷药架强度良好，喷杆平直，高度可调，两端有限位装置。

(6) 动力输出轴有防护罩。

五、铧式犁技术检验标准

1. 整机

(1) 外观整洁，零部件齐全完好，无缺损、不变形。

(2) 各零部件联结紧固，螺母、垫片齐全。

(3) 各铧体的工作幅宽偏差不大于设计幅宽的 2.5%。

(4) 相邻两铧重耕耕幅≤10 毫米。

(5) 各铧刃尖在同一水平面上，偏差≤±5 毫米。

(6) 安全装置齐全有效，杆件不变形，零件磨损不超限；弹性式的弹簧压缩长度以及摩擦式的螺栓副扭紧力矩符合要求；插销式销子的材质和规格符合规定；液压式的密封良好，压力符合技术要求。

（7）空驶时的离地间隙，牵引式及半悬挂式≥210毫米，悬挂式≥300毫米。

2. 犁体总成

（1）各零件无裂纹、变形、严重磨损和锈蚀。

（2）工作表面平整光滑。

（3）允许铧尾高于铧尖，偏差≤10毫米。

（4）沉头螺栓紧固，螺栓头部不凸出，工作表面下陷≤1毫米。

3. 犁架、犁轮及起落调节装置

（1）犁架无弯曲、变形，各主梁在同一水平面上，横向距离相等，各部联结牢固。

（2）起落机构零件齐全，起落灵活，磨损不超限，相互位置正确，尾轮拉杆长度适当。

（3）深浅及水平调节机构各零部件齐全完好，调节有效。

（4）尾轮机构零件齐全，调整螺钉完好，调整有效。

六、圆盘耙技术检验标准

1. 整机

（1）机件完整齐全，安装正确，紧固可靠，无裂纹、开焊。

（2）牵引主梁、后列耙侧连杆的直线度误差≤3毫米，其他杆件的直线度误差≤2毫米。

（3）耙架、拉杆、牵引或悬挂机构连接可靠；调节机构零部件齐全可靠，调节灵活。

（4）需锁定的零部件，锁定装置齐全可靠。

（5）液压机构工作可靠，无渗漏。

2. 耙组

（1）各耙组转动部件转动灵活，润滑脂嘴齐全，润滑良好。

（2）前、后列耙片工作轨迹不重合；方轴不变形，直线度误差≤5毫米。

（3）耙片不松旷，同组各耙片直径偏差≤6毫米。

（4）耙片不变形，圆盘刃边线端面跳动≤5毫米，同一耙组上各耙片相互平行，耙片间距离偏差≤10毫米。

（5）缺口耙相邻耙片的缺口互相错开。

（6）耙片表面光滑，刃口厚度≤1毫米。

（7）刮泥板齐全，工作边与耙片凹面的间隙为3～8毫米。

七、中耕机技术检验标准

1. 整机

（1）外观整洁、零部件齐全完好，无变形、锈蚀。

（2）安装正确，连接紧固。

2. 犁铧

（1）刃口无缺损，刃厚≤1毫米。

（2）犁铧与铧柄接触严密，局部间隙≤0.5毫米。

（3）犁铧、犁柄与分土板立轴三者中心线在同一垂直平面上，偏差≤3毫米。

（4）各犁铧行距一致，偏差≤5毫米，铧尖在同一水平面上，入土角符合技术要求。

3. 主梁

（1）主梁平直，不变形，不平直度≤4毫米。

（2）下悬挂架的两个悬挂轴孔同心，两孔中心线与主梁平行。

4. 深松部件

（1）深松铲行距相等，偏差≤10毫米。

（2）各铲尖在同一水平面上，偏差≤10毫米。

（3）安全销的材质和规格符合规定。

（4）深松铲不偏扭和歪斜。

5. 施肥部件

（1）肥料箱不破损、不锈蚀，肥料搅动器无缺损、锈蚀。

（2）排肥轴不变形，转动灵活，主、被动圆锥齿轮啮合长度不小于齿长的3/4。

6. 划印器　划印器各零部件不变形，联结可靠，圆盘摆差≤5毫米，划印准确明显

田间作业质量标准

1. 耕地作业

（1）拖拉机作业要保持恒速，作业速度每小时不超过8公里。

（2）不漏，到头到边。

2. 条播作业

（1）适时播种，三线起落，地头整齐。

（2）要求小麦、大麦镇压后播深4～5厘米，油菜播种后镇压深度3厘米。

（3）单口流量误差不大于±1%，实际播量与计划播量误差不大于±2%。

（4）单台行距偏差不大于±1 厘米，往复行距偏差±5 厘米。

（5）要播到边、到头，地头重播宽度不大 30 厘米，不允许有漏播现象。

（6）覆土严密。

（7）加种肥时严禁洒漏，种肥不断条，地头无杂物（化肥袋扎口绳）。

（8）作业速度每小时 8～10 公里，且匀速作业。

3. 精量点播作业

（1）垄向笔直，百米弯曲度不大于 20 厘米。

（2）肥料单口流量误差不超过 2%。

（3）种子播深 4～5 厘米，要深浅一致。

（4）地头起落整齐，误差不超过 30 厘米。

（5）地头无种肥外漏，无编织袋等废弃物。

（6）行距符合标准，允许误差 5 厘米，结合垄偏差 10 厘米。

（7）不得出现明种。

（8）种肥分施，肥在种侧下方 6～12 厘米。

4. 翻地作业

（1）春翻作业耕翻深度在 22～27 厘米，植被覆盖率 80%以上，夏翻地翻耕深度 27～30 厘米。

（2）耕幅一致。

（3）不漏耕，地表平整，无立垡、回垡。

（4）地头横垄整齐笔直。

5. 耙地作业

（1）适时耙地，在土壤水分适宜的条件下进行。

（2）耙深耙透，轻耙耙深 10～12 厘米，中耙耙深 14～16 厘米，重耙耙深 16～18 厘米，耙深一致。

（3）耙后带耢子，不拖堆、不出沟、不起楞。

（4）耙到头耙到边，不漏耙。

6. 田间镇压作业

（1）拖拉机作业要保持恒速，作业速度不能超过每小时 8 公里。

（2）不准急转弯，不准湿压。

（3）不托推，不漏压。

(4) 压到边，压到头，不漏压。

7. 喷药作业

(1) 各喷头喷洒均匀，雾化良好，不漏喷。

(2) 喷药机恒速作业，速度小于每小时 10～12 公里。

(3) 施药量准确。

(4) 作业前应将喷药机彻底清洗，防止出现药害。

(5) 建立和完善喷药档案，认真做好记录。

(6) 配制母液，二次稀释，三级过滤。

8. 中耕作业

(1) 第一次中耕深度不低于 15 厘米。

(2) 第二次中耕深度不低于 10～12 厘米，培土深度 10 厘米以上。

(3) 中耕作业时，不漏耕、不弃耕。

(4) 中耕作业时，不伤苗，伤苗小于 2%。

(5) 中耕作业时，地头整齐。

(6) 封垄作业上土均匀，无追肥外漏。

9. 深松作业

(1) 地头整齐。

(2) 在土壤水分适宜的条件下进行，严禁湿整地。

(3) 深松机工作部件间距合理。

(4) 深松深度 30 厘米，以破犁底层为原则，各行深度一致。

(5) 往复结合堑为 35 毫米，不超过 40 毫米。

(6) 松到边，松到头。

10. 麦类割晒作业

(1) 适时割晒，不早割，不落镰。

(2) 割茬高度 18～20 厘米，割茬高低保持一致。

(3) 割行直。

(4) 地头整齐，无漏割、无散落穗、不塌铺。

11. 拾禾、联合收获作业

(1) 收获时期为完熟初期至末期。

(2) 割茬高度以 15～20 厘米为宜。

(3) 麦类作物破碎率≤1.5%、脱净≥90%、综合损失率≤3%。

（4）拾禾时，不能丢枝掉穗。

（5）不跑粮，不漏粮。

（6）油葵收获作业要对正。

第六节　现代化农业科技示范园区

一、概况及工作开展情况

吐列毛杜农场现代化农业科技示范园区因体制改革曾被命名为推广站、农业技术推广土肥站、农业技术推广站。

2019 年 12 月，现代化农业科技示范园区站长张宝君，副站长白红生。

吐列毛杜农场现代化农业科技示范园区成立于 2010 年 4 月，由场农业技术推广站负责具体实施。科技园区位于场部小康楼路西，园区总面积 1000 亩，其中核心区面积 400 亩，集农业科研、职工技能培训、新技术推广、良种繁育、游览观赏、采摘体验等功能于一体，是吐列毛杜农场现代农业发展的重要组成部分。园区成立以来，承担了农业部测土配方施肥、小麦高产创建，内蒙古农垦科学技术推广站双低高油油菜品种筛选等试验工作。依托内蒙古农牧业科学院植物保护研究所、黑龙江农业科学院作物资源研究所、内蒙古农业大学园艺与植保学院、中国种子集团公司的力量开展了向日葵、玉米、大豆、小麦、大麦、高粱、芸豆、谷子等新品种引进试验和作物病、虫、草害试验等工作。园区累计试验、示范、展示各类作物品种 650 多个，筛选出适合当地大面积种植的各类作物品种 30 多个，如油用向日葵品种 TO12244、S606、T8221、美葵 562、美仁心、迪卡 101、康地 5、NH65001，大豆品种华疆 4、华疆 2、克豆 30、嫩奥 4、嫩奥 2、中黄 901、黑河 45、黑河 43、北豆 36，小麦品种龙麦 35、龙春 3、龙春 4，玉米品种垦沃 2、德美亚 2、东北丰 0022、兴垦 10、利合 518 等，还有蔬菜、花卉及观赏类作物品种近 200 个，得到了本场广大职工和周边苏木镇种植户普遍认可，辐射带动周边苏木镇 100 余万亩。

2001 年，推广站完成油葵品种对比试验，参试品种有康地 5 号、康地 101、康地 102、诺葵 275、诺葵 212、诺葵 208、新葵杂 6 号、S31、迪卡 101（对照），试验结果 S31 产量最高，每亩 284 斤，比对照品种迪卡 101 多 5.2%。

2004 年，推广站引进叶面肥绿色血脉在大豆田进行对比试验，结果表明，绿色血脉叶面肥能够增强作物的抗逆性，增产 6%，引进百事达生物菌肥在油葵田进行对比试验，成熟期油葵籽粒饱满，百粒重增加 0.2 克，增产 6.8%。

2005年，引进复合电场种子化肥处理机，并在试验田进行试验。参试小麦品种为7146，用静电处理小麦种子6000斤，处理区面积150亩，对照区面积50亩。苗期调查表明，静电处理后的小麦根系发达，提高小麦抗旱能力，增产5.9%。推广站完成大豆品种试验，参试品种有垦鉴4号、垦鉴30、北安11（对照）、北丰16，试验结果表明，垦鉴4号产量243斤/亩，比对照品种北安11增产8.2%。

2006年，推广站完成玉米品种对比试验，参试品种为中北31号和兴单3号（对照），中北31号产量542斤/亩，较对照产品兴单3号增产5.1%。标准化作业技术应用面积1000亩，生物菌肥和叶面肥喷施面积8400亩。免费为职工静电处理种子5.35吨，化肥205吨。

2007年，引进适宜晚田播种的作物马铃薯，订单种植面积1000亩；订单中草药面积33亩。推广站引进新作物品种20个、小区试验项目5个。中旗农牧业局来场田间取土样200份，测土配方施肥面积16.5万亩，静电处理种子5.5万公斤，化肥20.5万公斤，使用微生物菌肥400公斤。

2008年，完成1000亩有机肥推广和“3414”试验及肥效校正试验；在新品种试验上，引进20个优良新品种进行小区对比试验；完成840个土样钎取任务。

2009年，推广站采集耕地土壤样品2020个，完成“3414”实验小区20个，完成三区对比试验20个，填写调查表4040份；创建了油葵、小麦种植示范区，每处面积500亩。

2010年4月，吐列毛杜农场现代化农业科技示范园区成立，地点在四队北5号地，面积300亩，工作人员张宝君和白红生。

2010年，安排了油葵3414试验和油葵三区对比试验，示范展示油葵品种12个。实施推广测土配方施肥4.8万亩，发放施肥建议卡184份。油葵田间除草开始使用除草剂，节省了人工除草成本，油葵的种植面积大幅度加大。使用的除草剂有“扑乙合剂”“精禾草克”“草甘膦”，通过一年的试验，除草效果比较理想，油葵种植成本降低30%以上。

根据吐列毛杜农场现代化农业科技示范园区对3612个土壤样品的化验分析，结合“3414”三区试验结果，建立了吐列毛杜农场油葵施肥基本指标单位。油葵肥料配方中氮、磷、钾的比例为N∶P_2O_5∶KO=16∶13∶16。因油葵为油料作物，考虑前期蹲苗，将配方调整为N∶P∶K=13∶15∶17。同时，根据测土的结果，有的地块还需添加微量元素和锌促进油葵增产。2010年是农场受到干旱影响比较严重的一年，油葵亩产仍达到了140公斤。

2010年8月，母志华书记、胡德发局长、武宝林副局长及相关工作人员到园区检查指导工作。

2011—2013年，吐列毛杜农场现代化农业科技示范园区逐年增加试验内容：安排了早熟高粱、油葵、食葵、大豆、玉米、小麦、大麦、西葫芦、蓖麻、油菜等品种的对比试验，马铃薯大垄双行机械化栽培示范展示，中药材栽培试验，测土配方施肥油葵肥料肥效、三区校正试验，大豆氮、磷、钾肥料利用率试验。测土配方施肥油葵示范方展示100亩。各试验安排布置合理、管理精细、作物长势整齐，马铃薯展示田亩产达4513公斤/亩。筛选出适宜品种包括：油葵TO12244、美葵562等，玉米德美亚2、兴垦10等，大豆华疆2、北疆九-1号等。经过技术人员努力，园区初具规模，试验效果明显。

2014年，吐列毛杜农场现代化农业科技示范园区由四队搬迁到场部，位置在加油站南小康楼路西，当年试验面积239亩。2016年，试验面积扩大到1000亩，其中核心区面积400亩。

2014—2020年，根据农业生产需要，增加了试验内容，包括叶面肥应用效果试验，油葵种植密度对产量的影响试验，油葵错期播种试验，蔬菜、花卉、观赏类植物栽培试验等。引进并成功种植的品种有球茎茴香、球茎芹菜、红根芹菜、土人参、龙凤瓜、瓠子瓜、西瓜等，观赏巨型南瓜单瓜重150千克。

推出适宜当地种植品种，包括玉米品种垦沃2号、利合518、东北风0022、华庆206等，大豆品种华疆4号、华莱豆3号、嫩奥4号、嫩奥2号，高粱品种龙杂18、龙杂19、龙杂20，以及芸豆、亚麻、糜子、谷子品种等。

吐列毛杜农场现代化农业科技示范园区试验分两部分，一是大区示范、展示试验，二是小区各类作物品种引进对比试验和中药材、蔬菜、观赏植物等展示试验。大区试验安排在规模经营管理区，小区试验安排在场科技示范园区。

（一）大区试验

大豆新品种千亩示范展示试验（第三管理区前地）示范展示大豆新品种4个，面积800亩。中黄901亩产量300斤、华莱豆3号亩产量320斤。扩繁饲草大麦新品种龙青饲2号品种100亩（三区）收获籽粒产量450斤/亩，收获后的秸秆可作为饲草储备。

（二）小区试验

小区试验主要安排在科技示范园区，共引进各类作物品种332个，其中蔬菜、观赏类作物品种61个，种衣剂包衣效果试验1个，稀土微肥应用效果试验1个，向日葵菌核病防治效果试验2个，肥料肥效对比试验7个。

1. 大豆新品种对比试验 引进黑龙江农科院、黑河大豆所、克山大豆所和华疆种业等公司主推的大豆品种71个。

经试验，早熟品种有嫩奥 2 号、金源 71、黑河 49、黑河 44（炸角）、华疆 5、北豆 36，晚熟品种有克豆 30、华菜豆 2 号、黑科 60，特色品种有双青豆克豆 58、百粒重 16.44 克，适宜熟期产量较好的品种有黑河 43、华菜豆 3、华疆 4、中黄 901。

2. 早熟玉米新品种对比试验 试验表现突出的品种有垦沃 2 号、吉龙 898、吉龙 99、东北丰 0022、德美亚 2 号、利合 518、利合 228、利合 327。

试验结果：德美亚 2 号产量 573 公斤/亩，利合 518 产量 545 公斤/亩，垦沃 2 号产量 503 公斤/亩，利合 228 产量 590 公斤/亩。

依据熟期，建议四队地区大面积种植的品种有垦沃 2 号、吉龙 898；建议场部大面积种植的品种有德美亚 2 号、利合 518

3. 杂交高粱新品种对比试验 小区试验品种 9 个、大面积示范品种 4 个。龙杂 18、龙杂 19、龙杂 20，株高 85～100cm，积温 2050～2080℃，示范田收获保苗 13500 株，产量 450～500 公斤。饲草高粱龙草 1 号展示面积 12 亩，亩产鲜草 3.5 吨。

二、培训工作

2007 年，农业技术推广站利用有线电视网络，以播放光碟的形式，巡回在全场 6 个连队播放农业科技知识，共培训 3000 人次。

2009 年，通过阳光工程培训请专家讲课、播放光盘、发放技术资料等方式，共培训 3000 人次。

2014 年，吐列毛杜农场举办农作物高产栽培技术、测土配方施肥技术、新品种应用、病虫草害防治等专项技术培训班 7 期，现场会 6 次，培训现代农业示范区农机技术工人及其他干部职工 3100 人次。

2017 年，吐列毛杜农场加大农业科技培训力度，采取请专家及场农业科技人员现场传授及发放技术资料等多种方式，共举办农作物高产栽培技术、新品种应用、病虫草害防治等专项技术培训班 3 期，现场会 3 次，培训现代农业示范区农机技术工人及其他干部职工 1000 人次。

2020 年 8 月，吐列毛杜农场现代化农业科技示范园区 3 名技术人员参加全盟高素质农民技能培训班一期。

2020 年 11 月，吐列毛杜农场现代化农业科技示范园区 9 人参加全盟基层农技人员知识更新培训。

2020 年 12 月，吐列毛杜农场现代化农业科技示范园区 9 人参加全盟基层农技人员知识更新培训。

2018—2020年吐列毛杜农场农业科技示范园区历任总农艺师、生产科科长、站长、副站长如表6-4所示。

表6-4　2018—2020年吐列毛杜农场农业科技示范园区历任总农艺师、生产科科长、站长、副站长名录

职务	姓名	任职时间
总农艺师	张宝君	2018年1月—2020年12月
生产科科长兼站长	程文达	2000年3月—2002年3月
站长	马向东	2000年3月—2007年3月
生产科科长兼站长	程文达	2007年3月—2008年4月
站长	许慧林	2008年4月—2009年4月
站长	张宝君	2009年4月—2017年12月
副站长	白红生	2011年2月—2014年8月
副站长（正科级）	白红生	2014年8月—2020年12月

2000—2020年，现代化农业科技示范园区工作人员有：许慧林、白洪生、李艳霞、王洪玉、贺其乐图、刘建军、程志强、赵武、温海明、张国栋、邵智勇、徐峰、张国亮、侯艳杰、任娇、刘颖、黄岩、董敬春、黄伟、赵曙莲、关明霞、裴晓星、代文强、李云琦。

第二章　耕　　地

第一节　耕地分布

吐列毛杜农场的土地大多数分布在两面环山的平川地和坡度为15°以下的山坡上，平川地占总土地面积的55.6%，半山坡土地占44.39%。

第一生产队有平川地2.34378万亩、半坡地1.74378万亩。第二生产队有平川地1.727608万亩、半坡地1.32768万亩。第三生产队有平川地1.098585万亩、半坡地0.9526万亩。第四生产队有平川地3.93919万亩、半坡地3.1391万亩。第五生产队有平川地1.73376万亩、半坡地1.49376万亩。

第二节　农田基本建设及项目成果

一、农田基本建设

2000年以前，吐列毛杜农场农业实行农机作业组集体承包的生产经营模式，实行统一计划管理体制，主要以机械化种植小麦、油菜为主，对农田水利建设认识不足，加上国家计划投资少，农场除了5个生产队的菜园和果园有6眼大口井外，农田中没有井，水利基础设施几乎为零。

2000年以后，农场开始实行家庭农场和职工个人承包经营的体制，对农田水利设施建设的认识有所提高。初期，广大职工迫切要求打井浇灌农田，纷纷自筹资金打井，兴安盟也出台“人人三亩水浇地”的政策，对打井的个人给予小额补贴，但打的都是小口径的浅水井，没有配套的输配电设施，不但速度慢，而且需要大量的人力，成本也高，收效甚微。随着国家逐步加大投资和建设力度，2006年申请立项成功，农场的农田水利建设开始快速发展，通过农场投资及向兴安盟、科右中旗、农场局各级的发展和改革委员会、农业综合开发、国土局土地整理估价中心、水务局等多部门申请项目投资建设，至今全场已有水浇地5.3万亩，各种口径深水机电井1140眼，其中庭院经济部分 826 眼、耕地部分 314 眼。灌溉方式也随着科技发展不断改进提高，由最初的大水漫灌到低压管灌、半固定式喷头喷灌、膜下滴灌高效节水灌溉技术、大型中心支轴式喷灌机喷灌高效节水灌溉，再到现在推广最适合农场大面积规模化、机械化作业的大型电动平移式喷灌机喷灌的高效节水灌溉先进技术方式。农田水利基础设施的改善，增强了农作物抵御干旱自然灾害的能力，促进了农作物的高产高质，推进了农场现代农业的快速发展。

二、项目建设成果

2000 年以来，吐列毛杜农场争取国家有关部门的项目投资，取得了巨大成效，共引进建设完成各种农田水利设施建设项目 20 项，投资金额达 8583.2 万元，项目覆盖面积达 5.06 万亩。其中，高效节水灌溉技术方式应用面积达 4.42 万亩，包括滴灌高效节水灌溉面积 2.27 万亩、中心支轴式喷灌机高效节水灌溉面积 1.27 万亩、大型电动平移式喷灌机高效节水灌溉面积 0.88 万亩。同时，建设完成了相关农田水利项目相配套的输配电系统，共架设 10 千瓦高压输电线路 63.5 千米，埋设 380 伏低压输电线路 100.36 千米，安装变压器 128 台。

2000 年，建设完成“兴安盟农牧场管理局农业综合开发中低产田改造 1999 年度项目”，建设地点在第二生产队，地块位置南起 1 号地，北至 8 号地，建设面积 1 万亩，全部工程投入资金 500 万元，其中中央财政资金 150 万元、内蒙古自治区投入资金 40 万元、地方配套资金 83 万元、农业综合开发专项贷款 67 万元、自筹资金 160 万元。完成的主要工程有：挖水渠 9800 延长米；修路 18000 延长米；栽植农田防护林 252 亩；打深水机电井 20 眼、配套潜水泵，共动用土石方 22240 立方米。2000 年，农场出动各类运输车辆 200 台，修路拉沙，铺田间路，出人工 2150 余人次。

2001 年完成“兴安盟农牧场管理局农业综合开发中低产田改造项目”，建设地点在第一生产队，地块位置南起 4 号地，北至 9 号地，建设面积 6000 亩，全部工程投入资金 200 万元。完成的主要工程有：挖水渠 9800 延长米；修路 10000 延长米；栽植农田防护林 130 亩；打深水机电井 14 眼，配套潜水泵。

2006 年完成“兴安盟农牧场管理局农业综合开发中低产田改造项目”，建设地点在第四生产队，地块位置南起 2 号地，北至 4 号地，建设面积 4000 亩，全部工程投入资金 173 万元。完成主要工程有：挖水渠 9800 延长米；修建田间生产路 10000 延长米；栽植农田防护林 130 亩；打深水机电井 24 眼，配套潜水泵，埋设输水管道系统。

2009年完成“内蒙古自治区兴安盟科右中旗吐列毛杜农场基本农田土地整理项目”，建设地点在第二生产队和第五生产队，地块位置南起五队12号地，北至二队8号地，建设面积1.5万亩，全部工程投入资金1493.43万元。完成的主要工程有：修建田间生产路34000延长米；栽植农田防护林960亩；打深水机电井52眼，配套潜水泵，埋设输水管道系统；架设高压输电线路6千米，埋设低压输电线路7.25千米，安装变压器23台。

2011年完成“内蒙古农村土地整治重点工程兴安盟吐列毛杜农场项目”，建设地点在场第一、第二管理区，地块位置南起房框沟，北至9号地，建设面积1.2万亩，全部工程投入资金1420.61万元。完成的主要工程有：修建田间生产路12040千米；栽植农田防护林70亩；打深水机电井84眼，配套潜水泵，埋设输水管道系统；架设高压输电线路21千米，埋设低压输电线路12千米，安装变压器40台。

2011年完成“农场局重点项目”，建设地点在场第一、第二管理区，地块位置在5号地和6号地，为原水浇地提升节水灌溉项目，建设面积2600亩，全部工程投入资金约120万元。完成的主要工程有：安装中心支轴式喷灌机4台，配套潜水泵4台，修砌大型蓄水池4个；架设高压输电线路3.2千米，埋设低压输电线路1.18千米，安装变压器4台。

2012年完成“内蒙古自治区兴安盟科右中旗‘节水增粮行动’”（时针式喷灌项目），建设地点在第一生产队，地块位置南起南4号地，北至7号地，为原水浇地提升节水灌溉项目，建设面积4000亩，全部工程投入资金约497.65万元。完成的主要工程有：新打深水机电井20眼，配套潜水泵，埋设输水管道系统，安装中心支轴式喷灌机6台，管架配套半固定式喷头90套；埋设低压输电线路6.34千米，安装变压器4台。

完成“内蒙古自治区兴安盟科右中旗‘节水增粮行动’”（膜下滴灌项目），建设地点在第一生产队，地块位置南起南9号地，北至12号二节地，建设面积3000亩，其中新建1000亩，原水浇地提升节水灌溉项目，建设面积2000亩，全部工程投入资金约439.5万元。完成的主要工程有：新打深水机电井12眼，配套潜水泵，埋设输水管道系统，安装滴灌首部设备12套；埋设低压输电线路4.6千米，安装变压器4台。

完成“内蒙古自治区兴安盟科右中旗巩固退耕还林成果农田水利补偿项目”，建设地点在第五生产队，地块位置在小楼前和3号地，建设面积1300亩，投入资金约156万元。完成的主要工程有：新打深水机电井9眼，配套潜水泵，埋设输水管道系统2400米；埋设低压输电线路1.9千米，安装变压器2台。

完成“科右中旗吐列毛杜农场土地整治项目”（膜下滴灌），建设地点在第三生产队，地块位置南起4号地，北至1号地，建设面积4000亩，全部工程投入资金520.65万元。完成的主要工程有：修建田间生产路13860千米；栽植农田防护林37亩；新打深水机电井15眼，配套潜水泵，埋设输水管道系统，安装滴灌首部设备15套；架设高压输电线路11千米，埋设低压输电线路7千米，安装变压器8台。

完成“吐列毛杜农场建设滴灌项目”，建设地点第五生产队，地块位置南起12号地，北至修配厂前，为原水浇地提升节水灌溉项目，建设面积5700亩。安装滴灌系统首部22套，全部工程投入资金26万元。

2013年完成“兴安盟农牧场管理局农业综合开发‘节水增粮行动’项目”，建设地点在第四生产队，地块位置南起4号地，北至1号地，建设面积1万亩，其中新建6000亩，原水浇地提升节水灌溉项目，建设面积4000亩，全部工程投入资金1257万元。完成的主要工程有：新打深水机电井48眼，配套潜水泵，埋设输水管道系统，安装滴灌首部设备48套；架设高压输电线路14.89千米，埋设低压输电线路11.28千米，安装变压器18台。

2014年，完成兴安盟发改委“兴安盟农场局退耕还林重点地区基本口粮田建设项目”，建设地点在第一、第二管理区，地块位置南起6号地，北至9号地，为原水浇地提升节水灌溉项目，建设面积3000亩，全部工程投入资金187.5万元。完成的主要工程有：修复机电井16眼，配套潜水泵16台，安装中心支轴式喷灌机8台，管架配套半固定式喷头180套；埋设低压输电线路2.33千米。

完成“吐列毛杜农场推广站安装平移式喷灌机项目”，建设地点在农业技术推广站，地块位置在农业科技园区，为原水浇地提升节水灌溉项目，建设面积350亩，全部工程投入资金约60万元。完成的主要工程有：安装大型电动平移式喷灌机1台，埋设输水管道系统；埋设低压输电线路0.45千米。

完成“内蒙古自治区科尔沁右翼中旗小型农田水利牧区重点县项目”，建设地点在第四生产队第一管理区，地块位置在8号西分沟，建设面积1300亩，全部工程投入资金183.8万元。完成的主要工程有：新打深水机电井10眼，配套潜水泵，埋设输水管道系统，管架配套半固定式喷头194套；架设高压输电线路1.94千米，埋设低压输电线路2.65千米，安装变压器5台。

2016年，完成“兴安盟农牧场管理局农业综合开发土地治理项目”，建设地点在第一、第二管理区，地块位置何家沟口、8号西分沟、9号地，为原水浇地提升节水灌溉项目，建设面积2000亩，全部工程投入资金246万元。完成的主要工程有：安装潜水泵12

台，埋设输水管道系统，安装中心支轴式喷灌机 9 台；修建田间生产路 1250 千米，栽植农田防护林 10 亩；埋设低压输电线路 1.77 千米。

完成“2016 年现代农牧业发展资金农垦项目”，建设地点在第一管理区，地块位置在公路服务区下，为原水浇地提升节水灌溉建设面积 1100 亩，全部工程投入资金 42.82 万元。完成的主要工程有：安装潜水泵，埋设输水管道系统，安装中心支轴式喷灌机 2 台，配套潜水泵 4 台，埋设输水管道系统；埋设低压输电线路 0.8 千米。

2017 年，完成“农业综合开发高标准农田建设项目”，建设地点在第一生产队第三管理区，地块位置南起南 9 号，北至 12 号 2 节，为原水浇地提升节水灌溉建设面积 3000 亩，全部工程投入资金 463 万元。完成的主要工程有：新打深水机电井 4 眼，安装潜水泵 16 台，埋设输水管道系统，安装大型电动平移式喷灌机 9 台；修建田间生产路 3900 千米，栽植农田防护林 12.3 亩；架设高压输电线路 3.6 千米，埋设低压输电线路 13 千米，安装变压器 9 台。

2018 年，完成“农业综合开发高标准农田建设项目”，建设地点在第一、第二管理区，地块位置南起房框沟，北至 6 号地，为原水浇地提升节水灌溉项目，建设面积 5000 亩，全部工程投入资金 744 万元。完成的主要工程有：新打深水机电井 4 眼，维修井房 28 座，安装潜水泵 28 台，埋设输水管道系统，安装大型电动平移式喷灌机 15 台；修建田间生产路 5643 延长米，栽植农田防护林 24.57 亩；架设高压输电线路 1.87 千米，埋设低压输电线路 20.31 千米；安装变压器 11 台。

2018 年，完成“科右中旗高效节水灌溉项目”，建设地点在第三管理区，地块位置在修配厂前，为原水浇地提升节水灌溉项目，建设面积 450 亩，全部工程投入资金约 50 万元。完成的主要工程有：安装潜水泵 2 台，埋设输水管道系统，安装大型电动平移式喷灌机 1 台；埋设低压输电线路 1 千米。

吐列毛杜农场农田水利项目建设成果如表 6-5 所示。

表 6-5　国有吐列毛杜农场农田水利项目建设成果一览表

序号	项目名称	建设地点	立项时间	投资总额（万元）	建设面积（亩）		新打机电井（眼）	修建田间生产路（千米）	栽植防护林带（亩）	安装中心支轴式喷灌机（台）	安装平移式喷灌机（台）	安装滴灌系统首部（套）	安装半固定式喷头（套）	变压器（台）	高压线路（千米）	低压线路（千米）	备注
					新建水浇地面积	原水浇地提升节水灌溉面积											
1	兴安盟农牧场管理局农业综合开发中低产田改造 1999 年度项目	国有吐列毛杜农场二队	1999 年	302.24	10000		20	18.000	252								
2	兴安盟农牧场管理局农业综合开发中低产田改造 2001 年度项目	国有吐列毛杜农场一队	2001 年	200.00	6000		14	10.000	130								

（续）

序号	项目名称	建设地点	立项时间	投资总额（万元）	建设面积（亩）		新打机电井（眼）	修建田间生产路（千米）	栽植防护林带（亩）	安装中心支轴式喷灌机（台）	安装平移式喷灌机（台）	安装滴灌系统首部（套）	安装半固定式喷头（套）	变压器（台）	高压线路（千米）	低压线路（千米）	备注
					新建水浇地面积	原水浇地提升节水灌溉面积											
3	兴安盟农牧场管理局农业综合开发中低产田改造2006年度项目	国有吐列毛杜农场四队	2006年	173.00	4000		24	10.000	130								
4	内蒙古自治区兴安盟科右中旗吐列毛都农场基本农田土地整理项目	国有吐列毛杜农场二队、五队	2009年	1493.43	5000	10000	52	34.000	960					23	6.00	7.25	
5	2011年内蒙古农村土地整治重点工程兴安盟吐列毛杜农场子项目	国有吐列毛杜农场四队	2011年	1420.61	12000		84	12.040	70					40	21.00	18.50	
6	农场局重点项目	国有吐列毛杜农场四队管理区	2011年	120.00		2600				4				4	3.20	1.18	
7	2012年度内蒙古自治区兴安盟科右中旗“节水增粮行动”（时针式喷灌项目）	国有吐列毛杜农场一队	2012年	497.65		4000	20			6			90	4		6.34	
8	2012年度内蒙古自治区兴安盟科右中旗“节水增粮行动”（滴灌项目）	国有吐列毛杜农场一队	2012年	439.50	1000	2000	12					12		4		4.60	
9	内蒙古自治区兴安盟科右中旗巩固退耕还林成果农田水利补偿项目	国有吐列毛杜农场五队	2012年	156.00	1300		9							2		1.90	
10	科尔沁右翼中旗吐列毛杜农场土地整治项目（滴灌）	国有吐列毛杜农场三队	2012年	520.65	4000		15	13.860	37			15		8	11.00	7.00	
11	吐列毛杜农场建设滴灌项目	国有吐列毛杜农场五队	2012年	26.00		5700						22					
12	兴安盟农牧场管理局农业综合开发“节水增粮行动”2013年度项目	国有吐列毛杜农场四队	2013年	1257.00	6000	4000	48					48		18	14.89	11.28	
13	兴安盟发改委2014年兴安盟农场局退耕还林重点地区基本口粮田建设项目	国有吐列毛杜农场四队管理区	2014年	187.50		3000				8			180			2.33	
14	国有吐列毛杜农场推广站安装平移式喷灌机项目	农业科技园区	2014年	60.00		350					1					0.45	
15	2014年度内蒙古自治区科尔沁右翼中旗小型农田水利牧区重点县项目	国有吐列毛杜农场四队管理区	2014年	183.80	1300		10						194	5	1.94	2.65	
16	兴安盟农牧场管理局2016年农业综合开发土地治理项目	国有吐列毛杜农场四队管理区	2016年	246.00		2000		1.250	10	9						1.77	
17	2016年现代农牧业发展资金农垦项目	国有吐列毛杜农场四队管理区	2016年	42.82		1100				2						0.80	

（续）

序号	项目名称	建设地点	立项时间	投资总额（万元）	建设面积（亩）		新打机电井（眼）	修建田间生产路（千米）	栽植防护林带（亩）	安装中心支轴式喷灌机（台）	安装平移式喷灌机（台）	安装滴灌系统首部（套）	安装半固定式喷头（套）	变压器（台）	高压线路（千米）	低压线路（千米）	备注
					新建水浇地面积	原水浇地提升节水灌溉面积											
18	2017年度农业综合开发高标准农田建设项目	国有吐列毛杜农场一队管理区	2017年	463.00		3000	4	3.900	12.3		9			9	3.60	13.00	
19	2018年度农业综合开发高标准农田建设项目	四队管理区	2018年	744.00		5000		5.643	24.57		15			11	1.87	20.31	
20	科右中旗2018年高效节水灌溉项目	第三管理区	2018年	50.00		450					1					1	
总计				8583.20	50600	43200	312	108.693	1625.87	29	26	97	464	128	63.50	100.36	

三、筛选推广适用的高效节水灌溉新技术

根据农场多年的生产实践和对各种灌溉方式使用效果的研究评估，确定了适合农场的地形、土壤、气候条件，以及集约化、规模化、大型机械化作业方式的大型电动平移式喷灌机高效节水灌溉的新技术，并积极向有关部门申请立项建设，力争使农场所有的水浇地都采用此项新技术。

附：

关于吐列毛杜农场实施大型电动平移式喷灌进行2020年高标准农田建设项目的申请

兴安盟农牧场管理局：

为了改善国有吐列毛杜农场农田水利基础设施状况，提高现有农田水利设施利用率，增加节水灌溉水利设施面积，结合我场土地面积大、大型现代化机械设备多、新型农业经营主体多、全场集体及职工个人承包的土地77%以上都使用大型机械设备播种及管理、集约化规模化经营程度高的生产经营方式的显著特点，积极响应国家实行规模化经营，发展现代农业的号召和部署，确保农业稳产高产和可持续性发展，特计划申报2020年在1.5万亩已打井、上电的水浇地块，安装适合农场自然环境和规模化机械化生产作业实际的先进的节水大型电动平移式喷灌机的高标准农田建设项目。

一、概况

（一）地形地貌

吐列毛杜农场地处大兴安岭南麓余脉低山丘陵区，为低山河谷地貌，绵延起伏的圆顶低中山区中，夹有4条长度为19～38千米、宽度为250～700米的较大河谷，断面呈V形低山堆积区，海拔高度为550～800米，谷底地势高低不平、时宽时窄，河谷中纵向有1～3条蜿蜒曲折大流水沟，每条河谷两侧有中低山堆积区纵深为3～11千米的10～15条的沟谷分岔中的大流水沟，以及河谷两侧山峰降雨径流冲刷的100条左右的小流水沟，基本上每200米左右即有1条宽窄不一的横向的流水沟，插入河谷汇入大流水沟中。

（二）土壤

拟建高标准农田土壤为黑钙土和草甸土，质地为沙壤，不但土质疏松，排水、通气性好，而且土质肥沃，平均养分含量：有机质43.7克/千克、全氮平均2.26克/千克、碱解氮198毫克/千克、全磷0.588克/千克、有效磷20毫克/千克、速效钾139毫克/千克、pH为6.9，土层厚度均在1米以上，可满足农业生产需求。

（三）气候

吐列毛杜农场属低温半干旱大陆性季风气候。春季干旱多风、升温快，夏季温热，秋季冷凉时间短促、气温急剧下降，冬季漫长寒冷。光照充足、降水少、且多集中在7—8月，雨热同季。年平均气温2.2℃，生育期有效积温2000℃左右，年无霜期90～115天，适宜种植早熟的玉米、大豆、油葵、小麦、马铃薯等作物。降水偏少，平均年降水量300毫米左右，十年九春旱，第1场大于10毫米的接墒雨出现在6月3日前后，有时春夏连旱，有时还会伏旱、秋吊，严重影响农作物的播种、出苗率及正常生长，单产低。降雨次数少，但单次降水量大，每年形成山洪的暴雨、阵雨或雷阵雨3～8次。

（四）水文地质及水资源

项目区地下水丰富，地下水资源属平原区地下水资源。地质构造形成主要受区域地质构造及地理环境所控制，地质发育时新生界第四系全新统冲、洪积砾石、砂卵石层，项目区含水岩体为第四系冲洪积砂砾石、砂卵石空隙潜水和基岩裂隙水两大类，第四系砂卵石层厚15～25米，含水层10～30米，水位埋深5.8～8.4米，单位涌水量大于80吨/公顷，地下水丰富，水质好，矿化度为0.5～1.0克/升，为HCO_3～Ca型水，能够用于农业灌溉和人畜饮用。根据《内蒙古自治区水资源综合规划报告》（内蒙古水利水电勘察设计院）中的旗县水资源成果汇总资料，科右中旗地下水地下水资源可利用量为4.9亿立方米，地下水补给模数为11.79万米^3/千米^2·年，可开采量模数为9.03万米^3/千米^2·年。根据上述数据资料，通过水资源平衡计算可知，国有吐列毛杜农场四大河谷的8.3万亩耕地，多年平均地下水总补给量1799万立方米，项目区多年平均地下水可开采量为1529.3万立方米，如种植玉米，农田灌溉总用水量为1087.3万立方米。由此可见，项目区地下水资源量完全可以保证农田灌溉需求，并可保持长期稳定。

（五）农业机械

农场农业生产全程实现机械化、标准化作业，农业机械装备水平很高，购置了大量国内领先及世界顶级的各类大型农业机械，农业机械总动力达到43143.5千瓦。现全场拥有大中型农业机械722台，包括约翰迪尔的1404、1854、2204及9330型大型胶轮式拖拉机，凯斯1904割晒机、迪尔s660联合收割机等进口的国际一流的大型农业动力机械18台，以及其他型号的国产先进的机车、联合收获机械、自走式喷雾机、铲装车等。

拥有大型配套农机具1048台（套），包括美国产迪尔1030型免耕播种机、意大利产马特马克精量免耕播种机、挪威产格兰免耕精量播种机、法国贝松9铧翻转犁、美国产迪尔联合整地机、加拿大产大型捡石机等进口的国际一流的大型农机具15台（套），以及国产先进的播种机、液压悬挂犁、深松犁、重型耙、轻型耙、折叠式镇压器、喷药机、清粮机等各种大型配套农具。

农机管理及标准化作业水平高。场安装了农机高效智能信息化监控指挥系统平台，作业农机安装使用了GPS卫星导航农机田间作业自动驾驶系统、深松作业检测系统、大型农机作业信息管理系统、自动化智能化金属粮仓等精准农业电子信息系统技术设备，充分显示了大型机械化在农业大面积标准化农机作业上的优越性和高效率。

（六）规模经营

农场土地面积大，现有耕地19.5万亩，特别是四大河谷中的8.3万亩耕地，是由平均面积超过1500亩以上的48块耕地首尾相接集中连片的，更适合大型农业机械耕作。而我场现在推广实行耕地大面积集约化、规模化的大型机械化作业经营管理，其中，3个农场集体组建运行的规模化经营管理区规模化集中连片种植经营面积6万亩；39个由家庭农场、农业专业合作社、农机作业服务队、种粮大户等新型农业经营主体规模化种植经营面积超过7万亩；职工个人承包的耕地租赁大型农机设备种植的面积超过2万亩；全场77%以上的耕地都实行了大面积的大型机械化作业管理。其速度快、质量好、成本低的优越性深受广大干部职工的青睐，大型机械化作业管理面积逐年扩大。

（七）社会经济情况

吐列毛杜农场施业区总面积633.3平方公里，其中，耕地面积19.5万亩、草原面积55.6万亩、林地面积6.3万亩。现有人口3185人，其中职工1083人。年播种面积19.5

万亩，年粮油总产2500万公斤，牲畜存栏5.0500万头（只），年国民生产总值7726万元，经营利润459万元，人均纯收入22149万元。农场气候、土地、水资源等环境条件比较适合农牧业发展，是以农牧业生产经营为主，二、三产业初步配套全面发展的现代农垦企业，是兴安盟主要的商品粮生产基地。

二、现有农田水利设施建设及利用情况现状

（一）水浇地及电力设施配套建设情况

农场农田现建设完成水浇地5.3万亩，其中，安装中心支轴式喷灌机设备的节水灌溉面积0.9万亩、大型电动平移式喷灌机设备的节水灌溉面积0.885万亩、滴灌式首部设备的节水灌溉面积1.4万亩，其余2.115万亩为低压管灌。设备有半移动喷灌喷头464（套）、塑料微喷管4万米。共有深水机电井眼314眼，配套深井潜水泵314台。有与之相配套的输配电设施，共架设10000伏高压输电线路70千米，380伏低压输电线路107千米，配备变压器127台，基本上已覆盖了四大河谷。

（二）现有灌溉方式及实际使用情况

1. **低压管灌** 因耕地中水沟、洼地和岗坡地分布不规则，耕地地表不平整，从管道中放出的水无规则地避高就低乱流，高处浇不着，坡上径流冲出水沟，低洼处淤积造成内涝，并且耗费电力、人工，还造成大量的水资源的浪费，故无人使用。

2. **半移动式喷灌** 因以下原因而难以推广：

（1）遇到3级的小风时即造成喷洒不均匀，而本地春天几乎天天有风，能正常作业时间少。

（2）因地表不平整，水量小浇不透，水量大又形成径流。

（3）浇灌作业安装、拆卸挪动输水管和微喷带时，费工费力。

（4）功效低，一家一户几十亩的小地块还可以，不适合较大面积地块，尤其是不适合大型农机机械化规模化耕作。

所以，只有极少数劳动力多的单位采用过这种方式，每年浇灌面积不足1500亩。另外，为了补充灌溉时针式喷灌机喷灌圈以外的边角部分，农场管理区不得以采用这种方式。

3. **滴灌** 滴灌的最大优点是节水，但有以下缺点：

（1）地面管网会被山洪冲毁。因农场两山夹一沟的特殊地貌，谷底耕地高低不平，其纵向的1～4条蜿蜒曲折大流水沟，还有由沟谷两侧中低山堆积区分岔中的大流水沟，以及河谷两侧山峰强降雨径流汇聚冲刷的大量小流水沟交错构成的宽窄不一的横向的流水沟，以及低洼处，每年都会被3～8次湍急的山洪形成的泥石流狂泄冲刷，不但农作物或

被连根拔起冲走或被掩埋，地面上的水沟越来越宽，滴灌系统中耕地表面密集铺设的辅管、支管及相连接的毛管，也会被冲走或被掩埋，造成滴灌系统官网被破坏，无法使用。2012年，农场修配厂前5700亩的滴灌系统就因6月4日的山洪冲刷和掩埋而无法使用，给农作物及滴灌系统造成巨大的经济损失。

(2) 地面管网会被大风吹毁。因农场每年3—6月有大于5级风的大风8～21次，其中大于8级风的次数不少于3次。滴灌系统地面铺设的辅管、支管被掀起，毛管被拖出或接头断开，地面管网被吹毁，无法使用。

(3) 输水管道耕地内出水栓密度大，辅管或支管密布，大型农机设备无法进行集约化、规模化标准化的作业。

按照设计院滴灌系统的设计，耕地内顺垄每间隔120米就要垂直横向埋设1条分干管，分干管上每隔20米就要布设一个出水栓，与分干管的出水栓平行紧挨着要在地面上布设1条辅管或支管，这样在地面形成若干个20米宽、120米长的小网格。密密麻麻布设出水栓和辅管或支管的耕地，无法使用大型农业机械设备进行深松、深翻、耙地、整地、镇压、播种、趟地、割晒、联合收获等田间标准化作业，特别是本场现有的5.3万亩水浇地及计划再建3万亩的节水灌溉工程规划区，单块面积1500亩左右的总共8.3万亩的集中连片的大地块，都是使用大型大马力轮式拖拉机，配套4～12.5米宽幅的大型农具进行标准化田间生产作业的，所以滴灌系统田间地面密布出水栓及辅管或支管的地块不适合集约化规模化的大型农业机械设备进行的标准化作业。

(4) 投入大，雇工难。不算建设期固定设施的巨额资金，还要投资购买专用播种机，当年还需购买辅管或支管、毛管以及附件，还需要运输车辆，需要大量的人工进行手工铺设及连接作业、浇灌作业，结束后，田间各种管材的清理等每年需几百元的投入，职工们还要付出繁杂的重体力劳动，特别是在农忙季节，农场内部没有闲置人力，雇不到人，也是一个大难题。

由于以上缺点，滴灌这种节水灌溉方式只在农场管理区强力大面积推广应用2年便停止了，累计面积还不到7000亩，个体承包职工无人应用。

4. 时针式（中心支轴式）**喷灌** 时针式喷灌具有节水、占用耕地少、田间地块表面没有影响大型农业机械进行大面积规模化机械化田间标准化作业的障碍物，可以适时适量灌溉，灌溉周期短，智能自动化作业，节省人力等优点。现有的中心支轴式喷灌机每年都进行浇灌作业2～3遍，累计应用面积超过4万亩。

但是其有一个致命的缺点就是浇灌覆盖面是圆形，而农场的耕地都是长方形，四角漏喷面积较大，为30%左右，这部分漏喷的农作物只好采用半移动式喷灌方式补喷，不但需要大量人力，而且要等喷灌机喷灌作业完毕，空出来井，才能连接取水，所以喷灌周期很长，造成同1块地的农作物出苗和生长不一致，影响田间管理，影响产量，所以也不是最佳的方式。

5. **大型平移式喷灌机灌溉** 该方式除了具有中心支轴式喷灌机节水，占用耕地少，田间地块表面没有影响大型农业机械大面积规模化机械化田间标准化作业的障碍物，可以适时适量灌溉，灌溉周期短、智能自动化作业，节省人力等优点外，还有一个最大的优点就是非常适合农场长方形的大面积地块，1个灌溉周期5天左右，全地块无死角，一次即可以完成节水灌溉任务，不但浇得均匀、浇得透，而且可以按照农艺要求，适时浇灌，不误农时。2018年完成的一队3000亩大型电动平移式喷灌机建设安装完毕，还没有调试，恰逢春季干旱，第三规模化经营管理区便迫不及待地请求边测试边浇灌，其中计划早播春小麦的400亩地，在4月20日完成了湿润深度达到12厘米的浇灌，22日，管理区即开始播种，播种后又快速浅浇一遍，在拔节前出现旱象时，又浇灌了一遍。全田小麦出苗整齐，生长强壮，喜获丰收。其他2600亩的地块也按要求适时进行了两遍浇灌作业。四队开始建设安装的5000亩大型电动平移式喷灌机，也采取了安装1台即测试投入浇灌1台的方式，解除了喷灌机范围内地块的农作物的旱情，为抗旱保丰收提供了保证。

有一个问题，就是影响喷灌机驱动轮通过的运行轨迹上的流水沟，但这个问题已经农场进行多年的农田土地平整工程得以解决。

现在，采用大型电动平移式喷灌机节水灌溉方式，不但浇灌及时，而且不影响大型现代化农业机械作业，深受规模化经营管理区的青睐，家庭农场、合作社、种粮大户以及职工个人也都请求安装。

针对农场的地形、土壤、气候条件以及集约化、规模化大型机械化作业的生产方式的显著特点，安装大型电动平移式喷灌机浇灌是大家公认的最佳的节水灌溉方式。

三、高标准农田建设项目中最佳高效节水灌溉方式的选择

经过多年的使用，结合农场的自然环境条件和当前农业生产实践，以及今后发展集约化、规模化、机械化、现代化农业的发展方向需求，综合得出结论是：最佳方式为大型电动平移式喷灌机喷灌的灌溉方式。

四、安装大型电动平移式喷灌机高效节水灌溉高标准农田建设项目的必要性和可行性

（一）项目建设的必要性

（1）积极开展“两区”内农田水利工程配套改造，完成高标准农田建设任务，是稳步

提高农业综合生产能力、保障国家粮食长久安全的物质基础；是打造粮食核心产区、发展现代农业、建设社会主义新农村的现实要求；是助力脱贫攻坚、实施乡村振兴的坚实基础。

（2）有利于土地资源潜力的充分开发。项目区耕地土地肥沃，但是十年九旱的气候条件成为制约粮食高产的瓶颈，而现有水利设施薄弱，虽然有井、有电，但是灌溉方式却是低压管灌方式，因地表高低不平无法使用。如果通过国家农业农田水利工程项目建设安装高效节水的大型电动平移式喷灌机，以水调肥，提高土壤肥料养分利用率，提高粮食产量，就可以稳步提高农业综合生产能力，全面提高土地的产出水平和农业经济效益，促进农场现代化农业的全面协调和可持续发展。

（3）有利于水资源的合理开发利用。项目区有井有电，却浇不了地，闲置多年，白白浪费了水、电资源，如果通过国家高标准农田建设项目安装高效节水的大型电动平移式喷灌机，就可以把现有的水、电资源高效利用起来，使农业基本生产条件得到明显改善，抵御自然灾害能力明显增强，提高这类低产田的综合生产力，确保粮食稳产高产。

（4）从现代农业发展趋势看，农场土地资源丰富，耕地面积大，集约化、规模化经营程度高，农机装备优良，通过国家高标准农田建设项目安装高效节水的大型电动平移式喷灌机，发展高效节水灌溉，确保农业生产高产高效，对发展现代化高效农业有重要作用。

（二）项目建设的可行性

项目计划依据《农业农村部关于做好当前农田建设管理工作的通知》（农建发〔2018〕1号）的相关要求规划。

1. 选址

（1）项目区选在第二生产队和第五生产队，耕地资源丰富，开发潜力大；资源环境承载能力强，能够实现永续利用；建设规划明确，具备农业生产条件和发展基础；灌溉采用地下水，水资源丰富，已建有52眼水源井，单井出水量50吨/时，配套有10000伏高压输电线路，能够正常使用。符合通知要求。

（2）整个项目区耕地由1条河谷内首尾相连的平均超过1600亩的所有的9块大地构成，符合集中连片整体推进的原则，是大规模开展高标准农田建设，项目建设面积1.5万亩。

（3）项目区原来是2009年立项并已竣工验收的中低产田改造项目区，现在是充分利用原有建设成果进行提质更新，提档升级建成高标准农田，符合2010年以前的按照“填平补齐，避免重复建设”的原则确定项目建设内容的要求。

（4）项目区耕地位于河谷，坡度小于10°，在“两区”农田范围内，不在退耕还林还草地区、土壤污染严重区域、地下水超采严重区域、自然保护区的核心区和缓冲区的范围内，符合要求。

2. **建设内容** 建设内容是以现有水源井作为灌溉水源，采用安装大型电动平移式喷灌机喷灌的技术，并根据设备用电量情况，补充增加部分10000伏（含）以下的高压输电线路、低压输电线路、变压器、配电箱（屏），符合《高标准农田建设通则》（GB/T30600—2014）和《节水灌溉工程技术标准》（GB/T 50363—2018）等建设标准的要求。

五、效益情况及下步展望

吐列毛杜农场计划申报的1.5万亩耕地，如果能够通过高标准农田建设项目，全部安装上适宜我场自然环境条件和当前农业生产实际，符合今后发展集约化、规模化、机械化、现代化农业的发展需求的大型电动平移式喷灌机，实现高效节水灌溉和集约化规模化机械化生产经营，预计每年可使玉米亩产稳定达到600公斤，比项目实施前每亩增产300公斤，共计可增产玉米450万公斤，价格按当地上年度的1.60元计算，每年可增加收入720万元。

如果农场现有的5.3万亩水浇地加上3万亩适宜规划建设高标准农田，总共8.3万亩耕地，以后全部安装使用大型电动平移式喷灌机，实现高效节水灌溉，每年可以增产玉米2490万公斤，价格按当地上年度的1.60元计算，每年可以增加收入3984万元。

通过高标准农田建设项目的建设，促进地下水资源的开发利用，提高土地资源的产出率，既可以确保粮食安全、防止生态平衡失调，又可以产生良好的经济效益、生态效益和社会效益，还可以促进农场集约化、规模化、机械化、现代化农业的发展，提高广大职工的收入水平。

第三章　作物栽培

第一节　作物品种

吐列毛杜农场种植的农作物品种为：

2000年，吐列毛杜农场种植的农作物品种主要以小麦为主，油菜为次，试种油葵。

2001年，吐列毛杜农场种植的农作物品种主要有油葵、小麦、玉米、大豆、杂豆。

2002—2009年，吐列毛杜农场种植的农作物品种主要有油葵、油菜、大豆、玉米及杂豆。

2010—2016年，吐列毛杜农场种植的农作物品种以油葵为主，小麦、大麦为辅。

2017—2020年，吐列毛杜农场种植的农作物品种以大豆、玉米为主，油葵、小麦、大麦、油菜、杂粮杂豆为辅。

一、油用向日葵

1. 轮作与选地、整地

（1）油用向日葵的合理轮作。实行合理的轮作倒茬是均衡利用土地土壤养分、防治病虫草害的重要措施，使土壤养分消耗达到合理的程度。尤其对于地力较瘠薄的丘陵漫坡地、丘岗顶部地，实行轮作倒茬有着极其重要的意义。轮作中，几乎各种作物都可以作为油葵的前茬，如小麦、大麦、玉米、谷子、杂粮、马铃薯等。一般轮作倒茬的次序是油葵→春小麦→豆类（休耕、杂粮或青贮）。

（2）选地、整地。选用去年的夏季深翻并覆压绿肥，耙压及时，在土壤肥沃的夏翻地块或其他茬口的田块进行常规或者保护性免耕播种。使用常规播种方法的茬子地，要在封冻前适耕期及时整地保墒，或在早春因地制宜地采用联合整地机整地，采用保护性免耕播种的茬子地要进行深松作业整地，最终在播种前达到“松、平、齐、碎、净、墒”的土壤播种条件。

2. 适期播种

（1）选用良种。根据当地气候及土地肥水情况条件，选择适合农场的适应性、丰产性好的优良品种，种子要均匀、饱满，净度98%，纯度98%，发芽率90%以上。

一般情况下，油葵种子具有以下特征：油葵的生育期春播为100～110天，夏播生育期在90天左右，具有抗旱、抗倒伏、耐瘠薄、抗叶斑病、锈病。如含油率高的品种迪卡G101、T012244、T8221、S606等，籽粒饱满、商品性好的品种T562。

（2）播种时间。以地温稳定连续5天超过8～10℃，5月10日左右时开始抢播。采用气吸精量点播机或870型免耕播种机播种。

（3）播种深度。播种深度视土壤湿度、温度、土质、种子质量等情况而定。播种过深或过浅都会影响苗全、苗壮的效果。

一般情况下，如果土壤黏重、底墒足、地温低、应种得浅些，过深易造成烂籽、串黄顶不出土或幼苗瘦细弱；如果是沙质土、底墒差、低温，应适当深些，过浅了容易使种子“落干”而出苗不全，或带皮壳出土，子叶被皮壳夹住而不能展开。

另外，播种深度的极限与种子中营养物质的含量也有关，含量多则顶土力强，可适当深种，含量少顶土力弱，深种了就不出来。所以，适宜的播种深度一般为：水浇地4厘米左右，旱地5厘米左右。

（4）播种密度。依据品种特性及地力和肥水管理条件而定，一般行距60厘米，株距25～30厘米，亩保苗3300～4100株。

3. 田间管理

（1）及时进行中耕松土。油葵对田间管理要求很严，特别是生育期，管理应及时。第一次中耕结合田间定苗进行，第二次封垄前结合培土以防倒伏。定苗前趟犁效果更好。

（2）种肥。根据土壤测试养分含量，采用优质的复合肥，按氮∶磷∶钾＝13∶15∶17的混合配比，油葵田每亩深施配方肥20公斤。

（3）追肥。追肥在油葵现蕾期前结合中耕除草进行。追肥距根10厘米左右，施肥深度10～12厘米，每亩追施尿素5公斤。

（4）放蜂授粉。油葵为虫媒花，授粉需借助昆虫来完成，可在整个花期或盛花期按5～10亩地配置一箱蜂势强盛的蜂群，有效提高油葵的授粉结实率。

（5）化学除草。经多年的试验和实践证明，在向日葵田使用除草剂也是可行的。适用于向日葵田的主要除草剂及使用方法为：宝典1＋1组合，每亩用量各200毫升，加草甘膦200毫升，兑水30公斤。进行播后苗前土壤封闭处理或40%扑乙合剂，每亩用量200毫升，加草甘膦200毫升，兑水30公斤，进行播后苗前土壤封闭处理。如前期除草效果不好，可在向日葵封垄之前用拿扑净或烯草酮对禾本科杂草进行处理，具体用量可根据杂草的大小进行合理配置。

（6）病虫害防治。油葵地下害虫防治方法是：防止地老虎、金针虫用毒死蜱，每亩3斤，和化肥拌匀同施；地面药剂防治；可用高效氯氰菊酯叶面喷施。

（7）适时收获。一般终花后30天左右，油葵植株上部4～5片叶和茎秆上部变黄，花盘背面为黄褐色，管状花干枯或脱落，果皮坚硬时采用收割机收获。可用联合收割机换装4米油葵专用割台进行收获，滚筒转速控制在550转/分钟。收获后及时摊开晒干、扬净，防止发生霉变。

二、小麦

1. 建立合理的轮作体系 小麦不宜连作，多年连作的麦田会导致根腐病、赤霉病及伴生性杂草危害加重，并引起土壤中某些养分单一过分消耗。农场地区轮作可采用小麦→油菜→杂粮的方式。

（1）播前整地。小麦一般以夏翻地、秋整地、春整地为播种打基础。春季开化后进行捞地作业，将地表捞平整。如墒情不好可进行一遍播前镇压。

（2）种子处理。播种前选种子，种子要均匀饱满，保证纯度98%以上，净度90%以上，含水率控制在13.5%以下，发芽率要在95%以上。

小麦拌种：每1000公斤种子用2.5公斤多福合剂+1.5公斤农家乐或BBU助剂。

（3）播种量及施肥量。无论播种量还是施肥量，都要在播种前对播种机单口排量进行调试，以保证小麦种子落粒数、施肥量均匀一致。

2. 播种作业 土壤化冻4～5厘米，气温稳定通过0℃时可进行顶凌播种。播种深度可根据墒情调整，应控制在3～5厘米为宜，波纹犁刀入土深度与播种深度之差应在5～8厘米。以地块为单位，总播量误差不超过±2%，单口排量误差不超过±1%，行间误差不超过1厘米，往复行误差不超过5厘米。播向平直、不重不漏，地头要留枕地。

3. 田间管理

（1）三叶期压青。小麦三叶期用12.5米型镇压器压青苗、增墒、蹲苗、促进根系生长。掌握三不压原则：地湿不压、地硬不压、苗弱不压。

（2）机械化学灭草。机械灭草要严格掌握作业时间，灭草最佳时间为小麦四叶期至分蘖结束前作业，争取一次性防除杂草。

（3）除草剂选择。75%噻吩磺隆水分散颗粒剂3克/亩。

（4）机械化学灭草作业注意事项。首先要根据农药种类及稀释浓度确定每亩喷液量，再根据喷头及作业幅宽计算出单口喷液量。调试办法：将拖拉机停放在平整的地面上，将喷头间距调整一致，并保证喷头垂直于喷杆，喷液扇面要有一定的重合。喷液量的多少是由压力和拖拉机的行进速度决定的，要定车速定泵压。另外，信号员要保证信号准确，不重喷、不漏喷。

4. 收获　大机械作业对适时收获要求十分严格，收获方式为分段收获和直接收割两种。

（1）分段收割。利用小麦的后熟作用，在乳熟末期、蜡熟初期用割晒机割倒，割茬高度15～18厘米，放成鱼鳞铺。晾晒一周左右，当子粒水分降到15%时，及时用联合收割机加装拾禾器收获。分段收获适合“二茬苗”及成熟不一致的麦田。植株较矮的地块割晒后容易“塌铺”发芽，不适合分段收获。

（2）直接收割。小麦定浆后，蜡熟末期用联合收割机直接收割。此法适合成熟一致的麦田，但收获后籽粒湿度较大，要及时晾晒通风。在大面积收割作业中，上述两种方式结合使用为宜。

由于小麦田，特别是高产麦田残茬较多，不利于下一年的免耕播种作业，所以无论分段收割还是直接收割都要加装秸秆粉碎器，使残茬均匀覆盖地表，为下年的免耕作业打好基础。

三、玉米

1. 选地、整地、施肥

（1）选地。选择土壤肥力中等以上、有机质含量高、地势平坦、土层深厚保水保肥性能较好集中连片的地块，前茬以未使用长残效除草剂的大豆等肥沃茬口为宜。

（2）整地。一定要精细整地，整地要求平、净，去除根茬和破碎颗粒，以保证播深一致、出苗齐全。

（3）施肥。待春季播种前，用132.3千瓦以上的拖拉机配带大型起垄机，起垄夹肥。采用配方施肥的方法，满足玉米生长发育需要，防止早衰。垄体宽110厘米，高16厘米，实施侧深施肥。肥施于种侧5厘米，种下7～12厘米深处。同时镇压1遍，达播种作业要求，待播。

每亩施肥量：磷酸二铵14公斤、尿素5公斤、硫酸钾6公斤，共计25公斤。

2. 播前准备

（1）选用良种。选择优良适宜的玉米品种是高产的重要因素之一，生产中应选用生育期比当地常规应用的品种长 5～7 天和高产优质抗逆性强的种子。确保种子纯度 98%以上，净度 99%以上，发芽率 95%以上，含水量 16%以下。

(2) 播种量。播种量随播种精度、种子发芽率、种子个体体积大小及亩保苗密度不同而变化，一般每亩用种 1.5～2.5 千克。

3. 化学除草 苗前除草：90%乙草胺 135 克/亩+75%噻吩磺隆水分散颗粒剂 2 克/亩。茎叶除草：烟嘧莠去津 24%合剂 100 毫升亩。

4. 田间管理 在拔节前用大铧将垄沟深趟一次，在除去沟内杂草、疏松沟底、蓄水保墒同时，覆土培根，促进玉米生根生长，防止后期倒伏。如果底肥不足，出现缺肥现象，结合中耕，追施壮秆增穗肥，一般每亩追施尿素 15 公斤。正常年份苗期不需要灌水，拔节期、孕穗期、抽雄期、灌浆期如遇干旱，应及时灌水。

5. 适时收获 在玉米苞叶变黄、籽粒变硬有光泽时收获。有条件的地区可适当晚收，以尽量降低玉米籽粒的水分。

四、大豆

1. 整地、秸秆还田，提高土壤有机质含量

(1) 秋整地。在秋季作物收获时，收获机械配带秸秆粉碎机直接把作物秸秆粉碎抛撒到地表后，用 132 千瓦以上的拖拉机配带液压翻转犁深翻 27～30 厘米，再用联合整地机整地后镇压 1 遍。

(2) 春整地。在上茬作物收获时，收获机械配带秸秆粉碎机直接把作物秸秆粉碎抛撒到地表，待春季播种前，用 132 千瓦以上的拖拉机配带大型深松机，深松 30 厘米后，立即用重耙作业，耙深 16～18 厘米，再轻耙一遍，镇压 1 遍后，待播。或者在上茬作物收获时，收获机械配带秸秆粉碎机直接把作物秸秆粉碎抛撒到地表，待春季进行免耕播种。

(3) 合理轮作。实行玉米—大豆—小麦最佳轮作方式。

(4) 品种选择、种子处理。选择早熟、高产、高蛋白质、高脂肪含量的华疆 2 号优良品种和早熟、高产、高蛋白质、高脂肪含量的食品专用大豆嫩奥 4 号优良品种。种子纯度和净度要达到 98%以上，发芽率 95%以上，在播前 1 天用 35%多福克种衣剂，按种子量的 1.5%进行种子包衣处理。包衣的种子要及时晾晒，装袋。

(5) 起垄深施肥。待春季播种前，用 132 千瓦以上的拖拉机配带大型起垄机，起垄夹肥。垄体宽 110 厘米，高 16 厘米，实施侧深施肥。肥施于种侧 5 厘米左右，种到 7～12 厘米深处。同时镇压 1 遍，达播种作业要求，待播。

2. 适时播种，提高质量

（1）播种时间。当5～10厘米耕层日平均地温稳定达到8℃以上时开始播种。保护性耕作栽培的地块，在地温适宜时直接免耕播种，播种后及时镇压保墒。

（2）播种方法。

①垄上卡种：应用精量播种机，在已深施肥起垄的大垄上进行垄上3行播种作业。行间距22.5厘米，种子播深5厘米，播后镇压。

②免耕播种：应用免耕播种机播种。

③播种密度：根据品种特性、土壤肥力、施肥水平及种植形式等因素确定种植密度，每公顷保苗株数34.5万～37.5万株。

3. 病虫草害综合防控 以农业防治为主，生物防治和化学防治为辅。

4. 农业绿色防控措施 通过合理轮作降低抗药性；播前整地除掉和覆盖秸秆杂草，消除虫卵、病菌的寄主，减少地表杂草种子；选择耐抗品种等物理方法防治。

5. 化学防治措施

（1）苗期茎叶除草。24%烯草酮45克/亩＋48%苯达松200毫升/亩＋氟磺胺草醚25%水剂80毫升/亩＋0.25斤/亩尿素。

（2）垄沟深松。第一遍在大豆出苗期进行，垄沟深松深度20～25厘米；第二遍深松在大豆2片复叶时进行，深度10～20厘米。

（3）无人机航化喷施叶面肥。花期前喷施第一遍叶面肥，保花保荚；鼓粒期喷施第二遍叶面肥，减少脱荚，加速鼓粒，提高大豆品质。

6. 提高农机标准化作业水平 大豆生产实行全程机械化、标准化，在机械检修、整地、种子处理、播种、施肥、田管、收获、运输、清选、仓储等各个生产作业环节，严格按照技术、管理和工作标准体系的标准规程要求进行安全生产作业。此外，科学精细地使用卫星导航自动驾驶系统、深松质量检测系统、粮食仓储大型自动化智能化技术及农机作业信息管理系统等高效智能信息化监控绿色农机装备技术设备，提高标准化作业水平。

7. 适时收获 颗粒归仓 可采用分段收获和联合收获，当田间植株70%以上落叶，植株变黄时，进行机械或人工割晒。当大豆叶片全部脱落，籽粒归圆呈本品种色泽，含水量低于18%时，用带有挠性割台的联合收获机收获，最好选择清晨或在阴天时进行收获。

8. 收获标准 割茬不留底荚，不丢枝，收割损失率小于1%，脱粒损失率小于2%。

9. 精选入仓 田间收获的大豆运回晒场后，立即用清选机清理杂质，然后用塔式粒选机及比重式精选机精选分级，分别输送到风干式金属粮仓中贮藏，实现颗粒归仓。

五、油菜

1. **选地**　油菜的适应性较强，对土壤的要求不严格，以土层较厚、肥沃、疏松的土壤为宜，在中性、微酸性土壤上种植时含油量较高，在碱性土壤上种植含油量较低，油菜种子小，幼芽顶土力弱，要求精细整地才能出苗。底墒好，可使苗全、苗匀、苗壮，并为全生长期的生长发育打下基础。

2. **油菜拌种**　神农丹，用量150克/亩拌均匀。

3. **适时播种**　在播种土壤墒情好的情况下，黄油菜的最佳播种时间在6月中下旬，实行机播，行距为30～34厘米，每亩用种量0.75千克，播种深度为2.5～3厘米，不要超过3厘米。

4. **施肥**　肥料种子一同施入，油菜需要磷肥较多，每亩施磷酸二铵15斤、尿素5斤、硫酸钾8.5斤，共计28.5斤。

5. **化学除草**　油菜封行前杂草3～5叶期及时施用除草剂，机械化学除草喷洒均匀，不重不漏。

6. **收获**　油菜是无限花序，由上而下陆续开花结荚，成熟早晚不一致，在全田70%～80%的植株角果呈黄绿色，分枝上尚有绿色角果，大部分角果内的种子、种皮处于变色阶段时进行收获，产量最高，一般收获期为9月下旬至10月上旬，用机械直接收获。

六、高粱

1. **选地整地**　在上茬作物收获时，收获机械配带秸秆粉碎机直接把作物秸秆粉碎抛撒到地表，用283千瓦拖拉机配带大型翻转犁进行深翻，深翻30厘米后，立即先重耙16～18厘米，再轻耙一遍、镇压1遍，达到播种状态，实现秋雨春用。

2. **品种选择**　选择适应当地生态条件且经审定推广的优质、抗逆性强的高产品种，种子纯度不低于95%，净度不低于98%，发芽率不低于80%，水分不能高于16%。适宜当地的品种：龙杂19、龙杂20。

3. **起垄深施肥**　待春季播种前，用132千瓦以上拖拉机配带大型起垄机，起垄夹肥。每亩施磷酸二铵25斤，尿素15斤、硫酸钾10斤。垄体宽110厘米，高16厘米，实施侧深施肥。肥施于种侧5厘米左右，种在7～12厘米深处。同时镇压1遍，达播种作业要求，待播。

4. **适时播种** 高粱是喜温作物，发芽的最低温度是8～10℃，在连续低温、水分充足、通气不良的情况下极易粉种。应在5～10厘米地温稳定通过12℃以上时播种。

根据种子发芽率、种粒大小、整地质量、土壤墒情等条件确定播种量，每亩播量以1～1.5千克为宜。采用精量播种机播种时，要认真做好种子处理，采用垄上三行精量点播技术。要求播种均匀，播深3～4厘米，覆土一致，覆土厚度一般在3厘米左右，土壤墒情适宜时应随播随镇压。

亩保苗株数根据种子要求待定，肥地宜稀，薄地宜密。

5. **田间管理** 出苗后及时查苗。苗齐后用小铧深趟一次，越深越好，定苗后用中铧趟一次进行中耕除草。

6. **水分管理** 有灌溉条件的地块，在高粱拔节、孕穗期，要适时浇灌，拔节时土壤含水量低于田间持水量75%，抽穗时低于70%应及时浇水，遇涝及时排水。

7. **化学除草** 高粱出苗后5～8叶期，抗药力较强，使用化学除草剂较安全，而5叶前、8叶后对除草剂很敏感，故苗期化学除草一般在5～8叶期进行，否则容易产生药害。

8. **适时收获** 在80%的籽粒达到蜡熟末期时，为最佳收获期，应及时收获。

9. **及时晾晒** 对含水量较高的果穗应及时摊开晾晒，降低含水量，不可堆放，以防捂垛。

10. **脱粒与贮藏** 高粱籽粒安全贮藏水分界限是13%，当含水量超过13%时应晾晒后脱粒贮藏。

第二节 良种推广

吐列毛杜农场从2001年试种油葵获得成功，种植油葵的农户越来越多，种植的面积也逐年增大。至2005年，总结出适宜本地种植的油葵种子有美国产迪卡G101、瑞士产TO12244。这两个品种在2005年亩产达到160～170公斤。2006年，农场开始大面积种植这两个品种。2009年使用除草剂控制草荒。

2011年，吐列毛杜农场现代化农业科技示范园区测土配方施肥给出的土壤施肥比例为$N:P_2O_5:K_2O=16:13:16$，采用免耕播种（精量点播），当年油葵的产量提高30%。

2010—2015年，吐列毛杜农场在种植油葵时采用了深施肥技术，把化肥植入土壤10～15厘米下，用大型胶轮拖拉机播种，选用优良品种的种子——瑞士先正达公司生产的T012244。该种子具有抗列当、抗干旱、抗逆性强的优势，油葵亩产量最高时达到亩产

190～205 公斤。

2012—2015 年，农场每年种植油葵面积达到 12 万亩以上，同时辐射周边农村，每年种植油葵总面积达到 100 万亩以上，均种植 TO12244 品种，效益较好。

2017 年，主要农作物为大豆，主要种植的大豆品种有华疆 2 号、华疆 4 号、嫩奥 4 号、中黄 901、华菜豆 3 号，种植大豆面积 2 万多亩。

2018 年，大豆种植面积达 33821 亩，其中第一规模化管理区种植华疆 2 号 4735 亩、华疆 4 号 1837 亩、嫩奥 1703 亩、北豆 831 亩、黑河 970 亩，第二规模化经营管理区种植华疆 2 号 2250 亩、华疆 4 号 2227 亩、嫩奥 4 号 1920 亩、北豆 51 号 1587 亩、黑河 49 号 2200 亩，第三规模化经营管理区种植大豆 13561 亩。

2019 年，吐列毛杜农场种植的各类大豆品种面积为 39318 亩，其中农场第三规模化经营管理区种植华疆 4 号 6000 亩、嫩奥 4 号 3000 亩、嫩奥 5 号 1000 亩、华菜豆 3 号 1000 亩、中黄 901 号 200 亩，第一规模户经营管理区种植华疆 2 号 415 亩、华疆 4 号 7705 亩、东富豆 1 号 1403 亩、中黄 901 号 1028 亩、克豆 30 号 745 亩、绥扬 1 号 509 亩。

2020 年，通过对现代化农业科技示范园区各品种、各生育期的田间调查记载，室内考种及产量分析，选拔出了几个优良新品种、新技术，计划继续试验、示范，逐步筛选出适合当地种植、适合农场大面积推广应用的新品种及新技术。表现突出的优良品种有：大豆品种北豆 53、华疆 4 号、龙垦 306、中黄 901、华菜豆 3 等，玉米品种利和 518、垦沃 2、益农玉 14、益农玉 18、东北丰 0022 等，高粱品种龙杂 19、龙杂 20 等。肥料试验突出品种有硅谷复合肥、史丹利复合肥。

第三节 配方施肥

一、工作概况

20 世纪 80 年代中期，农场土壤勘察表明农场土壤有机含量较高，氮丰磷缺，氮磷比例失调。因此，种植业主要使用氮磷化肥，施肥用量根据当时土壤种植作物年份多少来确定，采取的是大概估计的施量，以“二铵”为主要肥料，复合肥料使用量不多。随着土质变化，单一的施肥已不能满足作物高产需要，经过两年的试验，得出肥料氮磷比例 1：1.5 为最佳，施化肥量以 15～15.25 公斤产量最高，增施化肥以不超过 20 公斤为宜。根据试验，每亩施肥氮元素 10 公斤，每亩增产 11%，单施纯磷元素每亩 10 公斤，亩增产 28%～35%。氮磷配合肥 10 公斤亩增产 52%～55%，说明“以磷促氮，氮磷配合”效果显著。

吐列毛杜农场于2009年7月开始建设土壤肥料化验室及办公室，2010年7月竣工，建筑面积为1027.42平方米，总费用120万元。

土壤肥料化验室按照农业部《测土配方施肥技术规范》的要求严格狠抓管理工作，在自治区土肥站、兴安盟土肥站及农场局领导和土壤专家的指导下，顺利完成野外取样2645个样品，分析了有机质、pH、全氮、碱解氮、全磷、有效磷、全钾、速效钾等21项，共36437项次。对农场耕地进行了分级，明确了各等级耕地的分布状况、面积，均占耕地面积比率，生产性能，主要障碍原因，今后利用方向及改良措施，对耕地地力建设与改良土壤提出了对策和建议。同时，按照《全国耕地类型区》《耕地地力等级划分》标准，归入农业部地力等级系统。绘制了吐列毛杜农场土地利用现状图、耕地等级图、行政区划图、耕地采样样点图、耕地全氮等级图、耕地有机质等级图、耕地有效磷等级图、耕地速效钾等级图、耕地有效硅等级图、耕地有效硼等级图等30余幅，完成了吐列毛杜农场耕地地力评价工作报告和技术报告。

建立了测土配方施肥数据管理系统和县城测土配方施肥专家系统，撰写了《吐列毛杜农场耕地与科学施肥》一书。

明确了吐列毛杜农场耕地养分现状及变化趋势。与二次土壤普查比较：吐列毛杜农场草甸土、暗棕壤有机质水平有效上升；粗骨土、黑钙土有机质水平有效下降；除粗骨土全氮水平有效下降外，暗棕壤、黑钙土、草甸土水平均有所升高。有效磷的升高幅度较大，粗骨土、暗棕壤、黑钙土、草甸土水平均有很大程度提高，这与农场农户长期重视投入含磷量较高的磷酸二铵有很大关系。速效钾水平大多数都有所下降，其中，除草甸土水平有所升高外，粗骨土、暗棕壤、黑钙土水平均有下降，而且下降幅度较大，这主要是因为职工在生产中轻视钾肥，而作物又不断从土壤中吸收钾肥。因此，对于一些缺钾的地块，要增施钾肥，同时确保氮、磷、钾的合理配比、科学施肥。

以队为单位统计了不同地力等级、不同土壤类型、不同地形部位的面积和理化性状，编制了吐列毛杜农场耕地资源数据册。

建立了吐列毛杜农场主要作物——油葵的科学施肥指标体系，包括各种施肥参数、土壤养分指标、施肥模型；改变了职工的施肥观念，提高了职工的科学施肥技术水平。

为保证耕地地力评价的科学性、可比性和系统性，在实际工作中，按照农业部《测土配方施肥技术规范》的要求，严格要求、狠抓管理。

在资料收集整理阶段，主要是重视资料的真实性、完整性，各类图件和数据实行专人规范化管理；在调查取样阶段，着重把握布点原则，突出代表性，兼顾均匀性，在农场每一个生产队、每种种植方式、每个土种都有代表样点；在化验分析阶段，严格控制分析误差，每批样品带1～10个平行样及2～4个标准样，确保分析质量；在耕地地力评价阶段，在全国耕地地力评价的指标体系内，结合农场特点，由自治区、盟和本地区三级土肥专家共同确定耕地地力评价指标，归入农业部地力等级体系中。

资金使用分析：根据财政部、农业部关于《测土配方施肥试点补贴资金管理实施细则》的要求，成立测土配方施肥项目资金管理领导小组，严格按照项目要求、需要使用资金。2009—2011年国家测土配方施肥补贴项目资金130万元已经足额到位，根据项目建设情况，资金具体使用如下：

仪器购置费：38万元；调查采样：21万元；化验室改建费：7万元；分析化验费：12.5万元；肥料效应田间试验、示范：20万元；配方肥配方及推广：7万元；制图打印材料：3万元；项目管理费：2.6万元；耕地地力评价：6万元；耕地资源管理信息系统（数据库建立）：6.5万元；专家咨询费：4万元；技术培训费：2.4万元；合计：130万元。

二、2001—2020年工作

2001年，随着吐列毛杜农场转换经营体制，种植户是根据自身的经济能力来确定种植品种和施肥量，场内没有统一的标准。

2009年3月，按照兴安盟农牧业局的通知要求，测土配方施肥项目正式在吐列毛杜农场立项。

2009年4月8日，吐列毛杜农场召开测土配方施肥项目启动仪式及培训会，盟农牧业局赵俊杰副局长，兴安盟土肥站臧健站长，站长助理周志刚，农场场级领导、生产科长、各生产队队长、生产科全体工作人员、推广站全体工作人员参加启动仪式。

2009年4月11日，邀请兴安盟土肥站专家、老师来场指导耕地取样前的布点工作。

2009年4月30日，吐列毛杜农场成立测土配方施肥项目领导小组和技术小组。

2009年5月12日，吐列毛杜农场开始落实油葵“3414”肥料肥效对比及油葵肥料三区校正试验、油葵三区对比试验。

2009年6月，农场土肥站技术人员到内蒙古通辽市参加2009年全区测土配方施肥现场观摩交流会。

2009年7月，选派5名技术人员参加兴安盟土肥站在科右前旗土肥站化验室组织的化验员化验技术培训班。

2009年11月，吐列毛杜农场利用冬季农闲季节加强测土配方施肥技术服务工作，深入到各生产队举办测土配方施肥培训班。

2010年，吐列毛杜农场土肥站的技术人员先后到黑龙江农垦建三江分局，参加农业部农垦局举办的全国农垦系统测土配方施肥项目管理培训班。吐列毛杜农场土肥站技术人员参加了全区内蒙古肥料配方职业技术培训会。

2010年6月，兴安盟农牧局副局长赵俊杰、兴安盟土肥站站长臧健、兴安盟农牧场管理局副局长武宝林、农林办主任李斌来场检查指导测土配方施肥工作。

2010年11月，吐列毛杜农场土肥站工作人员参加了兴安盟土肥站组织的全盟配方肥推广会。

同月，内蒙古自治区土肥站肥科部科长、内蒙古农业大学红梅老师、土肥站李文彪博士等一行5人组成的专家组，在兴安盟农牧场管理局召开了兴安盟测土配方施肥项目旗县耕地地力评价会，确定了吐列毛杜农场地力评价指标。

2011年6月，吐列毛杜农场土肥站技术人员参加了内蒙古自治区土肥站召开的纂写总结报告和制作成果图件培训会。

2011年7月，内蒙古自治区农垦总局局长王慧忠来场检查指导测土配方施肥项目，并查看了大豆肥料利用率试验田。

同月，自治区农垦总局副局长银有恒来场检查指导测土配方施肥项目，并到化验室检查指导工作。

2013年，配方肥使用与施肥建议卡入户情况：测土配方施肥项目推广面积12万亩，施配方肥面积6.5万亩，发放施肥建议卡950份，使用配方肥126.8万公斤。田间试验：完成油葵3414田间试验6个、三区试验7个、油葵示范试验4个，面积400亩，宣传培训：全年共计举办测土配方施肥技术培训班4次，培训技术骨干30人次，培训职工720人次，发放培训资料1500份，进行电视宣传1期次，制作测土配方施肥简报13期、墙体条幅10幅，夏管及秋收阶段组织开展测土配方施肥技术及试验对照现场会4次，通过多种手段的宣传培训，保证了测土配方施肥技术在农场顺利实施推广。

同年，吐列毛杜农场土肥站完成土壤样品采集206个，采集点主要是新成立的农业专业合作社和种植大户。土样化验共7项，包括全氮、碱解氮、有效磷、速效钾、pH、有机质、有效硫。完成测土配方施肥采样地块基本情况调查表206份，施肥情况调查表206份，2个表已经录入测土配方施肥数据管理系统，并装订成册，建立档案。

2017 年，吐列毛杜农场为调整种植结构，以大豆为主要作物品种，当年场规模化经营管理区种植大豆面积为 2 万亩。亩施肥量为磷酸二铵 11.5 公斤、钾肥 4.5 公斤、尿素 2 公斤。

同时，吐列毛杜农场种植玉米的面积大幅增加。规模化经营管理区种植玉米采用 132 千瓦以上的拖拉机配带大型起垄机，起垄夹肥，垄体宽 110 厘米，高 16 厘米，实施测深施肥。肥施于种侧 5 厘米左右，种在 7～12 厘米深处。同时镇压 1 遍，达到播种作业要求，亩施肥量：磷酸二胺 11.5 公斤、尿素 5 公斤、硫酸钾 6 公斤。2017 年规模化经营管区种植玉米产量达到 400 多公斤。

2018 年，吐列毛杜农场种植大豆在原施肥的标准上又采用无人机航化喷施叶面肥，比例为：以色列高浓度磷酸二氢钾 75 克/亩、醋 100 克/亩、有机硅助剂 10 毫升/亩，在大豆花前期喷洒第一遍叶面肥，保花保荚。鼓粒期喷施第二遍叶面肥，减少脱荚，加速鼓粒，提高大豆品质。2018 年农场种植大豆产量提高到 140～150 公斤。

农业技术推广土肥站化验室化验项目及工作分工如表 6-6 所示。

表 6-6　农业技术推广土肥站化验室化验项目及工作分工

化验分析项目	承担项目化验员
全氮、碱解氮	邵智勇、张国栋、任娇、侯艳杰
全磷、有效磷、有效硼	张国栋、任娇、白芳芳
全钾、速效钾、缓效钾、有效铜、有效锌、有效铁、有效锰	白红生、温海明、邵智勇、任娇
有机质、pH	白红生、温海明、邵智勇、张国栋
有效硫、土壤质地、阳离子交换量、交换性钙镁、有效钼、有效硅	白红生、温海明、邵智勇、张国栋
数据录入、汇总、分析、上报	张宝君

第四节　植物保护

一、防治病害

2000 年以后，吐列毛杜农场农业主要防治小麦黑穗病的发生，在生产中筛选出抗逆性强的优良品种。同时，选择无菌源地块作留种田，田间有 300 米以上的隔离带，种子收获后单独清选存放。采用化学药剂拌种是防治小麦黑穗病的有效措施，主要是用卫福药剂或用拌种双可湿性粉剂拌种。为提高防治效果，农场采用机械搅拌机取代人工拌种。

2009 年以后，吐列毛杜农场种植小麦拌种时以每 1000 公斤种子用 205 公斤多福合剂＋105公斤农家乐或BBU搅拌，防治小麦黑穗病、根腐病及赤霉病。

二、防治病虫害

吐列毛杜农场发生较多的虫灾是甜菜夜蛾、粘虫、草地螟、小菜蛾，还有春季的地下害虫——地老虎、金针虫。发现虫害立即喷洒农药，即可消灭。2001—2003年的春季，农场种植的油葵刚出苗时，地下害虫地老虎发生，每延长米多达十多只。经过喷洒敌杀死农药有效控制了虫灾。2008年油葵地防治地老虎、金针虫用毒死蜱，每亩1.5公斤和化肥拌匀同施。地面害虫防治可用高效氯氰菊酯叶面喷洒。

三、化学灭草

2000年起，吐列毛杜农场开始采用拖拉机对农田喷药灭草，喷施农药以2.4D丁酯为主，同时引进苯磺隆、绿磺隆、胺苯磺隆等新农药。农场组织农机技术人员对机引喷雾器革新改装，改装后的喷雾器喷幅宽、压力大、雾化好、喷洒均匀，灭草效果明显。喷药采用大水泵，转速高，解决了药液沉淀的问题并可防止喷头堵塞。

作业前先对喷药机车手和全体操作人员进行喷药专业训练，使全体操作人员懂得所用农药的药理药性，熟练掌握操作规程，严格把握用药时间。2.4D丁酯系内吸传导性的杀杂草药剂，在杂草全部出土，叶子张开，天气炎热时使用效果明显，而在阴雨天则效果差。一般小麦在三叶期喷施为宜。要根据杂草密度掌握药量，一般每亩施用100克左右。2.4D酊酯对双子叶植物有杀伤作用，应避开果园、菜园和林带30～50米，并在无风天喷洒。使用大马力机车作业时喷液量的多少，是由压力和拖拉机的行进速度决定的，因此，要定车速、定泵压，车速控制在三速以上，中油门，信号员要保证信号准确，不重喷、不漏喷。

吐列毛杜农场从2001年开始试种油葵，经过多年的试验，适用于油葵地的主要除草剂及使用方法有：50％扑草净可湿性粉剂每亩用药133～260克，草甘膦268毫升兑水250公斤，进行播后苗前土壤封闭处理。宝典1＋1组合，每亩用量200毫升，加草甘膦200毫升，兑水50公斤，进行播后苗前土壤封闭处理。用含量40％扑乙合剂，每亩用量200毫升，加草甘膦200毫升，兑水50公斤，进行播后苗前土壤封闭处理。如果前期除草效果不好，可在油葵封垄之前用拿扑净或烯草酮对禾本科杂草进行处理，具体用量可根据杂草的大小进行合理配置。

2017年，吐列毛杜农场大面积种植大豆，在大豆苗期茎叶除草：每亩用50克精喹禾灵70毫升+48%灭草松水剂170毫升/亩+虎威25%水剂80毫升/亩+植物油助剂500倍液，使大豆地杂草灭死干净，保证大豆生长安全。

2017年，吐列毛杜农场规模化经营管理开始种植玉米，在玉米出苗后进行除草，采用90%乙草胺135克/亩+75%噻吩磺隆水分散颗粒剂2g/亩。茎叶除草采用烟嘧莠去津24%合剂100毫升/亩+有机硅助剂（大厂按说明）兑水喷洒。两种方法的使用清除了玉米地的杂草。

2020年6月1日，吐列毛杜农场开始建立农作物病虫害预测预报观测点，安装了电子诱蛾灯，对草地螟、玉米螟、粘虫、地老虎等多种害虫的成虫进行诱杀收集，预测预报虫害的发生迹象并视发生程度及时上报。在做好虫害预测的同时，还对作物病害及杂草进行定期观察，做到提前预测。

第五节 人工影响天气

一、防雹作业

为防止冰雹灾害的发生，吐列毛杜农场于20世纪60年代中期开始进行防雹作业。

吐列毛杜农场现有37毫米高射炮4门，每门炮有炮库、弹药库，有4个经过GPS定位的固定炮位。每门高射炮配有4名操作人员，每年冰雹多发季节到来前，工作人员会把高炮保养检查达到作业状态。

二、人员培训

按照兴安盟气象局人工影响天气的相关要求，吐列毛杜农场选出的高炮作业手都按照要求参加了气象局举办的职业技能岗位培训，获得了内蒙古自治区人工影响天气指挥部办公室颁发的岗位培训合格证，持证操作高炮。获得合格证人员有：安文明、刘纯成、袁海林、白勇光、刘卫东、王青、何海山、魏国林、安文鹏、马洪波、藏建民、张鹏、白德利、白玉军、石玉成、全会峰、蔡春波、王坤、白勇刚、韩延鹏、杨雪松、赵源。

2012年10月25—26日，白玉军参加内蒙古自治区人工影响天气岗位职工职业技能比赛，获得个人技能比赛第二名。

三、人工增雨作业

(1) 2017年6月20日，吐列毛杜农场进行飞机人工增雨作业后，降水量达到55.2毫米，与农场邻近的西哲里木镇、哈日努拉苏木、新建管理区等地降雨20毫米。

(2) 发射火箭弹进行增雨作业。2016年春季，吐列毛杜农场购入两台556厂生产的KYI630型火箭架。两个火箭发射架分别装入两个皮卡车的车厢里，实现了可移动人工增雨作业。农场人工影响天气工作人员按兴安盟气象局人工影响天气办公室的通知，预测24小时内兴安盟范围内可能出现降雨天气，农场人工影响天气工作人员观察农场上空出现的降雨云层后，与兴安盟气象局人工影响天气办公室联系，批准后发射火箭增雨弹进行人工增雨作业。

2016年，吐列毛杜农场人工影响天气工作人员发射人工增雨火箭弹13枚；炮位发射防雹炮弹294发。

2017年，吐列毛杜农场人工影响天气工作人员发射人工增雨火箭弹77枚；炮位发射防雹炮弹68发。

2018年，吐列毛杜农场人工影响天气工作人员发射人工增雨火箭弹22枚；炮位发射防雹炮弹146发。

2019年，吐列毛杜农场人工影响天气工作人员发射人工增雨火箭弹4枚；炮位发射防雹炮弹176发。

2020年，吐列毛杜农场人工影响天气工作人员发射人工增雨火箭弹71枚。

第四章　农业机械化

第一节　机械化生产

从吐列毛杜农场建场开始，农业生产就以机械化为主，随着农场的发展，利用机械从事生产的能力不断提高。

2000年，吐列毛杜农场机械化播种以平播小麦、油菜为主，农场20个机械化作业承包组都有完整的农业配套农机，能够完成各个环节的农时生产任务，2000年完成机械化生产作业面积16.5万亩。

2001年，吐列毛杜农场转换经营模式，把配套农机具机械作价卖给有能力的经营者成立家庭农场，每个家庭农场必须承包场内耕地2500亩以上。购买到配套或基本配套农机具户数为27户，机务人员锐减。这时的农场由大机械作业逐步变为小四轮和小农机具作业为主。

2009年，吐列毛杜农场成立规模化经营管理区，规模化经营土地面积2.7万亩，购买的大型农机具有大马力胶轮拖拉机1804东方红6台、1304东方红4台、国产割晒机2台、轻耙2台、重耙5.4米4台、重耙3.0米2台、新型5铧犁4台、翻转4铧犁2台、5.4米条播机4台、3.6米条播机4台、清粮机4台、现代农装喷药罐2台、拖斗4台，购买的农机设备由原来的链轨拖拉机转为胶轮大马力拖拉机。农场个人种地使用的机械也开始更新，大多数种植户将小四轮车换成了大马力的904、304、404、1204、1354型各类型的胶轮拖拉机。

2011年，吐列毛杜农场规模化经营管理区分为第一管理区和第二管理区。经营土地面积达到4.5万亩，机械设备引入国产天拖754型4台、天拖904型4台、纽荷兰1354型1台、翻转4铧犁2台、约翰迪尔1076联合收割机4台、中农机870播种机2台、中农机6134播种机2台、约翰迪尔指夹播种机1台、80型清粮机4台、输送机2台、重耙4.5米2台。

2013年，吐列毛杜农场使用进口大马力胶轮拖拉机，有约翰迪尔2054拖拉机2台、约翰迪尔1854拖拉机2台、约翰迪尔1354拖拉机3台、翻转犁7铧4台、德国产气吸式播种机（格兰）1台、深松机3.0米4台，进一步提高了农机作业质量。

2014年，吐列毛杜农场成立规模化经营第三管理区。

2015—2017年，吐列毛杜农场成立了3个规模化经营管理区，相继购入新型约翰迪尔2204拖拉机、美国产凯斯1904割晒机、约翰迪尔9330拖拉机385马力、约翰迪尔S660联合收割机，进一步提高了农业标准化作业水平。以前的翻整土地改为深松联合整地，在种植前不翻地而深松，注水保墒，保持水土不流失，改善了土壤的透气性，为春季抓苗保墒奠定了基础。在作物收获上使用了先进的约翰迪尔S660联合收获机，作业速度快，不丢粮、不跑粮、破碎粒极少，提升了产品的质量。而后，又购入比重式清选机3台，清选大豆等作物的质量进一步完善。为使农机作业标准化，适应现代化的需要，2015年引进GPS卫星导航系统，农场3个规模化经营管理区共安装了16套，安装使用精准农业电子信息系统66套、深松作业检测系统8套、农业作业信息管理系统60套。在大马力胶轮拖拉机安上卫星导航系统，使得机车在田间作业更规范、标准，1000米误差不超过5毫米，地头转弯半径更小，使用灵活，往复行上基本没有误差，使田间作业标准化。

2018—2019年，吐列毛杜农场3个规模化经营管理区又增加了约翰迪尔2204型4台、约翰迪尔9330型2台、种植大豆的起垄机6台、播种机3台、1500型喷药机3台。每个规模化经营管理区有约翰迪尔9330型1台、2204型2台、约翰迪尔S660各1台、大豆起垄机2台、先进的喷药机1台、先进的播种机1台。

2019年，吐列毛杜农场购置了8台极飞P30植保无人机，对田间杂草及病虫害有了进一步的防控能力。

2020年，吐列毛杜农场新购进马斯奇奥动力耙3套、马斯奇奥翻转犁3套。

第二节 农机队伍建设

2000年，吐列毛杜农场有13名农机管理人员，各生产队都设有副队长分管农机管理工作，场农业生产部门和生产队都制定岗位责任制，落实个人职责，农机队伍管理上采取的主要措施是：制定农机工作的各项规章制度，落实责任和机务人员的具体工作岗位，任务层层分解，责任人人明确；全体农机人员分期分批分层次组织培训，提高机务人员的技术和操作机械的能力；新从事农机的工作人员，必须通过培训合格后方可上岗；健全机务技术人员技术培训考核档案，严格技术验收标准；场队和承包组成立安全生产组织，层层落实安全生产责任制；通过现场农机标准化示范作业，学习推广先进经验，提高全体机务人员的操作水平。加强农机队伍管理，有效提高农机队伍整体水平。

2001年，吐列毛杜农场经营方式的改变，使得集体经营的农机队伍减少，农机管理人员共有8人。

2008年，吐列毛杜农场为了适应现代化农机生产的需要，选派包文成、舒丽、白永强、董刚、徐浩天、张国亮、白永玲到内蒙古民族大学机械工程学院农机专业学习。

2009年，吐列毛杜农场成立规模化经营管理区，从事农机人员有所增加，机务人员达到15人，农机管理人员有8人，场不断加强对机务工人的培训。

2011年，吐列毛杜农场选派侯云启、刘纯成、白德利、崔凤莹、田志广到内蒙古民族大学农机专业学习。

2012年，吐列毛杜农场选派黄伟、高艳玲、宝昕月、舒畅、杨旭、梁旭到内蒙古民族大学机械工程学院学习。

2014年，吐列毛杜农场选派高春艳、滕倩、敖洋、蔡春路、何志刚、韩延鹏、邵智勇、张孝德、白勇刚、张胜利到黑龙江农垦大学兴安盟农垦农机农学管理班学习。

通过场内自己选送职工到外地各大院校进修学习，充实了机务队伍的力量，增强了机务队伍的技术力量和质量。

第三节 机械作业与技术管理

2000年，吐列毛杜农场田间作业用的是链轨式拖拉机，最大动力为73千瓦的东方红1002型拖拉机，其次是58.84千瓦的802型拖拉机，播种小麦，油菜为平播，没有大垄地，田间作业全部机械化。实行单车核算，即“东方红”拖拉机1～3年的新机车全年完成13000个标准亩，3年以上的旧车全年完成10000个标准亩，亩作业零件费为0.65～1.60元，标准亩耗油为1公斤，联合收割机0.7公斤，机车完成率和出勤率分别达到95%以上。农场的农机作业标准化和农机管理达到农业部制定的二级标准水平。

2009年，吐列毛杜农场购买大马力胶轮拖拉机，不使用链轨拖拉机，自走式联合收割机也更新为新型联合收割机。更新后的机械，田间作业质量好、速度快、效率高，降低了生产成本，减少了各项费用，机械故障率少。

2009年，根据更新后的机械，吐列毛杜农场制定了新的田间作业质量标准：

1. **翻地** 翻地深度为25～27厘米，翻地扣垡一致，没有堑沟，整块地翻完后地表面平整，在规定的时间内完成翻地任务。深松30厘米以上。

2. **播种** 对新型大马力胶轮拖拉机，播种作业要求深度一致，油葵播种深度为4～5厘米，小麦播种深度为5～6厘米，油菜播种深度为3～4厘米，大豆播种深度为5厘米。

3. **适时播种** 适时播种是促进产量和提高质量的关键一步，农场对各种农作物的播种时间都有明确的规定，各种作物播种必须在规定的时间内完成，亩播种量必须按要求达到，播量均匀一致，不断条、不重播、不漏播。

4. **田间管理** 在种植的作物出苗后，按要求在规定时间内进行田间中耕作业。中耕作业不伤苗毁苗，按各类作物的中耕作业标准深度进行机械作业。

5. **适时收获** 根据各种农作物的成熟情况，适时收获，提高产量，争取颗粒归仓。小麦的收割期分为直接收割和分段收获，分段收获适应期利用小麦的后熟作用，在乳熟末期、蜡熟初期用割晒机割倒，割茬高度15～18厘米，放成鱼鳞铺。晾晒一周左右，当子粒水分降到15%时，及时用联合收割机加装拾禾器收获。分段收获适合“二茬苗”及成熟不一致的麦田。植株较矮的地块割晒后容易“塌铺”发芽，不适合分段收获。

6. **直接收割** 小麦定浆后，蜡熟末期用联合收割机直接收割。此法适合成熟一致的麦田，但收获后籽粒湿度较大，要及时晾晒通风。

大豆收获时期可采用分段收获和联合收获，当田间植株70%以上落叶，植株变黄时，进行机械或人工割晒。当大豆叶片全部脱落，籽粒归圆呈本品种色泽，含水量低于18%时，用带有挠性割台的联合收获机进行收获，最好选择清晨或阴天进行。收获标准：割茬不留底荚，不丢枝，收割损失率小于1%，脱粒损失率小于2%。

7. **精选入仓** 田间收获的大豆运回晒场后，立即用清选机清理杂质，然后用塔式粒选机及比重式精选机精选分级，然后分别输送到风干式金属粮仓中贮藏，实现颗粒归仓。

8. **油葵的收获** 一般终花后30天左右，油葵植株上部4～5片叶和茎秆上部变黄，花盘背面为黄褐色，管状花干枯或脱落，果皮坚硬时采用收割机收获。可用康拜因收割机换装4米油葵专用割台进行收获，滚筒转速控制在550转/分钟。收获后及时摊开晒干、扬净，防止发生霉变。

各胶轮机车进行田间作业工作时实行工作日记登记，对工作地块、作业时间、作业亩数、耗油量进行记录；对各机车更换润滑油、定期保养维护进行统一规定，使每台机车全年始终处于完好状态。出勤率达到100%，零件费用比链轨拖拉机大幅降低，油料消耗明显减少，功效显著提升。

2017年，吐列毛杜农场被农业部农垦局评为全国农机标准化农场。

第四节　设备引进

2009 年，吐列毛杜农场购进的农业机械有东方红 1804、东方红 1304、国产割晒机、约翰迪尔 1076 联合收获机、镇压器 12.5、轻耙、重耙 5.3、重耙 3.0、翻转犁 5 铧、翻转犁 4 铧、5.4 米条播播种机、瓦房店气吸播种机、3.6 米条播播种机、精粮机、中农机 870、中农机 6134、现代农装药罐、拖斗，共计 56 台。

2009 年吐列毛杜农场农业机械情况如表 6-7 所示。

表 6-7　2009 年吐列毛杜农场农业机械统计表

机械名称	数量（台/套）	机械名称	数量（台/套）
东方红 1804	6	东方红 1304	4
国产割晒机	2	约翰迪尔 1076 联合收获机	2
镇压器 12.5	2	轻耙	2
重耙 5.3	4	重耙 3.0	2
翻转犁 5 铧	4	翻转犁 4 铧	2
5.4 米条播播种机	4	瓦房店气吸播种机	6
3.6 条播播种机	4	精粮机	4
中农机 870	1	中农机 6134	1
现代农装药罐	2	拖斗	4

2010 年，吐列毛杜农场购进的农业机械有天拖 754、天拖 904、重耙 2.5、翻转犁 4 铧、纽荷兰 1354，共计 13 台。

2010 年吐列毛杜农场农业机械统计情况如表 6-8 所示。

表 6-8　2010 年吐列毛杜农场农业机械统计表

机械名称	数量（台/套）	机械名称	数量（台/套）
天拖 754	4	天拖 904	4
重耙 2.5	2	翻转犁 4 铧	2
纽荷兰 1354	1		

2011 年，吐列毛杜农场购进的农业机械有约翰迪尔 1076 联合收获机、中农机 870 播种机、中农机 6134 播种机、迪尔指夹播种机、清粮机 80、输送机、重耙 4.5，共计 17 台。

2011 年吐列毛杜农场农业机械情况如表 6-9 所示。

表 6-9　2011 年吐列毛杜农场农业机械统计表

机械名称	数量（台/套）	机械名称	数量（台/套）
约翰迪尔 1076 联合收获机	4	中农机 870 播种机	2
中农机 6134 播种机	2	迪尔指夹播种机	1
清粮机 80	4	输送机	2
重耙 4.5	2		

2012 年，吐列毛杜农场购进的农业机械有迪尔 1854 拖拉机、拖斗，共计 6 台。

2012 年吐列毛杜农场农业机械情况如表 6-10 所示。

表 6-10　2012 年吐列毛杜农场农业机械统计表

机械名称	数量（台/套）	机械名称	数量（台/套）
迪尔 1854	2	拖斗	4

2013 年，吐列毛杜农场购进的农业机械有迪尔 1854 拖拉机、约翰迪尔 W210 联合收获机、迪尔 2054 拖拉机、迪尔 1354 拖拉机、翻转犁 7 铧、德国气吸播种机（格兰）、自制 10.5 米喷药机、80 型清粮机、拖斗、重耙 3.0、深松机 3.0，共计 31 台。

2013 年吐列毛杜农场农业机械情况如表 6-11 所示。

表 6-11　2013 年吐列毛杜农场农业机械统计表

机械名称	数量（台/套）	机械名称	数量（台/套）
迪尔 1854 拖拉机	2	约翰迪尔 W210 联合收获机	4
迪尔 2054 拖拉机	2	迪尔 1354 拖拉机	3
翻转犁 7 铧	4	德国气吸播种机（格兰）	1
喷药机（自制）10.5 米	4	清粮机 80	3
拖斗	2	重耙 3.0	2
深松机 3.0	4		

2014 年，吐列毛杜农场购进的农业机械有深松机 3.0、输送机、镇压器 12.5、5.4 米布谷条播机、A933 型铲车，共计 9 台。

2014 年吐列毛杜农场农业机械情况如表 6-12 所示。

表 6-12　2014 年吐列毛杜农场农业机械统计表

机械名称	数量（台/套）	机械名称	数量（台/套）
深松机 3.0	2	镇压器 12.5	1
输送机	1	5.4 米布谷条播机	2
铲车 A933	3		

2015 年，吐列毛杜农场购进的农业机械有迪尔 2204 拖拉机、迪尔 1404 拖拉机、组合耙 6.0，共计 7 台。

2015 年吐列毛杜农场农业机械情况如表 6-13 所示。

表 6-13　2015 年吐列毛杜农场农业机械统计表

机械名称	数量（台/套）	机械名称	数量（台/套）
迪尔 2204	1	迪尔 1404	3
组合耙 6.0	3		

2016 年，吐列毛杜农场购进的农业机械有凯斯 1904 割晒机、重耙 3 米，共计 2 台。

2016 年吐列毛杜农场农业机械情况如表 6-14 所示。

表 6-14　2016 年吐列毛杜农场农业机械统计表

机械名称	数量（台/套）	机械名称	数量（台/套）
凯斯 1904 割晒机	1	重耙 3 米	1

2017 年，吐列毛杜农场购进的农业机械有迪尔 9330 拖拉机、迪尔 S660 联合收获机、镇压器 4.4、起垄机 4.4、马特马克播种机、贝松 9 铧翻转犁、可调式大豆清选机、比重清选机、大豆拌种机、搅拌机、播种机拖车、凯斯联合整地机，共计 31 台。

2017 年吐列毛杜农场农业机械情况如表 6-15 所示。

表 6-15　2017 年吐列毛杜农场农业机械统计表

机械名称	数量（台/套）	机械名称	数量（台/套）
迪尔 9330 拖拉机	2	迪尔 S660 联合收获机	1
镇压器 4.4	3	起垄机 4.4	4
马特马克播种机	4	贝松 9 铧翻转犁	2
可调式大豆清选机	1	比重清选机	3
大豆拌种机	2	搅拌机	3
播种机拖车	4	凯斯联合整地机	2

2018 年，吐列毛杜农场购进的农业机械有迪尔 2204 拖拉机、迪尔 S660 联合收割机、起垄机、镇压器 6.6、马特马克播种机、播种机拖车、1500 型喷药机，共计 18 台。

2018 年吐列毛杜农场农业机械情况如表 6-16 所示。

表 6-16　2018 年吐列毛杜农场农业机械统计表

机械名称	数量（台/套）	机械名称	数量（台/套）
迪尔 2204	1	迪尔 S660	2
起垄机	3	镇压器 6.6	3
马特马克播种机	3	播种机拖车	3
1500 型喷药机	3		

2019 年，吐列毛杜农场购进的农业机械有极飞 P30 植保无人机、迪尔 9330 拖拉机、迪尔 2204 拖拉机、起垄机、马特马克播种机、1500 型喷药机、迪尔联合整地机、贝松 9

铧翻转犁、重耙 8.2、镇压器 12.5、牵引油罐车，共计 30 台。

2019 年吐列毛杜农场农业机械情况如表 6-17 所示。

表 6-17　2019 年吐列毛杜农场农业机械统计表

机械名称	数量（台/套）	机械名称	数量（台/套）
极飞 P30 植保无人机	8	迪尔 9330	1
迪尔 2204	3	起垄机	3
马特马克播种机	3	1500 型喷药机	3
迪尔联合整地机	1	贝松 9 铧翻转犁	1
重耙 8.2	3	镇压器 12.5	3
牵引油罐车	1		

2020 年，吐列毛杜农场购进的农业机械有马斯奇奥动力耙 3 套、马斯奇奥翻转犁 3 套。

2020 年吐列毛杜农场农业机械情况如表 6-18 所示。

表 6-18　2020 年吐列毛杜农场农业机械统计表

机械名称	数量（台/套）	机械名称	数量（台/套）
马斯奇奥动力耙	3	马斯奇奥翻转犁	3

第五节　技术革新

吐列毛杜农场的农机技术革新主要是围绕小麦生产进行的。从建场初期开始，农场就不断对农机进行革新，以适应生产需要，提高生产率，创造更好的经济效益。进入 21 世纪，农场种植结构发生了变化，技术革新的主要内容是围绕油葵种植进行农机具技术革新。对康拜因的收割台进行了革新改造，康拜因主要用于收获谷类作物，不适宜油葵收获，工人们把收小麦的割台底部加长，在割台的两边装挡护板，木翻轮安装挡片。通过这样的改进，收获油葵时可减少损失 5%～10%。

在意大利生产的马特马克播种机上加装镇压器，原播种机没有配带镇压器，根据播种宽度，将镇压器的宽度改为 4.4～6.6 米，保证播种后不跑墒，提高出苗率。改装该播种机后，加挂增压器，提高了播种质量。

第六节　农机监理

吐列毛杜农场农机监理工作始于 1988 年，指定农机科 1 名副科长负责农机监理工作，时任农机科副科长的是吴树学，后又增加裴志海为农机监理员。现任农机监理站站长付宝林，监理员徐峰。

曾在农机监理站工作过的人员有李仓德、刘殿军、张会良、陈宏、白金玉。

2000 年，农机监理工作的执法依据是贯彻执行农业部关于《农用拖拉机及驾驶员安全监督管理规章》和 1984 年农、牧、渔业部颁发的（84）农（机）字 15 号《农用拖拉机驾驶员安全监理规章》及《中华人民共和国道路交通法》。

农机监理站的工作职责主要是：

1. **宣传工作**　要求各单位以多种形式向广大职工宣传农机监理工作的重要意义，学习交通法规，贯彻落实《内蒙古自治区农牧业机械管理条例》。

2. **年监审工作**　按照兴安盟农牧场管理局文件规定，对职工购买车辆不参加年检、不落籍的有机户，不予发放生资补贴和农机具购置补贴。

要求参检车辆车容整洁、转向灵活、刹车装置齐备有效、灯光齐全合格。

3. **落籍工作**　新购置的车辆在年检时办理落籍手续，要求携带购机车发货票、合格证、身份证复印件，新车喷扩大字号，要求安装反光警示标志。

4. **田检路查工作**　田检路查工作是农机安全监理工作的基本手段之一，开展经常性的田检路查能够有效遏制“黑车非驾”泛滥、年检率下降和农机事故居高不下等问题。

2014—2020 年，农场农机监理站的工作人员田检路察场区内的各种机动车 2890 车次。

吐列毛杜农场农机监理站每年都积极配合兴安盟农牧场管理局农机监理站工作人员进行年检审工作，2020 年对全场农用机车进行年检审，车辆年检审合格率 100%，同时为新购置的农用车辆办理了落籍手续。

第七节　安全生产

对于安全生产工作，吐列毛杜农场按照“谁主管谁负责”的原则，层层分解，一级抓一级。

一、安全生产委员会主要成员的负责和分工

1. **各级领导分工**　场长是企业安全生产委员会的主任，对安全生产负总责，统管全

场的安全生产工作；全场农业、农机生产的安全生产工作由分管农业生产的副场长负责；农场牧业生产的安全生产和草原森林防火工作由主管牧业副场长负责；各单位的行政领导必须是本单位安全生产的第一负责人，党支部书记给予密切配合，使安全生产工作纵管成线、横管成网。党政工齐抓共管，营造安全第一的氛围。

2. **建立和完善各项规章制度** 牢固树立安全第一的观念，认真贯彻执行“安全第一、预防为主”的方针。强烈的安全意识和必要的安全措施，是搞好农牧业生产的重要保证。对安全生产要有要求、有布置、有检查，做到经常化、制度化、条例化；建立场、队两级安全监理系统。每年场、队之间都要签订安全生产合同，在春播、秋收下地作业前，对全体机务人员进行安全生产教育，要求每名机务人员严格遵守安全生产操作规程及交通法规，做到一人不漏。本着“谁主管、谁负责”的原则，实行目标管理，层层分解，一级抓一级，形成安全监察网络，按上级有关部门的统一部署，开展“安全周”“安全月”活动。以杜绝、控制事故为目的，开展杜绝“三违”和以“三不伤害”为内容的宣传教育，以保证生产安全进行、企业健康发展、家庭幸福安宁，重点强调，防患于未然。场、生产科根据多年生产实践及教训总结出农机生产隐患及预防措施，要求各机务组和每名机工引以重视，并按要求执行。

播种机必须硬性联结，牵引车与播种机必须设置联络信号；化学灭草时，作业人员必须完备保护措施，以防药物中毒；秋收作业，排除收割机故障，必须在停车熄火后进行；严禁酒后驾驶，严禁非驾，驾驶室不准超员，叶子板上严禁坐人；农机设备各旋转部位要按要求装置好安全隔离罩；联合收割机作业时要及时清理油污、杂余，以防高温失火。必备灭火器、沙袋、铁锹等灭火工具；农机人员要严格执行机务规章，认真遵守操作规程；农机监理要履行岗位职责，监督各种农用机动车辆，严禁不符合要求的车辆行驶作业；出现违章作业车辆，农机监理也要接受处罚。

仓库、油库实行常年防火。进入油库、油罐区的车辆要戴防火罩，防止静电，配备灭火工具和设备。

加强对各种机动车辆的管理。严谨“黑驾”“非驾”现象发生，在与车辆驾驶员签订有关安全生产责任合同的同时，必须要有安全生产条例。

农机监理员、安全生产监察员等部门要在农业生产忙季组织安全生产巡回检查，发现隐患及时解决，做到防患于未然。

3. **安全生产工作** 2014 年，吐列毛杜农场严格落实安全生产责任制，层层签订了安全生产责任状，重点对农牧业机械安全隐患进行了不定期排查，秋收期间召开安全生产现场会 3 次，确保了全年无一例重特大事故的发生。

2019年3月13日，吐列毛杜农场认真贯彻《全盟安全生产大检查工作方案》，落实农牧场管理局（集团公司）安全生产会议精神，特制定安全生产工作实施办法：

加强组织领导，建立健全组织机构，明确岗位职责和建立健全安全生产制度和措施。各生产队、管理区、场直属单位建立安全生产领导小组和相应的安全生产管理制度与措施；建立安全隐患排查，严格本单位自查、农机监理站巡查制度，随着备春耕时节的到来，大量农牧业机械投入到农牧业生产中，要切实抓好农机安全生产大检查工作；执行安全教育培训和签字制度；逐级逐户签订安全生产责任书，场与生产队、管理区、场直属单位，生产队、管理区、直属单位与有机户、车组、操作人员签订安全生产责任书，达到全覆盖；加强宣传，提高农机驾驶人员的安全生产意识。通过多种形式、多种媒体，做好农机法律、法规及道路交通安全基本常识的宣传，为依法管机、依法用机营造良好环境。不留死角，不留盲区，横向到头，纵向到边；执行验收考核，管理区、生产队建立相应的安全生产考核明细，按春播、夏管、秋收三季，由生产科、农机监理站统一进行。

2019年3月5日下午，吐列毛杜农场（分公司）以集中开短会的形式召开防火、防汛工作会和安全生产工作会。场党委书记、场长、总经理隋德慧，党委委员、副场长许刚，党委委员、副场长丁晓明，党委委员、工会主席姜文涛及机关正科级以上管理干部、各党支部书记、生产连队队长参加了会议。

2019年3月19—25日，为不断提升规模化经营管理区职工素质，培养一支技能高超、作风优良、服从指挥的专业化职工队伍，吐列毛杜农场（分公司）77名干部职工参加了为期7天的员工军事化训练。此次集训采取了“军训＋培训”的模式，在军训的同时对安全知识和规章制度进行了学习。

2019年3月20日，兴安盟农牧场管理局农机监理站安全生产及驾驶员培训班在吐列毛杜农场（分公司）召开。局农机监理站负责人伊秀成，生产科副科长王汝平，吐列毛杜农场党委委员、副场长丁晓明，生产科和农机监理站负责人以及场规模化经营第一、第二、第三管理区全体职工参加培训。

2019年11月15日，吐列毛杜农场举办消防知识培训班，内蒙古国安消防知识宣传中心王永强教官为场防灭火小组成员进行专业消防安全知识培训，共80余人参加。

附：

2020年安全生产责任状

为了认真贯彻“安全第一，预防为主”的方针，安全生产警钟长鸣。保障劳动者在生产过程中的安全和健康，消除事故隐患，避免机械事故和人员伤亡事故的发生，确保全年生产的顺利进行，实现安全生产，管理区与职工签订全年安全生产责任书。

（1）自觉遵守《农业机械安全操作规程》和各项安全生产规章制度，不准违章作业。做到不被别人伤害，不伤害自己，不伤害他人。听从指挥，农业生产时刻保持安全意识，清醒意识到安全问题的重要性。坚决杜绝麻痹大意思想和侥幸心理。

（2）在各项阶段作业前管理区和生产单位都要组织所有参加作业人员进行岗前培训和安全生产教育，受教育者签字率达100%。

（3）所有作业人员不经安全培训教育，不签订安全生产责任书者，不准上岗作业；特殊工种人员不经培训，考核发证，不准作业。

（4）上班工作时严禁喝酒、玩手机，听音乐或在一起逗玩。在管理区院内室外及野外吸烟者罚款200元，从当月工资扣除。不允许穿拖鞋及大衣物。修理间修理工具由专人使用维护，其他人员严禁使用操作。严格遵守作息时间，不迟到、不早退、不旷工。工作时间外出回家去其他地方不履行请假制度造成不良后果的，全部责任由当事人负责，与场或管理区无任何关系。不管任何环境，发生打架斗殴、赌博及其他违法行为的，开除管理区工作。因违章操作造成财产损失和人身伤害的，损失及后果自负。如给企业造成损失过大，可追究经济责任，情节严重的移交司法机关处理。

（5）不准驾驶或操作未经检验或检验不合格的农业机械。要求证照齐全，不准驾驶与证照不符车辆。

（6）所有机动车辆安全设施有效，不驾驶或操作安全销、安全链、防护网等安全设施不齐全、不可靠的农业机械。用电设备安全设施齐全，配有灭火设备。

（7）机组在作业时，不准用手、脚清理农具上的泥土或杂草，机车若要进行保养、调整和排除故障，必须停车后进行。

（8）机组在作业时，不准任何人跳上跳下，不准在危险的地方坐人或站人，不准非机组人员随意上下机车或在机车周围逗留。

（9）作业人员在上岗作业时不准喝酒，机车作业时驾驶室不准超员，不准乘坐儿童。转移地块或运输作业经过村屯或危险地段减速慢行，不开英雄车、斗气车。

（10）驾驶操作人员作业时不准饮食、吸烟和打瞌睡，不准在作业区内睡觉。不准疲劳驾驶，不开带病车，严禁挂挡滑坡启动。驾驶机车起步前先鸣笛或踩油门，看四周有无障碍物、人、牲畜，确定安全方可行驶。

（11）接触各种有毒农药的作业人员必须使用劳动防护用品，否则不准参加作业。

（12）机车作业人员不准穿肥大的服装。

(13) 不准违章指挥、违章操作和冒险作业。抵制一切不安全因素和行为，对安全负责。发现不安全行为坚决制止，不听劝者，向管理区或场汇报。发生一起安全事故视情况罚管理区主任、副主任、统计员工资或联产绩效工资10%～50%，罚款交场。视情节严重追究管理区主要领导责任。

以上条款望广大机务人员认真遵守、严格执行，确保全年的安全生产顺利进行。

二、各历史阶段的安全生产委员会

2001年吐列毛杜农场安全生产委员会

主 任：张文明

副主任：陈良忠 刘姝

委 员：张俊生 姜文涛 隋德慧 张文彬 庞忠彬 裴志才 王景洲 蔡阁 高金泉 张会良

2004年吐列毛杜农场安全生产委员会

主 任：董宝石

副主任：陈良忠 许刚 刘姝

委 员：王玉才 姜文涛 程文达 隋德慧 陈显武 程庆新 岳利君 张鹏 李仓德 庞忠彬 刘殿军 高金泉 季学华

2016年3月30日，为加强对吐列毛杜农场安全生产工作的领导，进一步完善安全生产委员会管理机构，根据人员变动和工作需要，经研究决定，对吐列毛杜农场安全生产委员会成员做部分调整：

主 任：武宝权（场党委书记、场长）

副主任：程文达（场总农艺师）

韩聚东（场党委委员、宣传科长）

成 员：丁晓明（场生产科科长）

许强（场劳资科科长）

刘军（场派出所所长）

付宝林（场农机监理站站长）

戴玉军（场第一生产队队长）

程志强（场第二生产队队长）

吴建平（场第三生产队队长）

张鹏（场第四生产队队长）

李明玉（场第五生产队队长）

陈宏（场第一管理区主任）

陈良华（场第三管理区主任）

刘维光（场农业基本建设工程队队长）

赵志勇（场农业设施管理站站长）

场安全生产委员会办公室设在场生产科，办公室主任丁晓明。

2019 年 3 月，为加强安全生产工作的领导，进一步完善安全生产委员会管理机构，根据人员变动和工作需要，经研究决定，对场安全生产委员会成员做部分调整：

组　长：隋德慧（场党委书记、场长、总经理）

副组长：丁晓明（场副场长）

韩聚东（场副场长）

组　员：陈宏（场生产科科长）

许强（场劳资科科长）

刘军（场派出所所长）

付宝林（场农机监理站站长）

戴玉军（第一生产队队长）

程志强（第二生产队队长）

王蒙（第三生产队队长）

张鹏（第四生产队队长）

张孝德（第五生产队队长）

朱明（场畜牧科科长）

赵志勇（场农业设施管理站站长）

刘维光（场农业基本建设工程队队长）

易兴国（场物资供销科科长）

白勇刚（场第一管理区主任）

赵武（场第二管理区主任）

陈良华（场第三管理区主任）

白红生（场推广、土肥站长）

第七编

畜 牧 业

中国农垦农场志丛

第一章　机构与人员

第一节　生产管理机构

吐列毛杜农场畜牧业生产管理机构形式是场、科、包（牧包）三级管理模式，即场对畜牧业服务中心进行行政领导，畜牧业服务中心对养畜户进行生产技术服务。

吐列毛杜农场畜牧业生产管理模式如图 7-1 所示。

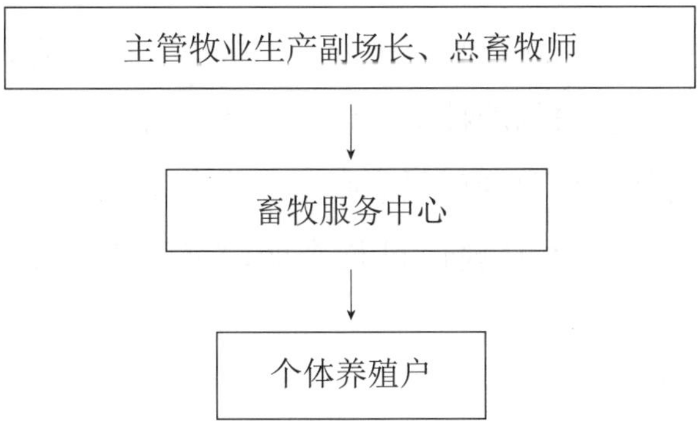

图 7-1　吐列毛杜农场畜牧业生产管理模式

第二节　管理职责

一、主管畜牧业生产的副场长

主管畜牧业生产的副场长对全场的畜牧业生产负主要领导责任，负责对全场畜牧业生产计划进行审批，对全场牧业生产方针的制定、重大生产措施、决策拥有优先建议权和主要决策权；有权提出畜牧业生产战线中的中层领导任免建议，特殊情况下可直接行使任免权；牧业副场长工作对党委和场长负责，下对畜牧业服务中心有行使直接领导和指挥的权力。畜牧副场长设 1 人。

二、畜牧服务中心

畜牧服务中心设科长 1 人、副科长 1 人、畜牧技术人员和兽医人员若干人。

2020 年 12 月，畜牧服务中心科长朱明，书记李明玉，副主任马利军，干事黄伟。

第三节　畜牧业管理部门历史沿革

2000 年，畜牧管理机构为畜牧服务综合站，下设草原站、兽医站、改良站。

2011 年，撤销草原站、兽医站、改良站，畜牧服务综合站更名为草原畜牧综合服务站。

2012 年，草原畜牧服务综合站更名为畜牧服务中心。

畜牧服务中心是吐列毛杜农场畜牧业生产管理指挥中枢，负责主持全场畜牧业生产计划的制订、安排和组织；负责农场的牲畜繁育、改良、饲养管理、优良品种引进、畜产品销售、牲畜出栏、疫病防控、草原管理与草原划分等工作。

2020 年 12 月，畜牧服务中心现任科长朱明，书记李明玉，副主任马利军，干事黄伟。

第二章　畜牧业生产概述

第一节　两费制

2001年，吐列毛杜农场牧业收费实行两费制，即收取草原费和牧业管理费。草原费按照实际占有面积按0.3元/亩收取。牧业管理费标准为：马、驴、骡25元/匹，牛14元/头，绵羊8元/只，山羊13元/只，其中牛、绵羊、山羊的牧业管理费含防疫费，山羊全年舍饲圈养的只收4元的防疫费。以上收取牧业管理费包括当年出生的仔畜。2001年牧业管理费不论成幼畜、产畜、役畜、种公畜，一律收费，按当年牧业年度普查实有存栏数收取，由畜牧科牵头，兽医人员、生产队管理人员、包队科室人员共同清点牲畜头数。

兽医人员下牧点防疫不能从牧户手中收钱，农场统一给兽医出手续，兽医站统一到场结算。疫苗款由兽医人员集资或站长筹资垫付，场在定额补贴中给予解决。

鼓励职工养畜，对养畜户，按每只羊0.2亩配给饲料地（三等），每亩提取减免50%；按每头牛1亩配给饲料地（三等），每亩提取减免30%，全部上打租。鼓励庭院经济和家庭养殖业发展，当年育肥牛20头、养猪20头以上且出栏率达到80%以上的，场拨给10亩饲料地（二等地），每亩提取标准为20元。

2001年，吐列毛杜农场在新规划的边界草牧场建点放牧的，不收草牧场使用费。各养畜户必须配合好场兽医站的防检疫工作，接受科技推广、技术开发、牲畜改良和草原规划等各项生产任务。

2004年，吐列毛杜农场牧业年度牲畜存栏7.2万头（匹、只），完成局下达任务的100%，比上年增长10%。投资80万元的“冷链项目”顺利通过自治区验收。人工改良绵羊1.5万只，引进种公羊20只，当年出栏肉羊2.5万只，种植饲料、饲草面积2万亩，畜禽防疫密度100%。

2005年，吐列毛杜农场畜牧业生产实行“一提四统”制，即整合各项费用，按草场面积一次性收取，全场统一防疫、统一改良、统一青贮、统一围封。提取包含“四统”费用，“四统”费用由场统一安排支配。

2005年，吐列毛杜农场收费标准按每亩草牧场2.5元收取，实行年初缴费制，每年的1月15日前交清，否则按每日千分之五收取滞纳金及各项费用，逾期三个月不交者，场收回草场承包权，另行发包，并由该牧户承担全部责任。

每个草牧场承包户的草场载畜量以5亩/羊单位为标准计算，严禁超载放牧。

防疫工作由场统一安排，防疫项目由场兽医站根据上级部门要求及场实际情况制定，全年不得少于4次，密度必须达到100%，费用由场统一支付。超载部分防疫费用由牧户自行承担，由场兽医站按实际超载数收取。

各牧户必须进行统一改良，改良羊只超过50只，经场兽医站验收合格的，场给一次性补贴200元。

2005年，吐列毛杜农场牧业年度牲畜存栏8万头（匹/只），大小畜繁殖成活率达99.4%以上；农场对草原站人员进行了充实，由原来的4个人增加到8人，各生产队青年突击队自发组织成立了“维护生态环境”的禁牧队伍，共落实围封面积5万亩；牲畜、家禽疫病防治密度达到100%，有效抑制了疫病的蔓延。加大实施冷配和人工授精改良技术，2005年场组建了改良站，大力实施畜牧“种子工程”，引进优良种羊9只，人工改良绵羊2万只。加大饲草、饲料基地建设，2005年种植饲草、饲料面积1万亩，产青贮饲料1500万公斤，建设青贮窖50个。

2006年，吐列毛杜农场牧业年度牲畜存栏84878头（匹/只），草牧场围封5万亩；引进优良种羊9只，人工改良绵羊2万只；引进黑白花奶牛50头。

2007年，吐列毛杜农场免疫牲畜五号病10.5万头只、禽流感1.2万羽、狂犬病718条，免疫密度达100%，共发放免疫证册870册；推进牲畜种子工程，应用德美、萨福克杂交绵羊2000余只。举办技术培训班2次，培训职工300余人次，先后2次组织管理人员和养殖户代表赴辽宁省盖州市和丹东市进行舍饲绒山羊项目考察。

2008年，吐列毛杜农场牧业年度牲畜存栏51125头（匹/只），小畜繁殖率超百，成活率在98%以上，大畜成活率在99%以上。同广大养畜户签订草畜平衡责任书200份；全场发展舍饲绒山羊养殖户达65户；应用萨福克改良绵羊1000余只，人工授精绒山羊200余只，应用西门塔尔和黑白花肉乳兼用品种改良牛200头以上。

2009年，吐列毛杜农场牧业年度牲畜存栏58610头（匹/只）；落实退牧还草1.6万亩，人工种草2万亩，种植青贮玉米1.185万亩，青贮秸秆1300万公斤，贮备精饲料43万公斤。

2010年，吐列毛杜农场牧业年度牲畜存栏6.2783万头（匹/只），实现畜牧业总产值1860万元。完成草牧场围封3万亩、人工种草2万亩、种植青贮玉米2万亩，储备饲草730万公斤，扶持建设年出栏2000只育肥羊。

第二节 一 费 制

2011年，吐列毛杜农场畜牧业发展实行一费制，按实际占有的草牧场面积，每亩收取2.7元，外来人员借场放牧的，每亩收取5元，牧业管理费4月30日前缴纳，逾期每亩按5元收取。

为了保护生态环境、恢复植被，家庭牧场（承包野外牧业生产点）实施季节性休牧和草畜平衡制度，走半牧半舍饲之路。如有超载，超载部分收费标准为每只50元。严禁在公共草场放牧，草牧场载畜量按5亩/1只羊（大小羊总数）单位计算，马、牛、驴折6只羊单位。动物防检疫工作统一由畜牧业服务中心完成，不得接受其他单位和个人的防检疫。对生物药品统一管理，任何单位和个人不得私自购买和销售，按照“辖区领导保密度、防疫部门保质量”的原则，由生产队保证本辖区内牲畜的防疫。各养畜户必须接受、配合畜牧服务中心的防检疫工作，接受科技推广、项目开发、牲畜改良和草原规划等各项任务。

吐列毛杜农场防疫项目为羊、牛、猪口蹄疫亚洲I型两次，口蹄疫O型两次，布病一次。春防时间4—5月，秋防时间10—11月。猪蓝耳病、禽流感、狂犬病长年补针。对拒绝防检疫的畜主给予罚款，大畜每头（匹）罚款30元，小畜每只罚款10元，造成疫病蔓延的，追究畜主的法律责任和经济责任。

核定使用的草牧场，养畜户只有使用权，转让和承包必须经场批准后到畜牧科办理相关手续。

2011年，吐列毛杜农场牧业年度牲畜存栏7.1857万头（匹/只），实现畜牧业销售收入2240万元。畜牧业服务体系建设逐步完善。2011年增购了指挥车、拖拉机、捆草机等设备设施，为牧民捆草5万捆，种植青贮2万亩，争取退牧还草项目5万亩，补播牧草2万亩。

2012年，吐列毛杜农场牧业年度牲畜存栏72576头（匹/只）。养殖基地认证有机肉羊5067只，产量79.81吨。用西乌旗引进的两只道赛特绵羊种公羊，改良绵羊1500只；用乌珠穆沁种公羊改良肉羊2万只；退牧还草4万亩，牧草补播4万亩；一年生牧草良种补贴、草牧场奖补资金及能繁殖母猪补贴发放到户。

2013年，吐列毛杜农场畜牧业在执行好草畜平衡制度的基础上，加大放牧草场休牧和公共草场禁牧力度，着手研究制定草原畜牧业向生态型舍饲畜牧业转变的发展规划。完善畜牧业服务体系，加大有机畜产品认证力度，规范软硬件技术操作规程。

2013年，吐列毛杜农场牧业年度存栏74270头（匹/只）。养殖基地认证有机肉羊2.2万只，产量249.56吨；用西乌旗引进的两只道赛特绵羊种公羊，年内改良绵羊300只；用乌珠穆沁种公羊改良肉羊20000只。草牧场补贴55.64万亩；一年生牧草良种补贴、草牧场奖补资金及能繁殖母猪补贴发放到户。

2014年，吐列毛杜农场牧业管理费实行一费制，按实际占有的草场面积，户籍在场人员（户籍在2010年12月31日前迁入场内的）每亩收取5元，管理人员及工薪阶层每亩收取7元，外来人员进场放牧的每亩收取10元（外来人员界定为以户籍不在场租用租借或实际经营者为准，不以草牧场承包人为准）。

2014年，吐列毛杜农场牧业年度牲畜存栏7.5万头（匹/只）。草牧场补贴55.64万亩；成功申报农产品质量追溯系统建设项目；完成有机羊认证2.2万只。

2015年，吐列毛杜农场畜牧业平稳发展，牲畜存栏49643头（匹/只）。完成55.64万亩年度草牧场奖补项目统计上报工作；畜牧服务体系不断完善，培育育肥羊示范基地2处；全年实现畜牧业总产值2000万元；2015年实现有机羊认证2.2万只。

2016年，吐列毛杜农场牧业年度存栏5.5万头（匹/只）。完成草牧场奖补55.64万亩；棚舍改造项目115户；种公羊采血进行五号病和布病检测547只。

2017年，吐列毛杜农场牧业年度存栏51273头（匹/只）。完成草牧场补贴43.23万亩，粮改饲46户，棚圈改造20户。

2018年，吐列毛杜农场牧业年度牲畜存栏84469头（匹/只）。严格执行草畜平衡制度，畜服中心指导29户养殖户种植3年生牧草2599亩，完成玉米秸秆打包2000包、青贮饲草打包12.85万斤。查处挖药材等破坏草原行为27人；完成43.2万余亩草牧场奖补资金统计上报工作；保质保量完成全场春、秋季动物防疫工作；按要求完成9月23日至12月1日非洲猪瘟防控各项工作。

2019年，吐列毛杜农场牧业年度牲畜总头数6.7046万头（匹/只），配合科右中旗与农场43户牧户种植三年生牧草1.5万亩，统计上报退化草原补播牧草1.5万亩，贮青贮180万斤，秸秆利用3000亩，入户发放禁牧、扫黑除恶宣传单111户，发放鼠药3次，草牧场奖补43.23万亩，棚舍补助249户。

2020年，吐列毛杜农场牧业年度牲畜总头数7.0790万（匹/只），统计上报退化草原补播牧草1.5万亩，种植青贮1726亩，秸紫花苜蓿1200亩，发放鼠药2次，草牧场奖补43.23万亩亩，棚舍补助63户。

第三章　畜禽养殖

第一节　羊

养羊是吐列毛杜农场畜牧生产的主要养殖项目，从建场至今，养羊生产从未中断，2000年引进乌珠穆沁大尾羊，为养羊户增收、农场的经济发展、职工生活水平的提高做出了积极的贡献。

吐列毛杜农场羊的饲养方式分为自然放牧、半舍饲管理和全舍饲管理3种。

自然放牧指羊群全天候以野外放牧为主，昼出夜伏。羊只自由采食、饮水。放牧期间由放牧员守护羊群，夜晚羊群在牧包周围伏卧，每个羊包养牧羊犬数只协助放牧员看包护群。

半舍饲管理方式为白天采取草原放牧，羊只自由采食，到指定水源处饮水，夜晚将畜群赶回羊舍（棚、圈），按规定时间补饲，按时清理圈舍和消毒。农场内的大多数羊群采用半舍饲管理方式。

舍饲管理也称全舍饲管理，即羊只全天候在羊舍（棚、圈）内饲养，定时补饲饮水，定时运动，所有生产程序按规定时间和标准操作。全舍饲管理的羊一般仅限于种公羊及纯种羊。

1. 牧地选择

（1）春季。春暖花开，冰雪消融，要躲开湿地放牧，防止冰消泥陷，造成伤亡。另外，青草萌发，羊闻到青草味，看到青草地，难免“跑青”。放牧不好，不但不增膘反而会掉膘，此时应采取躲青的办法，到阴坡草生长较慢的地方放牧。

（2）夏季。青草鲜嫩是抓水膘的最好时期，要寻找高岗（因为高岗迎风，蚊虫少，草低，蚊虫不易粘住）、干燥、平坦且离水源近的草场放牧。

（3）秋季。秋季放牧要躲开针茅草地，以防刺伤羊只，找养分高结籽力强的牧草，豆科、禾本科草类多的地方放牧，同时注意合理遛茬，抢抓油膘。

2. 放羊方法　在几十年的放牧生活中，牧工总结出很多实用的放羊技术，如一条鞭放羊法（羊一字横队前进采食）、满天星放羊法（散开放）、前挡后让放羊法（档头羊，撵后羊）、背着放羊法（人在前羊在后）、抱着放羊法（羊在前人在后）、跨着放（人在旁边）等。采取什么方式放牧要因地制宜，灵活掌握，目的是让羊吃饱、吃好。

一般防止跑青时，多采用前挡后让放羊法，这样，羊既能啃上青，又能防止其东山望西山，四处游走，无心采食。出牧归牧多采用一条鞭放羊法，稳而不乱漫步前进，可不断改变探食方向，不影响前后羊的采食。

夏秋炎热季节，羊群到达放牧地后，多采用满天星放羊法，让羊自由采食，三一群俩一伙游走，严防扎堆。如果扎成大堆要及时拨开，以免太热挤坏羊只。

根据对放羊工作的总结，勤劳、聪明、智慧的牧工结合放羊工作实际编成了歌谣：

冬季背风向阳坡，草高草密最适合。

春暖雪化地消融，湿地陷泥危险多。

夏放高岗防蚊蝇，草低密生泉水喝。

秋羊不放针茅地，抓膘多找豆、禾科。

四季放牧讲科学，放羊牢记四季歌。

吐列毛杜农场的养羊生产一般以群为单位进行管理，也有少数养殖户，所饲养羊只数量少，以只为单位饲养。

组群原则视羊的性别、品种、年龄和饲养特点等情况而定，一般按母羊群（核心母羊群、基础母羊群）、育成群、羯羊群、试情公羊群等类别进行组群，种公羊和纯种羊单独实行舍饲管理。

组群规模母羊群 200～250 只，育成群 200～300 只，试情公羊 100～200 只，农牧结合户 50～100 只。

3. 羊的繁育改良 吐列毛杜农场在种公羊的选择上，先后用过高加索、阿斯卡尼、波尔华滋、澳美、德美、邦德、杜泊、萨福克等品种。

根据农场自然资源和植被状态，引进适合本地气候条件，多胎、少食、产子率高、出栏快的本交或杂交品种，实行人工授精，坚持改良、培育、繁殖，使农场养羊业向着毛肉兼用型细毛羊方向发展，并逐步向建设养畜和种植养畜道路迈进，生产量多、优质的畜产品，满足社会日益增长的需要。

4. 母羊的饲养管理 母羊采用常年放牧为主、补饲为辅的饲养原则。

放牧要早出晚归，勤换草场，实行轮牧；羊每日每只摄盐量为 5～10 克，或在包点周围羊打盘处放盐砖任其舔食，也可 5～6 天啖一次，每次每只 20～25 克；饮水要清洁卫生，禁饮污水、死水，要饮好、饮足，每日 2～3 次；适当补饲，配种期结束，进入补饲期后，应增加母羊营养，以利保胎，天气突然变化，也应及时补饲。补料标准一般为每只羊每日精料 0.5 公斤，干草每只羊每日 1 公斤。

5. **绵羊配种** 羊配种期为 9 月 5 日—10 月 20 日，共 45 天，需做好配种前的准备工作。如配种室、圈舍、配种器材和人员要于 8 月末前准备就绪；绵羊配种一律采取人工授精技术，严格执行操作规程，禁止本交；在配种期，种公羊除放牧外，每日每只补混合料 1.2～1.4 公斤、优质干草 2 斤、胡萝卜 1～15 公斤、食盐 15～20 克、骨粉 5～10 克、鸡蛋 1～2 个或鲜牛奶 0.5～1 公斤，喂料和饮水每日 2～3 次，每日放牧、运动不少于 6 小时。

6. **接羔保育** 要认真组织，配备一定的技术力量和劳力，安排好圈舍，准备好草料，争取达到全产全活。接羔时必须采用塑料暖棚做棚圈和产房，产羔前做好棚圈的维修，产房棚圈要求干燥、清洁、没“贼风”，室温保持在 1～5℃，产房内要备足产羔栏（分娩栏），数量 30～40 个。产前，接羔单位要准备好足够的优质草料，供羊补饲之用并认真组织安排好劳动力。接羔期间组织好人力，昼夜值班，待产羊和产后母子羊要分别管理，弱羊、孤羔和双羔要特殊管护，兽医人员要深入羊群防治疾病。接羔必备用具与药品要备齐，如来苏尔、碘酊、酒精脱脂棉、纱布、体温计、剪毛剪子、水桶、手电筒、脸盆、毛巾、肥皂等。

（1）接羔。发现母羊有临产状况，可将母羊留在家或移入产房，产羔时保持安静，不要惊动母羊，一般都能顺产。当羔羊产出后将其口、鼻、耳中的黏液掏出，天气寒冷时用软干布将羔羊身体擦干；如发现羔羊窒息假死应立即采取措施抢救；脐带可任其自然断裂，不断时可距腹部 4 厘米剪断，并施碘酊消毒；对难产母羊要进行人工助产，产后母羊虚弱者，要饮温水及麦麸汤、豆饼水等。

（2）羔羊管理。羔羊出生后 1～3 天，一定要让羔羊吃上初乳，以利羔羊健康和胎粪的排除；对弱羔、初产母羊母性不强的，要进行人工哺乳；对不要羔、双羔的要移入单栏（间）管理 1～3 天，直至母子亲和为止；对产后母羊死亡和产后缺奶的羊羔要进行人工哺乳，人工哺乳要定时、定温、定量，奶温以 37～38℃为宜，不可强行暴饮强喂；产后 7 天内，母子留于产房内，以使母子相认、亲和；7 天后，母子打上标记，放入小群，白天进行放牧；羔羊生后一周易感羔羊疾病，要注意预防，必要时喂保畜片或羔痢宁等药物；羔羊要适时去势、断尾；羔羊打毛必须在 6 月末之前，7 月以后禁止打毛；经常清扫圈舍，预防毛球病发生；羔羊生长到 4～5 个月后必须断奶，离乳后按羔羊的性别和体质强弱分群放牧管理。

7. **育成羊的饲养管理** 育成羊是指羊断奶后到第一年配种前的公羊或母羊。因断奶后的时间已进入枯草期，此时如饲养管理不好，轻者会出现大批弱羊，重者会导致死亡，所以必须加强放牧管理和适时补草补料。育成羊按性别、体质状况分群管理，选择好的草场放牧，要早出晚归，尽可能地延长放牧时间。育成羊越冬要有较好的暖棚设备，冬季“入九”之后，要根据羊的膘情、草场、气候情况进行管理，大群补草、弱羊补草补料。补饲期间，每日每只补草1公斤、粉碎料0.5公斤、食盐5～10克；冬季每日饮水1～2次。

8. **羊的清群和淘汰** 为提高繁殖成活率、保畜率和养羊经济效益，应每年秋季进行一次清群。要经常细心观察羊的生理及精神状态，对体弱、多病及繁殖力不强和7～8岁老龄母羊进行淘汰处理。为提高羊毛质量和育种纯度，应对花毛羊和毛质差的羊实行淘汰清理。

9. **羊的疫病防治** 本着防重于治的原则，积极加强养羊圈舍的卫生管理，经常清扫消毒。要根据兽医站的规定做好防疫工作，必须进行驱虫和一年两次的药浴，不可忽视，兽医人员必须亲自参加操作。春秋驱虫1～3天后必须调换草场。为防止脑囊虫，应对病死羊妥善处理，不得乱扔、喂狗，应按规定、按要求定时进行预防注射。

10. **草料贮备** 饲草饲料是发展养羊和畜牧业的物质基础，所以每年秋季必须储备足够的饲草饲料以保证牲畜过冬度春。

饲草、饲料储备标准如表7-1所示。

表7-1 饲草、饲料储备标准

单位：公斤

饲料、数量、羊别	干草	青贮	块根饲料	混合饲料
种公羊	150	100	30	100
母羊	100			75
育成羊	80			75

第二节 牛

建场初期，农场以养蒙古牛为主，系肉、乳、役兼用型牲畜品种。黄牛被毛以黄色最多，品种因此而得名，但也有红棕色和黑色等。在农区主要作役用，半农半牧区役乳兼用，牧区则乳肉兼用。黄牛体长1.5～2.5米，体重200～350公斤，体格强壮，蒙古牛终年以群牧为主，适应性强，耐寒、耐粗饲，抗病能力强，具有肉质好、生产潜力大等优点。一般中等营养水平的犍牛屠宰出肉率为50%，繁殖率为60%～70%，犊牛繁殖成活率为95%。

黄牛适应能力强，耐粗饲，放牧性能好，在炎热季节不惧日光照射、不怕酷热，可正常采食、放牧和反刍。在寒冷季节，不畏严寒、不惧大风，采食牧草残根枯枝。漫长的冬春季掉膘少，春乏少，死亡少。在植被稀疏的荒漠，只靠放牧即能复膘体壮，不仅有较强的抗病能力，而且对不少疾病也有特殊的抵抗力。

一、黄牛养殖场选址

黄牛养殖场应该远离水源保护区域、风景名胜区、自然保护区，远离人口聚居区、工业区、教育区、屠宰区域。在选址时，应该选择地势较高、通风良好、光照充足、背风向阳、干燥整洁的地方。在牛舍选址建设过程中，还应该确保饮用水供给充足，水质要符合畜禽饮用水标准，并且在养殖场内部配置相应的储水设施和配套引水设备。

二、黄牛养殖场布局

养殖场在建设过程中，应该科学划分各功能区域，并确保各功能区域之间完全分开，有效隔离，分布合理。牛舍养殖区主要分为生活区、生产区、隔离区、粪污处理区。其中生活区主要建设在养殖场上风方向和地势较高的地段，该区配置饲养人员宿舍、停车场、活动场等。生产区域主要包含办公室、饲料库、牛舍、青贮池、水电设施。隔离区主要用于隔离患病的动物，隔离区域和生产区域间隔 50 米以上。粪污处理区域主要位于下风方向，在该区域设置沼气池、储粪池、储液池、阳光晒粪棚等。能够开展牧草种植的养殖场，应该确保种植区域靠近饲养场的生产区域，这样方便于牧草收割之后进行加工和直接饲喂。

三、科学选择品种

纯种黄牛生产效率低下的现状对发展黄牛养殖产生了不利影响，为此，需要我们采取必要措施，加强黄牛品种改良。畜牧部门通过积极推广人工授精技术，选择优质种公牛冻精和本地黄牛进行杂交，培育出杂交后代，提高了养殖场的整体养殖效益，加速了品种改良进程。

四、黄牛养殖技术要点

1. 犊牛养殖技术要点　犊牛出生 0.5～1 小时便可自行站立，此时要引导犊牛吃乳，确保犊牛在较短时间内吃上初乳。若不能正常吃乳，需要做好人工哺乳工作。吃乳之前应该选择使用0.1%的高锰酸钾溶液对乳房进行消毒，避免引发腹泻等一系列传染性疾病。一周以后，逐渐训练犊牛采食干草，15～20天之后，要训练其采食精饲料，一般经过2～3天之后，犊牛就可以自由采食精饲料。

2. 妊娠母牛饲养技术 母牛在怀孕前5个月，应以粗饲料投喂为主，适当搭配少量精饲料。母牛进入妊娠中后期之后，应该逐步增加精饲料的投喂量，确保饲料中蛋白质、矿物质、维生素投入充足。母牛成功妊娠之后，应该单独隔离养殖，避免母牛之间相互撞击而导致流产。

3. 育肥牛养殖技术 牛在进行育肥之前，应该进行全面检查，将身体瘦弱、带病的牛及时淘汰处理，同时还应该按照年龄、体重、性别、营养状况进行科学分群，实行分群饲养、分群放牧。育肥牛在养殖期间，应该坚持以精饲料为主、粗饲料为辅，饲料投喂量应该按照从少到多的原则逐步增加，日粮中粗纤维含量应该控制在30%以上。

五、牛舍消毒

使用苛性钠稀释药剂全面喷洒消毒，针对牛舍内的粪便与污染物，争取每天清理1次牛舍，刷洗饮水槽、饮食槽。大门位置设置专门的消毒池，池内准备4.0%的苛性钠消毒液，消毒液每周更换1次，确保使用效果。在牛舍、隔离室出入口位置要准备防护服，进出必须更换，针对牛舍内容易滋生蚊、蝇的区域，需要定期喷洒药物，避免蚊虫叮咬加速疾病传播。

六、黄牛接种疫苗

在黄牛的不同生长阶段，落实疫苗接种工作，比如：预防口蹄疫，每年11月注射1次口蹄疫疫苗，一般12～24月龄注射1毫升，24月龄以上注射2毫升；预防破伤风，在母牛产犊后，繁殖母牛、初生牛犊需要立刻注射破伤风类毒素1毫升。

七、黄牛改良品种

改良传统养殖技术，母牛在1周岁后开始配种，妊娠后期强化饲养管理，设置科学喂养方式，已经成年的犊牛，需要考虑出栏时间，一般一岁半左右即可出栏，养殖户可自主栽种牧草，合理控制饲料喂养率，强化喂料管理。

第三节 马

吐列毛杜农场建场初期就存在马生产，当时全场养殖数量不多，品种为蒙古马，使用以放牧为主的管理方式，马的繁殖方式为本交（自然交配）。农场养马的目的主要是解决放牧员的乘马所需。除简易的棚舍外，其他生产条件尚不具备，管理粗放，繁殖率低下。

一、马的饲养管理

在马的饲养管理方面，应根据不同的类别采取不同的管理方式。基础母马、育成马（分公驹、母驹）均分别单独组群，组群后的马一般都是以放牧为主，定时、定量补料，大风雪天气圈内补草，种公马、瘦弱马和病马采取全舍饲管理方式。

1. **组群** 马驹一般在产后 6～8 个月断奶，也称离乳。离乳后的马单独组群管理，进入育成期。满 3 岁时，母马转入基础母马群参加配种，公马在育成期内除挑选出有种用价值或做试情公马用的马匹外，其余一律去势。被去势的公马成年后部分留做使役马，部分作为商品畜对外销售。马群的组群规模，基础母马群一般为 80～100 匹、育成马群为80～120 匹。

2. **放牧** 马群的放牧分白班、夜班，昼夜放牧。一般施行单班制，母马预产期及异常气候情况下实行双班。白班、夜班之间有严格的接交班制度，群内马匹数量、群内马病情况、产驹情况等均由上一班放牧员向下一班放牧员交代清楚，并当面点清马数，出现少马情况由上一班放牧员负责找回，马匹伤亡事故均由当班放牧员负责，责任界线清楚。

放牧的目的是让马吃好、喝好，防止人为事故，防止流产、狼害。发现病马及时救治，冬季地裂（大地因冻而产生的裂缝）较多时，驱赶马群还应防止马匹骨折。防狼害、防事故，要做到人不离群、群不离人。防流产，要做到秋霜初降时不能让孕马空腹吃霜草，不能饮冰碴水，驱赶马群不能过急。

冬季马群白天放牧，夜牧一般半宿，恶劣天气整宿补饲，补饲物质为羊草，补料都在白天，每天 1～2 次，按每匹马日供 1～2 斤饲料标准投放。

二、马的配种与繁育

母马3岁龄开始参加配种。配种季节一般从每年的3月至8月末，因3月开始气温逐步回升，青草长出，母马开始发情，5月为母马发情盛期，是马进行人工授精工作的最佳时期。配种方式原则上一律采取人工授精，仅在个别情况下才进行本交。

发情鉴定是通过对母马进行直肠检查，检测母马双侧卵巢滤泡发育程度（静止、发育一期、二期、三期、排卵几个阶段），到滤泡发育至三期时即可进行输精。妊娠鉴定是在母马被输精后15天时，通过直肠检查判定子宫变化情况，一般分为稍收、子收、子收良、稍膨、膨起、妊娠等几个阶段。每匹母马都有配种卡片，卡片登记内容包括母马年龄、毛色、特征、发情鉴定时间、滤泡发育情况、输精时间、妊娠时间、所输精液的种公马号等。

马匹配种工作是一项技术性很强的工作，要求每项工作认真细致，同时要求参加马匹配种工作的几个单位密切配合，相互协作。马放不好，膘情差影响正常发情；该抓的马抓不来会耽误发情鉴定时机；公马精液品质不好会影响母马受孕效果；技术人员在采精、精液处理输精环节操作不慎会影响配种受胎效果。因此，需要三方工作人员各司其职，认真负责，相互配合，尽量避免工作上的失误，才能创造较高的配种受胎率。

三、马的育成

母马产驹后6～8个月，实行母子分开管理，马驹按性别单独组群进行管理2年，此阶段为马的育成阶段。育成阶段的饲养管理主要以放牧为主，定时定量补料。育成期满后，母马转入配种群参加配种，公马除留做种用之马外，其余调作使役或进行销售。

第四节　猪

2000年以后，由于农场土地资源丰富，农副产品较多，猪饲料来源广泛，吐列毛杜农场生猪业主要为家庭养猪。养猪的目的一是为过年杀年猪改善生活；二是为“杀猪卖钱换个油盐”，以解决收入不足之困难。

猪的品种很多，一般分为瘦肉型、脂肪型和兼用型3种，吐列毛杜农场家庭养殖常见的有长白猪、花猪、黑猪。

农场实行保护性饲养。冬季推广暖棚饲养技术，并定期搞好驱虫和免疫注射；推行高密度养成猪。冬季0.8平方米猪舍养1头育肥猪，夏季1平方米猪舍养1头育肥猪。高密度养成猪不仅建圈少、费用低，而且育肥猪争抢吃食，没有活动场地，吃饱则睡，爱长肉，增重快，减少饲养费用。育肥猪超90公斤后，日增重速度明显减慢，且以脂肪沉积为主，所以越喂越不合算，而且肥肉增多，不好销售；不足90公斤时屠宰，虽饲料利用率高，但因体重小而出肉率低，经济上也不合算，一般育肥猪90～120公斤屠宰最适。栏舍要简，猪舍不要造得过于豪华，达到防寒保暖通风效果即可；饲料要廉，饲料占养猪成本的70%～75%。饲料配方要随着市场价格、季节的变化而变化，不要一成不变。如夏季天热猪吃得少，饲料要配得营养好些，营养成分要均衡，以满足生长需要为宜。防疫要严，重视消毒，既要防止外来的疫病，又要防止粪便的污染，传播疾病，还要按免疫程序注射疫苗。

"倒喂法"养猪是针对上述方法的缺点并结合猪的生育规律和特点而确定的新型养猪法，该办法在小猪到中猪阶段，即50～60千克以前以高能量高蛋白的精料为主，配用必要的饲料添加剂和少量青、绿饲料。从中猪到出栏期，适当减少精料投入量，增加青、粗饲料，其比例为：精饲料60%，青饲料25%，粗饲料15%。这种方式既缩短了猪的饲养周期，又充分利用了大量青、粗饲料资源，从而节约了精饲料用量，可使经济效益大大提高。在饲养管理方面，要科学饲养，按照猪的不同用途、不同年龄和生长需要合理配搭饲料，加强管理，搞好卫生，防止疾病发生。

第五节 鸡

2000年以后，吐列毛杜农场畜禽养殖为个人养殖，鸡的品种有三黄鸡、本地鸡、芦花鸡。

1. **精选良种** 优良的品种是饲养优质肉鸡的基础，应选养皮薄骨细、肌肉丰满、肉质鲜美、抗逆性强、体型中小型的有色羽毛的著名地方品种。可以养三黄鸡、芦花鸡等品种，这两种鸡都比较好，产蛋率高、适应性强。

2. **注重放牧** 放牧是提高肉鸡肉质的重要措施之一。优质放养土鸡的育雏技术要求与快大型肉鸡无异，在育雏室内育雏30天左右转入鸡舍饲养。

3. **巧喂饲料** 饲料是影响肉质的重要因素。优质土鸡育雏期应饲喂易消化、营养全面的雏鸡全价饲料。因其生长速度较慢，饲料中粗蛋白含量低于快大型肉仔鸡全价料2个百分点。应做到少量多餐，以促使雏鸡生长发育良好。育成、放牧期要多喂青饲料、农副产品、土杂粮，以改善肉质、降低饲料成本，一般仅晚归后补喂配合饲料。

4. **严格防疫** 搞好防疫灭病是养好优质放养土鸡的重要保证。一般情况下，放养土鸡抗病力强，较圈养大型肉鸡发病少。但因其饲养期长，加之放牧于野外，接触病原体机会多，必须认真按养鸡要求，严格做好卫生、消毒和防疫工作，不得有丝毫松懈，要根据本地实际重点做好防疫工作。

5. **鸡病预防** 鸡病是对现代化养鸡业的重大威胁。鸡的个体小，抵抗力差，饲养密集，群体庞大，往往容易得病，发病初期又不易察觉，一旦爆发势必迅速蔓延全群，难以扑灭。而有些传染病迄今为止，尚无有效的药物或疫苗可以防治，即使病鸡治愈，不仅花费巨大，而且生产性能下降，成本增加。所以，搞好环境卫生，加强饲养管理，注意防疫消毒，做好预防注射工作，才是预防疾病发生最切实有效的手段。

2000—2020年吐列毛杜农场畜禽养殖情况如表7-2所示。

表7-2 2000—2020年吐列毛杜农场畜禽养殖情况统计

单位：头/匹/只

年份	牛	马	驴	绵羊	山羊	猪	禽
2000	1965	91	188	19323	4612	4015	3500
2001		96	111	22330	725	4322	
2002	940	84	97	26700	5109	3090	
2003	628	38	51	31640		2847	7000
2004	540	24	49	35280		3928	6667
2005	469	24	41	37044		1592	3000
2006	184	24	37	38822	326	1615	20000
2007	195	23	35	31776	1256	587	4000
2008		13	24	35129	967	643	3000
2009	849	34	69	34157	637	749	1000
2010	976	42	130	35984	273	936	2000
2011	1436	56	152	36041	281	883	2000
2012	1451	59	84	36138	269	868	2600
2013	1312	28	131	36475	442	628	2550
2014	1338	32	135	37867	499	438	3120
2015	547	58	29	48446	427	563	3684
2016	621	37	34	48765	446	572	3690
2017	642	69	41	48926	465	591	3700
2018	757	150	20	49730	450	605	3800
2019	620	52	19	66548		335	1960
2020	902	32	23	57001		207	2252

第六节 特色养殖

因吐列毛杜农场传统农牧业生产项目干起来得心应手，又有可观的效益，多数养殖户在养殖品种上更习惯于养羊、养牛，特色养殖在吐列毛杜农场并不多见。

第二生产队职工裴丽明，在一次特色养殖考察中受到启发，学习养殖孔雀技术，自投资金8万元，2017年建孔雀养殖场，引进孔雀20只。

第三生产队职工韩桂兰，2019年购买鸵鸟54只，总投资50万元。

第五生产队职工刘占华，在第四生产队建立养殖场，饲养梅花鹿15只。

第五生产队职工张健，2017年建立全舍饲喂养模式，引进湖羊、澳洲白、杜泊羊共100余只，总投资100万元，2020年年末存栏500余只。

第七节 牧业科技成果

2004年，吐列毛杜农场人工改良绵羊1.5万只，引进种公羊20只，当年出栏肉羊2.5万只。

2005年，吐列毛杜农场组建了改良站，大力实施畜牧“种子工程”，引进优良种羊9种，人工改良绵羊2万只。

2006年，吐列毛杜农场引进优良种羊9只，人工改良绵羊2万只；引进黑白花奶牛50头。

2007年，吐列毛杜农场继续推进牲畜种子工程，优化畜群结构。应用德美、萨福克杂交绵羊2000余只。

2008年，吐列毛杜农场抓好品种改良工作，用萨福克改良绵羊1000余只，人工授精绒山羊200余只，用西门塔尔和黑白花肉乳兼用品种改良牛200头以上。

2012年，吐列毛杜农场用西乌旗引进的两只道赛特绵羊种公羊改良绵羊1500只；用乌珠穆沁种公羊改良肉羊20000只。

2013年，吐列毛杜农场用西乌旗引进的两只道赛特绵羊种公羊，年内改良绵羊300只；用乌珠穆沁种公羊改良肉羊20000只。

2015年，吐列毛杜农场实现有机羊认证2.2万只。

第八节　公有畜养殖

2018年，兴安盟农牧场管理局2500只肉羊养殖基地新建项目，在吐列毛杜农场弘牧种养殖专业合作社开始实施。

吐列毛杜农场弘牧种养殖专业合作社以规模化经营为主导，促进优质肉羊向优质、高产、高效发展，促进畜牧业生产方式的转变。并充分发挥典型示范作用，将先进的养殖技术、经营方式辐射到周边，使牧户自觉接受优质肉羊养殖模式，从而扩大肉羊养殖规模。带动周边牧民向联合规模化舍饲方式发展。

吐列毛杜农场弘牧种养殖专业合作社位于第四生产队东3公里处，建筑面积6600余平方米，总投资1300万元。其中，建设羊舍四栋，共2280平方米，建设1500平方米草料棚一栋，建设青贮窖2个，共960立方米，还有其他辅助设施1200余平方米、消毒间1处、饲料加工间300平方米、修建围栏1734.2米、挡土墙74.75米、草料库1152平方米，硬化地面10490平方米。弘牧养殖专业合作社还配备了自动饮水、机械化投料、自动化清粪等现代化养殖设备。

2020年，吐列毛杜农场弘牧种养殖专业合作社建设肉牛养殖基地牛舍3栋，共4809平方米，还有附属设施、草料库2445平方米，办公室120平方米。

2020年8月6日，吐列毛杜农场弘牧种养殖专业合作社从乌兰浩特杜美公司购买湖羊158只。

9月3日，吐列毛杜农场弘牧养殖专业合作社从乌兰浩特杜美公司购买湖羊162只。

8月14日，吐列毛杜农场弘牧养殖专业合作社与山东鸿安集团引进肉牛57头。

第四章　疫病防治

第一节　疫病流行简史

吐列毛杜农场建场初期，由于场内牲畜来自各地，加之当时防疫制度与措施缺失，场内兽医人员缺乏，导致场内牲畜传染病多发，牛肺疫、炭疽、口蹄疫、猪瘟、猪肺疫、猪丹毒、仔猪副伤寒、马传贫、马鼻疽马坏死杆菌病、牛结核、破伤风等传染病以及牛羊疥癣、牛皮蝇、羊脑包虫、马胃蝇、猪囊虫等内外寄生虫病都曾在吐列毛杜农场发生过，给牧业生产带来严重危害和巨大经济损失。2000—2020 年，在广人兽医工作者的努力工作和广大畜牧工作人员的协作配合下，传染病已被彻底消灭和有效控制。

口蹄疫是家畜的一种急性传染病，其症状为急性发热，流行广、传播快、不易控制。病原为口蹄疫病毒，属高度接触性传染，其中空气是重要的传染媒介。2003 年冬，因个体牧户防疫不及时，致使有 28 头牛患口蹄疫，当即采取措施，销毁深埋。由于场内采取各种综合性预防措施，疫情得到有效控制。

第二节　防检疫制度与措施

2000 年以来，兽医人员为全场牲畜的疫病防治做了不懈的努力，全场 100%畜禽每年都能按要求采取防疫措施，患病畜禽基本能得到及时发现和诊治，降低了死亡率。农场畜牧服务中心医疗设备齐全，各类畜禽均能在场内诊治。场畜牧服务中心定期到科右中旗防疫站领取疫苗，按要求低温短期贮藏，发现疫情及时防治。

2000 年，吐列毛杜农场已经建立起完备的畜禽疫病防治队伍，由专职兽医分片包干，责任到人。

吐列毛杜农场的畜牧业生产主要以牛、羊、猪为主，主要防疫重点和措施为：

（1）口蹄疫。每年春秋两次集中对羊、牛、猪等偶蹄动物进行预防注射，要求防疫密度 100%。猪用 O 型苗，春秋两季各一次；羊用口蹄疫双价苗，春秋两季各免疫一次；牛用双价苗和“牛 A”型口蹄疫苗各免疫一次，并做到定期补针。

（2）布鲁菌病每年春季免疫一次。

（3）猪瘟、猪肺疫、猪丹毒每年春秋两季用“三联苗”各免疫注射一次。

（4）绵羊痘每年秋季定期注射一次。

（5）羔羊痢疾。每年产前给妊娠母羊注“三联苗”一次，产后给羔羊注“三联苗”一次。

（6）禽流感。每年春秋两季各注射一次。

（7）禽霍乱。每年春秋两季各免疫注射一次。

（8）鸡新城疫。春季对雏鸡用Ⅰ系苗进行免疫，秋季对成鸡用Ⅰ系苗进行免疫。

在防检疫工作中，吐列毛杜农场的兽医人员严格按上级主管部门的要求，及时、认真、准确、无误地工作，保证检疫密度达标，应进行检疫的牲畜必保不重不漏，为牧场畜牧业的发展保驾护航。

第五章　服务体系建设

第一节　机构设置及人员配置

吐列毛杜农场兽医站隶属于畜牧业服务中心，负责全场动物疫病防治、诊疗和疫情监测工作，进出场畜禽的检疫工作，牲畜的改良工作和畜牧业实用技术示范推广工作。

2000 年，畜牧管理机构为畜牧服务综合站，下设草原站、兽医站、改良站。

2011 年，撤销草原站、兽医站、改良站，畜牧服务综合站更名为草原畜牧综合服务站。

2012 年，草原畜牧服务综合站更名为畜牧服务中心。畜牧服务中心负责主持全场畜牧业生产计划的制订、组织、安排；负责全场的牲畜繁育、改良、饲养管理，优良品种引进，畜产品销售，牲畜出栏，疫病防控，草原管理与草原划分等工作。

2020 年 12 月，畜牧服务中心主任朱明，有防疫员 6 名。

第二节　畜牧兽医服务体制

畜牧兽医技术服务体系分为畜牧业生产技术服务和家畜疫病防治两个方面。

一、畜牧生产技术服务

畜牧生产技术服务范围内的工作内容包括家畜改良、种公畜引进、家畜人工授精、改良培育，以及家畜日常饲养管理规程的制定及执行情况的检查、指导、厩舍、棚圈设计，制订种公畜饲养管理方案等。

二、兽医技术服务

兽医技术服务范围内的工作包括家畜传染病的检疫、防控计划的制订和组织实施，疫情调查与报告，家畜常见病的临床治疗，厩舍棚圈消毒、动物卫生检疫、牲畜病历档案的整理等。

三、畜牧兽医技术服务体系的改革

2001年，吐列毛杜农场进一步深化畜牧业生产管理体制改革，畜牧兽医技术服务体系范围内的业务部门从过去的畜牧行政生产管理部门中分离出来，变成独立经营核算的经济实体，其单位属性由过去的无偿服务转为经营性有偿服务单位。各队涉及畜牧业技术范围内的工作全部由畜牧副队长代行（以前生产队曾设有畜牧技术员），技术上的工作由畜牧公司和各工作站负责，各队的兽医管理、技术人员的业务工作由兽医工作站负责。

四、兽医站

吐列毛杜农场兽医站的职责范围是：负责全场畜牧业生产中动物传染病的防疫、检疫；疫情调查与报告；各类家畜疾病的临床治疗；畜牧卫生、动物产品卫生检疫；对各生产队兽医进行管理和业务指导。

五、草原监理站

吐列毛杜农场草原监理站工作职责是：负责场内草原管理，家庭牧场草原划分，调处草原使用矛盾纠纷；草原合法使用及管护的行政执法与监督及草原改良、牧草种植和草原生态保护工作。

第三节　技术队伍及人员培训

2007年，吐列毛杜农场畜牧服务中心举办技术培训班2次，培训职工300余人次，先后2次组织管理人员和养殖户代表赴辽宁省盖州市和丹东市进行舍饲绒山羊项目考察。

2015年3月31日—4月1日，吐列毛杜农场举办农垦农产品质量追溯系统建设项目培训班，为期两天。参加培训人员包括农产品质量追溯系统建设项目领导小组全体成员、各生产队管理人员、质量追溯养殖基地养殖户。

2016年，吐列毛杜农场畜牧业服务中心组织参加培训，共计6次。其中，参加盟草原站组织学习1次；局农牧业局组织学习3次；场内组织畜牧业科技培训班2次，共80余人参加培训。

2017年，吐列毛杜农场畜牧服务中心组织参加培训，共计6次。其中，外出考察学习肉牛、肉羊1次；去乌兰浩特国土局土地院学习草原识图、看图、落图1次；旗动监所组织牲畜检疫学习1次；兴安盟农牧场管理局畜牧科组织学习2次；场内组织畜牧业科技培训班1次，共40余人参加培训。

2018年，吐列毛杜农场畜牧服务中心组织参加了以下培训：

（1）对养殖户进行有机养殖培训。畜牧业服务中心编制了《有机产品生产者使用手册》，组织63户养殖户进行了肉羊有机产品生产过程相关的操作规程的培训及学习，进一步提高了养殖户对有机养殖的全程养殖管理的认识。

（2）组织参加培训，共计9次。其中，外出考察学习肉牛、肉羊1次；赴海拉尔学习1次；赴延吉学习配种技术1次；到乌兰浩特国土局土地院学习草原识图、看图、落图1次；参加旗动监所牲畜检疫学习1次；赴辽宁考察肉羊养殖1次；参加旗协检员培训2次；场内组织畜牧业科技培训班1次，共64人次参加培训。

2019年，吐列毛杜农场畜牧业服务中心组织参加培训及疫病防治，共计11次。其中：区外官方兽医培训1次；区内官方兽医培训2次；养殖业培训及疫病防治6次；参加乌兰浩特组织的牛联体现场会1次；赴黑龙江牡丹江学习肉牛养殖技术1次。

第六章　草原管理

第一节　草原管理

2000年，为防止草原退化，有效地保护草场并合理开发利用，农场按上级草原管理部门要求实施《牧业管理办法》。畜牧综合服务中心对全场草原进行统一规划，并制定草场有偿使用合同，实行草场有偿使用制，明确草场所有者和使用者“责、权、利”三者之间的关系，有效地减少了草场使用无偿、建设无则、破坏无罪、保护无力的现象，使草场使用与保护落实到户。

一、实行禁牧、轮牧、休牧政策

2003年4月1日，吐列毛杜农场颁布《禁牧令》，在全场范围内实行季节性禁牧，具体禁牧时间为春季4月1日到6月10日，秋季8月10日至9月20日。

2006年1月，兴安盟行政公署颁布《禁牧令》，吐列毛杜农场发文要求认真贯彻执行，并成立督查小组进行督查。

2008年，吐列毛杜农场发文规定，有固定牧点、拥有自主经营权草原的牧群要严格实行季节性禁牧，在自由草场的要有计划地实行轮牧、休牧政策，场内的公共草原实行全年性禁牧政策，并制定了相应的奖惩政策。

二、实施草原围封、打击偷牧行为

吐列毛杜农场从2004年起实施草原围封工程，截至2011年，共围封草原13万亩。

2005年，吐列毛杜农场全面实行草畜平衡政策，对野外包群牧点以草定畜，实行草场有偿占有，所占草牧场按规定收费，多占多交、少占少交，若有超载现象，进行资源补偿。在执行草原有偿使用政策的同时，对偷牧行为进行严厉打击。

2016年7月27日，吐列毛杜农场下发加强草原管理7项规定，根据《中华人民共和国草原法》《内蒙古自治区基本草原保护条例》相关法律法规，制定七条草原保护规定：

（1）各草牧草场承包户，必须严格按农场每5亩草场一个羊单位的规定放养，严禁超载放牧，公共草场实行全年禁牧。

（2）严禁在草牧场上随意倾倒和堆放垃圾，须倾倒在农场或生产队指定的垃圾堆放场，各牧点要将牧点周围物品有序摆放，保持环境整洁。

（3）严禁任何单位和个人不经批准私自在草原上围网围封，严禁在草原上喷洒农药和平整场院。

（4）严禁任何单位和个人从事采挖、运输、加工、收购和销售药材等野生动植物的违法活动。

（5）严禁开垦草原。

（6）严禁任何单位和个人擅自在草原上从事勘探、钻井、修筑地上地下工程、采土、采砂、彩石、开采矿产等活动。

（7）未经业务部门批准，严禁在草原上建设房屋、棚圈、旅游设施等临时或永久性建筑。

第二节　草牧场承包

2001年，吐列毛杜农场在畜牧业生产领域实行了公有畜产权制度改革，全面启动实施“双权一制”制度。所谓“双权一制”，即把草原的所有权、使用权落实到户，达到责、权、利的统一。实行“双权一制”是为了维护草原生态平衡，达到“千秋万代、永续利用”的目的。

实施草原“双权一制”的工作程序为：划定各养畜户的草原边界，确定面积；落实草原的所有权、使用权，明确使用制度，颁发使用权证书；制定合理制度，明确合理转让继承奖罚关系。

至此，吐列毛杜农场的畜牧业生产经营管理制度和草原使用制度改革基本完成，为草原的永续利用和畜牧业生产的长足发展奠定了基础。

中国农垦农场志丛

第八编

林　业

中国农垦农场志丛

第一章　林业生产

第一节　森林生产管理

2004年，吐列毛杜农场林业生产由农场生产科直接管理，纳入各生产队当年生产计划，根据上级下达的造林、育苗及退耕还林任务，把成活率、保有率等各项指标落实到人，地块由场指定。场根据需要设护林员，负责看管和维护。

将荒山、荒坡、荒地承包给职工，以恢复植被和再造新的生态环境，植树造林所有权归承包户，并鼓励欠款户职工承包“三荒”造林，待成林后还陈欠款，鼓励牧业大户在承包的草牧场内围封造林，外来人员承包“三荒”造林的，享受与职工同样的待遇。

2006年，吐列毛杜农场林业生产以生态建设为重点，加快林业发展步伐。

2007年，吐列毛杜农场林业生产工作以治山、造林、退耕、围封、禁牧为重点，加大生态环境的建设和保护。

2012年，吐列毛杜农场加大荒山造林项目的争取和落实力度，以场队绿化和荒山绿化为重点，以生态风景林和经济灌木林结合植造为原则，从2012年开始，利用3～5年时间，将场队周边荒山荒坡全部绿化。

2013年，吐列毛杜农场林业生产加大荒造项目的争取和落实力度，将荒山绿化与经济林植造相结合，建立生态效益、经济效益、产业效益“三效同步”的良性循环发展机制。扶持苗圃基地建设，解决场内荒造购苗、运输和适应性难题。

2014年，吐列毛杜农场林业生产纳入各生产队当年的生产计划，根据上级下达的造林、育苗及退耕还林任务，把指标、标准、成活率、保有率各项指标落实到人，地块由场指定。生产队组织造林户负责看护。鼓励职工承包“三荒”造林，以恢复植被和再造新的生态环境，退耕还林地每亩提取10元资源占用费。

2017年，吐列毛杜农场林业生产配合旅游开发布局规划好旅游线路两侧、旅游点四周的美化绿化项目，鼓励职工承包绿化沿线宜林地造林，植栽品种由林业管理部门确定。年度植造计划纳入各生产队当年生产计划，根据上级下达的造林、育苗及退耕还林任务，把指标、标准、成活率、保有率各项指标落实到人，地块由场指定。生产队组织造林户负责看护。

鼓励职工承包“三荒”造林，以恢复植被和再造新的生态环境。

承包“三荒”绿化造林三年未达到验收标准的，合同自行终止。退耕还林地每亩提取10元资源占用费。

在“美丽场队”建设和环境卫生整治项目的村屯绿化植造树木。在平房区的由生产队落实到居民户，按房前屋后专户管护，公共住宅小区和单位周边的落实到卫生协管队伍、人员或单位负责管护。

2018年，吐列毛杜农场林业生产引进种植优质景观树4488棵；加强了对7500亩2003—2006年退耕还林、荒山造林项目的抚育和管护，8月初顺利通过科右中旗林业局的验收。

2020年，吐列毛杜农场加强了对7500亩2003—2006年退耕还林、荒山造林项目的抚育和管护，10月初顺利通过科右中旗林业局的验收。

第二节　森林分布

白桦树、柳树和山榆分布在山谷中，山杏及灌木丛主要分布在山坡。人工林以杨树为主，成片在田间路旁和坡地栽植。针叶松等树种主要分布在办公区、住宅区和街道旁绿化美化环境，栽植数量少。

第三节　林业生产

吐列毛杜农场有自然林85047.5亩，天然次生林以榆树、白桦树、柳树和山杏树居多。被子植物以小叶杨、白林2号、白林4号、小杨、青皮柳、小叶树为主，基本源于低质林或残次林。吐列毛杜农场禾本科植物种类较多，包括柳、红柳、沙柳、龙须柳、垂柳、薏榆、白榆、蒙古榆、黑桦、白桦、糖槭、山杏、山葡萄、野山楂、樱桃、山丁子、欧里、刺梅、沙果、李子、梨等。裸子植物有油松、樟子松、云杉、兴安落叶松、华北落叶松、侧柏、圆柏等。

人造林面积12979.84亩，栽培的林木有樟子松、云杉、光辉海棠、柳树、金枝柳、金叶榆、银中杨、果树等。

2004年，吐列毛杜农场全年完成2400亩造林任务，育苗100亩，同时大力推进季节性禁牧工作。

2005年，吐列毛杜农场共投入资金近20万元，完成荒山造林0.3万亩，植树5.5万棵。在此基础上，为加大小流域治理工作力度，全场上下齐动员，利用半个月时间，出工23350个工日，出动车辆653台次，完成小流域治理面积3080亩，挖水平坑10.16万个，建石谷坊12座，挖围封壕4120延长米，完成农防林抚育250亩，在全局农建工作评比中，吐列毛杜农场获得了第二名的好成绩。

2006年，吐列毛杜农场林业生产完成植树250亩、3.35万棵，成活率达95%以上，达到历史最高水平。挖路边沟5000多延长米，修路16公里，出工3000多个工日，出动车辆百余台次。争取退耕还林项目资金40万元。

2007年，吐列毛杜农场抓住春季大好时机，全场上下齐动员进行了春季造林大会战。种植沙棘300亩，共计3万棵；完成造林770亩，其中退耕还林500亩、荒山造林100亩、农业开发区造林170亩；进行退耕还林补植260亩；秋季完成三荒造林补植1000亩。

2008年，吐列毛杜农场生态建设工作以治山、造林、退耕围封、禁牧为重点，加大生态环境的建设和保护。在加强对生态环境管护大队管理的同时，继续实施草牧场围封政策。完成围封草场面积3万亩，补播紫花苜蓿和冰草1万亩，治理荒山荒坡3000亩，“三荒”造林6000亩，路旁造林5万株，封山育林1万亩。

2009年，吐列毛杜农场全年造林1005亩，抚育管理5150亩。春季完成了补栽农防林树3000棵，夏季抚育树苗打畦子6551个，秋季清挖死树坑2100个。

2010年，吐列毛杜农场农防林、退耕还林地及荒山造林地树木补植1005亩，抚育管护5200亩。

2011年，吐列毛杜农场完成防林、退耕还林地及荒山造林补植120亩，荒山造林700亩，抚育管理5200亩。

2012年，吐列毛杜农场加大荒山造林项目争取和落实力度，以场队绿化和荒山绿化为重点，以生态风景林和经济灌木林结合植造为原则，从2012年开始，利用3～5年时间将场队周边荒山荒坡全部绿化。

2013年，吐列毛杜农场以巩固成果为重点，加大林木灌溉密度。完成春季造林560亩，抚育管护退耕还林、荒山造林7500亩，引进欧李苗60亩。

2015年，吐列毛杜农场林业生产完成荒山造林1万棵，完成场部地区重点街道绿化工作。

2017年，吐列毛杜农场植栽街区风景树木8700棵。

2018年，吐列毛杜农场种植光辉海棠480棵、银中杨400棵、大樟子松145棵、卫矛56棵、小果树1917棵，抚育、管护2003—2006年退耕还林、荒山造林共计7500亩。

2019年，吐列毛杜农场引进种植优质观景树1万棵，加强了对7500亩退耕还林、荒山造林项目的抚育和管护。

2020年，吐列毛杜农场为了防御林业受到虫害，进行空中飞防2.5万亩。

第四节 退耕还林

吐列毛杜农场退耕还林总面积为8500亩，种植的树种有杨树、山杏、锦鸡儿。2003—2006年吐列毛杜农场退耕还林工程情况如表8-1所示。

表8-1 2003—2006年吐列毛杜农场退耕还林工程统计

姓名	退耕还林面积（亩）		
	合计	退耕地造林	荒山造林
吐列毛杜农场	8500	2600	5900
2003	5000	2500	2500
2004	2300		2300
2005	—	—	—
2006	1200	100	1100

第二章　森林管护及护林防火

第一节　林木管护

改善生态是发展林业生产的根本目的，良好的生态成为实现绿色增长、科学发展的主要目标，全面实施以生态建设为主的林业发展战略，把改善生态放在整个林业工作的首位。

吐列毛杜农场加大保护生态的环境宣传力度，强化国策，强化法制观念，教育职工群众严格遵守《森林法》，珍爱一草一木。

吐列毛杜农场历年来注重生态保护和森林管护工作，无论是天然次生林还是人工营造林，都列入严格的森林管护范围之内，农场护林防火部门每年都把护林和防火两大任务作为同等重要的工作来对待。党委宣传部门及各级领导也一直强调加大生态保护、爱护森林的宣传力度，不断强化职工群众的法治理念，使职工群众都能自觉遵守森林维护方面的法规和条例，珍惜一草一木。

经过几代人的努力，如今吐列毛杜农场境内已是山高林密，树木郁郁葱葱、枝繁叶茂，自然风光比以前更加美丽，生态环境有很大改善。

第二节　护林防火

吐列毛杜农场森林草原防火工作的总体要求是：以习近平新时代中国特色社会主义思想为指导，深入贯彻落实兴安盟森林草原防火指挥部文件精神，坚持以人为本、预防为主、积极消灭的工作方针，坚持场管会全面负责、部门齐抓共管、社会广泛参与的工作机制，全面落实各项责任，维护人民生命财产安全和森林草原安全，为发展现代林业、建设生态文明、推动科学发展、促进社会和谐提供有力保障。

一、强化组织领导、落实防火责任

1. **领导责任落实**　做好森林草原防火工作，群众是基础，领导是关键。场党委书记为第一责任人，分管领导为主要责任人。层层签订防火责任状，明确目标，分解任务，细化责任，严明纪律，确保责任落实、队伍落实和制度落实。

2. **岗位责任制落实** 建立健全各项岗位责任制度，防火工作人员要坚守岗位，认真履行职责，严格管理入山人员和放牧人员，严禁违禁火种进入山林。

3. **地块责任落实** 采取部门包片、干部包队、党员包户、多户联防等措施，层层签订责任书，把每个山头、地块的管护责任分解落实到人，完善防火责任体制，为预防火灾提供可靠的保障。

二、加大宣传力度，落实火源管理

减少和避免森林草原火灾最根本、最直接、最有效的办法就是关注野外人为用火。在火灾预防措施上，做好防火宣传、充分利用新闻媒体、防火宣传标语、防火手册，及在林区路口、交通要道等森林草原火险区设立永久性固定防火警示牌、防火宣传牌，加大森林草原防火宣传力度，提高全民、全社会的防火意识。严格执行野外用火审批制度，对进入山林人员严格检查，对特殊群体等重点人员实行监管。在林区重点位置，建设防火隔离带。在清明节、劳动节等重要节日及高火险天气，划定防火管制区，做到山头有人管、坟头有人守，确保不发生森林草原火灾和人员伤亡事故。

三、加强预警监测，落实火情预报

密切关注火险气象信息，准确预测预报，确保火险早知道。准确监测火情，做到火险早发现，准时上报火情，将火情消灭在初发状态，避免小火酿成大灾。

四、完善应急预案，落实扑灭措施

加强应急处置机制建设，制定科学合理的应急预案，处置突发火情，确保群众生命财产安全。加强人员培训，提高扑火人员技能和安全避险知识。充分准备防火物资，对防火通信设备、扑火机具、车辆进行全面检修和保养，确保设备处于完好状态。做到发现火情，扑火队伍能够快速出击、及时扑救，确保打早、打小、打了，确保不复燃、无伤亡。

五、健全组织机构，落实队伍建设

生产队森林草原防火指挥机构要健全稳定，人员要高效精干，加强扑火队伍建设，把扑火队伍建设作为防火工作的重中之重抓紧抓好。建立一支高素质的森林草原防火专业队伍，做到招之即来、来之能战、战之能胜，为扑救火灾提供可靠的人员保障。

森林草原防火工作事关国家资源安全，事关社会和谐稳定大局，既是重大的民生问题和经济问题，也是重大的生态课题和政治任务，责任重大，使命光荣。各单位各部门要统一部署，强化措施，狠抓落实，要以高度的责任感和使命感，全力做好森林草原防火工作，确保森林草原和人民生命财产安全，为全场经济社会又好又快发展做出更大的贡献。

中国农垦农场志丛

第九编

商　业

中国农垦农场志丛

第一章　发展概述

第一节　国有商业

2000年，吐列毛杜农场国有商业金秋商场推行柜台租赁制，内部实行减员增效。库存商品实行转账清销，刺激部分消费群体的购买力，实行经营格局多元化，保证国有资产保值增值。

2002年，吐列毛杜农场国有商业金秋商场因制度改革，将库存商品与货物、部分固定资产作价出售，转让给职工，由个人承包。吐列毛杜农场由场方统一经管的商业网点全部由个体商店取代，引发了一次新的职工个体经商热潮，个体商店、个体饭店、个体修理部等个体商户不断挂牌营业，使农场的工商业发展呈现欣欣向荣的局面。

第二节　个体商业

2000年，吐列毛杜农场有个体商业网点38个、从业人员76人，个体批发零售贸易总产值57万元，社会商品零售额1766.2万元。2000年以后，吐列毛杜农场个体商户规模逐步扩大，2020年年末，吐列毛杜农场有个体商业网点62个，年销售总额达2350万元。

2020年，吐列毛杜农场从事超市、商店个体户的有宝玲超市、宝艳超市、亨源超市、小郭超市、建华超市、金萍商店、怀丽商店、刘淑兰副食商店、丹丹商店、韩志磊商店、姚丹丹商店、王鹏商店、占武商店、凤云商店、许春梅商店、藏建民商店，共16家，年销售商品总额1152万元；从事餐饮服务饭店个体户的有宝玲饭店、二丫饭店、竹香园火锅店、老范火锅店、天鑫狗肉馆、高金泉饭店、晓刚饭店、君来饭店、明扬饭店、聚鑫小吃部，共10家；从事住宿服务宾馆、旅店个体户的有宏源宾馆、宝玲宾馆、宏运来宾馆、留金睡悦旅店、鑫奇宾馆、王永红旅店、高金泉旅店，共7家；从事加工、农资服务个体户的有韩景才豆腐坊、李万军榨油坊、程文清榨油坊、马利成榨油坊、麻玉榨油坊、丁平榨油坊、齐国尚榨油坊、孔宪武榨油坊、梁凤琴生资店、李晓刚农资店、王红玉农资店，共11家；从事药店、兽药个体户的有顺鑫药店、梁凤琴兽药店、张晶波兽药店，共3家；从事理发、美容、服装个体户的有跃华理发店、敖青海理发店、千惠美发、益盛汉参美容院，共4家；从事农机、修理服务个体户的有宏鑫农机配件商店、徐凤林车床电焊修理、梁凤林电焊修理、姜勤昌电焊修理、刘占宏汽车修理、刘伟华汽车修理、丁平摩托车修理、师宝根摩托车修理、王子武修理、刘金山修理、赵艳廷电脑维修，共11家。

截至2020年12月，吐列毛杜农场有粮食收购站4个，总计产品销售资金2000万元。

第二章　商业经营管理

第一节　农场经营商业管理

吐列毛杜农场商业经营管理在不同的历史时期执行不同的经营管理办法。在 1980 年以前的计划经济时期内，根据本场的实际情况核定商店的流动资金、年营业额、销售利润；商业部门工作人员实行工资制，按工资标准由场发放；制定营业员应该遵守的工作制度和工作原则，其内容主要包括文明经商、礼貌待客、认真负责、不缺斤短两，要求营业员在工作中认真执行。年终，农场根据各项指标的完成情况和规章制度执行情况进行工作评比，评出先进单位与个人，销售任务完成多少不与本人工资挂钩。各商店分别在每年 6 月和 12 月进行一次货物商品盘点，盘点结果溢余部分上交，短款少货部分要查清原因，查不出原因的由当事人进行赔偿。

20 世纪 80 年代，农场商业部门陆续实行集体承包责任制，商店实行独立核算，先后改制为商业公司。农场的商业公司采取以“独立核算、定额上交、亏损自负、超利分成”为原则的经营承包责任制，其中的各项指标根据情况，在本场的《经营承包责任制方案》中明确规定，各商业公司也根据《经营承包责任制方案》制定本公司的管理办法或承包方案。农场商业经营管理进入集体和个人承包阶段。

20 世纪 80 年代初期，在国家和上级政策的支持与鼓励下，农场也积极支持职工兴办家庭商店、个体商店，并在承包政策上制定不同的优惠条件，职工兴办的个体商店逐年增多。

第二节　个体商业管理

吐列毛杜农场对个体商户的管理较为严格，首先要求开办个体商业的职工必须按规定到当地政府工商管理部门办理营业执照，做到执照依法经营、依法纳税，自觉接受物价部门的管理、监督与检查。场行政和工商业管理部门要经常对个体商业户进行安全、防火、防盗工作的检查，杜绝火灾等安全隐患，个体商店要自觉接受工商部门、食品卫生、卫生防疫部门的检查，严禁出售假冒伪劣、超过保质期及变质、失效的商品。

场内有关部门经常针对以上各项要求对商业个体户进行检查，并配合政府部门主管单位来场对个体商业户进行监督与检查。

第十编

电力 交通
通信与快递

中国农垦农场志丛

第一章　电　　力

第一节　管理机构

2000 年，吐列毛杜农场供电所有职工 2 人，各生产队设 1 名电工。

2009 年 6 月，吐列毛杜农场供电所并入蒙东国家电网，由兴安盟科右中旗分公司管理。

2020 年，吐列毛杜农场供电所所长白金海，营配班长舒景玉，综合班长程文利，综合柜员包蕊，台区经理李晓刚、高金泉。

台区分布：

高金泉：农场四队西台、农场一队、种子站、农场四队东台、农场四队五组。

程文利：新杜小区。

舒景玉：农场二队、农场西台、农场二队北台。

李晓刚：农场东台、农场三队、砖厂家属区。

所长白金海负责本供电所全面工作。班长程文利主要负责乡镇供电所指标考核与绩效管理，营业厅业务咨询与受理，电费管理，供用电合同管理，系统监控和分析，三库（表库、备品备件库、工器具库）管理，所务管理等综合性管理工作。班长舒景玉主要负责 10 千伏和 0.4 千伏配电设施巡视、运维检修、故障抢修及装表接电、用电检查，计量和用电信息采集设备运维、核（补）抄和催费，客户用电现场咨询，停电通知，安全用电管理和电力设施保护，设施设备以及客户信息管理和维护，属地协调等现场工作。客户经理高金泉、李晓刚负责辖区内 10 千伏配电设施运维检修（包括公、专变）和专变客户服务，配合台区经理开展低压客户服务。低压台区经理高金泉、李晓刚、朱凯负责辖区内 0.4 千伏配电设施运维检修，表计和集抄装置巡检，抄表催费，营销服务等业务。综合柜员包蕊负责所辖范围内低压用户用电咨询服务，所辖范围内的高、低压用电业务的受理，优质服务等业务，以及电费收费、业务费收费及票据管理工作，客户档案资料的管理，业务量的汇总归档，营业厅自助终端日常运维，新型业务开展等。

第二节　用电管理

2018年，调整了三次一般工商业电价，分别为《国家发展改革委关于电力行业增值税税率调整相应降低一般工商业电价的通知》（发改价格〔2018〕732号）、《国家发展改革委关于利用扩大跨省区电力交易规模等措施降低一般工商业电价的通知》（发改价格〔2018〕1053号）、《国家发展改革委关于降低一般工商业目录电价有关事项的通知》（发改价格〔2018〕1191号），价格共下降10%，下降之后不满1千伏（含农村电价）电价为0.727元、1～10千伏（含农村电价）电价为0.716元。2019年，调整了两次一般工商业电价，分别为《国家发展改革委关于电力行业增值税税率调整相应降低一般工商业电价的通知》（发改价格〔2019〕559号）、《国家发展改革委关于降低一般工商业电价的通知》（发改价格〔2019〕842号），价格总共下降10%，下降之后不满1千伏（含农村电价）电价为0.647元、1～10千伏（含农村电价）电价为0.637元。

2014—2020年吐列毛杜农场用电量如表10-1所示。

表10-1　2014—2020年吐列毛杜农场用电量统计表

年份	总结算电量（千瓦时）	总结算电费（元）
2014	210924	169888.94
2015	190258	123613.81
2016	201377	139274.90
2017	195574	117476.89
2018	196967	112966.81
2019	197364	114863.32
2020	197563	115893.11

第二章　交　　通

第一节　道路建设

2000年，吐列毛杜农场动员全场广大职工群众大干半个月，修整场部通往一、二、三队的公路，以后每年都组织人力修整场区，和场区相通的外地公路变为砂石公路。

2007年，吐列毛杜农场成立环境卫生整治管理大队，负责道路维修，交通状况有较大改善，形成了场队、场与外界四通八达的公路网。

2017年，吐列毛杜农场至后索根9.6公里的水泥路建成通车，场投资200万元，将此水泥路由4.5米宽加宽至6米。乌兰浩特至锡林郭勒的铁路和一级公路使四队交通条件大大改善，人们出行交通工具也由建场初期时的小马车、驴车、自行车变为现在的小轿车和SUV小汽车等。

第二节　道路运输

吐列毛杜农场1990年购进一台中型客车，往返于场部至巴仁哲里木火车站接送站。1991年，吐列毛杜农场购进一台旅游型大客车，2000年，吐列毛杜农场取消了汽车队，由原来的公有运输转由个体运输户运输。

2000年以后，个体客运业务悄然兴起，车型为小型、中型客车，现有班次早8：00由农场出发，11：00到达科右中旗；科右中旗上午10：00出发，到达农场时间为中午13：30。

进入21世纪以后，随着农场职工生活水平的日益提高和农场建设的发展，人们收入增多，家庭购车已成普遍现象，现吐列毛杜农场家庭小汽车拥有量已超过400辆，人们多为自驾出行。

第三章　通信　邮政　网络

第一节　通　　信

一、吐列毛杜农场中国联通营业厅

吐列毛杜农场联通营业厅成立于2004年，隶属中国联合网络通信有限公司科尔沁右翼中旗分公司吐列毛杜农场营业厅，负责人黄玉梅，维修员林园。

二、科右中旗赵志勇手机卖场

注册时间为2009年11月04日，经营者赵志勇。主要经营业务有代办移动营业、手机、手机饰品、服务。

三、科右中旗师宝根手机卖场

注册时间为2014年03月18日，经营者石温都色。主要经营业务有手机及配件销售、维修，计算机及软硬件销售、维修，通信设备、数码产品、家电智能家居销售，代办移动通信业务，代办移动宽带安装、维修业务及销售，通信工程设计及施工、设备租赁、技术咨询服务。

2017年11月末开通有线网络，覆盖吐列毛杜农场场部，无线覆盖吐列毛杜农场场部、吐列毛杜农场四队。

第二节　邮　　政

吐列毛杜农场中国邮政支局长舒莹。主要办理报刊订阅、印刷品、包裹、汇兑、信函业务；代办补换领机动车号牌、补换领机动车行驶证、补领机动车检验合格标志、小型私家车 6 年免检、补换领驾驶证业务。

吐列毛杜农场白马快递成立 2016 年 6 月 1 日，负责人舒莹，派送员刘胜楠。主要收发快递和物流。

可收发快递及物流有圆通快递、中通快递、天天快递、申通快递、韵达快递、顺丰快递、百世快递、汇通快递、安能快递、优速快递、德邦物流、小迪物流等。

第三节　网　　络

吐列毛杜农场联通、移动 4G 网络实现覆盖 95%以上，人们借助网络进行文字阅读、图片查看、影音播放、下载传输、游戏、聊天、购物等。网络丰富了人们的生活，给人带来美好的享受。

2007 年，联通有线覆盖第五生产队，2010 年实现全场有线覆盖。

2012 年，第一、二、四生产队安装了数字电视，第三生产队接通了互联网宽带，使全场生产连队数字电视信号覆盖率和网络宽带覆盖分别达到了 80%和 100%。

2017 年 11 月末，移动有线覆盖吐列毛杜农场场部，移动无线覆盖吐列毛杜农场场部、吐列毛杜农场四队。

中国农垦农场志丛

第十一编

经营管理

中国农垦农场志丛

第一章　经营管理体制

第一节　领导体制变革

吐列毛杜农场的企业领导体系变革是从 2001 年开始的，兴安盟农牧场管理局对吐列毛杜农场场长实行聘任制，场长均由兴安盟农牧场管理局局长直接聘任，报兴安盟委组织部备案。

第二节　经营机制转换

2001 年，吐列毛杜农场 27 个机械化承包组和职工个人承包土地经营生产的费用全部由承包户个人承担。农场负责发包土地，收取土地承包费（即提取）。

2009 年，吐列毛杜农场为适应国家政策的需要进行规模经营土地流转，成立了规模化经营管理区，承包场内 2.7 万亩土地，规模化经营管理区的生产费用由场负担。这时，农场的经营管理形式为职工个人和规模化经营管理区集体经营并存。

2020 年，吐列毛杜农场规模化经营管理区达到 3 个，经营土地面积为 5.7 万亩。

第三节　生产承包

2001 年，由于吐列毛杜农场转换经营机制，土地全部变为职工单独承包，为加强企业管理，进一步规范作为农场重要资源的土地的市场化管理，对土地经营承包制度进行改革。改革的内容是将全场耕地按使用性质分为两类，一类为“基本生活保障田”，一类为“市场田”。基本生活保障田作为企业员工保证生活和参加各项统筹的基本来源，基本生活保障田又分为基本生活田和保障田两部分。从 2001 年开始，给每个职工发包基本生活保障田 50 亩，其中 20 亩作为基本生活田、30 亩作为统筹医保田。职工在多出 50 亩以上的部分按市场田收取土地提取。市场田分为一、二、三类，一类土地承包费为每亩 33.00 元，二类土地承包费为每亩 28.00 元，三类土地承包费为每亩 22.00 元。

2004 年，随着国家对农业的重视，对种粮户进行补贴，农场发包给职工个人的生活保障田的补贴也发给承包户个人。

2006 年，国家减免农业税以后，吐列毛杜农场发包给职工的生活田依然不收取提取，但是承包的市场田价格大幅度涨价。

2007 年，吐列毛杜农场市场田一类土地提取标准 50.00 元，二类土地提取标准 43.00 元，三类土地提取 28.00 元。对新参加统筹的职工每人享受 25 亩保障田，参统人员退休后，场收回基本生活保障田。

2008 年，吐列毛杜农场市场田的承包价格为每亩 100.00 元，不分等级。

2015 年，吐列毛杜农场市场田提取管理费，实行阶梯地价，提取标准为 100 亩以内每亩 100.00 元，101～200 亩超出前一部分提取标准为每亩 120.00 元，201～300 亩超出前一部分提取标准为每亩 140.00 元，300 亩以上超出前一部分提取标准为每亩 170.00 元。规模化经营管理区的市场田提取标准为每亩 170.00 元，户籍不在场、非职工、未与场签订或建立劳动关系人员，承包农场土地均为市场田每亩 170.00 元。

第二章 财务管理

第一节 机构设置

吐列毛杜农场现有的计财机构是财务科，财务科设科长 1 人、副科长 1 人、记账会计 1 人、现金出纳员 1 人、统计 1 人，各生产队和其他经营单位都设有专职财会人员，各生产队和直属单位会计人员属于财务科派出人员，业务由场财务科指导。

吐列毛杜农场财务机构 1960 年建场后成立会计室，实行两级管理、一级核算。场会计室设主管会计、统计员、出纳员和保管员。各生产队设 1 名统计员。

2001 年 2 月，计财科科长常志民，副科长郝淑红，记账会计王翠清，现金温艳霞，统计员王洪涛。

2005 年，计财科科长常志民，副科长郝淑红，记账会计王翠清，现金程春华，统计员温艳霞。

2010 年，计财科科长常志民，副科长王翠清，现金员白银莲、庞利俊、张马莲根。

2011 年，计财科科长王翠清，统计员韩延杰，主管会计白银莲，记账会计张马莲根，出纳员戴汝迪。

2016 年，计财科科长王翠清，副科长韩延杰，会计孙德，出纳员程晶。

2020 年，计财科科长王翠清，副科长韩延杰，会计程晶、林秀奇、包玲玲、刘梓璇。

第二节 会计培训

2005 年 5 月，兴安盟农牧场管理局和兴安盟技术学校联合举办了财务会计训练班，吐列毛杜农场派常志民、郝淑红、王翠清、温艳霞、程春华参加学习。其间，主要学习了政治经济学、会计核算及电算化，为期 15 天，参加学习人员全部成绩合格。

2015 年 10 月 8 日，吐列毛杜农场选送戴汝迪、朱晶晶、韩艳奇、李艳秋、程宇豪、张萍赴黑龙江“八一”农垦大学财会班脱产学习。

2019 年 3 月 8 日，兴安农垦集团公司举办兴安农垦财会业务培训班，各分子公司财会人员参加，主要对会计基础、各项税费、专业知识进行培训。吐列毛杜农场派王翠清、韩延杰、郭科艳、朱晶晶、程晶、林秀奇、包玲玲、李艳秋、程宇豪、韩延奇参加培训。

2019年7月17日，兴安农垦集团公司在兴安职业技术学院举办兴安农垦各分公司财会人员培训班，主要对会计基础、各项税费进行培训。吐列毛杜农场派王翠清、韩延杰、郭科艳、朱晶晶、程晶、林秀奇、包玲玲参加培训，历时4天。

2019年8月12日，兴安农垦集团公司举办培训班，主要对集团分子公司的财务人员进行金碟软件培训。吐列毛杜农场派王翠清、韩延杰、朱晶晶、郭刻艳、包玲玲、程晶、林秀奇、刘梓璇、钟凯月参加培训，共学习7天。

2020年10月23日，兴安农垦集团公司在兴安盟广播电视大学举办兴安农垦各分公司财会人员培训班，主要对会计基础、各项税费、专业知识进行培训。吐列毛杜农场派王翠清、韩延杰、郭科艳、朱晶晶、林秀奇、包玲玲、刘梓璇参加培训，历时7天。

第三节　计划管理

吐列毛杜农场作为国有企业，其经营管理具有很强的计划性，20世纪末，国家对企业扩大了自主经营权，指令性计划基本没有了，市场化运作位于计划编制的主导地位，要根据上级的要求、下达的各项计划指标及市场实际情况，编制本年度的生产财务计划。

进入21世纪以后，国家对农垦改革提出了新的要求，农场的经济发展进入了快车道。这就更需要有中长期规划，制定发展经济的远景规划。

一、中长期计划

中长期计划是作为目标管理而制订的，一般3～5年为一个目标期，它是农场在这一期间内发展建设的依据，包括固定资产、农业投资、农业综合开发、产业结构和农田水利建设等基础建设规划。

二、年度计划

年度计划的编制是根据上级和农场的自身发展需要而制定的各项生产指标。2000年，兴安盟农牧场管理局以物质文明建设和精神文明建设为主要内容的双百分考核形式作为农场工作任务来考核。农场也用同样方式对各生产队制定出双百分考核标准，各生产队按双百分考核标准，在具体工作中落实执行。

2016 年，兴安盟农牧场管理局不再对各场实施“两个文明建设双百分考核”办法，改为对重要目标、重点工作进行综合考评。制定了综合考评实施办法和各项指标完成情况打分标准。

除年初制订生产计划，还制订各生产队的全年管理费用标准，具体费用由计财科根据生产队和直属单位的生产规模、任务量大小、人口数量、土地经营面积多少核定。费用的核定基本上本着略有余地的原则进行。学校、派出所、医院从企业中剥离出去后，人员工资不再由农场负担，但部分费用（业务招待费、单位供暖、部分维修费）仍由农场负担。全年费用核定后，各单位本着节约开支的原则，结余留用，超支不补。

三、计划执行和检查

生产财务计划下达后，各单位必须认真贯彻执行。执行过程中出现的问题和存在的困难要采取措施，予以解决。每年第三季度各单位要对本单位的计划执行情况做出评估和预计，年末做本单位的决算。计财科通过统计报表，及时掌握并定期检查各项计划的执行情况。从场到队一级单位，都配备专职或兼职的统计人员。各基层单位生产财务计划执行情况要按时报送场计财科，这些报表和上报资料由计财科汇总后进行分析、研究，发现问题及时向场领导汇报，以便及时采取措施，确保各项计划的实施和完成。

年末，会计人员要集中由财务科组织进行一次年末决算，适时召开财务决算会议，对于生产队突发性人为不可抗拒的灾害或非正常费用的开支，经生产队报告，计财部门会同有关部门共同核准，再报场领导批准，对计划进行适当调整。

兴安盟农牧场管理局每年都在年底之前组织有关科室检查各场工作责任目标完成情况，对各场进行考核评分，得分情况作为审定各场工作业绩的主要依据。农场也用同样的方法对本场各生产队的全年工作按责任目标逐条进行对照，检查评出各队的工作优劣，评出应得分数，进行综合评比，对成绩获前三名的单位进行表彰奖励。

第四节　财务管理

2001 年，吐列毛杜农场财务管理为一级核算，实行报账制，具体业务比较简单，主要是进行各单位的生产数字统计、工资核算等相应工作。是年，吐列毛杜农场为加强财务管理工作，做出财务管理工作的规定，要求全场的财务管理工作要在场长的领导下进行，要根据《中华人民共和国会计法》《会计人员职权条例》的有关规定，严格遵守财经纪律和财务制度，经常核查和监督各单位的财务管理工作，经常分析和研究经济活动情况，并给予正确指导；对统计报表和财务决算及年初计划的制订要保证做到及时、准确、完善，满足上级主管部门的要求；必须管好和合理使用各项资金，做到专款专用，注重增收节支，提高经济效益，当好领导的参谋；要准确、及时、全面地做好经营活动记录，分析、掌握财务收支情况，向场主管领导及时、准确地反映信息，以供领导进行经营决策之参考；负责签订与场内承包单位的合同，并汇总上报，积极清理内、外应收款项。督促各生产队按时完成承包合同的签订，对应收土地承包合同款，及时上交场计财科，做到合同土地数与应收提留款相符。发现有签订土地承包合同但提留款没有上交的，及时催补合同款上交到场；发生任何借款，借款人返场十日内必须报账，否则，按银行现行利率加息。

2001 年，为缓解场内资金紧张及兑付职工的工资和应付款困难，吐列毛杜农场党委决定，企业管理人员的工资与各生产队的土地承包收取提留相挂钩，调动管理人员下队收取土地承包提留，兑付工资。

2003 年，国家的各项惠农政策的实施也惠及了农垦企业，逐步剥离由企业承担的一些社会负担，从 2003 年开始，学校和派出所人员工资不再由企业承担，改由国家财政负担。

2006 年，兴安盟财政局、盟农牧场管理局根据国家相关政策，向农场承包土地的职工拨付与粮食补贴数相等的柴油、化肥等农业生产资料增支补贴，减轻了承包土地职工的经济负担。

2019 年 10 月，农场卫生院也移交给科右中旗卫生局管理，农场不负担人员工资和其他费用。

第五节 统计工作

建场初期，根据呼伦贝尔盟国营农牧场管理局的规定，场部和各生产队均设 1 名统计员。因当时实行“两级管理，一级核算”的管理体制，大量的统计工作集中在场部，主要负责统计上级主管部门布置的各类定期或不定期报表，普查场内生产进度等，各单位的统计员负责本单位的行政、生产进度及职工生活等方面的数字统计。

随着农场各项事业的发展，统计工作逐步加强，统计的项目也有所增加，统计工作的规章制度日趋健全，统计人员在工作实践中不断提高自身素质和业务水平，能及时、准确地收集、整理各类报表并及时上报，使统计工作能较好地为农场的经济建设和发展服务。

一、农业统计

农业统计分为年度统计和生产进度统计。年度统计内容有耕地面积、播种面积、播种量、肥料、农药施用量、油料消耗量、单产、总产等。生产进度统计主要是跟踪生产的全过程，做好阶段性生产资料的耗费及生产进度的统计，为领导指挥生产提供数字依据。

春播开始有春播生产进度和化肥、农药施用量统计，主要统计各种农作物的播种进度、播种地块的情况（伏翻、秋翻）及各地块的播种面积、标准亩耗油情况、化肥农药施用量及种类。

春播结束以后，进行伏翻整地及秋收准备情况统计，统计夏翻、耙地的数量，联合收割机、割晒机的检修情况。八月中旬开始秋收，进行秋收生产进度统计，主要统计各作物的割晒、拾禾、直接收割亩数，入场粮食及装袋数量，出售情况，秋翻整地等各项指标的进度情况。秋收结束，进行粮食销售情况统计，对现存留种数量及秋翻亩数等项指标进行统计。

这些农业统计报表由各农业单位每3～5天向场统计员上报一次，由统计员汇总上报给主管场长及相关部门。

二、林业统计

林业统计主要有造林面积、育苗面积、成幼林抚育面积和退耕还林面积及水果产量等。

三、畜牧业统计

畜牧业统计包括畜群变动、配种受胎率、繁殖成活率、仔幼畜死亡、纯增牲畜改良和商品率。畜牧业统计分日历年度和牧业年度统计，统计报表包括牲畜变动表、牲畜产仔月报表。

四、物资统计

物资统计主要统计物资采购、销售与库存，物资进销总值和库存总值以及生产所需化肥、农药、零件、油料的消耗等。

五、社会事业统计

社会事业统计主要统计全场户数、人口、民族、计划生育、人口发展速度等基本情况，全场土地资源和利用情况，文化、教育、科技、卫生、通信、广播事业发展变化情况，住宅基本建设情况，国民经济各部门职工人数与个体劳动者、创业者、人数变化情况统计。

2000 年，吐列毛杜农场统计人员参加了全国第五次人口普查，2001 年参加第一次全国基本单位调查。从 2003 年开始，统计年度报表使用新的经济行业分类标准，即对农、林、牧、副业产值的计算范围进行调查，农产品价格指数权数的计算和农业发展速度的计算。

2004 年，根据科尔沁右翼中旗统计局、兴安盟农牧场管理局的安排，对吐列毛杜农场境内从事第二产业和第三产业的从业人员、财务收支、资产状况以及企业的生产经营活动和生产能力、主要原材料和能源消耗等进行一次全面普查，吐列毛杜农场按时、按要求完成任务。

2008 年 4 月 30 日，在全自治区第二次农牧业普查中，吐列毛杜农场温艳霞被内蒙古自治区人事厅评为内蒙古自治区农牧业普查先进个人。

2010 年 3 月 8 日，在自治区第二次经济普查中，吐列毛杜农场温艳霞被内蒙古自治区第二次经济普查领导小组评为先进个人。

2016 年 12 月，在兴安盟 1%人口抽样调查中，吐列毛杜农场韩延杰、王永华被兴安盟统计局评为调查先进个人。

2010 年后，吐列毛杜农场各项统计报表由过去的员工汇总升级为计算机汇总。2007 年开始用网络技术完成数字信息传送，随着农场经济发展，统计工作更加科学、快捷、准确，可更好地为农场的经济建设服务。

曾经在吐列毛杜农场从事过统计的工作人员有：程宝财、王芳、朱纯福、周谷信、曾庆玲、康严丰、胡庆松、史双来、安文明、宝海中、白金贵、陈显武、王洪涛、王振、温艳霞、韩延杰、张孝德、张鹏、黄忠禄、高雪刚、崔东霞、许凤艳、藏建民、张建、赵斯琴、包文成、张淑芳、马洪波、郭亚娟、王蒙、李丽君、罗守连、马向东、程春华、邹海英、张萍、许强、朱晶晶、易兴国、白立东。

第三章 审计工作

第一节 机构与人员

审计科室是对农场财务工作进行检查监督的职能部门，主要工作任务是对企业的财务收支进行审计；对隐瞒、截留、乱摊成本费用，挤占挪用专项资金，随意增大管理费用支出和招待费支出进行审计调查；负责企业的专项审计；基建工程及项目的预算、决算、审计及验收；配合上级审计部门进行干部离任审计；对违反财务制度的事项提出改进、处理意见，以保证企业的财务管理工作正常进行和企业建设健康发展。

2000 年 1 月—2002 年 2 月，审计科科长杨光志；2002 年 2 月—2006 年 3 月，审计科科长秦加义；2006 年 3 月—2013 年 12 月，审计科科长郝淑红；2010 年 5 月—2011 年 2 月，审计科副科长温艳霞；2015 年 4 月—2016 年 6 月，审计科副科长谷兴华；2016 年 6 月—2019 年 4 月，审计科科长谷兴华。

第二节 审计工作概述

自审计科成立以后，除每年定期对场属各单位的财务管理工作进行检查以外，还配合兴安盟农牧场管理局审计科对 2000 年以来离任的各位场长进行了离任审计。

2000 年，确定审计科的工作职责是：对财务计划和各单位预算、决算执行情况进行审查；依法对各单位财务收支与经济活动进行审计监督；评价各单位生产经营活动的效益与会计资料及经营的真实性和正确性；对国家和单位资产管理情况进行监督；对违反国家财经法规的行为进行审计。

审计工作人员要做到：坚持财经法规实行依法审计；独立进行审计活动，做到客观公平；广泛听取群众意见，正确处理各方面关系；认真负责、深入实际、检查取证，防止主观臆断；谦虚谨慎，不以监督者自居；严守审计纪律，不得泄露所承担的审计事项及有关机密。

审计的形式以就地审计为主，审计前有审计通知书，审计时有审计工作底稿，审计方法为查账和调查相结合。审计结束后，向被审计单位提出审计人员的意见，在得到被审计单位主管领导认可后，要求其在审计工作底稿上签字，督促其及时纠正查出的问题。

2000年以后，场审计科定期对场直各生产单位的财务管理工作进行检查。检查的重点包括：决算是否真实，是否账账一致、账表一致、账证一致，有无弄虚作假现象，其金额数字为多少；应收款回收完成情况，上年农牧业提取是否完成，应收款项是下降还是上升，原因是什么；招待费支出情况；有无乱发奖金或变相乱发奖金，扩大劳保范围；各核算单位有无私分产品、截留应交场的分成利润现象；有无贪占挪用场资金等其他违反财经法规现象。

第四章　物资管理

第一节　物资管理机构与人员

2000 年 12 月，物资科共有职工 24 人。物资科是全场各业生产资料采购、供应的服务单位。

2001 年 1 月，随着农场经营管理体制的转变，由职工个人单独承包经营企业耕地，物资粮油的供应均由承包职工个人采购。随之，物资科、粮油科取消。

2011 年 2 月，农场建立 2 个规模化经营管理区，农场设立物资供销科，科长易兴国，编制 5 人。

2014 年，编制增加到 7 人。

2020 年 12 月，物资供销科共有职工 7 人，负责农场三个规模化经营管理区的物资供应、采购、销售工作。科长易兴国，主管会计郭刻艳，材料会计朱晶晶，保管员黄岩、窦广友、庞学忠。

2000 年，制定了供销科物资保管员岗位职责。具体要求是：认真学习专业知识，掌握好各种物资的物理性变化，保证物资不吸湿、不变质，做好“四防”工作；及时上报库存情况，协助领导做好供应计划，勤俭节约，一切物资的出入库手续必须有领导批准方可办理；手续必须清楚，见票付货，实物和账目必须相符，及时办理出入库手续。

第二节　产品供销

2001 年，吐列毛杜农场转换经营机制后，供销科、粮油科取消。

2011 年，吐列毛杜农场成立规模化经营管理区，需要进行统一供应物资，供销科也随之成立，负责规模化经营管理区产前、产中、产后的物资供应和产品销售服务，保证规模化经营管理区的生产顺利进行。

2011 年 3 月 10 日，吐列毛杜农场物资科成立后，为第一规模化经营管理区、第二规模化经营管理区、农业技术推广站及环保筑路大队的物资采购、产品销售等做好服务工作。

2011年，吐列毛杜农场物资科共采购各类化肥551吨、大麦种子170吨、油葵籽1.2万斤、柴油140吨、农机具15台套、配件共计40万元、农药40万元。销售小麦57.5公斤、大麦55万公斤、油葵190万公斤。

2012年，吐列毛杜农场物资科为规模化经营管理区采购农机具83台套，金额达314.4万元；采置柴油200吨，采购农药共计59万元，采购化肥650吨，采购零配件共计65万元，采购各种低值易耗品27.2万元。销售油葵1045.87吨、小麦95吨、大麦920吨。

2013年，吐列毛杜农场物资科为规模化经营管理区采购种子、农药、化肥共计89.931万元；采置柴油90吨，共计83.95万元；采购零配件93万元。

2014年，吐列毛杜农场物资科为三个规模化经营管理区采购种子、化肥、农药共计491.46万元；采置柴油260吨，共计236.89万元；采购零配件128.29万元。

2015年，吐列毛杜农场物资科为三个规模化经营管理区采购化肥1090.15吨、油葵籽8.6吨、大豆籽153.5吨，采购各类农药16.55吨、柴油315吨、零配件共计100万元。

2016年，吐列毛杜农场物资科为三个规模化经营管理区采购种子、化肥、农药共计570.256万元；采置柴油230吨153.26万元；采购零配件107.268万元。

2017年，吐列毛杜农场场物资科为三个规模化经营管理区采购化肥976.91吨、各类农药31.09吨、大豆籽124吨、油葵籽3.48吨、柴油290吨，采购零配件共计40万元，采购农机具39台套，共计813万元。

2018年，吐列毛杜农场物资科为三个规模化经营管理区购入各类农药34吨、化肥989吨、柴油350吨，购入植保无人机8台、种植大豆起垄机3台、天人S660玉米割台3台、马克播种机7台、约翰迪尔S660联合收割机3台，采购零配件共计60万元。

2019年，吐列毛杜农场物资科为三个规模化经营管理区采购种子111.5吨，其中大豆60吨、芸豆40吨、玉米11.5吨；化肥1129吨，其中二铵602吨、尿素250吨、钾肥230吨、复合肥47吨；农机具29台套，共花费705万元；柴油300吨；采购农药共花费220万元；零件共花费108万元。

2020年，吐列毛杜农场物资科为三个规模化经营管理区采购玉米种子，花费126.537万元；采购化肥1600吨，共花费421.106万元；采购农药共花费272万元；采购农机具6台套；采购柴油350吨，共花费219.4924万元；采购零件共花费80万元。

第十二编

人事劳动社会保障

中国农垦农场志丛

第一章　机构与改革

第一节　机　　构

劳资科和社会保障办公室职责为：负责劳动保护、劳动工资、社会保障、职工权益保护、招聘审查、报批协调工作、劳务输出管理、企业职工社会保险、退休手续办理、职工档案管理、依法行使劳动监察职能等。2000 年 3 月—2004 年 3 月，高青山任劳资科科长，白福全任劳资科干事；2004 年 3 月—2011 年 2 月，姜文涛任劳资科科长；2011 年 2 月—2020 年 12 月，许强任劳资科科长；2011 年 2 月—2017 年 4 月，庞利俊任劳资科干事；2017 年 4 月—2020 年 12 月，庞利俊任劳资科副科长；2017 年 8 月—2020 年 12 月，戴汝迪到劳资科工作；2018 年 4 月—2020 年 12 月，聘任许强为劳动保障所所长兼劳动保障中队队长。

2000—2020 年吐列毛杜农场劳资科、社会保障办公室工作人员名录如表 12-1 所示。

表 12-1　2000—2020 年吐列毛杜农场劳资科、社会保障办公室工作人员名录

职务	科室名称	姓名	任职年限
科长	劳资科	高青山	2000 年 3 月—2004 年 3 月
干事	劳资科	白福全	2000 年 3 月—2004 年 3 月
科长	劳资科	姜文涛	2004 年 3 月—2011 年 2 月
科长	劳资科	许强	2011 年 2 月—2020 年 12 月
干事	劳资科	庞利俊	2011 年 2 月—2017 年 4 月
副科长	劳资科	庞利俊	2017 年 4 月—2020 年 12 月
干事	劳资科	戴汝迪	2017 年 8 月—2020 年 12 月
所长兼中队队长	社会保障办公室	许强	2018 年 4 月—2020 年 12 月

第二节　人事劳动制度改革

2004 年，吐列毛杜农场先后调整充实了基层领导班子，生产队队长、书记全部实行“一肩挑”，机关科室由原来的 15 个减到 10 个，管理人员由 37 人压缩到 25 人。

第二章 人事劳动

第一节 人事管理

一、地方招录、毕业分配

为了提高兴安农垦职工的素质，农牧场管理局面向社会广泛招聘大学生充实农垦建设，以农学、农艺、畜牧、兽医、财会等专业为主。

2009 年 3 月，兴安盟农牧场管理局分配局自主招录大学生 3 名。

2009 年 9 月，分配大学生“村官”4 名。

2010 年 9 月，分配大学生“村官”1 名、“三支一扶”高校毕业生 2 名。

2011 年 3 月，兴安盟农牧场管理局分配在内蒙古民族大学进修的大学生 3 名。

2012 年，吐列毛杜农场分配在内蒙古民族大学进修的大学生 6 名。

二、农垦职工子女

2011 年 3 月，招聘录用 29 名场内职工子女为正式职工。

2012 年 6 月，招聘录用 24 名场内职工子女为正式职工。

2013 年 3 月，招聘录用 17 名场内职工子女为正式职工。

2014 年 3 月，招聘录用 33 名场内职工子女为正式职工。

2015 年 5 月，招聘录用 27 名场内职工子女为正式职工。

2017 年 3 月，招聘录用 10 名场内职工子女为正式职工。

2018 年 3 月，招聘录用 5 名场内职工子女为正式职工。

2019 年 4 月，招聘录用 9 名场内职工子女为正式职工。

三、部队转业官兵

部队转业官兵是农场职工队伍构成的重要组成部分。按国家兵役法的要求，每年都有青年应征入伍，这些应征入伍的青年退伍复原后，优先安排就业，成为职工队伍的骨干。

第二节　离休退休

一、离休条件

离职休养条件：在1949年9月30日前参加中国共产党所领导的革命军队的人员；在解放区参加革命工作并脱产享受供给制待遇的人员；在敌占区从事地下革命工作的人员。在东北和个别老解放区，1948年年底以前享受当地人民政府制定的薪金制待遇的干部，也享受离休待遇。

在1949年9月30日以前参加革命工作，由于工作需要，一直在工人岗位上从事工作，享受离休工人待遇。其待遇比离休干部略低，比普通退休工人待遇略高一些。

2001年7月，国家普遍提高了离退休人员的养老待遇，中华人民共和国成立前参加工作的工人每人每月增加150元后仍不足800元的增加到800元。

中华人民共和国成立前参加工作的老干部有白宝介、刘久文、黄相寺。

2004年5月，白宝介去世；2017年6月，刘久文去世；2020年5月，黄相寺去世。

二、退休条件

职工到龄退休，按国务院和内蒙古自治区劳动人事部门的文件政策规定执行，先由本人提出申请，单位领导签署意见，报分管场领导批准后，由劳资部门办理，报上级劳动部门审批。办理退休、退职必须具备以下条件：

（1）男职工、干部年满60周岁，女职工年满50周岁，女干部55周岁，连续工龄10年，累计缴费年限满15年，方可办理正式退休。

（2）因身体衰弱、完全丧失劳动能力，不能继续工作的，男年满50周岁，女年满45周岁，可凭医院等有关部门有效证明，申请办理因病提前退休。因病年龄未达到病退标准的可以申请办理退职。

第三节 劳动管理

2004年，在吐列毛杜农场承包项目、从事工作或搞个体经营的年满18周岁，男性55周岁、女性50周岁以下劳动力，每人每年均需承担7个社会义务工，以出工为主，由场统一安排出工项目，不出工按每天30元折资交场。同时，承担20个农田草原建设积累工，完不成的每个工日按30元折资交场，积累工由场统一分配。各单位使用积累工，必须先提出计划，经生产部门审核批准方可实施。完工后要及时请示验收，原则上不允许超出27个工日。生产及有关部门实地验收后，按实际出工完成比例核报积累工，同时每工日减免20元的管理费。伤残人员（三级以上，包括三级，以残疾证为准）不承担社会义务工及农田草原建设积累工。全场以积累工的形式，减免职工负担78万元。

此外，吐列毛杜农场建立健全了场务、队务公开制度，重点对各级管理人员的耕地、草牧场面积欠款等职工群众关注的焦点问题进行公开，每季公开一次。

2004年吐列毛杜农场管理人员工资调整如表12-2所示。

表12-2 2004年吐列毛杜农场管理人员工资调整

级别	结构工资	基础工资	工龄工资	各项补贴
正场	504元	300元	2元/年	男：126.5元 女：131.5元
副场	360元	240元	2元/年	男：126.5元 女：131.5元
正科	360元	200元	2元/年	男：126.5元 女：131.5元
副科	288元	200元	2元/年	男：126.5元 女：131.5元
科员	216元	200元	2元/年	男：126.5元 女：131.5元

2005年，吐列毛杜农场内退养老干部享受档案工资80%，场以资源补偿形式兑付工资。生产队管理人员工资实行岗位工资保底，效益工资与各项承包指标完成情况挂钩，体现多劳多得、奖勤罚懒的原则。

2006年，凡户籍在农场，承包项目、从事工作或搞个体经营的18周岁至退休年龄者，每人每年需承担15个农建工和5个义务工，每个工日折资30元，每人交场农建工保证金300元，农建工和义务工由场统一安排。各单位使用农建工，必须先提出计划，场审核批准方可实施。完工后及时请示验收，原则上不允许超出20个工日，生产及有关部门实地验收后，按实际出工完成比例核报农建工返还现金。丧失劳动能力的伤残人员不承担农建工，场不再减免土地提取。农建工使用以队为单位，单独立账管理。未完成农建工的，年末折资收款。

同年，按照“精简、统一、效能、服务”的要求，吐列毛杜农场对场内机构进行统一设置，实行全员聘任制，竞争上岗。机关管理人员核定编制为25人，科室合并，组建4个科室（政工科、生产科、财务科、办公室）。有4名同志离岗休息，享受企业内退待遇。撤销了原土地管理站、有线电视服务站、工商管理站、清欠结算中心4个单位。各队管理人员一律实行聘任制，年终按双百分考核结果，实行末位淘汰制。场党委出台了《关于加强全场各级干部的管理和考核工作的办法》，对全场两个文明建设目标管理考核工作进一步细化、量化。机关管理人员全员实行百分考核制，与所包生产队工作完成情况、清欠款回收挂钩，从而调动了全场管理人员的工作积极性。

2008年，吐列毛杜农场管理人员工资进行了调整，具体如表12-3所示。

表12-3　2008年吐列毛杜农场管理人员工资调整

级别	基础工资	职务工资	工龄工资	各项补贴
正场	800元	1200元	5元/年	男：126.5元 女：131.5元
副场	800元	1000元	5元/年	男：126.5元 女：131.5元
正科	800元	800元	5元/年	男：126.5元 女：131.5元
副科	800元	700元	5元/年	男：126.5元 女：131.5元
科员	800元	500元	5元/年	男：126.5元 女：131.5元

2009年，吐列毛杜农场加强对基层领导班子实绩考核和干部人事的管理，建立健全各项规章制度，在实行全员聘任制的基础上，严把选人、用人关。加强对干部的培养教育管理和监督，严格实行场务、队务公开制度。运用纪检、审计监督等多种手段，在土地发包等领域实行重点监督，发现有违法、违规的行为，实行有奖举报制度，一经查处，必将严惩，绝不姑息迁就。

2010年，吐列毛杜农场加强了组织建设。全场管理人员实行全员、全年动态管理，在实行全员聘用制的基础上，严把选人、用人关。春季，按兴安盟农牧场管理局组织部要求，派出1名新任职副场级干部、3名副场级后备干部参加兴安农垦青年干部培训班。同时，加强了对大学生村官和“三支一扶”大学生的管理与服务，各项待遇得到落实。

2012年，吐列毛杜农场为4名符合条件人员办理了病退，为26名到龄职工办理了退休手续。户籍在2012年7月1日后迁入场内的（不包括夫妻投靠的）不再分配生活田。

2013 年 4 月，吐列毛杜农场对管理人员工资进行调整，调整执行时间为 2013 年 1 月 1 日。

工资采取基础工资加职务工资的方式，基础工资为 1600 元，职务工资：正场级 2400 元、副场级 2000 元、正科级 1600 元、副科级 1400 元、科员 1000 元。工龄达到 30 年（含 30 年）以上的在岗科员，每月补贴 200 元。

2017 年，吐列毛杜农场对管理人员工资进行了调整，具体如表 12-4 所示。

表 12-4　2017 年吐列毛杜农场管理人员工资调整

级别	基本工资（元）	交通通信补贴（元）	艰苦地区补贴（元）	工龄工资（年/人）（元）	妇女卫生费（元）	取暖补贴（元）
正场	4500	500	230	10	5	231
副场	4100	500	230	10	5	210
正科	3700	500	190	10	5	189
副科	3500	500	190	10	5	168
科员	3100	500	150	10	5	147

2018 年，吐列毛杜农场畜牧服务中心实行报账制管理，除人员工资外，其他费用定额管理。机关干部、生产队、直属单位管理人员、集体单位员工全员执行岗位结构工资或参照工资。同时，进一步强化目标考核，完善考勤管理制度。机关及各单位管理人员岗位工资的 40%，直属单位一线职工岗位工资的 30%，管理区全体联产绩效工资及所有绩效工资均与工作实绩挂钩，与考勤、岗位目标责任、目标效益、尽职尽责情况、党委综合考评、年终评先评优挂钩。强化对个人履职尽责情况的考核力度，全方位落实问责、追责机制。场继续支持学校、公安派出所的建设与发展，给予与场经济发展相适应的适度扶持。

2018 年吐列毛杜农场管理人员工资调整如表 12-5 所示。

表 12-5　2018 年吐列毛杜农场管理人员工资调整

级别	基本工资（元）	交通通信补贴（元）	艰苦地区补贴（元）	工龄工资（年/人）（元）	妇女卫生费（元）	取暖补贴（元）
正场	4500	500	230	50	5	231
副场	4100	500	230	50	5	210
正科	3700	500	190	50	5	189
副科	3500	500	190	50	5	168
科员	3100	500	150	50	5	147
工勤	3200					147

2018 年，凡是已签订劳动合同人员，因私事外出必须遵守请假制度。生产单位职工外出一个月内由所在单位领导批准；一个月以上向劳资部门请假，由主管场长批准。不请假外出者发生意外或其他问题场不负责，对不请假外出超过六个月者，场有权解除劳动

合同。

第四节　劳动保护

劳动保护制度建设是以劳动者在劳动过程中的安全健康为宗旨、以劳动者遵守安全生产规则为目的的重要工作。

一、女工劳动保护

关心女职工的身心健康，女职工怀孕期、哺乳期，在工作安排上给予照顾，产期、哺乳期按规定安排假期和哺乳时间。

二、劳动保护用品发放

2000年，在资金紧张的情况下，吐列毛杜农场劳资科采取先付部分资金的方式，在乌兰浩特市劳动保护部门的用品商店购买劳动保护用品，购置了一线工人急需的防尘防沙眼镜、防尘帽子、手套、水鞋等劳动保护用品，保证了生产一线工作需要。

2001年，随着农场经营体制的转换，土地由个人单独承包耕种，其劳动保护用品不再由场购买发放，而是由个人自行购买。

2009年，吐列毛杜农场成立规模化经营管理区，统一经营2.7万亩耕地，购置了新的大型农机具。场聘用干部工人21人，其劳动保护用品由场统一购买，手套一人一年12副，工作服一人一年一套，风镜每人一年一副，防尘帽每人一年一顶，口罩每人4个，肥皂每人两块。

2011年，吐列毛杜农场规模化经营管理区由1个增加到2个，人员增加到46人，劳动保护用品同上年一样，按时发放，并为工人统一定制劳动服。

2014年，吐列毛杜农场成立了第三规模化经营管理区，场为管理区工作人员统一发放衣服和鞋帽等劳动用品。

2017年，吐列毛杜农场为3个规模化经营管理区工人购置了67套军用迷彩衣、迷彩鞋。

2019年，吐列毛杜农场为3个规模化经营管理区工人购置了79套军用迷彩衣、迷彩鞋。

第五节　职工福利

职工福利主要是指在工资和社会保险以外，在不违反国家政策规定的前提下，根据企业自身能力对职工所采取的物质或资金补贴，给职工生活提供直接和间接的帮助。

吐列毛杜农场的职工福利政策体现在两个方面。一方面是企业按国家政策规定要求，对于职工应该享受的福利政策和各项补贴，如取暖补贴、女职工卫生费等，按时按要求如数发放。另一方面是农场作为农垦企业，根据自己的特点和优势，在不违背上级方针政策的前提下，给职工创造一些福利条件以体现企业的优越性。每逢劳动节、国庆节、元旦、春节等重大节日，场为管理人员发放食品和物品，场领导、场工会组织对军属、烈属、困难家庭、重病职工、退休职工进行慰问，给他们送去米、面、食用油等慰问品，让他们充分感受到国家的温暖和企业的关怀。

2012年，吐列毛杜农场职工福利费、体验费、加班餐费、取暖补贴、误餐补助共计710601元。

2014年，吐列毛杜农场职工福利费、体验费、加班餐费、取暖补贴、误餐补助共计623762元。

2016年，吐列毛杜农场职工福利费、体验费、加班餐费、取暖补贴、误餐补助共计665863元。

2018年，吐列毛杜农场职工福利费、体验费、加班餐费、取暖补贴、误餐补助共计584064元。

2020年，吐列毛杜农场职工福利费、体验费、加班餐费、取暖补贴、误餐补助共计741933元。

第三章　社会保障

第一节　养老保险　医疗保险

从2006年1月起，吐列毛杜农场为在职职工缴纳医保，医保费是上年度社平工资80%的4%。在职职工需缴纳医保费309.5元，退休人员缴纳大病救助款20元。

2006年11月，按照兴安盟社保局、盟农牧场管理局和中旗医疗保险中心文件精神，吐列毛杜农场经研究决定收缴职工2006年养老保险和2007年医疗保险费（简称“两项”费用）。2006年缴费基数为553元，高于553元的，按实数收取，比例为20%（其中，企业承担12%、个人承担8%）。2007年，医疗保险费在职职工收取329.5元，退休职工收取20元。参加“两项”保险者，可享受统筹医保田25亩。

2006年11月，按兴安盟社保局的要求，结合吐列毛杜农场实际情况，决定农场的正式职工可参加养老保险。新参加养老保险的职工需补交：①1996年1月1日—2003年6月30日的保险，金额3022元；②2003年7月1日—2006年12月31日的保险，金额5296.95元。两项共计8318.95元。补交后方可参加养老保险。准备新参加统筹的机组欠款职工，所补交的两项费用给予“还三免七”的优惠政策抵顶账面欠款。从2007年1月1日起参加养老保险的职工可享受统筹医保田25亩。

2006年11月，吐列毛杜农场为鼓励未参统的职工积极踊跃参加养老保险，经研究决定，新参加养老保险的职工可享受8318.95元×70%部分的还欠款优惠政策。机组承包亏损部分一次性还清账面欠款的参保职工可享受还款优惠政策。如果无力一次性偿还，可分期偿还，每年缴纳养老保险总额企业承担的部分按还欠享受优惠政策，继续减免账面欠款，直至还完账面欠款为止。

2006年，吐列毛杜农场出资8万元，为228名退休人员和管理人员办理了人寿保险，为454名职工办理了医疗保险，为843名职工群众办理了合作医疗。

2007年3月，为解决吐列毛杜农场非职工身份人员的养老保险问题，根据有关政策并结合场实际，经场党委扩大会议研究决定，场内职工子女和户籍在场的非职工身份人员可到劳资科和计财科办理参加灵活就业养老保险手续。参加养老保险的人员，场将给其

10 亩保障田（按二类计算）的优惠政策，15 年后或到达法定退休年龄，场将收回保障田。

2007 年 6 月，吐列毛杜农场收缴职工 1—12 月养老保险金和医疗保险。养老保险缴费基数为 618 元，缴费比例为 20%；医疗保险缴费基数为 726 元，缴费比例为 8%。同时交纳大病医疗救助金，每人每年 100 元。

2007 年，吐列毛杜农场为 68 人新办理养老统筹，在职职工参加养老统筹人数达到了 676 人，年缴统筹金 89.5 万元。新参加医疗保险人数 114 人，全场共 570 人参加医疗保险，年缴费 37.2 万元。

同时，吐列毛杜农场为全场参加统筹人员建立数据库，并建立了个人账户。完成 185 名退休人员的调资工作，调资额 17784 元，人均月增资 96 元。兑现拖欠退休人员、教师及在职人员工资 209 万元。

2008 年 3 月，吐列毛杜农场收缴医疗保险费 806 元/人、大病医疗救助费 100 元。

2008 年 12 月，吐列毛杜农场收缴职工 1—12 月养老保险金。参加统筹人员工资不足 721 元的按 721 元收取，月工资高于 721 元的按实际工资收取，缴费比例为 28%。

此外，吐列毛杜农场仍有 66 名退休人员没有参加医疗保险。场党委于 11 月 30 日召开会议研究决定，让没有参加医疗保险的退休人员全部参加医疗保险，新参加医疗保险的退休人员需补交 2007 年、2008 年两年的基本医疗保险费 1128 元和两年的大病救助费 200 元，合计 1328 元。新参加医保退休人员和以前退休人员的待遇一样。

2008 年，吐列毛杜农场按灵活就业参加社会养老统筹扩面的人员每人享受 10 亩养老统筹田，享受期限最高不超过 10 年或法定退休年龄。户籍在场从事生产经营但未参加养老统筹的职工每人享受 20 亩零负担田。参统职工子女（年满 18 周岁以上且在 7 月 1 日前出生）且户籍在场的，每人享受 15 亩零负担田。享受期限参照正式职工法定退休年龄。未参统职工子女（年满 18 周岁以上且在 7 月 1 日前出生）且户籍在场的，每人享受 15 亩减负田，提取标准每亩 70 元。享受期限参照正式职工法定退休年龄。

2010 年 5 月，吐列毛杜农场收缴职工 1—12 月医疗保险费。在职职工每人每年收缴 1448.80 元（含 100 元大病款）；企业管理人员每人每年收缴 437.2 元（含 100 元大病款），企业负担 1011.6 元；退休人员每人每年收缴 100 元。

2010 年 11 月，吐列毛杜农场收缴职工 1—12 月养老保险金。按全盟 2010 年社平工资的 60%收缴（即 1054 元），比例为 28%，高于 1054 元按实际工资额收缴，场管理人员和退休人员（未享受统筹田人员）按 8%收缴。

2011 年 11 月，吐列毛杜农场收缴职工 1—12 月养老保险金。按全盟 2011 年社平工资的 60%收缴（即 2100.08 元×60%＝1260.05 元），比例为 28%，高于 1260.05 元的按实际工资额收缴，场管理人员和2011年退休人员、内退人员（未享受统筹田人员）按8%收缴。

按照中旗医保局有关文件精神，农场对全场参加城镇居民医疗保险和农村合作医疗的人员收缴2012年医疗、农合保险金，参加城镇居民医疗保险人员的保费每人每年260元，享受低保待遇的每人每年200元，未满18周岁的每人每年40元，农村合作医疗保险每人每年50元。

2012年11月，吐列毛杜农场收缴职工2012年1—12月养老保险金、农村合作医疗保险费。2012年1—12月养老保险统筹按兴安盟2011年社平工资的60%（即2503.67元×60%×28%×12=5047.4元），2012年场退休人员、内退人员（未享受统筹田人员）按8%收缴（即2503.67元×60%×8%×12=1442.11元）。

2013年，场内耕地实行两田制，即分为基本生活保障田和市场田。基本生活保障田分为零负担田、养老统筹田、生活田和医保田，基本生活保障田免收土地管理费，享受各项政策性补贴。凡2012年前参加社会统筹人员，每人享受20亩零负担田、22亩养老统筹田、8亩医保田，职工到退休年龄后由企业收回。自2013年起新参加养老统筹、医疗保险扩面的人员，不再分配零负担田、养老统筹田、医保田，各项保险费用的缴纳企业应缴部分由企业承担，个人应缴部分由个人承担。退休职工大额医疗保险款由企业承担。

2014年，吐列毛杜农场缴纳职工养老保险费803人，缴纳职工医疗保险823人，缴纳工伤保险812人，缴纳住房公积金167人，办理退休职工28人，缴纳城镇居民医疗保险549人，缴纳农村合作医疗1410人；为238名女职工办理了特病保险。

2016年4月，吐列毛杜农场补缴金额及补缴基数由兴安盟社保局按补缴年度上一年社会平均工资核定。已参统职工补缴1996年1月—2003年6月的补缴金额，企业承担部分由企业支付，个人承担部分由个人负担。已参统职工有其他年度断档欠费的，补缴金额全部由个人承担。新参加养老保险的职工，各年度补缴费用（含2016年费用）全部由个人承担。

2017年，吐列毛杜农场784名职工完成养老保险费的缴纳。缴纳职工医疗保险764人，共计331.5万元；缴纳大病保险1107人，共计11万元；缴纳工伤保险747人，共计23.7万元，全部由企业承担；缴纳住房公积金196人；办理退休职工33人。11月，全场退休职工达393人，缴纳城镇居民医疗保险1433人，缴纳农村合作医疗1100人，实现了常住人口医疗保险全覆盖。为466名女职工办理了特病保险，为6户8人争取了城镇居民最低生活保证金。

2018年，参加统筹、医保的职工以现金形式全额上缴统筹金、医保金。当年不能足额缴纳的，从统筹人员中除名，场收回统筹田、医保田。参统职工到法定退休年龄时，当年年初收回全部耕地，该年度统筹、医保金企业应缴部分由企业承担，个人应缴部分由个人承担。退休职工大额医疗保险款，由企业承担。

2018 年，吐列毛杜农场缴纳职工医疗保险 730 人，共计 327 万元；缴纳大病保险 1002 人，共计 11 万元；缴纳工伤保险 712 人，共计 36 万元，全部由企业承担；缴纳城镇居民医疗保险 1502 人，缴费 39 万元；缴纳农村合作医疗 1100 人；为 499 名女职工办理了特病保险，实现了常住人口医疗保险全覆盖。缴纳住房公积金 207 人，共计 185 万元；办理退休职工 37 人，其中病退 2 人，截至 11 月，全场退休职工 414 人、“五七工” 111 人；办理新型农村养老保险退休 3 人；为 4 户 8 人争取了城镇居民最低生活保证金。

2019 年 1—12 月，吐列毛杜农场为男同志年满 40 周岁、女同志年满 35 周岁的 93 名干部职工缴纳企业年金。以个人工资为基数，4%由个人负担，计 23.6196 万元，8%由企业负担，计 47.2392 万元。

2020 年，养老统筹按内蒙古自治区 2019 年社平工资的 60%作为缴费基数，1 月分配统筹地职工缴费金额 757.01 元，2—11 月缴费金额 2775.70 元，合计缴费 3532.71 元。未分配统筹地职工及享受场内退待遇人员 1—12 月缴费金额 3028.03 元，1459 人缴纳农村合作医疗。

2020 年，吐列毛杜农场职工与单位订立劳动合同，依法参加企业职工基本养老保险并履行缴费义务，符合男性员工满 40 周岁、女性员工年满 35 周岁条件的共 114 人，缴纳企业年金 77.46 万元。

第二节 “五七工” 养老金待遇

2011 年 11 月，按照兴安盟社保局有关文件精神，为吐列毛杜农场符合办理“五七工”条件的 75 名人员缴纳养老保险金，2011 年月平均养老金 655 元。

2012 年，吐列毛杜农场为 49 名符合条件人员办理了“五七工”养老保险。

2014 年 4 月，吐列毛杜农场为 54 人办理“集体工”养老保险，2014 年月平均养老金 781 元。

第三节 遗属生活费

2010 年 1 月，吐列毛杜农场按国家规定，对去世职工的配偶，以现金形式按月发放遗属生活补贴。

2010—2020 年吐列毛杜农场发放遗属生活补贴情况如表 12-6 所示。

表 12-6　2010—2020 年吐列毛杜农场发放遗属生活补贴情况

年份	人数（人）	合计（元）
2010	27	64800
2011	26	62400
2012	17	64260
2013	17	71400
2014	12	66360
2015	11	60690
2016	11	60690
2017	10	55020
2018	9	49350
2019	8	43680
2020	8	43680

第四节　住房公积金

2011 年 1 月，吐列毛杜农场全体管理人员开始缴纳住房公积金。以每月应发工资总额为基数，按单位和管理人员个人各 12%的比例缴交。单位缴存部分和个人缴存部分的 12%均由单位财会统一代收、代扣，并在管理人员每月发放工资后 5 日内上缴到兴安盟住房公积金管理中心。

2020 年，吐列毛杜农场全场职工共有 214 人缴纳住房公积金。

中国农垦农场志丛

第十三编

党的建设

中国农垦农场志丛

第一章 中共吐列毛杜农场党组织

第一节 党 委

2000年，吴宝山任党委书记，领导班子成员有董宝石、陈福、陈良忠、唐立勋、刘姝。

2004年2月，党委书记吴宝山离岗。

2004年2月15日，中共兴安盟农牧场管理局委员会对吐列毛杜农场领导班子进行调整。董宝石任场长、党委副书记，陈福任党委副书记、纪检委书记，陈良忠任副场长、党委委员，刘姝任工会主席、党委委员，许刚任副场长、党委委员。

2004年2月22日，吐列毛杜农场党委分工为：董宝石主持全场工作，分管计划财务科；陈福负责党建、公安、武装、司法、审计工作；陈良忠分管农业、林业、农机、安全生产工作；刘姝分管工会、共青团、妇联、计划生育、文教卫生、工商业工作；许刚分管常务、畜牧业、劳动工资、养老保险、档案室、土地科工作。

2005—2010年，中共兴安盟农牧场管理局委员会通知董宝石任党委书记。

2009年3月—2016年，中共兴安盟农牧场管理局委员会通知增补刘华为党委委员。

2010年3月14日，中共兴安盟农牧场管理局委员会对吐列毛杜农场领导班子进行调整。武宝权任党委书记、场长，常志民任党委副书记、副场长，许刚任党委委员、常务副场长，吴玉琴任党委委员、工会主席、副场长，刘华任党委委员、农业副场长，隋德慧任党委委员、纪检书记、副场长，王玉才任党委委员、牧业副场长。

2010年3月30日，吐列毛杜农场场党委的分工为：武宝权全面负责全场生产、经营、管理工作，分管部门包括计划财务科、劳资科；常志民负责党建、老干部工作，协助场长抓好经济管理工作，分管组宣、信访、维稳、综治、卫生院、学校，包片第三生产队；许刚负责常务工作，主抓防火、防汛、救灾、基本建设规划、工商业、电力工作，分管行政办公室、档案室、环保筑路队、自来水管理办公室工作，包片第一生产队；吴玉琴负责群团组织、社会事业，分管工会、共青团、妇联，包片第五生产队；刘华负责农、林业生产及安全生产工作，分管生产科、农业技术推广站、农机监理站、第一管理区，包片第四生产队；隋德慧负责党风廉政建设、武装、司法，协助党委书记抓好党建工作，分管审计科、武装、司法、广播电视服务站，包片第二生产队；王玉才负责畜牧业生产工作，分管畜牧科、草原站、兽医站、改良站，包片第六生产队。

2010 年 4 月 30 日，中共兴安盟农牧场管理局委员会通知增补韩聚东为场党委委员。党委班子成员为武宝权、常志民、许刚、吴玉琴、刘华、隋德慧、王玉才、韩聚东。

2015 年 10 月，中共兴安盟农牧场管理局委员会通知李连生任农场局驻吐列毛杜农场纪检组长，免去隋德慧纪检书记职务。

2016 年 12 月，中共兴安盟农牧场管理局委员会通知，同意常志民辞去场领导职务的申请，免去常志民党委副书记、副场长职务。

2016 年 12 月，中共兴安盟农牧场管理局委员会通知隋德慧任党委副书记。党委班子成员为武宝权、隋德慧、许刚、李连生、王玉才、韩聚东。

2018 年，中共兴安盟农牧场管理局委员会通知韩聚东任吐列毛杜农场党委委员、副场长，丁晓明任吐列毛杜农场党委委员、副场长，姜文涛任吐列毛杜农场党委委员、工会主席。免去李连生派驻纪检组长职务，任纪检委书记。党委班子成员为武宝权、隋德慧、许刚、韩聚东、李连生、丁晓明、姜文涛。武宝权任党委书记、场长，隋德慧任党委副书记。总财会师为王翠清，总农艺师为张宝君。程文达、王玉才享受正场级待遇，场分配工作。场党委成员及场级领导分工情况为：武宝权负责场全面工作，分管计划财务科、劳资科；隋德慧负责党建、精神文明建设工作及老干部工作，协助主要领导抓生产经营工作，分管组宣科、产业化办公室，联系单位为公安派出所；许刚负责常务、防火防汛、应急救灾、基本建设、规划、环境卫生整治、工商业、电力工作及河长制管理工作，分管行政办、档案室、便民服务大厅、基建办、土地规划办、环卫队、物业，包片第五生产队；韩聚东协助党委书记抓党建、精神文明建设工作，负责信访维稳、武装司法、综治工作，是党委主体责任联络人，分管部门信访办、综治办、司法办、武装部、广电办，包片第二生产队；李连生负责全场党风廉政建设、企业资产管理监督、工作任务落实督导工作，分管纪检监察室、审计科，包片第一生产队；丁晓明负责农业、林业、安全生产、科技培训工作，分管生产科、农业技术推广站、土肥站、农机监理站、管理区、物资供销科、绿办，包片第四生产队；姜文涛负责群团组织、社会事业、文教卫生、计划生育、民政救灾、关工委、老年体协、老年科协工作，分管群工部、计生办、民政办、卫生院，包片第三生产队，联系单位为学校；王翠清协助主要领导抓全场经济、财务工作，负责惠农惠牧、专项资金管理使用及职工养老统筹、医疗保险；张宝君协助分管副场长抓农业生产，负责农业科技试验示范、推广应用及科技示范园区建设工作；王玉才协助主要领导主抓全场畜牧、草原工作，负责畜牧业生产、农垦质量追溯体系（肉羊）建设工作，分管畜牧科、畜牧中心；程文达协助主要领导主抓全场农田水利设施基本建设，负责河长制管理日常工作，分管农业设施管理站。

2019年1月4日，中共兴安盟农牧场管理局委员会通知任隋德慧为吐列毛杜农场（分公司）党委书记、场长、总经理，免去其党委副书记职务。任武宝权为兴安农垦集团有限责任公司董事长助理（享受副总待遇），免去其吐列毛杜农场党委书记、场长职务，派驻吐列毛杜农场（分公司）指导工作。

2019年7月8日，中共兴安盟农牧场管理局委员会通知许刚任党委副书记，免去其副场长职务；韩聚东任副总经理、社区管理委员会主任；李连生任副场长、副总经理，免去其纪检委书记职务；丁晓明任副总经理；姜文涛任副场长、副总经理，免去其工会主席职务；滕倩任党委委员、纪检委书记、工会主席。党委班子成员为武宝权、隋德慧、许刚、韩聚东、李连生、丁晓明、姜文涛、滕倩。

2019年8月6日，吐列毛杜农场对领导班子分工进行调整：隋德慧主持吐列毛杜农场（分公司）党委、吐列毛杜农场（分公司）全面工作，分管计划财务科、劳资科、分公司财务部、人力资源部、企业发展合作部，联系单位为派出所；许刚协助党委书记主抓党建工作，负责党建、精神文明建设、老干部工作，是党委主体责任落实人，分管组宣科、分公司政工部；李连生协助场长、总经理主抓常务工作，负责常务、防火防汛、应急救灾、基本建设、规划、环境卫生整治、工商业、电力工作、河长制管理工作，分管行政办、档案室、基建办、土地规划办、环卫队、分公司综合部，包片第一生产队；韩聚东协助党委书记主抓社区管理委员会工作，负责社区管理委员会、信访维稳、卫生保健、乡村振兴、三供一业、司法武装工作，分管计生办、信访办、综治办、司法办、武装部、居委会、便民服务大厅、产业化发展办公室、社区管理委员办公室，包片第二生产队，联系单位为电管所；丁晓明协助场长、总经理主抓农牧业生产工作，负责农业、牧业、林业、安全生产、科技培训、农产品品质提升工作，分管生产科、农业技术推广站、土肥站、农机监理站、管理区、物资供销科、绿色食品办公室、畜牧科、畜牧服务中心、分公司农牧业生产部、资源管理部，包片第四生产队；姜文涛协助党委书记主抓文教卫生、民政救灾救助、关工委、老年体协、老年科协工作，分管民政办，包片第三生产队，联系单位为学校和医院；滕倩协助党委书记主抓工会工作，负责工会、群团，协助副书记抓党建、精神文明建设工作，主持全场（分公司）纪检全面工作，是纪检监督责任落实人，分管场（分公司）纪检监察室、审计科、群工部、广电办、分公司政工部群团、考核工作，包片第五生产队；陈宏（副总待遇）协助抓农牧业生产、农机社会化服务、畜牧产业发展；王翠清（总会计师）协助主要领导抓全场经济、财务工作，负责惠农惠牧和专项资金管理使用、职工养老统筹、医疗保险；张宝君（总农艺师）协助分管副场长抓农业生产，负责农业科技试验示范、推广应用，以及科技示范园区建设工作。

2020 年 1 月，根据工作需要，经场党委研究决定，领导班子进行了分工调整：党委书记、场长、分公司总经理隋德慧主持吐列毛杜农场（分公司）党委、吐列毛杜农场（分公司）全面工作，分管计划财务科、劳资科、分公司财务部、人力资源部、企业发展合作部，联系单位为派出所；党委副书记许刚协助党委书记主抓党建工作，负责党建、精神文明建设、老干部工作，是党委主体责任落实人，分管组宣科、分公司政工部；党委委员、副场长、副总经理李连生协助场长、总经理主抓常务工作，负责常务工作、防火防汛、应急救灾、基本建设和规划、环境卫生整治、工商业、电力工作及河长制管理工作，分管行政办、档案室、基建办、土地规划办、环卫队、分公司综合部，包联第一生产队；党委委员、副场长、副总经理、社区管理委员会主任韩聚东协助党委书记主抓社区管理委员会工作，负责社区管理委员会、信访维稳、卫生保健、乡村振兴、三供一业、司法武装工作，分管计生办、信访办、综治办、司法办、武装部、居委会、便民服务大厅、产业化发展办公室、社区管理委员办公室，包联第二生产队，联系单位为电管所；党委委员、副场长、副总经理丁晓明协助场长、总经理主抓农牧业生产工作，负责农业、牧业、林业、安全生产、科技培训、农产品品质提升工作，分管生产科、农业技术推广站、土肥站、农机监理站、管理区、物资供销科、绿色食品办公室、畜牧科、畜牧服务中心、分公司农牧业生产部、资源管理部，包联第四生产队；党委委员、副场长、副总经理姜文涛分管全场畜牧、草原工作，分管畜牧科、畜牧服务中心，包联第三生产队，联系单位为学校和医院；党委委员、纪检书记、工会主席滕倩协助党委书记主抓工会工作，负责工会、群团工作，协助党委书记主抓文教卫生、民政救灾救助、关工委、老年体协、老年科协工作，协助副书记抓党建、精神文明建设工作，主持全场（分公司）纪检全面工作，是纪检监督责任落实人，分管场（分公司）纪检监察室、审计科、群工部、广电办、分公司政工部群团、考核工作，包联第五生产队；陈宏，副总待遇，协助抓农牧业生产、农机社会化服务、畜牧产业发展；王翠清协助主要领导抓全场经济、财务工作，负责惠农惠牧、专项资金管理使用以及职工养老统筹、医疗保险；张宝君协助分管副场长抓农业生产，负责农业科技试验示范、推广应用以及科技示范园区建设工作。

2000—2020 年吐列毛杜农场历任党委书记、党委副书记如表 13-1、表 13-2 所示。

表 13-1　2000—2020 年吐列毛杜农场历任党委书记名录

职　务	姓　名	任职时间
党委书记	吴宝山	2000 年 1 月—2004 年 2 月
党委书记	董宝石	2005 年 2 月—2010 年 3 月
党委书记	武宝权	2010 年 3 月—2019 年 1 月
党委书记	隋德慧	2019 年 1 月—2020 年 12 月

表 13-2　2000—2020 年吐列毛杜农场历任党委副书记名录

职　务	姓　名	任职时间
党委副书记	张文明	2000 年 1 月—2003 年 12 月
党委副书记	孙建国	2000 年 1 月—2004 年 1 月
党委副书记	陈　福	2004 年 1 月—2010 年 3 月
党委副书记	常志民	2010 年 3 月—2016 年 12 月
党委副书记	隋德慧	2016 年 12—2019 年 1 月
党委副书记	许　刚	2019 年 7 月—2020 年 12 月

第二节　党 支 部

党支部是吐列毛杜农场党委领导下的基层党组织。2020 年，吐列毛杜农场共有基层党支部 12 个，分别是中共兴安盟吐列毛杜农场第一生产队支部委员会、中共兴安盟吐列毛杜农场第二生产队支部委员会、中共兴安盟吐列毛杜农场第三生产队支部委员会、中共兴安盟吐列毛杜农场第四生产队支部委员会、中共兴安盟吐列毛杜农场第五生产队支部委员会、中共兴安盟吐列毛杜农场老年支部委员会、中共兴安盟吐列毛杜农场管理区支部委员会、中共兴安盟吐列毛杜农场机关党群支部委员会、中共兴安盟吐列毛杜农场机关行政生产支部委员会、中共兴安盟吐列毛杜农场老干部支部委员会、中共兴安盟吐列毛杜农场学校支部委员会、中共兴安盟吐列毛杜农场畜牧服务中心支部委员会。

一、中共兴安盟吐列毛杜农场第一生产队支部委员会

2020 年，第一生产队党支部有中共党员 15 人，支部委员会成员为：书记——吴建平；组织委员——刘纯成；宣传委员——赵图雅。

2000—2020 年吐列毛杜农场第一生产队党支部历任书记、副书记如表 13-3 所示。

表 13-3　2000—2020 年吐列毛杜农场第一生产队党支部历任书记、副书记名录

职　务	姓　名	任职时间
书　记	张文彬	2000 年 1 月—2003 年 2 月
书　记	李方文	2003 年 3 月—2004 年 2 月
书　记	陈显武	2004 年 3 月—2007 年 3 月
书　记	朱　明	2007 年 3 月—2011 年 2 月
副书记	张孝德	2011 年 2 月—2012 年 2 月
书　记	温铁成	2012 年 2 月—2014 年 8 月
书　记	戴玉军	2014 年 8 月—2016 年 6 月
副书记	王　蒙	2014 年 8 月—2016 年 6 月
书　记	王　蒙	2016 年 6 月—2017 年 8 月
书　记	吴建平	2017 年 8 月—2020 年 12 月

二、中共兴安盟吐列毛杜农场第二生产队支部委员会

2020 年，第二生产队党支部有中共党员 22 人，支部委员会成员为：书记——白永生；组织委员——程志强；宣传委员——赵斯琴。

2000—2020 年吐列毛杜农场第二生产队党支部历任书记、副书记如表 13-4 所示。

表 13-4　2000—2020 年吐列毛杜农场第二生产队党支部历任书记、副书记名录

职　务	姓　名	任职时间
书　记	赵　文	2000 年 1 月—2000 年 12 月
书　记	徐占臣	2001 年 1 月—2003 年 2 月
副书记	陈显武	2003 年 2 月—2004 年 3 月
书　记	程庆新	2004 年 3 月—2007 年 3 月
书　记	李方文	2007 年 3 月 14 日—2007 年 3 月 22 日
书　记	白福全	2007 年 3 月—2011 年 2 月
副书记	周玉林	2011 年 2 月—2012 年 2 月
书　记	张孝德	2012 年 2 月—2014 年 2 月
书　记	许　强	2014 年 2 月—2014 年 9 月
书　记	白永生	2014 年 9 月—2020 年 12 月

三、中共兴安盟吐列毛杜农场第三生产队支部委员会

2020 年，第三生产队党支部有中共党员 18 人，支部委员会成员为：书记——王蒙；组织委员——刘建军；宣传委员——郭芳。

2000—2020 年吐列毛杜农场第三生产队党支部历任书记、副书记如表 13-5 所示。

表 13-5　2000—2020 年吐列毛杜农场第三生产队党支部历任书记、副书记名录

职　务	姓　名	任职时间
书　记	雷树祥	2000 年 1 月—2001 年 2 月
书　记	岳利军	2001 年 3 月—2011 年 2 月
副书记	吴建平	2011 年 2 月—2012 年 2 月
书　记	吴建平	2012 年 2 月—2017 年 8 月
书　记	王　蒙	2017 年 8 月—2020 年 12 月

四、中共兴安盟吐列毛杜农场第四生产队支部委员会

2020 年，第四生产队党支部有中共党员 18 人，支部委员会成员为：书记——藏建民；组织委员——张鹏；宣传委员——马洪波。

2000—2020 年吐列毛杜农场第四生产队党支部历任书记、副书记如表 13-6 所示。

表 13-6　2000—2020 年吐列毛杜农场第四生产队党支部历任书记、副书记名录

职　务	姓　名	任职时间
书　记	徐占臣	2000 年 1 月—2001 年 2 月
书　记	程庆新	2001 年 3 月—2004 年 2 月
书　记	李仓德	2004 年 3 月—2007 年 3 月
书　记	胡占双	2007 年 3 月—2014 年 9 月
书　记	张　鹏	2014 年 9 月—2016 年 6 月
副书记	藏建民	2014 年 9 月—2016 年 6 月
书　记	藏建民	2016 年 6 月—2020 年 12 月

五、中共兴安盟吐列毛杜农场第五生产队支部委员会

2020 年，第五生产队党支部有中共党员 20 人，支部委员会成员为：书记——陈玉杰；组织委员——张孝德；宣传委员——白德利。

2000—2020 年吐列毛杜农场第五生产队党支部历任书记、副书记如表 13-7 所示。

表 13-7　2000—2020 年吐列毛杜农场第五生产队党支部历任书记、副书记名录

职　务	姓　名	任职时间
书　记	王景州	2000 年 2 月—2004 年 3 月
书　记	庞忠斌	2004 年 3 月—2007 年 3 月
书　记	张　鹏	2007 年 3 月—2011 年 2 月
副书记	张　华	2011 年 2 月—2012 年 2 月
书　记	张　华	2012 年 2 月—2013 年 12 月
书　记	滕　倩	2013 年 12 月—2017 年 8 月

（续）

职 务	姓 名	任职时间
副书记	陈玉杰	2015 年 4 月—2019 年 12 月 3 日
书 记	陈玉杰	2019 年 12 月 3 日—2020 年 12 月

六、中共兴安盟吐列毛杜农场机关党群支部委员会

2020 年，机关党群支部有中共党员 22 人，支部委员会成员为：书记——王树有；组织委员——韩艳秋；宣传委员——庞利俊。

2019 年 1 月 17 日—2020 年 12 月 31 日，机关党群支部书记为王树有。

七、中共兴安盟吐列毛杜农场机关行政生产支部委员会

2020 年，机关行政生产党支部有中共党员 31 人，支部委员会成员为：书记——马向东；组织委员——白永强；宣传委员——何志刚。

2019 年 1 月 17 日—2020 年 12 月 31 日，机关行政生产党支部书记为马向东。

八、中共兴安盟吐列毛杜农场畜牧服务中心支部委员会

2020 年，畜牧服务中心党支部有中共党员 6 人，支部书记李明玉。

2000—2020 年吐列毛杜农场畜牧服务中心党支部历任书记如表 13-8 所示。

表 13-8 2000—2020 年吐列毛杜农场畜牧服务中心党支部历任书记名录

职 务	姓 名	任职时间
书 记	陶特格	2001 年 3 月—2003 年 3 月
书 记	蔡 阁	2004 年 3 月—2011 年 2 月
书 记	岳利军	2011 年 2 月—2012 年 2 月
书 记	李振文	2012 年 2 月—2015 年 4 月
书 记	朱 明	2016 年 6 月—2017 年 8 月
书 记	李明玉	2017 年 8 月—2020 年 12 月

九、中共兴安盟吐列毛杜农场学校支部委员会

2020 年，学校党支部有中共党员 14 人，支部委员会成员为：书记——刘立新；组织

委员——许凤莲；宣传委员——隋玉纯。

2000—2020 年吐列毛杜农场学校党支部历任书记、副书记如表 13-9 所示。

表 13-9　2000—2020 年吐列毛杜农场学校党支部历任书记、副书记名录

职　务	姓　名	任职时间
书　记	田建梅	2000 年 1 月—2004 年 12 月
书　记	程文科	2005 年 4 月—2007 年 3 月
副书记	刘立新	2005 年 8 月—2007 年 3 月
书　记	刘立新	2007 年 3 月—2020 年 12 月
副书记	张华	2020 年 10 月—2020 年 12 月

十、中共兴安盟吐列毛杜农场老干部支部委员会

2020 年，老干部党支部有中共党员 16 名，孙建国任老干部党支部书记。

2000—2020 年吐列毛杜农场老干部党支部历任书记如表 13-10 所示。

表 13-10　2000—2020 年吐列毛杜农场老干部党支部历任书记名录

职　务	姓　名	任职时间
书　记	康严丰	1999 年 5 月—2011 年
书　记	孙建国	2011 年—2019 年 12 月

十一、中共兴安盟吐列毛杜农场老年支部委员会

2020 年，老年党支部有中共党员 47 名，姜文涛兼任老年党支部书记。

十二、中共兴安盟吐列毛杜农场管理区支部委员会

2020 年，管理区党支部有中共党员 12 名。支部委员会成员为：书记——白勇刚；组织委员——张玉祥；宣传委员——赵武。

2014—2020 年吐列毛杜农场管理区党支部历任书记如表 13-11 所示。

表 13-11　2014—2020 年吐列毛杜农场管理区党支部历任书记名录

职　务	姓　名	任职时间
书　记	张孝德	2014 年 2 月—2017 年 8 月
书　记	白勇刚	2019 年 12 月—2020 年 12 月

第二章　组织工作

吐列毛杜农场的组织工作一直归场党委直接领导，围绕全场中心工作开展制度建设、基层组织建设、党员队伍建设等工作。

第一节　机构设置

吐列毛杜农场组织科是场党委的办事部门和干部、党员管理机构，也是党的组织工作领导管理中枢。

组织科的主要职能包括：负责场内的干部管理、推荐、考核；干部的升、降、任、免命令行文及干部调转手续办理；干部的档案管理；党的组织工作管理；党员发展、组织建设、党员教育等工作。

2000 年，组宣合署办公称为组宣科；2002 年，组织科、宣传科分设；2004 年，组织科、宣传科再次合署办公；2006 年，经场党委会研究决定，机关科室进行合并，组织科被划分到政工科；2011 年，经场党委研究决定，对机构设置进行重新调整，恢复组织科建制。

2000—2020 年吐列毛杜农场组织科历任负责人如表 13-12 所示。

表 13-12　2000—2020 年吐列毛杜农场组织科历任负责人名录

职　务	姓　名	任职时间
科　长	许　刚	2000 年 1 月—2004 年 3 月
科　长	徐立文	2004 年 3 月—2011 年 2 月
科　长	姜文涛	2011 年 2 月—2018 年 2 月
科　长	滕　倩	2018 年 2 月—2019 年 7 月

曾在组织科担任过干事、科员职务人员有（按任职时间先后顺序排序）：张毅、吴建平、刘忠宝、滕倩、刘晓艳、韩艳秋、白冰、白巴图孟贺。

第二节　党基层组织发展

2000 年，吐列毛杜农场成立第五生产队党支部，王景州任党支部书记。

2002年，吐列毛杜农场成立第六生产队党支部，蔡阁任党支部书记。

2009年，经场党委研究决定，成立综合党支部，场直单位（草原站、兽医站、改良站、医院、农机监理站、有线电视服务站、农业技术推广站、派出所等）的所有党员都划归综合党支部过组织生活，王玉才任党支部书记。

2010年10月8日，成立吐列毛杜农场医院党支部，齐那木拉任党支部书记。

2011年2月，第五生产队与第六生产队合并，党支部随之合并。

2014年，经场党委会议研究，同意成立管理区党支部，张孝德任党支部书记。

2019年1月17日，撤销中共兴安盟国有吐列毛杜农场机关党支部，成立中共兴安盟国有吐列毛杜农场机关党群支部委员会、中共兴安盟国有吐列毛杜农场机关行政生产支部委员会。王树有任党群支部书记，马向东任行政生产支部书记。

第三节　党员发展与管理

吐列毛杜农场党委一直注重党员培养发展工作，始终保持党的先进性和纯洁性，使党的基层组织保持旺盛活力。2020年12月，吐列毛杜农场全场共有党员241人。

农场发展党员始终贯彻党的基本理论、基本路线、基本纲领、基本经验、基本要求，按照控制总量、优化结构、提高质量、发挥作用的总要求，坚持党章规定的党员标准，始终把政治标准放在首位，各党支部严格履行党员发展原则及程序，严格按照发展标准把关，成熟一个发展一个。在发展党员的过程中，先发展积极分子队伍，在积极分子中确立发展对象，进行重点培养。严格执行党员预备规定，预备期满之后，经过支部大会表决通过，成为正式中国共产党党员。

党费收缴按党章规定执行，并全额上缴上级党组织，按规定范围使用，一般不准超过规定标准，如果特殊情况下党费使用超支，必须在下一年度的党费中补齐。

党委和基层党支部经常通过党员大会、支部大会、组织集中学习和办学习班等方式对党员进行党性教育、党风党纪教育和先锋模范作用的教育。每年“七一”都对优秀的党务工作者、优秀的共产党员进行表彰，平时也通过板报、新闻媒体对党内的先进人物和事迹进行宣传，党员教育工作常抓不懈。

党员统计工作每年由组织科按上级组织部门的要求进行。

第四节　党员教育

2005年，按照兴安盟牧场管理局党委的统一部署，场党委制订了《在全场开展保持共产党员先进性教育活动实施方案》，召开了保持共产党员先进性教育动员大会。各基层支部积极动员，全体党员积极参与，制订了详细的学习计划，所有管理人员都参加了40学时的先进性理论学习，并记录了1万～1.5万字的笔记，副科级以上管理人员撰写党性分析材料。

2006年，吐列毛杜农场党委制订了《吐列毛杜农场创建学习型企业和机关的实施方案》，各单位按照要求，以创建学习型机关、企业为契机，深入开展理论学习活动。“十一五”期间，理论学习工作要以邓小平理论和“三个代表”重要思想为指导，紧紧围绕“四增四新”和建设和谐农场、文明农场、富裕农场、诚信农场，以全面提升全场广大干部职工整体素质为目的，以树立全新的学习理念、进一步完善和创新学习制度为总体要求，加快建立学习激励和约束机制，全面推进全场干部职工学习政治理论、学习科技知识、学习经济知识、学习法律知识、学习业务知识的自觉性，不断提高广大干部职工的思想道德素质、理论政策水平、科学文化知识、业务工作能力，造就一批复合型、知识型、学者型的企业管理人才。吐列毛杜农场开展党建“三项工程”建设，投资2万元，为场6个生产队配备广播器材，并添置电视、VCD等设备，为丰富职工文化活动，每个支部都对已有的文化室进行了修缮，购置了相应的文体器材，藏书200册以上。

2006年，吐列毛杜农场派出所、综治办、司法办等部门密切配合，完成普法教育任务，严厉打击各种邪教组织，狠刹歪风邪气，加强青少年的法制宣传教育，充分发挥家庭、社会的力量，做好引导教育工作。

2007年，吐列毛杜农场通过“请进来、送出去”内外结合的培训方式，先后参加了农场局举办的场队干部培训班、畜牧业培训班、新闻写作培训班、审计和统计培训班，组织干部共计20人参加了培训。同时，要求参加培训和外出考察人员回来之后，每人撰写一篇学习体会和考察报告，并在单位干部大会上进行汇报，对建立学习型机关、企业起到了积极的促进作用。同时，积极与兴安盟党校联系，在场办函授班，组织30人报名参加了党校函授班学习。

2007年5月25日，为深入贯彻落实兴安盟、农牧场管理局“主题年”和“五大工程”启动实施动员大会精神，场党委在认真组织党委中心组学习的基础上，召开了由全场管理人员参加的“主题年”和“五大工程”启动实施动员大会，会上传达了“肃风整纪工程”“环境营造工程”“干部知识更新工程”及“全民素质提升工程”“执政能力建设工程”等三年规划和当年实施方案。

2011 年，开展了“我与文明同行，共创文明农场”活动。通过发放宣传单、倡议书，邀请专家讲座，举办演讲和知识竞赛等形式，动员职工群众参与“节约水、电、粮食”等文明生活习惯及文明礼仪教育。围绕建党 90 周年开展了“我们的节日”“我为党旗添光彩”“红歌大家唱”等大型公民道德主题实践活动。与工会联合开展了“五好家庭”“我推荐、我评议身边好人”“好公婆”“好媳妇”“百佳十星级文明户”“百佳农牧民”“和谐生产队”评比活动。开展了“文明卫生连队”评比活动。制定《精神文明建设“十二五”规划》。开展大讲堂活动，邀请专家讲授政策、法律、科技、文化、民俗等相关内容，以及农牧民先进典型示范引导。

2012 年，吐列毛杜农场安排党委中心组理论学习 12 次。规范了各基层支部学习制度，各基层党支部每月开展 2 次学习活动，撰写了学习体会、工作研究等。聘请兴安盟委党校老师到场为全场管理干部职工举办思想政治讲座，同时聘请有关专业人员开展科普知识、科技知识、生产技能等讲座和培训。聘请专业人员对信息员队伍进行了培训。开展了“百佳十星级文明户”“百佳文明农牧民”“五好家庭”“文明单位”“文明生产队”“文明街”“我推荐、我评议身边好人好事”评选活动。开展“读一本好书”活动。

2013 年，吐列毛杜农场聘请兴安盟委党校 3 位讲师到场开设了为期两天的十八大主题讲座，并组织全场管理人员利用远程教育网络开展学习活动。

2014 年，吐列毛杜农场邀请兴安盟党校、盟农业局、盟农业技术推广站、科右中旗计生局等多位专家学者举办了“农业科技大讲堂”“党的群众路线教育实践活动大讲堂”“农机驾驶安全知识大讲堂”“文化大讲堂”等 10 场专题讲座。3 月 27 日，邀请兴安盟委党校、兴安职业技术学院的两位教授及原农场局党委书记陈殿武到场举办《落实发展思路、做好兴安筑梦人》专题讲座，全场党员干部参加讲座。组织党员、干部、职工集中学习 15 次，每名党员干部记录 4 万字以上笔记，为 5 名年老体弱的老党员上门送学。举办新入职职工岗前素质培训 1 期，培训职工 35 人。

2015 年，邀请兴安盟党校、盟农业局、盟农业技术推广站、科右中旗计生局等多位专家学者举办讲座。根据实际情况适时开展了“农业科技大讲堂”“党的群众路线教育实践活动大讲堂”“农机驾驶安全知识大讲堂”“文化大讲堂”等专题大讲堂。

2016 年，吐列毛杜农场开展“两学一做”学习教育工作。各支部利用每周一、周五下午时间，组织全体党员、干部、积极分子进行集中学习，每名党员干部认真记学习笔记，定期写学习心得。举办了场党委书记“两学一做”专题党课，各包队场领导分别深入基层支部进行了讲党课活动。4月1—2日，邀请兴安盟委党校、盟职业技术学院的3名教授及讲师到场为全场党员进行为期2天的专题党课讲座，各支部组织全体党员干部集中学习了习近平在中国共产党十八届六中全会上的讲话精神和《关于新形势下党内政治生活的若干准则》《中国共产党党内监督条例》，全年开展党委中心组学习12次，积极参与“全盟党建理论研讨”活动。场党委承担的调研课题论文《国有农场党建问题研究》获得兴安盟党建研究会2016年度党建课题优秀成果奖。

2017年2月25—27日，吐列毛杜农场全场300名干部职工参加了齐齐哈尔市传统文化教育基地讲师讲授的“道德讲堂”传统文化教育培训。开展“两学一做”学习教育工作，按照“两学一做”学习计划安排，各支部每周组织一次由全体党员、干部、积极分子参加的集中学习，并定期开展主题研讨活动。每名党员、干部认真记学习笔记，定期写学习心得。6月30日，召开了题为《遵守铁的纪律、牢记使命担当》的场党委书记专题讲党课，全场管理干部参加；各包队场领导分别深入基层支部进行讲党课。

2018年，吐列毛杜农场党委中心组组织理论学习12次。1月26日，场党委围绕“中国特色社会主义新时代”主题，进行了十九大精神专题学习研讨；3月11—12日、3月17—18日，两次邀请盟委党校、盟职业技术学院教师来场分别为在职职工和全场管理人员举办了两期学习培训班。加强微信群管理，与全场各微信群主签订了“微信健康安全”协议书。4月10日，开通了吐列毛杜农场微信公众号，场经济发展优秀成果和主流文化思想得到宣传；4月，印发了《吐列毛杜农场党的十九大精神学习教育培训工作实施方案》。年内，各支部“两学一做”集中学习和自学均达到了30次以上，机关及场直单位党支部集中学习达42次，各支部组织集中学习讨论22次，开展专题研讨7次。6月25日，围绕意识形态工作进行了专题研讨，撰写心得体会文章13篇；7月1日，召开全场党员大会，党委书记做了题为《为开创农场改革发展新局面而努力奋斗》的专题党课，各包队场领导分别深入基层支部讲党课。吐列毛杜农场被盟委、盟公署授予“全盟社会矛盾化解专项行动先进集体”，全场有5人受到盟级各部门表彰。

2019年6月30日，吐列毛杜农场（分公司）党委书记、场长隋德慧为全体党员讲了题为《砥砺初心使命　力促改革发展》的专题党课。

2019年9—12月，吐列毛杜农场（分公司）开展“不忘初心、牢记使命”主题教育，成立吐列毛杜农场“不忘初心、牢记使命”主题教育领导小组。利用各类媒体做好新闻宣传、理论宣传、网络宣传和典型宣传等对外宣传工作。

2019年10月12日，吐列毛杜农场（分公司）组织管理干部、党员共76人，在机关三楼会议室通过远程视频，参加了盟农场局（兴安农垦）邀请盟党校孔誉淳老师以“学习

党史守初心　坚定信仰担使命”为题的专题辅导讲座。

2019 年 10 月 17 日上午，为深入开展“不忘初心、牢记使命”主题教育，吐列毛杜农场党委组织全场 98 名管理干部进行了“学习强国”App 知识专项测试。测试结束后，党委书记、场长、总经理隋德慧以《不忘入党初心　牢记党员使命》为题，给全体管理干部讲了一堂生动的党课，兴安盟农牧场管理局（集团公司）主题教育工作第四指导组组长贾磊及成员列席。下午，全场管理干部观看了“不忘初心　牢记使命”北疆英模先进事迹报告会。

2019 年 11 月 15 日，吐列毛杜农场（分公司）举办消防知识培训班，特邀内蒙古国安消防知识宣传中心王永强教官为场防灭火小组成员 80 多人进行专业消防安全知识培训。

吐列毛杜农场（分公司）各基层党支部严格按照组织生活及“三会一课”制度执行。2020 年 1 月 26 日，召开党支部书记抓基层党建述职评议考核大会，各支部书记重点围绕深入学习贯彻习近平新时代中国特色社会主义思想、推进“五化协同、大抓基层”、发挥基层党组织战斗堡垒作用和党员先锋模范作用、落实意识形态工作责任制、党风廉政建设责任制、加强基层党支部标准化规范化建设等方面，回顾总结了本支部 2020 年党建工作开展情况，深入查找了工作中存在的问题及原因。1 月 19—26 日，场 9 个基层党支部相继召开了专题组织生活会，开展了民主评议党员工作，同时推选出 4 个“最强党支部”。结合“场长进百家、队长进每家”记好民情日记活动，继续扎实深入开展党员干部“一助一”结对帮扶工作，已有 39 名有能力的党员干部与全场 39 名贫困职工完成了帮扶对接，为职工解决生产生活困难 70 件，并分别制订了长期帮扶和脱贫计划，切实为职工群众排忧解难，解决了困难职工生产生活的难题。

2020 年 7 月 1 日，通过开展创新方式讲党课，按照“北疆党课进行时”活动实施要求，结合农垦精神、垦区传统文化教育，场党委书记隋德慧在纪念建党 99 周庆祝活动上讲了题为《牢记初心担使命　改革发展砥砺行》的专题党课。各支部书记也在活动后为支部党员讲了党课，提高了党员觉悟，增强了党员意识。

2020 年，春播在即，机关支部党员主动到管理区昼夜两班倒，帮助打赢春耕战。秋收之际，在倒伏的玉米地里，全体党员连续奋战 20 余天，参加捡玉米劳动，确保粮食颗粒归仓。

2020 年，吐列毛杜农场（分公司）结合“不忘初心、牢记使命”主题教育工作，扎实推进学习教育工作常态化制度化，各党支部深入学习党章党规、习近平总书记系列重要讲话、《习近平谈治国理政》第三卷、党的十九届四中全会的决定等学习材料和上级重要会议精神，用党的理论创新成果武装头脑、指导实践。受新型冠状病毒疫情影响，机关党支部、场直单位党支部“两学一做”集中学习4次、自学34次，各基层党支部“不忘初心、牢记使命”专题自学均达到30次。全场党员充分利用好“学习强国”App，在党员干部中开展“晒积分”活动，要求党委成员在全场管理人员工作微信群定期晒积分，普通党员每天在支部学习群里晒积分。通过以上活动的开展，在党员中形成了比学、帮学的良好氛围。

第五节　老干部工作

吐列毛杜农场离休干部有高根柱、黄相寺、刘久文、张庆喜、黄敬海、白芩、刘凤祥、白宝介，共8人。

在中央落实了老干部的工资全额发放、医药费用全部报销政策以后，离休干部们的生活、医疗、健康和保障等得到进一步提高，幸福指数进一步提升。

2010年，吐列毛杜农场老干部工作以科学发展观为指导，按照全盟离退休人员工作会议要求和局党委对老干部工作的整体部署，以迎接兴安盟农牧场管理局成立30周年、建场50周年及第二届油葵节等重大庆典活动为契机，抓好老干部的思想政治工作和各项生活待遇的落实，不断拓展老干部工作思路，提升服务管理水平，使全场老干部工作取得进一步突破。年内组织2次老干部参观考察，按阶段及时召开座谈会，开展适合老年人的体育活动，丰富老干部的生活，走访慰问异地居住的离休干部。

2011年，吐列毛杜农场老干部工作以抓好思想政治工作和各项生活待遇的落实为基础，积极开展各项活动。在特殊节日走访慰问，定期组织“五老人员”开展“场史教育”讲座。

2012年，吐列毛杜农场老干部工作以抓好思想政治工作和各项生活待遇的落实为基础，积极开展各项活动，在重大节日走访慰问，定期为老干部进行免费体检。

2013年，吐列毛杜农场结合老干部的特点和实际，认真组织老干部学习“十八大”及局、场工作会议精神。8月16日，邀请乌兰浩特市地区老干部到场召开座谈会，带领老干部参观了场农业化规模经营区、农业技术推广站、产业化园区、校园等地，让他们进一步了解农场的发展思路和发展变化。在重大节日走访慰问，每半年为老干部安排一次体检。

2014年，吐列毛杜农场成立了总面积200平方米的退休职工活动中心，为老年活动中心购置和建设了一批娱乐设备设施，包括棋、牌、球、健身、书报资料、健身器材等。

2017年，吐列毛杜农场高度重视离退休老干部工作，努力增强老干部工作的政治责任感和服务意识。在全面落实老干部政策待遇的同时，积极为离退休老同志办实事、解难事，确保离退休老同志安度晚年。6月，场党委安排医院为离退休职工、工人进行免费体检。8月，邀请老干部回场召开老干部座谈会，共有11名老干部参加。在重大节日开展各种形式的走访慰问活动，让老干部随时了解和关注农场改革取得的新成果，感受组织的关怀和温暖。春节、“七一”期间两次走访、慰问老干部。自治区70周年大庆期间，派专人到山东走访、慰问了离休干部黄相寺。

老年体协工作上新台阶。场积极开展各项文体、娱乐活动，丰富老年人生活。2017年8月，举办了广场舞比赛，参加全局第十一届门球比赛。同时，投入14.5万元新建两处草坪门球场。

2018年6月，吐列毛杜农场为12名老干部进行免费体检；春节、“七一”期间走访慰问老干部15人。关工委为农场小学开展场史、党史专题讲座2次，开展法治教育课3期。8月，组织开展了老年门球邀请赛，来自兄弟场和毗邻乡镇、苏木的12支代表队参加了比赛。

2019年2月15日，吐列毛杜农场组宣科、妇联、团委联合开展了为老干部、老党员“送学上门”志愿服务活动，各支部相继组织青年志愿者和巾帼志愿者为所在支部的老干部、老党员上门安装“学习强国”软件，耐心地教会他们如何使用App进行理论政策学习，让老干部、老党员能够随时学习，及时了解时政信息，增长知识，确保退休老干部、老党员“不缺课，不掉队”。走访慰问老干部、老党员29人；为黄相寺发放庆祝中华人民共和国成立70周年纪念章一枚；组织11名老干部进行体检。

2020年，按照上级要求，完成退休党员组织关系转接工作，根据自治区党委组织部要求，国有企业退休党员组织关系转入相应街道（苏木乡镇）和社区（嘎查村）党组织，共计完成转接9人。春节前，走访慰问老党员9人、老干部10人、遗属2人，为他们送去慰问金及节日的祝福；6月，组织12位老干部在乌兰浩特市人民医院进行体检；9月，组织老年门球队到西哲里木镇参加门球比赛；9月12日，举办农垦文化旅游开放日活动，邀请场退休老干部、老同志参加活动，让老干部、老同志了解农垦改革取得的新成果，感受组织的关怀和温暖。

第三章　宣传工作

吐列毛杜农场宣传工作由场党委直接领导。宣传科是做具体工作的职能部门，各基层生产队有兼职通讯报道员。宣传工作的宗旨是根据不同时期的政治形势和上级的宣传口径进行思想上、理论上和形势上的宣传；宣传党在各个时期的方针、政策和对场内职工群众进行政治教育和思想教育，起到弘扬正气、推动党委中心工作、促进精神文明建设和物质文明建设作用。

宣传科主要职责包括：抓农场的内宣和外宣工作；政治宣传活动的策划和组织；企业政策的宣传及职工群众队伍的思想教育、政治教育；基层通讯员的培训。2020 年 12 月，宣传科配备了摄像机、照相机等宣传工作所需的器材设备，并对广播电视部门的工作进行领导。

第一节　机构设置

2000—2005 年，宣传科与组织科合并，称组宣科。

2005—2010 年，组织、宣传、劳资、妇联 4 个部门合并，称政工科。

2011—2019 年，组宣科从政工科分离出来单设，称宣传科。

2000—2019 年吐列毛杜农场宣传科历任负责人如表 13-13 所示。

表 13-13　2000—2019 年吐列毛杜农场宣传科历任负责人名录

职　务	姓　名	任职时间
科长	许　刚	2000 年 1 月—2004 年 3 月
科长	徐立文	2004 年 3 月—2005 年 6 月
科长	隋德慧	2005 年 6 月—2010 年 2 月
科长	韩聚东	2011 年 2 月—2018 年 1 月
科长	滕　倩	2018 年 2 月—2019 年 7 月

曾在宣传科担任过干事、科员的人员有（按任职时间先后顺序排序）：庞利俊、王蒙、韩艳秋、白巴图孟贺、白冰。

第二节　内宣与外宣

2005年，吐列毛杜农场全年在《兴安日报》等新闻媒体发稿70篇。

2006年，吐列毛杜农场投资3000元购买了数码照相机。

2006年6月30日，吐列毛杜农场全体党员以表彰大会、征文比赛、党委（扩大）中心组学习相结合的方式开展庆祝建党85周年活动。

2009年，吐列毛杜农场开展“和谐农垦、和谐家庭”创建活动，围绕“爱我农垦、建好家园、兴我农场”开展实践活动。

2010年，吐列毛杜农场以建局30周年和建场50周年庆典、场第二届油葵节系列庆祝活动为契机，开展了丰富多彩的群众性文体娱乐活动。

2011年，吐列毛杜农场以庆祝建党九十周年为契机，制订了《吐列毛杜农场庆祝中国共产党成立九十周年暨深入开展“创先争优”系列活动月实施方案》，开展系列庆祝活动。全年，在《兴安日报》《兴安日报农村版》《中国农垦信息网》《中国农垦杂志》等报刊及网络等媒体发稿90篇，在兴安电视台《党建》栏目发专题1部、新闻3篇，拍摄形象宣传片1部。

2012年，吐列毛杜农场开展了“创先争优”活动。全年，在《兴安日报》《内蒙古新闻网》《中国农垦杂志》等报刊及网络等媒体发稿89篇，在科右中旗电视台发新闻1篇，制作《吐列毛杜农场之歌》MTV纪录片。

2013年，吐列毛杜农场开展了十八大精神进基层活动，宣讲党的十八大精神，对农场网站的栏目进行完善并及时更新网站内容。在各单位设立一名兼职信息员，负责所在单位的信息上报工作，确保信息对接通畅及时。在第一、第四生产队新建草原书屋两处。创办了“职工文明大讲堂”，全年共举办职工大讲堂5次，参与人数达500人次。全年，在《兴安日报》《兴安日报农村版》《中国农垦》《内蒙古农垦新闻网》《内蒙古新闻网》等报刊及网络发稿123篇，在《兴安电视台》发专题2部、新闻3条。1人获得了《兴安日报》优秀驻站记者荣誉称号。

2014年，吐列毛杜农场宣传报道了群众路线教育进展情况和取得的成效及典型事迹，在农场网站开设了“党的群众路线教育实践活动”专题专栏，通过悬挂标语，利用短信、微信、QQ平台等方式进行宣传，并编发了吐列毛杜农场群众路线教育实践活动简报。全年，在《兴安日报》《兴安日报农村版》《内蒙古农垦新闻网》《内蒙古新闻网》等报刊及网络等媒体发稿46篇，在兴安电视台《故事》栏目发专题1部、新闻 2 篇。拍摄《只为沃野尽欢歌》农场形象宣传片一部，将《吐列毛杜农场之歌》制成 MP3。

2015 年，吐列毛杜农场利用农闲、冬闲等时节，举办职工篮球赛、拔河比赛、广场舞比赛、职工文艺汇演、春节晚会等群众喜闻乐见并能广泛参与的群众性文体活动。先后有 8 个基层单位获得管理局级以上“文明单位”称号，14 名同志获管理局级以上“劳动模范”等称号，24 个家庭获盟级以上“美丽家庭”等称号，职工吴双喜入围“2014 年度感动兴安”候选人，企业获“全区模范劳动关系和谐单位”称号，场规模化经营管理区被盟工会评为“兴安盟五一劳动奖状先进单位”。全年，在《兴安日报》《兴安日报农村版》报刊及网络等媒体发稿 22 篇，在兴安电视台发新闻 2 篇。

2016 年，吐列毛杜农场围绕加快转型跨越发展、美丽场队项目建设、场队管理综合整治、社会民生事业等领域的先进典型和成功经验进行宣传报道。全年，在《兴安日报》发稿 27 篇，在兴安广播电视台播发新闻 3 条，在兴安广播电视台《故事》《记者观察》《兴安党建》栏目播发专题 7 部，在兴安新闻网、正北方网等网络新闻媒体刊发稿件 30 篇。在全盟（2014 年度、2015 年度）“兴安新闻奖”评比中，兴安盟农场局选送的农场的两篇作品分别获得了 A 类新闻作品一等奖和三等奖，受到了兴安盟委宣传部和兴安盟新闻工作者协会的表彰。第四生产队职工吴双喜、李国兰家庭被盟文明办、盟妇联评为“最美家庭标兵户”，退休职工胡桂琴荣登“全区优秀女性网投”候选人榜。受到盟委表彰的场优秀共产党员陈宏、局党委表彰的优秀共产党员张宝君、第一生产队队长戴玉军 3 人在兴安广播电视《故事》栏目分别做了专题宣传报道。

2017 年，吐列毛杜农场对“美丽场队”建设和贯彻落实十八大、十九大精神进行宣传，邀请盟内知名摄影家到农场采风。十二月初，举办了“学习宣传贯彻党的十九大精神书法作品展”。确定专人负责网站和微信群的维护和管理，及时对网站进行更新。开展“好媳妇”“最美女性”“五好文明家庭”“平安家庭”以及“身边好人”等评比活动。全年，在《兴安日报》发稿 30 篇，在网络媒体发稿 21 篇，在兴安电视台播发新闻 6 条、专题 2 部，在内蒙古电视台蒙语频道播发新闻 2 条，在中央电视台 13 频道播发新闻 1 条，拍摄制作题为《沃野欢歌》的农场宣传片一部。

2018 年，吐列毛杜农场把学习宣传贯彻社会主义核心价值观和十九大精神融入精神文明建设全过程，在场微信公众号、网站、宣传栏等处发布和张贴社会主义核心价值观、十九大精神宣传标语，新增各类宣传标识 14 幅。“七一”期间评选优秀共产党员 11 名。温艳霞、李艳玲、姜建林被兴安盟工会和共青团兴安盟委员会评选为“全盟优秀工会工作者”“全盟优秀共青团干部”“全盟青年岗位能手”。成立了“十九大精神宣讲团”，开展

“送十九大精神进基层”活动。全年，在《兴安日报》《兴安党建》《东方头条》等报刊及网络发稿33篇，在中央15台《百年歌声》栏目发布新闻1条。

2019年，吐列毛杜农场在场微信公众号、网站、宣传栏等处张贴社会主义核心价值观、庆祝中华人民共和国成立70周年、“不忘初心、牢记使命”主题教育宣传标语，新增各类宣传标识30幅。“七一”期间评选优秀共产党员11名。8月，滕倩在中国农林水利气象工会举办的全国农垦工会系统“中国梦·劳动美与新时代齐奋进，做最美农垦人”演讲比赛中获得三等奖。9月，特色养殖户张健被兴安盟农牧场管理局、兴安农垦集团总公司评选为“致富带头人”，农业技术推广站副站长白红生被授予“农牧业科技工作者”称号。全年，在《兴安日报》《兴安党建》、内蒙古新闻网等报刊及网络发稿20篇，在兴安广播电视台《乡村振兴》专栏发专题1部。

2020年，吐列毛杜农场坚持党管宣传、党管意识形态、党管媒体原则，不断增强“四个意识”、坚定“四个自信”、做到“两个维护”，各项规定和要求落实成效明显。依托场微信公众号平台，发布各类工作信息，并做好正确引导。不断加强网络信息管控，在各生产队、各单位设置网络宣传信息联络员，充分发挥制度体制优势，统筹网上网下两条战线，发现舆情及时上报处理，把握舆论宣传引导时效，及时搜集、处置可能引发群体性事件和社会动荡的言论。做好“意见领袖”的团结引导和服务工作，召集有威望、有话语权、德高望重的知识分子或长者进行舆论引导。建立健全党务政务公开制度，定期召开会议，研讨网络热点和舆论风向，及时做好重要节点和敏感时期的舆论监管。用好“学习强国”App，提高各单位在岗职工注册率，学员总数223人，比2019年增加学员105人，坚持每周对“学习强国”App学习情况进行通报，激发各单位学员的学习热情。充分利用公众号、微信群等载体，宣传党的创新理论、政策法规、组工动态、基层党建动态等，共发布（转载）公众号212条；积极在《中国农垦》《兴安日报》《草原云》《美丽兴安》等平台上进行投稿，共上稿124篇。扎实做好新冠肺炎疫情防控，始终坚持以中央、国务院关于新型冠状肺炎疫情防控工作部署为指导，深入贯彻上级党委疫情防控工作要求，按照局宣传部、场疫情防控领导小组有关宣传要求，引导党员干部和职工群众正确认识、科学防范，号召积极参与“党建+”联防联控，为打赢疫情防控总体战、阻击战提供坚强宣传舆论支持。深入基层一线开展志愿服务活动，各基层党支部积极行动，分别以“村村响”广播、党支部微信群、发放倡议书、悬挂横幅等多种形式，加大疫情防控宣传引导，广泛动员职工群众在疫情期间不走亲访友、不搞集体聚会和集体活动，不信谣、不传谣。全场100多名党员参加了志愿服务活动，协助各生产队做好疫情宣传、值守排查、口罩发放、登记人员信息、隔离服务、发放出入卡、巡逻巡查等联防联控、群防群治相关工作。

严格落实习总书记在统筹推进新冠肺炎疫情防控和经济社会发展部署会议上的讲话精神，严把宣传质量，及时在微信公众号上发布（转载）通知要求和疫情防控中的先进典型，激发正能量，共发布（转载）疫情防控相关信息100条。同时，党员干部自愿捐款21488元，捐款率达100%，全部如数上缴。

第四章　干部队伍建设

第一节　干部培训

2007 年，吐列毛杜农场选派丁晓明到黑龙江挂职锻炼学习。

2008 年，吐列毛杜农场选派白永强、白永玲、包文成、舒丽、董刚、徐浩天、张国亮 7 人到内蒙古民族大学机械工程学院学习。

2010 年，吐列毛杜农场选派韩聚东、常志民、许强、张鹏 4 人到内蒙古民族大学后备干部培训班学习。

2011 年，吐列毛杜农场积极推进干部服务建设，改革干部任免机制，建立健全规章制度，制定跟踪评定措施，从新时期企业经济社会发展形势和任务对基层工作及干部素质与能力的要求出发，调整基层干部配备、基层工作重心和基层服务定位，选用了一批与形势发展相适配的创新型管理人才。加强了专业技术人才的培养和储备，选派侯云起、刘纯成、白德利、崔凤莹、田志广 5 人到内蒙古民族大学学习。

2012 年，吐列毛杜农场选派黄伟、高艳玲、宝昕月、舒畅、杨旭、梁旭 6 人到内蒙古民族大学机械工程学院学习。

2014 年，吐列毛杜农场选派高春艳、滕倩、敖洋、白勇刚、蔡春路、何志刚、韩延鹏、邵智勇、张孝德、张胜利 10 人到黑龙江八一农垦大学学习农机农艺管理。

2015 年，吐列毛杜农场选派程宇豪、韩艳奇、李艳秋、张萍、朱晶晶、戴汝迪 6 人到黑龙江八一农垦大学学习财会专业。

2016 年，吐列毛杜农场选派白德才、齐晓东、任娇、白巴图孟贺、王昊 5 人到黑龙江八一农垦大学学习文秘专业。

第二节　干部管理

2012 年，在干部管理和使用上，始终以优化配强基层生产队班子为根本，调整基层工作重心，规划基层服务定位，选用了一批与形势发展相适配的具备新潜质的年轻干部。

与盟党校不定期开展学习实践活动，加强干部教育，进一步提高了场、队两级班子和领导干部把握形势以适应新时期企业经济社会发展形势和任务的能力。加强对大学生村官的管理和培养，引导、激励大学生村官为农垦发展做出贡献。

职工有参与民主管理和民主监督的权利，有对场的生产建设和经营及其他工作提出意见和建议的权利，女职工有依照国家规定享受特殊劳动保护和劳动保险的权利。

职工应当遵守劳动纪律和规章制定，履行合同，完成生产任务、工作任务和管理费上交任务。

2014 年，吐列毛杜农场以提高科学发展能力为目标，大力加强领导班子建设，按照增强领导干部政治意识、责任意识、大局意识，提高领导科学能力，优先富民能力、社会管理能力、生态保护能力，管党治党能力要求，全面加强学习型领导班子和领导干部队伍建设。组织一批党员干部赴黑龙江等地学习先进管理经验和先进技术。

2018 年 3 月 5 日、10 日、17 日、18 日，邀请兴安盟委党校、兴安职业技术学院以及兴安盟家庭教育协会的教授，到吐列毛杜农场围绕十九大精神进行授课，以热点时政、领导能力提升、企业家的社会文化责任以及严明党纪、从严治党为主题做了讲座。该讲座共 14 课时，全场管理干部、职工共 453 人参加。

第三节　专业技术干部队伍

2001—2002 年，吐列毛杜农场转换经营管理体制，由集体承包转为个人承包，干部总数为 69 人。

2003—2009 年，吐列毛杜农场按照兴安盟农牧场管理局的要求，干部总数为 47 人。

2020 年 10 月，吐列毛杜农场机关共有工作人员 60 人，其中管理人员 50 人、工勤 10 人。

场直单位有工作人员 134 人，其中管理人员 27 人、工勤 32 人、管理区工人 71 人、公益性岗位 4 人。

生产连队共有工作人员 28 人，其中管理人员 22 人、计生员 6 人。

2000—2020 年吐列毛杜农场政工师职称人员如表 13-14 所示，会计师职称人员如表 13-15 所示，农艺师、技术员职称人员如表 13-16 所示，助理工程师职称人员如表 13-17 所示，助理畜牧师职称人员如表 13-18 所示，其他职称人员如表 13-19 所示。

表 13-14　2000—2020 年吐列毛杜农场政工师职称人员名录

姓　名	性别	民族	政治面貌	毕业院校	技术职称
武宝权	男	蒙	党员	中共内蒙古党校函授经济管理专业	高级政工师
隋德慧	男	汉	党员	吉林大学农业专业	高级政工师
韩聚东	男	汉	党员	中央党校函授经济管理	高级政工师
许　刚	男	汉	党员	包头职业大学经济管理专业	政工师
李连生	男	汉	党员	中央党校函授经济管理	政工师
姜文涛	男	汉	党员	内蒙古大学	政工师
滕　倩	女	蒙	党员	内蒙古师范大学	政工师
韩艳秋	女	蒙	党员	中共内蒙古党校函授经济管理专业	政工师
王树有	男	汉	党员	中共内蒙古党校函授经济管理专业	政工师
吴建平	男	蒙	党员	北京干部学院电算化会计	政工师
王　蒙	男	汉	党员	中共内蒙古党校函授经济管理专业	政工师
庞利俊	男	汉	党员	中共内蒙古党校函授经济管理专业	助理政工师
高艳玲	女	蒙	党员	内蒙古民族大学	助理政工师
高春艳	女	蒙	党员	中共内蒙古党校函授经济管理专业	助理政工师
白永生	男	蒙	党员	中共内蒙古党校函授经济管理专业	助理政工师
藏建民	男	蒙	党员	中共内蒙古党校函授经济管理专业	助理政工师
张孝德	男	汉	党员	北京农垦管理干部学院	助理政工师
陈玉杰	女	汉	党员	突泉县一中	助理政工师
敖　洋	男	蒙	党员	黑龙江八一农垦大学	助理政工师

表 13-15　2000—2020 年吐列毛杜农场会计师职称人员名录

姓　名	性别	民族	政治面貌	毕业院校	技术职称
王翠清	女	汉	党员	内蒙古财经学院企业管理专业	助理会计师
许　强	男	汉	党员	内蒙古一机工学院	助理会计师
林秀奇	女	汉		内蒙古师范大学鸿德学院会计学	助理会计师
温艳霞	女	蒙	党员	吉林大学工业经济管理	助理会计师
易兴国	男	汉	党员	内蒙古大学行政管理	助理会计师
郭刻艳	女	汉		内蒙古电力管理学校	助理会计师
高雪刚	男	蒙	党员	中共内蒙古函授党校农村管理	会计员
朱晶晶	女	蒙	党员	黑龙江八一农垦大学财会专业	会计员
李艳秋	男	蒙		黑龙江八一农垦大学财会专业	会计员

表 13-16　2000—2020 年吐列毛杜农场农艺师、技术员职称人员名录

姓　名	性别	民族	政治面貌	毕业院校	技术职称
程文达	男	汉	党员	内蒙古农牧业大学	高级农艺师
马向东	女	汉	党员	通辽畜牧学院	农艺师
张宝君	男	汉	党员	哲里木畜牧学院	农艺师
丁晓明	男	汉	党员	黑龙江八一农垦大学	技术员
白红生	男	蒙	党员	哲里木畜牧学院	助理农艺师
何志刚	男	汉	党员	黑龙江八一农垦大学	助理农艺师

表 13-17　2000—2020 年吐列毛杜农场助理工程师职称人员名录

姓　名	性别	民族	政治面貌	毕业院校	技术职称
陈　宏	男	汉	党员	黑龙江八一农垦大学	助理工程师
全会峰	男	汉	党员	哲里木畜牧学院草原管理	助理工程师
陈良华	男	汉	党员	黑龙江八一农垦大学	助理工程师
白永强	男	蒙	党员	内蒙古民族大学	助理工程师
程宇豪	男	蒙		黑龙江八一农垦大学	助理工程师

表 13-18　2000—2020 年吐列毛杜农场助理畜牧师职称人员名录

姓　名	性别	民族	政治面貌	毕业院校	技术职称
王玉才	男	蒙	党员	内蒙古函授中学学校	执业兽医师
李明玉	男	蒙	党员	哲里木畜牧学院	助理兽医师
马利军	男	汉	党员	兴安盟农牧学院	助理兽医师

表 13-19　2000—2020 年吐列毛杜农场其他职称人员名录

姓　名	性别	民族	政治面貌	毕业院校	技术职称
李　贺	男	蒙	党员	长春理工大学	高级技工
白德才	男	蒙	党员	黑龙江八一农垦大学	中级经营师

第五章　纪检监察与党风廉政建设工作

第一节　纪检监察工作

一、机构与人员

吐列毛杜农场下设纪检监察室，主要工作职责是协助党委抓好党风廉政建设、行政监察工作，负责党内纪律检查、行政监察工作，强化对党员和领导干部、工作人员的党内监督和行政监察及管理。

2011 年 2 月—2012 年 3 月，白福全任监察室主任兼管综治信访、民政工作。

2012 年 3 月—2013 年 12 月，郝淑红任纪检监察办公室主任。

2014 年 8 月—2016 年 6 月，白珉任纪检监察办公室主任。

2014 年 9 月—2016 年 8 月，借调白德才到纪检监察办公室工作。

2016 年 6 月—2019 年 8 月，王树有任纪检监察办公室主任。

2019 年 8 月—2020 年 12 月，滕倩兼任纪检监察办公室主任。

2019 年 8 月—2020 年 12 月，韩艳秋到纪检监察办公室工作。

二、工作开展

2012 年，纪检监察、惩防体系建设工作按照标本兼治、惩防并举的方针，创新管理机制，完善监督制度。坚持“党委统一领导，党政齐抓共管”，按照“谁主管，谁负责”的原则，认真履行“一岗双责”，贯彻落实“三重一大”决策机制。同时加强廉政文化建设，加大了反腐倡廉的宣传力度。加大了公开公示力度，强化行政问责，积极发挥群众监督的作用，把实现好、维护好、发展好最广大人民的根本利益作为一切工作的出发点和落脚点，以党风廉政建设实际成效取信于民，实现“富民强场”目标。

2013 年 1 月 24 日，吐列毛杜农场纪检部门组织召开了以改进工作作风、密切联系群众、落实八项规定为主题的民主生活会。

2014年，吐列毛杜农场加强党员及领导干部党风廉政建设教育，开展了五项专项整治工作，定制了纪检监察学习资料，在粮食综合直补发放中，纪检监察室全程监督。

2015年3月13日，召开了“纪检监察工作会议”，全场管理人员参加。为更好地落实纪检“三转”工作，场取消了原纪检监察室人员一专多能、一人兼多职的现象，为纪检监察室配备了专人，实现了专职专能。

2016年，吐列毛杜农场严格落实主体责任，坚决支持纪委监督，不断增强党员干部拒腐防变能力和廉洁自律意识，有效预防各种违法违纪行为的发生。强化制度建设，完善奖惩机制。建立健全绩效考核机制，明确奖惩内容，增强干部工作的积极性和主动性。年初召开全场纪检监察工作会议，对全场党风廉政建设和反腐败工作做出部署。场党委与各单位主要负责人签订了《党风廉政建设责任书》。开展危房改造自查自纠工作，对全场2011年以来的危旧房改造落实情况进行逐户核查。

2017年，吐列毛杜农场认真履行纪检监督责任，场党委于2月14日、6月11日召开专题会议，研究部署纪检监察及反腐败工作。与各单位主要负责人签订了《党风廉政建设责任书》。全力支持农场局驻场纪检组工作，对重要问题线索，场党委书记亲自督办。健全和完善反腐倡廉规章制度，严格执行“三重一大”集体决策制度。推进制度“废改立”工作，先后修订下发了《吐列毛杜农场管理制度》《2017年规模化经营管理区管理办法》等规章制度4套。在场机关设立了便民服务大厅，劳动保障、计生、信访、司法、惠农补贴、党员服务等实现了窗口服务，方便了职工群众。成立资产清查领导小组，对各科室、各部门、各单位的所有资产进行清查、核对、造册登记工作。继续开展危房改造自查自纠工作，对全场2011年以来的危旧房改造落实情况进行了逐户核查。加大纪律作风整治力度，成立纪律作风督导组，不定期对场直属单位和机关各科（室）党员干部的制度执行和遵守情况进行督导检查。2017年，对机关直属单位工作纪律以及管理干部工作日午间饮酒等情况进行明察暗访20次，并在全场通报了个别工作人员请假未履行请假手续、脱岗等工作纪律执行情况，进一步严肃了工作纪律。对“三公经费”支出、党费及工会经费的管理和使用情况开展督查，对惠农资金使用发放及工程建设进行了检查。深化民生监督，切实维护职工群众利益。由纪检、财务、审计等相关科室成立联合督察组，对草原生态奖补政策资金使用情况、惠农惠牧财政专项资金的落实情况进行了自查。严厉整治扶贫、涉农涉牧领域腐败及“雁过拔毛”式腐败现象，严肃查处群众身边的“四风”问题。

2018年1月，吐列毛杜农场认真履行纪检监督责任，全场管理人员采用“钉钉”打卡考勤制度。利用“钉钉”软件实行签到定位，管理员可以随时掌握全场工作动态，在岗、出差、事假打卡情况一目了然。场纪检监察部门可以充分利用高科技数字管理系统，对监管对象进行时时监管，有效提高了企业的管理水平和纪检监察部门的监督管理水平。每月管理人员病假、事假情况必须在纪检监察部门监督下进行公示，之后报到场劳资科进行月底工资核实。纪检监察部门会同场行政办公室深入全场各科室、各单位、各生产队，开展监督检查，重点监督机关各科室及各单位坐班制执行情况，迟到早退、工作日期间中午饮酒情况，请销假情况，干部工作作风情况，并向问题单位进行反馈，提出整改意见。全年共进行工作纪律检查22次，并及时将检查情况通报全场。对党委落实主体责任进行有效监督，集体对党委落实廉政建设和反腐败上的“四个抓手”及“三重一大”“一岗双责”、党务政务公开、制度建设开展必要监督。在党风廉政建设和反腐败工作方面，认真落实党委主体责任，严格执行“三重一大”集体决策制度，认真落实“一岗双责”。

2018年3月，场党委下发了中共内蒙古自治区党委印发的《关于2018年集中整治形式主义、官僚主义“十种表现”的实施方案》的通知，并召开了全场管理人员专题会议，场党委书记宣读方案全文，集中整治形式主义、官僚主义，为营造吐列毛杜农场风清气正的政治环境提供了理论依据。

2018年4月2日上午，吐列毛杜农场召开了全场纪检监察工作会议。4月2日下午，召开了全场党风廉政建设工作会议，安排部署了2018年全场党风廉政建设重点工作，分解下达了党风廉政建设责任目标，与各单位签订了《党风廉政建设目标管理责任书》；制订下发《2018年吐列毛杜农场纪检廉政文化创建方案》；按照“谁主管、谁负责”的原则，坚持把党风廉政建设责任制执行情况与场重点工作相结合，对在党风廉政建设、重点工作推进、纠风治乱、计划生育、社会稳定等工作中失职的人和事进行严格的责任追究。严格执行“三重一大”集体决策制度，制定了《中共吐列毛杜农场党委工作议事规则》；配合农场局完成全场资产清查工作；全力支持场纪检委工作，对重要问题线索，场党委书记亲自督办。

2018年5月28日，吐列毛杜农场党办下发了《关于规范佩戴党徽徽章的通知》，对党员党徽的佩戴进行了要求和规范。纪检监察室对机关直属单位工作纪律以及管理干部工作日午间饮酒等情况进行明察暗访，进一步严肃了工作纪律；对全场2018年应届参加高考的高中毕业生进行调查摸底，与场内在职的毕业生家长进行提醒谈话，纪检监察部门与4名管理人员签订了《禁止举办升学宴、谢师宴承诺书》；对“三公经费”支出、党费及工会经费的管理和使用情况开展督查；对惠农资金使用发放及工程建设进行了检查，严厉整治扶贫、涉农涉牧领域腐败及“雁过拔毛”式腐败现象，严肃查处群众身边的“四风”问题。

2018年6月15日，吐列毛杜农场纪检监察室会同场组宣科联合督导组深入生产队、畜牧服务中心、学校共7个党支部，对支部党建工作进行专项督查，督查中采取查阅组织机构、软件、支部委员谈心谈话等形式，对各支部“三会一课”“两学一做”常态化学习工作、主题党日活动等进行检查评比，极大地促进了全场党建工作的开展。与场生产科、农机监理站等组成专项督导组，对春耕和秋收大忙季节3个规模化经济管理区、各生产队、各农机作业组进行安全生产专项督导检查，发现问题及时提出，限期整改，对农业生产起到了保驾护航的作用。全年共进行专项督查2次，对汛期各生产队防洪工作、秋季护秋保收工作、防火防灾工作以及扶贫专项资金使用等工作进行了专项督导检查。按照驻局纪检组的要求，对全场在职人员基本信息进行采集，共采集178人，其中内退人员14人，及时报送驻纪检组，同时在场纪检监察室备份，对全场在职人员随时进行监管。

2018年11月20—22日，吐列毛杜农场纪检监察室部门积极组织纪检监察室人员参加在盟党政大楼举办的全盟兴安盟纪委监委执纪监察“三项技能”业务培训班，提升了纪检监察室人员的业务水平。

2019年，为深入贯彻落实习近平总书记关于开展民生领域整治的重要讲话精神和十九届中央纪委三次全会、自治区十届纪委五次全会精神，根据自治区纪委监委、盟纪委监委和农牧场管理局纪委要求，吐列毛杜农场开展了民生领域专项整治，坚持习近平总书记“以人民为中心”的思想，深入贯彻落实十九届中央纪委三次全会、自治区十届纪委五次全会精神，坚持问题导向，聚焦职工群众痛点、难点、焦点，紧盯民生领域突出问题，持续整治民生领域腐败和作风问题，做到认真排查问题线索、治理重点难点、查处典型案件、完善规章制度。坚持精准监督，针对各单位、各行业不同情况，开展整治工作，确保措施对症、监督精准，以促进吐列毛杜农场民生领域专项整治部署落实到位，让职工群众有更多更直接更实在的获得感、幸福感、安全感。

2019年3月29日，吐列毛杜农场机关党群支部、机关行政生产党支部召开“重实干、强执行、抓落实”专题研讨会，30名党员干部参加了研讨，根据专项会议精神，大家结合自身工作实际，纷纷发表自己的意见想法。

2019年4月28日，劳动节将至，为深入贯彻落实“中央八项规定”及其实施细则精神，持之以恒纠正“四风”，确保廉洁过节，吐列毛杜农场下发文件，要求党员干部严格遵守“14个严禁”纪律要求，切实做到严于律己。党组织进一步提高政治地位，主动担当，切实履行主体责任，牢固树立“四个意识”，切实把思想和行动统一到习近平总书记关于深入推进作风建设的要求上来，认真履行全面从严治党主体责任，紧密结合实际认真查找、深入分析本地区本单位“四风”问题的特点和表现，坚持问题导向，主动自查自纠，狠抓薄弱环节，坚持不懈改作风、树新风，以永远在路上的坚韧和执着把作风建设不断引向深入，全力建成从严治党阳光区；认真组织本部门本单位党员干部深入学习中央纪委、自治区纪委和盟纪委公开通报曝光的违反“中央八项规定”精神问题典型案例，对照自我剖析，强化教育引导，发挥警示作用。全场党员领导干部要坚持以身作则、率先垂范，带头抵制歪风邪气，带头弘扬优良作风，形成“头雁效应”，带动整个风气根本好转，确保节日期间风清气正。纪检部门要切实履行全面从严治党监督责任，既要紧抓享乐主义、奢靡之风，又要抓好形式主义、官僚主义，集中整治。坚持铁面执纪，对不收敛、不知止、顶风违纪行为，发现一起、查处一起、通报曝光一起。要精准监督、精准执纪、精准问责，坚决防止方式不当、执纪不准，坚决避免问题简单化。

2019 年 6 月 12 日，正值学生升学季，吐列毛杜农场为进一步贯彻落实“中央八项规定”，狠刹党员干部借子女或亲属升学之机操办升学宴、谢师宴，借机敛财的不正之风，营造风清气正、文明节俭的社会环境，严禁党员干部、管理人员借子女升学之机打招呼、发请柬，大摆宴席，借机敛财，收受礼金礼品。严禁化整为零，变相由其家人、亲属大操大办。严禁党员干部、管理人员违规参加各类升学宴请活动。党员干部及管理人员一经发现有违反规定大操大办、收礼敛财等行为的，一律视为顶风违纪，将从严从重处理。全场在职管理人员有 9 名子女参加高考，6 月 13 日，9 名管理人员签订不操办、不参加“升学宴”“谢师宴”承诺书。

2019 年 8 月 16 日，结合机关党群支部、机关行政生产支部“两学一做”集中学习，吐列毛杜农场 30 名党员干部集中学习了《关于贯彻习近平总书记重要批示精神深入落实“中央八项规定”精神的工作意见》。

2019 年 9 月 26 日，吐列毛杜农场召开“不忘初心、牢记使命”警示教育专题会，全场 90 名管理干部参加会议。会上，纪检委书记滕倩传达兴农管党发〔2019〕61 号《关于对公款绕道旅行人员的通报》和〔2019〕62 号《关于违规报销公务用车交通违章罚款的通报》文件。要求全体管理干部以案为戒，提高思想认识，认真吸取教训，严格自律，严防违纪违章事件发生。同时，在工作纪律、组织纪律、生活纪律等方面提出了具体要求。最后，全体与会人员观看了警示教育片《永远在路上》。

2019 年，吐列毛杜农场纪检监察重点要求各单位、党支部召开专题会议，落实《党风廉政建设责任书》内容，落实会议精神。开展“党徽亮身份，争做合格党员”行动，利用廉政书法展览、知识竞赛、观看反腐败专题片等多种形式，深入开展以“不忘初心、牢记使命”为主题的学习教育活动。对关乎职工群众利益的大事小情高度重视、认真对待。持续整治职工群众身边的腐败问题和作风问题，坚持问题导向与靶向施策相结合，聚焦不勤、不公、不义、不廉问题，聚焦职工最关心、最直接、最现实的利益问题，聚焦容易出现以权谋私、滋生腐败、引发不公现象的问题；持续开展民生领域专项整治，紧盯“钱、卡、人”，严肃查处在土地、草牧场分配，基础设施建设，社会保障，惠农惠牧补贴和其他专项政治政策等工作中的腐败问题，确保各项惠民政策落到实处。拓展日常监督工作范围，加强查处监察力度。不定期对机关科室、场直单位、生产队、管理区等单位和部门进行明察暗访，监督工作制度执行情况，对迟到、早退、请销假制度执行情况、工作日期间饮酒现象，发现一起、查处一起、通报一起，绝不姑息。监督场办公室完成好工作人员“钉钉”打卡签到制度，全场管理人员认真执行坐班制。监督“三公开”工作是否落到实处，是否及时让职工群众了解相关政策、补贴等。强化《吐列毛杜农场管理制度》《管理区管理办法》及各部门制定的管理细则，监督全场安全生产、安全防火、防汛、环境整治工作落实情况。监督“三公经费”工会会费、党费收缴使用和支出情况。监督涉财涉物单位和部门财务管理工作，加强对办公费、公务接待、公务往来、公务公车管理和使用的监督。加大对党委各项工作的落实，监察推进工作的力度。继续加强纪检监察队伍建设，加强专业知识学习和培训，增强案件办理能力和质量，确保案件件件有落实，符合上级要求。统一思想，提高认识，整体提升业务素质和能力。深入开展整治形式主义、官僚主义工作，建立健全规章制度。认真落实党委主体责任，严格执行“三重一大”集体决策制度，严格落实“一岗双责”，按照“谁主管，谁负责”的原则，深入开展“重实干、强制行、抓落实”专项行动，整治“四官”问题，净化机关政治生态工作。

2020 年，在新冠肺炎疫情防控工作期间，纪检部门组成监督检查小组，对各生产队路口监测点工作人员值班情况，车辆人员进出登记情况及疫情期间职工群众、党员干部捐款捐物情况进行了检查。经检查，未发现漏岗脱岗现象，疫情防控物资全部按照规定程序使用，为全场疫情防控工作提供了纪律保障。

2020 年 4 月 26 日，场党委对党风廉政建设工作领导小组调整，名单如下：

组　长：隋德慧

副组长：许刚　滕倩

成　员：韩聚东　丁晓明　李连生　姜文涛　王翠清　胡占双　韩艳秋

2020 年，按照兴农管党办发〔2019〕49 号《关于开展对收费项目专项整治》的通知要求，吐列毛杜农场第一时间成立了领导小组，召开动员部署会议，严格按照时间节点要求，对全场 2016—2019 年所有的收费项目和缴费项目进行了排查。全场共有收费项目 8 项，缴费项目 6 项，所有收费、缴费项目经核实后，均不存在欠缴、漏缴等行为，无其他乱收费项目。通过开展收费项目专项整治工作，进一步加大了对各种收费、缴费项目的监督检查力度，保障全场经济社会稳定有序发展。

2020年5月20日，召开了全场党风廉政建设和反腐败工作会，研究部署党风廉政建设、反腐败及作风建设工作，对各党支部党风廉政建设工作的目标任务和具体措施进行了明确分工落实。落实“一岗双责”制度，场党委班子成员按照职责分工，自觉抓好各自分管范围内的党风廉政建设责任制的落实。按照“谁主管、谁负责”的原则，认真执行党风廉政建设责任追究制度。坚决执行落实“三重一大”事项请示报告制度，坚持重要事项集体决策、主要负责人末位表态制度。

2020年7月6日，召开加强执纪监督规范生产经营管理监督检查工作会，成立了吐列毛杜农场（分公司）加强执纪监督规范生产经营管理监督检查工作领导小组。对2020年全场耕地地力保护补贴发放工作进行了监督检查，对发放清册和影像资料进行存档。

2020年，为深入贯彻落实“中央八项规定”，防止“四风”反弹，在清明节、劳动节、中秋、国庆等节日期间，场纪检监察室按照上级纪委要求，及时下发相关文件，加大执纪力度，切实做到令行禁止。为切实做好在疫情防控常态化前提下的正风肃纪工作，坚决刹住举办、参加“升学宴”“谢师宴”的不正之风，以支部为单位，排查党员干部子女参加高考情况，并与162名党员、干部签订了不参加、不举办“升学宴”“谢师宴”承诺书，营造了风清气正的社会氛围。组织党员干部学习了《中国共产党廉洁自律准则》《中国共产党纪律处分条例》，以及盟委书记张恩惠在兴安盟纪委（扩大）会议上的讲话、张立华在盟纪委（扩大）会议上对全盟2020年党风廉政建设和反腐败工作的安排部署、《关于进一步严肃会纪、改进会风》的通知等会议及文件精神，观看《国家监察》系列警示教育片4次。按照局纪检监察室要求，对全场在职人员基本信息进行采集，共采集81人，及时报送局纪检监察室，同时在场纪检监察室备份，随时对全体在职人员进行监管。

2020年，严格按照“控制总量、优化结构、提高质量、发挥作用”十六字方针要求，重点在生产一线和服务行业中发展党员。当年新发展党员7名，全部为基层一线同志。按照上级部门对排查整顿发展党员违规违纪问题的工作要求，进一步规范发展党员的工作程序，认真开展自查，共排查2012年11月—2020年6月30日发展的45名党员，无违规违纪发展党员的情况，确保发展党员工作逐步走上制度化、规范化轨道。

第二节　党风廉政建设

2004年，吐列毛杜农场加大了党建“三项工程”的实施力度，在阵地建设工程上，在农牧场管理局下拨1000元专项资金的同时，场又拿出1000元，为全场7个党支部定做了14块“党支部园地”和“组织机构”上墙展示板，并对支部活动阵地的房屋、门窗进行了重新粉刷；在形象工程上，大力宣传好队长、好书记、好党员等典型，用身边的人和事，树立起组工干部的形象。

2006年，吐列毛杜农场加大了党建“三项工程”的实施力度，各支部各项规章制度表、证、册、卡一应俱全。

2007年，吐列毛杜农场以创建学习型企业、机关为重点，树立终身学习的理念。严格按照场党委制订下发的《吐列毛杜农场创建学习型企业和机关的实施方案》要求，党委中心组学习12次，机关全体人员坚持每周五下午进行学习日活动，生产队管理人员每月集中学习一次，每季集中组织职工群众学习一次，使学习经常化、制度化，把学习活动纳入双百分考核当中，作为年终验收奖惩的依据。

2008年，吐列毛杜农场全体党员开展“学一门技术，帮一户贫困户，培养一名积极分子，搞一个致富项目”等活动，深入开展以“强班子、提素质、理思路、促发展”为主题的创先争优活动，在场机关开展以创建“学习型、服务型、思考型、创新型干部”为主题的“机关建设年”活动。

2009年，吐列毛杜农场继续围绕“机关工作作风建设月”活动，要求每个机关管理人员全年下基层不少于10天，并记好民情日记，生产队管理人员严格执行坐班制，不断转变工作作风，提高办事效率，促进党群干部关系的根本好转。深入学习实践科学发展观，按照上级部门的统一部署，3月，吐列毛杜农场开始在全场范围内开展深入学习科学发展观活动。全场上下紧紧抓住这一契机，制订学习计划，拿出具体实施方案，在学习过程中，坚持把理论学习和实践活动结合起来，把解放思想与科学发展结合起来，把改革与创新结合起来，把领导与职工群众结合起来，把提高能力与实践发展结合起来，努力探索出符合农场科学发展的道路。吐列毛杜农场继续在全场开展“百名党员带百户、家家都是小康户”活动，开展“一助一”活动，全场副科级以上有能力的党员每人都要重点扶持一个贫困户，并建立帮扶档案。

2009年，吐列毛杜农场抓党建“三项工程”建设。投资近100万元，重点改造了第四生产队党支部和管理区的办公室及活动室建设；投资近5万元改造了老年活动室，配齐了办公桌椅、会议桌椅、各种图版、公开栏、健身器材；投资10万元建立了“党风廉政建设文化长廊”；在休闲广场安装了14盏路灯。

2010年，在党风廉政建设工作中，吐列毛杜农场党委认真践行“一岗双责”，深入推进党风廉政建设和反腐败工作。通过进一步加大公开公示力度，强化了职工群众的民主监督作用。

2010年，吐列毛杜农场加强思想建设，深入开展“创先争优”活动，制订下发了《吐列毛杜农场“创先争优”活动实施方案》。全体党员和管理人员结合自身工作和生产、生活实际，把“创先争优”活动具体化、常态化，保持党员先进性，充分发挥了先锋模范作用。

2011年，吐列毛杜农场党建工作以抓好自身建设、提高执政能力、促进社会和谐为主线，积极推进基层组织建设。深入开展学习实践科学发展观活动，进一步提高场、队两级班子和领导干部把握形势、驾驭全局、引领发展的能力。党委决策充分发扬民主，民主集中制原则得到了深入贯彻和落实，提升了场、队两级班子的民主决策和民主管理水平。基层党建“三项工程”建设活动深入开展，认真抓好阵地工程建设，购置了图书及文体器材。先锋形象工程以开展“创先争优”活动为契机，积极开展标兵评比等活动，培养和树立了党员的良好形象，发挥了典型带动作用。党风廉政建设工作以加强惩防体系建设为重点，层层落实责任制度，认真践行“一岗双责”。进一步加大公开公示力度，加强民主管理、民主监督。把实现好、维护好、发展好最广大人民的根本利益作为一切工作的出发点和落脚点，以党风廉政建设实际成效取信于民。

2012年，狠抓基层建设、弱化管理职能、提高服务意识。党委重大决策严格按照民主讨论、集体决策的原则，民主集中原则得到了深入贯彻和落实。

2014年3月6日，按照局党委的安排部署，吐列毛杜农场召开群众路线动员会，场党委书记武宝权做了动员讲话，制订了实施方案，成立了5个督导组，负责督促各生产队、场直单位实践活动的开展。具体做法为：一是认真贯彻“照镜子、正衣冠、洗洗澡、治治病”的总要求，牢牢把握“为民、务实、清廉”主题，增强搞好教育实践活动的思想自觉、政治自觉和行动自觉。二是准确把握局党委的要求和部署，坚持高起点开局、高标准开展、高质量推进，确保教育实践活动善始善终。三是准确把握教育实践活动的目标要求和重点任务，紧紧抓住“学习教育、听取意见，查摆问题、开展批评，整改落实、建章立制”三个重要环节，做到环环相扣、贯穿始终，确保教育实践活动顺利健康有效推进。四是以反对“四风”为主线，教育培养党员干部树立“为民、务实、清廉”良好形象。五是充分认识开展教育实践活动对促进农场改革发展稳定的现实意义，进一步增强广大党员干部转变工作作风、营造发展环境的危机感和紧迫感，同时开展“为了谁、依靠谁、我是谁”专题讨论，以及知识竞赛等活动。通过教育实践活动，对党员、干部作风和行为做一次大排查、大检修、大扫除，进一步提高全场广大党员干部的宗旨意识、责任意识、机遇意识，真正做到让党员和干部思想上受教育、作风上有转变、行动上见成效，推动农场经济发展和社会事业全面进步。

中国农垦农场志丛

第十四编

群团组织

中国农垦农场志丛

第一章　工会工作

第一节　机　　构

吐列毛杜农场工会是依法建立的代表农场职工利益、维护职工合法权益的工人群众组织。2020年，工会会员人数1037人，工会专职干部1人，兼职干部2人，建立职工之家5个。

2000—2020年吐列毛杜农场历任工会主席、副主席如表14-1所示。

表14-1　2000—2020年吐列毛杜农场历任工会主席、副主席名录

职务	姓名	任职年限
工会主席	刘　姝	2000年1月—2009年11月
工会副主席	吴玉琴	2007年10月—2010年3月
工会主席	吴玉琴	2010年3月—2016年1月
工会主席	姜文涛	2018年1月—2019年7月
工会主席	滕　倩	2019年7月—2020年12月

2000—2020年曾在吐列毛杜农场工会担任干事的人员有（按任职时间先后顺序排列）：刘晓艳、温艳霞、高春艳、吴玉兰、朱晶晶、袁红、李晨威。

2020年，吐列毛杜农场各基层分会组织情况为：

一队分会主席：吴建平

成员：黄爱军　王青　赵图雅

二队分会主席：白永生

成员：程志强　赵斯琴　胡桂霞

三队分会主席：王蒙

成员：郭芳

四队分会主席：藏建民

成员：安文鹏　马洪波　赵丽欣

五队分会主席：陈玉杰

成员：裴志权　李艳玲　沈丽敏

第二节　职工代表大会

职工代表大会是工人行使当家做主、民主管理企业的权力机构。依照《中华人民共和国工会法》，按上级党委和工会组织的要求，每年召开一次职工代表大会，一般3～5年换届，职工代表一般每3～5年改选一次。会议内容除听取场长工作报告外，还包括听取场财务预决算情况报告、审议通过《场生产经营管理方案》、职工提案解答及表彰先进等内容。

一、职工代表大会主席团的构成

按照上级工会组织关于职工代表大会的具体要求，结合兴安农垦系统的实际情况，在职工代表大会的正式代表中，选举产生主席团。主席团成员中有工人、技术人员、管理人员和领导干部，其中工人、技术人员、管理人员的总数一般超过主席团总数的一半。

二、职工代表的产生和职责

1. 职工代表的产生　职工代表人数按单位人数的比例确定，把名额分解到各单位，由各单位职工民主选举产生，一般为本单位职工人数的5%左右。选代表时，要兼顾女职工和少数民族职工。为突出广泛性，便于提案的收集与决议的贯彻执行，各单位的党支部书记和行政负责人也作为特邀代表参加职工代表大会。职工代表大会的代表实行常任制，一般每3～5年改选一次，可以连选连任。

职工代表对选举单位的职工负责，选举单位的职工有权监督或撤换本单位的职工代表。

2. 职工代表的职责

（1）代表全体企业员工行使自己的权利和义务。

（2）讨论企业员工权利和义务的事项，并报告给工会。

（3）听取企业领导的工作报告。

（4）监督企业运营，尤其是关于员工权益方面的事项。

（5）广泛听取企业员工的意见，并及时向企业相关部门领导反映。

三、职工代表大会议题

职工代表大会的主要议题一般有三个方面的内容：①听取场长的工作报告，对企业规划、生产经营管理、企业改革和制定的规章制度、企业用工、劳动合同和集体合同的签订、合同的履行情况、企业的安全生产情况、企业交纳社会保险费和住房公积金情况等工作进行审议；②讨论本年度农场生产经营承包责任制并予以通过；③讨论并决定其他有关重要事项。职工代表大会在特殊情况下还可以临时召开，审议重要事项，解决重大问题。

在会议内容上，除听取场长工作报告外，还包括听取场财务预决算情况报告，审议通过《场生产经营责任制方案》，选举产生企业管理委员会成员、工会委员会成员，职工代表提案答辩及表彰先进等内容。

2004 年 3 月 18 日，吐列毛杜农场召开第六届一次职工代表大会暨 2003 年度劳动模范表彰大会，会期一天。

2005 年 3 月 14 日，吐列毛杜农场召开第六届二次职工代表大会暨 2004 年度劳动模范表彰大会，会期一天，来自全场的 47 名职工代表参加会议。

2006 年 3 月 18 日，吐列毛杜农场召开第六届三次职工代表大会暨 2005 年度劳模大会。

2007 年 3 月 18 日，吐列毛杜农场召开第六届四次职工代表大会暨 2006 年度劳模大会。

2008 年 4 月 9 日，吐列毛杜农场召开第六届五次职工代表大会暨 2007 年度劳模表彰大会。

2009 年 2 月 23 日，吐列毛杜农场召开第七届一次职工代表大会暨 2008 年度劳模表彰大会，会期一天，来自全场的 59 名职工代表参加会议。

2009 年 11 月 6 日，吐列毛杜农场召开第七届二次职代会，听取了场党委书记、场长代表场党委、场管会做的《关于国有吐列毛杜农场耕地、草场、林地排查情况的报告》，该报告通过全体职工的审议，成为吐列毛杜农场耕地、草场、林地资源承包使用的真实数据。

2010 年 4 月 16 日，吐列毛杜农场召开第七届三次职工代表大会暨 2009 年度劳模大会，会期一天半。党委书记、场长武宝权做了题为《抢抓机遇　创新机制　推进富民强场工作　为新时代实现吐列毛杜农场经济社会又好又快发展而努力奋斗》的工作报告，副场长许刚做总结讲话。

2011 年 2 月 26 日，吐列毛杜农场第七届职工代表大会已满 2 年，共召开了 3 次代表大会，符合职代会条例规定换届条件，进行换届选举。

2011 年 4 月 8 日，吐列毛杜农场召开第八届一次职工代表大会暨 2010 年度劳模表彰大会，会期一天半，来自全场各条战线的 62 名代表和劳动模范参加了会议。会上，党委书记、场长武宝权做了题为《夯实基础　保障民生　调整结构　科学发展　为实现转型发展和富民强场而努力奋斗》的工作报告，会议代表围绕《2011 年经营管理方案》及《国有吐列毛杜农场第十二个五年发展规划纲要》展开讨论。

2012 年 3 月 10 日，吐列毛杜农场召开第八届二次职工代表大会暨 2011 年度劳模表彰大会，会期一天。会上，党委书记、场长武宝权做了题为《调整结构　转变方式　更新观念　强势推进　为实现吐列毛杜农场跨越式发展而努力奋斗》的工作报告。

2013 年 3 月 23 日，吐列毛杜农场召开第八届三次职工代表大会暨 2012 年度劳模表彰大会，会期一天。会上，党委书记、场长武宝权做了题为《打基础　调结构　转作风　科学筹划　实干兴业　为建设和谐、富裕、美丽新农场而努力奋斗》的工作报告，副场长刘华宣读《2013 年生产经营管理方案》，场计财科科长王翠清代表场管会做《2012 年度财务决算》及《2013 年度财务预算报告》，副场长许刚做总结讲话。

2014 年 3 月 30 日，吐列毛杜农场召开第八届四次职工代表大会暨 2013 年度劳模表彰大会，会期一天。会上，党委书记、场长武宝权做了题为《蓄强纳势　稳中求进　科学谋划　实干兴业　为实现吐列毛杜农场健康持续发展而努力奋斗》的工作报告。

2015 年 4 月 18 日，吐列毛杜农场召开第八届五次职工代表大会暨 2014 年度劳模表彰大会。会上，党委书记、场长武宝权做了题为《完善体制　强化管理　提升质量　为谋求吐列毛杜农场全面科学发展而努力奋斗》的工作报告。全体与会代表听取了《2015 年生产经营管理方案》修订说明、《2014 年财务决算》及《2015 年财务预算报告》。

2016 年 3 月 29 日，吐列毛杜农场八届职代会任期已满 5 年（2011 年 1 月—2015 年 4 月），根据《中华人民共和国工会法》和《中国工会章程》有关规定，任期已满。经兴安盟农牧场管理局工会批准、场党委同意，开启新一届职工代表大会职工代表换届选举工作，成立换届选举组织机构：

1. 换届选举工作领导小组

组　长：武宝权

副组长：许刚　隋德慧　李连生　王玉才　韩聚东

成　员：姜文涛　胡占双　王翠清　温艳霞　王树有　许强　戴玉军　程志强　白永

生　吴建平　张鹏　李明玉　滕倩

领导小组下设办公室

主　任：温艳霞

成　员：高春艳　刘晓艳

2. 同时成立职工代表资格审查委员会

主　任：隋德慧

副主任：李连生

成　员：姜文涛　刘军　王翠清　温艳霞　王树有　许强

选举职工代表共计 62 人，列席代表 3 人，名单如下：

职工代表：

第一代表团

团　长：戴玉军

副团长：程志强

成　员：武宝权　姜文涛　王玉才　胡占双　温艳霞　马向东　吴建平　白永生　朱明　李明玉　黄爱军　王青　白铁龙　范宝春　安文明　安桂茹　董建春　孙中元　白龙梅

第二代表团

团　长：张鹏

副团长：王蒙

成　员：隋德慧　李连生　丁晓明　程文达　王树有　陈宏　陈良华　赵玉成　郗留喜　郭芳　赵丽欣　丁晓彬　魏勇彬　胡占权　韩志平　马清彬　韩银桩　宝海青

第三代表团

团　长：张孝德

副团长：许强

成　员：许刚　韩聚东　王翠清　张宝君　滕倩　谷兴华　全会峰　付宝彬　舒景玉　王泽林　何海山　裴志权　裴志军　张毅　戴玉伟　刘建国　戚国玉　裴晓星　石玉成

列席代表：陈福　陈良忠　陈玉杰

2016 年 4 月 12 日，吐列毛杜农场在机关三楼会议室召开九届一次职工代表大会暨 2015 年度劳模表彰大会，会期半天。会上，党委书记、场长武宝权做了题为《抢抓机遇　乘势而上　奋力谱写富裕、文明、和谐、幸福的新篇章》的工作报告，并签订了《集体合同》《工资协商集体合同》。

2017年3月25日，吐列毛杜农场在机关三楼会议室召开了第九届二次职工代表大会暨2016年度劳模表彰大会，会期半天。会上，党委书记、场长武宝权做了题为《创新创业　主动作为　为全面开创转型发展的新格局而努力奋斗》的工作报告，副场长许刚做《2017年生产经营管理方案》修改说明，党委委员宣传科长韩聚东宣读《2016年财务决算》及《2017年财务预算报告》，副场长许刚做职代会总结讲话。

2018年4月1日，吐列毛杜农场在机关三楼会议室召开九届三次职工代表大会暨2017年度劳模表彰大会，来自全场各战线的60名正式职工代表及特邀退休职工代表、外驻单位代表等参加了会议，局群工部杨秀红部长到会祝贺。会上，党委书记、场长武宝权做了题为《牢记使命　实干创新　为全面夺取农业现代化发展新胜利而努力奋斗》的工作报告，全体与会代表听取了《2018年生产经营管理方案》修订说明、《2017年财务决算》及《2018年财务预算报告》。

2019年3月31日，兴安农垦吐列毛杜农场（分公司）在机关三楼会议室召开九届四次职工代表大会暨2018年度劳模表彰大会，会期半天，来自全场各条战线的59名职工代表、59名列席代表及3名特邀代表参加会议，兴安盟农牧场管理局党委委员、副调研员贾磊、群工部部长杨秀红、社会事业办阿图出席会议。大会由工会主席姜文涛主持。会上，场长、总经理隋德慧做了题为《牢记使命担当　实干转型创新　为实现全场稳中求快新发展而努力奋斗》的工作报告，全体与会代表听取了《2019年生产经营管理方案》修订说明、《2018年财务决算》及《2019年财务预算报告》。

2020年3月29日，召开兴安农垦吐列毛杜农场九届五次职工代表大会，来自全场各条战线的57名职工代表、3名列席代表参加了会议。大会由工会主席滕倩主持。按照疫情防控工作要求，会议采取“主会场+视频分会场”形式召开。会前，工作人员对参会代表进行了体温检测并做好登记。会上，场长、总经理隋德慧做了题为《全面深化改革加快转型步伐　为实现全场经济高质量发展而诺努力奋斗》的工作报告，全体与会代表听取了《2020年生产经营管理方案》修订说明、《2019年财务决算》及《2020年财务预算报告》。职代会召开后，吐列毛杜农场（分公司）召开了2019年度劳模表彰大会，对在2019年度模范带动作用发挥明显的规模化经营第三管理区、农业技术推广站、农业设施管理站、环境卫生整治管理大队4个先进集体，王青等12名劳动模范，刘纯成等7名先进工作者，以及在先进班组创建活动中节本增效表现突出、单车核算取得优胜的周洋、宝海念、代文军3个红旗车组，在疫情防控工作中表现突出的先进集体——第四生产队和许强等5名先进个人予以表彰奖励。

第三节　工作开展情况

一、劳动竞赛及表彰

2004年3月18日，召开第六届一次职工代表大会，对在2003年度各项工作中实绩突出的受兴安盟农牧场管理局表彰第二生产队，先进工作者刘姝，先进生产队长李仓德、张鹏、许强，兴安盟妇联表彰的第三生产队，“三美”活动“美在家庭”先进个人包玉兰，第四生产队吴双喜，第五生产队付宝彬，第六生产队陈宏，抗旱座水播先进个人姚贵明，机关郝淑红予以表彰。

2005年3月14日，召开第六届二次职工代表大会，对在2004年度各项工作中表现突出的第四生产队、第一生产队、计财科、生产科4个先进集体，以及刘建军、吴建平、杨红平、裴志彬、徐晓占、丁晓明、朱明、陈良华、孙中华、白银莲、白勇光、韩聚东、隋德慧15名劳动模范，“农牧结合户”先进个人郭刻宏，“三荒”承包先进个人刘长存进行表彰。

2006年3月18日，召开第六届三次职工代表大会，对在2005年度各项工作中实绩突出的先进集体——第六生产队、第四生产队，先进科室——生产科、组织科，先进个人——黄爱军、庞学忠、白福全、徐炳利、裴志贵、赵玉民、丁晓明、朱明，予以表彰。

2007年3月18日，召开第六届四次职工代表大会，对在2006年度各项工作中表现突出的先进集体——第四生产队，先进科室——生产科、计财科，先进个人——李仓德、常志民、程文达、韩聚东，劳动模范——周玉林、刘建军、邱凤琴、许强、佟宝文、吴涛、丁晓明、藏建民、孙中华、白银莲、许春梅、李振文、付宝彬，模式化栽培先进个人——戴玉伟、陈照海，农牧结合先进个人——郭刻宏，特色养殖典型户——徐健强予以表彰。

2008年4月9日，召开第六届五次职工代表大会，对在2007年度各项工作中表现突出的先进集体——第四生产队、第五生产队，先进科室——生产科、计财科，村屯建设先进集体——第一生产队，股份制合作试点先进集体——畜牧科，先进个人——李仓德、隋德慧、王翠清、田桂荣、李明玉、付宝权，劳动模范——范宝国、白铁龙、马利成、邢志刚、吴涛、佟宝文、藏建民、安文清、梁友双、程春华、刘永玲、戚国梅，模式化栽培先进个人——刘建军、范宝春，抗洪抢险先进个人——藏建民，五个好职工——袁海林、徐炳利、裴志彬、崔子军、王勇、白勇光予以表彰。

2009年2月23日，召开七届一次职工代表大会，对在2008年度各项工作中表现突出的先进集体——第一生产队、第二生产队，科技推广先进单位——第四生产队，抗洪救灾先进集体——第三生产队，先进科室——计财科、场办公室，先进工作者——韩聚东、隋德慧、王翠清、程志英、齐那木拉、韩晓伟、蔡春波、赵玉成、程春华、韩延杰、藏建民，劳动模范——李方武、温铁成、袁海林、穆纯杰、马利成、裴志彬、安文清、孙中华、白勇光，科技推广先进个人——刘建军，致富女能人——白丽华，抗洪抢险先进个人——包文成予以表彰。

2010 年 4 月 16 日，召开七届三次职工代表大会，对在 2009 年度各项工作中实绩突出的第五生产队奖励 1000 元、第一生产队奖励 800 元、第一管理区奖励 500 元、先进行政办公室奖励 500 元、先进人口与计划生育办公室奖励 500 元，对韩聚东、程文达、马向东、温铁成、白立东、邹海英、藏建民、程春华、韩延杰、张孝德、李振文、隋玉纯、齐那木拉 13 名先进工作者各奖励 200 元，对姚福贵、马利成、郃金桩、裴志彬、张国辉、包秀峰、李明玉 7 名劳动模范各奖励 200 元，对科技推广先进个人张宝君奖励 200 元，对十杰母亲胡淑芹奖励 200 元。

2011 年 3 月 13 日，中共兴安盟农牧场管理局委员会和兴安盟农牧场管理局决定，对实绩突出单位吐列毛杜农场奖励 1.5 万元，对产业化基地建设先进单位吐列毛杜农场奖励 5000 元，对朱明、白珢 2 名先进个人各奖励 500 元。

2011 年 4 月 8 日，召开第八届一次职工代表大会，对在 2010 年度各项工作中实绩突出的第一生产队、农业技术推广土肥工作站、行政办公室 3 个先进集体各奖励 1000 元，对朱明、白珢、王翠清、白红生、程文达、刘军、韩勇、雒彩君 8 名先进工作者各奖励 500 元，对胡宝泉、刘春梅、李延成、崔子军、裴丽芝、吴常海 6 名劳动模范各奖励 500 元。

2011 年，吐列毛杜农场克服了诸多不利因素影响，在一线生产中涌现出以农业科技推广站、规模化经营第一管理区陈宏为代表的先进集体和个人。为此，场授予农业科技推广站“突出贡献集体”称号，授予陈宏“突出贡献管理者”称号，获奖的集体和个人各奖励 1 万元。

2012 年 3 月 10 日，召开第八届二次职工代表大会，将在 2011 年度各项工作中实绩突出的第五生产队党支部、学校党支部评为先进基层党支部各奖励 1000 元，对姚福贵、吴建平、马振华、崔子军、隋洪生、程志英、隋玉靓、戴玉军 8 名优秀共产党员各奖励 500 元，对张华、刘立新 2 名优秀党务工作者各奖励 500 元，对实绩突出单位第四生产队、第五生产队各奖励 5000 元，对先进科室行政办公室奖励 2000 元，对刘军、付宝林、徐炳利、戴玉军、许强、王翠清、张宝君 7 名先进工作者各奖励 500 元，对张洪亮、马利成、郭芳、安文鹏、李国军、张国栋、刘鹏飞、郜银庄、毕春贵 9 名劳动模范各奖励 500 元，对“五好”文明家庭的获得者第一生产队王丽彤、第二生产队马春香、第三生产队李艳杰、第四生产队赵艳霞、第五生产队毕立艳每户奖励 500 元。

2013 年 3 月 23 日，召开第八届三次职工代表大会，对在 2012 年度各项工作中效益突出的第一管理区、第二管理区 2 个先进集体各奖励 8000 元，对实绩突出单位第四生产队、农技推广土壤肥料工作站 2 个先进集体各奖励 5000 元，对先进科室计划财务科奖励 3000 元，对郭亚娟、罗守莲、许凤莲、马洪波、张马莲根、孙庆贺、白勇刚、韩勇、毕春峰、戴玉军、温海明、雒彩君 12 名先进工作者各奖励 500 元，对穆纯杰、马利成、赵忱、安文鹏、郭建军 5 名劳动模范各奖励 500 元，对专业技术能手白玉军奖励 500 元。

2014 年 3 月 30 日，召开第八届四次职工代表大会，对在 2013 年度各项工作中效益突出的先进集体第一管理区予以表彰，奖励 60000 元，第二管理区奖励现金 80000 元，对实绩突出单位第三生产队、农技推广土壤肥料工作站各奖励 3000 元；对雒彩君、徐炳银、隋玉靓、白永生、谷兴华、王树有 6 名先进工作者，吴起、刘春梅、杨百顺、安文鹏、马建波、韩勇、张全格、白玉军、宝海青、白瑞彬 10 名劳动模范予以表彰，各奖励 500 元。

2015 年 4 月 18 日，召开第八届五次职工代表大会，对在 2014 年度各项工作中效益突出的第一管理区、第二管理区各奖励 60000 元、第三管理区奖励 30000 元，对在实绩突出单位农业技术推广站奖励 10000 元，第三生产队、原环保筑路队各奖励 5000 元，对白海山、韩志平、马清彬、祝文龙 4 名先进生产者各奖励 1000 元。

2016 年 4 月 12 日，召开第九届一次职工代表大会，对在 2015 年度各项工作中效益突出的第二管理区和农业技术推广站、环境卫生整治管理大队、派出所 3 个先进集体，包海念、白海山、马清彬、韩勇、黄岩、许艳梅、王国勇 7 名劳动模范，张玉红、庞忠慧、赵曙国、刘金山、梁凤林 5 名美丽场队建设及场容队貌环境卫生整治先进个人予以表彰奖励。

2017 年 3 月 25 日，召开第九届二次职工代表大会，对在 2016 年度整体带动作用发挥明显的第一生产队、农业技术推广站、环境卫生整治管理大队 3 个先进集体各奖励 5000 元，范宝国、朱浩、韩大军、丁晓彬、石玉成、白英楠、吴聪、郭建军、韩勇、董敬春、姜建林、白呼吉格乐吐 12 名劳动模范各奖励 1000 元。

2018 年 4 月 1 日，召开第九届三次职工代表大会，对在 2017 年度实绩突出的规模化经营第三管理区奖励 3 万元，对带动模范作用发挥明显的农业技术推广站、环境卫生整治管理大队 2 个先进集体各奖励 5000 元，对范宝国、何海山、赵曙国、胡占双、石玉成、韩勇、代小荣、张国栋、尹鹏军、何长寿、白曙光、温海春12名劳动模范各奖励1000元，对高雪刚、白龙梅、郭芳、赵丽欣、李艳玲5名先进工作者各奖励1000元。

2018年9月6日，吐列毛杜农场规模化经营第三管理区为提升农机驾驶人员的驾驶操作技能，激发爱岗敬业精神，结合“红旗车组”创建活动，开展农机驾驶平行倒车、倒车入库技能大比武活动，14名农机驾驶员参加了比赛。场领导和相关科室工作人员参加了活动。代文军凭借优异的成绩获得两项比赛第一名，庞学刚、敖广明获得第二名，齐锁、代福林获得第三名。

2019年11月29日，吐列毛杜农场规模化经营管理区职工开展了技能大比武，3个管理区共有70人参加。比武分为理论知识考试和实践操作考核两个内容。理论测试覆盖面广，不仅考察农艺、农机方面的知识，还包括“学习强国”理论试题；实操内容与实际工作紧密结合，包括标准件识别、平地倒车、倒车入库。赛前，根据各岗位特点，制定了详细的比赛规则和评分标准，并邀请专业技术人员做评委，保证比赛公平、公正、公开。

2019年12月4日，吐列毛杜农场（分公司）召开职工技能大比武总结表彰会，对在大比武活动中总成绩排名第一的规模化经营第二管理区，四项比赛单项成绩取得第一、第二、第三的共25名优秀职工和1名特殊鼓励奖获得者予以表彰奖励。

二、文体活动及职工服务

2000年8月，吐列毛杜农场举办了建场40周年大型文艺演出和篝火晚会。

2006年7月，吐列毛杜农场举办了以“知荣辱、争当公仆”“爱我农场、兴我家园”为主题的征文比赛活动。

2006年2月14—21日，吐列毛杜农场组织购进了一批农业部编辑的农业新技术光盘，每晚5时30分—6时30分，由工会、生产科、宣传科、团委、妇联联合在场内有线电视上播放。

2006年6月5日，吐列毛杜农场通过全场职工篮球赛，选拔出8名优秀队员参加全局篮球比赛。

2007年，吐列毛杜农场举办了“迎大庆”文艺演出活动。

2007年7月，吐列毛杜农场举办了全场职工篮球赛。

2007年8月15日，吐列毛杜农场承办了全局乒乓球比赛，吐列毛杜农场队取得了个人冠军和团体第二名的好成绩。

2007年12月28日19点，吐列毛杜农场工会、共青团、妇联联合举办了元旦庆祝活动。

2010年8月18日，吐列毛杜农场举办了建场50周年庆典暨第二届油葵节庆祝活动。

2011年6月9—11日，为迎接建党90周年，开展了“庆祝中国共产党成立90周年活动月”活动，吐列毛杜农场工会组织了17支男女代表队参加全场职工篮球比赛。

2011年6月21日，吐列毛杜农场工会开展了以“爱我农场，建好家园”为主题的“广场红歌大家唱”活动，来自基层单位的近100名职工群众用歌声共迎中国共产党90华诞。

2011年6月5—30日，吐列毛杜农场工会举办了爱国电影大展播活动，深入各生产队、学校，放映电影30场。

2011年7月24日，吐列毛杜农场工会组织职工参加全局举办的第二届职工篮球赛，女子代表队获得第一名、男子代表队获得第二名。

2011年8月，科尔沁右翼中旗残联工作人员来到吐列毛杜农场，为151名残疾人办理了二代残疾证。同时，残联工作人员借此机会向残疾人及其家属积极宣传《中华人民共和国残疾人保障法》等法律法规及有关扶助残疾人的各项优惠政策。

2012年1月15日，吐列毛杜农场工会、共青团、妇联联合举办了龙年新春联谊会。

2012年3月9日晚，吐列毛杜农场工会、共青团、妇联联合举办了“春拂大地”大型文艺晚会。

2012年8月9日，吐列毛杜农场妇联选送的快板《廉政建设谱新篇》和舞蹈《为内蒙古喝彩》两个节目参加了在呼和马场举行的兴安盟首届农牧民文艺调演农垦专场会演。

2012年12月30日，吐列毛杜农场工会、妇联、共青团联合举办了题为“明天会更好”的2013年迎新春元旦晚会。

2013年3月22日晚，吐列毛杜农场工会、共青团、妇联联合举办了“美丽家乡”文艺晚会。

2013年6月24—27日，吐列毛杜农场工会、妇联联合举办了为期4天的全场职工篮球赛。

2013年7月1日晚，吐列毛杜农场工会、妇联、共青团在休闲广场举办了“纪念建党92周年暨表彰优秀共产党员”大型文艺晚会。

2015年7月29日晚，吐列毛杜农场在新建成的职工文体广场上举办了以“相约花海，魅力农垦”为主题的消夏文艺晚会，场职工和应邀前来参加晚会的科右中旗乌兰牧骑的演员们同台表演了精彩的节目。

2015年7月31日—8月2日，吐列毛杜农场举办了2015年度职工篮球赛，来自场内各生产队、机关及各直属单位的18支男女代表队参加了比赛。场机关代表队、第二生产队代表队、第一管理区代表队分别获得此次比赛男子组前三名；第五生产队代表队、第三生产队代表队分别获得女子组第一、二名。比赛期间还分别进行了定点三分球比赛和男队、女队拔河比赛。

2015年9月18日，吐列毛杜农场工会、妇联组织32名妇女参加了兴安农垦全民健身操比赛，并取得了第一名的好成绩。

2016年1月31日，吐列毛杜农场工会组织举办了猴年迎新晚会。

2016年6月5日，吐列毛杜农场举办了“纪念红军长征胜利80周年暨第七届田径运动会”，组织了长短跑、拔河等传统体育竞技项目，又增加了“二人三足”“持球跑”等文体趣味活动。

2016年6月28日晚，吐列毛杜农场举办的“红色血脉·兴垦情怀”主题文艺汇演暨纪念建党95周年表彰大会在文体广场上演。场党委书记武宝权在会上向全场发出了《弘扬农垦精神　争做合格党员》的倡议。

2016年8月1日，吐列毛杜农场举办了首届规模化经营管理区篮球邀请赛。由场3个规模经营化管理区、畜牧服务中心、环卫队等单位一线工人组成的7支球队参加了比赛，同时邀请索伦牧场、呼和马场、公主陵牧场参加比赛。

2017年1月21日，吐列毛杜农场工会、妇联、共青团联合举办了“吐列毛杜农场2017新春联谊会”。

2017年8月9日，吐列毛杜农场工会、妇联联合组织广大妇女在休闲广场参加以“巾帼心向党·喜迎十九大”为主题的全场全民健身操比赛。

2018年2月4日，吐列毛杜农场举办了“辉煌十九大·春雨润梦圆”迎新春趣味知识竞赛联欢会。活动以知识竞赛与迎春欢庆节目表演穿插进行。

2018年6月27日，吐列毛杜农场出资26002.24元，聘请乌兰浩特市人民医院医生为187名退休人员、内退人员、遗属及“五七工”体检。

2018年7月1日下午，吐列毛杜农场举行“农垦儿女歌唱党，携手共建新农场”庆祝建党97周年红歌赛。

2018年8月13日，吐列毛杜农场工会举办了以“开展全民健身·共建和谐农场”为主题的广场舞比赛。

2018年8月15—16日上午，吐列毛杜农场举办了第二届管理区篮球赛邀请赛，来自场机关、管理区、生产队的管理人员、各直属单位的8支代表队参加了比赛。

2018年8月16日下午，吐列毛杜农场举办了职工拔河比赛，来自机关、管理区、生产队管理人员、直属单位的 8 支队伍参加了比赛。

2018 年 8 月 28 日，邀请科右中旗老年体协门球协会、布敦化牧场、索伦牧场、阿力得尔牧场、吐列毛杜镇、西哲里木镇、桃和木苏木 7 支代表队与场 2 支代表队进行了门球比赛。桃合木苏木代表队获得第一名，中旗老年体协代表队获得第二名，吐列毛杜农场第一代表队获得第三名。

2018 年 8 月 29 日晚，“走进吐列毛杜农场丰收季”文艺联演在休闲广场上演，科右中旗乌兰牧骑的演员和场内干部职工联袂为职工群众送上文化“盛宴”。

2018 年 12 月 26 日，吐列毛杜农场工会举办了迎“元旦”系列活动一之乒乓球比赛，机关、生产队、管理区等 13 个单位共 31 名选手参赛。胡宝泉获男子组第一名，白龙梅获女子组第一名；刘忠宝、徐峰获男子组第二名，朱春华、白德利、白瑞彬获第三名。

2018 年 12 月 27 日，吐列毛杜农场工会举办了迎“元旦”系列活动二之扑克比赛。

2018 年 12 月 28 日，吐列毛杜农场工会举办了迎“元旦”系列活动三之职工象棋比赛。

2019 年 1 月 25 日，吐列毛杜农场工会、妇联、共青团联合举办了以“2019 我们和我们的事业一起出发”为主题的迎新春联欢会。

2019 年 3 月 6 日，为庆祝中华人民共和国成立 70 周年，吐列毛杜农场近 100 名职工共唱《我和我祖国》，为祖国母亲献礼。

2019 年 6 月 30 日，吐列毛杜农场（分公司）干部职工携手科右中旗乌兰牧骑演员在场中心广场举办“不忘初心、牢记使命”——吹响企业化改革号角主题晚会。

2019 年 7 月 27 日，吐列毛杜农场机关管理人员 60 人参加了在科右中旗图什业图赛马场举办的 2019 年全国速度马经典大赛暨第二届科尔沁右翼中旗那达慕大会开幕式。吐列毛杜农场获得主办单位中共科尔沁右翼中旗委员会、科尔沁右翼中旗人民政府颁发的体育道德风尚奖。

2019 年 7 月 28 日，在索伦牧场建场 70 周年之际，索伦牧场党委邀请吐列毛杜农场参加篮球友谊赛，吐列毛杜农场党委书记隋德慧、副书记许刚等党委领导一行带领 8 名男篮球队员参加了篮球友谊赛。

2019 年 8 月 8 日，吐列毛杜农场党委委员、纪检委书记、工会主席滕倩等领导带领 8 名男篮球队员参加了在呼和马场举办的职工篮球友谊赛。

2019 年 8 月 9 日，吐列毛杜农场 106 人参加了兴安盟那达慕大会开幕式，代表兴安农垦方队表演了《咱们工人有力量》舞蹈，共派出无人机 20 架（吐列毛杜农场 8 架、雇用 12 架），进行了无人机表演，

2019年9月6日，吐列毛杜农场选送配乐诗朗诵《神奇的热土　美丽的家园》、舞蹈《咱们工人有力量》两个节目，参加了在索伦牧场举办的兴安农垦庆祝中华人民共和国成立70周年暨庆祝“丰收节”文艺汇演。

2019年9月20日，中国共产党兴安盟委员会老干部局、兴安盟老干部活动中心、内蒙古成吉思汗书画院举办了“庆祝中华人民共和国成立70周年兴安盟离退休干部书画展”。9月23日，吐列毛杜农场老干部陈福的书法作品作为优秀作品在乌兰浩特市博物馆展出。

2019年9月22日，在兴安礼堂参加了由盟委宣传部、盟农牧局、盟文化旅游体育局主办的庆祝中华人民共和国成立70周年“兴安大米”丰收节暨第二届守望相助好家园兴安盟农牧民文艺汇演。

2019年9月27日，吐列毛杜农场举办了廉政文化书法展，场内30余名书法爱好者参加活动，分别展示了硬笔书法、毛笔书法，共40余幅作品。

2019年12月4日下午，吐列毛杜农场（分公司）工会、妇联、共青团组成的业余乌兰牧骑队参加了慰问一线工人文艺演出。

2020年1月17日下午，吐列毛杜农场（分公司）召开了“瑞鼠兆丰年、协力谱新篇”新年联欢会，场领导班子成员、管理干部、职工共100余人齐聚一堂，共迎新春佳节。

2020年6月24日，在吐列毛杜农场工会的号召下，14名妇女干部们踊跃参加包粽子活动。纪检书记、工会主席滕倩代表场工会将新鲜鸡蛋和粽子送到一线管理区工人手中。

2020年8月6日，为庆祝建场60周年，进一步丰富职工群众业余文化生活，培养干部团结协作、勇于拼搏的精神风貌，吐列毛杜农场组织了12支篮球队伍、96名运动员参加建场60周年职工篮球赛。经过两天半的激烈角逐，规模化经营第二管理区代表队获得篮球赛第一名，第二生产队代表队获得第二名，环境卫生整治管理大队代表队获得第三名，规模化经营第三管理区代表队获得体育道德风尚奖。篮球比赛结束后，举办了职工拔河比赛，共有12支队伍参赛。第二生产队代表队获得拔河比赛第一名，第一管理区代表队获得拔河比赛第二名，第三管理区代表队获得拔河比赛第三名。

2020年9月12日，吐列毛杜农场（分公司）举办“走进兴安　遇见农垦”——农垦文化旅游开放日庆祝活动。局（集团公司）领导张双城、武宝林、张金锁、刘华，科右中旗文化体育旅游局局长唐娟及相关领导，局（分公司）部分机关科室负责人，部分兄弟场领导，老干部及家属，兴安盟摄影家协会，鸿安集团、天合光能股份有限公司等领导及突泉民族服饰协会、西哲里木镇社区舞蹈队等，同现场千余名盟内外游客、职工群众一起参加了活动。

2020 年 9 月 12 日晚，邀请科右中旗乌兰牧骑的演员和场管理人员、学校小学生联袂在职工文化广场举办了“走进兴安　遇见农垦”——农垦文化旅游开放日与庆祝吐列毛杜农场 60 华诞文艺汇演。

2020 年 6 月 15—30 日，吐列毛杜农场工会组织在职管理人员及各生产队职工共计 258 人次参加了为期 15 天的 2020 年“安康杯”知识竞赛答题活动。

2020 年夏，兴安盟农牧场局、吐列毛杜农场工会联合开展“送清凉”慰问活动，将矿泉水、绿豆糕、西瓜、毛巾等慰问品亲自送到规模化管理区一线工人的手中。

2020 年 10 月 25 日，吐列毛杜农场特邀兴安盟人民医院“五大中心”专家团队到吐列毛杜农场卫生院开展联合义诊活动，为 300 名老年人和职工群众送上一份健康，解决了困难职工群众“看病就医难”的实际问题。

2020 年，吐列毛杜农场共有 597 名职工参加了由自治区工会发起的职工医疗互助保障金行动，通过职工爱心互助的形式，使每位职工都加入互帮互助的行列，解决困难职工的燃眉之急，急职工之所急、帮职工之所难。

第二章　共青团工作

第一节　机　　构

吐列毛杜农场共青团工作委员会是中国共产主义青年团组织在吐列毛杜农场的领导机构，也是吐列毛杜农场青年工作的主管部门。吐列毛杜农场的共青团组织建立于1961年5月。

2006—2020年曾在吐列毛杜农场负责共青团工作的人员有（按任职时间先后顺序排列）：吴建平、隋德慧、庞利俊、滕倩、温艳霞、刘晓艳、高春艳、吴玉兰、朱晶晶、袁红。

2020年12月，吐列毛杜农场有团员51人、团支部5个、兼职团干部8人。

2020年，各基层团支部组织情况为：

一队团支部书记：刘纯成

组织委员：白玉宝

宣传委员：王丽彤

二队团支部书记：白勇光

组织委员：朱浩

宣传委员：胡桂霞

三队团支部书记：刘纯鹏

组织委员：李玉龙

宣传委员：韩德军

四队团支部书记：安文鹏

组织委员：吴伟

宣传委员：朱中华

五队团支部书记：李艳玲

组织委员：张硕

宣传委员：祁红梅

团委和各级团组织的任务是：

（1）组织团员青年学习马克思列宁主义、毛泽东思想、邓小平理论和“三个代表”重要思想，学习习近平新时代中国特色社会主义思想，带领全场广大青年以经济建设为中心，坚持四项基本原则，坚持改革开放、自力更生、艰苦创业，促进生产力和社会进步，在建设中国特色社会主义和小康社会的伟大实践中，成为有理想、有道德、有文化、有纪律的接班人。大力开展爱国主义、集体主义和社会主义教育，大力开展中华民族传统美德教育，帮助团员青年树立正确的世界观、价值观和人生观，全面提高团员青年的思想道德素质。

（2）宣传、执行党组织和上级团组织的指示和决议，充分发挥团员的模范作用，努力完成党组织和上级团组织交办的任务。

（3）加强对团员青年的教育和管理，认真做好各项团务工作。发现、培养优秀青年人才，向党组织输送新鲜血液。

第二节　工作开展

2006 年 7 月，吐列毛杜农场举办了“知荣辱、争当公仆”“爱我农场、兴我家园”的主题征文比赛活动。

2007 年，吐列毛杜农场举办了“我为党旗添光彩”演讲比赛。

2011 年春耕之际，吐列毛杜农场共青团组织青年志愿者到管理区和合作社帮助筛选化肥、拌肥、拌种，支援春耕生产工作。

2011 年 4 月 27 日，吐列毛杜农场共青团为庆祝“五四”青年节 92 周年，开展了庆“五四”青年节爱国歌曲大家唱暨卡拉 OK 比赛。

2011 年 6 月 1 日，吐列毛杜农场党委为孩子们送去 5000 元节日慰问金，希望孩子们健康快乐成长。

2011 年 6 月 18 日，吐列毛杜农场共青团举办了“我为党旗添光彩”演讲比赛，18 名选手参加了比赛，120 名党员观看了比赛。来自学校的参赛选手获得一等奖，机关参赛选手获得二等奖，第二生产队参赛选手获得三等奖。

2011 年秋收之际，吐列毛杜农场共青团组织青年志愿者到规模化经营管理区进行了为期 15 天的义务劳动。

2012 年 3 月 5 日，吐列毛杜农场共青团开展了“建设美好家园”和“大手拉小手”主题志愿者服务日活动，清理了职工文化广场及场部地区街道两侧的“白色垃圾”。

2012年4月27日，吐列毛杜农场共青团举办了“迎‘五四’ 我为农垦献青春”演讲比赛，来自全场12个单位的20名选手参加了比赛。

2012年6月，吐列毛杜农场组织青年志愿者清理场部地区街道和活动广场的白色垃圾，清除街道两侧杂草。

2013年6月1日，吐列毛杜农场工会、共青团的工作人员为吐列毛杜农场小学送去了5000元的“六一”儿童节文艺汇演赞助资金。

2013年“6·26”国际禁毒日来临之际，吐列毛杜农场共青团、派出所联合开展了以“青少年和合成毒品”为主题的禁毒宣传活动。

2014年，在“六一”国际儿童节来临之际，位于农场境内的陕西榆林市天元路业有限公司霍阿公路土建工程第五标段项目部和安徽开元路桥有限公司霍阿公路土建工程第六标段项目部分别为驻地学校吐列毛杜农场小学捐资2万元，用于学生们更换新校服和购买学习用品。

2016年，吐列毛杜农场共青团成立了“场容场貌整治突击队”，开展青年志愿者活动。

2018年3月3日，吐列毛杜农场共青团开展了“传承雷锋精神，弘扬时代新风”活动。

2018年4月5日，为纪念“五四运动”99周年，吐列毛杜农场团委开展了“青年大学习”主题日活动。

2018年4月18日，吐列毛杜农场机关党支部组织80名党员和青年志愿者参加了义务植树活动。

2018年4月25日，吐列毛杜农场共青团组织60名青年志愿者开展了以“净化农场、美化环境”为主题的捡拾白色垃圾活动。

2018年5月11日，为纪念“五四运动”99周年，吐列毛杜农场共青团开展了“‘五四’主题团日活动”。第五生产队团支部30名青年团员围绕习近平新时代中国特色社会主义思想和党的十九大精神进行了深入学习与座谈交流，第一生产队团支部以实践体验的形式组织20名青年参加义务植树活动，其他基层团支部也开展了多种形式的主题团日活动。

2018年6月26日，吐列毛杜农场共青团与场派出所联合开展了“远离毒品 珍爱生命”主题禁毒活动。

2019年2月15日，吐列毛杜农场组宣科、妇联、共青团联合开展了为老党员“送学上门”志愿服务活动，各支部相继组织青年志愿者和巾帼志愿者为所在支部的老党员上门安装“学习强国”软件，耐心地教会他们如何使用App进行理论知识学习。

2019年3月5日，吐列毛杜农场共青团工作人员到吐列毛杜农场小学，为4名困难职工子女送去书包和学习用品，详细了解他们在学习、生活、思想等方面的情况。

2019年4月30日，为庆祝中华人民共和国成立70周年，吐列毛杜农场共青团举办了“我的青春·我的梦”主题演讲比赛。机关代表白巴图孟贺、环保筑路队代表张浩天、第一管理区代表杨雪松、第二管理区代表全少卓、第三管理区代表李艳秋、农业技术推广站代表任娇、第一生产队代表刘园园、第二生产队代表蔡常胜、第三生产队代表吴艳梅、第四生产队代表安文鹏、第五生产队代表张硕、畜牧服务中心代表黄伟、学校代表高媛，共13名选手参加了比赛。选手们立足岗位，结合自身工作和生活实际，用富有感染力的语言、朴实生动的事例谈理想和体会。经过激烈角逐，最终，机关代表白巴图孟贺获得第一名，第五生产队代表张硕、学校代表高媛获得第二名，第四生产队代表安文鹏、第一管理区代表杨雪松、畜牧服务中心代表黄伟获得第三名。

2019年12月13日，吐列毛杜农场（分公司）开展“守初心、担使命、做新时代好青年”学习强国知识竞赛，来自各基层党支部、直属单位、管理区的13支代表队参加了比赛。比赛分预赛和决赛两个环节，试题主要选自“学习强国”App。在预选赛中，通过笔试，选出排在前6名的代表队参加决赛。经过激烈角逐，最终，学校党支部代表队获得第一名，第三管理区代表队获得第二名，四队党支部代表队获得第三名。

2020年3月21日，吐列毛杜农场团委开展了“学雷锋全民爱卫生”志愿服务活动，来自各单位和各生产队的60名团员对街道、办公场所、公共区域进行清扫和消毒。

2020年4月26日下午，吐列毛杜农场工会、妇联、共青团联合组织10名青年志愿者开展了“防疫有我，爱卫同行”主题爱国卫生月活动，捡拾职工休闲广场、植物园内的垃圾，清理卫生死角。志愿者们还发放了120份“防疫有我，爱卫同行”倡议书。

第三章　妇联工作

第一节　机　　构

2020年，吐列毛杜农场有妇联组织5个，有专职妇联干部2人、兼职妇联干部6人。

2006—2014年吐列毛杜农场妇联主任、群工部主任及副主任如表14-2所示。

表14-2　2006—2014年吐列毛杜农场妇联主任、群工部主任及副主任名录

职务	姓名	任职年限
妇联主任	梁五月	2006年3月—2010年4月
群工部主任	温艳霞	2011年2月—2020年12月
群工部副主任	高春艳	2011年2月—2014年8月

2006—2020年，曾在吐列毛杜农场妇联担任干事的人员有（按任职时间先后顺序排列）：刘晓艳、高春艳、吴玉兰、朱晶晶、袁红。

2020年，吐列毛杜农场各生产队妇委会组织情况为：

一队妇委会主任：赵图雅

委员：王丽彤　杨恩春

二队妇委会主任：胡桂霞

委员：侯云光

三队妇委会主任：郭芳

委员：石玉莲　马振华

四队妇委会主任：赵丽欣

委员：吕文霞

五队妇委会主任：李艳玲

委员：沈丽敏　张硕

第二节　工作开展

2007年3月7日上午8点，为迎接“三八”妇女节的到来，吐列毛杜农场妇联组织各

单位书记、妇联主席、每队 1～2 名妇女代表、机关全体女职工在机关小会议室召开座谈会。

2007 年 5 月 21 日，吐列毛杜农场计生办和妇联联合举办了妇女知识竞赛。

2008 年 3 月 8 日，为庆祝“三八”国际劳动妇女节，吐列毛杜农场妇联组织各单位党支部书记、妇联主任、机关全体女同志和 9 名受表彰人员召开座谈会。

2011 年 3 月 7—8 日，吐列毛杜农场妇联为庆祝“三八”国际劳动妇女节及“妇女之家”挂牌，开展了歌舞、联欢、扑克、猜谜、秧歌等庆祝活动。妇联组织了 2 支巾帼志愿服务队，重点走访了第四生产队贫困职工韩广友和第五生产队五保户马金柱，为他们送去了面粉、崭新的被褥及衣服等。

2011 年 6 月 9—11 日，吐列毛杜农场工会、妇联联合举办了 2011 年度职工篮球赛，有 6 支女队参赛，第三生产队代表队取得第一名的好成绩。

2011 年 6 月 21 日，为纪念中国共产党成立 90 周年，吐列毛杜农场妇联组织开展了“颂党恩、跟党走、做党的好儿女”红歌主题演唱会。

2012 年 3 月 1—6 日，吐列毛杜农场数十名巾帼志愿者身披绶带走上街头，进行《中华人民共和国妇女权益保障法》《中华人民共和国婚姻法》等相关法律宣传，并开展法律咨询，发放传单，增强妇女的维权意识。组织妇女开展致富经验交流座谈会，鼓励妇女自强、自立、自主创业。邀请科右中旗计划生育服务站的专家到场开展“妇女健康知识讲座”，并免费为全场育龄妇女进行了针对乳腺癌、宫颈癌的“两癌”筛查服务活动。举办“平安家庭”创建知识讲座，建立“平安家庭”创建的长效机制，号召全场妇女积极投入“平安家庭”创建活动，做一个学法、守法、懂法的文明人，做一个文明新风的传播人。

2012 年 3 月 5 日，吐列毛杜农场妇联组织青年志愿者开展了“建设美好家园”和“大手拉小手”主题志愿者服务日活动。志愿者对职工文化广场及场部地区街道两侧的“白色垃圾”进行了清理。

2012 年 3 月 8 日，吐列毛杜农场妇联与计生部门联合开展了以送法律到基层、送知识送技术到基层、送健康到基层、送温暖到基层、平安家庭创建等为内容的“四送、一创建”系列活动。

2012 年 8 月，吐列毛杜农场妇联组织开展了以“美德进万家”为主题的千人签名活动。

2012 年 9 月 28 日，吐列毛杜农场妇联组织 60 名妇女组成“巾帼服务队”，帮助弘汇农业专业合作社抢收水果玉米。

2012 年 11 月 8 日上午 9 时，来自吐列毛杜农场各个单位的 30 名妇女干部在机关二楼小会议室一起观看党的十八大开幕盛况，认真聆听了胡锦涛总书记的报告。

2012年12月，吐列毛杜农场妇联积极开展以走访慰问、结对帮扶等为主要形式的“关爱单亲母亲”活动。春节前夕，妇联对全场单亲母亲家庭进行了走访慰问，为她们送去了面粉、食用油等生活必需品，并为6户特困单亲母亲每户发放了500元的生活救助金。

2013年，在“三八”节来临之际，3月6日—7日，历时两天时间，吐列毛杜农场妇联下到基层，与基层妇女群众一起庆祝节日，组织全场妇女开展了以座谈、联欢等为主要形式的迎庆活动。座谈会上，广大妇女同志围绕“如何发挥好妇女半边天的作用，为建设农场做贡献”这一主题进行了讨论。

2013年，吐列毛杜农场妇联开展了“关爱单亲母亲”活动，对全场14户单亲母亲家庭进行了走访慰问，为她们协调解决生产生活中的实际困难30件。兴安盟农牧场管理局妇联在“三八”节期间为农场争取到慰问资金2000元，分别为场3位贫困单亲母亲和一位曾经从事多年基层妇女工作的贫困妇委会主任每人送去了500元的慰问金。

2013年，春耕生产时节，吐列毛杜农场妇联及时组织妇女互助组帮助管理区拌种拌肥。在场妇联的倡导下，各基层妇代会组织了多个由本生产队家庭妇女组成的“妇女互助组”，开展助春耕服务活动。

2013年6月26日，在国际禁毒日来临之际，吐列毛杜农场妇联、公安派出所联合开展了以“青少年和合成毒品”为主题的禁毒宣传活动。

2014年，在“三八”节期间开展了以“三月女人天，亮丽妇女节”为主题的庆“三八”系列活动：①开展了“三八”妇女维权周活动。3月4日上午，场妇联组织巾帼志愿者深入各基层“妇女之家”，开展了《妇女权益保障法》及法制教育条例等宣传咨询活动。②开展了慰问贫困单亲母亲、贫困妇女活动。走访慰问了贫困单亲母亲、贫困妇女5人，为她们送去面粉等慰问物资。

全年，吐列毛杜农场妇联向兴安盟新闻媒体上报推介妇女工作典型经验和信息稿件9件，为238名女职工办理了“女职工特病保险”。

2014年5月14日，吐列杜农场妇联组织妇女同志参加了“我爱我家·‘三控两禁’”主题座谈会。

2014年8月，吐列毛杜农场妇联动员组织全场广大妇女同志广泛开展了“美丽农场·从我家开始”主题实践活动。

2014年，吐列毛杜农场妇联启动了2014年度“心系妇儿——家庭教育空中课堂”公益项目。

2015 年，吐列毛杜农场妇联开展了以“美丽农场，巾帼添彩”为主题的“三八”妇女节系列活动：①开展了以“巾帼维权·送法到‘家’”为主题的“三八”维权周活动。3 月 6 日上午，第五生产队妇代会召开了以“温暖你我他，维权进万家”为主题的依法维权关爱女性座谈会，场妇联领导、第五生产队妇女姐妹共 30 人参加了会议。会后，组织巾帼志愿者为妇女同志们发放了《妇女权益保障法》、“六五”普法读本《以案说法》等禁止“黄、赌、毒”的法律法规知识宣传单、宣传册 300 份。②开展了“我爱我家·‘三控两禁’”主题宣传活动。3 月 6 日上午，第三生产队妇委会举办了“我爱我家·‘三禁两控’”主题宣传活动，来自第三生产队的 20 名妇女参加了活动。

2015 年 3 月，吐列毛杜农场妇联在“三八”节期间开展慰问贫困单亲母亲活动，慰问贫困单亲母亲 5 名，慰问资金共计 2500 元。

2015 年 9 月 18 日，吐列毛杜农场妇联组织 32 名妇女参加了兴安农垦全民健身操比赛，并取得了第一名的好成绩。

2016 年，吐列毛杜农场妇联组织开展了庆祝“三八”妇女节活动：①开展了以“巾帼维权·送法到‘家’”为主题的“三八”维权周活动。3 月 7 日上午，第五生产队在“妇女之家”召开了以“妇女维权进百家”为主题的依法维权关爱女性座谈会，共有 115 名妇女参加了座谈会，会上发放了《反家庭暴力法》《土地法》等宣传单 300 份。②召开庆“三八”表彰会，对 2 户“美丽庭院标兵户”、20 户“美丽庭院户”、10 户“我爱我家·‘三控两禁’”健康家庭进行了表彰。

2016 年 6 月 5 日，吐列毛杜农场工会、妇联举办了“纪念红军长征胜利 80 周年暨第七届田径运动会”，组织了长短跑、拔河等传统体育竞技项目，又增加了“二人三足”“持球跑”等文体趣味活动。

2016 年，吐列毛杜农场妇联积极开展职工帮扶工作，对 213 户困难职工进行了生活状况摸底调查，走访慰问困难职工 51 户。

2016 年，吐列毛杜农场妇联组织 7 名妇女参加了兴安盟华夏中青家政职业学校举办的月嫂技能培训。

2017 年，吐列毛杜农场妇联组织 15 名妇女参加了兴安盟华夏中青家政职业学校举办的月嫂培训班。

2017 年 1 月 5—8 日，兴安盟农牧场管理局与盟就业局在场联合举办了妇女面点师培训班，120 人参加学习。

2017 年 3 月 3 日，吐列毛杜农场妇联举办了以“关爱女人心，健康之行”为主题的女性健康知识讲座。讲座邀请到科右中旗妇幼保健院的副院长石梅授课，全场 5 个生产队共100名妇女参加了讲座。讲座结束后，场妇联的工作人员还在讲座现场为妇女们发放了《妇女婚期、孕期宣传手册》100份。

2017年6月26日，吐列毛杜农场妇联、派出所联合开展了以“远离毒品　珍爱生命”为主题的禁毒宣传活动。巾帼志愿者们走上街头、走进社区、走进家庭，宣讲《禁毒法》和《戒毒条例》，发放毒品危害、毒品预防知识宣传单、宣传手册1000份。

2017年8月9日，吐列毛杜农场妇联举办了以“巾帼心向党·喜迎十九大”为主题的全场全民健身操比赛。

2018年3月5日，吐列毛杜农场妇联举办了迎“‘三八’家庭、家教、家风”教育讲座。讲座期间，兴安盟家庭教育协会在吐列毛杜农场进行了“家庭教育指导站”挂牌仪式。

2018年4月12日，吐列毛杜农场妇联组织5个生产队的妇女召开“话我家，说变化，谈梦想”女性恳谈活动，全场共有230名女性参加恳谈。

2018年4月25日，吐列毛杜农场妇联巾帼志愿者开展了以“净化环境、美化农场”为主题的捡拾白色垃圾活动。

2018年5月13日，吐列毛杜农场妇联走访慰问了3名患有癌症的贫困妇女，并给每人送去了1000元的慰问金，鼓励她们一定要增强信心、战胜病魔，渡过难关。

2018年8月13日，吐列毛杜农场工会、妇联举办了以“开展全民健身·共建和谐农场”为主题的广场舞比赛。

2018年10月30日，吐列毛杜农场妇联分别组织机关、各直属单位妇女干部及各生产连队妇女同志观看了中国妇女第十二次全国代表大会开幕式盛况。

2019年3月，吐列毛杜农场妇联组织16～60周岁的吐列毛杜农场女职工及职工家属缴纳女职工特病保险，每份保险35元。

2019年3月6日下午，吐列毛杜农场妇联举办了“魅力女性·精彩绽放”庆“三八”联欢会，来自机关、场直单位的妇女干部及各生产连队的近百名妇女姐妹欢聚一堂。

2019年4月23日，为庆祝中华人民共和国成立70周年，吐列毛杜农场妇联组织机关、场直单位20名妇女同志召开“70年，我的家与国”女性恳谈会。恳谈会上，大家畅所欲言，围绕“70年，我的家与国”这一主题畅谈70年来妇女事业的发展和家庭生活的变化。各基层妇代会也分别组织妇女同志召开“70年，我的家与国”女性恳谈会。

第四章　残联工作

第一节　机　　构

吐列毛杜农场残疾人联合理事会成立于2013年，简称吐列毛杜农场残联。吐列毛杜农场残联代表场内残疾人的共同利益，依法维护残疾人合法权益并组织开展残疾人康复、就业、扶贫帮困、维权、服务设施建设、组织文化活动等工作。为配合残联工作的开展，场党委和工会对残疾人协会成员中的各部门领导制定了相关职责，以确保残疾人协会的工作顺利开展及各项措施的有效实施。

第二节　工作开展

2017年10月，经残疾人代表民主选举，吐列毛杜农场党委同意推荐温艳霞为吐列毛杜农场残联理事长。

残疾人联合理事会成立后，为场内残疾人做了许多有益的工作：为场内159名残疾人办理了残疾证；为有需要的残疾人配发轮椅23台、拐杖16个；为有需要的残疾人配发助听器15台；为场内持有重度残疾证（一、二级）的残疾人申请重度残疾人护理补贴；为场内低保户家庭中的持有残疾证的人员申请残疾人困难生活补贴。

第五章 扶贫工作

第一节 机　　构

扶贫工作一直是吐列毛杜农场诸多工作中的一项重要内容，由场党委领导、工会主抓，各基层党支部和分工会负责落实。

吐列毛杜农场的扶贫对象是场内的贫困户和低保户。贫困户是指家庭中人口多、劳力少、收入低的家庭；低保户是指家庭成员存在重度疾病或丧失劳动力，享受最低生活保障补助的家庭。

吐列毛杜农场贫困户和低保户产生的原因大致有以下几种：职工的工资低；家庭人口多、负担重；家庭成员中长期患病、残疾及鳏寡孤独人员；家庭遇到临时性不可抗拒的困难等。

扶贫以扶本、扶志为主，原则是主要帮助解决生产中的困难，引导、帮助、扶持贫困户搞好生产、勤劳致富。与此同时，鼓励贫困职工家庭因地制宜地发展养殖业，进行多种经营，扩宽生产门路，使贫困职工家庭及早脱贫。

第二节 工作开展

2004 年，吐列毛杜农场 68 名党员开展了“一助一”活动，场党委拿出 7000 元，为 19 户困难职工购买 228 斤油葵种子，又拿出 700 元，为 5 户参加农业高产攻关竞赛户购买了地膜、玉米种子。在党员致富工程活动中，共落实农牧场管理局划拨的 6200 元专项扶贫款，分别投放给有致富能力的党员，并组织青年志愿者帮助他们维修饲养牲畜的棚舍。为场 22 户贫困职工家庭解决了城镇居民最低生活保障金。

2006 年，吐列毛杜农场投资 5000 多元，为 14 户困难职工购买了 170 斤油葵种子，并且帮助他们种地，为 2 户困难职工家庭购买了鹅雏。

2006 年，吐列毛杜农场投资 2640 元，对 2 户困难职工在危房改造上给予补助。

2007 年 2 月 3 日，吐列毛杜农场对困难户翻盖住房给予每平方米 30 元的补助，对韩淑英家补助 1560 元，对程文清家补助 1080 元。

2007 年，吐列毛杜农场开展了“百名党员带百户，家家都是小康户”活动，全场 68 名有能力的党员都开展了“一助一”活动，全场副科级以上干部每人重点扶持一个贫困户，保证年底前要带富一个贫困户。

2007 年 7 月 9—11 日，吐列毛杜农场遭受了严重的山洪，特别是第四生产队和第三生产队，86 户居民的家被洪水浸泡，生产生活用品被淤泥掩埋。闻讯后，场全体管理人员赶往现场，积极组织群众抗洪救灾。场先后将大米、面粉、方便面、色拉油等 3 万元的救灾物品以及全场管理人员筹集的 4386.1 元捐款及时发放到职工群众手中，并积极与上级主管部门和民政部门协调，调进救灾棉被 80 套、救灾面粉 4 吨，救灾衣物 200 余件。同时，为 10 户特困职工办理了低保申请，对危房改造的受灾户每户给予 6000 元的补贴。

2007 年 7 月 14 日，根据吐列毛杜农场第四生产队遭受了严重的洪灾，兴安盟红十字会捐赠了 4 吨面粉和 80 床棉被救灾物资，帮助灾民渡过难关。

2007 年 8 月 21 日，根据第四生产队夏季遭受的严重洪灾情况，吐列毛杜农场对被洪水冲刷和浸泡的危房户翻盖房屋进行补助，每户补助 6000 元。

2008 年，汶川大地震发生后，工会组织社会各界向四川地震灾区捐款 2.2 万元。

2008 年 6 月，吐列毛杜农场工会、妇联、民政发动全场职工群众为患心脏病的梁万军捐款。

2009 年 4 月 27 日，吐列毛杜农场根据兴农管发〔2009〕47 号《关于下达 2008 年自然灾害救助补助费的通知》的要求，经过认真筛选和公示，确定了王德志等 34 户救助补助对象，每户发放 294 元救助款。

2009 年 6 月 17 日，吐列毛杜农场工会组织开展了“2009 年博爱一日捐”活动，全场广大干部、职工、群众和教师每人捐出一天的工资。所征集的捐款由场工会统一交至兴安盟农牧场管理局工会，用于社会公益救助和困难群众的生活帮助。

2010 年，以扶助弱势群体为职责，吐列毛杜农场场党委从解决职工群众切身利益出发，以加强民生工作为突破口，重点推进了七项民生工程的落实：①成立了农业专业合作社组织，合作社以贫困职工为主体，整合耕地 2000 亩，场垫付 12 万元的生产资金，探索了项目脱贫新路；②与中旗农行积极协调，为职工办理惠农卡，争取惠农贷款资金 360 万元，解决了职工群众缺少生产资金的难题；③争取了广播电视“村村通”接收设备 400 套；④职工家属、未参统职工子女、职工以及户籍在场长期居住人口的未满 18 周岁子女，每人每年享受 3 亩生活田待遇；⑤由场负担，解决了多年来未解决的 24 名未到退休年龄故去的职工遗属待遇问题；⑥积极协调有关部门，为 4 名超龄未退休职工办理了退休手续；⑦对医院进行了改革，极大改善了职工群众的就医条件，减轻了职工群众的就医负担。

2010 年 11 月 25 日，由于近几年的自然灾害，导致农场大面积土地受灾，职工收入受到严重影响，吐列毛杜农场工会为 32 名特困户向兴安盟农牧场管理局申请救济金。场内 25 名职工遗属均享受到遗属补助，其中有 20 名遗属每月享受 315 元生活补助，5 名遗属每月享受 200 元的生活补助。

2010 年 12 月 26 日，兴安盟农牧场管理局给予吐列毛杜农场 16 个受灾严重户 5 万元补贴。

2011 年，吐列毛杜农场建立特困人群档案，确定长效帮扶机制，跟踪服务，保障特困人员的基本生活开销，全年发放扶助资金累计达到 26.5 万元。

2011 年 11 月，吐列毛杜农场工会组织开展了“捐出一日工资，奉献一份爱心”主题捐款活动，共收到爱心捐款 4915 元。捐款由场工会统一交至兴安盟农牧场管理局工会，用于社会公益救助和困难群众的生活帮助。

2012 年，吐列毛杜农场为 70 户贫困职工争取两年期扶贫微贷资金 56 万元，发放民政救灾面粉 200 袋。

2013 年 6 月 1 日，吐列毛杜农场工会、妇联、共青团的工作人员为吐列毛杜农场小学庆祝“六一”儿童节文艺汇演送去了 5000 元的赞助资金。

2018 年春节，吐列毛杜农场工会对 8 户困难职工进行了走访慰问，发放慰问金 8000 元，为他们送去了组织的温暖。

2019 年 1 月 23 日，兴安盟农牧场管理局党委委员、副调研员贾磊，局审计科负责人夏焱，局人力资源和社会保障办公室副主任赵利先后走访慰问农场困难职工吴聪家及困难党员胡德格吉日呼家，了解他们的生活和身体情况后，并为他们送上慰问金。

2019 年 5 月 15 日夜，巴达尔胡农场一队孟海军家遭遇火灾，造成房屋坍塌，381 只羊死亡，直接经济损失 50 余万元。由于火灾事发突然，孟海军家生产生活物资来不及抢出，重建家园的任务十分艰巨。火灾无情人有情，作为农垦兄弟，“一方有难、八方支援”，吐列毛杜农场工会积极倡议，所有在职干部职工开展向孟海军家捐款活动，共捐款 1.58 万元，帮助孟海军渡过难关、重建家园。

2020 年，吐列毛杜农场工会为 1 名在档困难职工、2 名渐退期管理困难职工发放中央专项帮扶资金，共计 2252160 元。

2020 年 1 月 2 日，兴安农垦农场局（集团公司）纪检委书记贾磊、纪检监察室负责人赵光喜，在吐列毛杜农场（分公司）副场长姜文涛，纪检委书记、工会主席滕倩的陪同下，来到第三生产队困难职工徐小占和第五生产队困难职工何青兰家，了解他们的生产生活情况，并为他们送去慰问金。

2020年春节前夕，吐列毛杜农场走访慰问27户生活困难家庭，并为他们送去米、面等慰问品。兴安盟农牧场管理局工会慰问了第一生产队因病致贫职工白海军，送去2000元慰问金。

2020年，在“六一”儿童节来临之际，吐列毛杜农场工会为孩子们送去5000元爱心赞助款，在教师节为教师们送去3000元慰问金。

中国农垦农场志丛

第十五编

社会治安综合治理

中国农垦农场志丛

第一章 社会治安及户籍管理工作

第一节 机构设置与沿革

吐列毛杜农场公安派出所的工作职责是全场的社会治安、户籍管理、安全保卫，打击犯罪，监督管理场内外流动人口，维护全场各个单位及职工群众的生命财产安全。

2000 年 4 月，吐列毛杜农场派出所业务隶属兴安盟公安局岭南农垦公安分局。

2000 年—2001 年 3 月，刘军任吐列毛杜农场派出所副所长。

2001 年 3 月—2009 年 4 月，高金泉任吐列毛杜农场派出所所长。

2006 年 11 月—2009 年 4 月，刘军任吐列毛杜农场派出所指导员。

2000 年—2020 年 12 月，隋玉靓为派出所工作人员。

2007 年 3 月—2009 年，赖文清为派出所工作人员，并协助综合治理、司法、武装工作。

2009 年 4 月—2020 年 12 月，刘军任吐列毛杜农场派出所所长。

2012 年 3 月—2020 年 12 月，聘李方武为吐列毛杜农场派出所辅警。

2012 年 4 月，派出所建设 630 平方米办公室并投入使用，内设所长室、内勤室、外勤室、情报中心、档案室、办案区、户籍室、监控室（天网室）、非涉案财物保管室、值班室。

2013 年 5 月—2020 年 12 月，聘李天娇、高青格勒吐为吐列毛杜农场派出所辅警。

2013 年 5 月—2018 年 10 月，聘蔡春路为吐列毛杜农场派出所辅警。

2014 年 8 月—2019 年 12 月，先后购进 1 台警车、2 台摩托车。

2014 年，吐列毛杜农场投资 70 余万元建设了“天眼”视频监控系统管理中心，在场部地区重点单位、重要部位及治安复杂场所、路口、出口安装监控探头 109 个，统一由派出所负责监控，切实提升了辖区技防建设水平和治安管控能力。

2015 年 10 月—2018 年 9 月，聘高翔为吐列毛杜农场派出所辅警。

2017 年 11 月—2020 年 12 月，聘郝天时为吐列毛杜农场派出所辅警。

2018 年 10 月—2020 年 12 月，陈忠任吐列毛杜农场派出所副教导员。

2020年，吐列毛杜农场派出所有干警8人，其中民警3人、辅警5人。

2000—2020年吐列毛杜农场派出所历任负责人如表15-1所示。

表15-1 2000—2020年吐列毛杜农场派出所历任负责人名录

职 务	姓 名	任职时间
副所长	刘 军	2000年—2001年3月
所 长	高金泉	2001年3月—2009年4月
所 长	刘 军	2009年4月—2020年12月
副教导员	陈 忠	2018年10月—2020年12月

第二节 社会治安工作

2001年，吐列毛杜农场派出所积极开展“安全检查”，出动警力147人次、警车49台次，检查辖区商业网点27家次。

2002年，开展“各类专项行动”，出动警力37人次、警车19台次，排查过往车辆47台次。

2003年，开展“严厉打击假种子、假农药、假化肥”“护校安园”等各项专项行动，共出动警力127余人次、警车53台次，排查过往车辆231台次。

2004年，在“收缴管制刀具”专项行动中，派出所成功收缴管制刀具6把。

2005年，收缴制式弹弓2把和弹弓发射所使用的钢珠500发。

2006年，在“治爆缉枪专项行动”中收缴子弹10发，及时消除了辖区的安全隐患。

2008年，在上级重大会议期间和重要时间节点，派出所加大了矛盾隐患排查力度，确保了各项活动的正常有序进行，为辖区安全稳定奠定了基础。

2009年，为了增强吐列毛杜农场学校在校师生的法制观念，有效遏制青少年违法犯罪案件发生，由民警担任法制辅导员，以送法、投法为载体，以净化校园环境为抓手，深入农场小学，为全校师生讲法制安全教育7次。

2010年，为切实增强辖区学校师生的避险减灾意识，提高抵御和应对火灾等自然灾害的能力，吐列毛杜农场派出所积极组织吐列毛杜农场学校师生开展火灾疏散逃生演练活动3次。

2011年，吐列毛杜农场派出所对暂住人口137人进行登记，做到流动人口来有登记、走有注销。

2012年，开展反恐宣传、110宣传日、反拐卖宣传等活动58次，有效运用微信、QQ等网络平台宣传法律法规43次。

2013 年，开展防火防盗防诈骗宣传、禁毒宣传活动共 78 次。在禁毒宣传活动中，按照岭南分局下发的禁种铲毒责任状，及时与场责任人和各生产队队长签订禁种铲毒责任书 73 份，张贴宣传画报 132 张。

2014 年，在基础信息采集过程中，吐列毛杜派出所严格按照上级统一部署，全员参与，划分两组，自我加压，高位推进，先后共出动警力 280 余人次，扎实开展了基础信息采集工作和核对工作，派出所工作人员高标准完成全场人户分离和离线采集工作，采集录入率达 100%。

2015 年，在“开门入户”活动中，吐列毛杜农场派出所召开警民座谈会 13 次、群众座谈会 12 次，走访 5 个生产队、112 家野外牧点。在走访过程中，派出所主动与生产队负责人、辖区各单位和野外牧包责任人签订责任书，共 370 余份。

2016 年，为切实提高基层派出所民警、辅警的综合素质和思想认识，吐列毛杜农场派出所认真学习关于违反“中央八项规定”精神典型案例的通报，充分发挥典型案例对党员民警的教育警示作用。

2017 年，吐列毛杜农场派出所进一步推进队伍“大整顿”活动，按照《岭南分局深入开展问题“大排查”、队伍“大整顿”、作风“大改进”、工作“大落实”活动总体实施方案》精神，组织民警、辅警常态化开展“练兵日”活动。

2018 年 6 月 26 日，吐列毛杜农场派出所开展了以“远离毒品 珍爱生命”为主题的禁毒宣传活动，向辖区职工群众发放毒品危害、毒品预防知识宣传单、宣传手册 1000 余份。

2018 年 9 月 17 日，吐列毛杜农场派出所开展了“网络安全为人民，网络安全靠人民”主题宣传活动。派出所民警深入全场各生产队连队，通过发放传单、现场说法、案例讲解等宣传方式，向辖区职工群众广泛宣传电信诈骗惯用的手段和伎俩，提醒广大职工提高警惕。

2018 年，吐列毛杜农场派出所全面开展“扫黑除恶”专项行动，组织民警先后进行了 13 次大规模集中宣传活动。活动中，共出动警车 15 台次、警力 180 人次，发放宣传资料 1280 余份。

2019 年 1—5 月，吐列毛杜农场继续开展“扫黑除恶”专项斗争工作，坚决维护人民群众合法权益，依法严厉打击黑恶势力，派出所出动警力 25 人、警车 5 次，悬挂横幅 12 条，刷标语 10 条，走访入户 867 户，走进辖区百姓家中进行了线索摸排工作，未发现可疑人员。

2019 年 5 月 31 日，吐列毛杜农场扫黑除恶专项工作领导小组成员进行座谈，派出所所长刘军详细介绍了工作进展情况。

2019 年 9 月，吐列毛杜农场派出所开展“男性家族排查系统”建设信息采集工作，工作人员和卫生院医护人员联合对辖区男性居民进行抽样采血。

2019 年，吐列毛杜农场派出所以生产队为单位，以户为单元，以辖区民警辅警为群主，建立“平安吐列毛杜农场”微信平台 1 个，共建立微信群 11 个。有效运用微信公众号和微信群，宣传各类信息约 380 条，每个生产队微信群覆盖率达到 98%以上，为辖区百姓提供最优质的服务，让辖区百姓足不出户便能了解派出所的办事程序，做到了让微信多跑路、群众少跑腿。

派出所抢抓平安建设机遇，主动顺应新时代新型视频监控技术发展趋势，深入探索视频监控在生产队主要路口、重点区域和人员密集地方的管控等领域的应用。以“天眼”监控平台为主抓手，全面推进了派出所勤务指挥和图像应用一体化运作的实战能力，落实了民警 24 小时值班值守规定，建立了视频监控点位分级巡逻、分组巡逻、重点巡逻勤务模式，加强了重点区域和重点时段的防范控制，形成了“空中＋路面”“网上＋网下”“人防＋技防”的有机对接融合。实现以视频分析为主导的扁平化指挥作战，全面优化视频指挥应用，有效提升了突发性案（事）件处置和农场大型活动安保工作效能。实战化视频应用系统全天对辖区居民提供视频图像快速调阅、信息检索等后台的便民服务，截至 2019 年年末，为辖区居民提供视频监控便民服务 63 次。

2020 年 1 月 1 日，吐列毛杜农场派出所充分运用“天眼”监控平台全天候 24 小时开展元旦节日期间的安全保卫工作。

2020 年 1 月 27 日，在新型冠状病毒疫情防控工作中，吐列毛杜农场派出所紧紧围绕上级要求，高度重视新型冠状病毒疫情防控工作，重点对商业网点、饭店、旅店等开展检查 17 次，安排警力 24 小时值班值守，把责任落实到岗、到人，未出现脱岗离岗现象。8 名民警积极投身到疫情防控第一线，共排查过往车辆 730 台次，登记返场流动人员 270 人，并对流动人员进行知识宣传教育，切实加强了流动人员的防控意识、安全意识，有效增强流动人员的管理力度，提高了辖区疫情安全防范能力，为确保辖区安全稳定打下坚实基础。

2020 年 2 月 15 日，疫情期间吐列毛杜农场派出所，进行了居民小区、村屯进出人员自主扫描二维码登记工作。

2020 年 3 月 24 日，吐列毛杜农场派出所开展清明节期间安全防火、用火宣传活动。

2020 年 4 月 7 日，吐列毛杜农场派出所组织警力，按照《关于做好全盟 2020 年春季开学禁毒宣传进校园工作的通知》精神，持续增强辖区青少年拒毒、抗毒意识，深入辖区学校通过多种形式，广泛开展禁毒宣传活动，结合疫情期间要求，针对青少年、学生群体，通过网络直播等方式，讲解预防毒品的相关知识，列举制毒、吸毒造成危害的典型案例，让学生真正了解到毒品对自身、家庭和社会的严重危害性。

2020 年 10 月 24 日，吐列毛杜农场派出所开展社会治安集中统一清查行动。

2020 年 11 月 24 日，吐列毛杜农场派出所开展民转刑、刑转命百日攻坚专项行动。

2020 年 12 月 14 日，吐列毛杜农场派出所开展物流寄递业务清查整顿工作。

第三节 户籍管理

2006 年 11 月 3—7 日，兴安盟岭南公安分局工作人员带设备到吐列毛杜农场派出所，为年满 16 周岁的户籍在场人员集中办理第一批二代居民身份证。

2007 年 4 月 1—30 日，根据兴安盟岭南农垦公安分局的通知，为场内年满 16 周岁的户籍在场人员办理第二批二代居民身份证。

2010 年 7 月，由岭南农垦分局负责二代身份证照片采集，吐列毛杜农场派出所上传办理二代身份证业务，受理 75 件。

2010 年 7 月—2013 年 11 月，经与地方协调，由西哲里木派出所工作人员帮助采集身份证照片，吐列毛杜农场派出所上传照片办理二代身份证，共办理二代身份证 430 件。

2013 年 12 月 14 日，吐列毛杜农场派出所配齐专用设备，开始办理二代身份证、采集指纹信息。

2015 年，吐列毛杜农场派出所办理户籍业务 976 件，打印户口本 135 件，办理身份证 79 件。

2016 年 7 月 1 日起，兴安盟取消农业户与非农业户性质划分，统一登记为居民户口，做“家庭户”和“集体户”标注。

2016 年 12 月，按照内蒙古自治区公安厅要求，改进和规范派出所出具证明工作、附户口登记项目变更更正证明、无犯罪记录证明等 7 项证明式样。

2017 年 6 月，吐列毛杜派出所开始受理二代身份证加快证业务、区内异地证换证、补领业务，办理户籍业务 415 件、身份证 175 件、各类证明 13 件，打印户口本 65 件。

2018 年 4 月，吐列毛杜农场派出所停征首次申请居民身份证工本费。同年，派出所开通居住证受理申请业务，办理户籍业务 413 件、身份证 190 件、各类证明 32 件，打印户口本 95 件，受理居住证 1 件。

2018 年，吐列毛杜农场全场总户数 1331 户，总人口 3060 人。其中，汉族 1379 人、蒙古族1504人、满族176人、朝鲜族1人。

2019年，吐列毛杜农场全场总户数1338户，总人口3034人。其中，汉族1362人、蒙古族1492人、满族179人、朝鲜族1人。

2020年，吐列毛杜农场全场总户数1340户，总人口3004人。其中，汉族1344人、蒙古族1480人、满族179人、朝鲜族1人。

第四节 安全防范

吐列毛杜农场派出所在搞好辖区安全防范、预防犯罪、维护治安秩序的同时，按照上级指示和要求适时开展“严打”和“专项治理”工作，协助科尔沁右翼中旗公安局刑侦大队严厉打击各种刑事犯罪活动。派出所发现案情，及时出警、科学侦察、快速破案。2001—2020年，共侦破重大刑事案件10起、治安案件100起，有力打击了各类刑事犯罪活动，对犯罪分子起到了极大的震慑作用，促进了全场社会治安形势稳定和农场社会的和谐发展。在侦破案件中，全所干警通力合作、积极配合。

第二章　法制工作

第一节　机构设置与沿革

吐列毛杜农场的司法工作，主要负责全场的矛盾调解、普法宣传、法制教育、公证、社区矫正等工作。

1997年4月—2000年5月，岳利军任司法办公室主任。

2000年6月—2006年3月，隋洪生任司法办公室主任。

2006年3月—2011年2月，隋德慧任司法办公室主任。

2011年2月—2020年12月，付宝彬任司法办公室主任。

第二节　工作开展

一、司法宣传工作

吐列毛杜农场司法宣传工作主要以抓好阵地建设、创新宣传形式为目标。利用场内广播、简报、板报，发放宣传单、书籍等方式进行普法宣传。吐列毛杜农场各基层生产队建起了标准室外宣传橱窗、宣传画廊，进一步拓宽了宣传阵地，使普法宣传效果更为突出。通过这一系列的举措，场内民事纠纷、治安案件逐渐减少，全场的社会风气明显好转，各种违法犯罪活动得到遏制，为保证农场的经济稳步发展打下了坚实的基础。

二、法制教育

2001年，吐列毛杜农场进行了“四五”普法启动工作，成立了普法领导小组，推动法制教育工作的深入开展。

2004年，吐列毛杜农场进行“四五”普法验收和总结工作，对各单位的干部、职工、群众进行了“四五”普法考试，参考人员35名，合格率98.5%。

2005—2017年，按照“五五”“六五”“七五”普法的要求，吐列毛杜农场司法办为广大职工群众发放《宪法》《土地管理法》《婚姻法》《劳动法》《老年人权益保障法》《经济合同法》等教育学习辅导资料2300册，发放宣传单1万份，同时还为职工群众讲解矛盾纠纷的种类和突发性矛盾纠纷。

2016年5月，吐列毛杜农场与兴安盟中级人民法院联合开展了“送法进场队”活动。

2019年，在进一步增强对普法依法治理工作重要性认识的同时，认真贯彻“谁执法谁普法、谁主管谁普法、谁服务谁普法”的普法责任，为弘扬法治精神、推进国家治理体系和治理能力现代化营造良好的法治环境；深刻领会党的十九大、十九届一中、二中、三中、四中全会精神，深入推进普法依法治理、担当职责、主动作为，不断提高全系统普法依法治理水平，以实际行动建设平安农场。

2020年，坚持以习近平新时代中国特色社会主义思想为指导，深入贯彻落实党的十九大和十九届二中、三中、四中全会精神，落实“七五”普法规划，进一步健全完善“谁执法谁普法”的普法工作责任制，深化基层依法治理。

三、调解工作

吐列毛杜农场司法组织成立后，贯彻“依靠群众，调查研究，就地解决，调解为主”的工作方针，坚持“以法服人、以理服人、以情感人”的原则，调处解决群众之间发生的婚姻、家庭、债务、打架斗殴等各种民事纠纷，重点防止民事纠纷的激化，把矛盾化解在萌芽状态。2011—2020年，成功调解549起矛盾纠纷案件，公证草场流转、房屋买卖315起，基层化解矛盾2447起。逐步健全人民调解工作制度体系，建立了矛盾纠纷定期摸排制度、矛盾纠纷分析研判机制。做到小事不出队、大事不出场，减少各类民、刑事案件的发生，做到握手言和、双方满意的程度，为场内各项事业的健康发展、职工群众的安居乐业起到了保障作用。

四、社区矫正

2011—2020年，吐列毛杜农场社区矫正28人。

第三章　兵役与国防教育

第一节　机构设置与人员

武装工作主要负责全场武装部的各项业务、兵役登记、民兵组织建设、民兵训练、兵员征集、组织民兵做好战时的后勤保障以及抢险救灾工作等。

武装部部长和副部长的任职是由场党委负责推荐和考核，报局党委同意后，再上报旗人武部批准任职；人武部干事要报旗人武部批准，报局党委备案。

2000—2009 年，陈福兼任武装部部长。

2000 年 1 月—2006 年 3 月，隋洪生任武装部副部长。

2010 年—2018 年 1 月，隋德慧兼任武装部部长。

2011 年 2 月—2020 年 12 月，付宝彬任武装部副部长。

2018 年 1 月—2020 年 12 月，韩聚东兼任武装部部长。

第二节　兵役工作

一、组织建设

1. **组建方法**　思想发动、集体报名、群众评议、领导批准。

2. **参加民兵的条件**　基干民兵的条件是政治素质好、身体健康、历史清白，18～28 周岁的男性公民，复员军人年龄放宽到 35 周岁。普通民兵的条件是政治条件好、身体素质好，18～45 周岁的男性公民。在民兵工作中，大力提倡组织军事化、行动战斗化、生活集体化、管理民主化，并坚持“劳武结合”的方针，在生产中发挥突击队的作用。

组织民兵训练是武装部的主要工作任务之一，民兵训练一般情况下每年进行 1～2 次，训练科目包括投弹、射击、爆破等实战技术，基本军事动作，兵器知识等。科右中旗武装部每年都要对农场民兵进行整组点验。吐列毛杜农场民兵训练的工作重点是按照《民兵工作条例》执行训练任务，基本实现了组织落实、政治落实、军事落实的目标。在训练中，进一步发挥转业军人的骨干作用，同时加强国防教育，增强民兵的国防观念和战备观念。广大民兵积极完成军训任务和生产任务，在抢险、扑火、救灾等突发事件中，广大民兵发扬了“一不怕苦、二不怕死”的精神，做到“招之即来，来之能战，战之能胜”。

二、民兵训练与点验

民兵训练工作多在农闲季节进行，训练时间根据上级武装部要求或自行安排。训练本着既利于国家经济建设、有利于国防后备力量建设的原则，根据当地人民武装部的要求，完成《民兵军事训练大纲》规定的军事训练科目。在训练中，进一步发挥复退、专业军人的骨干作用，使全体民兵学到真本领，掌握新军事化知识。每年，上一级武装部都要对各场进行民兵整组点验。

2011 年，付宝彬、赵艳廷参加了科右中旗人民武装部组织的各苏木（镇）、农（牧）场民兵大比武，在比武中取得较好的成绩。

2013 年，付宝彬参加自治区民兵考核比武，取得了较好成绩。

2017 年 2 月 2 日，按照科右中旗武装部通知指示，吐列毛杜农场武装部派 6 名基层民兵参加地方春节期间的治安巡逻及组织工作。

2018 年，吐列毛杜农场武装部组织付宝彬、白永红、徐帅参加了科右中旗人民武装部组织的训练大比武。

2019 年 3 月 19—25 日，吐列毛杜农场武装部组织规模化经营管理区和各生产单位的 77 名干部职工参加了为期 7 天的军事化训练。

第三节　征兵工作

征兵工作由武装部具体负责，进行人员征集、体检、政审等工作，输送多批高质量兵员到中国人民解放军科右中旗人民武装部。吐列毛杜农场武装部本着既有利于军队建设，又有利于国防后备力量建设的原则，在征兵工作中发挥人熟、情况熟的优势，一手抓教育，一手抓法制，对适龄青年进行扎实有效的征兵宣传教育和思想政治工作，使广大干部、群众，特别是适龄青年了解《兵役法》基本内容，做到知法、守法、依法办事，在全场形成“当兵光荣，逃避兵役可耻”的舆论，形成“一人参军，全家光荣”的良好社会风尚。农场输送到部队的新兵，没有 1 名兵员在部队受到处分或发生中途退兵现象。

在做好征兵工作的同时，努力做好“拥军优属”工作。每年“八一”建军节、新春佳节，吐列毛杜农场都会组织现役军人家属召开座谈会，征求他们意见，解决他们在生产、生活中实际困难，对军人家属进行慰问，为他们送去慰问品，并详细询问军人在部队的学习、生活情况。

2000年，武装部输送合格青年张宇、邹海英、陈小军、王洪杰、佟巴达玛扎布5人入伍。

2001年，武装部输送合格青年刘凯、刘希明、白海军、白永军4人入伍。

2002年，武装部输送合格青年白德会、张大坤、隋德强、张懋、高呼吉吐5人入伍。

2003年，武装部输送合格青年郭萌、徐长春2人入伍。

2004年，武装部输送合格青年白永红1人入伍。

2005年，武装部输送合格青年祝福龙1人入伍。

2006年，武装部输送合格青年邹思佳1人入伍。

2007年10月17日，吐列毛杜农场召开全场冬季征兵工作会议。

2007年，武装部输送合格青年宝志强1人入伍。

2008年，武装部输送合格青年朱浩、高青格勒吐、蔡春路3人入伍。

2009年，武装部输送合格青年毕云鹏1人入伍。

2010年，武装部输送合格青年周鹤、杨雪松2人入伍。

2011年，武装部输送合格青年王中跃1人入伍。

2012年，武装部输送合格青年宝志勇、徐浩东、赵佳伟3人入伍。

2013年，武装部输送合格青年王杨、田德生、董奇、王瑞4人入伍。

2014年，武装部输送合格青年程亮、付天毅2人入伍。

2015年，武装部输送合格青年商佳兴、王雪松、白岩松、师小凡4人入伍。

2017年，武装部输送合格青年安昊巍1人入伍。

2019年，武装部输送合格青年陈浩然1人入伍。

2020年，现役士官有董奇、徐浩东、程亮、付天毅、陈浩然、陈依然；现役军官戴玉宝。

第四章　社会治安综合治理与维稳工作

第一节　机构设置与人员

社会治安综合治理和维护社会维稳工作的总体要求是：坚持“预防为主，打防结合”的方针，全面组织、协调、指导、督促全场社会治安综合治理和维稳工作，建立健全社会治安综合治理和维稳工作机制，抓好各项工作措施的落实。

2000年3月—2003年2月，派出所刘军兼综治办主任。

2003年2月—2006年3月，白珉任综治办公室副主任。

2006年3月—2012年3月，白珉任综治办公室主任。

2007年3月—2010年2月，赖文清为派出所工作人员，并协助综合治理、司法、武装工作。

2011年2月—2012年2月，白福全任监察室主任，兼管综治、信访、民政工作。

2012年2月—2013年3月，王树有任综治办副主任，负责综治、维稳、信访、民政工作。

2013年3月—2017年3月，王树有任社会综合治理办公室主任。

2017年3月—2020年12月，高春艳任社会综合治理办公室主任。

2017年8月—2020年12月，白青山任信访办副主任。

第二节　社会治安综合治理与维稳工作

2007年7月30日，为庆祝自治区成立60周年和党的十七大胜利召开，吐列毛杜农场成立了综治、维稳、信访“百日攻坚”工作领导小组。组成人员如下：

组　长：陈福（党委副书记、纪检委书记）

副组长：许刚（党委委员、常务副场长）

成　员：白珉（维稳办主任、综治办主任）

韩聚东（办公室主任）

隋德慧（人武部副部长）

高金泉（派出所所长）

刘军（派出所指导员）

陈忠（派出所民警）

赖文清（派出所民警）

隋玉靓（派出所民警）

领导小组下设办公室，办公室设在吐列毛杜农场综治办，办公室主任白珉（兼）。

2008年5月30日，吐列毛杜农场对维稳工作领导小组成员进行调整。

2009年，吐列毛杜农场在重点抓好社会治安的同时，对维护社会稳定工作进行了整治，对重点区域、场所及各类人员进行治安和维护稳定工作的宣传教育，使他们知法、守法、遵守社会秩序，维护农场的安定团结。

2010年，吐列毛杜农场根据新时期的发展特点，重新成立了社会治安综合治理维护社会稳定工作领导小组，下设办公室，办公室设在综治办和法律服务室，集中开展农场范围内的矛盾纠纷排查调处工作。同时，下发了吐列毛杜农场“联户专访”实施方案，确定了指导思想目的及任务、“联户专访”的设立方式和户长条件。

“联户专访”的设立，坚持便民原则，采取因地制宜的方式，按地域“随弯就块”设立。“联户专访”基本户由5～10人组成，设户长1名，实行户长负责制，户长在工作日内对本辖区内的治安保卫工作和人民调解工作负责。

“联户专访”户长要求，为人正直、公道正派，具有一定法律素质，责任心强，善于联系群众，身体健康，热爱治安保卫工作和人民调解工作。

场建立“联户专访”大队，主要负责联防基本户的审批、登记、补助金的发放，各生产队“联户专访”工作的考核奖惩等。生产队设立“联户专访”中队，负责联户基本户的推荐、考评、工作部署、日常管理、奖惩建议等。队部设在综治办，下设联络员1名，设有专用固定电话一部。

“联户专访”设立的保障措施有：①各生产队成立社会治安综合治理办公室，安排专人主抓此项工作；②召开各生产队基本户小组会议，宣传贯彻综治工作的有关精神，选举产生各生产队“联户专访”户长，并明确其职责和责任区范围；③每月组织召开“联户专访”户长工作会议，对工作进行总结，开展不安定因素和矛盾排查；④各生产队组织专人，每季度对“联户专访”户长的工作进行考核、考评，表扬先进，及时指出工作中存在的问题并记录在案；⑤年底开展一次总结表彰大会，对工作业绩突出的“联户专访”户长给予一定的表彰和奖励。

通过上述各项工作的开展，2010年全场社会治安良好，社会秩序稳定。

2011年3月，吐列毛杜农场全场范围内开展综治宣传工作，出动宣传车2辆10台次，粉刷综治标语8处，宣传综治文件20篇。

2011年3月15日，吐列毛杜农场开展平安年创建工作及维稳方案工作实施。进行全场治安巡防业务培训，组织派出所工作人员、综治办负责人、各生产队主要领导、生产队治安员、热心社会治安工作的党员、干部、职工及治安积极分子50余人进行培训。

2011年5月15日，召开治安信息员队伍培训班，综治办对参加培训的各生产队等单位的治安员、“十户联防”小组组长、治安志愿者进行了为期一天的培训。学习兴安盟综治委、农牧场管理局综治办有关文件，贯彻落实年初制订的全场社会治安综合治理初阶计划，各单位进行表态发言，交流经验。同时，学习了兄弟场及其他地区治安工作的先进经验。

2011年7月25日，吐列毛杜农场召开社会治安综合治理工作阶段汇报会，参会的人员有场领导，综治办工作负责人，各生产队、各单位领导，治安员及年初抽调的退休干部中责任心强、身体素质好、热心于综合治理工作的党员干部职工。各单位汇报了上半年本单位治安情况，发生的民事纠纷案件及处理结果，上报治安信息，反馈社情民意。

2011—2012年，吐列毛杜农场两级调解组织共调解各类纠纷78件，化解率达95%，劝阻群众性上访事件2起、47人次，全场没有发生一起“民转刑”案件和群体性事件。

2012年3月19日，吐列毛杜农场召开综合治理工作会议，下发了吐列毛杜农场综合治理工作制度，工作制度分为四部分：①综治工作例会制度；②综治工作信息报告制度；③综治矛盾纠纷调处制度；④综治工作考核及奖惩。

制定了“十户联防制度”，具体包括：①“十户联防”组织在十户中选出一名组长，负责本组派班、监督检查、值班工作；②做好本组“四防”工作，控制各类案件的发生；③生产队干部包治安员、治安员包十户长、十户长包户，一级抓一级，层层负责，形成一条龙的管理办法，实行谁主管、谁负责的责任制；④做好夜间值班巡逻，必须两人以上，对夜间行走的人员、车辆要盘查询问，并请其出示有效证件，对外来可疑人员进行登记，报告治安组织；⑤户长检查本组各户的防范措施；⑥对不执行值班任务、执勤漏岗者，根据情节轻重进行批评教育或经济处罚。对执勤漏岗者，每次罚款100元，对生产队责任人罚款50元；⑦制止赌博、封建迷信等违法犯罪活动，敢于同违法分子做斗争。

2012年4月2日，吐列毛杜农场综合治理办公室主任参加兴安盟政法综治宣传暨内蒙古法制报通讯员培训班。

2012年11月22日，吐列毛杜农场综合治理办公室主任参加兴安盟社会管理创新培训班。

2012 年 6 月 15 日，成立吐列毛杜农场社会管理综合治理委员会，组成人员包括：

主任：吴玉琴（场党委委员、工会主席、副场长）

副主任：隋德慧（场党委委员、纪检书记、副场长）

刘军（场派出所所长）

成员：韩聚东（场党委委员、宣传科科长）

白珉（场行政办公室主任）

姜文涛（组织科科长）

郝淑红（监察室主任）

温艳霞（群工部主任）

许强（劳资科科长）

张鹏（经济发展办公室主任）

付宝彬（司法办公室主任）

王树有（综治办办公室副主任）

蔡春波（第一生产队队长）

邹海英（第二生产队队长）

李明玉（第三生产队队长）

朱明（第四生产队队长）

白立东（第五生产队队长）

综合治理委员会办公室副主任：王树有

2013 年，吐列毛杜农场制订了社会管理综合治理工作计划，并被兴安盟农牧场管理局确定为社会管理创新综合试点场。

同年，吐列毛杜农场为加强社会管理和创新工作取得实效，对工作计划进行划分：

1. **指导思想**　以“三个代表”重要思想和科学发展观为指导，全面贯彻兴安盟政法委、综治委关于社会管理创新工作的有关意见精神，结合本场实际，以维护人民群众根本利益、建设和谐社会为目标，夯实基础，努力构建吐列毛杜农场社会管理新格局。

2. **工作任务**　一是矛盾纠纷化解好。各类矛盾纠纷得到及时有效化解，上访、群体事件控制为零。及时了解职工群众的疾苦，倾听群众的呼声，充分掌握与职工群众生产生活密切相关的问题，有矛盾及时化解，做到小事不出队、大事不出场，及时把发现的问题反映给有关部门，寻求最佳解决方法，大事化小、小事化了，把问题解决在萌芽状态中。

二是做好治安防范工作。重点路口全部安装监控设备，人防技防落实到位。治安防控体系日益完善，对重点地区进行排查整治，逐步提升群众安全感。三是做好人口管理。进一步完善人口管理机制，做到刑释解教人员、问题青少年等重点人员底数清、情况明、服务好、管得住，建好各类人群档案等。

3. **工作重点** 社会管理创新是一项系统工程，涉及社会制度的方方面面。一要全员参与，全面推进。二要畅通诉求渠道，切实维护群众权益。三是依法管理，持之以恒。

2013年7月16日，为深入推进吐列毛杜农场社会管理创新工作，深化平安农场建设，保障全场经济文化建设顺利进行，根据农场局兴农党办发〔2013〕15号文件精神，结合实际，吐列毛杜农场制订了社会管理创新工作实施方案。

2014年，吐列毛杜农场认真落实“一岗双责”制，进一步完善了领导干部包片制度，积极化解了第一、第二、第四、第五生产队因土地问题引发的一系列矛盾，化解其他矛盾22起。进一步加强综治管理、推进社会管理创新，充分发挥人民防线的作用，通畅信息渠道，加强了对重点人群的管理和服务，促进了全场社会和谐发展。

当年，吐列毛杜农场共排查出各类矛盾纠纷25起，其中基层化解15起，由司法办等职能部门参与调解12起，调处率达98%，调解达成协议20起，成功率为97%。6月，举办了由五个生产队、两个规模化经营管理区和两个合作社及场直各单位参加的平安建设宣传活动。

2014年11月，吐列毛杜农场综合治理办公室主任王树有参加兴安盟党校举办的全盟社会管理综合治理培训。

2014年，吐列毛杜农场围绕全盟社会综合治理和维稳工作重点，重点推进“三项建设”：一是推进平安农场建设；二是推进法治农场建设；三是推进和谐农场建设。做到“三个坚决防止”：一是坚决防止严重刑事案件发生；二是坚决防止发生重大突发群体事件发生；三是坚决防止发生重大公共安全事件发生。

2014年11月，吐列毛杜农场综合治理办公室主任王树有参加兴安盟党校举办的全盟社会管理综合治理培训。

2015年，吐列毛杜农场平安综治工作主要抓基层的基础工作。基层综治工作小组担负着本生产队基本情况和治安动态，打击违法犯罪行为，调处各类矛盾纠纷、法制宣传，提高职工群众的安全防范意识的职责。

2015年3月，吐列毛杜农场开展了以“贯彻党的十八届四中全会精神，深入推进社会治安综合治理”为主题的宣传月活动。成立活动领导小组，开展普法讲座1次，悬挂横幅2条，各基层生产队粉刷综治宣传标语，绘制1期板报。半年内排查处各类矛盾纠纷

15起，其中基层化解5起，由司法等职能部门参与调解10起，调解达成协议13起，成功率为97%。

2015年4月，吐列毛杜农场综合治理办公室主任参加兴安盟党校举办的全盟社会管理综合治理培训。

2016年，吐列毛杜农场根据上一年度的综合治理和维稳工作的情况，制定2016年工作重点，抓组织领导，落实目标责任，完善领导责任制和“一票否决制”的制度落实，以“人防＋技防”相结合的方式，努力维护社会稳定大局，加强机关和各生产队的安全保卫工作。全年进行民事调解65次，全年集中宣传共2次。提高技防能力，在机关办公楼、生产队办公室、场规模化经营管理区的重点部位安装红外线摄像探头，全场共装红外线摄像头81个。健全矛盾纠纷排查调处机制，着力构建维稳防线，定期对场内重大事项进行社会稳定风险评估化解。切实把矛盾纠纷积极稳妥地化解，采取悬挂横幅、发放宣传材料的形式，对职工群众进行维稳宣传，全年集中宣传2次。4月，邀请兴安盟委党校教授讲师一行5人来场讲课。

2016年，在“七五”普法第一年，组织机关干部学习《企业法》《草原法》《合同法》以及农垦工作方面相关法律法规，会同纪检监察室对全场工作纪律工作作风进行不定期检查，规范坐班制度，强化行政管理。

2017年1月15日，为全力维护吐列毛杜农场社会和谐稳定，经场研究决定，成立推进社会管理创新工作领导小组。主要成员包括：

组　长：武宝权（党委书记、场长）

副组长：隋德慧（党委副书记）

　　　　李连生（纪检组组长）

成　员：韩聚东（党委委员、宣传科长）

　　　　刘军（派出所所长）

　　　　胡占双（行政办公室主任）

　　　　王翠清（计划财务科长）

　　　　许强（劳资科科长）

　　　　付宝彬（司法办主任）

　　　　高春艳（综治办主任）

领导小组下设办公室，设在场综治办，主任高春艳，负责领导小组日常工作。

2017年3月23日，吐列毛杜农场召开综治维稳工作会议，对2016年综治维稳民调工作进行全面总结，并安排部署2017年主要工作任务要求。

2017 年，吐列毛杜农场的维稳综治工作以服务大局、预防为主，平安为民、争先创优为原则。

2017 年，吐列毛杜农场场内排查各类矛盾纠纷 105 起，其中基层化解 51 起，由司法办等部门成功调解 54 起。

2018 年 5 月，吐列毛杜农场开展命案防控工作，并制订方案。

2018 年 6 月 14 日，吐列毛杜农场召开《命案防控工作》专题会议，成立群防群治组织机构小组。主要成员包括：

组　长：韩聚东（副场长）

副组长：刘军（场派出所所长）

　　　　付宝彬（场司法办主任）

　　　　高春艳（场综治办主任）

成　员：白青山（场信访办副主任）

　　　　戴玉军（第一生产队队长）

　　　　程志强（第二生产队队长）

　　　　王　蒙（第三生产队队长）

　　　　张　鹏（第四生产队队长）

　　　　张孝德（第五生产队队长）

2018 年 7 月，吐列毛杜农场开展军队退役人员稳控工作，成立领导机构并制订方案，建档立卡，及时掌握信息动向，落实稳控措施。

2018 年，吐列毛杜农场场内排查各类矛盾纠纷 36 起，化解 36 起。

2019 年 1—5 月，吐列毛杜农场联合场派出所走访入户，进行涉黑涉恶线索摸排工作，共走访入户 867 户，排查人员 22 人。

2019 年 2 月 27 日，吐列毛杜农场召开信访维稳工作会，分管领导韩聚东主持会议，场党委书记、党委委员、派出所所长、各生产队队长书记、纪检监察室主任、综治办主任、信访办副主任参加会议，传达上级文件精神，做出工作安排。

2019 年 3 月 27 日，吐列毛杜农场召开党委扩大会议，会议就上级巡察巡视期间信访维稳工作做进一步安排部署。

2019 年 5 月 29 日，吐列毛杜农场成立了扫黑除恶专项斗争领导小组，扫黑除恶专项斗争领导小组办公室设在场派出所，综治办主任高春艳负责日常联络工作。

2019 年 5 月 31 日上午，兴安盟农牧场管理局党委委员、副调研员贾磊到吐列毛杜农场（分公司）调研指导扫黑除恶专项工作，并与吐列毛杜农场扫黑除恶专项工作领导小组成员进行座谈。全场63名管理人员参加扫黑除恶专项工作推进会。

2019年6月，吐列毛杜农场开展“平安农场”创建活动，以《致全场职工的一封信》的形式发放宣传单500份，在各生产队公示栏、路口、人群密集处张贴宣传画50份。

2019年6月6日下午，吐列毛杜农场（分公司）召开扫黑除恶专项斗争专题会，场级领导干部、机关各科室负责人、各生产队书记、队长、场直单位负责人共32人参加会议。

2019年7月17日，吐列毛杜农场召开全场管理人员大会，对“扫黑除恶”“专项斗争”工作做进一步安排部署。

中国农垦农场志丛

第十六编

民政　精神文明建设

中国农垦农场志丛

第一章 民政工作

第一节 机构与人员

民政工作是吐列毛杜农场的一项重要工作，负责最低生活保障、民生服务、救济、救灾、老龄工作等。

2000年以前，吐列毛杜农场民政工作没有专门的工作机构，民政工作由行政办公室主任兼管。

从2001年开始，民政工作是由综治办兼管，主管部门是科右中旗民政局，向西哲里木镇民政所报送低保户申请信息、低保申报工作。

2001年，农场经边缘户调查符合低保户条件的有50户。

2011年2月，吐列毛杜农场民政工作有了专业机构和工作人员，由场工会主管，综治办主任白福全兼职民政办公室主任。

2012年2月21日，王树有任综治办副主任，负责综治、维稳、信访、民政工作。

2019年8月—2020年12月，王树有任民政办公室主任。

第二节 工作开展

吐列毛杜农场民政工作的重点是对弱势群体的帮扶，让困难职工群众的生活有基本保障。民政工作是按照国家的相关政策把党的优抚政策真正的落到实处，民政办的工作人员按照政策，经常深入各生产队，了解调查各类人员的生产生活情况，及时让应该享受到各项待遇的人员享受到党的优抚政策，解决贫困户生活中的困难。为使最低生活保障户的政策落实准确，场民政办对这项工作常抓不懈，进行动态管理。

2007年7月，吐列毛杜农场第四生产队发生山洪，冲入第四生产队的村屯，许多居民家中进水，部分房屋倒塌，造成了一定的财产损失。经兴安盟民政局、科右中旗民政局协调，紧急调运帐篷20顶和矿泉水、方便面等救灾物资，及时送往受灾生产队，解决进水户的吃住问题。吐列毛杜农场民政分管部门每年针对场内困难户或突发大病的职工群众给予一定数额的生活补贴。

2010年，兴安盟农牧场管理局经与财政、民政部门请示，解决农牧业生产雪灾救助资金10万元、自然灾害生活补助资金5万元，使受灾职工群众的生产生活有了保障。

2010年，吐列毛杜农场民政办与科右中旗农行合作，为职工办理惠民卡，全年争取惠农贷款360万元，争取到兴安盟红十字会雪灾救助金1.5万元。

2011年，兴安盟财政局、民政局下发兴财字〔2011〕32号文件，下拨自然灾害生活补助金1万元，解决受灾职工群众口粮、衣服、取暖等基本生活物资。

2011年，吐列毛杜农场为5位优抚人员办理了医疗卡，春节期间，为老党员、老干部、优抚人员送去现金、衣服等慰问品。

2012年1月12日，吐列毛杜农场为100户困难户发放面粉，每户2袋。

2012年8月，兴安盟农牧场管理局下发了《关于下拨2012年自然灾害生活补助资金的通知》，根据兴财社〔2012〕80号文件，下拨自然灾害生活补助资金1万元。

2012年11月10日，送一名精神病患者去通辽退伍军人精神病康复中心治疗。

2012年，经场民政办上报科尔沁右翼中旗民政局审批，有14户21人享受最低生活保障待遇。为80～99周岁的12位高龄老人办理高龄补贴，每人每月享受补贴金100元，由地方财政支付。

2013年，吐列毛杜农场为年满80～99周岁的20位高龄老人办理高龄补贴，每人每月享受补贴金100元，由地方财政支付。年末，在享最低生活保障户14户、25人。

2014年2月16日，农场为15户特困户发放补助金1.5万元，每户1000元。民政办为石建民办理孤儿相关手续，每年可享受孤儿待遇11000元。年末，在享低保户为45户、67人。

2015年，为80～99周岁的19位高龄老人办理高龄补贴，每人每月享受补贴金100元，由地方财政支付。在科尔沁右翼中旗民政局大力帮助下，与通辽退伍军人精神病康复治疗中心联系，将场两名精神病患者送去治疗。年末，在享低保户45户、64人。

2016年，为80～99周岁的23位高龄老人办理高龄补贴，每人每月享受补贴金100元，由地方财政支付。年末，在享低保户28户、41人。争取冬令春荒救助金5万元，分别发放到45户困难户手中。

2017年1月，对全场辖区内年满80周岁的老人进行全面调查摸底，全场年满80周岁以上的老人共24人，每人每季度享受补贴300元，由地方财政支付。

2017年12月，吐列毛杜农场在册低保户39户、71人，保障金总额30896元。吐列毛杜农场“三无”人员共3人（“三无”人员指无生活来源、无劳动能力、无法定赡养人或抚养人的居民），每人每月享受补贴金1000元，由地方财政支付。由于春季旱灾，夏季水灾、雹灾，冬季雪灾，民政办向民政局申报灾情，为312户受灾户争取冬季救护款7万元，每户给予216元和247元不等数额的救助金。

2017年冬—2018年春，因受自然灾害影响，吐列毛杜农场部分职工群众的生产生活困难，民政办通过深入细致的走访调查后，将282户受灾户上报给科尔沁右翼中旗民政局，经民政局审批，每户给予248元救助金。2018年1月22日，282户的救助资金全部发放到位。

2018年，吐列毛杜农场在享低保户43户、76人。向科尔沁右翼中旗民政局申请冬春救助金30万元。为80～99周岁的31位高龄老人办理高龄补贴，每人每月享受补贴金100元，由地方财政支付。年末，科中旗民政局给予130户受灾户救助资金30万元。此次救助分为一等救助和二等救助，一等救助户救助资金每户3050元，二等救助户救助资金每户2140元。2019年1月27日，民政办以“一卡通”的方式将救助资金全部发放到各受灾户手中。

2019年，吐列毛杜农场民政办为农场2名特困人员申请办理特困补贴，每人每季度为4629元补贴。

2019年，为80～99周岁的33位高龄老人办理高龄补贴，每人每月享受补贴金100元，由地方财政支付。向科尔沁右翼中旗申请临时救助金14万元，救助70户，向科尔沁右翼中旗应急管理局申请冬春救助金10万元。在享低保户30户、60人，共有分散供养“三无”人员13户、13人。

2020年，落实低保户28户、48人，每季度享受补贴资金88575元，全年享受资金35.43万元。年初，对符合低保条件的特困户逐户逐人进行调查了解，做到应保尽保。

2020年，为80～99周岁的32位高龄老人办理高龄补贴，每人每季享受补贴金300元，由地方财政支付。

2020年，完善了全场退役军人系统，对60岁以上农村籍（包括农转非）退役军人优抚待遇补贴进行上报，现有1名退役军人得到优抚待遇，补贴资金每月440元，其他2名符合条件退役军人已经上报，上级部门正在审核中。

第二章　精神文明建设

第一节　治理脏、乱、差

吐列毛杜农场党委按照乡村振兴的目标要求，着力开展环境卫生整治活动。

一、治“脏”

以实施净化工程为重点，全力治“脏”。农场各单位都以规范街道、清理垃圾、打扫室内外卫生为重点，对职工住宅区进行规划，设定垃圾点，并推行门前“三包”制度。一包卫生，负责清扫门前地面的垃圾，保持经常性整洁，清除污物、污水、粪便和损坏环卫设施的行为。给职工统一发放垃圾箱，场环卫队每日清理。二包绿化，按照场统一的规划布置、种植、管护树木花草和绿化设施，制止攀折树木、依树搭棚、践踏草坪、损坏树木和绿化设施及擅自占用绿地等行为。三包秩序，维护门前或周围的场容场貌，制止乱堆乱放、摆设摊点、乱停车辆、乱搭乱建、乱贴乱挂广告标语及其他违法行为。商店不倚门设摊，不乱吊挂商品、乱竖乱挂牌匾。通过治“脏”，有效遏制了乱吐乱扔、乱贴乱画、乱排乱倒、乱搭乱建、乱停乱行等不良现象。

二、治“乱”

以实施畅通为重点，全力治“乱”。集中人力开展了“交通秩序专项整治”“违规占道经营”等整治行动，重点对非法载客无证驶等违章行为进行集中整治，基本规范了车辆乱停乱放现象。在治乱过程中，重点是对企业社会进行综合治理和生产、生活、居住环境的治理，树立良好农垦企业形象，着力为广大职工生产、生活创造舒心、安定的环境。

三、治“差”

以实施美化工程为重点，全力治“差”。全场各单位在开展治“差”活动中，坚持在治中学、在治中比的原则，横向比到边、纵向比到头，自己和自己比，年年都有新变化、有进步，和兄弟单位比，整体环境的各项优良指标不比他人差。对照自己、对照他人，年年对比，做到找出差距、赶上先进。

2005 年，职工群众实行门前“三包”，各单位负责本辖区的卫生检查和督促，完不成门前“三包”任务的居民负责一切清理费用，由各生产队组织清理。

2006 年 5 月，吐列毛杜农场按建设“和谐、文明、诚信、富裕”的新农垦建设目标和小康村建设规划的要求，禁止各条街道上堆放柴草堆、粪堆和垃圾堆，各经商户门前严禁堆放商品，不允许在墙上擅自张贴广告、乱写乱画，家禽、家畜全部实行圈养，垃圾需在指定地点堆放。

2007 年 5 月，吐列毛杜农场为进一步改善和优化人居环境，推动小城镇建设步伐，将机关前向东至程庆吉家前的街道设计为文明一条街，进行拓宽改造，设计路宽 20 米，统一路的南北两侧院墙、门垛、大门。

2007 年，吐列毛杜农场成立了道路环境管护大队，负责全场道路整修和环境治理工作，并投入资金 20 万元购买了 1 台挖掘机、2 台 404 翻斗车等设备。按照全场小城镇建设规划的总体安排，扩建、改建居民区重要交通要道。

2008 年，吐列毛杜农场小城镇建设以改善为前提，以道路硬化为突破口，首先从街道入手，做到了统一规划、清洁整齐。场部地区文明一条街、“千米商业街”的硬化路面全面竣工，主街道两侧建筑全部实行商业化设计，统一安装路灯、标语牌，制定宽松的商业政策，招商引资，使千米商业街和文明一条街成为农场小城镇建设中一道亮丽的风景线。在道路整修上，场加大了对环保筑路大队的管理和投入，对全场公路进行彻底的全面整修，各单位的文明一条街要达到标准要求。场部地区的 1 万平方米的休闲娱乐广场初具规模，广场中间设有人文景观草坪及花园，安装了相应的文体器材、健身器材、门球场、网球场、排球场，有专人进行定期清扫，使人们生活在干净、明亮、舒适的环境中。

2009 年，吐列毛杜农场在道路整修上加大力度，对各生产队一条文明街进行彻底整修，达到标准要求。各单位的卫生条件大有改观，有专人进行定期清扫，使人们生活在干净、明亮、舒适的环境中。

2010 年，生态建设是一项重要任务，吐列毛杜农场严格执行禁牧封育政策，继续采取休牧、季节性禁牧等措施，推进草原生态的修复。继续争取草原围封项目、退牧还草、退耕还林、农业综合开发等项目资金，加强生态建设和保护，实现经济效益、社会效益和生态效益相统一。做好禁牧休牧，加强生态保护工作，让草原绿起来、生态环境好起来，为广大职工群众提供一个舒适的绿色环境。

2010 年，亮化了群众休闲娱乐广场，广场文化活动精彩纷呈，形成了健康、文明、向上的社会风尚。六个生产队修建文明街共计 8000 延长米；疏通修建了四队、三队导洪渠和防洪堤坝，扩建了场部地区一座盖板涵洞；共动用土方 8.3 万立方米，整修场至西哲里木、场与各生产队间公路 4.3 万延长米。加大小城镇建设和环境卫生整治力度，使场环境卫生的多年积弊有了大改观、大变化。

2011 年，吐列毛杜农场加大环境卫生整治力度，由生产队监督落实，对各户实行门前“三包”，垃圾定点堆放、统一清理。

2012 年，吐列毛杜农场以环境卫生整治、场容队貌建设为突破口，营造整洁优美的宜居环境。累计投入 506 万元，整修文明街，疏通导洪渠和防洪堤坝，整修公路。

2013 年，吐列毛杜农场以环境卫生整洁为突破口，各生产队建一条文明街。为第一生产队、第二生产队、第三生产队队部安装了彩钢瓦，五队建 800 米文化墙，并在场部地区修建定点垃圾点 68 个，在其他各队也专门设立垃圾堆放点，全场卫生环境有了大改观。

2016 年，吐列毛杜农场累计投资达 2354 万元，完成了对第一、第四、第五三个生产队公路沿线的建设任务，场容队貌有了大突破、大改观。街道硬化 5.755 万平方米，修建广场 6170 平方米，修建护坡挡墙 1308 米，修砌间墙 3527 米、花墙 2050 米、院墙 1.2122 万米，安装大门 291 对，安装路灯 124 盏，铺设人行道 4.13 万平方米；植树 8500 棵，种植红宝石、金娃娃、紫花玉簪花卉 10 万余株。投资 100 多万元，购买了洒水车、多功能垃圾清扫车和垃圾清运车各一辆，投放垃圾箱 600 余个，制定了《生产队环境卫生管理办法》，与各居住户签订了《门前“三包”协议书》，环境卫生整治大队工作人员每天到各居民户中把清理垃圾箱，运到野外深埋处理。有效防止各户垃圾出现在街道上。街道在春夏之季定期洒水清扫，保障了道路路面的清洁。确保场环境卫生实现常态化管理。

2017 年 3 月 20—6 月 28 日，为创建整洁卫生、规范有序、优美宜居的美丽场队环境，以全新的面貌迎接自治区成立 70 周年，按照盟委、行署和管理局“百日攻坚”行动安排部署，吐列毛杜农场成立场、队环境综合整治“百日攻坚”行动专项工作领导小组，利用 100 天的时间，以五个生产队为基点，按照开展“五清”（清垃圾、清庭院、清河沟、清田园、清道路）、普及“五有”（有管护制度、有管护队伍、有设施设备、有经费保障、有奖惩措施）、达到“五化”（净化、美化、绿化、规范化、常态化）要求，以提升职工群众生活品质为核心，以改善人居环境为重点，场、队联动，宣传动员广大职工群众积极参与，深入开展环境综合整治“百日攻坚”行动。

2018年6月，为认真贯彻落实《中共中央、国务院关于实施乡村振兴战略的意见》，全面贯彻党的十九大精神，以习近平新时代中国特色社会思想为指导，围绕实施乡村振兴战略，坚持“政府引导、群众主体，规划先行、分类施策，示范引领、有序推进，落实责任、形成合力”的原则，以庭院规划、庭院环境、庭院经济、家风建设为重点，以“美丽庭院”示范创建为引领，从庭院抓起，充分发挥职工主体作用，吐列毛杜农场全面开展为期三年的“改变生活，从庭院做起”专项行动，实现人居环境全面优化，创建“美丽庭院”，努力实现“四提升”。

2019年，吐列毛杜农场全场硬化街道达204.5225万平方米。修筑厕所300个，购入垃圾箱600个，修整院墙7842.31米、花墙2102.73米。场区和各生产队栽植景观树4560棵，修筑花坛15个，科技示范园区内新增景观长廊30米，观景台一座。全场种植孔雀草、万寿菊、串红、三色堇、牵牛、翠菊、马鞭草花卉18万株。

2020年，吐列毛杜农场粉刷机关办公楼2728平方米，投资147875.88元。全场种植孔雀草、万寿菊、串红、三色堇、牵牛、翠菊、马鞭草花卉16万株。

第二节　思想道德教育

2003年，吐列毛杜农场党委利用抗击“非典”精神，对全场干部、职工群众进行“民族精神、科学精神、人文精神、敬业精神和奉献精神”的教育。

吐列毛杜农场宣传部门向广大职工进行了“以热爱祖国为荣，以危害祖国为耻；以服务人民为荣，以背离人民为耻；以崇尚科学为荣，以愚昧无知为耻；以辛勤劳动为荣，以好逸恶劳为耻；以团结互助为荣，以损人利己为耻；以诚实守信为荣，以见利忘义为耻；以遵纪守法为荣，以违法乱纪为耻；以艰苦奋斗为荣，以骄奢淫逸为耻”的“八荣八耻”教育，使广大职工更清晰地分辨是非、善恶、美丑，进一步明确了坚持什么、反对什么，倡导什么、抵制什么。

2006年，吐列毛杜农场全场思想道德教育的主要任务是：以爱国主义、集体主义、社会主义教育为基本任务，深入开展社会公德、职业道德、家庭美德教育，开展“爱场、爱岗、敬业”教育，引导人们树立正确的世界观、人生观、价值观。在职工中，要把教育重点放在让每个从业人员树立正确的劳动态度和敬业精神上，大力倡导爱岗尽责、诚实守信、办事公道、服务热情的道德风尚。各行业结合各自的工作实际，制定具体的道德准则和行为规范。在机关和直属单位广泛开展社会服务承诺活动，下大力气纠正行业不正之风，促进各行业风气的进一步好转。在社会公民中，加强社会公德和家庭美德教育，大力倡导遵纪守法、文明礼貌、讲究卫生、爱护公物、保护环境、助人为乐的社会公德，倡导尊老爱幼、男女平等、家庭和睦、勤俭持家、邻里团结的家庭美德。在对青少年的教育中，把思想道德素质放在重要位置，加大教育力度。同时，充分发挥老同志和关心下一代工作委员会及家长学校的作用，发挥共青团、少先队团结和引导广大青年进步的作用。

2006年，吐列毛杜农场精神文明建设坚持以人为本，以促进人的全面发展为目标，以培养“四有”职工队伍为目的，以加强思想道德、职业道德、科学文化、民主法制教育为主要内容，以群众性精神文明创建活动为载体，以场容场貌建设为重点，以“百里绿色长廊”为外衣，为构建富裕、文明、和谐、诚信的农场奠定了坚实基础。

2007年，吐列毛杜农场以创建学习型、服务型、创新型机关为抓手，强化政治理论教育。充分利用每周五下午的政治学习和业务学习时机，有计划、有组织地安排党员干部进行思想教育，引导全体干部职工不断提高政治理论水平。

2008年，吐列毛杜农场加大社会主义道德建设力度，加强社会公德、职业道德、家庭美德教育。大力倡导以文明礼貌、助人为乐、爱护动物、保护环境、遵纪守法为主要内容的社会公德之风，争做社会好公民。大力倡导以尊老爱幼、夫妻和睦、勤俭持家、邻里团结为主要内容的家庭美德之风，争做家庭好成员。大力倡导清正廉洁、求真务实、公道正派、办事高效的官德之风，争做人民好公仆。

2009—2011年，吐列毛杜农场组织广大干部职工认真学习贯彻十七大和十七届三中、四中和五中全会精神，用十七大精神武装思想、指导实践，推动农垦企业各项工作。通过认真学习十七大报告和相关文件，紧密联系思想和工作实际，开展讨论，提高认识。领导班子成员，特别是主要负责同志学在前面，率先吃透精神，带头进行宣讲。

2017年，吐列毛杜农场党组织认真扎实开展了“两学一做”学习教育工作，努力适应新常态，贯彻落实“四个全面”战略布局，认真完成全盟党建7项和局党委组织部12项重点工作，为推进全场经济和社会发展提供坚强的组织保证。

2019年，吐列毛杜农场组织党员干部职工，坚持以十九大精神和习近平总书记重要讲话精神为指导，以社会主义核心价值体系建设为根本，认真落实贯彻局党委的工作部署，广泛开展精神文明创建活动，努力提高全场干部职工的文明素质，为建设和谐、文明的新农垦提供强大的思想保证和精神动力。把学习宣传贯彻社会主义核心价值观和十九大精神融入精神文明建设全过程，通过微信公众号、网站、宣传栏等方式，发布社会主义核心价值观、庆祝中华人民共和国成立70周年、“不忘初心、牢记使命”主题教育宣传标语。新增各类宣传标识30幅，通过这些宣传，使社会主义核心价值观和主题教育入眼、入脑、入心。10月12日，组织全场管理干部、党员参加了盟农场局（兴安农垦）“不忘初心、牢记使命”专题辅导讲座，重点学习了中国近代以来的苦难经历、建党98年的奋斗历程、中华人民共和国70年发展的辉煌成就，进一步深化了对“不忘初心、牢记使命”的认识和理解。开展志愿服务活动，为进一步完善“党员活动日＋青年志愿者服务活动”模式，推进基层党组织建设与志愿服务的有机结合，丰富活动内容，创新服务方式，引导广大共产党员在服务社会、服务群众中更好地发挥先锋模范作用。各基层党支部开展义务劳动50次，开展为孤寡老人、老党员送温暖献爱心志愿服务活动10次。各支部在主题党日观看了《永远在路上》《焦裕禄》《北疆英模先进事迹报告会》等纪录片10次。

第三节　创建文明单位

2011—2016年，吐列毛杜农场全场共完成危房改造1184户。

2014年，吐列毛杜农场秦加义、胡淑琴家庭被兴安盟妇联评为“最美家庭”。

2015年，吐列毛杜农场藏建民、赵艳霞家庭被兴安盟妇联评为“最美家庭”。

2016年，吐列毛杜农场受到兴安盟农牧场管理局、旗级表彰6人，受到盟级各部门表彰4人；第四生产队职工吴双喜、李国兰家庭被兴安盟妇联评为“最美家庭标兵户”；第五生产队王洪玉、李伟家庭；李晓刚、赵红梅家庭2个家庭评为“美丽庭院标兵户”；对10户家庭给予“美丽庭院户”表彰。

吐列毛杜农场不断夯实场队基础建设，自筹及向上争取资金4000万元，对5个生产连队的街道、院墙、人行横道等基础设施进行了改造、美化、绿化。街道硬化6万多平方米，修建职工文化休闲广场1万多平方米，安装路灯150盏，植树2万棵，投放各类垃圾箱600个，公共区域的卫生管理保持常态化。

2018年，吐列毛杜农场被中国美丽乡村百佳范例宣传推介活动组委会、农业农村部中国农村杂志社评为“中国美丽乡村百家范例”。

2019年8月，滕倩参加全国农垦工会系统“中国梦·劳动美与新时代齐奋进，做最美农垦人”演讲比赛，获得三等奖。

2019年9月，特色养殖户张健被兴安盟农牧场管理局、兴安农垦集团总公司评选为“致富带头人”，农业技术推广站副站长白红生被授予“农牧业科技工作者”。

2019年，吐列毛杜农场以美丽场队建设为抓手，全面推进全场精神文明建设。结合“两学一做”学习教育，深入推进意识形态工作进连队、管理区及各部门。“七一”期间评选优秀共产党员 11 个。

2020 年，为进一步完善“党员活动日＋青年志愿者服务活动”模式，推进基层党组织建设与志愿服务的有机结合，丰富活动内容，创新服务方式，引导广大共产党员在服务社会、服务群众中更好地发挥先锋模范作用。各基层党支部开展义务劳动 50 次，开展为孤寡老人、老党员送温暖献、爱心志愿服务活动 1 次。开展爱国卫生月暨“全民动手周”志愿服务活动，通过清理垃圾、树叶、杂草等，整治环境卫生，消除卫生死角。

第十七编

教育　卫生

中国农垦农场志丛

第一章　教　　育

第一节　教学机构

吐列毛杜农场小学建于 1961 年 9 月，位于科尔沁右翼中旗吐列毛杜农场北山脚下。学校占地面积 55152 平方米，其中建筑面积 3802.62 平方米，包括 1353.6 平方米教学及辅助用房（其中小学普通教室 6 间，共 870 平方米；实验室 46 平方米；图书室 46 平方米；计算机教室 46 平方米；幼儿园普通教室 3 间，共 345.6 平方米）、254 平方米办公用房、1539.3 平方米生活用房，还配有音乐教室、美术教室、书法教室、劳技教室、心理咨询室、卫生保健室，运动场总面积 3899.8 平方米。2020 年，吐列毛杜农场小学有 9 个教学班（幼儿园 3 个教学班），均用汉语授课。吐列毛杜农场小学设有三处三个年级组五个教研组：政教处、教导处、总务处；低年级组、中年级组、高年级组；语文、数学、英语、音体美、道德与法治及科学 5 个教研组。在上级领导的帮扶和历任校委会的努力下，学校办学条件逐年改善。

学校本着“面向全体、着眼终身、和谐师教、共同发展”的办学理念，以培养“德、智、体、美、劳”全面发展的合格人才为指导思想，确定了符合学校特色的具有丰富内涵的校风校训。学校领导班子及全体教师始终秉承“敬业务实、团结奋进、埋头苦干”的优良传统，以及“不为名利、爱校如家、诲人不倦、默默奉献”的育人精神，学校教育教学成绩逐年攀升。

第二节　教育发展概况

2008 年，农场自筹资金 5 万元，为宿舍铺了地面、换了暖气，结束了农场学生水泥地面、围火炉的生活。

2008 年，农场自筹资金 6 万元，为食堂购置了蒸饭车、留样箱、削土豆皮机、和面机、冰柜兼工作台等，并建了洗手池，用上了自制自来水，杜绝了病从口入的危害。

2008 年，为了解决农场子弟上学行路难的问题，场党委投资 5 万元，为学校建了一条200延长米的水泥路。为了使农场子弟也像城里的孩子用上电脑，场又投资2万元建了多媒体教室，开阔了学生们的眼界。

2009年，上级拨款建了30平方米的洗漱间，解决了住宿生夜间上厕所难的问题。

2010年10月，学校综合楼设计施工。

2010年11月，全旗中小学教研现场会在吐列毛杜农场学校召开。

2011年，实施奖励性绩效工资。

2011年10月，全校师生搬进面积为2590.62平方米，投入432万元建设的新教学楼。

2013年，学校立足场情、校情，以“做农垦的子孙、传承农垦的精神”开展了系列主题活动，编印了《吐列毛杜农场场史》概况部分、《吐列毛杜农场学校校史》校本教材、“爱家乡做环保小卫士”的环保校本教材等，为学生传承和弘扬农垦人吃苦耐劳的精神打下了坚实的思想基础。全体教职工传承并弘扬着农垦人吃苦耐劳的奉献精神，敬业爱岗，坚守着清贫的职业。以“着眼终身，和谐施教，共同发展”为办学理念，全体教师求真务实，同心同德，狠抓教学，不仅教书更注重育人。开展了以“博爱”为主题的德育教育教学活动。

2014年1月，吐列毛杜农场学校更名为吐列毛杜农场小学。

2014年10月，吐列毛杜农场为小学投资11.5万元建水泥篮球场，运动场总面积3899.8平方米。

2017年，吐列毛杜农场小学承办全旗教育现场会优秀学校实地观摩会。同时，通过盟、自治区、国家三级义务教育均衡发展督导验收。

2017年8月，标准化幼儿园动工。

2018年10月，幼儿园搬入1212平方米的新教学楼。

2019年，吐列毛杜农场小学现有实验室、计算机教室、音乐教室、美术教室、书法教室、阅览室、图书室、劳技教室、心理咨询室、卫生保健室各1个，各功能室、教学仪器设备、教学及辅助用房、生活用房等办学条件均已达到自治区标准。

第三节　普通教育

一、学前教育

2002年9月，吐列毛杜农场学校成立幼儿园，在吐列毛杜农场学校院内，是一所校带园。

2017 年 8 月，吐列毛杜农场小学标准化幼儿园动工。

2018 年 10 月，吐列毛杜农场小学幼儿园搬入 1212 平方米的新教学楼，幼儿园户外活动场总面积 2124.6 平方米。

2019 年，吐列毛杜农场小学幼儿园有幼儿 52 人，按学生年龄分大、中、小班三个班级，共有 6 名教职员工。

2019 年 12 月 2 日，吐列毛杜农场幼儿园荣获“旗级示范园”称号。

2020 年，吐列毛杜农场小学幼儿园有幼儿 55 人。

二、小学教育

2011 年 10 月，吐列毛杜农场全校师生搬进新教学楼上课。

2004 年 5 月，学生白巴图孟贺获得全旗第八届艺术类“专业基础素质小能手”声乐小能手奖。

2005 年 5 月 30 日，在全旗第九届艺术类“专业基础素质小能手”比赛中，吐列毛杜农场学校学生陈阳获得第二名、张晶晶获得第三名。

2006 年，吐列毛杜农场学校在科右中旗第五届汉授小学“雏鹰杯”教学质量抽查检测中获第四名。

2007 年 5 月 20 日，学生王雪瑶、王雪依在全国小学生英语竞赛中获得四年级组三等奖。

2008 年，吐列毛杜农场学校在科右中旗第七届汉授小学“雏鹰杯”教学质量抽查检测中获得第六名。

2008 年 6 月，学生裴一龙在第四届全国中小学生奥运作文大赛中荣获小学组二等奖。

2008 年 8 月 2 日，学生裴一龙在全旗第七届汉授小学“雏鹰杯”教学质量检测中荣获个人总分第三名的好成绩。

2009 年，学生隋奕在全旗第八届汉授小学“雏鹰杯”教学质量检测中荣获个人总分第二名的好成绩。

2010 年，全旗汉授吐列毛杜农场学校六年级会考总成绩为 222.16 分，获全旗第二名，学生魏安总分获全旗第四名。

2011 年，吐列毛杜农场学校参加科右中旗第十一届中小学田径运动会，被评为“体育道德风尚奖”。

2011 年 6 月 1 日，吐列毛杜农场学校精心组织筹备，开展了以“红领巾心向党，祖国发展我成长”为主题的系列活动。当日下午，学校又组织全体师生开展了“快乐六一、金色童年”小型运动会等系列庆祝活动。

2012年，吐列毛杜农场学校在科右中旗第十一届汉授小学“雏鹰杯”教学质量抽查检测中获第二名。

2013年5月，学生胡羽涵被评为旗级优秀学生。

2013年6月，吐列毛杜农场学校参加科右中旗第九届中小学生田径运动，被评为“体育道德风尚奖”。

2014年5月，学生郝天祎被评为旗级优秀学生。

2014年6月，学生安娜获全旗“雏鹰杯”英语竞赛四年组第一名。

2014年，吐列毛杜农场小学在科右中旗第十二届汉授小学“雏鹰杯”教学质量抽查检测中获第二名。

2015年7月，吐列毛杜农场小学参加科右中旗第十届中小学生田径运动会，被科右中旗教育局评为“体育道德风尚奖”。

2015年，吐列毛杜农场小学六年级会考总成绩208.77分，在全旗排名第一。

2016年，学生李宜秋参加全旗第二届中小学生现场写作比赛，荣获小学组第一名。

2016年12月，来自黑龙江省齐齐哈尔市传统文化教育基地的王学东、姚华荣两位讲师为吐列毛杜农场小学的300名师生及家长进行了为期两天的传统文化教育讲座活动。两位讲师以《感恩父母》《为人父母怎样教育子女》为题，为师生及家长进行了精彩的讲解，并开展现场互动，使传统文化教育真正成为学校教书育人重要的一部分。

2017年9月，吐列毛杜农场小学参加科右中旗第十一届小学生田径运动会，被科右中旗教育局评为“体育道德风尚奖”。

2017年12月18日，学生许卉敏参加全旗第三届中小学生现场写作比赛，获得小学组第二名。

2017年，学生隋媛被评为旗级“道德标兵”。

2017年，教师张玉华获全旗汉授小学四年级语文抽测第二名。

2017年，吐列毛杜农场小学参加全旗汉授小学六年级会考，三科成绩获全旗第三名。学生张玉莹总分获得全旗第三名，李宜秋获得全旗第四名，丁雪桐获得全旗第十名。

2018年3月5日，兴安盟家庭教育协会领导为吐列毛杜农场小学10名家庭困难学生赠送了书包等学习用具。吐列毛杜农场关工委为农场小学开展场史、党史专题讲座2次，开办法制教育课3期。

2018年，吐列毛杜农场小学共有学生117人，6个班级，教职工34人。小学六年级参加全旗汉授会考，平均成绩 79.47 分，全旗排名第一。学生韩瑞欣总分获全旗第一名，许卉敏获全旗第二名，庞悦获全旗第四名，潘颖媛获全旗第六名。

2018 年 10 月，学生何文祎被评为旗级“优秀少先队员”。

2020 年 5 月 15 日，开展“法制宣传暨心理健康教育”讲座。

2020 年 9 月，吐列毛杜农场小学举行开学典礼。

2020 年 10 月 25 日，举行“致敬抗美援朝，争做时代新人”主题教育系列活动。

三、初中教育

2005 年，吐列毛杜农场学校参加科右中旗第四届汉授初中“行知杯”教学质量抽查检测，获得第二名。

2007 年，吐列毛杜农场学校参加科右中旗第六届汉授初中“行知杯”教学质量抽查检测，获得第二名。

2007 年，吐列毛杜农场学校获全旗汉授初中三年级中考总成绩第一名。

2007 年，吐列毛杜农场学校中小学生举办了庆“六一”田径运动会。

2008 年，吐列毛杜农场学校参加科右中旗第七届汉授初中“行知杯”教学质量抽查检测，获第二名。

2008 年，吐列毛杜农场学校在全旗汉授初中三年级中考中总成绩排名第一。

第四节　教育经费

2003 年，吐列毛杜农场学校划归地方管理，吐列毛杜农场继续支持学校的建设与发展，加强学校安全管理工作，创造优良的校内外环境，防止中小学生意外伤亡事故的发生，保证学校的教学正常进行。另外，场拨给学校 1500 亩耕地，补充教育经费的不足。

2006 年，在兴安盟农牧场管理局成立“扶贫基金会”的同时，全场有能力的党员自发组织捐款，共计 1 万元；在吐列毛杜农场学校“双基”达标过程中，全场每个管理人员都主动捐款 100 元，6 个生产队支部每个支部捐款 1500 元，共计 2 万元，为学校“双基”达标硬件工程的顺利完成奉献了自己的光和热。

2007 年，吐列毛杜农场继续关心、支持教育，不断改善办学条件。除保证正常办公资金外，还为学校粉刷了教室和食堂，为学生宿舍和办公室安装了暖气，补发拖欠教师的工资 60 万元。

2008年，吐列毛杜农场出资6万元，对学校基础设施建设和教学条件进行改善。

2008年，吐列毛杜农场出资441万元，兑现了职工、退休职工及教师账面存款。

2016—2018年，科右中旗教育局为吐列毛杜农场小学拨款12万元。

2019年，科右中旗教育局为吐列毛杜农场小学拨款20万元。

2020年，科右中旗教育局为吐列毛杜农场小学拨款22万元。

第五节　教育队伍与师资培训

2000—2007年8月，季学华任吐列毛杜农场学校校长。

2000年9月，吕相国任学校教导处主任。

2000—2004年12月，田建梅任学校党支部书记。

2001年，吐列毛杜农场牧业点学校撤销并入吐列毛杜农场学校。

2001年，郝树山任学校总务主任。

2003年，根据上级文件精神，教育划归地方。2月，内蒙古兴安盟国营吐列毛杜农场学校更名为内蒙古科右中旗吐列毛杜农场学校，农场学校归属科右中旗教育局管理。学校有教师44人、学生102人。

2003年3月，杨子厚任学校少先队总辅导员。

2004年，吐列毛杜农场二队小学撤销，并入吐列毛杜农场学校。

2004年3月，白铁柱任学校工会主席。

2005年3月，刘建华、程志英任小学教导处主任。

2005年4月—2007年3月，程文科任学校党支部书记。

2005年3月，王权任学校副校长、徐健康任学校总务主任。

2005年8月，隋玉纯任学校少先队总辅导员。

2005年8月—2007年3月，刘立新任学校党支部副书记。

2006年，根据上级文件精神，吐列毛杜农场一队小学、三队小学撤销，并入吐列毛杜农场学校。

2006年，吐列毛杜农场学校顺利通过国家级“两基”达标验收。

2007年3月—2020年12月，刘立新任学校党支部书记。

2007年8月—2020年12月，王权任学校校长。

2007年，吐列毛杜农场学校有小学生200人、初中生84人。

2008年8月，李建梅任学校政教处主任。

2008 年 9 月，吐列毛杜农场四队小学撤销，并入吐列毛杜农场学校。

2008 年 9 月，吐列毛杜农场学校为六年制小学，并开设学前大班，王丽娟任班主任。

2008 年 9 月，吐列毛杜农场中学撤销，并入吐列毛杜镇中学。

2008 年 9 月，常秀国到吐列毛杜农场小学工作。

2009 年 3 月，徐炳银任学校总务副主任。

2009 年 6 月，吕相国任学校工会主席。

2011 年 4 月，刘立新任学校党支部书记兼副校长。

2011 年 8 月，聘用娜仁高娃、萨如拉到学校工作。

2011 年 8 月，调吐列毛杜农场学校杨蔷到巴七小工作。

2011 年 11 月，聘用刘青海、林明到学校工作。

2012 年 3 月，李永兵调到巴七小工作。

2012 年 8 月，常秀国调离吐列毛杜农场小学。

2013 年 3 月，刘建华借调到教育局工作，隋玉纯任学校政教处主任，李建梅任学校教导处主任，刘青海任学校大队辅导员。

2014 年 4 月，胡宝林、郝树山、张华、许凤莲、赵新颖、隋玉华、程春霞、高桂兰 8 名工代教师返岗，程春霞任大队辅导员。

2014 年 8 月，萨如拉到吐列毛杜农场小学工作。

2014 年 12 月，隋玉纯任小学工会委员会主席。

2016 年 8 月，聘用王文亚到小学工作。

2016 年 9 月，调额木庭高勒中心校于苗苗到吐列毛杜农场小学工作，调吐列毛杜农场小学王丽静到额木庭高勒中心校工作。

2016 年 10 月，程志英任学校教导处主任。

2017 年 5 月，李建梅借调巴彦呼舒二小。

2017 年 8 月，程志英任小学副校长，程春霞任小学政教处主任，赵红光任小学教导处主任，胡宝林任小学食堂主任，调吐列毛杜农场小学林明到巴彦呼舒第三中学工作，免去隋玉纯政教处主任职务。

2018 年，吐列毛杜农场有小学教职工 34 人。

2018 年 4 月，调吐列毛杜农场小学刘建华到教育局职业与成人教育办工作。

2018 年 8 月，聘用高媛到吐列毛杜农场小学工作。

2019 年 3 月，高媛任小学少先队辅导员，刘青海任小学副教导处主任。

2019 年 10 月，聘用王思宇到吐列毛杜农场小学工作。

2009—2019 年，吐列毛杜农场学校连续十年被评为“全旗实绩突出学校”。

2020 年 9 月，根据工作需要，经教育局党组会议研究决定，赵红光、程春霞任小学副校长，高春香任小学教导处主任，刘青海任小学政教处主任。

2020 年 9 月，聘用红霞、王红光到吐列毛杜农场小学工作。

2020 年 10 月 10 日，张华任吐列毛杜农场小学党支部副书记。

2020 年 11 月，调吐列毛杜农场小学娜仁高娃到巴扎拉嘎中心校工作。

2020 年，教师职称情况为：

中小学高级教师共 8 人，分别为王权、刘立新、程志英、王玉华、王丽娟、何芳、谭桂香、白丽伟。中小学一级教师共 14 人，分别为吕相国、高桂兰、张玉华、胡宝林、隋玉华、赵新颖、赵红光、隋玉纯、高春香、徐炳银、徐健康、张华、程春霞、刘青海。中小学二级教师共 4 人，分别为于苗苗、王思宇、许凤莲、高媛。无职称教师 2 人，分别为红霞、王红光。

2000—2020 年吐列毛杜农场中小学校长、副校长如表 17-1 所示，党支部书记、副书记如表 17-2 所示，骨干教师如表 17-3 所示。

表 17-1　2000—2020 年吐列毛杜农场中小学校长、副校长名录

职　务	姓　名	任职时间
中学校长	季学华	2000 年 4 月—2007 年 8 月
小学校长	程文科	2000 年 8 月—2002 年 5 月
中学副校长	王权	2005 年 3 月—2007 年 8 月
中学校长	王权	2007 年 8 月—2008 年 7 月
小学校长	王权	2007 年 8 月—2020 年 12 月
小学副校长	刘立新	2011 年 4 月—2019 年 8 月
小学副校长	李建梅	2016 年 3 月—2017 年 8 月
小学副校长	程志英	2017 年 8 月—2019 年 8 月
小学副校长	赵红光	2020 年 9 月—2020 年 12 月
小学副校长	程春霞	2020 年 9 月—2020 年 12 月

表 17-2　2000—2020 年吐列毛杜农场小学党支部书记、副书记名录

职　务	姓　名	任职时间
党支部书记	田建梅	2000 年 4 月—2004 年 12 月
党支部书记	程文科	2005 年 4 月—2007 年 3 月
党支部副书记	刘立新	2005 年 8 月—2007 年 3 月
党支部书记	刘立新	2007 年 3 月—2020 年 12 月
党支部副书记	张华	2020 年 10 月—2020 年 12 月

表 17-3　吐列毛杜农场小学骨干教师统计表（盟级以上）

姓名	性别	民族	评审机构	授予时间
刘立新	女	蒙古族	兴安盟教育局	2004 年 11 月
刘建华	女	汉族	兴安盟教育局	2004 年 11 月
隋玉纯	女	汉族	兴安盟教育局	2013 年 12 月
刘青海	男	蒙古族	兴安盟教育局	2014 年 9 月

2000—2020 年吐列毛杜农场小学发展情况如表 17-4 所示。

表 17-4　2000—2020 年吐列毛杜农场小学发展情况统计表

年份	学校	班数（个）	在校生数（人）	新入学生（人）	毕业生数（人）	教职工（人）	
						总数	专任教师
2000	小学	15	246	41	53	34	33
	中学	6	112	43	30	39	21
2001	小学	12	238	40	56	34	33
	中学	3	84	60	32	39	21
2002	小学	12	238	50	50	20	19
	中学	3	85	29	28	13	12
2003	小学	12	237	54	55	20	19
	中学	4	112	55	28	13	12
2004	小学	13	266	57	37	20	19
	中学	3	116	42	25	13	12
2005	小学	9	255	58	51	22	20
	中学	3	93	36	28	12	11
2006	小学	10	236	49	37	22	20
	中学	3	67	25	25	12	11
2007	小学	6	200	54	44	22	21
	中学	3	84	40	21	12	9
2008	小学	10	195	13	34	34	30
2009	小学	10	183	23	34	35	31
2010	小学	11	176	29	30	33	29
2011	小学	11	165	26	37	33	29
2012	小学	6	154	25	25	33	30
2013	小学	6	155	33	37	34	24
2014	小学	6	153	17	20	38	26
2015	小学	6	148	17	23	37	23
2016	小学	6	128	15	28	37	24
2017	小学	6	125	18	24	35	24
2018	小学	6	117	25	25	34	27
2019	小学	6	100	12	26	30	26
2020	小学	6	103	20	15	28	26

第二章　卫　　生

第一节　机构沿革

吐列毛杜农场的医疗卫生机构为场职工卫生院及下辖的4个基层卫生室。职工卫生院既是吐列毛杜农场的医疗服务中心、防检疫中心，又是负责场内爱国卫生、卫生保健等卫生工作的主要部门，行使卫生行政管理职能。

2000年4月，齐那木拉任吐列毛杜农场卫生院院长，许广荣任副院长，白银莲任会计，杨晓霞任出纳员，有4名医务工作人员。

2009年，吐列毛杜农场卫生院竣工投入使用，卫生院总面积519.96平方米，室外硬化面积2875平方米，卫生院设有内科、外科、中医科、检验科、注射室，必备常用药品充足。

2010年9月，兴安盟委组织部分配“三支一扶”高校毕业生任秀艳到吐列毛杜农场卫生院工作。

2010年10月，徐炳利任吐列毛杜农场卫生院院长。

2010年10月，齐那木拉任吐列毛杜农场卫生院党支部书记。

2010年10月，聘李玉杰任卫生院会计，聘杨晓霞任卫生院现金员，聘董立春、毕立艳、雒彩君、李艳玲、白秀英到卫生院工作，聘白英楠、许艳梅、代小荣到卫生院做护士工作。

2011年，在兴安盟农牧场管理局的帮助下，争取资金，重建了400平方米的新卫生院，投资20万元添置了先进的医疗设备。

2012年4月，调五队王英到卫生院工作，调二队王君霞到卫生院工作。

2013年，吐列毛杜农场卫生院实行定员定编、独立核算、自负盈亏、费用自理、定额补贴，补贴额度另行规定，负责全场医疗卫生、妇幼保健、计划免疫、疫病防治监测，以及队卫生室医务管理，防止医疗事故的发生，独立承担经济和民事责任。

2013年3月，董立春任卫生院副院长。

2013年8月，根据本人申请，解除原聘徐炳利卫生院院长职务，聘董立春任卫生院院长。

2013 年 8 月，聘第五生产队庞英丽到卫生院工作。

2014 年，返聘孙中华到卫生院上班。

2015 年 1 月，李玉杰到龄办理退休，杨晓霞任吐列毛杜农场卫生院会计，裴丽明任卫生院出纳员。

2016 年 6 月，王英任卫生院副院长。

2019 年 10 月，与科右中旗对接卫生院移交工作，吐列毛杜农场卫生院交由科右中旗卫生局管理。

2019 年 10 月，白龙梅、安桂华、许春梅、张峰、贾红霞、白亚男、何禹、王君霞、许凤艳、李艳杰、李艳玲、白立君、李永云、马宏霞、康玉梅、王永华、齐那木拉、陈显慧、王岩、吴爽 20 名医务人员返岗。

2019 年 10 月，吴爽借调科右中旗卫生监督所。

2019 年 11 月，代小荣借调科右中旗妇幼保健院。

2019 年 12 月，王英、王永华借调科右中旗卫健委。

2020 年 7 月，许艳梅、白英楠任卫生院副院长。

2020 年 7 月，齐那木拉借调科右中旗妇幼保健院。

2020 年 10 月 10 日，吐列毛杜农场卫生院成立新冠流调领导小组。

2020 年 10 月 9 日，为了能让居民有一个安全卫生的就医环境，吐列毛杜农场卫生院成立传染病消杀领导小组。

2000—2020 年吐列毛杜农场卫生院历任负责人如表 17-5 所示。

表 17-5　2000—2020 年吐列毛杜农场卫生院历任负责人名录

职务	姓名	任职时间
院长	齐那木拉	2000 年 4 月—2010 年 10 月
副院长	孙中华	2000 年 1 月—2001 年 1 月
副院长	许广荣	2000 年 1 月—2001 年 1 月
院长	徐炳利	2010 年 10 月—2013 年 8 月
副院长	董立春	2013 年 3 月—2013 年 8 月
院长	董立春	2013 年 8 月—2020 年 12 月
副院长	王英	2016 年 6 月—2020 年 12 月
副院长	白英楠	2020 年 7 月—2020 年 12 月
副院长	许艳梅	2020 年 7 月—2020 年 12 月

第二节　医疗工作

2006年，乌兰浩特市医院巡回医疗队到场为500名职工群众进行了义诊。

2006年，吐列毛杜农场投资2.38万元，为卫生院购置了心电图机、尿液检测仪等医疗设备。

2007年，加强疫病防治工作，进行麻疹加强疫苗注射324人。同时，邀请乌兰浩特市医院心血管病专家一行7人，来场为260名职工群众进行体检和义诊。

2007年7月9日—10日，吐列毛杜农场遭受了特大洪水的袭击，其中第三生产队、第四生产队、第五生产队、第六生产队部分房屋进水，给职工的生活造成了极大困难。为防止洪水后疫病的滋生和蔓延，场成立灾后卫生防疫领导小组，组织实施全场的灾区卫生防疫工作。

2009年，吐列毛杜农场新建卫生院，建筑面积519.96平方米，院落硬化面积2875平方米。

2010年，增加了全自动200毫安X光机、心电图机、B超机、白带检测仪、尿常规检测仪等医疗设备，四个生产队建立了标准卫生室。

2012年，吐列毛杜农场卫生院为场离退休职工免费体检421人次。

2013年，参加科右中旗医师转岗培训，共有5人转为职业医师，5人转为职业护士。

2014年，吐列毛杜农场卫生院为全场退休人员进行免费体检。

2015年10月14日，科右中旗疾控中心为保障吐列毛杜农场全场职工群众的身体健康和生命安全，来场为3～70岁人群进行血清检测和乙肝疫苗接种工作。

2016年12月21日，代小荣参加科右中旗卫健委严重精神障碍管理治疗项目培训。

2017年4月24日，代小荣参加全旗疾控业务及公共卫生服务均等化业务培训班。

2017年4月25日，代小荣参加科右中旗肺结核患者健康管理服务培训班。

2018年，吐列毛杜农场卫生院全面开展慢性病建档立卡和跟踪医疗服务工作；依法扎实开展人口和计划生育服务工作，全场考核年度内出生人口13人，其中一孩出生4人、二孩政策内出生9人，计划生育率100%；积极开展“民心工程”，免费为49周岁以内的已婚妇女进行妇科检查，共计2426人次。

2018年5月23日，王英参加科右中旗基本公共卫生服务项目暨家庭医生签约服务培训。

2018年8月10日，王英参加科右中旗结防所疾控中心帮扶专家讲座。

2018 年 11 月 13 日，王英参加科右中旗卫计局健康促进月活动仪式。

2018 年，吐列毛杜农场卫生院人员有：

院长：董立春

副院长：王英

医生：孙中华

护士：白英楠　许艳梅　代小荣

药房：庞英丽

财务室：杨晓霞　裴丽明

卫生室：田桂荣　白龙梅　李永云　许春梅

2019 年，卫生院医疗设备添加了便携式彩色 B 超机，放射科增加（DR）透视机，中蒙医科增加熏蒸床、中波治疗仪、中药透药机、微波治疗仪、颈腰椎牵引床各一个。场医院设有 11 张病床，能保证偏远生产队患者住院治疗。内科、外科能够诊治常见病、多发病。外科能开展小型手术、清创缝合、外伤换约包扎等工作。X 光室、彩色 B 超室能开展胸部拍片照相以及心电图检查及腹部检查。中蒙医能开展穴位熏蒸、理疗，对颈腰椎患者进行牵引治疗。化验室能进行血常规、尿常规检查，同时还能进行肝功能、血化验项目检查。

2019 年 6 月 27—28 日，白英楠参加呼伦贝尔人民医院“感·动中国”基层医院质量管理培训。

2019 年 9 月 17—21 日，白英楠参加全盟基层医疗卫生机构护理人员培训班。

2019 年 10 月，康玉梅到乌兰浩特市医院进修学习。

2019 年 11 月 5 日，李艳玲参加科右中旗疾控中心慢病培训。

2019 年 11 月 6 日，白龙梅、李艳玲参加科右中旗妇幼保健院培训。

2019 年 11 月 20 日，白英楠参加兴安盟人民医院院前急救时医务人员的安全防护知识培训。

2020 年 1 月 22 日，许春梅参加科右中旗卫健委新型冠状病毒视频培训。

2020 年 1 月 28 日，许春梅参加科右中旗疾控中心新型冠状病毒应急培训。

2020 年 2 月 20 日，许艳梅参加科右中旗新型冠状病毒疫情及消杀业务培训。

2020 年 4 月 10 日，许艳梅参加科右中旗卫健委鼠疫诊疗视频会议。

2020 年 5 月 13 日，许艳梅参加科右中旗卫健委优质服务基层行启动会。

2020 年 7 月 4 日，白龙梅参加科右中旗妇幼保健院季度培训。

2020 年 7 月 10 日，许艳梅参加科右中旗疾控中心死亡医学证明书填写培训。

2020年8月9日，许艳梅参加科右中旗卫健委鼠疫视频会议。

2020年8月11日，许艳梅参加内蒙古自治区“新冠肺炎和鼠疫疫情防控”培训。同日，吐列毛杜农场（分公司）党委开展“关爱职工健康”活动，组织在职员工、退休职工、内退职工、“五七工”、职工遗属共800余人到场卫生院免费体检。体检为期7天，分批次进行，包括测量血压、血常规、尿常规、肝胆功能、心电图、B超等检查项目，所有体检费用全部由场（分公司）承担。

2020年8月18日，白龙梅参加科右中旗妇幼保健院孕期和孕前保健指南培训班。

2020年9月30日，许艳梅参加全盟卫生健康系统秋冬季疫情防控暨中秋国庆前安全生产工作电话电视会议。

2020年10月10日，白龙梅参加科右中旗妇幼保健院季度培训。

2020年10月25日，吐列毛杜农场特邀兴安盟人民医院“五大中心”专家团队来到吐列毛杜农场卫生院开展联合义诊活动，解决了困难职工群众看病、就医难的实际问题。

2020年11月，董立春参加兴安盟党校能力提升培训。

2020年11月26日，白龙梅参加科右中旗卫健委三网监测培训。

2020年11月27—28日，白英楠参加全区医院感染管理质量控制年会暨医院感染管理岗位培训。

2020年12月3日，白英楠参加科右中旗卫健委新型冠状病毒流行病学调查实操培训。

2020年12月12日，白龙梅参加兴安盟妇幼保健院妇科微创及肿瘤研讨会。

2020年12月14日，白英楠参加兴安盟人民医院急诊科猝死的发生暨脑猝死中的救治流程培训。

2020年12月14日，许艳梅参加科右中旗疾控中心新型冠状病毒疫苗紧急使用和大规模接种准备工作会议。

2020年12月15—17日，白英楠、王君霞参加兴安盟党校管理培训。

2020年12月25日，许艳梅参加科右中旗卫健委全区新型冠状病毒疫苗接种工作会议。

2020年12月28日，白英楠参加科右中旗新型冠状病毒样本采集、防护服穿脱技术培训。

2020年12月28日，许艳梅参加科右中旗卫健委举办全旗医疗机构核酸样本采集工作培训。

2020年12月，吐列毛杜农场卫生院有工作人员23人，其中医生4人、护士5人、其他14人。

卫生院内设全科、内科、外科等9个科室，共有10张病床。各科室医务人员配备情况如下：

院长：董立春

副院长：白英楠　许艳梅

办公室主任：白龙梅

财会室：杨晓霞、裴丽明、马宏霞

药房：安桂华、许春梅

内科：白亚男、李永云、康玉梅

外科：孙中华

B超化验室：王君霞

护士办：许艳梅、李艳杰、许凤艳、贾红霞、庞英丽、辛晓杰

公共卫生办公室：白立君、李艳玲、张峰、白龙梅、王君霞　何禹

基层卫生室医务人员配备情况：

二队卫生室：何禹（兼职）

三队卫生室：孙中华（兼职）

四队卫生室：赵丽红

第三节　疫病防治

2003年4月，全国有非典疫情报告的省份达26个，广东、北京、山西、内蒙古、天津等成为重灾区。在上级部门的统一安排部署下，吐列毛杜农场干部职工开展抗击非典工作，农场成立防治工作领导委员会小组，场党委书记吴宝山任主任，纪委书记陈福、工会主席刘姝任副主任，委员有场办公室主任隋德慧、医院院长齐那木拉、学校校长季学华、派出所所长高金泉等。同时，领导委员会下设3个工作组：防治测量体温消毒组、治安保卫检查组、综合协调控制组。全场设立3个检查站，严格执行外来人口入场登记，设立隔离室一处，对在外地和非典疫区来场人员进行隔离，测体温、消毒，隔离7天后没有发热的放行，检查站昼夜值班，对外来车辆和人员检查登记，不漏岗，值班记录完整交接。同时，在校学生天天测体温，并将每天的测量结果向中旗教育局汇报。

2003年5月19日，兴安盟农牧场管理局纪检委书记王建华带领局抗击非典工作人员

刁坤、海生、史毅来场，对抗击非典工作进行督察，督察组对场抗击疫情工作采取的措施及效果予以肯定。

2004年，国内发生“高致病性禽流感”疫情，吐列毛杜农场医院工作人员和兽医人员一起全力以赴进行防控，做到了“队不漏户、户不漏禽、禽不漏针”，对家禽实现100%免疫注射，有效预防了“高致病禽流感”的发生。

2012年，吐列毛杜农场防疫工作的重点：一是布鲁菌病，二是结核病。

2015年，吐列毛杜农场免费为全场120人进行布鲁菌病筛查，对检查出的5名患者建档建册，并给予妥善治疗，帮助其恢复健康。在儿童计划免疫工作方面，疫苗接种率达100%（其中包括预防结核病的疫苗）。

2019年11月，吐列毛杜农场召开鼠疫防控工作推进会。会议由副场长姜文涛主持，场党委书记、场长隋德慧，派出所所长刘军，卫生院院长董立春，各生产队书记、队长及相关科室负责人共20人参加会议。会后，吐列毛杜农场鼠疫疫情防控领导小组在各生产连队居民区、牧户房前屋后、饭店、超市以及垃圾站等重点区域统一投放药物，全面治理脏乱死角，清除鼠类栖息地，做好监测灭杀工作。在投放鼠药的同时，工作人员还向职工群众发放鼠疫防控宣传单，共发放宣传单1000份，入户136户，投放药物15500克。

2020年1月26日，为进一步加强新型冠状病毒感染的肺炎疫情防控工作，确保广大职工群众的生命安全和身体健康，成立以院长为组长的新型冠状病毒感染性肺炎防控工作领导小组，制订了新型冠状病毒感染性肺炎防治应急预案，同时设立发热门诊，配合吐列毛杜农场防控领导小组开展防控工作。

2020年10月15日，为贯彻落实上级下发的精神，加强对突发新型冠状病毒的应急反应能力，医务人员全面开展了防控应急演练。

第四节　职工医疗待遇

2004年，吐列毛杜农场职工开始交纳城镇职工医疗保险，2004—2018年，有8285人次交纳城镇职工医疗保险，退休职工大病保险人数达3027人（每人每年100元）；2019年，职工参加医保缴费人数683人，大病医疗参保缴费1071人。

2005年，卫生院实行院长负责制，采用单独核算、自负盈亏、费用自理、定额补贴的管理办法。场拨给医院300亩耕地作为补贴，独立承担经济和民事责任。

2005年，职工群众参加农村合作医疗保险，每人缴费10元。

2007年，农场职工户口转为城镇户口，开始参加城镇居民医疗保险，每人缴费40元。

2018年，农村合作医疗保险与城镇居民医疗保险合并为城乡居民医疗保险，2018年有1493人缴费，缴费总金额为26.874万元；2019年有1542人缴费，缴费总金额为40.092万元；2020年有663人缴费，缴费总金额为293万元。

第五节　公共卫生均等化服务

一、环境卫生

吐列毛杜农场公共环境卫生主要是大扫除和消灭“四害”活动（“四害”指蚊子、苍蝇、老鼠和臭虫）。农场在每个季节到来之前，都要进行公共卫生重要性的宣传，每个季节进行一次清扫活动，农场组织到各单位进行评比验收。解决安全饮水，提倡个人投资打钢管压水井，对原有的大口井加盖井盖，野外牧包点饮用地表水及泉水要用明矾沉淀并煮开。清理垃圾污染物，场部和生产队修建1～2处公共卫生厕所，修建1条以上文明街道。每户住宅要修1个简易厕所，不让粪便乱流防止蚊蝇滋生。大力倡导讲究卫生，预防疾病的发生，杜绝不良生活饮食习惯，不食用病禽、病猪肉。抓场区卫生建设，创造优美生活环境。以“五讲、四美、三热爱”要求的标准，做好室内外卫生清洁，房前屋后种植树木花草，绿化场区生活区，保持环境良好整洁。

2007年，按照新农村建设“生产发展、生活富裕、队内文明、队容整洁、管理民主”的总体要求，吐列毛杜农场根据自身情况，出动挖掘机、翻斗机，利用农闲时间，配合各单位大搞街道垃圾清理，彻底清理全场大小街道。机关各科室工作人员都投入到环境治理中，用时22天，彻底清除居民家的灰堆、生活垃圾等杂物，出动人工2700人次，清运垃圾10万平方米，清理街道障碍物87处，清理路边沟4850延长米。

2007年，吐列毛杜农场成立环境卫生道路整治大队，专门负责场区中环境卫生，场容、队容又有了更大的变化，改变了以前人们“晴天出门一腿灰，雨天出门一脚泥”的现象。

2012年，在街道路旁设立垃圾池，环保大队工人负责清理。

2014年，在街道路旁设绿色铁皮垃圾箱，环保大队工人负责清理。

2016年，为了加强公共卫生管理，场投资100万元为环境卫生整治大队购置了一辆压缩式垃圾车和街道清洗车。6月，投放垃圾箱600个，发放到职工家中，环境卫生整治大队工作人员每天负责清理全场居民垃圾，运到野外深埋处理。在春夏之季，定期洒水清扫街道，保障道路路面的清洁。

2019年，吐列毛杜农场硬化街道204.5万平方米，修筑厕所300个，投放垃圾箱634个，修整院墙7842.31米、花墙2102.73米，改造户数为1172户。场区和各生产队栽植景观树4560株，修筑花坛15个，场容场貌、职工生产生活环境发生了变化。

二、公共卫生健康管理

吐列毛杜农场的公共卫生工作也有了长足发展，开始为场内的职工群众建立健康档案，建立慢病档案800份、健康档案2800份。档案分为纸质版和电子版两种，建档率达到89%以上。对老年人高血压、糖尿病、精神病、结核病及其他传染病定期随访，并有随访记录，根据患者的情况提出治疗方案，录入患者的档案中。

吐列毛杜农场为广大妇女每年进行一次免费“三查”，即查环、查孕、查病。对查出患有妇科病的人员积极治疗，开展“两癌”筛查，真正做到积极预防，有病能够早发现、早确诊、早治疗，使广大妇女的身体健康得到保障。建立妇女健康档案，已婚妇女孕前两个月服用叶酸制剂，预防新生儿先天性疾病，孕后建卡建册，定期跟踪随访。

为新生儿建卡建册，0～6岁儿童免费进行双针次疫苗接种，共有16次跟踪随访，接种率年年达100%，有效防治了对儿童健康形成危害的白喉、百日咳、破伤风、脑脊骨髓灰质膜炎、麻疹等传染病。

2009年，吐列毛杜农场卫生院开始实施国家基本公共卫生服务项目的具体要求。2010年，实施国家基本公共卫生服务项目13次，进行公共卫生服务管理工作。

吐列毛杜农场卫生院院长为全场卫生监督协管员，并确立了卫生监督协管员工作职责，规范了卫生监督协管员各项工作制度，包括档案管理制度、投诉举报接待制度、信息报告制度、案件交接制度、日常巡查制度等。

吐列毛杜农场的公共卫生制度和服务不断更新，职工群众感受到了卫生服务均等化的好处，公共卫生服务随时在身边。

吐列毛杜农场的食品卫生监督管理主要是对全场的集体食堂、商店、招待所、学校等单位进行食品卫生检查，发现有不卫生的食品和过期食品一律销毁。

吐列毛杜农场和卫生院每年组织相关人员到相关单位进行食品卫生检查，要求单位领导把食品安全工作作为重中之重来抓。食堂、饭店、商店、招待所等场所做到无鼠、无苍蝇、无蚊子、无蟑螂。

吐列毛杜农场党委组织全场职工群众认真学习和贯彻落实《食品安全法》，增强了职工群众对食品安全的意识。过期的食品不上市，不进商店、超市、食堂餐厅，用具清洁，灶台干净整洁，防止食品霉变，防蝇、防鼠。

第六节 医疗队伍

2000—2020 年吐列毛杜农场卫生院具有专业职称的人员如表 17-6 所示。

表 17-6 2000—2020 年吐列毛杜农场卫生院具有专业职称的人员名录

姓名	性别	民族	政治面貌	毕业院校	所学专业	专业技术职称
董立春	男	汉		内蒙古科技大学	临床	医师
王　英	男	蒙		内蒙古民族大学	蒙医	蒙医师
白英楠	女	蒙		吉林医学院	高护	护士执业证
许艳梅	女	汉		吉林医学院	高护	护士执业证
裴丽明	女	汉	党员	内蒙古自治区兴安盟农牧学校	会计	会计证
李永云	女	汉		哲里木盟卫生学校	临床	执业助理医师
马宏霞	女	汉		哲里木盟粮食职工中等专业学校	会计	助理会计师
李艳洁	女	汉		中国人民解放军 81628 部队	护理	护士执业证
白立君	女	蒙		哲里木盟卫生学校	临床	医师资格证
许凤艳	女	汉		吉林医学院	高护	护士执业证
贾红霞	女	汉		中国人民解放军 81628 部队		执业护士
庞英丽	女	汉		兴安盟卫校	临床	护士执业证、驻店药师
代小荣	女	蒙		包头医学院	临床	护士执业证
白龙梅	女	蒙	党员	通辽市卫生学校	临床	乡村医生执业证
王永华	女	汉	党员	内蒙古民族大学	临床	医师
康玉梅	女	满		包头医学院	临床	执业医师
白亚男	女	蒙		哲里木盟卫生学校	临床	执业助理医师
齐那木拉	男	蒙	党员	延边大学	临床	执业医师
安桂华	女	满	党员	武汉市东西湖卫生学校	临床	驻店中药师
何　禹	男	汉		内蒙古蒙医学院	临床	执业药师、高级康复理疗师
杨晓霞	女	汉		通辽建材职业中学	会计	会计
许春梅	女	汉		包头医学院	临床	乡村医生执业证
陈显慧	女	汉		中国人民解放军 81628 部队	护理	执业护士

中国农垦农场志丛

第十八编

文化　体育
档案管理

中国农垦农场志丛

第一章　文　　化

第一节　活动场所与设施

2006年，吐列毛杜农场投资2万元，为场6个生产队配备广播器材，并添置电视、VCD等设备。为丰富职工文化活动，对现有的文化室进行了修复和完善，购置了相应的文体器材，藏书200册以上。

2007年，吐列毛杜农场建成机关办公大楼，在机关三楼设有150平方米会议室兼做文化活动室。

2009年，根据内蒙古自治区关于建设“草原书屋”的要求，在兴安盟农牧场管理局的协调下，内蒙古自治区新闻出版局赠书3732册，分别在第一生产队、第五生产队、场规模化经营管理区三个单位设立了草原书屋。第一生产队藏书1244册，其中报刊2种、期刊19种；第五生产队藏书1244册，其中报刊2种、期刊19种；规模化经营管理区藏书1244册。第一生产队和第五生产队的图书管理由本队的支部书记负责管理，规模化经营管理区为副主任负责管理。

2016年，吐列毛杜农场重新修建了2个草坪门球场、2个塑胶篮球场、2个网球场，建设了面积为14743平方米休闲广场，广场为大理石材料铺设，装有LED大屏彩色显示器，广场西侧修建草坪，种植景观树树墙和果树，建有一座凉亭和一处长廊，广场中心建有假山、喷泉，广场四周装有路灯、彩灯。

2017年，吐列毛杜农场成立了规模化经营管理区活动室。

第二节　广播　电影　电视

2005年，吐列毛杜农场有线电视服务站实行单独核算、自主经营、自负盈亏、费用自理、收入分成的管理办法，负责全场有线电视管理及技术有偿服务，保证全场现有节目的完整率，并增设11个加密频道。场免收提取，收视费每月每户不得超过6元，业务由场宣传部门管理，独立承担经济和民事责任。

2006年3月，王程里负责吐列毛杜农场有线电视工作，费用自理，划归政工科管理。

2007年，吐列毛杜农场投资近3万元，争取“村村通”电视项目41套，保证每个生产队都能看到12套电视节目，同时，场部地区安装了4套加密频道。

2007年3月，王程里负责吐列毛杜农场的有线电视工作。

2008年，科右中旗广播电视局为使场内职工群众收看到兴安新闻，利用联通光缆线路为场部和各生产队接通光纤传送的有线电视，使场内的各户都能收看到兴安电视台1～4套节目。

2010年3月，王程里负责吐列毛杜农场有线电视、广播工作，中旗广电局发放的工资交场计财科。

2010年5月，王程里任广电办副主任。

2011年2月，王树有任广电办干事。

2011年6月5—30日，吐列毛杜农场工会举办了爱国电影大展播活动，深入各生产队、学校，放映电影30场。

2012年，为第一、二、四生产队安装了数字电视，为第三生产队接通了互联网宽带，使全场连队数字电视信号覆盖率和网络宽带覆盖率分别达到了80%和100%。

2013年，吐列毛杜农场争取“村村通”项目，在没有安装无线广播设备和有线电视设备的生产队，派专人从事安装及信息录入工作。

2013年3月—2020年12月，王程里任广电办公室主任。

2014年8月—2020年12月，白玉军任广电办公室干事。

2015年年底，吐列毛杜农场从兴安盟广播电视局引进763套“户户通”电视设备。

2019年8月28日，吐列毛杜农场组织王程里、白玉军、安文鹏3名工作人员赴索伦牧场参加“户户通”运维人员技能大赛，获得团体第一名，安文鹏个人获得第三名。

2020年9月17日，王程里、白玉军、安文鹏3人参加了在布敦化牧场举办的全盟广播电视直播卫星“户户通”维修服务岗位大练兵大比武活动，王程里、白玉军、安文鹏获得了团体第二名，白玉军获得个人第三名。

第三节　文化活动的开展

2000年8月，吐列毛杜农场举办了建场40周年庆典和大型文艺演出、篝火晚会。

2006年7月，吐列毛杜农场举办了以“知荣辱、争当公仆”“爱我农场、兴我家园”为主题的征文比赛活动。

2007 年，吐列毛杜农场举办了“我为党旗添光彩”演讲比赛。

2007 年 8 月 15 日，吐列毛杜农场综合楼落成并举办了文艺晚会。

2009 年 2 月，吐列毛杜农场举办全场职工文艺汇演。

2009 年 5 月 19 日，吐列毛杜农场组织滕倩参加兴安农垦举办的深入学习“科学发展观”演讲比赛，获得第三名。

2010 年 9 月 4 日，吐列毛杜农场举办第二届油葵节及建场 50 周年场庆。此次活动以科学发展观为指导，以进入新时期、树立新形象为宗旨，以促进企业转型发展为根本，本着扩大宣传、丰富内涵、注重实效、广交各界朋友的原则，促进吐列毛杜农场经济社会全面统筹协调发展，从而提高农场知名度和美誉度。本次油葵节吸引各地客商及各界来宾 300 人，签订收购油葵订单 3200 吨。

2011 年 3 月 7—8 日，吐列毛杜农场妇联举办庆祝“三八”国际劳动妇女节暨“妇女之家”挂牌仪式，开展了歌舞、扑克、猜谜、秧歌等庆祝活动。

2011 年 4 月 27 日，吐列毛杜农场庆祝“五四”青年节 92 周年，举办了“庆‘五四’青年节爱国歌曲大家唱暨卡拉 OK 比赛”活动。

2011 年 6 月 18 日，吐列毛杜农场团委举办了“我为党旗添光彩”演讲比赛。

2011 年 6 月 21 日，为纪念中国共产党成立 90 周年，吐列毛杜农场组织开展了“颂党恩、跟党走、做党的好儿女”唱红歌主题演唱会。

2011 年 6 月 28 日，吐列毛杜农场组织 35 名管理人员参加由兴安盟农牧场管理局主办、呼和马场承办的庆祝中国共产党成立 90 周年红歌演唱会。

2012 年，吐列毛杜农场参加了“首届兴安盟农牧民文艺调演农垦专场”“自治区 2012 年全民健身草原行”活动。

2012 年 3 月 9 日晚，吐列毛杜农场举办了“春拂大地”大型文艺晚会。

2012 年 3 月 22 日，吐列毛杜农场举办了“美丽家乡”文艺晚会。

2012 年 4 月 27 日，吐列毛杜农场团委举办了迎“‘五四’我为农垦献青春”演讲比赛。

2012 年，吐列毛杜农场举办了“纪念建党 92 周年暨表彰优秀共产党员”大型文艺晚会，并邀请兴安盟科右中旗乌兰牧旗演出队来场，和场管理人员同台演出。

2012 年 8 月 9 日，吐列毛杜农场组织快板《廉政建设谱新篇》和舞蹈《为内蒙古喝彩》两个节目，在首届兴安盟农牧民文艺调演农垦专场呼和马场礼堂演出。

2012 年 12 月 30 日，吐列毛杜农场举办了题为“明天会更好”的 2013 年迎新春元旦晚会。

2013年3月22日晚，吐列毛杜农场举办了题为“美丽家乡”的文艺晚会。

2013年7月1日晚，吐列毛杜农场在休闲广场举办了题为“纪念建党92周年暨表彰优秀共产党员”的大型文艺晚会。

2015年7月29日晚，吐列毛杜农场在新建成的职工文体广场上举办了以“相约花海，魅力农垦”为主题的消夏文艺晚会，同时邀请了兴安盟科右中旗乌兰牧骑演出队来场同台演出。

2015年9月18日，吐列毛杜农场组织32人参加兴安盟农牧场管理局在呼和马场举办的全民健身操比赛，获得第一名。

2016年1月31日，吐列毛杜农场在机关三楼会议室举办了“猴年迎新晚会”。

是年6月28日晚，吐列毛杜农场在休闲广场举办了由职工群众自编自演的“红色血脉·兴垦情怀”主题文艺汇演暨纪念建党95周年表彰大会。

2017年1月21日，吐列毛杜农场举办了“吐列毛杜农场2017年新春联谊会”。

2018年2月4日，吐列毛杜农场举办了“辉煌十九大·春雨润梦圆”迎新春趣味知识竞赛联欢会。

2018年3月3日，吐列毛杜农场团委开展了“传承雷锋精神，弘扬时代新风”活动。

2018年7月1日下午，吐列毛杜农场举行“农垦儿女歌唱党，携手共建新农场”庆祝建党97周年红歌赛。

2018年8月29日晚，吐列毛杜农场“走进吐列毛杜农场丰收季”文艺联演在休闲广场上演，科右中旗乌兰牧骑的演员和场内干部职工联袂演出。

2018年9月6日，吐列毛杜农场规模化经营第三管理区开展技能大比武活动。

2019年1月25日，吐列毛杜农场举办了以“2019我们和我们的事业一起出发”为主题的迎新春联欢会，联欢会上，知识抢答、游戏环节与迎春欢庆节目表演穿插进行。

2019年3月6日，为庆祝中华人民共和国成立70周年，吐列毛杜农场近100名职工共唱“我和我的祖国”为祖国母亲献礼。

2019年3月6日下午，为庆祝第109个“三八”国际妇女节，吐列毛杜农场妇联举办了“魅力女性·精彩绽放”庆“三八”联欢会。

2019年4月30日，为庆祝中华人民共和国成立70周年，吐列毛杜农场团委举办了“我的青春·我的梦”主题演讲比赛。

2019年6月30日，吐列毛杜农场（分公司）干部职工携手科右中旗乌兰牧骑演员，在场中心广场举办“不忘初心、牢记使命”吹响企业化改革号角主题晚会。

2019年7月27日，吐列毛杜农场机关管理人员60人参加了在科右中旗图什业图赛马场举办的2019年全国速度马经典大赛暨第二届科尔沁右翼中旗那达慕大会开幕式。

2019年8月9日，吐列毛杜农场组织106名干部职工参加了兴安盟那达慕大会开幕式，吐列毛杜农场代表兴安农垦方队表演了《咱们工人有力量》，并有20架（其中吐列毛杜农场8架、雇用12架）无人机参加表演。

2019年8月31日，兴安盟农垦系统参加由中共兴安盟委宣传部、兴安盟农牧场局、兴安盟文化旅游体育局主办的庆祝中华人民共和国成立70周年“守望相助好家园”兴安盟农牧民优秀文艺节目会演，由兴安农垦选送吐列毛杜农场滕倩、王蒙、韩艳秋、王宏贺表演的配乐诗朗诵《神奇的热土　美丽的家园》获得三等奖。

2019年9月6日，吐列毛杜农场选送配乐诗朗诵《神奇的热土　美丽的家园》、舞蹈《咱们工人有力量》两个节目，参加了在索伦牧场举行的兴安农垦庆祝中华人民共和国成立70周年暨庆祝“丰收节”文艺汇演。

2019年9月27日，吐列毛杜农场举办了廉政文化书法展，场内30名书法爱好者参加活动，分别展示了40幅硬笔书法、毛笔书法作品。

2019年9月30日，为庆祝中华人民共和国成立70周年，吐列毛杜农场组织100多名干部职工在广场举办“我为祖国献赞歌”庆祝活动，合唱《歌唱祖国》《今天是你的生日》《吐列毛杜农场之歌》等歌曲，向祖国母亲献上祝福。

2019年12月13日，吐列毛杜农场（分公司）开展“守初心、担使命、做新时代好青年”学习强国知识竞赛，来自各基层党支部、直属单位、管理区的共13支代表队参加了比赛。最终，学校党支部代表队获得第一名，第三管理区代表队获得第二名，第四生产队党支部代表队获得第三名。

第四节　民　　俗

随着社会文明的进步，经济文化的繁荣和发展，全场各民族党员干部、职工群众在生产、生活、文化、习俗等社会生活中，形成了互相团结、相互尊重、共同发展的良好氛围，在生活习俗、礼仪习俗、婚丧嫁娶等方面的风俗习惯已基本趋于一致，一些旧的封建迷信礼教与习俗已被新的健康、文明、向上的风气所取代。这里主要介绍一下蒙古族的生活习俗。

一、饮食习惯

蒙古族人爱吃牛羊肉和奶制品，饮食主要有三种：乳食、肉食、粮食。独具蒙古族特色的食品有手扒肉、烤全羊、黄油、乌日莫、奶豆腐以及炒米、羊汤、馅饼、猫耳汤等。

1. **手扒肉** 手扒肉在蒙古语中称“不胡乐”，是蒙古族千百年来最喜欢、最常吃的传统食品。手扒肉的煮法是把羊按关节带骨分割成数块，置于凉水中煮。煮得不要太老，不加任何其他调料，只加少许盐，用大火保持原汁原味，适当控制火候。一般煮沸片刻后起锅，只要肉已变色，便可食用。手扒肉鲜而不膻、肥而不腻，易于消化。食用时，一手抓肉，一手持刀，边割边吃。手扒肉味鲜肉嫩，富有营养，是喜庆大典、佳节良辰或招待宾客的佳品。

2. **全羊席** 全羊席在蒙古语中为“不禾勒”，是蒙古族招待贵宾的传统佳肴，又称“整羊席”，是蒙古民族最古老、最隆重的一种宴席，一般只在盛大宴会、隆重集会、举行婚礼或接待高级贵宾时摆设。全羊席一般是将整羊加工后摆在长方形的大木盘里，肉味鲜美，浓郁扑鼻。宾客在进餐前，还要举行一定的仪式，如唱赞歌或祝酒歌、主宾先后祝词等。

3. **火锅** 火锅是蒙古族传统食品之一，多在冬季食用。火锅一般有两种吃法，一种是将肥肉以刀切成薄片，放入格状锅内，每格内放进一味菜肴。另一种是将酸菜丝、粉条、各种佐料先放入锅内，羊肉切成薄片，置于盘中，汤滚开后，把羊肉片放进锅内，边吃边添肉。火锅以铜制火锅为佳，牛肉、猪肉、鸡肉、鱼肉等都可以作为火锅食用。

4. **黄油** 黄油在蒙古语中称“希日陶苏”。将鲜牛奶放入缸或盆内发酵后，奶脂上浮，成白油，蒙古语称“乌日莫”。“乌日莫”提取后，装入洁净的白布袋子里，悬挂在房屋一角，使水分渗出和蒸发。积攒数日后，盛在盆内搅拌，再倒锅内加温火炼，并用勺子频频搅动，待色泽微黄，油渣分离，即成黄油。黄油是牛奶中的精华、奶食品中的上品。

5. **奶皮子** 奶皮子在蒙古语中称“哈他森乌日莫”。在草木结实的农历八九月，将鲜牛奶放入小锅，用慢火烘，稍滚，用勺子扬，使奶沫浮在上面同时点上生奶，奶上即成皮一层。冷却后，挑起放在通风处阴干即成奶皮子。

6. **奶豆腐** 奶豆腐在蒙古语中称“胡日达”。将取出白油后的酸奶子经慢火熬煮，随煮随搅，除汁，加适量“乌日莫”，形成软面团状时，倒入雕有图案的奶豆腐模具里，成型后，在阳光下晾晒干。奶豆腐模具有桃型、糕点型、鱼形和长方形。

做奶豆腐余下的奶水，蒙古语称“西日斯”，经发酵后，便成“爱如格”。盛夏季节，在野外劳动时饮用“爱如格”，能解热止渴，消除疲劳，且富有营养。

7. **奶酪** 奶酪在蒙古语中称“比西乐格”，俗称“酪蛋子”，是蒙古族居民十分喜爱的一种奶食品。奶酪分生奶酪和熟奶酪两种。生奶酪是把鲜奶倒入桶中，经过翻搅提取奶油。纯奶放置在热处，使其发酵。当鲜奶有酸味后，再倒入锅中煮熬。待酸奶呈现出豆腐形状时，将其舀进纱布里，挤压除去水分，把奶渣放进模具或木盘中，或挤压成形，或用刀划成方块即可。熟奶酪的做法是先把熬制奶皮剩下的鲜奶或经过提取奶油后的鲜奶放置发酵，当酸奶凝结成软块后，再用纱布把多余的水分过滤掉，放入锅内慢煮，并边煮边搅，待呈糊状时，将其舀进纱布里，挤压除去水分。把奶渣放进模具或木盘中，或挤压成型放置在太阳下或通风处，使其变硬成干而成。食奶酪的方法很多，或泡在奶茶中食用，或如吃干粮一样细嚼慢咽，越嚼越能品尝出其中的滋味。

8. **炒米**　炒米在蒙古语中称“胡列巴达”，俗称蒙古米。炒米是由糜子米炒熟后碾去外壳而得的米粒，加工方法是将纯净的麻糜子用水浸泡后，上锅闷蒸，然后在炒锅上炒熟，冷却，去掉外壳而成。加工好的炒米，色黄而不焦，米坚而不硬，晶莹明亮，泡在奶茶中色味香美，酥香可口。由于经过水浸，糜子皮表层中的水溶性维生素渗透到米粒中，增加了炒米中维生素的含量，又由于蒸炒后迅速冷却干燥，使糊化后的淀粉固定在原有状态，食用时只需以奶茶浸泡即可。炒米食水量低，耐贮存，便携带，不易霉坏变质。

炒米味美耐饥，吃法简便，蒙古族同胞有“暖穿皮子，饱吃糜子”之说。在日常生活中，炒米是家中必备的食品，牧民们不可一日无茶，也不可一日无米。因为炒米是牧民的传统食品，在蒙古族家庭中，无论男女老少，都喜欢吃炒米。吃时将米置于碗中，用奶茶泡至柔软时，拌着奶食品吃或者用白奶油加糖拌着吃，也可用鲜奶煮炒米奶粥或炒米肉粥，还可以干嚼着吃。

9. **猫耳朵汤**　猫耳朵汤是传统民族食品之一，在蒙古族家庭的餐桌上，我们经常能够看到它。猫耳朵汤属于快餐型食品，因这种汤的外形酷似猫的耳朵而得名。这种汤一般都是用荞面做的，具体的制作方法是：将和好的荞面揉成条状，揪杏核大小的块放在掌心上，用另一只手大拇指搓成猫耳朵状，先用沸水煮片刻，再捞入鲜牛奶中，煮熟后便可食用，也可放入肉汤内煮熟食用。如今“猫耳朵汤”已从蒙古族的平常百姓家跻身于大城市的餐桌上。

二、饮茶习惯

蒙古族还有喝茶饮酒的习惯，尤其是奶茶，是蒙古族最喜好的饮料，一年四季不断。奶茶的做法一般是先将砖茶掰碎，装入小纱布袋，放入白水锅中熬煮，然后加上新鲜牛奶，烧沸后用勺子频频撩扬，待茶奶交融，即为奶茶。饮用时，通常加少许食盐、炒米、黄油，也有煮茶时就放入炒米和食盐的。

有的家庭以饮红茶为主，进入 21 世纪后，饮用绿茶、花茶以及各种保健茶的人数逐年增多。

三、饮酒习惯

吐列毛杜农场男性多喜饮酒，且酒风豪爽。逢年过节、宾客来临、好友相聚、喜庆之事，必设酒宴。

四、服饰习惯

蒙古族仍延续着传统服饰习俗，男女都喜欢穿蒙古袍、长衫和靴子。进入21世纪以后，蒙古族的衣着服饰更趋现代化、城市化，与其他地区的穿着没有多大区别，但在重大节日或是喜庆之日，还会穿蒙古族服装，特别是老人和儿童。

五、礼节习俗

献哈达是蒙古族人民的一种传统礼节。哈达是一种礼仪用品，重大庆祝活动、拜年以及对长辈和贵宾表示尊敬等都需要使用哈达。哈达以丝绸为料，一般为白色、浅蓝色和黄色，长度通常为五尺左右，宽度不等，有的绣有“云林”“八宝”等民间花纹图案。对长辈，双手平举送给对方；对小辈，一般将哈达搭在脖子上。此种礼节一般在有尊重客人或重大节日活动场合才有。

六、传统节日——那达慕

“那达慕”是蒙古族历史悠久的传统节日，在蒙古族人民群众生活中占有重要地位，每年都会在牲畜膘肥体壮的季节举行“那达慕”大会。“那达慕”，蒙古语的意思是娱乐或游戏。“那达慕”大会上的比赛和娱乐项目有赛马、博克、布鲁、蒙古象棋、射箭等，还有安代舞和其他蒙古族歌舞等。大会召开前，男女老少乘车骑马，穿着节日盛装，不顾路途遥远，前来参加比赛和观赏。那达慕中的第一项比赛一般是博克，博克手脚登高筒马靴，下身穿宽大的绸缎裤，上身穿“昭得格”（一种皮革制的坎肩），在脖颈上围有五彩缤纷的饰物“江戈”，仿古代骑士跨着大步，绕场一周后，进行比赛。

赛马也是大会上重要的活动之一，赛马内容有赛走马、马术等。比赛开始，骑手们个个腰扎彩色腰带，头缠彩巾，身跨骏马，活力四射。比赛过程中，骏马疾驰，惊险激烈，扣人心弦。

射箭比赛也吸引着众多牧民，技艺高超者可百发百中，赢得观众的阵阵喝彩。

那达慕大会既是草原运动盛会又是进行农牧物资的交易会。除了农副产品外，还有具有民族特色的饮食，如牛羊肉及其熏干制品、奶酪、奶干奶油、奶豆腐、酸奶等。

第二章　体　育

第一节　体育设施

2006 年，吐列毛杜农场修建水泥篮球场地 2 个、砂石门球场 2 个、网球场 2 个。

2011 年 5 月，吐列毛杜农场修建 2 个门球场、1 个网球场，总面积 1418 平方米，共投资 9.3588 万元。

2013 年，吐列毛杜农场投资 10 万元在场部地区新建门球场 2 处，网球场 1 处。

2016 年，吐列毛杜农场重新修建了 2 个草坪门球场、2 个塑胶篮球场、2 个网球场，建设面积为 14743 平方米大理石铺设的休闲广场，装有 LED 大屏彩色显示器。

2017 年，吐列毛杜农场投入 14.5 万元，新建塑胶草坪门球场 2 处。

2019 年，吐列毛杜农场第三生产队修建文化广场，总面积 2000 平方米，安装健身器材 10 套。

第二节　体育活动开展

2007 年 8 月 15 日，吐列毛杜农场承办了兴安盟农牧场管理局乒乓球比赛，吐列毛杜农场代表队获得个人冠军和团体第二名。

2008 年 7 月，吐列毛杜农场举办了全场职工篮球赛。

2011 年 6 月 9—11 日，吐列毛杜农场举办了 2011 年度职工篮球赛。

2011 年 7 月 24 日，吐列毛杜农场工会组织职工参加兴安盟农牧场管理局举办的第二届职工篮球赛，场女子代表队获得第一名，男子代表队获得第二名。

2012 年 7 月 5—6 日，吐列毛杜农场组织 36 名运动员参加了兴安盟全民健身展示暨“自治区 2012 年科学健身草原行”大会，取得了女子组“五人同步走”第一名的成绩。

2015 年 7 月 31 日—8 月 2 日，吐列毛杜农场举办了 2015 年度职工篮球赛，来自场内各生产队、机关及各直属单位的 18 支代表队参加了比赛。

2015 年 9 月 18 日，吐列毛杜农场妇联组织 32 名妇女参加了兴安农垦全民健身操比赛，并取得了第一名的好成绩。

2016 年 6 月 5 日，吐列毛杜农场工会、妇联举办了“纪念红军长征胜利 80 周年暨第七届田径运动会”，组织了长短跑、拔河等传统体育竞技项目，又增设了“二人三足”“持球跑”等文体趣味活动。

2016 年 8 月 1 日，吐列毛杜农场举办了首届规模化经营管理区篮球邀请赛，由场 3 个规模化经营管理区、畜牧服务中心、环卫队等单位一线工人组成的 7 支球队参加比赛，同时邀请了索伦牧场、呼和马场、公主陵牧场参加此次球赛。

2017 年 8 月 9 日，吐列毛杜农场在休闲广场举办了以“巾帼心向党·喜迎十九大”为主题的全场全民健身操比赛。

2018 年 8 月 13 日，吐列毛杜农场举办了以“开展全民健身·共建和谐农场”为主题的广场舞比赛。

2018 年 8 月 15—16 日上午，吐列毛杜农场举办了第二届管理区篮球邀请赛，来自场机关、管理区、生产队、各直属单位工作人员共 8 支代表队参加了比赛。直属单位联队（物资科、水利设施管理站、农机监理站）荣获比赛第一名，第一管理区代表队荣获比赛第二名，生产队联队荣获第三名。

2018 年 8 月 16 日下午，吐列毛杜农场举办职工拔河比赛、来自机关、管理区、生产队管理人员、直属单位工作人员共 8 支队伍参加比赛。环保筑路队荣获第一名，机关代表队荣获第二名。

2018 年 12 月 26 日，吐列毛杜农场为迎接 2019 年元旦佳节，开展了乒乓球比赛、扑克比赛、象棋比赛。

2019 年 7 月 28 日，吐列毛杜农场 8 名男篮球队员参加了索伦牧场举办的篮球友谊赛。

2019 年 8 月 8 日，吐列毛杜农场 8 名篮球队员参加了呼和马场举办的职工篮球友谊赛。

2020 年 8 月 6 日，为庆祝建场 60 周年，进一步丰富职工群众业余文化生活，培养干部团结协作、勇于拼搏的精神风貌，吐列毛杜农场组织了 12 支篮球队伍，共有 96 名运动员参加了建场 60 周年职工篮球赛。经过两天半的激烈角逐，规模化经营第二管理区代表队获得篮球赛第一名，第二生产队代表队获得第二名，环境卫生整治管理大队代表队获得第三名，规模化经营第三管理区代表队获得体育道德风尚奖。篮球比赛结束后，举办了共有 12 支队伍参加的职工拔河比赛，第二生产队代表队获得第一名，第一管理区代表队获得第二名，第三管理区代表队获得第三名。

第三节　老年体育活动

2006 年 9 月，吐列毛杜农场派出了由 12 人组成的门球队参加兴安盟农牧场管理局在呼和马场举办的第一届全局老年门球赛。

2007 年 8 月，吐列毛杜农场举办了门球比赛，丰富了老年人的生活。

2009 年，吐列毛杜农场承办了兴安盟农牧场管理局第四届老年门球赛。

2010 年，吐列毛杜农场老年队参加了中旗老干部局举办“庆丰杯”老年门球邀请赛。

2014 年，吐列毛杜农场成立“退休职工活动中心”，室内设有棋牌室、麻将室、台球厅、健身器材，有图书 1281 本、书柜 6 个，有一名专职人员进行日常管理。

2014 年 8 月，吐列毛杜农场老年门球队参加了由公主陵牧场承办、兴安盟农牧场管理局主办的第九届全局老年门球赛，获得第二名。

2016 年 9 月，吐列毛杜农场老年门球队参加由兴安盟农牧场管理局主办、杜尔基农场承办的第十届老年门球赛，获得第三名。

2018 年 8 月 28 日，吐列毛杜农场组织开展了老年门球邀请赛。本次比赛邀请了中旗门球协会、布敦化牧场、索伦牧场、阿力得尔牧场、吐列毛杜镇、西哲里木镇、桃和木苏木 7 支代表队与场 2 支代表队进行比赛。

第三章 档案管理

第一节 机构与人员

2004年，吐列毛杜农场档案室归场劳资科管理，姜文涛兼任档案员。

2007年，吐列毛杜农场档案室归场行政办公室管理。

2013年5月2日，吐列毛杜农场调整档案工作领导小组。

2014年，吐列毛杜农场投资7万元，为档案室购置安装了密集架档案柜，规范档案管理。

2015年，吐列毛杜农场档案室库房的金属铁柜更新为576节档案密集架，安装奖杯、奖牌展示架8个，灭火器2台，温度计1个，湿度计1个，扫描仪1台，电脑2台。在机关办公楼设档案办公室，面积为17.8平方米，档案库房面积38.8平方米，安装了防盗窗和防盗门。各直属单位的档案全部归档案室保存，完善了农场的档案管理制度。

2000—2020年吐列毛杜农场档案室历任负责人如表18-1所示。

表18-1 2000—2020年吐列毛杜农场档案室历任负责人名录

职 务	姓 名	任职时间
档案员	张丽君	2000年—2003年
档案员	姜文涛	2004年—2005年6月
档案员	张淑芳	2005年7月—2013年12月
档案员	程春华	2014年8月—2016年5月
档案室副主任	程春华	2016年5月11日—2017年12月
档案员	高艳玲	2016年11月—2020年12月

第二节 档案管理

一、立卷归档制度

机关文书部门和业务部门将处理完毕的文件整理立卷，定期移交给机关档案室集中保存，就地归档。

（1）归档范围。凡是本机关办理完毕的具有保存价值的各种文件材料，包括党、政、工、团以及人事、保卫、财会等工作中形成的各种形式和载体的文件材料均应归档。

（2）归档时间。办理完毕的文件，一般应在第二年内经过整理立卷向档案室移交，文书档案在次年六月底前归档完毕，其他门类和载体的档案应按有关规定执行。

（3）归档要求。应遵循文件材料的形成规律和特点，保持文件之间的有机联系，区别不同价值，便于保管和利用。

二、档案资料保管制度

（1）凡是接受入室的档案资料，都要认真检查，根据室藏资料的数量与种类进行分类，排列上架。

（2）定期对档案资料保管状况进行全面检查，并做记录，发现问题及时向分管领导汇报，采取有效措施，保护档案资料的安全。

（3）档案库房要有防盗、防火、防高温、防强光、防潮、防尘、防鼠、防虫等设施。

（4）定期检查、记录档案资料库的温湿度，做好记录分析，保持库房的清洁卫生。

（5）库房设备要有专人管理，非经领导批准不得借出，借出要履行手续。库房设备要登记造册，人员调动时要做好移交。

三、档案室工作人员岗位责任制

（1）积极宣传和执行《档案法》，坚持依法治档。

（2）热爱档案工作，努力学习专业知识，提高管理水平，做到业务熟练，调卷准确、迅速。

（3）接受档案管理机关业务监督、检查、指导，及时学习、传达、贯彻、执行党和国家有关档案工作的方针与政策。

（4）制订本机关、本系统和所属单位档案室的各项工作计划管理办法，做好监督、检查、干部培训工作。

（5）遵守各项规章制度，努力完成档案室的各项任务。

（6）按照《机关档案工作业务建设规范》要求，加强档案室的各项业务建设，做好档案的收集、整理、鉴定、保管、统计、利用工作。

（7）主动及时向领导汇报工作，反映问题，提出建议。

四、档案资料统计制度

（1）在做好档案业务基层工作前提下，建立各种门类档案登记簿，统计台账，做到账物相符。

（2）做好档案室藏量、档案收入量、移出量、鉴定剔除量和档案数量状况的登记与统计。

（3）做好档案借出阅览量、利用人次、利用数量、采用率的登记与统计。

（4）做好人员素质、库房面积和设备的登记与统计。

（5）及时准确填报各种报表。报表用钢笔填写，字迹工整，不得随意涂改。

五、档案保密制度

（1）档案人员政治可靠，经常学习保密规定，不向无关人员透露档案内容，严防泄密事件发生。

（2）档案工作人员要严格遵守档案保密工作有关规定，不准借工作之便，代替他人查找档案。

（3）档案库房的门窗要加固，调卷和归档后，要及时锁好档案箱。

（4）档案库房只许本室人员出入，其他人员未经许可严禁入内。

（5）档案库房内严禁会客、吸烟，严禁存放危险品和私人物品。

（6）档案人员要时刻提高警惕，发现情况，及时报告。

六、档案利用制度

（1）本档案室所保存的档案，除场党委会议记录不提供利用，其余档案均属提供利用范围。

（2）利用场党委行政会议记录，由场分管领导或档案室主任批准。利用其他档案，可由工作人员批准。

（3）外单位利用者来本室查阅档案，须持介绍信或工作证，经档案室主任批准，工作人员方可提供。

（4）档案室所保存的档案，只限于在本室内查阅。如特殊情况外借时，需经场分管领导批准，方可办理借阅手续，但外借时间不得超过两天。

（5）利用者要保护档案，不得在档案上做任何标记或涂改档案等，一经发现，工作人员有权拒借。

（6）档案在归还时，工作人员要认真检查核对，发现有损毁情况，应由利用者赔偿损失。

七、档案销毁制度

（1）档案销毁必须经场领导和上级主管部门负责人审核同意。

（2）凡需销毁的档案必须编造清册，并撰写本单位和卷宗的简短历史情况、销毁档案所属年代、保管期限及其数量和详细内容、鉴定的情况、销毁的理由等内容的书面报告。

（3）销毁档案时必须有两人以上进行监销，在销毁清册上注明“已销毁”字样和日期，并签名盖章，以示负责。

（4）被销毁档案如送造纸厂打浆，必须在监督下进行，打成纸浆后，监销人员方可离开。

第三节　档案室内存档案

吐列毛杜农场档案室库存情况为：文书档案案卷1071卷，其中永久328卷、长期424卷、短期225卷；科技档案82卷；会计档案中，报表89册、账簿1891册、凭证2849本、其他88册；干部档案中，在职96份，离、退休35份；职工档案中，在职718份、不在岗310份；另外，还有农场历年来获得的奖状、奖杯。

档案室每年存档文书档案（其中包括永久、长期30年、短期10年、人事档案），会计档案（账簿、凭证）和直属单位的一些其他档案。此外，档案室还承担编写农场大事记和年鉴的工作。日常管理严格按照档案管理制度进行。

借阅情况为：2005年，档案借阅人次7人，卷件次98次；2006年，档案借阅人次156人，卷件次215次；2007年，档案借阅人次110人，卷件次230次；2008年，档案借阅人次115人，卷件次235次；2009年，档案借阅人次110人，卷件次185次；2010年，档案借阅人次98人，卷件次120次；2011年，档案借阅人次100人，卷件次120次；2012年，档案借阅人次108人，卷件次115次；2013年，档案借阅人次108人，卷件次

115 次；2014 年，档案借阅人次 108 人，卷件次 115 次；2015 年，档案借阅人次 109 人，卷件次 100 次；2016 年，档案借阅人次 100 人，卷件次 120 次；2017 年，档案借阅人次 106 人，卷件次 389 次；2018 年，档案借阅人次 124 人，卷件次 498 次；2019 年，档案借阅人次 325 人，卷件次 486 次；2020 年，档案借阅人次 236 人，卷件次 391 次。

2020 年，认真做好档案管理、存档、借阅每一项工作。共完成 2019 年文书档案永久性 2 卷、30 年 2 卷、10 年 2 卷；归档财务账簿 177 本，凭证 469 本，财务报表、合同及其他 16 本；完成扫描 2019 年文书存放微机管理及年鉴编写工作。

第四节　档案管理人员培训

2010 年 5 月 23—29 日，档案员张淑芳参加杭州档案数字化管理培训。

2019 年 4 月 7—13 日，档案员高艳玲参加内蒙古自治区举办的档案管理学、公文写作与处理、科技档案管理、档案工作概述及档案法制建设、归档文件整理规划及数字化档案室建设、档案篇研与利用、档案保护与修复培训班，获得结业证书。

中国农垦农场志丛

第十九编

艺　文

中国农垦农场志丛

第一章　回 忆 录

山里小草

金凤岐

根　　雕

春天的山里，到处都是盛开的杏花。满山遍野都是花的海洋，整个世界都漂浮着杏花的芬芳。

夏天的绿杏，绿中微黄，籽粒饱满，把树枝压得弯弯。

秋天硕果累累，杏仁养得白胖，败火性凉，拌点小菜下酒更是没得商量。

寒冬季节杏树的老根，裸露在山坡上，我们拿着大锤，很容易就会砸下很多奇形怪状的老树根。

我和梁海峰、韩宝生，在闲暇之余，喜欢上了杏树的老根子。根据树根的形状，稍做修饰，便成了很像回事儿的作品。杏木原料充足，材质容易修刻。我们这几个门外汉，硬是玩儿起了雕塑。

我们边修边琢磨，终于开始做出了一些作品。

其中，梁海峰的作品《高山流水云中客》实属佳作。他把那云中群山、涓涓流水、孔桥乌篷、荒野草屋，雕刻得活灵活现，叫人爱不释手。

韩宝生的杰作《林中貂蝉》更让人拍案叫绝。美女婀娜多姿，回眸一笑，叫人看得如醉如痴。

我的《青蛇戏珠》，配上绿色灯光，阴森无比，真假难辨。每当有客人来临，必有惊叹。

这是我一件比较满意的作品，我离开农场时，把这件根雕赠予了我的好朋友。

杏树老根，材质细腻，红润沧桑，再涂抹上清漆，深沉古朴，亮如膏脂，光滑如玉，煞是好看。

只不过现在看来，那时候的环保意识太差，农场美丽的自然景色，叫人们一锤一镐、一刀一锹地破坏了。

那时候每到冬季，家家都去沟里砍树。每家最低拉回一大马车供家里冬天取暖，户户都砸杏树根烧炉子。

春季更是家家搂柴火儿，每家都有高高的柴草垛。

在农场，拉柴草和树干的车都是四套马的车，马车的周围再搭上挎杆。

计算一下，整个农场得多少车柴草？得砍掉多少棵树？可能没办法算了。

我们为当年的无知而懊悔，为砍去了的树木和树根而负罪。真切地希望农场的人们以史为鉴，保护好北疆的一草一木，把农场建设成山绿、草密、树更高的美丽天堂。

第一次见到野火

塞北山区默默地度过了漫长的寒冬，终于迎来了久违的春天，向阳坡的小草开始有些见绿了。含苞待放的花蕾绽满了枝头，密密麻麻的漫山遍野，有些争春的杏花，星星点点地开在还略有寒意的春天里，显得格外醒目。

农场的人们为即将到来的春播开始忙碌了起来，这时，每年都会光顾的野火也来凑热闹了。

这天下午，西北方向出现了一股冲天的黑烟，慢慢向农场方向移动过来。黄昏时分，已离农场不远了。队里接到防火灭火的通知，所有干部职工都在抓紧时间准备着灭火的工具和车辆，准备全力以赴参加防火灭火任务。

天已经黑了下来，看那边半边天已被火光映红。我们这帮知青都很兴奋，因为从未经见过如此阵势的野火，更没看到如此绚丽的夜空。那边火光冲天，这边星光璀璨，火场的夜空让我们觉得新奇、神秘。

我们搭乘上去火场的拖拉机，带上最原始的工具——铁锹、扫帚就出发了，最主要的是，每人都带了一盒火柴，这是去火场必须准备的。队领导早就向我们讲述过打火的基本知识，告诉我们在十分紧急情况下，要马上点燃自己周围的野草。烧过之后要面朝下迅速趴在里面，还要用手抠一个小坑把面部塞进去，这样才能减轻和躲避大火对人造成的伤害。

关于打火的基本知识还有不少呢！如，顺风打火逆风跑等。

说实在的，说是打火，大家其实是跟着火跑，野火是十分不好扑灭的，你刚打灭了一段，一阵风过来，它又复燃起来，真是“野火烧不尽啊”！

就这样，周而复始地燃烧，反复无常的风向，我们拼力扑打，火还是那样大！只是，火龙烧向了远方，渐渐离开了农场地界。

夜间的火场十分壮观，燃烧着的山火犹如一条盘踞在起伏跌宕群山里的长龙，气势磅礴，壮观而绚丽。

天色已经大亮，火场这边残烟缭绕，刚才满是春色的高原，眨眼间变了模样，变成了黑黑的世界，黑得一直连到了天边……也包括我们身上和我们的脸。

山东好汉

农场的秋天，秋高气爽，一望无际的蓝天镶嵌着朵朵白云，郁郁葱葱的山坡上，默默地开放着各色的小花，北疆的高原显得更美了。

即将成熟的小麦，饱满的麦穗摇头晃脑地笑，在风和日丽的时光下轻轻地摇。

天有不测风云，西北方向飘来一块儿黑黑的云团，担任观察任务的人员向队领导报告，队领导立即召集防雹小组，快速进入了北山头阵地。

当黑云慢慢地来到我们头顶，一声令下，几发雹子弹射向了黑黑的云团，连续的在云层里爆炸了，发出了震耳欲聋的爆炸声。

突然，一只雹子弹偏离了方向，拉着长烟，旋转着飞进了人群，猛地扎进了陈效国队长的大腿上，这时它的尾巴还在滋滋地喷着烟火。我们被这突如其来的险情惊呆了，慌乱之中不知如何是好，如果爆炸，后果不堪设想……

雹子弹的形状是缩小版的小火箭，尖尖的头部，三角翼的尾，长短在三十厘米左右，直径是八九厘米，用发射架发射。

就在这千钧一发之际，只见他用手抓住冒着烟的炮弹，猛地拔了出来，大喝一声：“都闪开！”同时将炮弹狠狠地甩了出去，刚甩出去，炮弹就在空中爆炸了，大家吓呆了，吓出了一身冷汗。好悬啊！

陈队长腿上的伤口往外涌着血，浸透了裤腿。大家立即七手八脚地把衣服扯成绷带，紧紧地把伤口扎了起来，送去场部医院治疗。

雹子炮的轰炸起了作用，黑云散去了，冰雹没有下成，避免了一场自然灾害。

更庆幸的是，陈队长的勇敢果断为自己赢得生机，我们为这位英勇的山东大汉祈福、祝他早日痊愈、祝愿英勇的老陈一生平安！

请保佑勤劳勇敢的农场人吧，他们一定会把农场建设成美满幸福的家园！

山 蘑 菇

在农场的山里，有一种珍贵的蘑菇：紫花脸。它香味浓厚、醇香持久、回味悠长，是不可多得的珍品。它生长在昼夜温差大、土地肥沃青草密集的环境中，喜欢潮湿的环境和较高的温度，如果有丰润雨水的滋润，它就会神奇的出现，形成一条条、一圈圈层层叠叠的蘑菇圈。

每到采蘑菇季节，就会看到三三两两的人们兴致勃勃地挎着篮子去山上采蘑菇，雨露打湿了他们的裤角，空气中弥漫着草香，白胖的蘑菇装满了小筐。蘑菇的生长期十分短，也就几天吧！山里有好多种野蘑菇，但人们还是钟情于紫花脸！它的浓郁菌香，深深地吸引着人们。

如果运气好找到大蘑菇圈，肥大的蘑菇多得会让你采也采不完。我就曾经看见过一对老夫妇，用勒勒车拉了一车蘑菇，还用草帘子围了几圈。

人们每到采蘑菇的季节，都会盼望连着下雨，下雨后，山上的草里会长出很多蘑菇。采回来的蘑菇清理后，就晒干贮藏起来，等到冬天做个小鸡炖蘑菇，再来二两老酒，那个美啊，真能赛过神仙！每每想起那香气扑鼻的味道和那雨后青草中的花脸蘑，觉得还是那么芳香。

农场啊！我怀念着你！怀念着美好的过去！怀念如诗如画的山里那生长着花脸蘑菇的绿草地……

夸夸二队的女知青

延绵千里，巍峨的兴安岭脚下，屹立着一个美丽富饶的吐列毛杜农场。

这里山峦起伏，景色秀美，沟里泉水涓涓，山脚下横卧着无尽的沃土，人们只要在这神奇的土地里撒上种子，便会收获到绿色的希望。

这里是机械化耕种，土地充裕，实行轮种，但是年轻人比较少，缺少劳力和蓬勃的朝气。知青们的到来，给农场注入了新鲜血液，使农场的面貌焕然一新。你看那一个个俊俏的小伙，个个朝气蓬勃；一位位亭亭玉立的少女，更是青春靓丽。

这些知青来到这里后，都被分配到了重要的工作岗位上，受到了农场领导的器重。

尤其是那英姿飒爽的女司机们！她们的风采，更是祖国北疆上一道独特的风景线！

她们勤奋好学，工作严谨，干净利落，博得了农场人的一致好评。她们敏捷干练的身姿，宛如桃花的容貌，给北疆美丽的农场增添了光彩。

淑云美姿六院挑，妩媚动人发及腰，聪慧机敏无人比，回眸一点尽娇娆。

桂荣面娇冷面花，三宫粉黛无颜夸。清露珠滴洗凝脂，才华横溢人人夸。

娇小玲珑数郑红，天真烂漫怜太公，朗声笑得云霄散，聪明伶俐娴珠声。

大家闺秀王秀芳，含蓄羞涩吐幽香。收割机上留倩影，铁牛奔驰笛声长。

谁说女子不如男，女子敢当半边天。山里能有笑声在，只因天降美貂蝉。

革新能手

夜深了，知青男宿舍内灯光还在亮着，灯光折射出两个久久没动的身影，如幻灯般投射在夜窗的玻璃上。

在香烟缕缕的环绕中，王景禄和谢宝春还在聚精会神地查阅着资料，传出翻动书页的声响……

我们来到农场二队已经两个多月了，这里的机械化程度很高，农机具种类也较齐全，田间作业基本不用人工。但是，细心的王景禄却发现了一个问题：机械化程度如此高的农场，却还在沿用着落后的五铧犁人工升降，即人坐在后边犁上操作，十分辛苦。胜利农场早已淘汰了这种笨重的升降系统，普遍改用了先进的液压操作。

他们向机务队长提出了革新这一套系统的想法，并且提出了方案供领导研究。在得到领导的同意和支持后，两个人便开始行动了。

因为没有图纸，他们就认真绘图、计算、备料、查阅资料。全身心投入设计中，几乎着了迷，达到了废寝忘食的地步。

功夫不负有心人，经过多次实验，终于改装成功了，改装后的五铧犁简单、灵活、牢固，主要是，一个人可在驾驶室里操作。

新式液压犁在田间来回穿梭、升降自如，深浅随意调整，使用十分方便，使大家耳目一新。

一个多月的辛勤付出没有白费，终于获得成功！新式液压犁提高了生产效率，又改善了机务人员的劳动环境，赢得了人们的普遍赞誉，为农场的田间作业机械化做出了贡献，也受到了农场的表彰。

飞机灭草

生命力极强的北疆小麦，在干旱的春季土壤里，只要给它点滴滋润，它就会倔强地钻出土壤，展现出春天希望。

几天没去地里了，出土的小苗已经偷偷地变了模样，由星星点点变得郁郁葱葱，春意盎然。

在几场小雨的眷顾下，小麦转眼间长到了齐腰深了，杂草与小麦并肩生长着，各不相让。这个时候就应该消灭杂草了。农场与长春民航局预订好的农用飞机就要来了，我们也在忙着各项准备工作。

飞机飞临农场上空，盘旋一周后，平稳地降落在简易的停机坪上，机坪上竖立着醒目的标旗和指示风向的风斗。

场部食堂为他们准备了小灶和定制的食材，飞行员的饮食很讲究，我只知道飞行员吃的肉是脂肪低的驴肉和鹅肉。

飞机做好了起飞的准备。在地面指挥的指示下，飞机如轻盈的飞燕腾空而起，往返飞翔在四个生产队的麦田之中。

在需要喷灭草剂的地块的两头，有两个人举着红旗做目标旗，飞机按标志作业，当飞机飞过头顶时，因为飞得很低，吓得人往往蹲下躲避，飞机呼啸着从头顶掠过，真是够刺激的了。

全农场的几万亩小麦地，两三天就解决了，真是省时省力。

喷药任务完成后，场部专门安排了点时间，让有关人员在空中体验了一下乘飞机的感觉。

通过观察，我觉得作为飞行员是很风光，待遇也丰厚，但也很辛苦，每次飞行回来，十几分钟的时间，汗水浸湿的衣服都能拧出水来。

哈哈！那是几十年前的老式农用飞机了，在那个年代已经相当不错了，农田灭草用飞机，在当年是多么先进和稀奇啊！

大口井

随着收割机的搅笼吐尽最后一把小麦，汽车运完最后一车秋粮，农业组一年的任务基本就完成了。

闲散一阵之后，队里决定开挖一个大口井。

在坚硬的岩石上开井谈何容易，且寒冬腊月，气温常在零下30℃，滴水成冰，脸上不注意都会被冻起水泡。

我很纳闷：在石头层上怎么能打出水来？怎么能知道有水源？

在我百思不解中，工程开工了。只见人们把表面把土壤运走，把风化石层刨开，开挖的直径可能有30米。夜以继日地努力，慢慢就到了坚硬的整体巨石层了。

这时，领班组长杨日新领着大家搬来枯枝干树，堆在坚石上点燃，大约有四五米的范围，熊熊燃烧的篝火，带着噼啪声音，溅出绚丽火星。

篝火烘烤着疲劳的人们，温暖着人们，赶走了刺骨的严寒。

篝火熄灭后，再让炭火继续烤着岩石，到了一定程度的时候，猛地泼上一桶冷水，石头霎时发生噼噼啪啪地爆裂，奇迹般地啃下了几筐碎石。真是不容易啊！最原始的方法也用上了。

有时也用炸药协助施工，炸药是自己制作的，用锯末、化肥炒制，需要的雷管则去专营单位购买。

这位杨组长真是无所不会，无所不能啊！真叫人佩服！

就这样，日复一日，干了一冬，只是掘进了大约3米深，我估算了一下，按这个进度，竣工最少也得三四个冬天啊！

可以看到在山里打个井的难度了吧！

我们后来得知，这口井掘到很深了，也没见到水，几年的辛苦、流下的汗水，都随着苦涩的眼泪付之东流……

那个年代，科技不发达，只靠老经验，看风水，是行不通的。

看今天的农场：自来水进户，喷灌水井深百米，处处都能水浇地。真正变成了幸福的天地！

秋　收

风吹北塞金秋黄，莺歌燕舞百花香，兴安脚下跑玉鹿，岭上山鸡靓花妆。

这是农场秋天的景色，这便是如画的北疆！

秋风吹拂着成熟了的麦田，滚动着金色的波浪，洋溢着人们丰收的喜悦，带来了大地对人们的褒奖。

沉甸甸的麦穗再不割就要倒伏了，收割机已经过细心检修，整装待发，就要大显身手了，东风牌联合收割机，高大威猛，割晒机灵活耐用，拾禾机滚动匆匆。

秋收开始了，你看那机器隆隆，遍地金黄，车来车往，一片繁忙！

由于是机械化作业，大约半个月的工夫，收割基本完成，今年又是个丰收年！

在秋收会战期间，后勤保障功不可没，食堂杀猪宰羊，热气腾腾的饭菜送到地头、送到车上，渴了，你还能喝上甜甜的绿豆汤。

各种油料都送到地头，谁家有困难，队里会帮忙解决，全力以赴，决战麦场，争分夺秒，颗粒归仓，机器轰鸣，喇叭声响。好一个“人欢马叫闹秋收，龙腾虎跃抢丰粮”！

场院里，扬场机喷射出天女散花般的小麦，甩出去了杂物和尘埃，有助于小麦的晾晒。

整个场院的水泥地面上，晾晒着厚厚的麦子，人们用木锨翻动出条条沟垄，让潮湿的小麦快点晾晒干。

有些晒干的麦子已经过完筛子，堆在一起，准备装入麻袋运往粮库了。

秋天场院里的活比较多，农业组的人员很辛苦，那时候场院的机械化程度不高，装车、灌麻袋等主要还是靠人力完成。

张 医 助

在我们一队村西边，有一个军马场放牧排的驻地，院落里干净整洁，军人个个精神，他们主要任务是放牧军马。

有一位与众不同的兽医张玉柱，河南人士。你看他大腹便便，体重一百八九，大裤裆，裤子似乎永远提不上去，大肚子好像随时会把衣服撑破，所以他经常敞着怀。

但是我们一队的人，大都喜欢这位鲁智深般的军人，他人缘特别好，为人仗义，待人热情，让人佩服的是，不管在什么场合，他都会路见不平、挺身而出……

他真正和农场的人们融合在了一起，他人缘好，酒量也不小，谁家有大事小情都请他为座上宾，天天小酒不断，不过，很少有人见到他醉过酒。

别看他外表装束不整，但人品端正，几年之中没有听到一点他的负面传闻。

二十五年没有他的音讯了，他那痛快淋漓的笑声却留在了我的记忆中。不知他那让人忍俊不禁的大肚子是否小了些？衷心祝愿他一切安好！

搂柴火儿

在农场居家过日子的几年里，让我最头痛的一件事莫过于春季的搂柴火儿了，偌大的筢子，密密的铁筢条，3 米左右的耙秆儿，有一个架在肩上的卡子，搂柴时前拉后蹬，累得汗流满面。

搂柴是一个十分繁重的体力活，每年春季，各家的男人们都会带着干粮去沟里、山坡搂柴，得搂上好几天，搂好的柴火儿，一行行、一片片，倒显得十分工整、耐看。

搂够了以后，请几位朋友帮忙，用四挂马的马车，绑好挎杆（加大马车的面积），装好山似的柴草，晃晃悠悠地拉回来，每家每户都得好几大车。

拉完柴火儿后，东家的伙食当然是有酒有肉的，都会想办法感谢帮忙的人们。

堆柴垛就不愁了，一般都安排在晚饭后，东家只要给大家准备好浓浓的茶水和香烟，自己家人先动身，陆陆续续就会有人过来帮忙了。

人们在柴垛上拉开距离，逐一把柴火儿传递到高高的垛顶尖。最后封顶是个技术活，由丰富经验的人担当，封不好漏进雨水，干柴就沤坏发黑不好烧了，要不然就会被大风掀去了头盖。

人们忙碌了一个时辰左右就差不多垛完柴垛了，啊呀！柴垛高得简直是矗入云霄，伸手可摸到天啊！一年的烧柴问题终于解决了。

可我就尴尬了，不经常干体力活，力气和耐久性都不如别人，每年到搂柴火儿的季节，梁海峰、张景山等几位好朋友们都会主动帮我完成，让我十分感激。

几十年后的今天，每每看到他们脸上岁月留下的年轮，我隐约觉得其中也藏匿着为我挨累的丝丝踪迹。

今天的农场，房屋整齐、院落干净，再也不烧柴草，再也不会把山坡搂光了植被，更不能让过度的放牧啃光了草根、露出了地皮。

柴火儿垛成了历史，搂柴火儿更成了我恐怖的记忆！大筢子写进了故事，四挂马的大车也无踪无迹！

啊！六十岁的农场变化日新月异，现代化带动着农场正在起飞，富饶的农场屹立在那里，正在为共和国的强盛做着努力。

扫羊粪

山里的冬天北风凌厉，寒风吹着枯草略显得凄凉，但前几天的一场大雪，把这起伏的山峦装扮得银装素裹，展现出了北国冰雪世界的娇娆。

时常能看到牧民的羊群在白雪皑皑的山川中慢慢移动，远处看去，羊群与白雪融在了一起，真有点儿分不清哪是羊群、哪是白雪。

晶莹的白雪给山里带来了美丽景色，也给羊群带来了缺少牧草的饥荒，它们不停地寻找着还没有被大雪盖住的枯草，有时候还焦虑地用前蹄子使劲刨着草根。

每当太阳落山的时候，羊群就会驻扎在沟里背风的地方过夜。在一个地方驻扎了几天后，又迁移到别处，在踏硬了的雪地上留下一层厚厚的羊粪。

羊粪是很好的冬季取暖燃料。趁它冻着的时候，把羊粪装在炉子里点燃，如同泼了油，火焰燃烧得轰轰作响，能把炉筒子都烧得通红。烧羊粪无味，烟还少，落下来的灰也少，因此，羊粪是我们山里人家每家冬季取暖必不可少的燃料。

每年的冬天，各家都会请上几位亲朋好友，到羊群驻扎的地方去扫羊粪，一般很快就能扫出几十大麻袋，满满装好一大车，一冬的取暖问题就基本解决了。

大家劳累了一天，回到家后，接下来就要犒劳犒劳弟兄们了；大家忘记了劳累，享受着小麦酒的辛辣和羊粪球燃烧散发出来的炽热……

塞北的冬天就这样，在这一件件平凡的事情中度过，在觥筹交错响声中度过，在争论不休面红耳赤中度过，在煞有其事的三打一的扑克游戏中度过，也在我们知青回家过年的期盼和准备年货的忙碌中度过了……

我家的小菜园子

春天来了，满山坡的野杏花竞相开放了，连空气中也掺杂了淡淡的芬芳。

在邻居袁叔袁婶的指导示范下，我们这对儿新婚不久的夫妇，笨拙地整理着房前用篱笆围起来的小园子，一行行、一垅垅，黑黑的土壤被修整得工工整整、格条分明。

我们小心翼翼地点下了种子，浇足了水，盼望它们在温暖的春天里，能够孕育出绿色的生命。

不知不觉中，我们忽然发现一棵棵嫩芽开始钻出土了，心里甭提有多高兴了！兴奋之余，我们又赶紧补浇了一遍水。付出的辛勤没有白费，我们终于等来了春色的萌芽。

经过细心地侍弄，一个郁郁葱葱的小菜园子展现在我们面前，各种蔬菜都在相继开花结果了。

那点缀在茄子秧上的紫色小花，呈现出高贵和文雅；辣椒叶子下隐藏着害羞的小白花；拇指般大小的嫩黄瓜，衔着金黄色的花瓣，毫无掩饰地展现在架子上，享受着温暖的阳光，显露着她的张扬；垅子里的小葱生长茂盛；南瓜的瓜蔓随意爬上了篱笆……

小园子不大，但品种齐全，应有尽有，这些都是和袁叔袁婶的关照分不开的！

这个绿色的世界，衬托着我们那石头到顶的房子，让我们犹如生活在充满奇花异草的园林里一般！啊！多么温馨的家园，我们曾经绽放着青春的地方！尤其是那令我留恋的石头房，还时常进入我的梦乡……

可怕的瞎虻

八月的农场，风光秀丽，绿草如茵，起伏无垠的麦田翻动着金黄色的波浪，刚入秋的北疆，风景这边独好，草绿花红蓝天高。

这个季节是农场夏翻、耙地正忙的时候，昼夜两班作业，歇人不歇车，午饭、夜餐，都直接送到车上。

夜班还好，凉爽的夜空，忙碌的一夜很快就会过去了，寂静的夜晚里，只有拖拉机的灯光伴随的马达的轰响。

比较受罪是白班，炎热的天气让我们汗流浃背，北山里特有的大号瞎虻，也不失时机地围着机车向我们进攻。

它们是土黄色的，手盖儿般大小，长着一对翅膀，会成群向人和牲畜攻击，叮咬得你无处躲藏。

为了减轻瞎虻的叮咬，我们就往露出的皮肤上抹些风油精，不时挥动着树枝驱赶着它们，但也不敢总关着拖拉机的门窗，那样会热得让人窒息的！

吃午饭时候，我们会把拖拉机开到高点的山头上，再爬到驾驶室的上边，才能躲过瞎虻的叮咬，只见瞎虻群围着机车嗡嗡乱转，它们真的不会想到驾驶室上边还会藏着人。哈哈！还是瞎虻瞎呀！

如果被它叮咬到，那可不是开玩笑的，叫你疼痛难忍，接着就会肿起一个大包来。我现在回忆起来，还心有余悸呢！当年就有女生被瞎虻叮咬哭了的事情。

真有会想办法的人，二队的女司机何景芝，不知从哪里弄来了个养蜂人戴的帽子，去地里作业的时候就戴上，这个帽子真管用，有了它就不怕瞎虻了。我们也真想弄到一个，但是在那个年代，只要供销社没有，你就没办法买到。

嗨！农场的瞎虻，提起就头疼，叮得无处躲，咬得钻心疼。

虚惊一场

山里的夏天绿草如茵，鸟语花香，在绵延起伏的绿色山川里，连空气都掺杂着青草和野花的芬芳。

在这美丽景色环抱着的农场里，安顿下来的知青们，很快就融入了农场人们的工作生活之中，他们在闲暇之余，也时常会去各队相互看望和游玩。

有一天，一队梁玉洁搭车去了四队，第二天上午，田国华、白桂荣借来自行车送她回来，她们边走边聊地走过十几里路了，很费力地爬上了四队最陡的大坝。

她们正想休息一下，突然，她们看到有 3 条狼躺在路边的草丛中，正懒洋洋地晒着太阳。她们吓呆了，注视着狼，谁也不敢动。时间一分一秒地过去……

冷静下来之后，她们看到狼好像没太在意她们，便小声商量：“反正赶到这了，只能往前走了，装作没看见它，往回跑可能更危险！”

三位女知青只得壮着胆子，推着自行车，战战兢兢地顺路边挪了过去。

她们的心吓得咚咚直跳，腿也在微微颤抖，小心翼翼地走出了很远，才敢回头看，这时，她们都已经被吓出了一身冷汗。

三位女知青也顾不得多想了，骑上自行车就跑。一口气跑出了很远，累得气喘吁吁，娇嫩的脸蛋都变得红红的，红得那么好看，就像那路边的萨日朗花，洋溢着青春的美丽！当然，红红的脸蛋上还隐藏着刚才的恐惧。

其实，在农场这个地方，狼很多，但都不会主动伤人，因为这里有足够的猎物供它们捕捉。除非万不得已把它们逼急了，要不然它们总是刻意躲避人的。

虚惊一场的经历过去了，姑娘们又恢复了天真烂漫的模样……

也许是她们水灵灵的年华，博得了苍天的爱怜！愿她们都能避开邪恶与瑕秽、平安度过幸福快乐的一生！

石头房子

农场的房子都是用石头砌起来的，这里有取之不尽的石头，石头是上好的建房的材料。农业组把场院的秋粮处理完后，采石头便是他们主要的工作，他们每日往返于采石场之间，打发着漫长的冬天。

风化层的石头是比较好采集的，难的是特大块的岩，一般遇到这种石头，都是弃之不理的，偶然也会用钢钳子打眼，用炸药把它炸成小块。

做房子的地基很简单，只要挖一锹深的槽，铺上沙子，灌上水，等沙子硬了，就可以开始砌墙了。因为土质坚硬，不用考虑地基牢固问题。

能够担当砌墙的人当然都是公认的能工巧匠。用石头砌墙不同于红砖，得具备相当的水平，要不然很容易把墙砌倒。

把墙砌到要求的高度后，就开始上房梁了，房梁及椽子都是在山里伐的。山沟里、山背上，长着很多高大挺拔的桦树、榆树，随你挑选好了。

砌好房框后，搭完房盖儿，再用厚厚的黏土拍压好，安装好门窗框，房子的主体就完成了。

再拉来几车黏土，剁些干草，和起大泥。焖上一两天后，搅拌得黏黏的，开始抹墙的内外面，等干得差不多了，再抹上一遍，防止透风。掌抹板子的人，都是手艺好的，里边有很多学问，不用点心是干不好的。

抹房盖儿也是这样，只不过在抹之前，要撒上一层盐粒，防止漏雨。虽然辛苦，但看到平整光滑，崭新的新房落成时，特有成就感。

盖房子需要很多人力物力，实属难题，好在都是队里统一安排的，列在全年计划中，这也是集体生产的优越性。

在农场有一个好风气，平时各家有什么活，都会主动互相帮忙的。

虽然我已经离开农场几十年了，但曾经的往事，那些醇厚的风土人情，还在时常清晰地在我眼前展现……

看来，今生是忘不了它了！因为我深深地爱着我的故乡和吐列毛杜农场……

露天电影

回忆起在吐列毛杜农场的日子，看场电影是我们最大的祈盼，也是一件让我们高兴的事情!

场部今天要放电影的消息，不知是谁带来的，接着就陆陆续续在人们之间传开了。人们互相打探着消息的虚实，当确认无误时，那个兴奋啊，真好像是有喜事来临！急不可待地盼望着傍晚的到来。

没等到开晚饭的时间，我们就先穿上了干净的衣服，早早地去了食堂，等待着开饭!

我们马马虎虎地吃过晚饭，就急着打听着队里派出了哪个拖拉机去场部，一般情况下都是去一台拖拉机，另外还有两辆大马车，队里的运输工具几乎全部出动了。

人们挤在车厢里，说说笑笑，打打闹闹，好不快乐，随着拖拉机的摇晃，一些年轻人会借机拥挤，把站在边上的人挤得哇哇直叫！大家开心地笑着，大呼小叫着，拖拉机载着快乐的人们，一路颠簸摇晃着向场部驶去……

白色的银幕挂在宽阔小广场中央，人们按顺序找位置坐下或者站立着，有自带凳子的坐在中央，大部分都站立在后边或者两旁。

银幕的正反面都能看，但是效果有些差异，不过也有不少人在银幕的背面观看，当电影播放的时候，人们都鸦雀无声，静静地看着，情感很快就随着胶片的转动，融入了电影的故事之中……

虽然白布不时地随风摆动，银幕上的画面也不断扭曲变形，但这都似乎没有影响到人们的情趣，大家都聚精会神地关注着剧情的变化。

有时候胶片会卡住，放映员麻利地倒着胶片，有时时间长了一点，人群中就会发出低低的埋怨声。

冬天的夜晚太冷了，看电影的人们趁着换胶片的空隙，跺着冻痛了的脚，发出一阵杂乱跺脚的声音。

放电影也给情侣们创造了一个约会的机会，他们会偷偷溜出人群，缠绵于肃静的广场周边的角落里。

电影谢幕了，人们意犹未尽，还在谈论着剧里的情节，向来时坐的拖拉机、马车走去。

虽然很多年过去了，但那夜色里的白色银幕好像还在我的印象里随风摆动！那些缠绵在花前月下的情侣们，应该还是那样情意浓浓……

啊！忘不了的山里农场！忘不掉的青春年华！我也忘不了那寒冬里白色银幕，它把我们的青春深深地揽入了它的怀中……

山里的班车

夏日的早晨，起伏跌宕的北疆山在晨雾中若隐若现，使人感到有些朦朦胧胧、扑朔迷离。

小草上晶莹剔透的水珠闪动着银色的亮光，好像随时会滚落下来……

每天，当太阳升到快有一竿子高的时候，在通往四队的山路上，一台带着拖斗的东方红 28 拖拉机会准时出现。因为那时候交通工具少，人们风趣地称它是“四队的班车”。

它发出的噗噗的排气声音唤醒了山里的早晨，掀开了生机勃勃的一天的序幕。今天与往常一样，枣红色轮式 28 拖拉机，沿着一队西北方向的山间土路，拖起一溜尘土奔驰而来，驶过一队村边，随着喇叭声声，朝着东南方向的场部绝尘而去……

颠簸晃动的拖斗里坐着不少去场部办事的人，他们有站有坐、有说有笑，好像晃动颠簸并没有影响他们的心情。

这台“四队班车”风雨不误，长年累月穿梭在与场部和各队之间，是四队当时不可缺少的交通工具。

驾驶这辆车的司机是我们的战友李春海，我们来到农场后，他被分配到四队任 28 拖拉机车长。他为人和气，技术过硬，工作勤勤恳恳，赢得了农场人们的称赞和爱戴。

他连续几年被评为劳动模范和先进生产者，多次受到嘉奖，还光荣地加入了中国共产党。

他取得这些成绩，与妻子毛艳华的默默支持是分不开的。她通情达理、温柔体贴，这对恩爱的夫妻真的是郎才女貌、夫唱妇随，是天生的一对。

李春海身材高挑，眉清目秀，一表人才，一身洗得发白的工作服总是那么整洁，显得那么干练潇洒。在他身上时刻闪现着年轻人的聪慧与朝气！

几十年过去了，时间在流逝，世态在变迁，但那深山里枣红色班车仿佛还在那起伏的高原上奔驰！那英俊的司机的身影，仿佛还是那样清晰可见，成了永远抹不去的记忆！回想起农场的那些往事，隐约还能品味出那些年的艰辛与甘甜！

旅途中的绒花

李桂荣

一碗热面

一段特别的时代，给了我们这代人一段特别的经历，一段特别的人生。知青的经历，使我们这代人刻骨铭心。它留给了我们无法抹去的记忆。

蓦然回首，岁月成金！我们在胜利农场待了将近五年。我们吃了很多苦，经受了磨炼。在那特定的环境下，我们别无选择，也无法扭转当时的形势，更无法逃避。我当时只有一个想法，不铲大地就行。趁着变场的机会，我自愿报名来到吐列毛杜农场。

刚到吐列毛杜农场时，没有电灯。一到晚上，家家户户都点上保险灯。玻璃灯罩中飘忽不定的小火花，至今还在我脑海中闪烁。我坐在灯前，给日夜思念的父母写信，有时离油灯太近，熏黑了鼻孔。当然，信中只报喜不报忧，还得有一些豪言壮语："战天斗地脱胎换骨。站在反修最前哨，不怕风吹雨打。笑迎任何艰难困苦。"

我到农场第二天就患上了重感冒，在一个完全陌生的宿舍里静静地躺着。战友们都去各队游玩访问了，后来我被黄队长爱人发现，她过来看我，看我烧很厉害，叫来白医生给我打了一针，又回家给我做了一碗热乎乎的面条儿，端到我面前。当时她还说："这孩子这么小，离家这么远太可怜了。"听了她这话，我的眼泪就狂奔止不住了……看着那碗热气腾腾的面条儿，我好想爸爸妈妈和自己的亲人们。我真感激黄队长的爱人，至今还记得它的香喷喷的味道！

这就是我到吐列毛杜农场后第一个令我感动的事情。农场的父老乡亲们对我们知青像亲生骨肉一样。因井水很深，女生用轱辘把摇水时，害怕得不敢靠前，只要碰到场里的人，都会帮我们摇水，让我们真正感受到了他们对我们的关爱。

农场处处有亲人，事事暖人心窝！我永远也忘不了你啊，吐列毛杜农场，还有那碗带着乡亲们热情的白面条！

我在北疆的日子里（一）

知识青年上山下乡，是历史长河的一朵浪花，我也是其中的一员。那些年经历的往事，历历在目，记忆犹新。那蹉跎岁月令我难以忘怀，回首往事，我感慨万千。

我们到达吐列毛杜农场后，受到全场上下的热烈欢迎！随后，工作开始步入正轨，队里开始给知青分配工作。我清晰地记得，那天我吃过早饭，穿上棉猴外衣和大头鞋，等待队里分配工作，我被分配到了采石组。吐列毛杜农场的春天来得很晚，虽已近清明，这里还是寒意浓浓。在老职工孙国志的带领下，我们前往采石点，采石的地址是原来就有的石坑，需经过一大片荒地。茫茫原野，尚无春意，一派荒凉。风裹着沙尘，不停地侵袭着我们。尽管我穿得很厚，但却抵不住北疆的冷风，身上还觉得有些寒意。

往东行进几里路程，我们来到了采石坑。看过现场，这里的石头都是一层一层的，以后我们就要常跟这些石头打交道了。农场需要用石头的地方特别多，家家户户都是用石头垒起的院墙、猪圈、房子等。农场大部分的建筑都是用石头砌墙的，这里离不开石头，所以采石是这里一项永久的工作任务。

我下到石头坑，已有几个人先到了，孙组长把我们介绍给大家，老职工们欢迎我们加入其中，对我们极为热情。他们主动帮助我熟悉情况，交代应注意事项，很快我们就熟悉了，大家有说有笑，很开心。孙组长和那些男职工们用撬棍撬下来石头，我们往坑上搬，太大太重的石头我搬不动，只得放弃，捡小的搬，还可以两个人用筐抬。打石头的活，说实在的，我真不愿意干，但是一想起原来铲大地的辛苦，这就不算什么了……干一会儿觉得累了，我就停下来，一看大家还在干，我就不好意思了，只能忍耐，继续坚持，终于挺过了这一关。

孙组长下令休息，我们才停了下来。孙组长和几位男职工不约而同地从怀里掏出烟，坐在地上，津津有味地吸了起来。我和一群女职工坐在一起，聊着、笑着，气氛好随和。

那个年代大多数人都没有手表，全凭看太阳。有着丰富经验的孙组长对时间掌握得很准，和钟表差不多少。又干了一会儿，就收工回家了。晚上躺在炕上，想着今天的劳动，我没有哭泣掉泪，心情还算平和。都说岁月无情，我们在艰苦环境的长期磨砺下，越来越坚强了。农场石头坑的劳动由此开始了，我每天日出而作，日落而息。

光阴似箭，岁月如梭。虽然已经过去40多年了，但在农场的那段难忘的岁月，还时常回旋在我的脑海中！谢谢吐列毛杜农场各级领导，是你们培育了我；感谢与我同甘共苦兄弟姐妹们，是你们给予了我无私帮助，给了我前进的动力。

转眼，离开农场几十年了。在农场那片热土上，那些难忘的岁月，仍在我脑海中翻腾。农场的山山水水，萦系着我的情，牵动着我的心……

我在北疆的日子里（二）

上山下乡来到吐列毛农场二队后，在那蹉跎迷茫的日子里，在接受再教育的进程中，我们行走在崎岖的人生道路上，经历了无数的艰难险阻，磨炼了我的意志，造就了我顽强性格，我从幼稚逐渐走向了成熟。与农场老职工朝夕相处，结下了深厚的友谊，使我精神上得到了充实！至今留下了刻骨铭心、令我难忘的回忆。

在吐列毛杜农场，每天日出而作、日落而息，我逐步懂得了人生的哲理，渐渐地抛弃了童真，我的性格也发生了转变。我重新认识了社会，融入了社会，颠覆性地改变了我稚嫩的意识。我本是一个不爱说话的人，没事时很少去老职工家串门，去了也不知道聊些什么话题。只好整天宅在宿舍里，安静地给父母亲写家书，以叙自己的苦闷心情！更多的时间是看报纸、刊物，见到一本书，如获至宝，仔细阅读，重点部分反复阅读。读书使我明白了许多道理，开阔了我的视野，使我登高望远，仿佛看到我的未来！此时，我的战友们有的驾上了铁牛，马达声声震山川，那神气劲儿真的令人羡慕；路树芹在学校当上教师，郑红是出纳员，方桂芬当上了队里的赤脚医生。唯有我还在继续寻找寄托未来的地方……我的战友们回到宿舍后，有说不完的开心事儿、说不完的心里话。她们经常到老乡家去串门儿，整天欢声笑语。有一天，秀芳休息，她说领我到她师傅白金玉家去串门儿。那是我第一次到老职工家走访，自己还觉得有点儿不好意思。在秀芳的催促下，我随她来到白师傅家，一进门，白师傅和白大嫂特别热情地接待了我们，嘘寒问暖，令人感动！白师傅家人口较多，屋子的面积不大，却收拾得干净利索，物品摆放有条不紊，连放置在柜子上的罐头瓶都一尘不染。白大嫂长得很漂亮，活泼开朗，让人觉得很亲切。这时候，白大爷招呼我们坐在热炕上，他们一家特别好客，大爷大娘对我们像自己家孩子一样。他家中有一个最小的儿子，名字叫“小四”，特别淘气，但也特别聪明，在我们这些哥哥姐姐面前特别乖，很讨人喜欢！这是我有生以来第一次迈入老乡家，我已经融入了社会这个大家庭。

通过一段时间的朝夕相处，我们和农场职工结下了深厚的友谊。大家团结互助，真诚相待，一人有难，全队帮助。知青们帮助老职工搂柴火儿，他们也常到我们宿舍聊天。不管谁家杀年猪，会把我们知青都请去，你不去也不行，他们不让知青食堂开火。那种纯朴的真情，不思量，自难忘。

回忆发生在农场里的故事，我百感交集。在那段岁月里，我感受到了淳朴的乡情、珍贵的友情。在那第二故乡的土地上，也留下了我们知青生活的足迹。

回首往事，今非昔比，我们的第二故乡，在现代化的行进中，已经扬帆起航！期待我的第二故乡再创辉煌！

我学着去种菜

在知青岁月，我们面临的艰苦环境，所承担极繁重的体力劳动，至今回顾还令人心有余悸。极端的环境造就了我们这一代人，坚韧不拔的毅力和顽强的拼搏精神，奠定了我们人生的基础，是我们极为宝贵的精神财富。曾经的岁月，造就了我们朴实无华、公平坦荡、善良友爱、自强不息的品格帮我们挺起了接受人生挑战的脊梁。接受贫下中农的再教育，那是一段刻骨铭心的记忆，是一段永远不会被忘记的人生历程！

在吐列毛杜农场通往石头坑的小路上，铺满了我岁月的足迹，记录着那段蹉跎的岁月。时间过得真快，转眼之间，吐列毛杜农场的春夏到来了。山野间，绿草如茵，漫山遍野生长着各种奇花异草，它们争奇斗艳，将北疆点缀得春意盎然，好一派北国风光，令人流连忘返。

这里有如云雾般的粉色的杏花，把农场装饰得像花海中的一叶小舟，有随风摆动的黄花，既可供观赏，又能食用；还有遍地的芍药花，色彩艳丽、惹人喜爱，散发出沁人肺腑的幽香。这就我们转场在第二故乡迎接的第一个初夏。

这时候，队长又给我安排了新的工作，派我去队里菜园子种菜。菜园在二队的东北角，我从小长这么大，只会吃菜，哪里会种菜？菜园子有一个徐大爷，队里照顾他年纪较大，又有很丰富的种菜经验，所以由徐大爷负责种菜技术指导工作。在我印象中，似乎没见老人家笑过。

天公作美，春雨降临，如同甘露。这是我到农场后经历的第一场春雨，真的是“春雨贵如油。”其他组的都在家休息，只有我们工作在菜园子的人，冒雨栽种大头菜。这是我第一次在雨中劳动，小雨淅淅沥沥地下着，虽然是春天，农场的温度还是很低的，雨水淋到脸上凉丝丝的。徐大爷给我们讲了栽大头菜的要领，我拿着满满一筐的菜苗，就开始栽起菜来。那菜苗只有两三片叶子，连根也就三四寸长，小一点儿的两颗在一块儿，一步栽一棵苗，反复地大弯腰小弯腰。刚开始大家还穿着雨衣，干起活来很不方便，后来索性都不穿雨衣了，任凭风雨肆虐。雨水浇到我的长发，全贴在了脸上，我的右手不光要栽苗，还得不时用手背拂去碍眼的头发。活儿干完了，衣服也湿透了，脚下泥泞的土地一走一陷，黑土地变得冷酷无情，脚上的鞋也全部变了模样。当时我就想：“怎么干什么都这么难啊”。快到中午，我们栽完了大头菜。我顺着栽完的垄沟看去，刚栽好的小苗儿亭亭玉立，这雨浇到我身上是凉的，但我看着自己的劳动成果，心里满是欢欣。

本就被雨淋湿的脸，再用手背一抹，好嘛！又多了一幅山水画。真是“栽苗一上午，顶雨苗下土，谁知盘中菜，棵棵皆辛苦。”

我们在农场尝尽了苦辣酸甜，但我还是要说，感谢那片黑土地，培养了我艰苦奋斗的精神、吃苦耐劳的品格，同时也给我留下了难以忘怀的美好记忆……

我的蹉跎岁月

崔振清

转场之路（一）

1974年3月21日，根据吉林省委1974（4）号文件精神，我们金宝屯胜利农场第四营的95名后旗和通辽的知青踏上了转往吐列毛杜农场的转场之路。

清晨，我们洒泪告别了四营的父老乡亲，告别了转往其他农场的亲密知青战友。我们分别乘坐三台拖拉机从四营出发，经过三站、二站、一站驶出胜利农场地域。拖拉机继续行进，驶上“三八”公路，路过新建、二道壕来到西辽河岸边，跨过西辽河，东大荒河套平原的黑土地被远远地甩在了我们的身后。一路风尘、一路颠簸，经过两个小时的行驶，拖拉机终于到达了金宝屯火车站。

我们要在这里乘火车赶往乌兰浩特吐列毛杜农场转运站，从那里，我们再转乘汽车到达目的地——吐列毛杜农场。

吐列毛杜农场特地派来资深老干部黄相寺、公安特派员邹国芳（曾在胜利农场公安派出所工作过）来胜利农场迎接我们；四营派出生产干事牛连山，场部则派出团委书记祝成来护送我们。

这一天，金宝屯火车站热闹非凡，小小的站台上挤满了转场的知青。我们的行装是集体托运的。就在要上车前，头几天听到消息从家中赶来，劝阻我不要转往吐列毛杜农场的父亲出现了。几天前，他曾多次约我到金宝屯，劝阻我不要去吐列毛杜农场，但我没有听从他的意见。

今天，他来到火车站，要尽最后的努力来劝阻我不要去那里。在站台上，他拽着我和吴长明的手，苦口婆心，极力劝阻。然而我一意孤行，决意已定。

此前我还真是犹豫不决，大多数人说那里交通不便，气候寒冷，自然条件恶劣，且离家太远，农场的经济实力和条件也很差。但也有人说那里全部机械化，主食是白面，山清水秀，“棒打狍子瓢舀鱼，野鸡飞到饭锅里”。因此，也有好多人改转其他农场。

而我并没有更多地考虑，出于新鲜感，出于那个时代的熏陶，我觉得应该是“好男儿志在四方”。我自作主张，没有听从家里的意见，决定转往离家千里之外的北疆吐列毛杜农场。家里的人是极力反对的，特别是家父，认为那里离家实在太遥远了。

没有时间考虑太多了，火车进站了。告别了家父，我跳上了列车，火车一声长笛，徐徐启动，向北、向北，继续向北。打开车窗回头望去，我看着父亲孤零零的身影消失在远方！

转场之路（二）

车轮飞转，向北急驶，这是一辆奔驰在平齐线上的慢速旅客列车。春寒乍暖还寒，大地复苏。车窗外广袤的东北大地上，到处红旗招展，社员们正在春耕备耕、平整土地，大搞农田基本建设。车厢内转场的知青们有的三三两两在一起聊天，有的独自坐在那里沉思。

车轮不停地转动，我的思绪也跟着不停地转动。此行是我人生道路上的重要转折点，是我知青生涯的继续，是我的“蹉跎岁月”续篇章的开始，我将要到新的家园继续书写我的“蹉跎岁月”。

此次转场的我选择吐列毛杜的决策是对是错？这将影响我的一生，我不得不面对这个现实。前途光明还是道路叵测？思不清理不断，心乱如麻！火车咣当当、咣当当的响声似乎惊醒了我。

我站了起来，看到我的同学龙锦潭正在旁边和张魁礼等人侃侃而谈，他并不在我们转场的知青之例，他是专程来陪送我们几个知青挚友的，同时，他也想到那里看看农场的实际情况，然后决定他和他的哥哥龙锦生是否也转往那里。抬头望去，对面车厢的那一头，闫俊站在那里面对着我，挥着右手正在给大家做“报告”。车厢这头，王利华也不甘寂寞，他正对着孙志成等人“高谈阔论”。我努力平抑情绪，坐下来和大家一起聊天。

下午两点多钟，我们到达吉林省白城市，我们要在这里转车。我们几个好友在街里吃完饭后，转了一下午，回到火车站已是晚上了。这时不知道是谁通知了正在白城吉林省农业学院读书的、和我们曾在一个排劳动的浙江知友胡世根，他和他的同学，原农场李场长的女儿结伴来火车站看望我们。在火车站宽阔的候车大厅里，他们俩站在中间，周围被转场知青团团围住，他慷慨激昂地发表着“演说”，人声吵闹，我一句都没有听清楚。他被人群围得水泄不通，我连上前向他告别的机会都没有。大家的情绪激烈、热闹非凡，有一个铁路警察背着一支明晃晃的“五四”式手枪，一脸严肃，高度戒备，在我们的周围走来走去，大概是防备我们闹事。这与我们的激烈场面形成了强烈的反差！

晚上八点多钟，我们蹬上白城开往阿尔山的火车，奔往乌兰浩特市。乘客不多，我们大家基本都挤在一节车厢里。有人开始找牛连山干事“走后门”，希望到农场后，几个核心人物能够安排在一起。

吴双喜还在车厢里主持了一场特殊的婚礼。新郎是吴国军，新娘是施守云。“吴大傻子”发表了几句“傻帽致辞”后，每人送上一支烟，婚礼就算完成了。火车开始进入山区，在那崎岖弯道和陡峭坡道甚多的铁路线上，火车喘着粗气，艰难地爬行，五六十公里的路程竟行驶了两个多小时，十点多钟，火车才抵达乌兰浩特火车站。

站台上，由农场党委书记兼革委会主任白音那木尔率领，由场革委会副主任姜学仁、团委书记宝德、妇联主任舒秀芳、全权主管接待知青事宜的隋亚生老师、农场驻乌办事处主任崔奉先、汽车司机张文彬等人组成的接待转场知青领导小组，早已迎候在那里。他们一一上前与我们握手问候！一股暖流顿时涌上我的心头！昏暗的站台上，我看见有人落泪了，这其中当然也包括我。随后，他们把我们迎到离车站不远的国营旅店，吃完饭后，每4个人安排一个房间休息。

时间已是子夜了，我却难以入眠。我一个人走出房间，默默地徘徊在山城的街道上。山城的晚风吹来，显得格外清新凉爽，望着满天的繁星，我心中虽然还有几分惆怅，但是黑夜即将过去，新一天的黎明即将来临！

转场之路（三）

难忘的1974年3月22日，天渐渐亮了，山城乌兰浩特市的容貌渐渐展现在我的眼前。站在高处眺望，秀美的山城景象一览无余。蔚蓝的天空，不时从城南大山深处乌市钢铁厂的上空飘来几缕黑烟。小城被崇山峻岭环绕四周，蔚为壮观。从辽河平原初次来到这里的我，对这里是一切都感到那么新鲜！美丽的红色山城犹如一幅生动的立体画，美轮美奂，让我流连忘返。

当时兴安盟还没有建立，乌兰浩特在蒙古语中意为“红色城市，”是吉林省白城地区科右前旗政府所在地，地处祖国北部边疆，位于大兴安岭东南麓，科尔沁草原腹地，归流河、洮儿河绕市境向东汇流而过。乌兰浩特市是一座历史悠久，具有光荣革命传统的城市。这座城市原名为王爷庙，以清康熙三十年（公元1691年）札萨克图旗第三代郡王鄂齐尔在此建的家庙而得名，更因乌兰夫等一大批老一辈无产阶级革命家在此开辟革命工作，建立了全国第一个省级少数民族自治政权而辉煌。1947年5月1日，内蒙古自治政府在乌兰浩特宣告成立，毛泽东主席、朱德总司令联名发来贺电，“曾经饱受苦难的内蒙古同胞，在你们的领导下正在开始创造自由光明的新历史。我们相信，蒙古民族将与汉族和国内其他民族亲密团结，为扫除民族压迫，建设新内蒙古与新中国而奋斗！”从此揭开了红城人民创造自由、光明新生活的历史篇章。

乌兰浩特这是我们转场的必经之地，我被它的壮丽景观深深地吸引住了。

回到旅店，大家都已起床了，隋亚生老师招待我们吃过早饭后，又从照相馆请来摄影师，给我们照欢迎集体相，地点就在我们住的旅店门前。照相师傅是一个 40 来岁的中年男子。他支起三脚架，安好老式照相机，头蒙在黑色的照相布里对好焦距，然后钻出头来，面向大家拿着手捏式快门，要求大家站好。参加照相的有 93 名转场知青，另有两人因故没能参加拍摄，据说他们两人是急于出外看红城的美景去了。

这张相片我几次传到网上都不清晰，经过多次研究，这回总算比较清晰地传上了。照片中的人物我大多数还能辨认出来，只有少数 1974 年返回四营的通辽知青没能认出来。这张照片令我感触深刻，我的眼球多次聚焦在这张相片上。从照片上人物的精神面貌来看，大家的心情尚好，与头一天相比，多了几分舒展，少了几分惆怅。照完相，隋老师宣布这一天放假，大家自由活动一天。

转场之路（四）

放一天假，这在今天看来是多么普通的人文关怀，但在那个特殊的年代却是十分难得的。在那个春耕备耕的大忙季节里，农场的领导者们竟能给我们一百来号人放假一天，可见对我们转场知青是何等重视和关爱呀！

听说吐列毛杜农场的领导给我们放一天假，大家顿时欢呼雀跃！

我们三三两两各找核心，准备外出游玩。我们都是男找男、女找女结成伴。唯有孙志成兄不同，他“早恋”了。在那个提倡晚婚晚育的年代，我们都是二十七八岁才恋爱结婚，而他才二十岁出头就有心仪的人了。他美滋滋地领着恋人——村里的姑娘“小芳”(高淑芳)，走在最前面，我们只能以羡慕的眼光远远跟在他们的后边。我们没有谁敢邀请女知青同行，在那个年代这也是正常的。我们一百来号人，浩浩荡荡地行进在向北的大街上，首选游览的目标是成吉思汗庙。

转场之路（五）

我们一行近百人的转场知青沿着宽广冷清的大街一路北行，越走越陡峭，等爬到大庙前都已气喘吁吁。我们沿着大殿前的台阶拾级而上，气势雄伟磅礴的大庙展现在我的眼前。

成吉思汗庙坐落在罕山之巅，始建于 1970 年，这座融汉、蒙、藏三个民族建筑风格于一体的庙宇，从正面看是“山”字形。正殿当中有 16 根粗大的红漆明柱，四周绘有反映成吉思汗业绩的精美图案，中央为 2.8 米高的成吉思汗铜像。山门到正殿有宽 10 米、长 158 米用花岗岩砌成的 81 级台阶。

然而此时的成吉思汗庙已经面目全非。院内杂草丛生，垃圾遍地，无人管理，东偏殿已被开山采石的炮声震得坍塌了。此时的庙门洞开，无人看守，无人管理。800多平方米、几丈高的大殿空空荡荡，只有一丈多高的成吉思汗雕塑还昂首挺立在那里，但雕像表面也早已斑驳脱落，面目全非。

那时大家保护文物的观念还很差，有几个淘气的男知青竟然爬到几丈高的大殿的梁上去玩耍。东西偏殿也都没有任何物品，东偏殿倒塌，圆顶倒地，围墙被拆毁，地面上一片狼藉。

走出殿门，极目远眺，成吉思汗庙坐落在乌兰浩特市罕山之巅，它三面环山，一边傍水，四周布满了苍松翠柏，归流河、洮儿河像两条玉带，缠绕在它的脚下。尽管成吉思汗庙受到如此的破坏，但它仍然矗立在山巅，让人震撼！

时近中午，天空飘起了雪花，气温骤然下降，大家陆续下山。下山的路很好走，一路清闲一路聊天，路边不时闪过一两个军人的身影，沈阳军区守备三师司令部驻守在这里。不远处有一个大院是三师医院，医疗条件很好，1976年7月28日唐山特大地震的重伤员曾大批转到这里救治。再往前走，路右边有一座小红楼，是乌兰夫早年在乌兰浩特市的办公处遗址。

快到旅店时，有一个光明照相馆，大家都挤进去排队留影。我与龙锦潭、张奎礼、吴双喜、赵玉忠分别合了两张影。还有很多人在这里留影纪念，孙志成兄和他的“小芳”，还有几个知青朋友共同留了一张影，他真是幸福啊！照完相，我们回到旅店吃午饭。

饭后大家无意休息，很多人都在作诗，抒发游览成吉思汗庙的感想。现摘录两首，以飨大家。

其一

初进红城蹬白楼，
成吉思汗名声留。
群雄破塔震寰宇，
古迹民筑血汗流。
蹬岭环视欲目穷，
群山围绕闹市中。
归洮蜿蜒穿南北，
朵朵云雾映红城。

其二

首入红城蹬古庙，

劳动人民血汗造。
一代天骄称元帝，
铁蹄踏遍欧亚洲。
极目烟云古城展，
群峰围绕闹市中。
洮水蜿蜒围城边，
只做银链挂项间。
归洮战歌荡九天，
光明馆里照相欢。
北风吹得寒人意，
朵朵银花落山城。

下午，大家继续游览。我们先来到离旅店不远的吐列毛杜农场驻乌兰浩特办事处。这是一个四合院，院内可同时停放几辆汽车，前院是崔奉先和他家属的三间住房，后院是办事处的处所，四间房，西屋一间是办公室，中间是外屋兼厨房，东屋两间南北大炕是住宿的地方。崔奉先说是办事处主任，实际是“光棍司令”一个，里里外外都是他一个人，就连做饭的活都是他的。办事处担负着全场物资和人员中转的任务，特别是油料的转运。

出了办事处，我们来到了最近的乌兰浩特市第五百货公司商店，物资还算丰富，只是我们囊中羞涩，并没有几个人买东西，只是参观而已。不知不觉已到了晚饭时间，我们准时回到旅店。

又一个惊喜！农场党委书记兼革委会主任白音那木尔代表农场正式设晚宴款待我们，我们受宠若惊，异常兴奋，这是我们转场知青五年来所享受到的最高礼仪！旅店的食堂里摆了十几桌酒宴，每桌 8 个人，8 个菜，菜肴丰富。这是我有生以来，第一次参加如此的“豪华宴会”。隋亚生老师主持了宴会，白音那木尔书记以他那不太流利的汉语发表了朴实而又热情洋溢的欢迎致辞后，宴会正式开始。宴会气氛热烈，场领导们分别到各桌斟酒，以示欢迎。男知青开怀痛饮，而滴酒不沾的女知青姑娘们也饮了几口，顿时红光满面，越发显得青春靓丽。

宴会很晚才结束，大家都陶醉了。这一夜，大家睡得都很香，人人都憧憬着美好的明天！明天是我们抵达目的地前的最后一天，吐列毛杜农场近在咫尺，她敞开她那博爱的胸怀，正在向我们招手！

转场之路（六）

3 月 23 日，清晨起来，万里晴空。昨日山城下了一场小雪，气温骤然下降。这里已进入高海拔、高纬度地区，气温要比辽河平原低很多。

吃过早饭，大家来到办事处院内，准备乘车启程。院内有一台解放汽车，装着我们的行装停在那里，院外街道旁停着从科右前旗运输公司雇来的三辆客运汽车。按照农场当时的条件，完全可以用自备的敞车来转运我们，但领导们为了让我们的旅途更舒适一些，不惜花费一些资金。张文彬师傅解放大卡车驾驶在前边带路，驾驶室里坐有怕晕车的女知青韩桂兰。后边跟着乘满知青的三辆客车。

我坐在最前边客车最靠前的座位上，对面乘务员的座位上坐着场党委书记白音那木尔。车队驶出红城，一路向西直奔160公里以外的目的地。

开始道路还算好走，路两边的村庄幽静沉寂，路上过往的车辆很少。中午时分，到达突泉县六户公社，这里驻有守备三师的坦克团，不时有坦克在街头穿梭。过了六户，汽车在野外停了下来，让大家下车休息一会。这时，通辽知青王德忠、秦增学等人在路边用干草点了一把火，被白书记发现立即制止，我们这才知道进入山区是严禁野外动用明火的。

时间不长，车辆再次出发，驶入山区便道，不久又进入科右中旗境内。坐在我对面的白书记，面向大家侃侃而谈，一路上不停地给我们介绍当地的风土人情。他是本地人，与家父同庚，时年50岁。面对这位忠厚的长者、尊敬的领导，我当时做梦也不会想到8个月后我会给他当了一年的秘书。

下午，汽车进入霍林河山川，沿着河左岸逆向而进。两点多钟，汽车到达吐列毛杜公社，大家下车休息。吐列毛杜小镇不大，但它是边境要塞，在“九大”上，毛主席提议在这里设防，随后，守备三师八团驻防在这里，部队的驻防给清静的小镇带来了生机和活力。休息过后，汽车继续沿着霍林河河谷西行，越走越偏僻，很少见到行人和村庄，有那么一两个村庄也几近原始部落。汽车在西哲里木粮库处驶出河谷，进入通往农场的山川。过了最后的一个小山村好都塔拉，前边出现一片低矮的小树林，白书记用手指向前方对大家说：“过了那片树林就是农场了。”

过了那片小树林不远，就到达农场场部了。场部有百十户人家，绝大多数是土房，北山还有一排地窨子。场部办公室是一栋低矮破旧、濒临倒塌的土房，只有招待所和食堂是砖石瓦房。这个县团级农场的容貌还不如西辽河平原的一个生产大队。见此情况，大家的情绪都很低落。

下车之后，大家都忙于寻找自己的行装。稍许，场革委会副主任姜学仁戴个军用棉帽站在解放汽车车厢上，宣读人员分配名单。我们被分配到第一、二、三、四生产队，副业队，牧业队共六个单位。这次分配难免要打乱原来四营的人员组成格局，有些女知青听说原来在一起的姐妹要分散，激动万分，抱到一起放声大哭，这是三天来我们经历的第二次分别。悲切的哭声在空旷的山谷里回荡，此时人家的心情虽然都已近坦然，但也难免受这种气氛的感染。我与另外19人，十男十女，共20人，被分配到第一生产队。我们坐上一队派来的28拖拉机，迎着太阳的余晖奔向15里外的一队。在距队部一百来米处，我们下车，看见队部的门口有五十来名职工和家属排成两行，正在准备夹道欢迎我们，我们也立即排成两行，女知青在前，男知青在后，迈着整齐的步伐向欢迎的人群走去。突然，欢迎的人群高呼口号“向知识青年学习，向知识青年致敬……”这种情况令我们很意外，如果此时不及时回应，气氛将十分尴尬。我没有勇气领头回应，正在万分着急时，走在队伍最后边的徐今伟举起右拳，及时带领大家高呼“向贫下中农学习，向贫下中农致敬……”进到宿舍，南北大炕的桌子上早已摆上了酒宴，还有两个地桌供女知青就座。队党支部刘凤祥书记首先致欢迎词，然后由妇联小组长、车组代表发言欢迎致辞。每桌都有队里的环节干部陪同，大家尽情畅饮。饭后，我们又都分别被他们邀请到家里喝水聊天，那里的人热情无比，一直到半夜，我们才陆续返回宿舍休息。

至此，我们的转场顺利结束。我们这次转场历时三天，吐列毛杜农场尽最大努力，以最高的礼遇接待了我们，大家都感到十分满意！

我们新的知青生活就要拉开帷幕了！明天……明天新的知青生活是什么？这要靠我们的双手来描绘！

甘洒热血战青春　无私奉献为祖国

王天瑜　李希玲

王天瑜，男，1931年9月生，贵州水城人，中共党员。1948年参加中国人名解放军，1949年参加渡江战役，后在中国人民解放军第七军医大学（重庆）工作；1958年退伍转业到北大荒参与开荒工作，1960年调往内蒙古参与组建吐列毛杜农场，1965年调回贵州工作。2019年10月获中共中央、国务院、中央军委颁发的“庆祝中华人民共和国成立七十周年”纪念章。

李希玲，女，1929年12月生，四川富顺人，1959年7月从重庆市沙坪坝区政府劳动局调往北大荒工作，1960年随丈夫（王天瑜）调往内蒙古吐列毛杜农场工作，1965年调回贵州工作。

一、义无反顾响应党和国家号召，辞别襁褓幼儿奔赴北大荒

1958年，党中央、中央军委决定动员十万官兵参加生产建设，号召全军转业官兵去开发北大荒，屯垦戍边，“苦战三年，把北大荒建设成北大仓”。党和国家的号召就是我们军人前进的方向，全军上下热烈响应，人人表决心，积极交申请，坚决要求去开发北大荒，不需要讲大道理、不需要动员，没有犹豫、没有计较家庭和个人名利、没有讲条件。短短时间，开发北大荒的热浪席卷全国。著名诗人郭沫若在《人民日报》发表著名诗篇《向地球开战》为开荒大军壮行。

我（王天瑜）那时在重庆中国人民解放军第七军医大学队列处（学生处）工作，我爱人（李希玲）在重庆市沙坪坝区人民委员会（相当于区政府）劳动局工作，我们生活在大城市，工作稳定，环境舒适，条件比较好，又刚组建家庭，而且大儿子（王立）刚出生，只有半个月，尚在襁褓中，嗷嗷待哺。但是作为军人，必须以服从为天职，“一颗红心交给党，英雄解甲重上战场”，祖国和人民需要粮食，我们毅然向组织提出了申请，主动要求去开发建设北大荒，为国家为人民开疆拓土。

组织批准后，我于1958年3月作为第一批开荒部队先期到达北大荒。记得我们部队数百名男女战友乘坐大棚专列从重庆出发，直奔北大荒，一路上战友们反复高唱当时流行的电影《柳堡的故事》中的插曲——《九九鲜阳天》，整个列车的车厢里充满了革命理想

主义和浪漫主义激情，至今想起还心绪难平。大儿子（王立）一岁多时候，我爱人也于1959年7月带着孩子来到了北大荒，全家三口齐聚北大荒。响应党和国家号召，我们全家齐上阵。

二、以苦为乐战天斗地热情高，不怕困难开荒播种创新貌

复转官兵由部队到农场，生活环境和工作内容都发生了重大变化，一切需要从头开始，边干边学，学打井、学盖房、学做饭、学种菜、学养猪、学赶车、学开拖拉机、学种地，但是我们复转官兵满怀报国之情和兴垦之志，克服了各种艰难困苦，用辛勤的劳动开垦昏睡千百年的荒原。到北大荒后的第三个月，农场需要抽调一批年轻的党员骨干学习开拖拉机，我是第一批被抽调出来学习的。两个月后，成立拖拉机队，我任指导员兼队长。北大荒是一望无际的平原，土地肥沃，黑土层有30多厘米厚，但是沉睡多年，杂草丛生，漫天遍野的没人荒草、榛材、沼泽，到处是咬人的蚊虫、蚂蚁，时常还会有熊、狼等凶猛的动物出没。漠漠大荒没有路，一不留意，人就迷失方向，一不小心，就会被野兽吃掉，生存环境比较差，生产条件也十分艰苦。

开荒地之前，我们机组人员要先踏荒（实地勘察），看有无障碍物、水坑，要插上标志杆。北大荒的动物很多，有黑熊、狼、野猪、狍子……特别是狼和野猪，都是一群一群的，我们驻地每晚都有狼在周边嚎叫。踏荒有时经过原始森林，都是参天大树，地上杂草丛生，我们走进森林，打破了原有的安静，树上各种鸟飞的飞、叫的叫，各种动物来回跑动，好吓人。我们机组三人背靠背，东张西望，紧张地慢慢前行，说不上什么时候，会从什么地方窜出什么动物，真是防不胜防。

开垦时，拖拉机手不仅要在坎坷不平的荒野里颠簸，还得一边精心养护机具，一边用绳拽、手扒的方法排除树桩、草墩等障碍物，由于农机具严重不足，我们就一锹一镐地向地球开战，为弥补机械力量不足，大家的双手常常血泡累累，但仍坚持轮班苦战。开荒中遇到的最大困难是陷车，当拖拉机牵引着五铧犁开进荒原时，不是车头钻地尾朝天，就是连链轨也陷进“大酱缸”里，开发北大荒就是在与“大酱缸”的斗争中进行的。

由于开荒面积巨大，而且冬季漫长而寒冷，开荒季节较短，开荒机器和机具又极度缺乏，我们都是连夜开荒，机组人员三班倒，人停机器不停，24小时开荒和耙地（平地）。有一次，我们机组三人值夜班，半夜一点左右，拖拉机耙地到底调头时，猛然间，在强烈大灯照射下，在前方几十米的地方，看见无数绿幽幽的光点，定下神细致一瞧，那是狼！再屏住呼吸镇定数了一下，足足有十八双绿幽幽的大眼睛，一动不动盯着我们，我们倒吸

一口冷气！

用人拉播种机，十几名官兵用绳子拽着一台24行比重计，喊着号子向前拖，一会儿便汗透衣衫。由于农机具不配套，犁多耙少，重耙更少，许多新开垦的土地无法平整，不能用机械播种，北大荒适合开垦种植的时间短，时间紧迫，播种主要靠人力。播种时，大家各显神通，什么工具都用上了。有的用木棍捣窝下种，有的用镰刀、铁锹破土下种的，也有用锄头开沟条播的。许多人摘下大沿军帽装种子，戏称帽播机；有人脱下军裤，扎住两个裤腿，装上种子，称为裤播机。当时，就用这些土机器，适时播种下苗。秋收后，由于收割机械很少，全凭人工收割、集堆、脱粒，若秋收时遇上绵绵秋雨，收割机进不了地，只能用镰刀，在泥水里扑腾着地割着麦子，全身上下溅满了泥水。

三、转战创建吐列毛杜农场，千里迢迢只身接收拖拉

当初去北大荒开荒的十万官兵都是我们国家和军队的主力军，这批转业官兵政治素质好，人员整体素质都比较高，党团员占80%以上，排长以上的干部有60%以上。我们到达黑龙江密山时，看到到处是都军官，我们把这里叫作“尉官世界”。当时我们国家正在大规模进行经济建设，各地各方面都十分缺乏干部和各种专才，尤其是缺乏具有高度组织性和高度责任感的领导骨干，所以，社会各界都向北大荒要干部。当年，苏联援建我国的156项重点工程以及大庆油田上马时，都向北大荒这个“干部宝库”要过干部。

就在我们在北大荒的生产和工作刚刚理顺，工作和生活逐步走向稳定，条件也有所好转时。1960年5月，组织上又抽调我去内蒙古呼伦贝尔盟开荒指挥部，在大兴安岭脚下开辟新的垦荒战场。指挥部临时设在乌兰浩特，加上我只有4个人，指挥长由国家民族委员会一位司长（蒙古族）担任，我只能把我们的家暂时安置在索伦镇的简易工棚里。

1960年8月，到呼伦贝尔盟开荒指挥部报到第三天后，农垦部批准调拨一批农机机具和器械给我们，开荒指挥部要立即去河南洛阳拖拉机厂接收该批农机器械。我把爱人和大儿子安置在索伦镇后，报道的第三天就带上指挥部开的介绍只身前往北京，费了一些小波折，终于找到国家农垦部。在国家农垦部开好调拨指令后，再前往河南洛阳拖拉机厂，联系好运输火车，并将该批农具装上火车，发往乌兰浩特。按计划，我将农机具分到呼伦贝尔盟开荒指挥部的两个开荒点（科尔沁右翼中旗和前旗各一个），组织二十来个刚从牡丹江拖拉机学校毕业的学生将拖拉机和机具分别运回开荒点。

当时，农管局设在海拉尔，每次要到农管局开会和汇报工作，就要千里迢迢、披星戴月赶路。农场到海拉尔的直线距离不到400公里，但是因为交通不便，去海拉尔农管局开

会要绕道上千公里，横跨吉林和黑龙江两个省，走路（或坐牛车）、汽车、火车，经历两天两夜（近四十个小时）才能达到。需要先从农场到突泉县六户镇，农场到突泉县六户镇没有公路，夏季雨水多、泥泞难行，冬天大雪封道，坑坑洼洼，一路颠簸摇晃，不到100公里的路，开车都要三四个小时。中间还要穿过一条小河，河底硬石块，冬季时候可以直接将车开过去，雨季的时候，河水较高，不敢开车过河。然后，从六户镇坐汽车到乌兰浩特，从乌兰浩特转乘坐火车，先经过吉林白城，再经过黑龙江齐齐哈尔，再从扎兰屯市进入内蒙古，经过牙克石市，才能到达海拉尔。开荒结束后，成立了两个农场，我分配到吐列毛杜农场担任办公室主任兼车队队长。农场设有总场，下设两个分场，每个分场有5～6个生产队。

四、伴随农场的逐步走上正轨，我们的小家庭也在成长

垦荒初期，生活异常艰苦，有大量修筑道路、建筑房舍、添置生活设施等繁重劳动，搭马架、睡地铺，经常是风餐露宿、忍饥挨饿，冬季严寒漫长，爬冰卧雪，室内冷风嗖嗖，四处透风。没有双职工宿舍，凡是带家属来的双职工，也是住大通炕。每个大通炕住四家人，每家之间只是用床单简易隔离开来。农忙时，夏锄紧张，一天也铲不到头的垄沟，每天地里工作十七八个小时，“早晚看不见，地里三顿饭”。吃的主粮，天天顿顿都是苞谷饭（玉米饭）、窝窝头，没有吃过大米、白面，菜就是土豆加白菜，天天如此。

除了生活条件艰苦外，北大荒的环境比较恶劣，著名的“三大害”成群结队，黑压压一片，不间断地持续攻击，让人深感痛苦。“三大害”是指蚊子、小咬（飞蠓，黑色小虫子）和瞎虻，特别是“小咬”，几乎无处不在，眼睛、鼻子、嘴，见缝见钻（尤其喜欢往头发里钻），咬人还特别疼。虽然头戴防蚊帽，但是蚊子特别多，打都打不过来，为防蚊虫叮咬，大热天，衣服也要穿得厚实一些。尽管北大荒冬天寒冷、环境恶劣、生活艰苦，却丝毫没有动摇我们开垦北大荒、建设北大仓的雄心壮志。

我们的大儿子是在重庆出生的，也随着我们去了北大荒，再辗转到内蒙古吐列毛杜农场。在内蒙古吐列毛杜农场，我们的二儿子（王兵）诞生了，当时农场医疗条件简单，农场距离县城较远，去县城极为不方便，二儿子是在家里出生的，给他接生的是农场医生朴甲顺。

朴甲顺农场唯一的医生和护士，其爱人南相奎也在农场工作。他们夫妇都是朝鲜人，南相奎是朝鲜人民军侦察连长，抗美援朝期间派往中国人民志愿军做翻译。在战斗中负伤后，送到我国东北荣军院治疗，伤好后留在东北部队工作。从部队转业后，分配到内蒙古

吐列毛杜农场工作，后来调到农场办公室，1964 年调回吉林延边朝鲜族自治州工作。现在想起来，农场开发建设也有国际共产主义战士的参与和贡献。

五、四十五年故地重游，惊赞第二故乡新貌美

1965 年 5 月，我们一家调回贵州老家工作，离开了我们奋斗 7 年、十分难忘的黑土地。1958—1965 年这七年（其中 1960—1965 年是在吐列毛杜农场）是我们一生中最重要、最值得骄傲的时期，当然也是我们最困难和辛苦的 7 年。这 7 年是我们最年富力强、精力旺盛的时期，在国家困难的时候，我们宁愿放弃大城市舒适的环境和优越的生活稳定的工作，义无反顾、无怨无悔，把最美好的青春献给了祖国的农垦事业，肥沃的土地上有我们的青春、汗水和热血，为了国家和人民，我们做了我们能够做的最有意义的事情。7 年的时光，我们是在比较恶劣的条件中度过，其中还遇到我们国家的三年困难时期（1960—1963 年），但是“与天奋斗，其乐无穷；与地奋斗，其乐无穷”，我们在与天地的拼搏中实现了自己最大的价值，我们一生都为自己曾经奋斗在祖国的开荒一线感到骄傲和自豪。七年的苦难时光也是我们最快乐的时光，永生难忘、历历在目，每每想到这些，我就会感到由衷的快乐，每每回想当年，没有过多关注其中的困难和艰辛，更多的是感到由衷的快乐和欣慰。

2010 年 6 月，我们一家回到了阔别 45 年，魂牵梦绕的内蒙古吐列毛杜农场，看到农场的巨大变化，我们感到非常高兴。因为时间条件的限制，没有见到当年在农场一起奋斗的老战友、老同事和老朋友，但是农场场长等领导和同事盛情地接待了我们，犹如亲人一般，热情地给我们介绍农场新貌，我们也看到了农场美好而巨大的变化。

祝愿内蒙古吐列毛杜农场在新的历史时期再接再厉，永葆开荒奋斗无私奉献精神，再创新的辉煌!

内蒙古吐列毛杜农场，我们永远热爱和惦记的第二故乡。我们热爱内蒙古的蓝天白云，更爱一起奋斗的内蒙古同胞，就像歌曲《草原上升起不落的太阳》中所唱：“我就骄傲地告诉他，这是我的家乡”。吐列毛杜农场，我们永远的精神家园和快乐源泉!

远去的电波

韩聚东

我叫赵庆山，1960 年 2 月我在呼伦贝尔盟牙克石 8 号农场参加工作，1960 年 8 月，我被派往海拉尔市（现海拉尔区）参加了由当时的呼伦贝尔盟农牧场管理局（以下简称“呼盟农管局”）举办的“呼盟农管局邮电管理培训第一期无线电报话班”，那年我只有 17 周岁。当时，呼盟农管局所属各农牧场刚刚开通电台，急需专业人员，我们学习还不到一个月，就要派我们先下去工作。班里说只让我们到各个农场干一段时间，等第二期学员结业后来接替我们的工作，我们就可以回去接着学“报”了。8 月 27 日，我们 21 名学员大多都按一名男生和一名女生两人一组的搭配的方式，被分派到呼盟农管局下属的各个农牧场。当时刚刚成立的岭南吐列毛杜农场隶属于呼盟农管局，因为条件极其艰苦，班里决定派我和另一个比我大 1 岁的叫刘柏义的男学员到该场做无线电报务工作。

1960 年 9 月 1 日，我和刘柏义还有几名分到岭南其他几个农场的学员一道（我只记得和我们一道出发的有一个叫高秀云的女学员，当时被分配到布敦化牧场，后来到科右中旗教育局工作了），从海拉尔坐火车出发，9 月 2 日到达乌兰浩特市。9 月 3 日，我和刘柏义坐由乌兰浩特市发往科右中旗的班车到突泉县六户公社下车。那时，六户公社再向西就没有班车了，我们只好在街上打听有没有去往吐列毛杜农场方向的顺路车，转悠了半天也没打听到。这时，我俩已是饥肠辘辘，想到供销社买点吃的，可我俩身上谁也没粮票。要知道，那个年代，光有钱没有粮票是买不到食品的。实在饿得没办法了，这时看见街上有烧瓜卖，我们只好买了个烧瓜充饥。后来，我们在街上遇见一个人，他听说我们要去吐列毛杜农场，就主动过来搭讪。看了我们的介绍信后，他说：“我就是吐列毛杜农场的，我帮你们找车。”那一刻，我俩像见到了久别的亲人一样，心中激动不已。过一会儿，他帮我们找到了一个去往吐列毛杜公社的马车。后来，我们才知道，他叫陈玉林，是当时吐列毛杜农场的后勤管理员。马车拉着我们在崎岖的山路上颠簸，天黑了，人困马乏又看不到路，前不着村后不着店，我们只好在车底下蹲了一宿。第二天天刚亮，我们就又上路了。快到吐列毛杜公社的时候，后面来了一辆胶轮拖拉机，赶马车的说：“那是农场的车。”因为那时胶轮拖拉机很少，往这个方向的十有八九是农场的。我们拦下车，开车的师傅叫孙相林，他刚从乌兰浩特市拉柴油回来，他说：“车上装的全是油桶，怎么坐啊？要坐只能坐油桶上了。”我俩也顾不了那么多了，把行李撇上车，就爬上车坐在了油桶上。大概傍晚时分，司机停下车对我们说："到场机关了，下车吧。"一下车，我俩都呆住了：一排低矮的小土房，这就是我们历尽艰辛要到达的地方？

当时的场秘书兼特派员王占山看过我们的介绍信后，把我们顺着漆黑的走廊送到了最里边的一个房间，敲开门，对开门的人说："又来了两名同志，和你们住一起。"那人看我们俩身上都是柴油，说："我们这是电报房，机务人员不能住。"王占山说："他们就是新来的报务员。"那人立刻变得热情起来，一把握住我们的手说："快请进！"进屋后，屋里还有一个人，原来他们是我们来之前的两个报务员，一个叫于长鹏，一个叫吴青贵，后来听说他们两个早想走了，正在闹情绪。我们来后没几天，甚至没来得及记清他们的模样，他们就走了，留下了一台 55B 型分装式电台，并配有一台手摇式发电机。1960 年夏天的雨水特大，记得机关院里有一口大水井，井口的水自己往外流。我们的电报房前半部是办公区，后半部是生活区，靠北墙是一铺火炕，但是烧炕很费劲，屋子里地势低，地上总是湿漉漉的，炕洞里都是水，柴火根本烧不着，实在觉得太冷了，就到机务队要点废柴油，浇在捡来的树枝上点着，赶赶湿气。当时，在这个偏远荒凉的地方，与外界的通信联系只有这部电台，出于安全和保密的原因，与我们同住的都是当时的场队领导。呼盟农管局总台每天上午 8 点和下午 4 点会分别与各场电台联系，我们的工作是每天的 11 点到 11 点半定时与呼盟农管局的总台联系，汇报场各方面工作情况，接收农场局的各项指示及工作安排。

一年过去了，一直没有人来接替我们的工作。刘柏义对我说："二期班该结束了，你自己先顶几天，我回去看看。"可他这一去就再没有回来。因为当时条件太艰苦，经常有人走了就不再回来了，甚至还有人连行李都不要了，悄悄当了"逃兵"。后来我听人说，刘柏义回去后被分到了呼盟农管局鸿雁农场做报务员，后来又去了五岔沟林业局蛤蟆沟林场。他走后，我一直也没能等来接替我的人，后来就扎根在了吐列毛杜农场这片土地上。

以前，刘柏义在的时候，我们俩一个负责发报，一个负责摇发电机。他走后，每天到发报的时间，我就得临时在机关找个人帮忙摇发电机。开始的时候，出于对收发电报的好奇，大家都愿意帮忙，渐渐地，求人都求不到了。一是摇半个小时的发电机并不轻松，二是他们也实在弄不懂那枯燥的"滴滴答答"声到底是什么意思。我只好找领导要人，领导就指派当时机关的勤杂员每天帮我摇发电机，开始还好，每天提前 10 多分钟，他就早早地在报务室等着了，过了一段时间后，我开始满世界找他，有时根本找不到他，因为每天一看时间要到了，他就提前躲起来了。没有办法，我只好把发电机搬到身前，侧身坐着，左手摇发电机，右手按电键。要是哪个科室有报要发，哪个科室就来人摇发电机。最累的要数收“通电”，“通电”就是总台同时向各场发同一内容的电报，类似于现在的群发短信，这个没有时间段限制，总台发多长时间你就得收多长时间。发报机就两种声音，一是“嘀”，一是“答”，收报时一边要全神贯注地听“滴”“答”声，一边要记录电文数字，一边还要翻译电文，稍一走神，就会错记或漏记，那电文的意思就会全变了。记得有一次，总台下午 4 点开始发“通电”，一直发到晚上点灯后很长时间才发完，为了防止外界干扰，我把房门插上，耳机扣得紧紧的，捂得耳朵眼儿里直往外淌汗水，收完后，我头昏脑涨，几乎虚脱。

要说工作累点还好说，最要命的是吃不饱饭。刚刚建场时，农业生产力低，加上国家正处于三年困难时期，粮食特别紧张。我每月只有 18 斤的粮食定量，如果每天两顿饭，那每顿有 3 两饭，如果吃三顿饭，那每顿就只有 2 两了。我们每天到食堂的第一件事就是先喝一肚子米汤，再吃定量，这样才能有吃饱的感觉，可米汤终归替代不了粮食，一会儿的工夫就饿了。那时候，科右中旗北部草木茂盛，经常着山火，科右中旗人民委员会林业科每次打火都要借场子电台用，我是人随电台走。每次回来的时候，林业科每次都会送给我一箱炒米。回来后，每当晚上饿的时候，我就在搪瓷缸子里倒一些炒米，用水沏好，吃上一点充饥。每次带回来的炒米要是省着吃，能吃半个月。

1965 年，吐列毛杜农场划归哲里木盟农牧场管理局（以下简称：哲盟农管局）管辖。因为当时哲盟农管局没有电台，我被借调到科右中旗人民委员会林业科继续做报务员工作。1966 年，我与吐列毛杜农场程庆茹结婚，因程庆茹在场子工作，我们只能两地生活，结婚第二天，我就去科右中旗上班了。吐列毛杜农场刚建场时，不论是从外地调来场的干部职工，还是刚刚从部队转业分配来的，因为没有住房，家眷大多都在现在的巴仁哲里木镇和吐列毛杜镇的各个村屯暂住。后来，场子在场部的后山依山势建了三层地窨子房，三条檩子一架，铺上柴草，用泥抹上房顶就是一间房，然而，就是这样的房子也很紧张。我们结婚时借用了一个曾经参加过抗美援朝的转业兵的地窨子房，他也是新结婚不久的，媳妇是他回山东老家时领回来的，因为到这儿后，看到实际生活条件与他说的相差甚远，一气之下跑回了山东老家，他自己就暂时搬到了集体宿舍住了。我们住在最上面一层，因为在半山腰上，吃水、烧柴都要从山下很远的地方向上挑，中间要停下来歇好几回，才能弄到家。

1966 年春节，我是年前腊月三十那天放假，怕第二天误了班车，腊月二十九晚上，我把两个闹钟的闹铃都上满了弦，可第二天早上，两个闹铃也没能叫醒我，我还是误了班车，没能回去。大年初一，我坐着当时的敞篷班车，直到晚饭后才回到家。邻居王殿荣的爱人听说我要回来了，送给我爱人一脸盆煤。“文化大革命”开始以后，场里每晚都要组织开会，我爱人烧了一炉子后，看见炉膛内炭火很红，她怕余温跑得太快，到外面找了一块板石，把烟囱盖上后就去开会了。半夜里，我迷迷糊糊，觉得头晕得厉害，呼吸困难，因为此前我在场电报房经历过一次煤气中毒，所以我赶紧叫醒爱人说："我们可能煤气中毒了，赶紧起来。"说着，我踉跄地向外屋走，打算去开房门，走到外屋，便一头栽倒在一个花筐上。这时，爱人打开房门，想去喊人，她刚走了几步，我说："你回来吧，我没事。"她听到我叫她，就回来靠在房门上，我问她："你怎么样?"她说："我没事。"话音刚落，她也栽倒在了门外的一堆柴火上，晕了过去，我赶紧为她做人工呼吸。过了一阵，我们俩都清醒了些，相互搀扶着找到住在我家下边的场卫生所李春佳大夫。李大夫给我们打过点滴后说："你们俩在街上溜达到天亮就没事了。"我们照做了。

1967 年 4 月，当时的场组织科长黄朝忠到中旗找到我说："场要恢复电台，组织上叫你回场。"我回来后，因哲盟农管局一直没设电台，我就负责场有线广播工作。后来，我又被临时借到了科右中旗邮电局报房工作。1981 年，我被调到场劳资科工作，直至退休。

离开电台、报务工作岗位已经 50 多年了，可那段逝去的岁月时常浮现在我的眼前，那熟悉的电波"滴答"声，依然时常萦绕在我的耳边……

（韩聚东根据赵庆山讲述整理）

分配到农场

苗敬沾

1968届的高校毕业生因为“文化大革命”，推迟到12月才毕业，当时的分配方针是“四个面向”，即面向边疆、面向农村、面向工矿、面向基层。我和陈警英作为六八届北京师范大学的毕业生，被分配到内蒙古自治区通辽市。

当时到达通辽的全国各大院校的毕业生先后有数百人等待再分配。几天后，我俩被分配到科尔沁右翼中旗。我们先从通辽乘火车到洮南，稍做停顿后，再坐汽车到达白音胡硕镇。当时已是1969年的1月上旬，我们被安排在旗招待所，结识了北京大学的陈理、中国科学技术大学的卢其召、王阳，北京农业大学的赵国防、卢思勤，黑龙江商学院的崔志强，华中工学院（现华中科技大学）的范许祥、肖崇礼，通辽师范学院的钟玉璋等。当时人生地不熟，消息闭塞，我内心彷徨，不知归向何处？

巧的是，吐列毛杜农场一队的王元良师傅来科右中旗巴彦胡硕镇里办事，也住进了招待所，遇上了我们。军人出身的王师傅亲切豪爽，侃侃而谈，极力向我们推荐农场，其大意我归纳为：①农场蒙汉民族和睦，相处融洽，汉语、蒙语两种语言通用，交流无障碍。②农场的职工来自全国各地，热情好客，既有蒙古族领导干部，也有不少复转军人在农场担任领导工作，有政策水平。③农场主要种植小麦，从播种到收割全部机械化作业，常年可吃到白面，生活水平高于周围农村。大家你一言我一语，问这问那，王师傅一一解释。快人快语的王阳询问大伙儿：“咱们是否就去农场啦?”大家均赞成此提议。第二天，我们找到科右中旗革委会负责毕业分配的同志，反映了到吐列毛杜农场的意愿，很快得到答复，分配我们11人到吐列毛杜农场劳动锻炼。

农场派来汽车，热情的郝树明师傅把我们连同简单的行李拉到了农场场部。一下子分来11个大学生，对农场来说是破天荒的头一次，场里的干部、职工以及带着孩子的家属们都来欢迎，甚是隆重，人人脸上洋溢着幸福的笑容，我们更是万分感动。很快，我们11个人被分配到了三个队。毕业后走向社会的第一站就是吐列毛杜农场，新的生活开始了。

从1969年1月到1979年10月调到昆明，我们在农场劳动工作了将近11年，这11年使我终生难忘、终身受益！我爱农场这片土地，更爱农场人。在农场，我们结识了很多干部职工、同事学生，不少人成了我的良师益友，他们的身影经常浮现在我的脑海中。使我甚感欣慰的是，我在农场没有虚度年华、碌碌无为。到昆明后，我无数次梦回农场，可以说，农场是我终身魂牵梦萦的地方，曾经作为农场人的我，衷心祝愿农场蒸蒸日上、与时俱进，创造出更辉煌的业绩，农场人的创业精神代代相传，农场的干部职工家家幸福安康。

农场初高中的拓荒者们

纪念文

1967年，吐列毛杜农场已建场7年了，场内当时只有4所小学校，没有初中学校，职工子女有的已完成了小学的学习任务，该升入初中学习了。大部分学生家长为孩子不能在场内完成初中学业发愁，一是家庭生活困难，孩子们到外地就读初中，支出费用难以负担；二是农场交通不便，孩子们上学出场回场非常困难；三是孩子们在外地上学，要独立生活，家长不放心。时任农场学校小学校长的隋亚生也是看在眼里急在心上。于是，他向场党委建议，在场内设立初中学校，让职工子女按时升入初中。场党委支持他的建议，同意在场内设立初中，有了场党委的支持，他亲自张罗在场内设立初中的事宜，当时小学校只有七八间土房子，作为教室和办公室，虽然教室和办公室少，但还能应付够用，主要是缺少教师，有了教师，初中就可以成立了。隋校长想出了将现有教师队伍中的初中毕业转为教初中的老师的办法，又找到了场内仅有的2个高中毕业生之一的贾树臣，跟场党委建议，调他到学校为初中教师。同时，让教师之间互相交流初中知识，共同提高知识水平，使得场内初中教学工作正常进行。

两年之后，初中毕业的学生又要进入高中学习了，场内还没有高中，隋校长十分着急。农场的未来是这些孩子们的，只有完成高中学业，他们才有希望成为农场建设的主力军，所以，要创造条件让孩子们在场内完成高中课程的学习任务。场党委又一次同意了他的要求，在场内设立高中，这时，面临的同样是教师队伍和教室的缺乏。恰巧在1969年年初来场的上山下乡的11个大学生中，苗敬沾、陈警英是北京师范大学的毕业生，有卢其召、汪阳是中国科学技术大学的毕业生，先期来场的内蒙古农牧学院的毕业生张俊有的爱人杨喜文也是高中老师，隋校长建议场党委把他们5个人调入学校任高中教师。就这样，教高中的语文、数学、物理、化学的老师都有了，高中也就成立了，农场的职工子女可在农场完成小学到高中的学业，为农场的后续人才培养有了保障。

高中成立了，但是教室还是缺乏，而且房屋还破旧，这时，隋校长又为张罗选新校址、盖新的教室而奔波。1973年，他建议场党委把学校由居民区搬迁到场部的东北角，盖了包含新教室20间、办公室6间、学生宿舍7间、仓库1间的新学校。为把新校园圈上，也为了节省场里的资金，隋校长决定先让学校各年级的师生挖壕沟，圈成一个大院，他亲自组织老师和学生挖院沟把学校圈起来。随着场内学生不断增多，且与场相邻的苏木镇的学生也来到场内的初高中学习，教师和宿舍又缺了。隋校长决定由学校师生共同建房，师生们一起到山上打石头，用于建房。石头打好后还要拉到学校院里，拉石料就得有运输车辆，这时，隋校长下队到各生产队、找队长申请胶轮拖车，帮助拉石料，生产队的车辆在白天生产时没有时间给学校拉石料，只能选择起早贪黑来帮助。这样，一队、二队、三队的车辆排成顺序来拉石料。为保证起早的拖车能来拉石料，隋校长起得更早，有时在道边碰上狼，为防狼，他手里拿一块石头敲打自行车的大梁发出铁骑声音，把狼吓跑。有时起得太早，会因为看不清路上的石头或车辙印而摔倒。就这样，他忙活了半个多月，起早贪黑，下队找拖车拉石料，每次车来之前，学校的其他教师和高年级学生提前到采石厂等候装车、卸车。石料全部拉回来了，他又聘请会砌墙的场内师傅来帮助砌墙，他组织师生搬运石料和胶泥，经过一个学期的劳作，又建成了6间房子。

为改善校园环境，隋校长又到场内外张罗栽树，组织师生在校园内外栽树4000多棵，又在学校院外东部集中栽树3000多棵。在学校教室和环境改善的同时，为使教师队伍后继有人，他向场子建议，让学习成绩比较好的高中毕业生，留在学校任教师，同时为提高教师的业务水平，选派一些人到外地大专院校学习，提高知识水平，毕业后回场充实农场中小学的师资力量。截至1989年年末，共选送培养教师18人之多。

苗敬沾、陈警英两位老师为学生能更好地掌握物理、化学的知识，因陋就简地进行两门课程的教学试验，学校的物理、化学试验器材少之又少，苗老师、陈老师就因地制宜，制作化学和物力试验仪器，保证正常地教学顺利进行。

在学校放寒暑假期间，苗老师等向场子申请资金，到外地购置物理和化学实验仪器、药品及玻璃器皿等，为了防止破损，苗老师亲自打包，并且亲自搬运这些物品上下车，运回农场学校。

20世纪70年代，农场每年秋收大忙季节时，学校为支援秋收生产的顺利进行，把初高中学生下派到各生产队帮助秋收，苗老师和陈老师指导学生如何将所学知识应用到生产实践中，让学生充分体会到了知识的力量和作用，使所学的知识掌握得更加牢固，激发了学生们的学习热情。

从1971年成立高中到1978年，农场共有5届高中毕业生在这里完成了高中学业，这些高中毕业生充实到农场的职工队伍中，使得职工队伍的文化素质明显增强，为农场的建设和发展做出了一定的贡献。

农场建场早期的职工子女能在农场顺利完成从小学到高中的学业，得益于隋亚生、苗敬沾、陈警英、杨喜文、贺希格都荣、潘振英、白锐先、隋秀娟、刘姝、陈凤云、孙翠英、刘亚、孙建国、杨子荣、胡桂芹等教师们的努力，他们培养的高中毕业生成为教师的达25人以上，还有的成为农场、卫生、财务会计、农牧业生产等方面的行家里手，有7人成为农场副场级以上领导。

第二章 散 文

垦荒者之歌

韩聚东

农垦，作为国家在特殊时期设立的一个特殊单元体，曾经担负着屯垦戍边的重任，为保障国家粮食供给和边疆稳定做出过巨大的贡献。提到农垦，对于老一辈垦荒者来说，永远不会忘记一个名字——王震将军。

前不久，我有幸拜访了几位当年怀揣王震将军的指令，由黑龙江省牡丹江垦区来到内蒙古支援内蒙古东北地区开荒的老农垦。他们是：姜学仁，88 岁，毕业于哈尔滨市原东北农学院附属农业机械化学校，当年牡丹江军马场支援内蒙古开荒一大队机务队员；张言论，79 岁，葛显文，81 岁，吴树学，80 岁，他们 3 人是当年牡丹江军马场支援内蒙古开荒一大队的拖拉机驾驶员。

从老人们真情的讲述中，我仿佛看到了那个如火如荼的年代，一群年轻人怀着满腔的热忱，战严寒、迎酷暑，无所畏惧的豪迈形象。从他们轻松的表情里，我悟到了他们无愧无悔、充盈快乐的人生。在与他们相处的几天里，我一次次被他们的精神所感动，同时也被几位老人惊人的记忆力所折服。

开 荒

1960 年 6 月 11 日，黑龙江省牡丹江农垦局根据当时国家农垦部部长王震的指示，成立了 5 支支援内蒙古开荒大队，其中一支名为“牡丹江农垦局支援呼伦贝尔盟开荒指挥部索伦分部（后改为乌兰浩特分部）”第一开荒大队，由分部副总指挥薛东坡、开荒一大队书记李忠时、大队长刘凤祥、机务队长姜学仁等 15 名干部，带领 7 台匈牙利产 DT-413 型拖拉机和 9 台汽车，开赴内蒙古。进入内蒙古后，9 台汽车去往海拉尔支援。姜学仁带领 31 名队员和 7 台拖拉机到达乌兰浩特市后，乘火车继续向西北到达西口站，卸车后，当夜全体车辆即投入了开荒作业“战场”。

第二天，开荒队又接到指挥部命令，立即掉头去往科右中旗支援。开了一夜地的开荒队队员们马上将农具拆装上车，奔赴科右中旗。由于去往科右中旗的必经之路——突泉县永安公社的一座桥被雨水冲断，开荒队只好在乌兰浩特市等待。20天后，桥终于通了，开荒队一行带着开荒必备的辎重来到了巴仁哲里木公社北部的一个林场，就是现在的吐列毛杜农场进行开荒。据几位老同志讲，当时这个地方就一栋土房，没有门和窗户，大家住的是土炕，1960年的雨水特别大，炕洞里直往外冒水。但是大家并没有拿这些困难当回事，人歇机不歇，依然每天两班倒，进行开荒。不久，指挥部又调拨来6台东方红拖拉机，人员也陆续增多了。在与几位老同志的交谈中，他们都讲到了一件现在听来很有趣但在当时却是很无奈的事：当时领导和工人们同住一铺炕，开荒队在现在的二队开荒时，来了一批女工，因为没有多余的住房，只好也挤住在一铺炕上，一边住男工人，一边住女工人，中间是大队长刘凤祥，因为他是解放前参加工作的部队转业干部，大家信任他。

立秋后，天越来越短，为加快开荒生产进度，工人们干脆就住在野外，用几根木棍对着一支，外面用树枝和柴草一盖，前面留一个供住的人钻出钻进的口，人们管这种简易棚叫“马架子”。就是在这种艰苦的条件下，开荒队当年完成开荒任务6万亩。

建　　场

正当大家在这片亘古荒原上战天斗地、艰苦开拓时，7月末，接到牡丹江农垦局支援呼伦贝尔盟开荒指挥部通知，乌兰浩特分部第一开荒大队支援呼盟科右中旗垦荒的全体人员和农机具全部留在垦荒所在地筹建农场。当月，吐列毛杜农场成立，隶属于呼伦贝尔盟农牧场管理局。8月，中共科右中旗委员会批准薛东坡为吐列毛杜农场第一副书记兼场长，陶特格为副书记，阿拉坦敖老为第一副场长，李忠实、佟寿山、康万兴为副场长。陶特格、阿拉坦敖老、佟寿山、康万兴均为旗委派来的干部，同时，科右中旗政府从当地调183名青年和巴仁哲里木林场6名干部到农场工作。刚刚建场的主要任务仍然是开荒，因为以薛东坡为首的军转干部从牡丹江农垦局带来的都是农机技术人员和拖拉机驾驶员，机械化垦荒作业还是以他们为主。人多了，住房更加紧张，场、队领导接来的家属，只能临时安排在场周边的村屯，借住在老乡家。张言伦回忆说，当时他家三代同堂，挤在一间只有十几平方米的小土屋里，没有房门，只在门上挂了一个草篇的门帘。大女儿出生时，正值冬季，屋子的后墙上挂满了冰霜，怕孩子冻着，把孩子包得严严实实的，每天早上醒来，孩子露出小脸的被子边上都挂满了白霜。由于当年国家粮食紧缺，连吃的也成了问题，每人每天只有6两粮食的定量，根本不够吃，大家就到山上扫榆树叶子，把落在地面靠上面的一层干叶子扒开，捡下面发绿的烂榆树叶子，拿回后洗净，兑在玉米面里，蒸着吃。当时有一位年轻的拖拉机手，因长时间吃这种东西导致大便干燥，每次上厕所时都憋得直哭。在这种极其恶劣的条件下，有些干部职工想尽一切办法尽快“调离”这个“鬼地方”，甚至还有人当了“逃兵”。在与姜学仁的交谈中，他对我说：“我有好多次机会，可以调回牡丹江垦区，但是我舍不得与我一同来开荒的同志们，所以一直没走。”

生 产

1961年春，全场播种了4.75万亩耕地，当时要急于解决的是吃饭问题，但粮食种子却不好弄，所以大面积种植的是散稷子，长得非常好，但因该作物口松，不等收获早早地就掉粒了，造成了丰产不丰收。另外，许多人都吃不惯这种东西，当时的行政办公室主任黄义廷气鼓鼓地说：“这么好的东西你们都不吃，这是过去王爷才能吃到的东西。”后来，开始试验种玉米，但由于无霜期短、积温低，没能成功。1963年以后，开始播种小麦，因春季干旱，小麦出得不齐，抓不住全苗，秋季单产一直在10～20公斤，最好的也就30～40公斤。如何才能提高单产，成了当时人们最头疼的事。

1965年，呼盟农垦局在拉布大林农场召开农业生产现场会，参会的生产办主任姜学仁学来了一招：要想抓苗，必须在夏季入伏后对耕地实施翻耕，这样才能保墒。回来后，场采取了他的建议，在当时李忠实任队长的第一生产队的一号地搞了夏翻实验。1966年春，实验地块居然一次抓住了全苗。可随之而来的杂草问题又让大家直挠头，夏翻地里长满了俗称“猪毛菜”和“拉拉腕子”的草，人走在地里面，连腿都迈不动。地广人稀，人工除草不现实。姜学仁托人打听呼盟其他的农场是怎样对付杂草的，经打听得知，他们用了一种叫“2.4D酊脂”的化学除草剂。场里马上购进了这种化学除草剂，技术员和拖拉机手一道自制了拖拉机牵引的喷药设备，对小麦进行化学灭草。果然，地里的杂草不见了。1967年，在没施任何肥料的情况下（当时因国内化肥紧缺，种地大都是白籽下地），小麦平均亩产达到了102.5公斤，取得了建场以来的新高，此后，全场开始大面积应用化学除草，灭草效果达85%～90%。到1978年，农场向国家交售商品粮350万公斤，创造了人均年缴商品粮超过1000公斤的记录，受到了哲里木盟和吉林省的表彰。吉林省还在吐列毛杜农场召开了全省农业现场会，宣传推广吐列毛杜农场农业生产经验，并奖励给农场一辆天津产吉普车。

随着作物面积的逐年扩大和粮食产量的逐年提高，原有的3台牵引式康拜因已经远远不能满足收获的需要，于是，场又购进了几台罗马尼亚产C-12M型自走式联合收割机，当时这种收割机的配件很难买。1980年秋收前夕，几台收割机因缺少配件，检修工作无法进行，这可急坏了姜学仁。后来几经打听，听说从吐列毛杜农场向西几百里外的锡林郭勒盟农垦局乌拉盖垦区有这种型号的收割机。姜学仁抱着试试看的想法，带了一辆卡车，去往了锡林郭勒盟。到锡林郭勒盟后，让他们一行没想到的是，乌拉盖垦区的领导对他们非常热情，好吃好喝招待不说，临走还为他们装上了轮胎、水箱、皮带等大半车的配件。正当姜学仁一行感动得不知说什么好时，垦区领导握着他们的手说："有困难尽管说话，天下农垦是一家。"

往事如歌，一晃，吐列毛杜农场已走过了59个春秋。当年激情满怀、踌躇满志的31名来吐列毛杜农场支援开荒的年轻农机技术员和拖拉机手，后来只有16人扎根在了这里。让人痛心的是，这16人中现在已有10人永远长眠在了他们亲手开垦的这片黑土地上。他们无所畏惧，是时代的英雄，他们垦荒拓野，是农垦的功臣，他们的精神在如今的这片热土上得到了传承。我想，历史会永远记住他们，吐列毛杜农场永远会记住他们……

农垦精神再认识

陈　福

吐列毛杜农场是在国家需要粮食的关键时期建立的农场。有这样的一群干部工人，他们年龄大的也不过30岁左右，小的只有18～20岁。

先期到达内蒙古兴安盟吐列毛杜农场的15人全部为部队转业军官，来农场的第一开荒大队有31人，这31人中有4人为转业军人，这些人们始终保持着在部队的工作作风，一不怕苦、二不怕死，特别顽强，特别能战斗，1960年7月14日—8月31日，他们在吐列毛杜农场开垦出6万亩良田。当时农场的条件非常困难，他们白手起家，生产生活条件十分简陋，边开荒边建设，交通运输不便利，生产生活物资极度匮乏，垦荒队员吃不饱是常态。加之当时机械力量不太雄厚，配备不齐全，能在这么短时间内开垦出6万亩良田，他们克服的困难是可想而知的。这一时期，在他们身上体现出了农垦人应有的“艰苦奋斗、勇于开拓、顾全大局、甘于奉献”精神。

农垦人最能吃苦、最能战斗、最爱学习、最懂合作、最有责任心和奉献精神，是什么让他们有了那么多共同的特点和优良的品质？那就是在特定的环境下共同产生的品质升华和结晶，是一种由转业官兵和工人到农场开荒共同筑造并让他们刻骨铭心的精神境界。

今天，我对农垦精神又有了一种拓展认识，应表述为脚踏实地、勤俭节约、不怕苦累、挑战极限、责任担当、不甘示弱、互助友爱、集体融合、淡泊名利、为国利民、追求理想、团结奋进、崇尚学习、乐观积极、诚信做人、有情有义、千锤百炼、勇敢坚强、发光发热、红心向党。

随着国家改革开放、经济发展和社会进步，农场已发生天翻地覆的变化。但是农垦精神作为一种精神财富，依然被很多后来人继承和发扬着。半个多世纪以来，这种精神被农垦人带到全国各地，体现在他们的做人做事上，体现在他们的竞争实力上，体现在他们的爱岗敬业上，体现在他们发展事业上，体现在他们的社会影响力上，赢得了社会各界人士的夸赞：“农垦人好样的！”。

曾在农场学习和工作过的人，在工作中都表现出农垦人的特征和风格，深受当地人民的喜爱。1969年来农场下乡的大学生苗敬沾、陈警英、陈理等，离开农场后，在20世纪80—90年代末都取得了很好的工作成果，苗敬沾、陈警英分别被云南省昆明师范学院评为教授，陈理被评为浙江省丽水学校副教授。1974年来农场的知识青年陆健，1980年离开农场后，在上海市永和市政建筑工程有限公司担任副总经理至今。

从吐列毛杜农场初、高中毕业走向社会的人的身上，也能看到农垦精神，他们在工作中也取得了不小的业绩。在农场中学毕业后考入大学，后又考入日本筑波大学的戴玉才，在日本获得博士学位，放弃日本的优越条件，回到祖国，现在在山东省青岛大学担任教授。秦艳在农场学校毕业后，考入内蒙古农业大学生态环境学院水土保持与荒漠化防治专业，获得博士学位，现在是内蒙古自治区阿拉善盟行政公署党组成员、副盟长。王国忠现在是内蒙古农业大学能源与交通工程学院院长，中国林学会森林工程分会副秘书长，中国交通运输协会理事，内蒙古公路学会常务理事、工学博士、教授、研究生导师。陈静学毕业于内蒙古农牧学院装潢装饰专业，毕业后独自谋生，在开展装饰装潢的同时还进行核雕研究，现已在核雕领域有一席之地，传承着中华传统美术工艺。

还有很多的“80后”“90后”，在完成应有的学业后参加工作，为国家和社会做出了自己应有的贡献，被录用单位称为工作、业绩、信誉良好的员工，发扬着父辈的农垦精神。

事实上，农垦精神已不只是农垦人的骄傲和自豪，它对社会的文明进步，帮助人们正确树立世界观、人生观、价值观，都有着积极的意义。对于今天的农垦人，我从心里已经有了深刻的定位和理解，那就是感恩、致敬和传承。感恩农垦，让他们成为一个个坚强的钢铁战士；致敬农垦，让他们在人生的起点上的得到全面锻炼；传承农垦精神，让更多的人在成长的重要阶段找到真正的理想和目标。珍贵的农垦精神，属于农垦人，也属于全社会，在新的时代，依然有着自己的光芒。

今天，我们传承农垦精神，应记住当年第一批来场开发建设的先辈们。他们是黑龙江省牡丹江农垦局支援内蒙古呼伦贝尔盟开荒指挥部乌兰浩特分部第一开荒大队，共15名军转干部和机务人员31人，包括乌兰浩特指挥分部副总指挥薛东坡，带领大队长刘凤祥，大队教导员兼书记李忠时，干部刘庭安、刘延增、黄朝忠、黄文城、黄相寺、白宝介、华文池、张明月、程富、成金良、南相奎、王天瑜，机务技术员姜学仁，机务人员刘连珠、穆国勋、唐臣功、韩广娇、温景清、范守和、邵宝宣、苏宝德、陈效国、陈新超、王和中、王彦云、张言伦、吴树学、葛显文、孙相林、杨占才、杨兴廷、方士杰、徐文广、徐金栋、姜树恒、马焕君、马成义、李国勋、李凤高、李宪义、李庆才、褚金忠、崔凤光。让我们永远的记住他们，他们是农场创建的奠基人，也是农垦精神的播种机，让农垦精神在农场大地上生根开花，不断赋予新意，传播到全国各地。

建　房

陈　福

前不久，我去了一趟第四生产队，虽然内退后我一直在吐列毛杜农场场部居住，但两年来，四队我还是第一次来。远远地就看见屯中新增了许多红房顶。走进四队，一条整修一新、平坦整洁的街道呈现在眼前，一排整齐划一的太阳能路灯让人眼前一亮。街道两侧，许多黄墙红色彩钢顶的房子在阳光的照耀下熠熠生辉。据说这都是近两年来通过危旧房改造项目新盖或改造起来的职工住宅，有的房子的设计建造标准很高，太阳能淋浴、室内厕所一应俱全。看着眼前的一切，我不禁想起了30多年前我们在四队盖房子的事。

我是在吐列毛杜农场长大的，从孩提时代到高中毕业，一直没离开过家，没离开过农场。1976年7月，高中毕业的我们告别了衣食无忧的学生时代，成为一名待业青年。当时场党委要求年轻人到最艰苦的地方去锻炼自己，我和班级的男同学都积极响应场党委的号召，要求到最艰苦的生产队去锻炼自己。8月3日，我与同班的11个男生背着行李坐上场子安排的解放汽车来到了第四生产队。

第四生产队，是距场部最远的一个队，因为建队晚，也是条件最艰苦的一个队。当时只有19户人家，其中有一些人是我们上两届的毕业生，大多数职工都是单身。在第四生产队工作，最困难的就是住房缺少，我们11人的到来使队里住房紧张的情况更加严重。我们有的被分配到队部办公室住，晚上把行李铺开，就睡在办公桌上，白天上班时把行李卷起来放到一边；有的被分配到职工家外屋北侧隔出的很小的小隔间里住，小隔间的炕很小，平时只能住1人的炕上却挤了3个人，睡觉时只能侧着身子。当时队里正在积极为职工解决住房问题，正在建新房。我们到四队后的第二天，队领导就给我们交代了工作任务，让我们同两位老工人一起去把正在施工建造的新房建好。

那个年代，盖新房子是用石头从地面砌到窗台高后，上面用泥垛，就是用黑土搅拌上些碎柴草，浇上水，用二齿子扒拌均匀，垛在石头墙上，一米多高后，上檩子，钉上椽子，椽子上铺满柴草，盖上扒好的泥磨平，就算是完工了。

我们一起来到施工现场，老工人师傅刘贵庭、阿斯楞指挥我们挖土、搅拌毛柴、扒大泥，然后我们用杈子把和好的大泥端给两个师傅。掌杈垛墙是一门技术活，垛的泥墙要平直，泥墙才不会倒，否则泥墙在石头墙上立不住。掌杈师傅就相当于现在建筑工地的大工，我们是小工、力工。

对我们刚出校门的学生来说，虽说以前在学校和家里也干些体力活，但像干这样集中建造房子的重体力活还是头一次。结束了第一天的劳动，吃过晚饭后，我们都早早地都睡下了。第二天清晨醒来时，每个人都觉得浑身乏力，胳膊、腿都疼得抬不起来，躺在炕上都不愿起来。

经过近两个月的劳动，新房子终于完工了。这两个月，我们每个人都掉了几斤肉，可是饭量却增加了，每顿饭我们每个人最少都能吃一斤没有油的白面饼，虽然每顿饭的菜都是大头菜和长白菜汤，可我们每餐都吃得很香。这时已经是十月中旬了，天气非常冷，我们结束了分散住宿，集中住在了有南北大火炕的新房里。我们11名同学轮流值班烧炕，烧炕的燃料是我们自己上山搂的毛柴。随着冬季的到来，我们在屋子中间砌了个炉子取暖，因为没有煤，我们就到山上捡牛粪和马粪来烧火取暖。但在冬天里捡回来的牛粪、马粪都是湿的，放在炉子里根本不燃烧，我们又向机务组要了些废柴油或机油、倒在牛粪或马粪上点燃取暖，我们给牛粪、马粪、废油的混合物取了一个很好听的名字——“草原大块”。可这“草原大块”经常弄得满屋“狼烟”，其中还夹带着许多黑色的漂浮物，弄得我们经常是鼻孔里塞得满满的，脸上黑黑的。

因为新房子盖得比较急，椽子缝也没有堵严实，晚上躺在炕上还能通过缝隙看到天上的星星，如果夜晚外面飘起雪花，刮起风，我们早晨起来，被子上就会有一层雪花，头发上更是一层霜花，地上水桶中的水冻成了一个冰坨，在炉子上稍一加热，倒出来就是一个冰灯。

就是在这样的条件下，第一次离开父母独立生活的我们没有一个叫苦的，这是我们人生的第一次历练，也是我们人生旅程中宝贵的财富。

靠奋斗圆梦农垦

滕 倩

70年风雨兼程，70年沧桑巨变。伴随着共和国的脚步，我的家乡发生了翻天覆地的变化。经过几代农垦人的建设，如今的吐列毛杜农场有着全国最美乡村的殊荣。农业现代化、生活小康化、沟通信息化，无不昭示着农垦职工的幸福生活。职工群众对美好生活的向往已经成为我们不懈的追求！

兴安农垦之所以有今天的辉煌发展，源于艰苦奋斗、勇于开拓的农垦精神，它鼓舞了一代又一代的农垦人挥洒青春和热血，用勤劳的双手建设美丽家园。

时序更替，梦想前行。作为兴安农垦的建设者和接班人，我们这一代既拥有广阔发展空间，也承载着伟大时代使命，既是追梦者，也是圆梦人。

2009年，我考录到吐列毛杜农场工作，到现在已经整整10个年头了。10年来，我在农垦精神中汲取营养，在艰苦的环境中磨炼意志。刚到农场，我被分配到农业规模化经营管理区工作，远离了城市的繁华与喧嚣，面对的是艰苦的环境和枯燥无味的工作，不仅交通不便、手机时常没有信号，停电更是家常便饭。我心里打过退堂鼓，有过理想与现实的交锋，但是看到身边同事们一样在艰苦中摔打，激起了作为农垦后代先天种在心底的那股不服输的劲儿。我要留下来，绝不当逃兵。

到管理区工作的第一个任务就是每天负责清点种子化肥的进出库数量和开具凭证。大批量的种子、化肥每天运进运出，这项工作需要的是责任心、认真劲儿，稍有马虎，就可能让集体财产受到损失。农场春季，大风扬沙，时常吹得人站都站不稳，料峭的春风里，我每天裹着军大衣站在场院里清点数量，怕一遍查不准就查两遍、三遍，等到春播结束，小女孩儿也变成了黑姑娘了。但正是这种不服输的韧劲儿，不仅磨炼了我的意志，还让我取得了春播物资管理零差错的好成绩。这样的经历让我深深明白，在基层工作，需要的不是光鲜的服饰与外表，而是扎实肯干的工作精神。

2014年，我调到生产队担任党支部书记，生产连队的工作烦琐复杂，大多数时间都是和职工群众打交道。刚到新的工作岗位，许多职工都不熟悉，有的职工说："看那小书记，能干得了啥?"面对职工的质疑，我没有退缩，迅速进入角色，带领支委到党员、职工家里走访，通过走访沟通，了解他们的困难，并且力所能及地帮助他们。场内有什么好的政策，也都第一时间传达给职工。心与心的交流得到了大家的认可和赞许，很快，我就完全融入了生产队这个大家庭。在美丽场队建设活动中，我们开展了“党员活动日”“团员在行动”等活动，和党员团员一起清垃圾、扫街道、除杂草，许多职工群众自发地参与到劳动中来。当顶着酷暑的炎炎烈日和冒着深秋冰凉的雨夹雪清理街道的时候，我也哭过鼻子，但是有身边支委成员、党员的支持，我坚定了信念——困难越大，我就越该坚强。环境的美化、职工的笑容，让我和我的支部成员心里充满了获得感。

其实在我们农垦系统，有着许许多多令人钦佩的农垦人，他们朝气蓬勃、敢为人先，他们爱岗敬业、开拓创新。他们是富有生机和活力的新一代农垦建设者，他们正用全新的理念把农场建设成现代化的农业企业，把大粮仓变成大粮商。

奋斗是青春的底色，行动是最好的传承。在农垦改革发展的大潮中，新一代农垦人将扛起农垦第三代儿女的使命担当，不忘初心，牢记使命，以我将无我的精神谱写农垦新的历史画卷！

第三章　论　　文

关于进一步推进土地集约经营的思考

隋德慧

全系统自2009年推进土地经营制度改革以来，耕地的集约化、规模化经营一直以不同形式推进。但由于一些体制、机制、效益和分配的制约，在推进过程中也遇到一些瓶颈问题，导致增速放缓，个别甚至基本停滞。

在国家对现代农业发展的整体推进进程，以及国务院33号文件对于农垦发展的定位和要求来看，结合垦区资源禀赋和区位特点，积极推进兴安农垦耕地的集约化经营，仍然是全系统今后一个时期农业发展的基础和关键之一。

一、继续强力推进集约经营是现代农业发展的需要

首先，是推进农业现代化建设、贯彻供给侧改革精神、引领地区农业发展方向的需要。现代农业的首要基础特征就是集约化、机械化，而农垦又肩负着现代农业发展“国家队”的示范带动任务。所以，农垦的集约化要率先达到全覆盖、统到边，机械化要率先达到大型化、精准化、信息化。这是时代赋予农垦的又一历史任务。

其次是职工群众增收的需要。提高农业集约经营水平的根本目的，在于提高农业生产的综合经济效益。生产力水平条件下，集约降耗是节本增效的出路之一，同时也是解放一产劳动力、促进职工群众实现多元收入的途径。

三是为集团产业化、产业融合发展奠定基础。下一步，集团产业加工龙头建设后，农业生产就是二产的第一车间，差异化的原料生产和恒定的原料品质是加工业稳固发展的保障和优势。此外，在三产发展方面，有规划、有布局、景观式的田地种植，是特色农旅庄园发展的根基和命脉。

四是新技术、新措施推广应用的需要。只有集约经营顺利推进，才可以不断促进农业

科学技术水平和经济管理水平的应用与提高，集约才能对新技术、新措施、新品种的推广起到更好的积极作用。

二、存在的问题

对管理者而言，究其深层次原因、有三个方面：

一是压力传导不足，认识不深刻，推进意识、力度不够，集约经营推进保障体系建设不足。

二是部分基层干部思想不活、观念不新。“统”的思维过重、“联”的思维没开，集约整合即为统管统领的惯有思维占主导。

三是办法不多、形式不活，载体创新不够，政策杠杆缺失，无撬动整合推进的支点和抓手。

对于职工群众而言，分散经营严重制约劳动力劳动效能发挥，十几、几十亩地也要占用一户劳动力，劳动力的劳动量不足、收入受限，增收困难。此外，多年来，以户为单元的小型农业机械重复购买，动力闲置浪费，利用率低下，也使大型农机专业服务体系的发展受制约和冲击。集约经营也是农机、农业引入共享经济的载体。

三、推进集约经营的现实条件

由于土地经营收入持续增加，土地热一度制约了集约经营的整合推进。近两年，由于政策、价格、结构、自然条件等诸多因素的叠加效应，耕地收益降低，土地价格出现跳水式降温，职工群众对政策期待、市场预期、结构调整、品质提升都表现出茫然状态，对单打独斗的前景普遍不乐观，对集约经营、抱团取暖产生了浓厚兴趣。因此，又一轮整合机遇期已经来临，尤其是今冬明春，应该是推进集约经营的重要窗口时间。

四、集约经营推进的方向、办法、措施

垦区的集团化发展已毋庸置疑。一旦迈开产业发展的步子，起步就是攻坚、开局就是决战，因此，提前奠定好一产的稳固基础，打造一个稳产稳质的一产车间，是提速集团产业发展的要素之一，而继续推进土地的集约化、规模化经营则是一产稳固提升、转型发展的基础和保障。

土地经营制度改革以来，建设了以索伦、吐列毛杜、呼和为代表的场管场有的规模经营体，此外，还有以公主陵场五队合作社为代表的倡导式、小而全的合作经营模式。这两种模式均不能完全在全系统复制推广。场管场有模式，受制于体制、资源、利益分配等因素的束缚，已难再有突破；倡导式、小而全发展的合作模式，需要有凝聚力、感召力较强的头雁式人物发起，而且推进成效较慢。

在此形势和条件下，需要局、场、连队三级组织解放思想、创新思维、创新模式，不拘一格地探索整合模式。且本轮推进要树立长期、全面、彻底的思想，把规模化集约经营作为一次经营体制变革来定位和落实。

一要有明确的指导方向和推进原则。在规模经营推进方面，要紧紧把握局长工作报告中“不求所有、但求集约”这一灵魂主线，该思路紧紧抓住了集约经营推进中存在主要问题和矛盾。广大基层干部要深刻理解、解放思想，只要达到“六统一”这一集约要求和标准，不必纠结于谁有谁管。要开动脑筋，开拓创新，建立灵活多样、可复制的集约经营模式，探索出一段时期内可持续发展的合作体制和经营机制。要形成以连队为单位、以地块为单元，远看一大片、近看无界限的格局。

二要有推进的顶层设计和考评体系。方向加动力，才会产生位移。推进机制和保障体系的建设是决定集约整合进度、速度的关键因素。要进行系统推进，需要做好以下几个层面的准备工作。

首先要在管理局层面定目标、定任务、定进度，建立一整套完备和管用的体制、机制、考核推进办法。要以管局为主导、以场队为主体，局出意见、场出方案、队出办法。集约经营推进要做到有规划、有计划，有时间表、有路线图、有责任人。要有明确的组织实施和考评考核办法，来确保真推进、真实施。同时，要加大各级的创新指导、总结推广力度。

其次要在政策层面给予助力推动。全系统大部分职工群众通过各种渠道、媒体，都已知晓集约经营是大方向、大趋势。合不合已不是制约的关键，和谁整合、怎么整合、整合以后能多享受什么样的优惠政策才是关键。这些顾虑和茫然均源自没有具体和明确的促进措施和激励机制。没有引导和鼓励，靠职工群众自发、自觉的合作经营，似乎短期内不会有太大突破，所以这就要求各级部门主动作为、积极作为。推进集约整合关键还在于政策杠杆，系统内要设立专项激励机制、奖励基金、扶持政策、支持资金等，如农田水利、基础设施建设项目、固定或临时性抗灾资金、种植业项目补贴、农业保险、管理费用等可支配补贴，都可以作为调节集约整合的杠杆。在打造杠杆、做好顶层设计时，要做到四个明确：鼓励性政策明确、奖励性补贴明确、落实性责任明确、进度性考核明确。

三要在体制和技术方面提前把功课做足。在管理方面，积极探索整合模式。在整合载体和体制、机制的选择创新上，要发动干部群众广泛参与、相关部门联合调研，先初步探索出几种可供选择的、互促互利的整合或合作模式作为初始模板，以确保方向不偏航、落实不走样。

在技术措施方面，规模化经营较好的几个农牧场，要在“六统一”模式的基础上，总结出一整套规模经营、节本增效的管理体系及措施经验，整理出可推广的系统内常规作物模式化栽培措施，使其在种植、技术措施方面可直接移植或作用于新成立的合作体，新发展的集约联合体不必要在集约化的生产技术措施再付出“学费”，农业生产和服务部门必要时要能派驻技术指导人员。

四要有解放的思想和更新的观念。在新一轮集约经营推进中，不可再单纯追求场管场有面积的扩大，大包大揽，让企业“背包袱”式地整合。集约整合要采取着眼长期、持续的原则，紧紧把握“不求所有、但求集约”这一主旨，追求“远看一大片、近看无界限”的效果，主观上要树立“不是拿回来管，而是扶起来跑”的观念。要坚持企业不担风险、不拿收益这个原则，同时，要方便下一步建立起合作体与集团二产三产互相依存、互相促进、互相保障的机制和关系。在实施上，要采取次序推进的原则，要先平川后上坡、先沿线后连片、先突破后带动。

五要有创新的载体和灵活的形式。结合合作形式、功能定位、优势短板、政策扶持等几方面简要分析，一个时期内，全系统集约经营的形式应大体以下面几种形式为方向。

但不管哪种形式，一是六统一原则决不能打折扣；二是只有政策、资金优惠才能调动群众推进的积极性；这两点是关键中的关键。

一种是现有场管场有的，功能和作用体现在一产提质提效，发挥示范、引领、带动上。

一种是企业与职工股份合作，职工群众以土地入股，集中管理、统一经营、风险共担，这种形式虽相互制约少，易推进，但易在利益分配和成本控制上产生矛盾，职工群众依旧有靠大山的想法。企业一般负担较重，且惠及不全面。

还有就是职工群众按地块一人牵头承包或全员合作，这两种形式的合作社或联合体应该是集约经营下一步扶持的重点。暂且不细论合作形式，只要能够自主整合，实行“六统一”模式的，场队两级都要给予积极的引导、扶持，充分运用专项激励机制、奖励基金、扶持政策、支持资金杠杆，甚至2～3年内，还应给予定期定额减免或缓交部分管理费的优惠鼓励政策。其他补贴，如农田水利、基础设施建设项目、固定或临时性抗灾资金、种植业项目补贴、农业保险等可支配性补贴一律优先享受。

系统内土地资源分配大多为“两田制”。政策性保障田一般只是固定代收固定保险待遇资金，而无法利用费用杠杆来调节整合意愿，这种情况要多以项目整合，比如轮作项目倾斜、引入种草、种药等订单或风险较小的合作性项目为依托和载体来突破。

此外，场队两级组织应积极协调，在新成立的联合体运营之初，号召有关管理人员给联合体以集体担保或以联合体集体产品作抵押，帮助其多渠道筹措投入资金和物资，扶持其正常运营，这都是扶持办法。

有条件的甚至可以以增加优惠力度为鼓励，在保证联合体内职工土地承包数量不减、收益不少的前提下，积极探索“6＋1”模式，即在“六统一”标准下的一人牵头承包形式的建立。

再有一种就是托管或服务模式，这里只探讨农机大户和农机服务组织的托管或服务模式。

工欲善其事，必先利其器。推进集约经营面积，必须要先行培育与之相配套的农机社会化服务体系建设。场、队两级组织要积极促成联合体与农机大户和农机服务组织的对接与沟通，让职工群众接受“有车的不一定有地、有地的不一定有车”的思想。给专业的服务组织营造良好发展空间和氛围，让联合体享受上述优惠政策，全程服务联合体农业生产的农机合作组织购买大型化、精准化、信息化的装备时，给予高于一般农户的补贴。

以上合作整合模式，说白了就是合作体要同舟共济、抱团取暖，企业要雪中送炭、锦上添花。要形成政策扶持靠企业、生产经营靠联合、农机服务靠社会、农技提升靠部门的良性发展局面。

综上所述，对于农垦系统而言，能够作为调节杠杆，自主运用的资金和项目不多，所以一定要整合一定的资金和基金，捆绑、定向使用一部分项目，拿出一部分作为企业收益，让联合体得到实实在在的优惠，这才是决定集约经营推进成败的总开关。

人力资源该如何迎接兴安农垦4.0时代的到来

隋德慧

随着兴安农垦集团化改革的推进，集团公司生产经营发生质变，现代企业运营体系逐步建立，其对管理人才要求和需求，也必将发生深刻而广泛的变革。短期内，能够适应企业化、市场化的管理团队，承担起产业化、专业化生产管理的技术骨干，将是兴安农垦集团化改制后人力资源需求的重点，也是集团能否迅速发展，实现弯道超车的要素之一。

多年来，兴安农垦人才培养一直在良好进行，但一直延续着各农场的管理体制和经营理念，人才培养方式多为围绕行政管理、产业技能方面开展和设置，而针对适应农垦改革后的经营型、加工型、市场型的人才培养尚未完全启动。

军易得，将难求。农垦改革窗口期、集团加工企业尚未启动建设的空档期，也正是集团人力资源培养、培训的黄金期。为此，今后一个时期，全系统宜针对现代企业的运营管理、市场开拓、渠道建设、产业融合发展等集团发展的目标任务和特点特色，大力开展人力资源培养、培训及储备计划。重点对中层及基层员工的经营技能、管理技能、营销技能、生产技能进行培训和多元化人才储备设计。

针对集团生产经营特点、一二三产融合发展的产业结构布局特色，对管理型、技术型、营销型人才培养培训和储备引进要实行“三个相结合”的模式，做好人才储备顶层设计。

一、培养与引进相结合

对于集团中层和基层管理人员，要多培养本土人员，技术型人才要实行“拿来主义”，走聘引之路，也就是要培养集团内部“全科医生”，引进外部市场“专科医生”。

复合型管理人才是企业运营的神经，是把脉经营各环节的“全科医生”，集团需要的管理人才，既要懂管理，又要懂加工，对于基地、加工、市场、营销要做到样样通、不必精，需对全环节、全流程有深刻的认识和了解，同时，要对集团有相当高的忠诚度要求。对于具有一定管理潜质和营销潜能的人员，要加强对其现代企业经营管理、市场营销、加工技艺、形象包装、技术前沿、趋势动态等多方面、模块化的中短期强化培训，着重培养其能力和理念，使其在现代企业生产、经营、管理的各环节、全流程、多领域都能成迅速为行家里手，能在集团运营时，把各要素迅速统一整合成生产力。从海亮、恒大投资农业的一些表象看，缺乏跨行业管理能力、缺乏跨产业管理人才是其未能取得成功的重要因素之一。

对于加工企业的技术型人才，尤其是车间管理和产品研发型人才，应先走聘、引之路。因为此类人才基本都是加工、研发环节的“专科医生”、不仅需要一定专业背景和专业知识的积累，而且优秀的技术和研发人员，都具有十几年甚至几十年的技术摸索和经验积累。而且这类人才培养周期长、成本高，不是短期培训就能达到效果的，因此，当期可以走先引进、带队伍的路子。

二、车间与院校相结合

针对一二三产融合发展的结构布局，要在项目规划设计建设之前，提前寻求技术骨干，培养储备管理团队。而有些人才本土储备极少，而且周期长、成本高，所以要“走出去”，到专业院校、专业科研院所，主动宣传自己、推介自己，建立广泛而紧密的联系。通过项目共建、成果转化、定向培养等各种途径手段，吸引人才、项目、资金围绕集团主业开展合作。让专业的人员，甚至是学生到农场来实习，参与社会实践，集团为其提供一定便利条件，吸引其有目的、有目标地了解农垦、调研农垦、结合农垦。广泛培养一部分人对农垦的认知和情感，熟悉和感受农垦的氛围与文化。

可以与有关院校联合定向培养一部分优秀学员，集团承担其学习费用，毕业后与集团签订定向、定期服务合同。

与有关科研院所积极寻求技术合作、项目合作、转化合作或投资合作、合作形式要灵活多样、互利共赢，培养和培育长期利益增长点。

三、入门与强化相结合

在一二三产融合发展方面，农垦集团的产业化项目必将承担着引领和旗舰的作用。但在加工和农旅方面却一枝独秀，很难形成整体合力。所以，在产业大发展方面形成百花齐放、优势互补的小群体、大规模的联动局面，是实现集团快发展、大发展的基础。

这就需要对广大职工群众进行广泛的技能培训和素质培养，广泛培养培育产业发展的软环境和硬基础，使全体职工群众对兴安农垦的产业化发展前景充满信心和期待。通过短时期、多轮次的大众入门式、洗脑式的培训，参观考察，市场分析和信息引导，让职工群众结合自身实际，放手探索“一场一业”的蜂群式小型初加工、农家乐、牧场游等一些加工型、农旅型发展项目。在广泛培训中，有效融入农垦传统文化教育和发展前景规划理念，也是促进和保持农垦改革稳步进行的重要因素之一。

在做好大众入门的培训基础上，发现一批懂经营、善管理、有潜质、头脑活的“明白人”和一批有基础、有前景的好项目，进行重点培育和扶持，为其量身定制，聘请“创业保姆”做好指导，开创兴垦集团经济多元发展的孵化新模式。

兴垦集团发展核心战略确定之浅见

隋德慧

随着农垦改革和兴垦集团的建立，从生产经营层面看，建立现代企业管理制度和运营体系，做好顶层设计，是改革发展的关键和必然。而制定清晰、明确的中长期核心发展战略，更是对集团能否迅速调整工作重心，统筹整合分、子公司各单元及各要素形成合力、同向发力具有重要意义。

一、现代企业建立核心战略的意义

企业核心战略是根据企业自身优势和核心竞争力，结合发展目标，做出的总体、长远的对策与谋划，对统合企业内外资源，沿既定方针目标合力推进具有指导性、全局性、长远性、竞争性、系统性约束和规范意义。

核心战略是企业中长期发展目标的整体融合和价值体现，是统一企业人力资源思考和决策方式，是号令兴垦集团全系统要素诸元同向同速的纲和章，起到了各部门理解和认知集团发展主线、执行集团发展核心的最高准则的作用，也是企业发展的灵魂。

三年发展靠机遇，十年发展靠战略。正确科学的企业核心战略的制定和执行，可以规范企业业务行为，把握条块发展主线，整合兴安农垦全系统各类资源，按照集团整体布局和节奏协调推进，减少和避免不必要的浪费与弯路成本。只有目标清晰明确，才能步调一致，形成靶心效应，提高集团的经营管理水平。

二、兴安农垦集团该确立什么样的核心战略

只有认真分析兴安农垦现状、发展方向、短板和优势，启动追赶式、补课式发展模式，才能迎头赶上。这就需要既抓住关键，又突破常规，齐头进步、夯牢补齐，在实施稳固一产、融合发展的大背景下，建立一轴三线，大 E 字形核心战略。

一轴是以一产为轴，产业融合发展要紧紧围绕一产这个轴心布局，突出一产在整体发展中的核心地位和作用，夯实打牢。三线是围绕核心基础发展和衍生的共生关联产业和板块。

同时，“E”字形也是体现农业进入互联网时代的象征。

在核心战略的确定中，首先确立了一产是集团全部产业发展的基础和轴线，其他所有产业和板块的发展都要围绕一产布局，这也是兴安农垦的历史和区位决定的，不能在发展中偏离主线、偏出主路、自我去势、自废武功。稳固的一产也是发展其他衍生产业和社会稳定的基础和核心，要有稳固的一产才可以更好地接二连三、谈资论价。故此，一二三产融合发展和资产资本战略就有了汲取发展营养的根基和依托。因此，集团在一定时期内，仍要不断完善和改进一产的生产技术条件保障与环境。

如此确定集团发展核心战略，能够清楚融合发展的各产业之间的地位、方位和关联，使集团在系统庞大、情况复杂、禀赋不同、程度不一的改革现状下，运用核心战略，阐明旗帜方向，统一号令、统一步调。使集团各条块、各部门，甚至各岗位都围绕这一核心主线开展工作，按照刚性原则制定和规划自身工作任务目标，也为培养团队向心力和凝聚力提供圆心作用。

三、核心战略下的子战略布局

核心战略的具体布局和延展可以概括为“3456”发展模式和框架，即三大产业融合发展、四大板块互联互补、五大要素整合管控、六大体系建设支撑。“3”是指全系统各业发展要紧紧围绕一二三产，三大产业融合发展。“4”是指在融合发展的框架下，形成四大经济板块条块增长布局。一是以一产为支撑的资源经济板块，这其中包括农机社会化服务体系建设；二是以有相当品质优势、可持续生产的农副产品为依托，以加工业为龙头的产业经济板块；三是以农旅服务、文化历史为拉动的第三产业的品牌经济板块；四是以资源、资金、资本运作为基础的资本经济板块。四大经济板块的布局可以形成清晰的发展和指标控制体系。“5”是指五大要素的整合管控。一是条件的要素。在集团的经营发展中，很多时候是优势不如趋势，要用足全盟产业发展的历史机遇红利，避免全产业链中非生产环节的自我建设，用政策、搭快车，寻求可为我所用的一切助力条件和因素促进发展。二是品牌的要素。文化和历史的厚重，差异化的体验载体设计建设，都是今后规划和建设旅游服务业的品牌和招牌，要充分挖掘农垦元素，打造有特点、有特色的乡村旅游名片。三是能力的要素。市场开拓与渠道建设是集团营销能力建设的关键要素，是保障企业生存发展的关键制约。四是稳定的要素。在改制和改革中，应做好资源和利益切割，所以，解决好人的问题、利益的问题，营造良好的发展环境也是推进改革的前提和基层。五是风险的要素。风险与利润始终是经营过程中的孪生结果，但建立有效的各方面、各层面的风险管控机制，是保障企业正常发展的重要保障。“6”是指需要六大体系建设支撑。一是以绿水青山为目标的生态建设体系；二是以发掘历史、传承发扬为方向的文化建设体系；三是以特色旅游小镇为依托的小城镇建设体系；四是以绿色、安全、加工为基础的基地建设体系；五是以经济龙头、带动全产业发展为任务的产业建设体系；六是以现代企业制度建设为标准的管理和营销体系。

创新农垦企业人才工作问题研究

韩聚东

农垦企业是在特殊历史时期为国家做出特殊贡献的企业群体。农垦企业人才流失现象十分普遍，已成为制约企业发展的瓶颈。在新的历史条件下，企业间经济与实力的竞争，归根到底是人才的竞争。农垦企业要掌握加快发展的主动权，必须把人才工作作为一项战略举措来抓。

习近平强调，实现科学发展，关键在科技，根本在人才。新的形势下，随着市场竞争日趋激烈，农垦企业人才紧缺的矛盾越来越突出。如何顺应时代潮流，确保农垦经济、社会发展与时俱进，为农垦经济又好又快发展提供不竭的人才支持，成为各级党委面前一个现实的课题。笔者认为，农垦在高度分散、条件艰苦、发展滞后、人才断层的情况应着力做好以下几方面工作：

一、准确把握农垦企业人才队伍现状

我国农垦企业绝大部分建于中华人民共和国成立初期，至今已有半个多世纪的发展历史。开创初期，主要是由部队屯垦戍边，后来逐渐移交地方管理。在兴安农垦所属的十个国有农牧场中，除公主陵牧场始建于 1947 年外，其他农牧场大都建于 20 世纪 50—60 年代，大多位于偏远地区，工作和生活环境极为艰苦。在计划经济时期，大批有志青年响应号召或服从分配，扎根农垦，成为建设兴安农垦的中坚力量。改革开放以来，特别是进入 21 世纪以来，农垦企业制定了人才开发措施，先后引进了一批大中专毕业生，但远比计划经济时期少，加上引进后流失现象普遍，农垦企业人才，特别是青年人才现状堪忧，人才短缺已成为影响农垦改革发展稳定的根本问题。究其主要原因，一是企业地缘劣势，工作和生活环境较艰苦，历史遗留的养老、医疗等社会负担使企业不堪重负，职工待遇偏低，生活清苦；二是打破大中专毕业生统分的计划体制后，“双向选择”促使毕业生过多地流向城镇，即使是农垦子弟，也大都不愿回到农场就业，人才总量不足；三是企业处于向市场经济转型的时期，“论资排辈”等传统观念时有存在，人尽其才的用人机制有待完善，挫伤了部分人才的积极性；四是企业对人才的教育培训投入明显滞后，现有人才专业结构、知识结构及年龄结构不尽合理，导致人才“虚假不足”；五是用人机制不健全，把关不严，随意性强，找关系、攀亲戚成为许多人进入农垦企业管理队伍的主要途径，人多却无才可用的现象严重制约了农垦企业的健康发展。

二、实施好人才引进工程

进入21世纪，知识经济的浪潮把人才放到各类竞争力的前沿，“人才难求”成为农垦企业的“通病”。因此，吸引人才、引进人才、留住人才成为兴安农垦的战略任务和当前的重要课题。一是依靠优惠政策吸引人才。农场要把人才作为科学发展的第一资源，把吸引、培养和使用人才贯彻于人才工作的始终，通过制定一系列优惠政策，吸纳优秀人才。首先，建立人才发展专项资金，并确保随着企业收入增长逐年递增。资金主要用于人才的引进、培养、使用和激励以及与人才工作和人才队伍建设相关的工作，为加快人才资源向人才资本转化提供财力保证。其次，建立优秀人才系列优惠政策，各农场在贯彻农垦人才政策的同时，要不拘一格，结合各自农牧场实际，出台各项人才优惠政策，对工资待遇、培训学习、住房补贴、职称津贴、科研研发收益提成或奖励等都在政策内予以明确，使人才政策成为引进人才的“说明书”“明白纸”，增强农场对人才的吸引力。最后，制定保障制度，增强各类人才归属感。建立较为完善的劳动保障制度，优秀人才可在培训教育、住房安置、养老保险等方面享受特殊政策，积极为各类人才创造良好的生活条件，使他们能够全身心投入到建设农垦事业中。二是依靠多种渠道引进人才。农垦与城市和经济发达地区的企业相比，存在环境艰苦、条件简陋、待遇有限等不足，这也是农垦难引进人才的主要原因。为此，首先，要高度重视人才工作，积极倡导“农垦是我家、展示在农垦”的文化理念，不定期举办人才座谈会，征求他们的意见和建议。组织部门经常开展谈心活动，了解引进的高校毕业生的生活、工作情况，帮助他们解决实际困难。其次，挖掘内部人才。每一个企业都是一个潜在的人才库，在抓好外来人才引进的同时，也要坚持眼光向内，下大气力做好企业内部人才的培养和使用工作。2009年以来，兴安农垦先后与内蒙古民族大学、黑龙江八一农垦大学合作，以委托办学的方式，先后培养全日制两年成人大专班5期，这种坚持立足实际、创新人才培养模式、更加务实管用的措施，提高了农垦人才队伍建设的实效性。对农场内部有一技之长的各类人才，应大胆使用，打破身份、学历、资历的观念，逐步在企业内部建立人才动态使用机制，最大限度地挖掘人才资源。最后，面向社会，多渠道招揽人才。农场要通过与大中专院校对接、现场招聘、预约招聘等办法，广招所需人才。同时，充分利用互联网等现代信息手段，搭建人才与用人单位对接和交流平台。邀请各类人才到农场交流考察，有条件的农场还可通过岗位聘用、项目聘用、技术聘用和人才租赁等方式引才引智，发挥社会人才的作用。

三、组织实施好人才使用工程

现在，有的农场仍存在“重引进轻使用”“重待遇轻培养”的现象。如何将现有人才用得其所、人尽其才，是农场党委的重要工作。

一是量才使用。“尺有所短，寸有所长”“人无完人，金无足赤”，不能用苛求的眼光要求人才。农场内的每个人才都不可避免地存在缺点和特长，应扬长避短用人才。首先，应根据人才特长大胆使用。要遵循人才发展规律，用好人才。要坚持人岗相适，把人才素质能力与岗位要求结合起来，力争把每一个优秀人才都放在最合适的岗位上；要坚持用当其时，及时发现、大胆使用，使各类优秀人才在黄金时期充分施展才干。其次，组织管理部门要建立各级各类人才的档案，了解他们的特长和潜能，认知人才，当好党委在用人方面的高参。同时，要制定一套量才使用人才的办法，有选择地通过考试、竞争等办法选择使用人才，变“伯乐相马”为“赛场选马”，把德才兼备、有专长的人才选拔到管理岗位上，让想干事的人有舞台、会干事的人有地位。

二是激励使用。激励是一只看不见的手，具有强大的动力。首先，应建立科学的人才激励制度，根据农场实际，完善分配制度，加快建立一套以业绩为核心、以贡献为标尺、以体现人才价值为根本、以维护人才权益为基础的分配激励制度，真正实现“一流人才一流待遇、一流贡献一流地位”。要大张旗鼓地表彰重奖获得重大科技成果、创造重大经济效益、对企业发展做出突出贡献的优秀人才。其次，建立非物质激励制度，包括表扬、奖励、荣誉称号、职位的迁升、权利的扩大、地位的提高，让优秀人才在精神上产生满足感。“人往高处走，水往低处流”，应及时提拔重用工作有成就、群众基础好、成绩突出的优秀人才，充分发挥其模范带头作用。对学业有特长、贡献有影响、工作讲奉献的优秀人才，可在企业内树立典型，提高其知名度，使其他人才学有榜样、赶有标杆。最后，要把握人才工作规律，着重创新分类管理、客观公正的人才评价机制，能上能下、竞争择优的选拔任用机制，能进能出、合理有序的流动配置机制和尊重贡献、尊重实绩的激励保障机制，真正让优秀人才有机会、有舞台、有地位、有财富。

三是温情使用。充分利用农垦优势凝聚人才。农垦作为国有企业，在人才选拔使用上有一定的政治优势，如组织化程度高、企业效益逐年好转、专业选择面宽、事业舞台广等，因此，应在农场内部营造“尊重知识、尊重人才”的良好氛围，强化“人才是第一资源”的理念，逐步建立行之有效的人才引进、培训、使用、提拔、交流制度。要注重发挥企业党支部、工会、妇联、共青团等各类组织凝聚人才的职能作用，在农场内部形成用才、爱才、惜才、重才的氛围。要不断地发现和培养各类实用型人才，通过给荣誉、给待遇、给舞台，让他们更好地扎根农场，建功立业。加强与各类人才的沟通交流，充分信任他们，使各级各类人才对农场有足够的信任感、归属感和认同感。

第四章 诗 词

闫俊诗词选登（六则）

闫 俊

一、有感《回农场》

一别转瞬四十年，
故地重游起罕山。
科技园区百花笑，
千姿百态挺胸瞻。
万顷绿浪顶喷灌，
受益农田片片安！
生态新颜农场亮，
天人和睦梦将圆！

二、回农场《老友重逢》感怀

盼到重逢百感生，
相拥未语泪先倾。
当年飒爽童颜子，
今日蹒跚白首翁。
白驹过隙四十载，
峥嵘往事却常萦。
人间珍贵何为最？
农场人恋农场情！

三、七律《吐列毛杜农场》

巍巍罕山世纪多，
农场盛景跃江河。

高新管区万般秀，
科技园内竞百舸。
改革方针百花绽，
现代农业结硕果。
寻来美酒迎宾客，
欢歌笑语靓红歌！

四、赞农场《广场花园》

满园翠绿静微澜，
千姿百态急欲喧。
松柳小榆轻摆手，
百荷黄花掩羞颜。
美人娇红犹骄傲，
万寿菊开亦逊谦。
忽散幽香迷过客，
风吹好句天地间。

五、《金家故居蒲公英》

思念故人井旁生，
年复一年苦心等。
雨润根深黄花绽，
心牵故土梦身萦。
四十余载情共月，
锹铲刀割又重萌！
苦尽甘来捷足报，
故主深情接家中！

六、七律

农垦《吐列毛杜农场建场六十周年》感怀

回眸六秩叹沧桑，谁变峰峦大粮仓？
畴昔不毛穷地脉，现代科技破天荒。
欲惊稻椒千重浪，更喜新城展景长。
代代宏图承后继，农场日月更辉煌。

梁海峰诗词选登（二则）

梁海峰

一、忆往昔

（一）

层峦叠嶂罕山绵，
回眸苦乐云水间。
荒野横流人烟少，
獐狍野鹿天然园。

（二）

屯垦戍边改河山，
垦荒大军开进川。
杂草丛生三千尺，
烂石横流百万千。

（三）

早穿棉袄午穿单，
横刀立马战荒原。
一代垦荒苦作乐，
其乐无穷能胜天。

（四）

野鸡兔子遍山坡，
沙鸡铁鸟一窝窝。
山芹韭菜随处见，
黄花榛子花脸蘑。
小麦酿酒陶人醉，
唇齿留香上餐桌。

二、看今朝

（一）

引进高科韵乡愁，

高端引领有所求。
智能管控高歌进，
城乡无别一洋楼。
茶余饭后何处去，
鲜花喷泉广场游。

（二）

农场崛起谱新篇，
创业精神留古千。
功不可没公仆迹，
叱咤风云后人圆。

神奇的热土　美丽的家园

王树有

甲：太阳红着脸，爬上了东边的山峦。

乙：给农垦这片美丽富饶的土地带来了温暖。

丙：见证着这片热土的美丽与神奇。

丁：神奇的热土时刻展现着一幅幅精美画卷！

甲：春天，万物复苏，希望的种子在沃土中细语呢喃。

乙：夏天，骄阳似火，鲜艳的花朵簇拥着向人们张开烂漫的笑脸。

丙：秋天，金光灿灿，沉甸甸的收获，把农垦职工的心装填的幸福美满。

丁：冬天，肥沃的黑土地，酣睡于美丽的山水间，积蓄力量，期待风调雨顺的明年……

合：这就是农垦，我们美丽的家园！

甲：今天，我们欢聚一堂，热烈庆祝共和国七十周年华诞。

乙：今天，农垦体制改革的进军号已经吹响。

丙：广阔的平台，让农垦职工满身的技能和智慧得以宏图大展。

丁：团结奋进，我们共同描绘兴安农垦光辉灿烂的明天。

甲：忆往昔，我们有成功、有感叹、有挫折、也有遗憾。

乙：展未来，我们唱响主旋律，服务大发展。

丙：今天，农垦体制改革，我们站在了新的起点。

丁：我们创新发展理念，破解发展难题，把握发展机遇，迎接新的挑战。

甲：农垦人，淳朴而平凡。

乙：选择了农垦，就选择了与泥土为伴。

丙：早出晚归，早已成为一线同志们的习惯。披星戴月，再苦再累也心甘情愿。

丁：歌厅酒吧，早已被他们抛至九霄云外。机声隆隆，农机手又是彻夜未眠……

甲：你们把愿望寄托给了春天，愿望就在幼苗成行的新绿中实现。

乙：你们把热情奉献给了盛夏，热情就在大片花蕾的绽放中张开笑脸。

丙：你们把汗水挥洒给秋日，汗水就在丰硕的果实中显得更加沉甸。

丁：你们把沉思赋予严冬，沉思就会驱走那冰冷的霜寒。

甲：不负韶华，让农垦精神的红色血脉薪火相传。

乙：不负韶华，让火热的青春为农垦大地奉献。

丙：不负韶华，让初心使命指引我们前进的方向。

丁：不负韶华，让澎湃的激情把沸腾的热血点燃。

甲：油葵花海曾经是照耀在农垦人头上最美丽的光环。

乙：如今，十万亩大豆，在阳光雨露中浪卷波翻。

丙：调整种植结构，谋划企业发展。

丁：改革创新，农垦人攻坚克难、同舟共济、力拔泰山。

甲：规模化经营，现代化大型农机装备，我们一马当先。

乙：绿色有机农畜产品，是我们得天独厚的资源。

丙：走种养结合的发展之路，我们的优势日益显现。

丁：美丽乡村建设，场容场貌焕然一新，堪比世外桃源。

甲：听！笛声清脆，小轿车走进了寻常百姓家。

乙：人声鼎沸，工作之余人们在广场散步，多么悠闲。

丙：改善居住环境，一幢幢楼房拔地而起。

丁：展现在人们面前的是美丽乡村的新画卷。

甲：看2019，骏马腾飞，晨曦初露，多姿斑斓。

乙：建成小康社会的蓝图已经绘就，展现在我们面前的是更加壮美的巨幅画卷。

丙："空谈误国，实干兴邦"，同国家和民族的前途命运紧密相连。

丁：箭已在弦，弓已拉满，容不得我们有半点的怠慢。

甲：昨天、今天、明天我们用睿智去细心盘点。

乙：面前的山峰，还需我们负重登攀。

丙：在未来的征途上我们团结奋战，并肩向前。

丁：新的征程，快马扬鞭。

合：我们用百倍信心，去迎接中华民族伟大复兴的美好明天！

第五章　群口快板　歌曲

廉政建设谱新篇

王树有

（合）打竹板，笑开颜，
登上舞台唱清廉。
唱清廉，树新风，
浩然正气装心中。
反腐倡廉多宣传，
营造气氛唱主旋。
唱主旋，反腐败，
清正廉洁人人赞。
（1）颂新风，唱清廉，
古人为我们做样板。
两袖清风算清廉，
多少佳话在流传。
（2）包公轶事成典故，
当官只为民做主。
铁面无私留美名，
清风正气传千古。
（3）传奇宰相刘罗锅，
刚直不阿有品格，
敢把贪官拉下马，
关注民生心更热。
（4）当代更有好典范，

忠诚为民天可鉴。
一腔热血洒热土，
公仆形象人人赞。
（5）焦裕禄，孔繁森，
拳拳赤诚为人民。
鞠躬尽瘁不畏难，
芳名永驻群众心。
（6）你们说的都挺好，
我想说说咱们的党员干部和领导。
（合）哎，说领导什么呀？
（7）我们的领导都优秀，
廉政建设有成就，
制度笼子扎得紧，
利益面前不伸手。
（8）我们的干部素质高，
拒腐防变有一套。
廉政建设有成效，
仔细听我们表一表。
（9）管理局，把廉政建设总体任务来部署，
我们场，制定了廉政建设新思路。
落实科学发展观，
把经济建设与反腐倡廉来贯穿。
（10）廉政建设高度重视有分工，
列入了党委工作重中之重上日程，
责任明确到第一人，
廉政建设领导小组任务落实更认真。
（合）同其他各项业务联系得紧，
共同进步有促进，
提高素质抓学习，
拒腐防变有底气。
党员干部齐努力，

形成了齐抓共管层层落实的新格局。

（1～5 合）召开会议多研讨，

组织学习效果好。

廉政建设有准则，

领导干部人人遵守不出格。

（6～10 合）纪律处分有条例，

党员干部都注意，

抓党风，抓廉政，

为人民服务的高尚准则时时刻刻记心中。

（合）更新了遵纪守法的新观念，

自觉守法廉洁从政拒腐防变的本质不能变。

权力观、利益观、价值观，

时刻考验着我们的干部和党员。

（1）手中的权力怎么看?

（2）利益诱惑怎么办?

（3）这些问题不算难，

（4）淡泊名利是关键，

（5）爱岗敬业扎实工作多奉献。

（1～5 合）廉洁勤政富民强场的准则记心间。

（6）廉政风险预警有行动，

（7）惩防体系建设有作用，

（8）惩防并举治标又治本，

（9）廉政建设各项工作抓得紧，

（10）抓得紧，抓得牢，

（6～10 合）预防为主综合治理坚持到底不动摇。

（1～2 合）监督机制更牢靠，

廉政建设拒腐防变工作取得了新成效。

（3～4 合）召开廉政建设专题会，

“一岗双责”制度落实到党委成员的每一位。

（5～6 合）容易发生问题的部位和环节，

建立了党风廉政建设“诫勉谈话”的形式很特别。

（7～8 合）“诫勉谈话”很重要，党员干部都知道。

（9～10 合）有问题，早发现，真心做到拒腐又防变。

（1～5 合）我们的领导为大家，职工群众人人夸。

（6～10 合）我们的干部很清廉，职工群众努力工作势气添。

（合）廉政建设两手抓，

职工群众竖起拇指人人夸。

场务队务都公开，

职工心里都明白。

各类公示都上墙，

职工群众心里亮。

增加了办事透明度，

阳光操作职工群众心服口也服。

大爷说：“党的领导就是好，我们的生活节节高。”

大娘说：“我们的领导有水平，反腐倡廉个个都是排头兵。”（1～2 合）金杯银杯都很重，

不如那老百姓的口碑更有用。

（3～4 合）鹅掌鸭掌和熊掌

比不上老百姓交口称赞齐鼓掌。

（5～6 合）感谢社会感谢党，

和谐发展实力强。

（7～8 合）党的领导指方向，

农垦发展有希望。

（9～10 合）说到这里算一段，

希望大家提意见。

（合）同志们，齐奋起，

攥紧拳头齐努力，

为了明天更美好，

为农垦社会各项事业顺利发展齐头并进多出力，

多出力！

吐列毛杜农场之歌

孙国权 词
阿古拉 曲

1=D $\frac{2}{4}$

（进行速度）

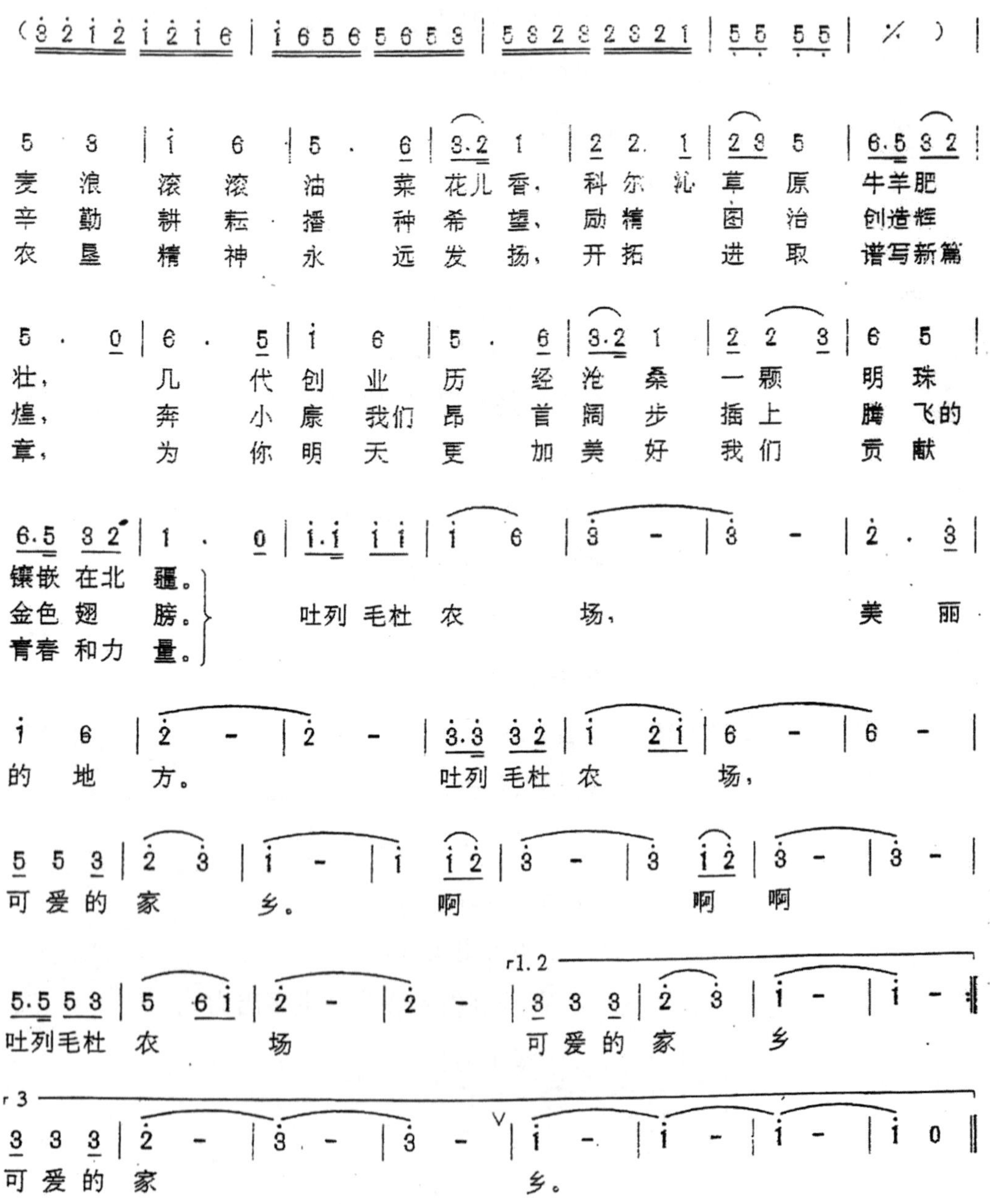

第二十编

人物　荣誉

中国农垦农场志丛

第一节　人　　物

一、2000—2020 年吐列毛杜农场历任正场级领导（按任职时间先后为序排列）

王杰，男，汉族，1941 年 9 月出生，辽宁省阜新县人，1986 年 6 月加入中国共产党。1960 年 6 月参加工作，1961 年 9 月—1992 年 2 月任吐列毛杜农场生产队拖拉机驾驶员、生产科采购员、驻乌兰浩特市办事处负责人、供销科采购员、基建办公室负责人，1992 年 2 月任吐列毛杜农场副场长，1996 年 1 月—1999 年 11 月任吐列毛杜农场党委书记、场长，1999 年 11 月—2001 年 11 月任吐列毛杜农场调研员，2001 年 12 月退休。

吴宝山，男，蒙古族，1947 年 9 月出生，内蒙古自治区科右中旗人，1973 年 3 月加入中国共产党。1964 年 2 月参加工作，1964—1969 年在科右中旗商业局工作，1970 年—1992 年任布敦化牧场分场会计、场计财科科长、副场长，1992 年 1 月任吐列毛杜农场副场长，1996 年 2 月任吐列毛杜农场党委副书记，1999 年 11 月任吐列毛杜农场党委书记，2004 年 3 月离岗，2007 年 9 月退休。

董宝石，男，蒙古族，1959 年 10 月出生，辽宁省阜新人，1992 年 3 月加入中国共产党。1976 年 3 月任布敦化第三生产队会计，1983 年 3 月任布敦化机务队会计，1986 年 11 月任布敦化牧场财务科会计，1989 年 4 月历任布敦化牧场财务科副科长、科长，1995 年 5 月任布敦化牧场财务科科长，1996 年 1 月任布敦化牧场副场长，1998 年 12 月任布敦化牧场副场长、党委委员，1997 年 7 月任吐列毛杜农场副场长、党委委员，2004 年 2 月任吐列毛杜农场场长、党委副书记，2005 年 2 月任吐列毛杜农场党委书记、场长，2009 年 3 月任呼和马场党委书记、场长，2016 年 11 月离岗待退，2019 年退休。

武宝权，男，蒙古族，1961 年 10 月出生，内蒙古自治区科右前旗人，1997 年 6 月加入中国共产党。1979 年 5 月—1986 年 2 月在索伦牧场工作，1986 年 3 月—1993 年 2 月任索伦牧场电管所所长，1993 年 3 月—1998 年 2 月任索伦牧场农机监理站副站长，1997 年 6 月加入中国共产党，1998 年 3 月—2002 年 1 月任索伦牧场农机监理站站长，2002 年 2 月—2010 年 2 月任索伦牧场副场长，2010 年 3 月—2019 年 1 月任吐列毛杜农场党委书记、场长，2019 年 1 月—2019 年 11 月任兴安农垦集团有限责任公司董事长助理（享受集团副总待遇），免去吐列毛杜农场党委书记、场长职务，派驻吐列毛杜农场（分公司）指导工作，2019 年 11 月 25 日—2020 年 12 月任内蒙古兴安盟农垦粮油有限责任公司执行董事、总经理。

隋德慧，男，汉族，1975年2月出生，辽宁省昌图人，2002年6月加入中国共产党。1996年6月—2004年2月吐列毛杜农场场办工作，2004年3月—2005年6月任吐列毛杜农场办公室主任兼团委副书记，2005年6月3日—2010年2月任吐列毛杜农场宣传科科长，2010年3月—2015年10月任吐列毛杜农场纪检委书记、副场长，2015年10月—2016年11月任吐列毛杜农场副场长，2016年11月—2019年1月任吐列毛杜农场党委副书记，2019年1月—2020年12月任吐列毛杜农场（分公司）党委书记、场长、分公司经理。

二、2000—2020年吐列毛杜农场历任副场级领导（按任职时间先后为序排列）

陈福，男，汉族，1959年3月出生，吉林省大安县人，1985年9月加入中国共产党。1976年7月在吐列毛杜农场四队参加工作，先后任农场中学教师、场文卫科科员、场团委书记、场党委办公室主任、场组织宣传科科长，1993年3月—2004年2月任吐列毛杜农场纪检委书记；2004年2月15日—2010年2月任吐列毛杜农场党委副书记、纪检委书记，离岗后享受正场级待遇。

陈良忠，男，汉族，1961年10月出生，山东省海阳县人，1991年7月加入中国共产党。1979年5月参加工作，先后任吐列毛杜农场拖拉机驾驶员，康拜因手，第三生产队副队长、队长，农机科副科长，科长，1996年2月—2010年2月任吐列毛杜农场副场长、党委委员，离岗后享受正场级待遇。

刘姝，女，汉族，1954年10月出生，江苏省宿迁人，1989年5月加入中国共产党。1973年3月在吐列毛杜农场学校参加工作，历任中学教导主任、副校长等职，1992年4月—1998年2月任吐列毛杜农场妇联工会主席、团委书记，1998年2月—2009年11月16日任吐列毛杜农场工会主席，退休后享受正场级待遇。

孙建国，男，蒙古族，1952年10月出生，内蒙古自治区科右中旗人，1985年8月加入中国共产党。1982年7月任吐列毛杜农场团委书记，1987年8月任吐列毛杜农场办公室主任，1992年1月任布敦化党委副书记、纪检委书记，1996年1月任布敦化牧场党委副书记、副场长，1997年10月任八一牧场场长、党委副书记，2001年3月任兴安盟农牧场管理局商贸总公司经理，2002年9月任吐列毛杜农场党委副书记，2004年2月离岗待退，2012年10月退休。

许刚，男，汉族，1968年7月出生，辽宁省北票人，1991年10月加入中国共产党。1987年4月—1992年12月在吐列毛杜农场党委办公室工作，1993年1月—1998年3月任吐列毛杜农场第二生产队副书记、书记，1998 年 3 月—1999 年 3 月任吐列毛杜农场行政办公室主任，1999 年 3 月—2004 年 3 月任吐列毛杜农场组宣科科长，2004 年 2 月 15 日—2019 年 7 月任吐列毛杜农场党委委员、副场长，2019 年 7 月 8 日—2020 年 12 月任吐列毛杜农场（分公司）党委副书记。

吴玉琴，女，蒙古族，1970 年 3 月出生，辽宁省阜新县人，2005 年 7 月加入中国共产党。1989 年 5 月在公主陵牧场参加工作，在公主陵牧场工作期间，先后任学校教员、计划生育办公室副主任、主任、场妇联主任等职，2007 年 10 月任吐列毛杜农场党委委员、工会副主席，2010 年 3 月 14 日任吐列毛杜农场党委委员、工会主席、副场长 2016 年 1 月调呼和马场任工会主席。

刘华，男，蒙古族，1977 年 9 月出生，吉林省镇赉县人，2007 年 6 月加入中国共产党。1995 年 11 月在布敦化牧场参加工作，1997 年 12 月调农垦生资公司工作，2009 年 5 月任吐列毛杜农场党委委员、副场长，2010 年 3 月 14 日任吐列毛杜农场副场长，2016 年 1 月调公主陵牧场任党委书记、场长。

常志民，男，蒙古族，1970 年 4 月 27 日出生，辽宁省北票人，2001 年 7 月加入中国共产党。1998 年 5 月—2001 年 10 月在科右中旗布敦化牧场土地管理所、场财务科工作，2001 年 11 月—2007 年 2 月任吐列毛杜农场财务科科长，2007 年 2 月—2012 年 3 月任吐列毛杜农场总会计师，2010 年 3 月 14 日任吐列毛杜农场党委副书记，2012 年 3 月—2016 年 1 月任吐列毛杜农场副场长、场党委副书记，2016 年 2 月调任兴安盟绿垦农牧业开发有限公司（兴安盟农牧场管理局下属企业）担任法人代表、总经理职务。

王玉才，男，汉族，1965 年 3 月出生，河北省秦皇岛人，1999 年 7 月加入中国共产党。1985 年 10 月—1992 年 10 月任索伦牧场兽医站任兽医技术员，1992 年 10 月—2001 年 5 月任索伦牧场兽医站科员，2001 年 5 月—2007 年 3 月任吐列毛杜农场场长助理兼畜牧科科长，2007 年 2 月—2011 年任吐列毛杜农场总畜牧师兼任畜牧科科长、畜牧综合站党支部书记、畜牧综合站站长，2010 年 3 月 14 日任吐列毛杜农场党委委员，2018 年 1 月—2020 年 12 月享受正场级待遇。

程文达，男，汉族，1962 年 10 月出生，辽宁省人，1988 年 12 月加入中国共产党。1982 年 7 月—1982 年 11 月在吐列毛杜农场中学任教，1982 年 11 月—1984 年 4 月任吐列毛杜农场工会干事，1984 年 4 月—1986 年 2 月任吐列毛杜农场生产科科员，1986 年 2 月—1987 年 2 月任吐列毛杜农场第二生产队副队长，1987 年 2 月—1989 年 1 月任吐列毛杜农场第三生产队副队长，1989 年 1 月—1991 年 11 月任吐列毛杜农场生产科科员，1991 年 11 月—1997 年 2 月任吐列毛杜农场农业技术推广站站长，1997 年 2 月—1999 年 3 月任吐列毛杜农场第四生产队队长，1999 年 3 月—2001 年 3 月任吐列毛杜农场生产科副科长兼农业技术推广站站长，2001 年 3 月—2010 年 11 月任吐列毛杜农场生产科科长兼开发办主任（2008 年 9 月—2008 年 12 月到海拉尔上库力农场挂职场长助理），2010 年 11 月 19 日—2018 年 1 月任吐列毛杜农场总农艺师（2010 年 11 月—2014 年 2 月兼生产科科长、开发办主任，2014 年 2 月兼任农田水利开发办公室主任），2018 年 1 月—2020 年 12 月享受正场级待遇，主要负责农田水利设施基本建设，河长制管理日常工作兼任场水利开发办公室主任。

韩聚东，男，汉族，1969 年 5 月出生，内蒙古自治区科右中旗人，2002 年 6 月加入中国共产党。1989 年 9 月—2003 年 8 月任吐列毛杜农场中心校教师，2004 年 3 月—2005 年 6 月任吐列毛杜农场办公室秘书，2005 年 6 月 3 日任吐列毛杜农场办公室副主任（主持工作），2006 年 3 月 10 日任吐列毛杜农场办公室主任，2011 年 2 月 24 日—2018 年 1 月任吐列毛杜农场宣传科科长，2011 年 3 月—2018 年 1 月任吐列毛杜农场党委委员兼宣传科长，2018 年 1 月—2019 年 12 月任吐列毛杜农场副场长（兼任武装部部长），2019 年 7 月 8 日—2020 年 12 月任吐列毛杜农场（分公司）副总经理、社区管理委员会主任。

李连生，男，汉族，1967 年 5 月出生，河南省周口人，1994 年 6 月加入中国共产党。1985 年 9 月—1989 年 3 月为跃进马场职工，1989 年 3 月—1992 年 4 月为跃进马场学校教师，1992 年 4 月—1994 年 7 月任跃进马场机关团委书记，1994 年 7 月—2004 年 7 月分别任跃进马场十二连队长、十四连书记，2004 年 7 月—2015 年 10 月任跃进马场机关党支部书记、行政办公室副主任、纪检、司法、信访办公室主任、组宣科科长，2015 年 10 月—2018 年 1 月任吐列毛杜农场党委委员、兴安盟农场局驻吐列毛杜农场纪检组组长，2018 年 1 月—2019 年 7 月任吐列毛杜农场纪检书记，2019 年 7 月 8 日—2020 年 12 月任吐列毛杜农场（分公司）副场长、副总经理。

姜文涛，男，汉族，1968 年 1 月出生，辽宁省辽阳市，1993 年 8 月加入中国共产党。1987 年 4 月—1990 年 2 月在吐列毛杜农场派出所工作，1990 年 3 月—1996 年 9 月任吐列毛杜农场团委干事，1996 年 9 月—2000 年 2 月任吐列毛杜农场团委副书记（主持工作），2000 年 3 月—2001 年 2 月任吐列毛杜农场办公室副主任，2001 年 3 月—2004 年 2 月任吐列毛杜农场办公室主任，2004 年 3 月—2011 年 2 月任吐列毛杜农场劳资科长，2011 年 2 月—2018 年 2 月任吐列毛杜农场组织科长兼机关党支部书记（2017 年 8 月兼任老年党支部书记），2018 年 1 月—2019 年 7 月任吐列毛杜农场工会主席，2019 年 7 月 8 日—2020 年 12 月任吐列毛杜农场（分公司）副场长、副总经理。

丁晓明，男，汉族，1968 年 6 月出生，辽宁省北票人，2001 年 6 月加入中国共产党。

1989年3月—1992年3月在吐列毛杜农场第四生产队作业组上班，1992年3月—1993年12月在黑龙江省八一农垦大学在职培训学习，1993年12月—1996年12月任吐列毛杜农场第四生产队农机技术员，1996年12月—2000年12月任吐列毛杜农场第四生产队机务队长，2000年12月—2009年3月任吐列毛杜农场第四生产队副队长，2009年3月—2011年3月任吐列毛杜农场管理区主任，2011年3月—2014年2月任吐列毛杜农场生产科副科长，2014年2月21日—2018年1月任吐列毛杜农场生产科科长（2017年6月2日聘为场长助理，协助场长负责农业生产、农机管理、安全生产工作）；2018年1月—2019年7月任吐列毛杜农场副场长，2019年7月8日—2020年12月任吐列毛杜分公司副总经理。

滕倩，女，蒙古族，1984年10月出生，内蒙古自治区科右中旗人，2011年6月加入中国共产党。2009年3月—2010年5月任吐列毛杜农场管理区主任助理，2010年5月—2011年2月任吐列毛杜农场团委干事，2011年2月—2012年2月任吐列毛杜农场组织科干事，2012年2月—2013年12月任吐列毛杜农场管理区副主任，2013年12月31日—2017年7月任吐列毛杜农场第五生产队党支部书记，2017年8月—2018年2月任吐列毛杜农场组织科副科长，2018年2月2日—2019年7月7日任吐列毛杜农场组宣科科长，2019年7月8日—2020年12月任吐列毛杜农场（分公司）党委委员、纪检书记、工会主席。

三、2000—2020年吐列毛杜农场享受副场级待遇领导（按任职时间先后为序排列）

李仓德，男，汉族，1960年出生，辽宁省彰武人，1990年7月加入中国共产党。1976年8月—1980年11月吐列毛杜农场第四生产队工作；1980年12月—1986年3月吐列毛杜农场汽车队任驾驶员；1986年4月—1991年12月吐列毛杜农场供销社采购员；1992年1月—2000年1月兴安盟农场局外贸公司工作；2000年2月—2001年3月吐列毛杜农场物资科科长；2001年4月—2003年3月吐列毛杜农场农机监理站站长；2003年3月—2007年10月吐列毛杜农场第四生产队书记、队长；2007年10月11日吐列毛杜农场场长助理，享受副场级待遇；2011年2月离岗休息。

王翠清，女，汉族，1968年3月出生，辽宁省阜新人，2000年6月加入中国共产党。1987年4月—1990年7月吐列毛杜农场计财科工作；1990年8月—1992年8月吐列毛杜农场审计科工作；2010年5月—2011年1月吐列毛杜农场计财科副科长；2011年2月—2017年12月吐列毛杜农场计财科科长；2018年1月—2020年12月吐列毛杜农场总会计师。

张宝君，男，汉族，1973年4月出生，内蒙古自治区突泉县人，2009年加入中国共产党。1992年9月—2000年在吐列农场种子站工作，2001—2007年在吐列毛杜农场第五生产队工作；2007—2009年在吐列毛杜农场办公室工作，2009年4月—2018年1月在吐列毛杜农场任农业技术推广站站长兼土壤肥料工作站站长，2018年1月—2020年12月任吐列毛杜农场总农艺师。

陈宏，男，汉族，1970年6月出生，吉林省大安县人，1996年加入中国共产党。1988年10月—1992年3月在吐列毛杜农场工建管理科工作，1992年3月—1994年1月在黑龙江八一农垦大学培训学习，1994年1月—2000年3月任吐列毛杜农场第三生产队副队长，2000年3月—2005年4月任吐列毛杜农场第一生产队副队长，2006年10月—2014年8月31日任吐列毛杜农场农机监理站站长，2011年2月—2018年2月任吐列毛杜农场管理区主任（2014年2月21日为吐列毛杜农场第一管理区、第二管理区主任，主持全面工作），2018年2月—2019年7月任吐列毛杜农场生产科科长，2019年7月8日—2020年12月享受吐列毛杜农场（分公司）副总经理待遇。

四、2000—2020年曾在吐列毛杜农场工作生活过的知名人士（按出生年为序排列）

阿拉坦敖老，男，蒙古族，1925年出生，内蒙古科右前旗乌兰哈达人。1935年2月—1945年9月先后就读于乌兰哈达小学、王爷庙优级学校和兴安学院。中共党员。1946年1月，参加革命工作，历任兴安盟公安局干事（其间入东蒙干部学校、齐齐哈尔军政大学学习）、科右前旗义乐力特努图克秘书、科右前旗人民法院书记员、科右前旗公安局秘书股长等职。1952年8月调到科右中旗公安局工作，1955年3月任科右中旗公安局副局长，1958年8月任科右中旗人民委员会办公室主任，1960年2月—8月任中共科右中旗委办公室副主任，1960年8月—1965年7月任吐列毛杜农场副场长、场长，1965年7月任科右中旗人民委员会办公室主任，1972年9月任科右中旗革命委员会办公室副主任，1976年1月任吐列毛杜农场党委书记，1978年7月任科右中旗农业局局长，1980年1月任中共巴彦呼舒镇党委书记，1981年7月任旗人民政府副旗长，1983年12月任科右中旗人民政府顾问，1984年11月任科右中旗人大常委会主任、党组书记，1987年10月离职休养，2003年7月6日因病去世，终年78岁。

张希亭，男，汉族，1937年出生，辽宁省阜新县苍土人。1950—1956年就读于苍土小学和阜新县第二中学，1956年9月考入锦州农业学校，1959年7月毕业后分配到内蒙古自治区农业厅经作处工作，1961年10月—1979年4月在科右中旗吐列毛杜农场工作，先后任技术员、办公室主任，1979年4月—1984年3月先后任科右中旗农业技术推广站副站长、种子公司经理，1984年4月—1987年9月任科右中旗农业局局长，1987年10月—1994年3月任科右中旗人民政府副旗长，分管农业、农技、水利、区划、协调气象工作，1994年3月—1998年12月任政协科右中旗委员会主席、党组书记，1999年3月退休，2000年7月16日因病去世，终年63岁。

闫俊，男，汉族，1953年1月出生，1985年6月加入中国共产党。1969年5月—1974年3月任哲里木盟科左后旗金宝屯胜利农场四营任班长、独立排排长，1974年3月—1975年2月在吐列毛杜农场第二生产队生产，1975年3月—1977年12月在吐列毛杜农场林业队任技术员，1977年12月—1982年2月任吐列毛杜农场生产科任林业技术员，1982年3月—1985年12月任哲里木盟科左后旗甘旗卡苗圃任林业技术员（其间在东北林学院脱产学习，获得林专业本科毕业证书），1985年7月—1989年12月任科左后旗林业工作站站长，1990年1月—1993年10月任科左后旗林业局林政科科长，1993年11月—1995年8月任科左后旗林政科科长、防火办主任，1995年9月—2007年9月任科左后旗林业公安局局长（1996年9月—1998年6月中央政法大学在职进修），2007年7月—2013年4月任科左后旗林业公安局政委，2013年4月退休。

杨子荣，男，蒙古族，1953年6月出生，辽宁省北票人，1989年6月加入中国共产党。1973年1月参加工作，1976年9月在吐列毛杜农场先后任学校教导主任、文教卫生科副科长、派出所副所长、机关办公室副主任、主任，1998年3月在索伦牧场先后任副场长、武装部部长、党委副书记兼纪委书记，2006年离职。

陆健，男，蒙古族，1955年11月出生，上海市人，中共党员。1967年7月—1971年7月为松江二中学生，1971年9月—1974年2月在内蒙古通辽金宝屯胜利农场工作，1974年3月—1979年1月任内蒙古兴安盟科右中旗吐列毛杜农场财务科主管会计，1979年2月—1989年2月任上海麻纺织厂财务副科长，1989年3月—1995年11月任上海二毛华亭分厂财务副科长，1995年12月—1999年12月任上海惠松毛纺织厂副厂长，2000年1月—2005年12月任上海嫁氏商贸有限公司总经理，2006年1月—2019年12月任上海永合市政建筑工程有限公司副总经理、财务经理。

全会良，男，汉族，1960年5月出生，辽宁省本溪人，中共党员。1978年8月—1988年11月为吐列毛杜农场生产科科员，1988年12月—1991年1月任吐列毛杜农场第一生产队副队长，1991年2月—1991年12月任吐列毛杜农场第四生产队副队长，1992年1月—1994年12月任吐列毛杜农场第四生产队队长，1995年—1996年3月任吐列毛杜农场场长助理、1996年9月—2010年1月任八一马场副场长，2010年3月—2018年1月任呼和马场副场长，2018年2月离职。

刘云孝，男，汉族，1961年3月出生，山东省高密人。1981年9月参加工作，1991年12月在吐列毛杜农场先后任中学教员、会计员、审计员、供销科副科长、科长、财务科长，1996年1月在索伦牧场先后任党委员、副场长、总会计师。

孙青松，男，汉族，1963年3月出生，中共党员，居住在呼和浩特市，毕业于长春地质学校地质矿产专业。1984—1995年在内蒙古115地质队工作，1996—2001年在兴安盟地质矿产局工作，2002—2004年在内蒙古115地质队工作，2005—2019年12月任内蒙古地质勘察有限责任公司正高级工程师、副总经理。

戴玉才，男，汉族，1965年7月出生，居住山东省青岛市，毕业于日本筑波大学研究生学院林学专业。1981年7月毕业于吐列毛杜农场中学，1983年毕业于科右中旗巴彦呼硕第三中学，1990年7月—1993年1月为黑龙江省政府农村发展研究中心科员，1993年1月—1997年4月在筑波大学研究生学院农林学专业攻读博士研究生，1997年4月—1998年3月在筑波大学攻读研究生学院农林学专业攻读博士后，1998年4月—2001年3月任筑波大学研究生学院农林学专业讲师，2001年4月—2016年11月任青岛大学国际商学院国际经济贸易系副教授，2016年11月—2019年12月任青岛大学经济学院教授、青岛市侨联副主席、中国人民政治协商会议第十一届青岛市委员会委员、中国人民政治协商会议第十二届青岛市委员会委员。

隋德民，男，1966年3月出生，中共党员，居住于乌兰浩特市，毕业于华北大学电力工业工程硕士，高级工程师，任兴安电力局副局长。

白珉，男，蒙古族，1968年3月出生，1995年6月加入中国共产党。1986年5月—1990年9月从事吐列毛杜农场电视差转台工作，1990年9月—1993年7月在内蒙古广播学校节目制作班读书，1993年7月—2000年4月从事吐列毛杜农场电视差转台工作，2000年4月—2005年7月任吐列毛杜农场综治办副主任，2005年7月—2006年3月任吐列毛杜农场综治办副主任兼任机关司机，2006年3月—2007年3月任吐列毛杜农场综治办主任，2007年3月—2010年5月任吐列毛杜农场办公室副主任，2010年5月—2014年8月任吐列毛杜农场办公室主任，2014年8月—2015年10月任吐列毛杜农场纪检监察室主任，2015年10月—2018年1月任布敦化牧场党委委员、局党委派驻布敦化牧场纪检组组长，2018年1月—2019年7月任布敦化牧场纪检委书记，2019年7月8日—2019年12月任布敦化牧场（兴安农垦集团有限责任公司）党委副书记、监事会主席、工会主席（正场级）。

徐立文，男，汉族，1968年8月出生，中共党员。1991年8月—1993年4月从事吐列毛杜农场电视差转台工作，1993 年 5 月—1995 年 2 月为吐列毛杜农场组宣科科员，1995 年 3 月—2007 年 3 月任吐列毛杜农场组宣科副科长，2007 年 3 月—2010 年 3 月任吐列毛杜农场党委委员兼政工科科长，2010 年 3 月—2019 年 7 月任巴达尔胡农场副场长，2019 年 7 月 8 日—2019 年 12 月任杜尔基农场（兴安农垦集团杜尔基农牧有限公司）党委书记、董事长、场长、总经理。

王国忠，男，汉族，1969 年 7 月出生，中共党员，现居住呼和浩特市，毕业于内蒙古农业大学能源及交通工程学院森林工程专业。1994 年 7 月—2000 年 5 月为内蒙古林业院助教，2000 年 5 月—2006 年 5 月任内蒙古农业大学林业工程学院讲师，2006 年 5 月—2010 年 12 月任内蒙古农业大学林业工程学院副教授，2010 年 12 月—2019 年 12 月任内蒙古农业大学能源与箭筒工程学院院长、中国林学会森林工程分会副秘书长、中国交通运输协会理事、内蒙古公路学会常务理事、工学博士、教授研究生导师。

戴玉东，男，汉族，1972 年 12 月出生，中共党员，现居住呼和浩特市，毕业于西安公路学院公路工程专业。1994 年 8 月—1998 年 6 月为内蒙古自治区公路工程局第二工程处技术员，1998 年 6 月—2001 年 8 月为内蒙古自治区公路工程局第三公司技术员，2001 年 8 月—2010 年 2 月任内蒙古自治区公路工程局第三公司副经理，2010 年 2 月—2012 年 10 月任内蒙古唯实路桥工程有限公司总经理，2012 年 10 月—2017 年 8 月任内蒙古路桥集团有限责任公司第一工程处总工程师，2017 年 8 月—2019 年 12 月任内蒙古路桥建筑安装工程有限责任公司经理。

马向利，男，汉族，1976 年 10 月出生，中共党员，现居住广东省中山市，毕业于哈尔滨工业大学建筑工程专业。2000 年 9 月—2019 年 12 月任广东中山盛兴股份有限公司项目经理。

戴玉宝，男，汉族，1978 年 2 月出生，中共党员，现居住牙克石市，毕业于哈尔滨武警森林指挥学院。现任呼伦贝尔牙克石市森警副参谋长。

秦艳，女，汉族，中共党员，1980 年 11 月出生于内蒙古兴安盟吐列毛杜农场，现居住呼和浩特市，毕业于内蒙古农业大学生态环境学院水土保持与荒漠化防治专业。2008 年 7 月—2010 年 1 月任中国农业科学院草原研究所科技管理处干部（2009 年 1 月晋升为助理研究员），2010 年 1 月—2011 年 5 月任中国农业科学院草原研究所人事处（党委办公室）处长（主任）助理主持工作、所青工委（妇工委）主任、支部书记（2011 年 1 月晋升为副研究员），2011 年 5 月—2014 年 1 月中国农业科学院草原研究所人事处（党委办公室）副处长、（副主任）所青工委、（妇工委）主任、支部书记，2014 年 1 月—2017 年 4 月，任中国农业科学院草原研究所人事处（党委办公室）处长（主任）、所青工委（妇工委）主任、支部书记，2017 年 4 月—2017 年 12 月任中国农业科学院草原研究所党委委员、副所长、工会主席、内蒙古青联常委、内蒙古直属机关青联副主席（2017 年 12 月晋升为研究员），2017 年 12 月—2019 年 12 月为内蒙古阿拉善盟行政公署党组成员、副盟长、盟红十字会会长。

张达，男，汉族，1981 年 4 月出生，毕业于山西财经大学旅游管理专业，现居住上海市。现工作职务上海香格里拉大酒店销售总监。

陈静学，男，汉族，1982 年 6 月出生，现居住呼和浩特市，毕业于内蒙古自治区农牧学院装饰工艺艺术专业。2003 年 9 月—2005 年 10 月到包头市进行楼房装饰设计与施工，2006—2010 年在呼和浩特市开办个体装饰公司进行住宅楼装潢设计与施工，2011 年—2019 年 12 月重点进行橄榄核微雕。

郝超，男，汉族，1983 年 10 月出生，中共党员，现居住上海市，毕业于华东理工大学有机化学专业。2010 年 3 月—2012 年 5 月在桑迪亚医药技术有限公司从事医药中间体的研发，2012 年 5 月—2019 年 12 月在上海化工研究院有限公司从事茂金属催化剂、聚酯多元醇、聚氨酯新材料的产业化开发工作。

代树青，男，蒙古族，1984 年 1 月出生，中共党员，毕业于长安大学电气工程及其自动化专业，现居住河南省洛阳市。2006 年 7 月—2007 年 7 月为三隆公司化纤维修车间维修电工，2007 年 7 月—2010 年 4 月为三隆公司宝运中心维保电工，2010 年 4 月—2014 年 4 月任三隆公司综合办公室团委干事，2014 年 4 月—2019 年 12 月任三隆公司综合办公司副主任、机关党支部副书记。

第二节 荣　誉

一、先进单位（集体）

1. 受兴安盟农牧场管理局及以上单位或部门表彰的先进集体 具体名单如表 20-1 所示。

表 20-1 受兴安盟农牧场管理局及以上单位或部门表彰的先进集体

获奖集体或单位	所获荣誉称号	颁奖单位	表彰时间
吐列毛都农场派出所	自治区二级先进单位	内蒙古自治区档案局	2002 年
吐列毛杜农场第四生产队	2004 年度先进集体	兴安盟农牧场管理局	2005 年 2 月 1 日
吐列毛杜农场第四生产队	2006 年先进集体	兴安盟农牧场管理局	2007 年 3 月 1 日

（续）

获奖集体或单位	所获荣誉称号	颁奖单位	表彰时间
吐列毛杜农场第四生产队　党支部	先进党支部	中共兴安盟农牧场管理局委员会	2007年6月28日
吐列毛杜农场机关党支部	先进党支部	中共兴安盟农牧场管理局委员会	2007年6月28日
吐列毛杜农场	兴安农垦金圣堂杯职工乒乓球比赛优秀组织奖	兴安盟农牧场管理局	2007年8月1日
吐列毛杜农场计财科	先进集体	兴安盟第二次全国农牧业普查领导小组	2008年5月
吐列毛杜农场团委	优秀“五·四”红旗团委	共青团兴安盟委员会	2008年5月4日
吐列毛杜农场	科技推广先进单位	中共兴安盟农牧场管理局委员会 兴安盟农牧场管理局	2009年2月
吐列毛杜农场	庆祝中华人民共和国成立60周年暨第四届老年门球赛优秀组织奖	中共兴安盟农牧场管理局委员会 兴安盟农牧场管理局	2009年8月
吐列毛杜农场	机械化规模经营先进单位	中共兴安盟农牧场管理局委员会 兴安盟农牧场管理局	2010年3月1日
吐列毛杜农场	绿色有机农产品基地建设先进单位	中共兴安盟农牧场管理局委员会 兴安盟农牧场管理局	2010年3月1日
吐列毛杜农场第三生产队党支部	红旗党支部	中共兴安盟农牧场管理局委员会	2010年6月28日
吐列毛杜农场	产业化基地建设先进单位	中共兴安盟农牧场管理局委员会 兴安盟农牧场管理局	2011年3月13日
吐列毛杜农场武装部	民兵整组工作先进单位	中共科右中旗委员会 科右中旗人民政府 科右中旗人民武装部	2011年4月1日
吐列毛杜农场第四生产队党支部	红旗党支部	中共兴安盟农牧场管理局委员会	2011年6月28日
吐列毛杜农场	先进基层党委	中共兴安盟农牧场管理局委员会	2011年6月28日
吐列毛杜农场	全盟先进基层党组织	中共兴安盟委员会	2011年7月1日
吐列毛杜农场	兴安盟第六次全国人口普查先进集体	兴安盟第六次人口普查领导小组	2011年10月2日
吐列毛杜农场	医疗卫生工作先进单位	中共兴安盟农牧场管理局委员会 兴安盟农牧场管理局	2012年1月14日
吐列毛杜农场	规模化经营先进单位	中共兴安盟农牧场管理局委员会 兴安盟农牧场管理局	2012年1月14日
吐列毛杜农场	实绩突出单位	中共兴安盟农牧场管理局委员会 兴安盟农牧场管理局	2012年1月1日
吐列毛杜农场	精神文明建设先进单位	中共兴安盟农牧场管理局委员会 兴安盟农牧场管理局	2012年1月1日
吐列毛杜农场	革命老区科技对接工程先进集体	内蒙古自治区科学技术厅 内蒙古老区建设促进会	2012年2月1日
吐列毛杜农场	全区模范劳动关系和谐单位	内蒙古自治区协调劳动关系三方会议	2012年4月1日
吐列毛杜农场	全民健身先进单位	兴安盟行政公署 兴安盟全民健身委员会	2012年7月6日

（续）

获奖集体或单位	所获荣誉称号	颁奖单位	表彰时间
吐列毛杜农场	兴安盟全民健身展示大会体育道德风尚奖	兴安盟行政公署 兴安盟全民健身委员会	2012年7月6日
吐列毛杜农场第四生产队党支部	全局创先争优先进党支部	中共兴安盟农牧场管理局委员会	2012年9月
吐列毛杜农场第五生产队　党支部	全局创先争优先进党支部	中共兴安盟农牧场管理局委员会	2012年9月
吐列毛杜农场党委	全局创先争优先进基层党委	中共兴安盟农牧场管理局委员会	2012年9月
吐列毛杜农场宣传科	对外宣传先进集体	中共兴安盟农牧场管理局委员会	2012年
吐列毛杜农场	全盟全民健身先进苏木镇	兴安盟全民健身委员会	2013年7月19日
吐列毛杜农场	兴安盟厂务公开领导小组	全盟厂务公开民主管理工作先进单位	2013年8月
吐列毛杜农场	全区示范化企业工会	内蒙古自治区总工会	2014年1月
吐列毛杜农场规模化经营管理区	工人先锋号	中华全国总工会	2014年4月
吐列毛杜农场第二生产队妇委会	兴安盟三八红旗集体	兴安盟妇女联合会	2014年4月
吐列毛杜农场	兴安农垦全民健身操比赛第一名	兴安盟农牧场管理局工会 兴安盟农牧场管理局团委 兴安盟农牧场管理局妇联 兴安盟农牧场管理局社会事业科	2015年9月18日
吐列毛杜农场	兴安盟五一劳动奖状	兴安盟工会	2016年3月2日
吐列毛杜农场第一生产队	先进生产队	中共兴安盟农牧场管理局委员会 兴安盟农牧场管理局	2016年3月4日
吐列毛杜农场计财科	2015年度先进科室	中共兴安盟农牧场管理局委员会 兴安盟农牧场管理局	2016年3月4日
吐列毛杜农场第一生产队	先进基层党支部	中共兴安盟农牧场管理局委员会	2016年6月1日
吐列毛杜农场	先进基层党组织	中共兴安盟委员会	2016年7月2日
吐列毛杜农场	兴安盟第九次民族团结进步模范集体	中共兴安盟委员会 兴安盟行政公署	2016年11月1日
吐列毛杜农场	全局重点目标重点工作综合考评第三名	中共兴安盟农牧场管理局委员会 兴安农牧场管理局	2017年2月1日
吐列毛杜农场	全盟职工学习型先进单位	兴安盟工会	2017年11月1日
吐列毛杜农场	全盟社会矛盾化解专项行动先进集体	中共兴安盟委员会 兴安盟行政公署	2018年
吐列毛杜农场	中国美丽乡村百佳范例	中国美丽乡村百佳范例宣传推介活动组委会 农业农村部中国农村杂志社	2018年
吐列毛杜农场第一生产队	科右中旗创建幸福家庭示范单位	科右中旗卫生和计划生育局	2018年8月
吐列毛杜农场	重点目标重点工作综合考评先进单位	中共兴安盟农牧场管理局委员会 中共兴安农垦集团有限责任公司委员会	2019年2月
吐列毛杜农场	兴安盟妇联工作先进集体	兴安盟妇女联合会	2019年3月
吐列毛杜农场新杜农机专业合作社	优秀防控合作组织	兴安盟农牧场	2019年3月

（续）

获奖集体或单位	所获荣誉称号	颁奖单位	表彰时间
吐列毛杜农场	配乐诗朗诵《神奇的热土美丽的家园》	中共兴安盟委员会宣传部 兴安盟文化旅游体育局 兴安盟农牧局	2019年9月
吐列毛杜农场	学习强国推广运用先进组织	中国共产党兴安盟委员会宣传部	2020年3月
吐列毛杜农场	示范“学习讲堂”	中共兴安盟委宣传部	2020年3月
吐列毛杜农场	兴安农垦第二届广播电视户户通技能大赛团体二等奖	兴安盟农牧场管理局	2020年9月

2. 受吐列毛杜农场党委、吐列毛杜农场表彰的先进集体　具体名单如表20-2所示。

表20-2　受吐列毛杜农场党委、吐列毛杜农场表彰的先进集体

获奖集体或单位	所获荣誉称号	颁奖单位	表彰时间
第四生产队党支部	先进党支部	中共国有吐列毛杜农场委员会	2004年7月
计财科	先进集体	中共内蒙古兴安盟吐列毛杜农场委员会	2005年3月14日
生产科	先进集体	中共内蒙古兴安盟吐列毛杜农场委员会	2005年3月14日
第一生产队	先进集体	中共内蒙古兴安盟吐列毛杜农场委员会	2005年3月14日
第四生产队	先进集体	中共内蒙古兴安盟吐列毛杜农场委员会	2005年3月14日
组织科	先进科室	内蒙古兴安盟吐列毛杜农场	2006年3月14日
生产科	先进科室	内蒙古兴安盟吐列毛杜农场	2006年3月14日
第四生产队	先进集体	内蒙古兴安盟吐列毛杜农场	2006年3月14日
第六生产队	先进集体	内蒙古兴安盟吐列毛杜农场	2006年3月14日
第四生产队	先进集体	中共国有吐列毛杜农场委员会 国有吐列毛杜农场	2006年3月14日
第四生产队	先进集体	中共国有吐列毛杜农场委员会 国有吐列毛杜农场	2007年3月
生产科	先进科室	中共国有吐列毛杜农场委员会 国有吐列毛杜农场	2007年3月
计财科	先进科室	中共国有吐列毛杜农场委员会 国有吐列毛杜农场	2007年3月
第四生产队	先进集体	中共国有吐列毛杜农场委员会 国有吐列毛杜农场	2008年4月
第五生产队	先进集体	中共国有吐列毛杜农场委员会 国有吐列毛杜农场	2008年4月
第一生产队	村屯建设先进科室	中共国有吐列毛杜农场委员会 国有吐列毛杜农场	2008年4月

（续）

获奖集体或单位	所获荣誉称号	颁奖单位	表彰时间
畜牧科	股份制合作试点先进集体	中共国有吐列毛杜农场委员会 国有吐列毛杜农场	2008年4月
生产科	先进科室	中共国有吐列毛杜农场委员会 国有吐列毛杜农场	2008年4月
计财科	先进科室	中共国有吐列毛杜农场委员会 国有吐列毛杜农场	2008年4月
第一生产队	先进集体	中共国有吐列毛杜农场委员会 国有吐列毛杜农场	2009年2月
第二生产队	先进集体	中共国有吐列毛杜农场委员会 国有吐列毛杜农场	2009年2月
第四生产队	科技推广先进单位	中共国有吐列毛杜农场委员会 国有吐列毛杜农场	2009年2月
第三生产队	抗洪救灾先进集体	中共国有吐列毛杜农场委员会 国有吐列毛杜农场	2009年2月
行政办公室	先进科室	中共国有吐列毛杜农场委员会 国有吐列毛杜农场	2009年2月
计财科	先进科室	中共国有吐列毛杜农场委员会 国有吐列毛杜农场	2009年2月
第一生产队	双百分考核第一名	中共国有吐列毛杜农场委员会 国有吐列毛杜农场	2009年2月
第二生产队	双百分考核第二名	中共国有吐列毛杜农场委员会 国有吐列毛杜农场	2009年2月
第五生产队	双百分考核第一名	中共国有吐列毛杜农场委员会 国有吐列毛杜农场	2010年4月
第一生产队	双百分考核第二名	中共国有吐列毛杜农场委员会 国有吐列毛杜农场	2010年4月
规模化经营第一管理区	先进单位	中共国有吐列毛杜农场委员会 国有吐列毛杜农场	2010年4月
行政办公室	先进科室	中共国有吐列毛杜农场委员会 国有吐列毛杜农场	2010年4月
计生办	先进科室	中共国有吐列毛杜农场委员会 国有吐列毛杜农场	2010年4月
第三生产队党支部	先进基层党支部	中共国有吐列毛杜农场委员会 国有吐列毛杜农场	2010年7月
行政办公室	先进集体	中共国有吐列毛杜农场委员会 国有吐列毛杜农场	2011年4月8日
第一生产队	先进集体	中共国有吐列毛杜农场委员会 国有吐列毛杜农场	2011年4月8日
农业技术推广、土肥工作站	先进集体	中共国有吐列毛杜农场委员会 国有吐列毛杜农场	2011年4月8日
第三生产队代表队	职工篮球赛女篮第一名	中共国有吐列毛杜农场委员会 国有吐列毛杜农场	2011年6月11日
第五生产队代表队	职工篮球赛女篮第二名	中共国有吐列毛杜农场委员会 国有吐列毛杜农场	2011年6月11日

（续）

获奖集体或单位	所获荣誉称号	颁奖单位	表彰时间
第五生产队代表队	职工篮球赛男篮第一名	中共国有吐列毛杜农场委员会 国有吐列毛杜农场	2011年6月11日
农业技术推广站	先进集体	中共国有吐列毛杜农场委员会 国有吐列毛杜农场	2012年3月
第四生产队	实绩突出单位	中共国有吐列毛杜农场委员会 国有吐列毛杜农场	2012年3月
第五生产队	实绩突出单位	中共国有吐列毛杜农场委员会 国有吐列毛杜农场	2012年3月
农业技术推广站	突出贡献集体	中共国有吐列毛杜农场委员会 国有吐列毛杜农场	2012年3月
第五生产队党支部	先进基层党支部	中共国有吐列毛杜农场委员会 国有吐列毛杜农场	2012年7月
吐列毛杜农场学校党支部	先进基层党支部	中共国有吐列毛杜农场委员会 国有吐列毛杜农场	2012年7月
农业技术推广、土肥工作站	先进集体	中共国有吐列毛杜农场委员会 国有吐列毛杜农场	2013年3月
规模化经营第一管理区	先进集体	中共国有吐列毛杜农场委员会 国有吐列毛杜农场	2013年3月23日
规模化经营第二管理区	先进集体	中共国有吐列毛杜农场委员会 国有吐列毛杜农场	2013年3月23日
第四生产队	实绩突出单位	中共国有吐列毛杜农场委员会 国有吐列毛杜农场	2013年3月23日
农技推广、土壤肥料工作站	实绩突出单位	中共国有吐列毛杜农场委员会 国有吐列毛杜农场	2013年3月23日
计划财务科	先进科室	中共国有吐列毛杜农场委员会 国有吐列毛杜农场	2013年3月23日
第五生产队代表队	职工篮球赛男篮第一名	中共国有吐列毛杜农场委员会 国有吐列毛杜农场	2013年6月
第三生产队代表队	职工篮球赛女篮第二名	中共国有吐列毛杜农场委员会 国有吐列毛杜农场	2013年6月
第五生产队代表队	职工篮球赛女篮第三名	中共国有吐列毛杜农场委员会 国有吐列毛杜农场	2013年6月
规模化经营第一管理区	效益突出单位	中共国有吐列毛杜农场委员会 国有吐列毛杜农场	2014年3月30日
规模化经营第二管理区	效益突出单位	中共国有吐列毛杜农场委员会 国有吐列毛杜农场	2014年3月30日
第三生产队	实绩突出单位	中共国有吐列毛杜农场委员会 国有吐列毛杜农场	2014年3月30日
农业技术推广站	实绩突出单位	中共国有吐列毛杜农场委员会 国有吐列毛杜农场	2014年3月30日
规模化经营第二管理区	实绩突出单位	中共国有吐列毛杜农场委员会 国有吐列毛杜农场	2015年4月18日
规模化经营第一管理区	先进集体	中共国有吐列毛杜农场委员会 国有吐列毛杜农场	2015年4月18日

（续）

获奖集体或单位	所获荣誉称号	颁奖单位	表彰时间
规模化经营第二管理区	先进集体	中共国有吐列毛杜农场委员会 国有吐列毛杜农场	2015 年 4 月 18 日
规模化经营第三管理区	先进集体	中共国有吐列毛杜农场委员会 国有吐列毛杜农场	2015 年 4 月 18 日
农业技术推广站	实绩突出单位	中共国有吐列毛杜农场委员会 国有吐列毛杜农场	2015 年 4 月 18 日
环境卫生整治管理大队	实绩突出单位	中共国有吐列毛杜农场委员会 国有吐列毛杜农场	2015 年 4 月 18 日
第三生产队代表队	实绩突出单位	中共国有吐列毛杜农场委员会 国有吐列毛杜农场	2015 年 4 月 18 日
第四生产队代表队	2015 年度职工篮球赛 男篮体育道德风尚奖	中共国有吐列毛杜农场委员会 国有吐列毛杜农场	2015 年 8 月
第五生产队代表队	2015 年度职工篮球赛女篮第一名	中共国有吐列毛杜农场委员会 国有吐列毛杜农场	2015 年 8 月
第二生产队代表队	2015 年度职工篮球赛女篮第二名	中共国有吐列毛杜农场委员会 国有吐列毛杜农场	2015 年 8 月
机关代表队	2015 年度职工篮球赛男篮第一名	中共国有吐列毛杜农场委员会 国有吐列毛杜农场	2015 年 8 月
第二生产队代表队	2015 年度职工篮球赛男篮第二名	中共国有吐列毛杜农场委员会 国有吐列毛杜农场	2015 年 8 月
规模化经营第一管理区代表队	2015 年度职工篮球赛男篮第三名	中共国有吐列毛杜农场委员会 国有吐列毛杜农场	2015 年 8 月
规模化经营第二管理区代表队	效益突出单位	中共国有吐列毛杜农场委员会 国有吐列毛杜农场	2016 年 4 月 12 日
农业技术推广站	先进集体	中共国有吐列毛杜农场委员会 国有吐列毛杜农场	2016 年 4 月 12 日
环境卫生整治管理大队	先进集体	中共国有吐列毛杜农场委员会 国有吐列毛杜农场	2016 年 4 月 12 日
规模化经营第一管理区	场规模化经营管理区首届 篮球邀请赛第一名	中共国有吐列毛杜农场委员会 国有吐列毛杜农场	2016 年 8 月
环境卫生整治管理大队	场规模化经营管理区首届 篮球邀请赛第二名	中共国有吐列毛杜农场委员会 国有吐列毛杜农场	2016 年 8 月
吐列毛杜农场第一生产队	2016 年度先进集体	中共国有吐列毛杜农场委员会 国有吐列毛杜农场	2017 年 3 月 25 日
农业技术推广站	先进集体	中共国有吐列毛杜农场委员会 国有吐列毛杜农场	2017 年 3 月 25 日
环境卫生整治管理大队	2016 年度先进集体	中共国有吐列毛杜农场委员会 国有吐列毛杜农场	2017 年 3 月 25 日
第五生产队代表队	2017 年度全民健身操比赛第一名	中共国有吐列毛杜农场委员会 国有吐列毛杜农场	2017 年 8 月
第二生产队代表队	2017 年度全民健身操比赛第二名	中共国有吐列毛杜农场委员会 国有吐列毛杜农场	2017 年 8 月
规模化经营第三管理区	实绩突出单位	中共国有吐列毛杜农场委员会 国有吐列毛杜农场	2018 年 4 月 1 日

（续）

获奖集体或单位	所获荣誉称号	颁奖单位	表彰时间
第五生产队代表队	职工篮球赛男篮第一名	中共国有吐列毛杜农场委员会 国有吐列毛杜农场	2011 年 6 月 11 日
农业技术推广站	先进集体	中共国有吐列毛杜农场委员会 国有吐列毛杜农场	2012 年 3 月
第四生产队	实绩突出单位	中共国有吐列毛杜农场委员会 国有吐列毛杜农场	2012 年 3 月
第五生产队	实绩突出单位	中共国有吐列毛杜农场委员会 国有吐列毛杜农场	2012 年 3 月
农业技术推广站	突出贡献集体	中共国有吐列毛杜农场委员会 国有吐列毛杜农场	2012 年 3 月
第五生产队党支部	先进基层党支部	中共国有吐列毛杜农场委员会 国有吐列毛杜农场	2012 年 7 月
吐列毛杜农场学校党支部	先进基层党支部	中共国有吐列毛杜农场委员会 国有吐列毛杜农场	2012 年 7 月
农业技术推广、土肥工作站	先进集体	中共国有吐列毛杜农场委员会 国有吐列毛杜农场	2013 年 3 月
规模化经营第一管理区	先进集体	中共国有吐列毛杜农场委员会 国有吐列毛杜农场	2013 年 3 月 23 日
规模化经营第二管理区	先进集体	中共国有吐列毛杜农场委员会 国有吐列毛杜农场	2013 年 3 月 23 日
第四生产队	实绩突出单位	中共国有吐列毛杜农场委员会 国有吐列毛杜农场	2013 年 3 月 23 日
农技推广、土壤肥料工作站	实绩突出单位	中共国有吐列毛杜农场委员会 国有吐列毛杜农场	2013 年 3 月 23 日
计划财务科	先进科室	中共国有吐列毛杜农场委员会 国有吐列毛杜农场	2013 年 3 月 23 日
第五生产队代表队	职工篮球赛男篮第一名	中共国有吐列毛杜农场委员会 国有吐列毛杜农场	2013 年 6 月
第三生产队代表队	职工篮球赛女篮第二名	中共国有吐列毛杜农场委员会 国有吐列毛杜农场	2013 年 6 月
第五生产队代表队	职工篮球赛女篮第三名	中共国有吐列毛杜农场委员会 国有吐列毛杜农场	2013 年 6 月
规模化经营第一管理区	效益突出单位	中共国有吐列毛杜农场委员会 国有吐列毛杜农场	2014 年 3 月 30 日
规模化经营第二管理区	效益突出单位	中共国有吐列毛杜农场委员会 国有吐列毛杜农场	2014 年 3 月 30 日
第三生产队	实绩突出单位	中共国有吐列毛杜农场委员会 国有吐列毛杜农场	2014 年 3 月 30 日
农业技术推广站	实绩突出单位	中共国有吐列毛杜农场委员会 国有吐列毛杜农场	2014 年 3 月 30 日
规模化经营第二管理区	实绩突出单位	中共国有吐列毛杜农场委员会 国有吐列毛杜农场	2015 年 4 月 18 日
规模化经营第一管理区	先进集体	中共国有吐列毛杜农场委员会 国有吐列毛杜农场	2015 年 4 月 18 日

（续）

获奖集体或单位	所获荣誉称号	颁奖单位	表彰时间
规模化经营第二管理区	先进集体	中共国有吐列毛杜农场委员会 国有吐列毛杜农场	2015年4月18日
规模化经营第三管理区	先进集体	中共国有吐列毛杜农场委员会 国有吐列毛杜农场	2015年4月18日
农业技术推广站	实绩突出单位	中共国有吐列毛杜农场委员会 国有吐列毛杜农场	2015年4月18日
环境卫生整治管理大队	实绩突出单位	中共国有吐列毛杜农场委员会 国有吐列毛杜农场	2015年4月18日
第三生产队代表队	实绩突出单位	中共国有吐列毛杜农场委员会 国有吐列毛杜农场	2015年4月18日
第四生产队代表队	2015年度职工篮球赛 男篮体育道德风尚奖	中共国有吐列毛杜农场委员会 国有吐列毛杜农场	2015年8月
第五生产队代表队	2015年度职工篮球赛女篮第一名	中共国有吐列毛杜农场委员会 国有吐列毛杜农场	2015年8月
第二生产队代表队	2015年度职工篮球赛女篮第二名	中共国有吐列毛杜农场委员会 国有吐列毛杜农场	2015年8月
机关代表队	2015年度职工篮球赛男篮第一名	中共国有吐列毛杜农场委员会 国有吐列毛杜农场	2015年8月
第二生产队代表队	2015年度职工篮球赛男篮第二名	中共国有吐列毛杜农场委员会 国有吐列毛杜农场	2015年8月
规模化经营第一管理区代表队	2015年度职工篮球赛男篮第三名	中共国有吐列毛杜农场委员会 国有吐列毛杜农场	2015年8月
规模化经营第二管理区代表队	效益突出单位	中共国有吐列毛杜农场委员会 国有吐列毛杜农场	2016年4月12日
农业技术推广站	先进集体	中共国有吐列毛杜农场委员会 国有吐列毛杜农场	2016年4月12日
环境卫生整治管理大队	先进集体	中共国有吐列毛杜农场委员会 国有吐列毛杜农场	2016年4月12日
规模化经营第一管理区	场规模化经营管理区首届 篮球邀请赛第一名	中共国有吐列毛杜农场委员会 国有吐列毛杜农场	2016年8月
环境卫生整治管理大队	场规模化经营管理区首届 篮球邀请赛第二名	中共国有吐列毛杜农场委员会 国有吐列毛杜农场	2016年8月
吐列毛杜农场第一生产队	2016年度先进集体	中共国有吐列毛杜农场委员会 国有吐列毛杜农场	2017年3月25日
农业技术推广站	先进集体	中共国有吐列毛杜农场委员会 国有吐列毛杜农场	2017年3月25日
环境卫生整治管理大队	2016年度先进集体	中共国有吐列毛杜农场委员会 国有吐列毛杜农场	2017年3月25日
第五生产队代表队	2017年度全民健身操比赛第一名	中共国有吐列毛杜农场委员会 国有吐列毛杜农场	2017年8月
第二生产队代表队	2017年度全民健身操比赛第二名	中共国有吐列毛杜农场委员会 国有吐列毛杜农场	2017年8月
规模化经营第三管理区	实绩突出单位	中共国有吐列毛杜农场委员会 国有吐列毛杜农场	2018年4月1日

（续）

获奖集体或单位	所获荣誉称号	颁奖单位	表彰时间
环境卫生整治管理大队	先进集体	中共国有吐列毛杜农场委员会 国有吐列毛杜农场	2018年4月1日
农业技术推广站	先进集体	中共国有吐列毛杜农场委员会 国有吐列毛杜农场	2018年4月1日
规模化经营管第三理区代表队	实绩突出单位	中共国有吐列毛杜农场委员会 国有吐列毛杜农场	2018年4月1日
机关代表队	庆祝建党九十七周年 红歌赛第一名	中共国有吐列毛杜农场委员会 国有吐列毛杜农场	2018年7月
第四生产队代表队	庆祝建党九十七周年 红歌赛第二名	中共国有吐列毛杜农场委员会 国有吐列毛杜农场	2018年7月
第五生产队代表队	庆祝建党九十七周年 红歌赛第三名	中共国有吐列毛杜农场委员会 国有吐列毛杜农场	2018年7月
直属单位联队代表队	2018年度管理区篮球 邀请赛第一名	中共国有吐列毛杜农场委员会 国有吐列毛杜农场	2018年8月
规模化经营第一管理区代表队	2018年度管理区篮球 邀请赛第二名	中共国有吐列毛杜农场委员会 国有吐列毛杜农场	2018年8月
生产队联队代表队	2019年度管理区篮球 邀请赛第三名	中共国有吐列毛杜农场委员会 国有吐列毛杜农场	2018年8月
环境卫生整治管理大队代表队	2018年度职工拔河 比赛第一名	中共国有吐列毛杜农场委员会 国有吐列毛杜农场	2018年8月
第一生产队代表队	2018年度首届广场舞 比赛第一名	中共国有吐列毛杜农场委员会 国有吐列毛杜农场	2018年8月
第五生产队代表队	2019年度首届广场舞 比赛第二名	中共国有吐列毛杜农场委员会 国有吐列毛杜农场	2018年8月
老年舞蹈代表队	2020年度首届广场舞 比赛第三名	中共国有吐列毛杜农场委员会 国有吐列毛杜农场	2018年8月
规模化经营第三管理区	先进集体	中共国有吐列毛杜农场委员会 国有吐列毛杜农场	2019年3月
环境卫生整治管理大队	先进集体	中共国有吐列毛杜农场委员会 国有吐列毛杜农场	2019年3月
农业技术推广站	先进集体	中共国有吐列毛杜农场委员会 国有吐列毛杜农场	2019年3月
规模化经营第一管理区白海山车组	红旗车组	中共国有吐列毛杜农场委员会 国有吐列毛杜农场	2019年3月
规模化经营第二管理区吴聪车组	红旗车组	中共国有吐列毛杜农场委员会 国有吐列毛杜农场	2019年3月
规模化经营第三管理区温海春车组	红旗车组	中共国有吐列毛杜农场委员会 国有吐列毛杜农场	2019年3月
规模化经营第三管理区	职工技能大比武中荣获 优秀团体第一名	中共国有吐列毛杜农场委员会 吐列毛杜农场工会委员会	2019年11月
环境卫生整治管理大队	先进集体	中共国有吐列毛杜农场委员会 国有吐列毛杜农场	2020年3月
农业设施管理站	先进集体	中共国有吐列毛杜农场委员会 国有吐列毛杜农场	2020年3月

（续）

获奖集体或单位	所获荣誉称号	颁奖单位	表彰时间
规模化经营第三管理区	先进集体	中共国有吐列毛杜农场委员会 国有吐列毛杜农场	2020年3月
农业技术推广站	先进集体	中共国有吐列毛杜农场委员会 国有吐列毛杜农场	2020年3月
宝海念车组	红旗车组	中共国有吐列毛杜农场委员会 国有吐列毛杜农场	2020年3月
代文军车组	红旗车组	中共国有吐列毛杜农场委员会 国有吐列毛杜农场	2020年3月
周洋车组	红旗车组	中共国有吐列毛杜农场委员会 国有吐列毛杜农场	2020年3月
第四生产队	疫情防控工作先进集体	中共国有吐列毛杜农场委员会 国有吐列毛杜农场	2020年3月
机关行政生产党支部	红旗党支部	中共兴安盟国有吐列毛杜农场 委员会	2020年7月1日
第四生产队党支部	红旗党支部	中共兴安盟国有吐列毛杜农场 委员会	2020年7月1日
规模化经营第二管理区代表队	篮球赛第一名	中共国有吐列毛杜农场委员会 国有吐列毛杜农场	2020年8月
规模化经营第二生产队代表队	篮球赛第二名	中共国有吐列毛杜农场委员会 国有吐列毛杜农场	2020年8月
环境卫生整治管理大队	篮球赛第三名	中共国有吐列毛杜农场委员会 国有吐列毛杜农场	2020年8月
规模化经营第三管理区代表队	体育道德风尚奖	中共国有吐列毛杜农场委员会 国有吐列毛杜农场	2020年8月
第二生产代表队	拔河比赛第一名	中共国有吐列毛杜农场委员会 国有吐列毛杜农场	2020年8月
规模化经营第一管理区代表队	拔河比赛第二名	中共国有吐列毛杜农场委员会 国有吐列毛杜农场	2020年8月
规模化经营第二管理区代表队	拔河比赛第三名	中共国有吐列毛杜农场委员会 国有吐列毛杜农场	2020年8月

二、先进个人

1. 受兴安盟农牧场管理局及以上单位和部门表彰的先进个人 具体名单如表20-3所示。

表20-3 受兴安盟农牧场管理局及以上单位和部门表彰的先进个人

获奖个人	所获荣誉称号	颁奖单位	表彰时间
许刚	优秀党务工作者	中共兴安盟农牧场管理局委员会	2001年6月23日
程文达	内蒙古农学会第五届科教兴农奖	内蒙古农学会	2002年元月

（续）

获奖个人	所获荣誉称号	颁奖单位	表彰时间
许刚	优秀共产党员	中共兴安盟农牧场管理局委员会	2002年6月
马向东	优秀共产党员	中共兴安盟农牧场管理局委员会	2005年7月1日
程文达	优秀共产党员	中共兴安盟农牧场管理局委员会	2005年7月1日
程文达	先进工作者	兴安盟农牧场管理局	2006年3月7日
王玉才	内蒙古农学会青年科技奖	内蒙古农学会	2007年
陈福	庆祝内蒙古自治区60周年摄影展作品《阳光灿烂的日子》入选奖	兴安盟委宣传部 兴安盟文联	2007年7月
温艳霞	2007年度财务决算统计汇总工作先进个人	兴安盟农牧场管理局	2008年1月24日
温艳霞	内蒙古自治区农牧业普查先进个人	内蒙古自治区第二次全区农牧业普查领导小组 内蒙古自治区人事厅	2008年4月30日
滕倩	科学发展观演讲比赛	中共兴安盟农牧场管理局委员会	2009年5月19日
陈福	庆祝新中国成立60周年《祖国颂·兴安情》摄影展作品《耕耘》作为特邀作品展出	兴安盟委宣传部 兴安盟文联	2009年7月28日
滕倩	兴安农垦深入学习实践科学发展观活动演讲赛中荣获三等奖	中共兴安盟农牧场管理局委员会	2009年5月18日
王永华	兴安盟优秀计划生育技术服务人员	兴安盟人事局 兴安盟人口和计划生育局	2009年9月27日
温艳霞	内蒙古自治区第二次经济普查先进个人	内蒙古自治区第二次经济普查领导小组	2010年3月1日
隋德慧	优秀专武干部	科右中旗人民政府 科右中旗人民武装部	2010年4月
韩聚东	先进工作者	中共国有吐列毛杜农场委员会 国有吐列毛杜农场	2010年4月
戴玉军	优秀共产党员	中共兴安盟农牧场管理局委员会	2010年6月28日
丁晓明	优秀共产党员	中共兴安盟农牧场管理局委员会	2010年6月28日
藏建民	第二届感动兴安人物	兴安盟委宣传部	2010年11月25日
丁晓明	2010年度全国粮食生产大户	中华人民共和国农业部	2010年12月1日
滕倩	“巾帼建功”标兵	兴安盟妇女联合会　兴安盟妇女“双学双比”活动协调小组	2011年3月8日
朱明	先进个人	中共兴安盟农牧场管理局委员会 兴安盟农牧场管理局	2011年3月13日
白珉	先进个人	中共兴安盟农牧场管理局委员会 兴安盟农牧场管理局	2011年3月13日
王蒙	优秀青年志愿者	共青团兴安盟委员会	2011年5月
戴玉军	优秀共产党员	中共兴安盟农牧场管理局委员会	2011年6月28日
白勇光	全区社会治安综合治理20年千名综合和平安工作者	内蒙古社会治安综合治理委员会	2011年9月10日

（续）

获奖个人	所获荣誉称号	颁奖单位	表彰时间
陈宏	先进工作者	中共兴安盟农牧场管理局委员会 兴安盟农牧场管理局	2012年1月14日
王翠清	兴安盟三八红旗手	兴安盟妇女联合会	2012年2月2日
武宝权	第八次民族团结进步模范	中共兴安盟委员会 兴安盟行政公署	2012年9月1日
戴玉军	优秀共产党员	中共兴安盟农牧场管理局委员会	2012年9月1日
白玉军	三七高炮个人全能第一名	兴安盟人工影响天气指挥部	2012年9月1日
王树有	兴安盟首届农牧民文艺调演创作三等奖	兴安盟纪律检查委员会 兴安盟委宣传部 兴安盟直属机关工委 兴安盟农村牧区工作部	2012年9月2日
付宝彬	全旗征兵工作先进个人	科右中旗人民政府 科右中旗人民武装部	2012年10月18日
白玉军	高炮业务全能第二名	内蒙古自治区人工影响天气与气象灾害防御指挥部办公室	2012年10月26日
韩聚东	优秀驻站记者	中共兴安盟农牧场管理局党委员会	2012年11月
祝福龙	三等功	沈阳军区政治部军事监狱狱政处	2012年12月
韩聚东	撰写的论文《如何加强企业服务型党组织建设研究》在2013年度党建重点课题文章评选中获得优秀奖	中共兴安盟委组织部 兴安盟党的建设研究会	2013年12月26日
刘春梅	全盟农村科技致富女能手	兴安盟妇女“双学双比”活动协调小组	2013年2月28日
韩聚东	2012年度优秀驻站记者	中共兴安日报社委员会	2013年6月24日
胡淑琴	第四届感动兴安十杰母亲	兴安盟妇女联合会	2013年10月1日
韩聚东	在2013年“喜迎中国妇女十一大”摄影大赛中荣获二等奖	兴安盟妇女联合会	2013年12月4日
韩聚东	在2013年“喜迎中国妇女十一大”摄影大赛中荣获三等奖	兴安盟妇女联合会	2013年12月4日
陈福	兴安盟第十八届摄影展作品《耕耘》三等奖	兴安盟摄影家协会	2013年12月
韩聚东	2013年度全盟重大主题宣传报道工作先进个人	中共兴安盟委宣传部	2014年2月
吴双喜	学雷锋先进个人	中共内蒙古自治区委员会宣传部 内蒙古自治区精神文明建设委员会办公室	2014年3月5日
温艳霞	兴安盟妇联组织先进个人	兴安盟妇女联合会	2014年4月
陈良华	兴安盟劳动模范（先进工作者）	中共兴安盟委员会 兴安盟行政公署	2014年4月
隋玉靓	兴安盟三八红旗手	兴安盟妇女联合会	2014年4月
郭芳	优秀巾帼志愿者	兴安盟妇女联合会	2014年4月
胡淑琴家庭	最美家庭	兴安盟妇联	2014年6月
付宝彬	征兵工作中成绩突出	科右中旗人民武装部	2014年7月9日

（续）

获奖个人	所获荣誉称号	颁奖单位	表彰时间
吴双喜	第三届感动兴安人物提名人选	兴安盟盟委宣传部 盟文明办 兴安军分区政治部 盟直属机关工委 盟工会 团盟委 盟妇联	2014 年 12 月
程文达	兴安盟科学技术奖二等奖	兴安盟经济作物工作站	2014 年 12 月 31 日
陈忠	个人嘉奖	兴安盟公安局	2015 年 1 月 23 日
藏建民、赵艳霞家庭	兴安农垦"最美家庭"	兴安盟农牧场管理局妇联	2015 年 9 月 18 日
韩聚东	撰写的论文《创新农垦企业人才工作问题研究》获 2015 年度党建调研课题优秀成果优秀奖	兴安盟党的建设研究会	2015 年 11 月 26 日
温艳霞	妇联工作创新奖先进个人	兴安盟妇女联合会	2016 年 3 月 1 日
陈宏	优秀共产党员	兴安盟委组织部	2016 年 3 月 1 日
王洪玉、李伟家庭	美丽庭院标兵户	兴安盟妇联	2016 年 3 月 1 日
赵红梅、李晓刚家庭	美丽庭院标兵户	兴安盟妇联	2016 年 3 月 1 日
第一生产队：王金合、李艳华家庭；庞学忠、袁淑华家庭 第二生产队：许军、马凤兰家庭；王初古拉、吴格日乐家庭 第三生产队：赵玉民、何花家庭；李延成、郭芳家庭 第四生产队：陶红丽、许贵仁家庭；王丽杰、刘会祥家庭	美丽庭户	兴安盟妇联	2016 年 3 月 1 日
吴金花	全盟农村科技致富女能手	兴安盟妇女联合会　兴安盟妇女"双学双比"活动协调小组	2016 年 3 月 1 日
戴玉军	2015 年美丽场队建设先进个人	中共兴安盟农牧场管理局党委员会 兴安盟农牧场管理局	2016 年 3 月 4 日
陈宏	兴安盟农牧场管理局劳动模范	中共兴安盟农牧场管理局委员会 兴安盟农牧场管理局	2016 年 3 月 4 日
滕倩	优秀班级干部	黑龙江八一农垦大学工程学院继续教育学院	2016 年 5 月 10 日
张宝君	优秀共产党员	中共兴安盟农牧场管理局委员会	2016 年 6 月
韩聚东	优秀党务工作者	中共兴安盟农牧场管理局委员会	2016 年 6 月
胡淑琴	北疆女声	内蒙古自治区妇女联合会	2016 年 10 月 20 日
韩聚东	作品《科技种田让土地"生金聚银"》被评为第十二届（2014、2016 年度）"兴安新闻奖"一等奖	中共兴安盟委宣传部 兴安盟新闻工作者协会	2016 年 11 月 8 日
韩聚东	作品《擦亮"金字招牌"做大做强主业》被评为第十二届（2014、2015 年度）"兴安新闻奖"三等奖	中共兴安盟委宣传部 兴安盟新闻工作者协会	2016 年 11 月 8 日

（续）

获奖个人	所获荣誉称号	颁奖单位	表彰时间
吴双喜 李国兰家庭	最美家庭标兵户	兴安盟妇女联合会	2016年11月24日
韩聚东	撰写的论文《国有农场党建问题研究》获2016年度党建调研课题优秀成果优秀奖	兴安盟党的建设研究会	2016年12月15日
韩延杰	兴安盟1%人口抽样调查先进个人	兴安盟统计局	2016年12月
王永华	兴安盟1%人口抽样调查先进个人	兴安盟统计局	2016年12月
程文达	内蒙古自治区农牧业丰收奖二等奖	兴安盟经济作物工作站	2016年12月31日
武宝权	兴安盟劳动模范	中共兴安盟委员会 兴安盟行政公署	2017年4月
张国栋	“五四”青年岗位能手	共青团兴安盟委员会	2017年5月4日
戴汝迪	内蒙古兴安盟农牧场管理局会计专业培训班“优秀班干”	黑龙江八一农垦大学 继续教育学院	2017年7月7日
朱晶晶	内蒙古兴安盟农牧场管理局会计专业培训班“优秀学员”	黑龙江八一农垦大学 继续教育学院	2017年7月7日
张萍	内蒙古兴安盟农牧场管理局会计专业培训班“优秀学员”	黑龙江八一农垦大学 继续教育学院	2017年7月7日
滕倩	兴安盟最美女性	兴安盟妇联 兴安盟文明办	2017年7月9日
温艳霞	维护妇女儿童权益贡献奖先进个人	兴安盟维护妇女儿童权益和平家庭创建专项组	2017年8月15日
白玉军	全区技术能手	内蒙古自治区人力资源 和社会保障厅	2017年11月
王永华	全盟计划生育协会工作先进个人	兴安盟计划生育协会	2017年12月
张宝君	农牧业丰收一等奖	内蒙古自治区农牧业丰收奖 评审奖励委员会	2017年12月28日
孔颖	2017年度兴安盟优秀青年志愿者	共青团兴安盟委员会 兴安盟精神文明建设委员办公室	2018年1月
韩延杰	先进个人	兴安盟第三次全国农牧业普查领导小组办公室　内蒙古兴安盟统计局	2018年4月
姜建林	全盟青年岗位能手	共青团兴安盟委员会	2018年5月4日
李艳玲	优秀共青团干部	共青团兴安盟委员会	2018年5月4日
温艳霞	全盟优秀工会工作者	兴安盟工会	2018年6月
白德才	内蒙古兴安盟农牧场管理局文秘专业培训班“优秀班干”	黑龙江八一农垦大学 继续教育学院	2018年7月
白德才	内蒙古兴安盟农牧场管理局文秘专业培训班“优秀学员”	黑龙江八一农垦大学 继续教育学院	2018年7月
白巴图孟贺	内蒙古兴安盟农牧场管理局文秘专业培训班“优秀学员”	黑龙江八一农垦大学 继续教育学院	2018年7月

（续）

获奖个人	所获荣誉称号	颁奖单位	表彰时间
韩聚东	撰写的论文《关于强化党的作风建设研究》在 2018 年度党建调研课题评选中获得优秀奖	兴安盟党的建设研究会	2018 年 11 月 20 日
黄相寺	庆祝中华人民共和国成立 70 周年纪念章	中共中央　国务院 中央军委	2019 年 3 月
王宏贺	优秀共青团员	共青团兴安盟农牧场管理局委员会	2019 年 5 月 4 日
付宝彬	民兵工作先进个人	科尔沁右翼中旗人民武装部	2019 年 5 月 15 日
滕倩	全国农垦工会系统“中国梦·劳动美与新时代齐奋进，做最美农垦人”演讲比赛三等奖	中国农林水利气象工会	2019 年 8 月
安文鹏	兴安农垦首届广播电视户户通技能大赛第三名	兴安盟农牧场管理局	2019 年 8 月
张健	兴安农垦农牧业致富带头人	兴安盟农牧场管理局 兴安农垦集团总公司	2019 年 9 月
白红生	兴安农垦优秀农牧业科技工作者	兴安盟农牧场管理局 兴安农垦集团总公司	2019 年 9 月
陈福	庆祝新中国成立 70 周年兴安盟离退休干部书画展作品《沁园春·雪》获得优秀奖	中国共产党兴安盟委员会老干部局 兴安盟老干部活动中心 内蒙古成吉思汗书画院	2019 年 9 月 20 日
赵红梅	“美家美户”标兵户	兴安盟妇联联合会	2019 年 11 月
周桂珍	庭院建设巾帼标兵	兴安盟妇联联合会	2019 年 11 月
任艳红	庭院建设巾帼标兵	兴安盟妇联联合会	2019 年 11 月
窦广清	庭院建设巾帼标兵	兴安盟妇联联合会	2019 年 11 月
解玉芹	庭院建设巾帼标兵	兴安盟妇联联合会	2019 年 11 月
赵艳霞　藏建民家庭	最美家庭	兴安盟妇女联合会	2019 年 12 月
张宝君	全国农牧渔业丰收奖一等奖	中华人民共和国农业农村部	2019 年 12 月
刘维光	学习强国学习标兵	中国共产党兴安盟委员宣传部	2020 年 3 月
陈福	全盟离退休干部先进个人	中共兴安盟委员会 组织部　老干部局	2020 年 5 月
王宏贺	优秀共青团员	共青团兴安盟委员会	2020 年 5 月
隋德慧	五一劳动奖章	兴安盟工会	2020 年 5 月 19 日
滕倩	优秀共产党员	兴安盟委组织部	2020 年 6 月
陈福	全国第二十届“庐山杯”书画大赛金奖	中国书画家网 北京华夏兰亭书画院 九江市书画家协会 全国第二十届庐山书画大赛组委会	2020 年 11 月

2. 受吐列毛杜农场党委、吐列毛杜农场表彰的先进个人　具体名单如表 20-4 所示。

表 20-4　受吐列毛杜农场党委、吐列毛杜农场表彰的先进个人

获奖个人	所获荣誉称号	颁奖单位	表彰时间
付宝林	成绩显著	中共国有吐列毛杜农场委员会 国有吐列毛杜农场	2002 年 3 月

（续）

获奖个人	所获荣誉称号	颁奖单位	表彰时间
程文达	成绩显著	中共国有吐列毛杜农场委员会 国有吐列毛杜农场	2002 年 3 月
姚贵明	先进个人	中共国有吐列毛杜农场委员会 国有吐列毛杜农场	2004 年 3 月
郝淑红	先进个人	中共国有吐列毛杜农场委员会 国有吐列毛杜农场	2004 年 3 月
刘建军	先进个人	中共国有吐列毛杜农场委员会	2005 年 3 月 14 日
吴建平	先进个人	中共国有吐列毛杜农场委员会	2005 年 3 月 14 日
杨红平	先进个人	中共国有吐列毛杜农场委员会	2005 年 3 月 14 日
裴志彬	先进个人	中共国有吐列毛杜农场委员会	2005 年 3 月 14 日
徐晓占	先进个人	中共国有吐列毛杜农场委员会	2005 年 3 月 14 日
丁晓明	先进个人	中共国有吐列毛杜农场委员会	2005 年 3 月 14 日
朱明	先进个人	中共国有吐列毛杜农场委员会	2005 年 3 月 14 日
陈良华	先进个人	中共国有吐列毛杜农场委员会	2005 年 3 月 14 日
孙中华	先进个人	中共国有吐列毛杜农场委员会	2005 年 3 月 14 日
白银莲	先进个人	中共国有吐列毛杜农场委员会	2005 年 3 月 14 日
白勇光	先进个人	中共国有吐列毛杜农场委员会	2005 年 3 月 14 日
韩聚东	先进个人	中共国有吐列毛杜农场委员会	2005 年 3 月 14 日
隋德慧	先进个人	中共国有吐列毛杜农场委员会	2005 年 3 月 14 日
郭刻宏	“农牧结合户”先进个人	中共国有吐列毛杜农场委员会	2005 年 3 月 14 日
刘长存	“三荒”承包先进个人	中共国有吐列毛杜农场委员会	2005 年 3 月 14 日
黄爱军	先进个人	中共国有吐列毛杜农场委员会	2006 年 3 月 14 日
庞学忠	先进个人	中共国有吐列毛杜农场委员会	2006 年 3 月 14 日
白福全	先进个人	中共国有吐列毛杜农场委员会	2006 年 3 月 14 日
徐炳利	先进个人	中共国有吐列毛杜农场委员会	2006 年 3 月 14 日
裴志贵	先进个人	中共国有吐列毛杜农场委员会	2006 年 3 月 14 日
赵玉民	先进个人	中共国有吐列毛杜农场委员会	2006 年 3 月 14 日
丁晓明	先进个人	中共国有吐列毛杜农场委员会	2006 年 3 月 14 日
朱明	先进个人	中共国有吐列毛杜农场委员会	2006 年 3 月 14 日
陶特格	先进个人	中共国有吐列毛杜农场委员会	2006 年 3 月 14 日
孙兰峰	先进个人	中共国有吐列毛杜农场委员会	2006 年 3 月 14 日
李方文	先进个人	中共国有吐列毛杜农场委员会	2006 年 3 月 14 日
刘捍新	先进个人	中共国有吐列毛杜农场委员会	2006 年 3 月 14 日
赵冰冰	先进个人	中共国有吐列毛杜农场委员会	2006 年 3 月 14 日
李方武	先进个人	中共国有吐列毛杜农场委员会	2006 年 3 月 14 日
程文达	先进个人	中共国有吐列毛杜农场委员会	2006 年 3 月 14 日
常志民	先进个人	中共国有吐列毛杜农场委员会	2006 年 3 月 14 日
韩聚东	先进个人	中共国有吐列毛杜农场委员会	2006 年 3 月 14 日
齐那木拉	先进个人	中共国有吐列毛杜农场委员会	2006 年 3 月 14 日

（续）

获奖个人	所获荣誉称号	颁奖单位	表彰时间
丁晓明	优秀共产党员	中共国有吐列毛杜农场委员会 国有吐列毛杜农场	2006年6月30日
程文达	优秀共产党员	中共内蒙古兴安盟吐列 毛杜农场委员会	2006年6月30日
李仓德	先进个人	中共国有吐列毛杜农场委员会 国有吐列毛杜农场	2007年3月18日
常志民	先进个人	中共国有吐列毛杜农场委员会 国有吐列毛杜农场	2007年3月18日
程文达	先进个人	中共国有吐列毛杜农场委员会 国有吐列毛杜农场	2007年3月18日
韩聚东	先进个人	中共国有吐列毛杜农场委员会 国有吐列毛杜农场	2007年3月18日
周玉林	劳动模范	中共国有吐列毛杜农场委员会 国有吐列毛杜农场	2007年3月18日
刘建军	劳动模范	中共国有吐列毛杜农场委员会 国有吐列毛杜农场	2007年3月18日
邱凤琴	劳动模范	中共国有吐列毛杜农场委员会 国有吐列毛杜农场	2007年3月18日
许强	劳动模范	中共国有吐列毛杜农场委员会 国有吐列毛杜农场	2007年3月18日
佟宝文	劳动模范	中共国有吐列毛杜农场委员会 国有吐列毛杜农场	2007年3月18日
吴涛	劳动模范	中共国有吐列毛杜农场委员会 国有吐列毛杜农场	2007年3月18日
孙中华	劳动模范	中共国有吐列毛杜农场委员会 国有吐列毛杜农场	2007年3月18日
白银莲	劳动模范	中共国有吐列毛杜农场委员会 国有吐列毛杜农场	2007年3月18日
许春梅	劳动模范	中共国有吐列毛杜农场委员会 国有吐列毛杜农场	2007年3月18日
李振文	劳动模范	中共国有吐列毛杜农场委员会 国有吐列毛杜农场	2007年3月18日
付宝彬	劳动模范	中共国有吐列毛杜农场委员会 国有吐列毛杜农场	2007年3月18日
戴玉伟	模式化栽培先进个人	中共国有吐列毛杜农场委员会 国有吐列毛杜农场	2007年3月18日
陈照海	模式化栽培先进个人	中共国有吐列毛杜农场委员会 国有吐列毛杜农场	2007年3月18日
郭刻宏	农牧结合户先进个人	中共国有吐列毛杜农场委员会 国有吐列毛杜农场	2007年3月18日
徐健强	特色养殖典型户	中共国有吐列毛杜农场委员会 国有吐列毛杜农场	2007年3月18日
丁晓明	劳动模范	中共国有吐列毛杜农场委员会 国有吐列毛杜农场	2007年3月18日

（续）

获奖个人	所获荣誉称号	颁奖单位	表彰时间
藏建民	劳动模范	中共国有吐列毛杜农场委员会 国有吐列毛杜农场	2007年3月18日
李仓德	先进个人	中共国有吐列毛杜农场委员会 国有吐列毛杜农场	2008年4月5日
隋德慧	先进个人	中共国有吐列毛杜农场委员会 国有吐列毛杜农场	2008年4月5日
王翠清	先进个人	中共国有吐列毛杜农场委员会 国有吐列毛杜农场	2008年4月5日
田桂荣	先进个人	中共国有吐列毛杜农场委员会 国有吐列毛杜农场	2008年4月5日
李明玉	先进个人	中共国有吐列毛杜农场委员会 国有吐列毛杜农场	2008年4月5日
付宝权	先进个人	中共国有吐列毛杜农场委员会 国有吐列毛杜农场	2008年4月5日
范宝国	劳动模范	中共国有吐列毛杜农场委员会 国有吐列毛杜农场	2008年4月5日
白铁龙	劳动模范	中共国有吐列毛杜农场委员会 国有吐列毛杜农场	2008年4月5日
马利成	劳动模范	中共国有吐列毛杜农场委员会 国有吐列毛杜农场	2008年4月5日
邢志刚	劳动模范	中共国有吐列毛杜农场委员会 国有吐列毛杜农场	2008年4月5日
吴涛	劳动模范	中共国有吐列毛杜农场委员会 国有吐列毛杜农场	2008年4月5日
佟宝文	劳动模范	中共国有吐列毛杜农场委员会 国有吐列毛杜农场	2008年4月5日
藏建民	劳动模范	中共国有吐列毛杜农场委员会 国有吐列毛杜农场	2008年4月5日
安文清	劳动模范	中共国有吐列毛杜农场委员会 国有吐列毛杜农场	2008年4月5日
梁友双	劳动模范	中共国有吐列毛杜农场委员会 国有吐列毛杜农场	2008年4月5日
程春华	劳动模范	中共国有吐列毛杜农场委员会 国有吐列毛杜农场	2008年4月5日
刘永玲	劳动模范	中共国有吐列毛杜农场委员会 国有吐列毛杜农场	2008年4月5日
戚国梅	劳动模范	中共国有吐列毛杜农场委员会 国有吐列毛杜农场	2008年4月5日
刘建军	模式化栽培先进个人	中共国有吐列毛杜农场委员会 国有吐列毛杜农场	2008年4月5日
范宝春	模式化栽培先进个人	中共国有吐列毛杜农场委员会 国有吐列毛杜农场	2008年4月5日
藏建民	抗洪抢险先进个人	中共国有吐列毛杜农场委员会 国有吐列毛杜农场	2008年4月5日

（续）

获奖个人	所获荣誉称号	颁奖单位	表彰时间
袁海林	五个好职工	中共国有吐列毛杜农场委员会 国有吐列毛杜农场	2008 年 4 月 5 日
徐炳利	五个好职工	中共国有吐列毛杜农场委员会 国有吐列毛杜农场	2008 年 4 月 5 日
裴志彬	五个好职工	中共国有吐列毛杜农场委员会 国有吐列毛杜农场	2008 年 4 月 5 日
崔子军	五个好职工	中共国有吐列毛杜农场委员会 国有吐列毛杜农场	2008 年 4 月 5 日
王勇	五个好职工	中共国有吐列毛杜农场委员会 国有吐列毛杜农场	2008 年 4 月 5 日
白勇光	五个好职工	中共国有吐列毛杜农场委员会 国有吐列毛杜农场	2008 年 4 月 5 日
藏建民	优秀共产党员	中共国有吐列毛杜农场委员会 国有吐列毛杜农场	2008 年 7 月 1 日
藏建民	先进工作者	中共国有吐列毛杜农场委员会 国有吐列毛杜农场	2009 年 3 月
隋德慧	先进工作者	中共国有吐列毛杜农场委员会 国有吐列毛杜农场	2009 年 3 月
王翠清	先进工作者	中共国有吐列毛杜农场委员会 国有吐列毛杜农场	2009 年 3 月
程志英	先进工作者	中共国有吐列毛杜农场委员会 国有吐列毛杜农场	2009 年 3 月
齐那木拉	先进工作者	中共国有吐列毛杜农场委员会 国有吐列毛杜农场	2009 年 3 月
韩晓伟	先进工作者	中共国有吐列毛杜农场委员会 国有吐列毛杜农场	2009 年 3 月
蔡春波	先进工作者	中共国有吐列毛杜农场委员会 国有吐列毛杜农场	2009 年 3 月
赵玉成	先进工作者	中共国有吐列毛杜农场委员会 国有吐列毛杜农场	2009 年 3 月
程春华	先进工作者	中共国有吐列毛杜农场委员会 国有吐列毛杜农场	2009 年 3 月
韩延杰	先进工作者	中共国有吐列毛杜农场委员会 国有吐列毛杜农场	2009 年 3 月
韩聚东	先进工作者	中共国有吐列毛杜农场委员会 国有吐列毛杜农场	2009 年 3 月
李方武	劳动模范	中共国有吐列毛杜农场委员会 国有吐列毛杜农场	2009 年 3 月
温铁成	劳动模范	中共国有吐列毛杜农场委员会 国有吐列毛杜农场	2009 年 3 月
袁海林	劳动模范	中共国有吐列毛杜农场委员会 国有吐列毛杜农场	2009 年 3 月
穆纯杰	劳动模范	中共国有吐列毛杜农场委员会 国有吐列毛杜农场	2009 年 3 月

（续）

获奖个人	所获荣誉称号	颁奖单位	表彰时间
马利成	劳动模范	中共国有吐列毛杜农场委员会 国有吐列毛杜农场	2009 年 3 月
裴志彬	劳动模范	中共国有吐列毛杜农场委员会 国有吐列毛杜农场	2009 年 3 月
安文清	劳动模范	中共国有吐列毛杜农场委员会 国有吐列毛杜农场	2009 年 3 月
孙中华	劳动模范	中共国有吐列毛杜农场委员会 国有吐列毛杜农场	2009 年 3 月
白勇光	劳动模范	中共国有吐列毛杜农场委员会 国有吐列毛杜农场	2009 年 3 月
刘建军	科技推广先进个人	中共国有吐列毛杜农场委员会 国有吐列毛杜农场	2009 年 3 月
白丽华	致富女能手	中共国有吐列毛杜农场委员会 国有吐列毛杜农场	2009 年 3 月
包文成	抗洪抢险先进个人	中共国有吐列毛杜农场委员会 国有吐列毛杜农场	2009 年 3 月
藏建民	优秀党务工作者	中共国有吐列毛杜农场委员会 国有吐列毛杜农场	2009 年 7 月 1 日
程文达	优秀党务工作者	中共国有吐列毛杜农场委员会 国有吐列毛杜农场	2009 年 7 月 1 日
韩聚东	先进工作者	中共国有吐列毛杜农场委员会 国有吐列毛杜农场	2010 年 4 月
马向东	先进工作者	中共国有吐列毛杜农场委员会 国有吐列毛杜农场	2010 年 4 月
温铁成	先进工作者	中共国有吐列毛杜农场委员会 国有吐列毛杜农场	2010 年 4 月
邹海英	先进工作者	中共国有吐列毛杜农场委员会 国有吐列毛杜农场	2010 年 4 月
程春华	先进工作者	中共国有吐列毛杜农场委员会 国有吐列毛杜农场	2010 年 4 月
李振文	先进工作者	中共国有吐列毛杜农场委员会 国有吐列毛杜农场	2010 年 4 月
齐那木拉	先进工作者	中共国有吐列毛杜农场委员会 国有吐列毛杜农场	2010 年 4 月
隋玉纯	先进工作者	中共国有吐列毛杜农场委员会 国有吐列毛杜农场	2010 年 4 月
白立东	先进工作者	中共国有吐列毛杜农场委员会 国有吐列毛杜农场	2010 年 4 月
藏建民	先进工作者	中共国有吐列毛杜农场委员会 国有吐列毛杜农场	2010 年 4 月
张孝德	先进工作者	中共国有吐列毛杜农场委员会 国有吐列毛杜农场	2010 年 4 月
韩延杰	先进工作者	中共国有吐列毛杜农场委员会 国有吐列毛杜农场	2010 年 4 月

（续）

获奖个人	所获荣誉称号	颁奖单位	表彰时间
程文达	先进工作者	中共国有吐列毛杜农场委员会 国有吐列毛杜农场	2010年4月
姚富贵	劳动模范	中共国有吐列毛杜农场委员会 国有吐列毛杜农场	2010年4月
马利成	劳动模范	中共国有吐列毛杜农场委员会 国有吐列毛杜农场	2010年4月
郜金桩	劳动模范	中共国有吐列毛杜农场委员会 国有吐列毛杜农场	2010年4月
裴志彬	劳动模范	中共国有吐列毛杜农场委员会 国有吐列毛杜农场	2010年4月
张国辉	劳动模范	中共国有吐列毛杜农场委员会 国有吐列毛杜农场	2010年4月
包秀峰	劳动模范	中共国有吐列毛杜农场委员会 国有吐列毛杜农场	2010年4月
李明玉	劳动模范	中共国有吐列毛杜农场委员会 国有吐列毛杜农场	2010年4月
张宝君	科技推广先进个人	中共国有吐列毛杜农场委员会 国有吐列毛杜农场	2010年4月
胡淑芹	十杰母亲	中共国有吐列毛杜农场委员会 国有吐列毛杜农场	2010年4月
戴玉军	优秀共产党员	中共国有吐列毛杜农场委员会 国有吐列毛杜农场	2010年7月1日
丁晓明	优秀共产党员	中共国有吐列毛杜农场委员会 国有吐列毛杜农场	2010年7月1日
张孝德	优秀共产党员	中共国有吐列毛杜农场委员会 国有吐列毛杜农场	2010年7月1日
李延成	劳动模范	中共国有吐列毛杜农场委员会 国有吐列毛杜农场	2011年4月8日
胡宝泉	劳动模范	中共国有吐列毛杜农场委员会 国有吐列毛杜农场	2011年4月8日
刘春梅	劳动模范	中共国有吐列毛杜农场委员会 国有吐列毛杜农场	2011年4月8日
崔子军	劳动模范	中共国有吐列毛杜农场委员会 国有吐列毛杜农场	2011年4月8日
裴丽芝	劳动模范	中共国有吐列毛杜农场委员会 国有吐列毛杜农场	2011年4月8日
吴常海	劳动模范	中共国有吐列毛杜农场委员会 国有吐列毛杜农场	2011年4月8日
朱明	先进工作者	中共国有吐列毛杜农场委员会 国有吐列毛杜农场	2011年4月8日
白珉	先进工作者	中共国有吐列毛杜农场委员会 国有吐列毛杜农场	2011年4月8日
王翠清	先进工作者	中共国有吐列毛杜农场委员会 国有吐列毛杜农场	2011年4月8日

（续）

获奖个人	所获荣誉称号	颁奖单位	表彰时间
刘军	先进工作者	中共国有吐列毛杜农场委员会 国有吐列毛杜农场	2011 年 4 月 8 日
雒彩君	先进工作者	中共国有吐列毛杜农场委员会 国有吐列毛杜农场	2011 年 4 月 8 日
程文达	先进工作者	中共国有吐列毛杜农场委员会 国有吐列毛杜农场	2011 年 4 月 8 日
韩勇	先进工作者	中共国有吐列毛杜农场委员会 国有吐列毛杜农场	2011 年 4 月 8 日
白红生	先进工作者	中共国有吐列毛杜农场委员会 国有吐列毛杜农场	2011 年 4 月 8 日
郭芳	庆祝“五四”青年爱国歌曲 大家唱个人二等奖	中共国有吐列毛杜农场委员会 国有吐列毛杜农场	2011 年 4 月 27 日
藏建民	优秀共产党员	中共国有吐列毛杜农场委员会 国有吐列毛杜农场	2011 年 7 月 1 日
白玉军	优秀共产党员	中共国有吐列毛杜农场委员会 国有吐列毛杜农场	2011 年 7 月 1 日
戴玉军	优秀共产党员	中共国有吐列毛杜农场委员会 国有吐列毛杜农场	2011 年 7 月 1 日
付宝林	先进工作者	中共国有吐列毛杜农场委员会 国有吐列毛杜农场	2012 年 3 月 10 日
刘军	先进工作者	中共国有吐列毛杜农场委员会 国有吐列毛杜农场	2012 年 3 月 10 日
徐炳利	先进工作者	中共国有吐列毛杜农场委员会 国有吐列毛杜农场	2012 年 3 月 10 日
许强	先进工作者	中共国有吐列毛杜农场委员会 国有吐列毛杜农场	2012 年 3 月 10 日
王翠清	先进工作者	中共国有吐列毛杜农场委员会 国有吐列毛杜农场	2012 年 3 月 10 日
张宝君	先进工作者	中共国有吐列毛杜农场委员会 国有吐列毛杜农场	2012 年 3 月 10 日
戴玉军	先进工作者	中共国有吐列毛杜农场委员会 国有吐列毛杜农场	2012 年 3 月 10 日
安文鹏	劳动模范	中共国有吐列毛杜农场委员会 国有吐列毛杜农场	2012 年 3 月 10 日
张洪亮	劳动模范	中共国有吐列毛杜农场委员会 国有吐列毛杜农场	2012 年 3 月 10 日
马利成	劳动模范	中共国有吐列毛杜农场委员会 国有吐列毛杜农场	2012 年 3 月 10 日
李国军	劳动模范	中共国有吐列毛杜农场委员会 国有吐列毛杜农场	2012 年 3 月 10 日
张国栋	劳动模范	中共国有吐列毛杜农场委员会 国有吐列毛杜农场	2012 年 3 月 10 日
刘鹏飞	劳动模范	中共国有吐列毛杜农场委员会 国有吐列毛杜农场	2012 年 3 月 10 日

（续）

获奖个人	所获荣誉称号	颁奖单位	表彰时间
郜银庄	劳动模范	中共国有吐列毛杜农场委员会 国有吐列毛杜农场	2012 年 3 月 10 日
毕春贵	劳动模范	中共国有吐列毛杜农场委员会 国有吐列毛杜农场	2012 年 3 月 10 日
郭芳	劳动模范	中共国有吐列毛杜农场委员会 国有吐列毛杜农场	2012 年 3 月 10 日
陈宏	突出贡献管理者	中共国有吐列毛杜农场委员会 国有吐列毛杜农场	2012 年 3 月 10 日
王丽彤	五好文明家庭	中共国有吐列毛杜农场委员会 国有吐列毛杜农场	2012 年 3 月 10 日
马春香	五好文明家庭	中共国有吐列毛杜农场委员会 国有吐列毛杜农场	2012 年 3 月 10 日
李艳杰	五好文明家庭	中共国有吐列毛杜农场委员会 国有吐列毛杜农场	2012 年 3 月 10 日
赵艳霞	五好文明家庭	中共国有吐列毛杜农场委员会 国有吐列毛杜农场	2012 年 3 月 10 日
毕丽艳	五好文明家庭	中共国有吐列毛杜农场委员会 国有吐列毛杜农场	2012 年 3 月 10 日
王蒙	“我为农垦献青春” 演讲比赛第一名	中共国有吐列毛杜农场委员会 国有吐列毛杜农场	2012 年 4 月 26 日
郭亚娟	“我为农垦献青春” 演讲比赛第二名	中共国有吐列毛杜农场委员会 国有吐列毛杜农场	2012 年 4 月 26 日
许艳梅	“我为农垦献青春” 演讲比赛第二名	中共国有吐列毛杜农场委员会 国有吐列毛杜农场	2012 年 4 月 26 日
宋莉莉	“我为农垦献青春” 演讲比赛第三名	中共国有吐列毛杜农场委员会 国有吐列毛杜农场	2012 年 4 月 26 日
韩艳秋	“我为农垦献青春” 演讲比赛第三名	中共国有吐列毛杜农场委员会 国有吐列毛杜农场	2012 年 4 月 26 日
郭芳	“我为农垦献青春” 演讲比赛第三名	中共国有吐列毛杜农场委员会 国有吐列毛杜农场	2012 年 4 月 26 日
戴玉军	优秀共产党员	中共国有吐列毛杜农场委员会	2012 年 7 月 1 日
姚福贵	优秀共产党员	中共国有吐列毛杜农场委员会	2012 年 7 月 1 日
吴建萍	优秀共产党员	中共国有吐列毛杜农场委员会	2012 年 7 月 1 日
马振华	优秀共产党员	中共国有吐列毛杜农场委员会	2012 年 7 月 1 日
崔子君	优秀共产党员	中共国有吐列毛杜农场委员会	2012 年 7 月 1 日
隋洪生	优秀共产党员	中共国有吐列毛杜农场委员会	2012 年 7 月 1 日
程志英	优秀共产党员	中共国有吐列毛杜农场委员会	2012 年 7 月 1 日
隋玉靓	优秀共产党员	中共国有吐列毛杜农场委员会	2012 年 7 月 1 日
张华	优秀党务工作者	中共国有吐列毛杜农场委员会	2012 年 7 月 1 日
刘立新	优秀党务工作者	中共国有吐列毛杜农场委员会	2012 年 7 月 1 日
罗守莲	先进工作者	中共国有吐列毛杜农场委员会 国有吐列毛杜农场	2013 年 3 月 23 日

（续）

获奖个人	所获荣誉称号	颁奖单位	表彰时间
郭亚娟	先进工作者	中共国有吐列毛杜农场委员会 国有吐列毛杜农场	2013年3月23日
许凤莲	先进工作者	中共国有吐列毛杜农场委员会 国有吐列毛杜农场	2013年3月23日
马洪波	先进工作者	中共国有吐列毛杜农场委员会 国有吐列毛杜农场	2013年3月23日
张马连根	先进工作者	中共国有吐列毛杜农场委员会 国有吐列毛杜农场	2013年3月23日
孙庆贺	先进工作者	中共国有吐列毛杜农场委员会 国有吐列毛杜农场	2013年3月23日
白勇刚	先进工作者	中共国有吐列毛杜农场委员会 国有吐列毛杜农场	2013年3月23日
韩勇	先进工作者	中共国有吐列毛杜农场委员会 国有吐列毛杜农场	2013年3月23日
毕春峰	先进工作者	中共国有吐列毛杜农场委员会 国有吐列毛杜农场	2013年3月23日
戴玉军	先进工作者	中共国有吐列毛杜农场委员会 国有吐列毛杜农场	2013年3月23日
温海明	先进工作者	中共国有吐列毛杜农场委员会 国有吐列毛杜农场	2013年3月23日
雒彩君	先进工作者	中共国有吐列毛杜农场委员会 国有吐列毛杜农场	2013年3月23日
穆纯杰	劳动模范	中共国有吐列毛杜农场委员会 国有吐列毛杜农场	2013年3月23日
马利成	劳动模范	中共国有吐列毛杜农场委员会 国有吐列毛杜农场	2013年3月23日
赵忱	劳动模范	中共国有吐列毛杜农场委员会 国有吐列毛杜农场	2013年3月23日
安文鹏	劳动模范	中共国有吐列毛杜农场委员会 国有吐列毛杜农场	2013年3月23日
郭建军	劳动模范	中共国有吐列毛杜农场委员会 国有吐列毛杜农场	2013年3月23日
白玉军	专业技术能手	中共国有吐列毛杜农场委员会 国有吐列毛杜农场	2013年3月23日
戴玉军	优秀共产党员	中共国有吐列毛杜农场委员会	2013年7月
张宝君	优秀共产党员	中共国有吐列毛杜农场委员会	2013年7月
陈宏	优秀共产党员	中共国有吐列毛杜农场委员会	2013年7月
雒彩君	先进工作者	中共国有吐列毛杜农场委员会 国有吐列毛杜农场	2014年3月30日
徐炳银	先进工作者	中共国有吐列毛杜农场委员会 国有吐列毛杜农场	2014年3月30日
隋玉靓	先进工作者	中共国有吐列毛杜农场委员会 国有吐列毛杜农场	2014年3月30日

（续）

获奖个人	所获荣誉称号	颁奖单位	表彰时间
白永生	先进工作者	中共国有吐列毛杜农场委员会 国有吐列毛杜农场	2014年3月30日
谷兴华	先进工作者	中共国有吐列毛杜农场委员会 国有吐列毛杜农场	2014年3月30日
王树有	先进工作者	中共国有吐列毛杜农场委员会 国有吐列毛杜农场	2014年3月30日
吴起	劳动模范	中共国有吐列毛杜农场委员会 国有吐列毛杜农场	2014年3月30日
刘春梅	劳动模范	中共国有吐列毛杜农场委员会 国有吐列毛杜农场	2014年3月30日
杨百顺	劳动模范	中共国有吐列毛杜农场委员会 国有吐列毛杜农场	2014年3月30日
马建波	劳动模范	中共国有吐列毛杜农场委员会 国有吐列毛杜农场	2014年3月30日
张全格	劳动模范	中共国有吐列毛杜农场委员会 国有吐列毛杜农场	2014年3月30日
白玉军	劳动模范	中共国有吐列毛杜农场委员会 国有吐列毛杜农场	2014年3月30日
宝海清	劳动模范	中共国有吐列毛杜农场委员会 国有吐列毛杜农场	2014年3月30日
白瑞彬	劳动模范	中共国有吐列毛杜农场委员会 国有吐列毛杜农场	2014年3月30日
韩勇	劳动模范	中共国有吐列毛杜农场委员会 国有吐列毛杜农场	2014年3月30日
安文鹏	劳动模范	中共国有吐列毛杜农场委员会 国有吐列毛杜农场	2014年3月30日
白海山	先进生产者	中共国有吐列毛杜农场委员会 国有吐列毛杜农场	2015年4月18日
马清彬	先进生产者	中共国有吐列毛杜农场委员会 国有吐列毛杜农场	2015年4月18日
祝文龙	先进生产者	中共国有吐列毛杜农场委员会 国有吐列毛杜农场	2015年4月18日
韩志平	先进生产者	中共国有吐列毛杜农场委员会 国有吐列毛杜农场	2015年4月18日
韩勇	劳动模范	中共国有吐列毛杜农场委员会 国有吐列毛杜农场	2016年4月12日
宝海念	劳动模范	中共国有吐列毛杜农场委员会 国有吐列毛杜农场	2016年4月12日
白海山	劳动模范	中共国有吐列毛杜农场委员会 国有吐列毛杜农场	2016年4月12日
马清彬	劳动模范	中共国有吐列毛杜农场委员会 国有吐列毛杜农场	2016年4月12日
黄岩	劳动模范	中共国有吐列毛杜农场委员会 国有吐列毛杜农场	2016年4月12日

（续）

获奖个人	所获荣誉称号	颁奖单位	表彰时间
许艳梅	劳动模范	中共国有吐列毛杜农场委员会 国有吐列毛杜农场	2016 年 4 月 12 日
王国勇	劳动模范	中共国有吐列毛杜农场委员会 国有吐列毛杜农场	2016 年 4 月 12 日
张玉红	先进个人	中共国有吐列毛杜农场委员会 国有吐列毛杜农场	2016 年 4 月 12 日
庞忠慧	先进个人	中共国有吐列毛杜农场委员会 国有吐列毛杜农场	2016 年 4 月 12 日
赵曙国	先进个人	中共国有吐列毛杜农场委员会 国有吐列毛杜农场	2016 年 4 月 12 日
刘金山	先进个人	中共国有吐列毛杜农场委员会 国有吐列毛杜农场	2016 年 4 月 12 日
梁凤林	先进个人	中共国有吐列毛杜农场委员会 国有吐列毛杜农场	2016 年 4 月 12 日
张宝君	优秀共产党员	中共国有吐列毛杜农场委员会	2016 年 7 月
戴玉军	优秀共产党员	中共国有吐列毛杜农场委员会	2016 年 7 月
范宝国	劳动模范	中共国有吐列毛杜农场委员会 国有吐列毛杜农场	2017 年 3 月 25 日
朱浩	劳动模范	中共国有吐列毛杜农场委员会 国有吐列毛杜农场	2017 年 3 月 25 日
韩大军	劳动模范	中共国有吐列毛杜农场委员会 国有吐列毛杜农场	2017 年 3 月 25 日
丁晓彬	劳动模范	中共国有吐列毛杜农场委员会 国有吐列毛杜农场	2017 年 3 月 25 日
石玉成	劳动模范	中共国有吐列毛杜农场委员会 国有吐列毛杜农场	2017 年 3 月 25 日
白英楠	劳动模范	中共国有吐列毛杜农场委员会 国有吐列毛杜农场	2017 年 3 月 25 日
吴聪	劳动模范	中共国有吐列毛杜农场委员会 国有吐列毛杜农场	2017 年 3 月 25 日
郭建军	劳动模范	中共国有吐列毛杜农场委员会 国有吐列毛杜农场	2017 年 3 月 25 日
董敬春	劳动模范	中共国有吐列毛杜农场委员会 国有吐列毛杜农场	2017 年 3 月 25 日
韩勇	劳动模范	中共国有吐列毛杜农场委员会 国有吐列毛杜农场	2017 年 3 月 25 日
姜建林	劳动模范	中共国有吐列毛杜农场委员会 国有吐列毛杜农场	2017 年 3 月 25 日
白呼格吉乐吐	劳动模范	中共国有吐列毛杜农场委员会 国有吐列毛杜农场	2017 年 3 月 25 日
袁红	庆祝中国共产党成立 96 周年 演讲比赛中荣获第一名	中共国有吐列毛杜农场委员会 国有吐列毛杜农场	2017 年 6 月 30 日
郭芳	庆祝中国共产党成立 96 周年 演讲比赛中荣获第二名	中共国有吐列毛杜农场委员会 国有吐列毛杜农场	2017 年 6 月 30 日

（续）

获奖个人	所获荣誉称号	颁奖单位	表彰时间
韩艳秋	庆祝中国共产党成立97周年演讲比赛中荣获第三名	中共国有吐列毛杜农场委员会 国有吐列毛杜农场	2017年6月30日
白曙光	劳动模范	中共国有吐列毛杜农场委员会 国有吐列毛杜农场	2018年4月1日
范宝国	劳动模范	中共国有吐列毛杜农场委员会 国有吐列毛杜农场	2018年4月1日
何海山	劳动模范	中共国有吐列毛杜农场委员会 国有吐列毛杜农场	2018年4月1日
赵曙国	劳动模范	中共国有吐列毛杜农场委员会 国有吐列毛杜农场	2018年4月1日
胡占权	劳动模范	中共国有吐列毛杜农场委员会 国有吐列毛杜农场	2018年4月1日
石玉成	劳动模范	中共国有吐列毛杜农场委员会 国有吐列毛杜农场	2018年4月1日
韩勇	劳动模范	中共国有吐列毛杜农场委员会 国有吐列毛杜农场	2018年4月1日
代小荣	劳动模范	中共国有吐列毛杜农场委员会 国有吐列毛杜农场	2018年4月1日
张国栋	劳动模范	中共国有吐列毛杜农场委员会 国有吐列毛杜农场	2018年4月1日
尹鹏军	劳动模范	中共国有吐列毛杜农场委员会 国有吐列毛杜农场	2018年4月1日
何长寿	劳动模范	中共国有吐列毛杜农场委员会 国有吐列毛杜农场	2018年4月1日
白曙光	劳动模范	中共国有吐列毛杜农场委员会 国有吐列毛杜农场	2018年4月1日
温海春	劳动模范	中共国有吐列毛杜农场委员会 国有吐列毛杜农场	2018年4月1日
高雪刚	先进工作者	中共国有吐列毛杜农场委员会 国有吐列毛杜农场	2018年4月1日
白龙梅	先进工作者	中共国有吐列毛杜农场委员会 国有吐列毛杜农场	2018年4月1日
郭芳	先进工作者	中共国有吐列毛杜农场委员会 国有吐列毛杜农场	2018年4月1日
赵丽欣	先进工作者	中共国有吐列毛杜农场委员会 国有吐列毛杜农场	2018年4月1日
李艳玲	先进工作者	中共国有吐列毛杜农场委员会 国有吐列毛杜农场	2018年4月1日
霍巴根	优秀共产党员	中共国有吐列毛杜农场委员会	2018年7月1日
裴志海	优秀共产党员	中共国有吐列毛杜农场委员会	2018年7月1日
赵玉成	优秀共产党员	中共国有吐列毛杜农场委员会	2018年7月1日
白金喜	优秀共产党员	中共国有吐列毛杜农场委员会	2018年7月1日
许凤莲	优秀共产党员	中共国有吐列毛杜农场委员会	2018年7月1日

（续）

获奖个人	所获荣誉称号	颁奖单位	表彰时间
刘维光	优秀共产党员	中共国有吐列毛杜农场委员会	2018年7月1日
陈良华	优秀共产党员	中共国有吐列毛杜农场委员会	2018年7月1日
韩勇	优秀共产党员	中共国有吐列毛杜农场委员会	2018年7月1日
马洪波	优秀共产党员	中共国有吐列毛杜农场委员会	2018年7月1日
全会峰	优秀共产党员	中共国有吐列毛杜农场委员会	2018年7月1日
白红生	优秀共产党员	中共国有吐列毛杜农场委员会	2018年7月1日
安文鹏	先进工作者	中共国有吐列毛杜农场委员会 国有吐列毛杜农场	2019年3月
沈丽敏	先进工作者	中共国有吐列毛杜农场委员会 国有吐列毛杜农场	2019年3月
刘建军	先进工作者	中共国有吐列毛杜农场委员会 国有吐列毛杜农场	2019年3月
朱晶晶	先进工作者	中共国有吐列毛杜农场委员会 国有吐列毛杜农场	2019年3月
滕倩	先进工作者	中共国有吐列毛杜农场委员会 国有吐列毛杜农场	2019年3月
温艳霞	先进工作者	中共国有吐列毛杜农场委员会 国有吐列毛杜农场	2019年3月
赵志勇	先进工作者	中共国有吐列毛杜农场委员会 国有吐列毛杜农场	2019年3月
赵图雅	先进工作者	中共国有吐列毛杜农场委员会 国有吐列毛杜农场	2019年3月
白玉宝	劳动模范	中共国有吐列毛杜农场委员会 国有吐列毛杜农场	2019年3月
张景绵	劳动模范	中共国有吐列毛杜农场委员会 国有吐列毛杜农场	2019年3月
赵曙国	劳动模范	中共国有吐列毛杜农场委员会 国有吐列毛杜农场	2019年3月
王建	劳动模范	中共国有吐列毛杜农场委员会 国有吐列毛杜农场	2019年3月
梁凤林	劳动模范	中共国有吐列毛杜农场委员会 国有吐列毛杜农场	2019年3月
韩勇	劳动模范	中共国有吐列毛杜农场委员会 国有吐列毛杜农场	2019年3月
白英楠	劳动模范	中共国有吐列毛杜农场委员会 国有吐列毛杜农场	2019年3月
张国栋	劳动模范	中共国有吐列毛杜农场委员会 国有吐列毛杜农场	2019年3月
王默涵	劳动模范	中共国有吐列毛杜农场委员会 国有吐列毛杜农场	2019年3月
王中博	劳动模范	中共国有吐列毛杜农场委员会 国有吐列毛杜农场	2019年3月
宝海全	劳动模范	中共国有吐列毛杜农场委员会 国有吐列毛杜农场	2019年3月

（续）

获奖个人	所获荣誉称号	颁奖单位	表彰时间
温海春	劳动模范	中共国有吐列毛杜农场委员会 国有吐列毛杜农场	2019年3月
祝丽丽	劳动模范	中共国有吐列毛杜农场委员会 国有吐列毛杜农场	2019年3月
白巴图孟贺	“我的青春·我的梦” 演讲比赛第一名	中共国有吐列毛杜农场委员会 国有吐列毛杜农场	2019年4月
张硕	“我的青春·我的梦” 演讲比赛第二名	中共国有吐列毛杜农场委员会 国有吐列毛杜农场	2019年4月
高媛	“我的青春·我的梦” 演讲比赛第二名	中共国有吐列毛杜农场委员会 国有吐列毛杜农场	2019年4月
安文鹏	“我的青春·我的梦” 演讲比赛第三名	中共国有吐列毛杜农场委员会 国有吐列毛杜农场	2019年4月
杨雪松	“我的青春·我的梦” 演讲比赛第三名	中共国有吐列毛杜农场委员会 国有吐列毛杜农场	2019年4月
黄伟	“我的青春·我的梦” 演讲比赛第三名	中共国有吐列毛杜农场委员会 国有吐列毛杜农场	2019年4月
安文鹏	优秀共产党员	中共国有吐列毛杜 农场委员会	2019年7月
杨雪松	优秀共产党员	中共国有吐列毛杜 农场委员会	2019年7月
温艳霞	优秀共产党员	中共国有吐列毛杜 农场委员会	2019年7月
赵玉成	优秀共产党员	中共国有吐列毛杜 农场委员会	2019年7月
白广军	优秀共产党员	中共国有吐列毛杜 农场委员会	2019年7月
韩勇	优秀共产党员	中共国有吐列毛杜 农场委员会	2019年7月
赵图雅	优秀共产党员	中共国有吐列毛杜 农场委员会	2019年7月
裴志权	优秀共产党员	中共国有吐列毛杜 农场委员会	2019年7月
白红生	优秀共产党员	中共国有吐列毛杜 农场委员会	2019年7月
隋玉纯	优秀共产党员	中共国有吐列毛杜 农场委员会	2019年7月
陈良华	优秀共产党党员	中共国有吐列毛 杜农场委员会	2019年7月
第二管理区 白永红	职工技能大比武理论知识 测试中荣获第二名	中共国有吐列毛杜农场委员会 吐列毛杜农场工会委员会	2019年11月
第三管理区 温海春	职工技能大比武理论知识 测试中荣获第二名	中共国有吐列毛杜农场委员会 吐列毛杜农场工会委员会	2019年11月
第三管理区 白　明	职工技能大比武理论知识 测试中荣获第三名	中共国有吐列毛杜农场委员会 吐列毛杜农场工会委员会	2019年11月
第三管理区 韩延鹏	职工技能大比武理论知识 测试中荣获第三名	中共国有吐列毛杜农场委员会 吐列毛杜农场工会委员会	2019年11月
第三管理区 王洪阳	职工技能大比武理论知识 测试中荣获第三名	中共国有吐列毛杜农场委员会 吐列毛杜农场工会委员会	2019年11月
第三管理区 刘广远	职工技能大比武标准件 识别中荣获第一名	中共国有吐列毛杜农场委员会 吐列毛杜农场工会委员会	2019年11月

（续）

获奖个人	所获荣誉称号	颁奖单位	表彰时间
第三管理区 戚东杰	职工技能大比武标准件识别中荣获第二名	中共国有吐列毛杜农场委员会 吐列毛杜农场工会委员会	2019 年 11 月
第三管理区 温海春	职工技能大比武标准件识别中荣获第二名	中共国有吐列毛杜农场委员会 吐列毛杜农场工会委员会	2019 年 11 月
第三管理区 赵春龙	职工技能大比武标准件识别中荣获第二名	中共国有吐列毛杜农场委员会 吐列毛杜农场工会委员会	2019 年 11 月
第三管理区 姜建林	职工技能大比武标准件识别中荣获第三名	中共国有吐列毛杜农场委员会 吐列毛杜农场工会委员会	2019 年 11 月
第三管理区 周　红	职工技能大比武标准件识别中荣获第三名	中共国有吐列毛杜农场委员会 吐列毛杜农场工会委员会	2019 年 11 月
第一管理区 高立超	职工技能大比武标准件识别中荣获第三名	中共国有吐列毛杜农场委员会 吐列毛杜农场工会委员会	2019 年 11 月
第二管理区 吴　聪	职工技能大比武平地倒车中荣获第一名	中共国有吐列毛杜农场委员会 吐列毛杜农场工会委员会	2019 年 11 月
第三管理区 代文军	职工技能大比武平地倒车中荣获第二名	中共国有吐列毛杜农场委员会 吐列毛杜农场工会委员会	2019 年 11 月
第三管理区 赵春龙	职工技能大比武平地倒车中荣获第二名	中共国有吐列毛杜农场委员会 吐列毛杜农场工会委员会	2019 年 11 月
第二管理区 宝海念	职工技能大比武平地倒车中荣获第三名	中共国有吐列毛杜农场委员会 吐列毛杜农场工会委员会	2019 年 11 月
第二管理区 白永红	职工技能大比武平地倒车中荣获第三名	中共国有吐列毛杜农场委员会 吐列毛杜农场工会委员会	2019 年 11 月
第二管理区 祝福龙	职工技能大比武平地倒车中荣获第三名	中共国有吐列毛杜农场委员会 吐列毛杜农场工会委员会	2019 年 11 月
第三管理区 戚东杰	职工技能大比武倒车入库中荣获第一名	中共国有吐列毛杜农场委员会 吐列毛杜农场工会委员会	2019 年 11 月
第一管理区 赵　冬	职工技能大比武倒车入库中荣获第二名	中共国有吐列毛杜农场委员会 吐列毛杜农场工会委员会	2019 年 11 月
第三管理区 代文军	职工技能大比武倒车入库中荣获第二名	中共国有吐列毛杜农场委员会 吐列毛杜农场工会委员会	2019 年 11 月
第三管理区 敖广明	职工技能大比武倒车入库中荣获第三名	中共国有吐列毛杜农场委员会 吐列毛杜农场工会委员会	2019 年 11 月
第二管理区 白曙光	职工技能大比武倒车入库中荣获第三名	中共国有吐列毛杜农场委员会 吐列毛杜农场工会委员会	2019 年 11 月
第三管理区 庞学刚	职工技能大比武倒车入库中荣获第三名	中共国有吐列毛杜农场委员会 吐列毛杜农场工会委员会	2019 年 11 月
第二管理区 宝海念	职工技能大比武特殊鼓励奖	中共国有吐列毛杜农场委员会 吐列毛杜农场工会委员会	2019 年 11 月
高媛、王爽、王思宇	在“守初心、担使命、做新时代好青年”青年大学习知识竞赛活动中荣获　第一名	共青团国有吐列毛杜农场委员会	2019 年 12 月 13 日
李艳秋、赵春龙、王洪阳	在“守初心、担使命、做新时代好青年”青年大学习知识竞赛活动中荣获　第二名	共青团国有吐列毛杜农场委员会	2019 年 12 月 13 日

（续）

获奖个人	所获荣誉称号	颁奖单位	表彰时间
赵丽欣、赵艳霞、斯琴	在“守初心、担使命、做新时代好青年”青年大学习知识竞赛活动中荣获　第三名	共青团国有吐列毛杜农场委员会	2019 年 12 月 13 日
祝丽丽	劳动模范	中共国有吐列毛杜农场委员会 国有吐列毛杜农场	2020 年 3 月
魏勇彬	劳动模范	中共国有吐列毛杜农场委员会 国有吐列毛杜农场	2020 年 3 月
王山	劳动模范	中共国有吐列毛杜农场委员会 国有吐列毛杜农场	2020 年 3 月
王青	劳动模范	中共国有吐列毛杜农场委员会 国有吐列毛杜农场	2020 年 3 月
庞宗志	劳动模范	中共国有吐列毛杜农场委员会 国有吐列毛杜农场	2020 年 3 月
敖田仓	劳动模范	中共国有吐列毛杜农场委员会 国有吐列毛杜农场	2020 年 3 月
代文强	劳动模范	中共国有吐列毛杜农场委员会 国有吐列毛杜农场	2020 年 3 月
韩勇	劳动模范	中共国有吐列毛杜农场委员会 国有吐列毛杜农场	2020 年 3 月
张浩天	劳动模范	中共国有吐列毛杜农场委员会 国有吐列毛杜农场	2020 年 3 月
陈晓东	劳动模范	中共国有吐列毛杜农场委员会 国有吐列毛杜农场	2020 年 3 月
裴英俊	劳动模范	中共国有吐列毛杜农场委员会 国有吐列毛杜农场	2020 年 3 月
敖广明	劳动模范	中共国有吐列毛杜农场委员会 国有吐列毛杜农场	2020 年 3 月
庞利俊	先进工作者	中共国有吐列毛杜农场委员会 国有吐列毛杜农场	2020 年 3 月
崔冬霞	先进工作者	中共国有吐列毛杜农场委员会 国有吐列毛杜农场	2020 年 3 月
韩艳秋	先进工作者	中共国有吐列毛杜农场委员会 国有吐列毛杜农场	2020 年 3 月
刘纯成	先进工作者	中共国有吐列毛杜农场委员会 国有吐列毛杜农场	2020 年 3 月
白永生	先进工作者	中共国有吐列毛杜农场委员会 国有吐列毛杜农场	2020 年 3 月
藏建民	先进工作者	中共国有吐列毛杜农场委员会 国有吐列毛杜农场	2020 年 3 月
郭芳	先进工作者	中共国有吐列毛杜农场委员会 国有吐列毛杜农场	2020 年 3 月
胡宁	疫情防控工作先进个人	中共国有吐列毛杜农场委员会 国有吐列毛杜农场	2020 年 3 月

（续）

获奖个人	所获荣誉称号	颁奖单位	表彰时间
何禹	疫情防控工作先进个人	中共国有吐列毛杜农场委员会 国有吐列毛杜农场	2020年3月
郝天时	疫情防控工作先进个人	中共国有吐列毛杜农场委员会 国有吐列毛杜农场	2020年3月
王宏贺	疫情防控工作先进个人	中共国有吐列毛杜农场委员会 国有吐列毛杜农场	2020年3月
许强	疫情防控工作先进个人	中共国有吐列毛杜农场委员会 国有吐列毛杜农场	2020年3月
易兴国	优秀共产党员	中共兴安盟国有吐列毛杜农场委员会	2020年7月1日
白玉军	优秀共产党员	中共兴安盟国有吐列毛杜农场委员会	2020年7月1日
姚福贵	优秀共产党员	中共兴安盟国有吐列毛杜农场委员会	2020年7月1日
孙中元	优秀共产党员	中共兴安盟国有吐列毛杜农场委员会	2020年7月1日
石玉莲	优秀共产党员	中共兴安盟国有吐列毛杜农场委员会	2020年7月1日
马洪波	优秀共产党员	中共兴安盟国有吐列毛杜农场委员会	2020年7月1日
李艳华	优秀共产党员	中共兴安盟国有吐列毛杜农场委员会	2020年7月1日
杨雪松	优秀共产党员	中共兴安盟国有吐列毛杜农场委员会	2020年7月1日
宝海青	优秀共产党员	中共兴安盟国有吐列毛杜农场委员会	2020年7月1日
张玉祥	优秀共产党员	中共兴安盟国有吐列毛杜农场委员会	2020年7月1日
白红生	优秀共产党员	中共兴安盟国有吐列毛杜农场委员会	2020年7月1日
韩勇	优秀共产党员	中共兴安盟国有吐列毛杜农场委员会	2020年7月1日
易朋军	优秀共产党员	中共兴安盟国有吐列毛杜农场委员会	2020年7月1日
程志英	优秀共产党员	中共兴安盟国有吐列毛杜农场委员会	2020年7月1日
隋玉靓	优秀共产党员	中共兴安盟国有吐列毛杜农场委员会	2020年7月1日
白龙梅	优秀共产党员	中共兴安盟国有吐列毛杜农场委员会	2020年7月1日
陈福	优秀共产党员	中共兴安盟国有吐列毛杜农场委员会	2020年7月1日

附　　录

一、兴安盟行政公署文件

关于裁决科右中旗与科右前旗行政界线的决定（兴署发〔1996〕110号）

科右中旗、科右前旗人民政府：

根据国务院勘界条例及自治区有关勘界文件精神，为了尽快解决两旗多年边界争议，划定两旗行政界线，行署多次组织两旗有关人员赴实地调查、协调，但均因双方对界线认定不一，而未能达成共识。8月20日至21日，行署又召集两旗旗长、分管旗长、民政局局长、区划办主任参加的边界协调会，经过面对面及背对背的反复协商，仍各持己见，无法达成协议，最后双方一致同意由行署对双方行政界线进行裁决。10月3日，经盟长办公会研究决定，对两旗行政界线给予裁决，其行政界线走向为：

东起中、前、突三旗县汇点，946.1高程点，向西沿山脊经895.1、993.8、984.4、999.6至（东经120°39.8′、北纬45°49.9′），由此直线至（东经120°38.8′、北纬45°49′.6）。直线至（东经120°38.2′、北纬45°49.7′），直线至（东经120°37.1′、北纬45°49.7′），直线向西至874.8，折向西北直线至903.9，向西北直线至911.5，直线至（东经120°33.3′，北纬45°51′）小山顶，直线向西北至868.0，直线至（东经120°32′、北纬45°51.5′），直线向西北至922.0，直线向西至994.0，直线向西南至979.9，直线向西南至973.9，直线至（东经120°24.7′、北纬45°49.4′），折向西北直线至（东经120°23.8′、北纬45°50.3′），直线向西北至924.5，直线向北至901.0，直线向西北至940.7，直线向西北至844.4，直线向西南至872.2，直线至（东经120°16.2′、北纬45°52.6′），直线至（东经120°14.2′、北纬45°53.7′），直线向西北至948.5，直线向西北至1030.5由此沿山脊经974.0（努木沁达板）、1033.0、1039.5、1086.3、938.0（索金达板），由此沿山脊向北经1027.3、1230.4、1268.1、1283.3三角点、1091.1、1061.4、1035.5、975.4、1034.6、981.6，由此向西沿山脊经980.5、1038.5、999.4、1070.6、1006.8、896.5、860.5、868.5至869.0，由此直线向西北至代赖哈达，再由此沿大车道向北经747.0，再沿道向北至739.2叉道口，由此点向西至（东经120°03.5′、北纬46°05.6′）向西至（东经 120°02.8′、北纬 46°05.4′)，由此向西北直线至 858.5，直线向西北至 873.1，直线至（东经 119°59.5′、北纬 46°07.4′），直线至（东经 119°58.9′、北纬 46°07.9′），直线向西北至 905 高程点，直线至（东经 119°57.3′、北纬 46°09.6′），直线至（东经 119°56.6′、北纬 46°10.1′），向西北至 1006，直线向西北至 905.4 道路交叉点，由此，直线向北至 1019，直线至（东经 119°55.4′、北 46°11.8′）直线向西北至 1010.3，由此沿山脊向西经 1094.6 至 1114.1，再由此直线向西至乌格拉根乌拉，由此沿山脊经 1144 至 1142.4 三角点，再由此三角点直线向西至锡盟界止。（依据国家测绘总局 65 版、总参测绘局 1968 年版 1∶5 万地形图标绘）。

自本决定下发之日起：

1. 双方必须无条件按裁定行政界线从事生产活。

2. 两旗人民政府要尽快将此决定精神传达至有关苏木、农场，教育群众守界生产。

3. 双方要顾全大局，互谅互让，严禁以任何借口挑起新的事端，对无组织、无纪律者，视情节轻重严肃处理。

此决定

兴安盟行政公署

一九九六年十月十八日

二、《吐列毛杜农场志（2000—2020年）》编纂工作的相关文件

中共兴安盟国有吐列毛杜农场委员会办公室文件

兴吐场党办发〔2018〕7号

★

关于成立《兴安农垦志》吐列毛杜农场部分和《吐列毛杜农场志（2000—2020年）》编纂工作组织机构的通知

各单位、各科室：

按照兴农管党办发〔2018〕10号文件《组织编纂〈兴安农垦志〉的决定》的通知要求，场决定成立《兴安农垦志》吐列毛杜农场部分和《吐列毛杜农场志（2000—2020年）》编纂工作组织机构，望各单位、各科室接此通知后，按照要求积极主动地配合编纂人员工作，为其调查了解情况提供详实的历史资料。

此通知

附件：《兴安农垦志》吐列毛杜农场部分和《吐列毛杜农场志（2000—2020年）》编纂工作组织机构及职责

中共内蒙古兴安盟吐列毛杜农场委员会办公室
2018年4月15日

中共内蒙古兴安盟吐列毛杜农场委员会办公室　2018年4月15日印发

附件：

《兴安农垦志》吐列毛杜农场部分和《吐列毛杜农场志（2000—2020年）》编纂工作组织机构及职责

一、组织机构

（一）《兴安农垦志》吐列毛杜农场部分和《吐列毛杜农场志（2000—2020年）》编纂工作委员会

主　任：武宝权（吐列毛杜农场党委书记、场长）

副主任：隋德慧（吐列毛杜农场党委副书记）

委　员：许　刚（吐列毛杜农场党委委员、副场长）

韩聚东（吐列毛杜农场党委委员、副场长）

李连生（吐列毛杜农场党委委员、纪检书记）

丁晓明（吐列毛杜农场党委委员、副场长）

姜文涛（吐列毛杜农场党委委员、工会主席）

王翠清（吐列毛杜农场总财会师）

张宝君（吐列毛杜农场总农艺师）

（二）《兴安农垦志》吐列毛杜农场部分和《吐列毛杜农场志（2000—2020年）》编纂工作委员会办公室

主　　任：隋德慧（吐列毛杜农场党委副书记）

副 主 任：韩聚东（吐列毛杜农场党委委员、副场长）

陈　福（吐列毛杜农场场志办主编）

工作人员：滕　倩（吐列毛杜农场组宣科长）

胡占双（吐列毛杜农场行政办公室主任）

陈　宏（吐列毛杜农场生产科长）

马向东（吐列毛杜农场绿办主任）

许　强（吐列毛杜农场劳资科长）

王树有（吐列毛杜农场纪检监察室主任）

温艳霞（吐列毛杜农场群工部主任）

高春艳（吐列毛杜农场综治办主任）

（三）《兴安农垦志》吐列毛杜农场部分和《吐列毛杜农场志（2000—2020年）》编纂工作编辑人员

主　　编：陈　福

编辑人员：韩聚东　滕　倩　王树有　马向东

高春艳　韩艳秋　高艳玲　孔　颖

工作人员：白青山　高艳玲　孔　颖

二、职　责

（一）积极主动配合《兴安农垦志》编纂人员的工作，收集、整理及撰写本单位和部门的相关史料，并及时为局编纂人员提供详实的历史资料。

（二）修编、补撰《吐列毛杜农场志》（2000—2020年）部分。

中共兴安盟国有吐列毛杜农场委员会办公室文件

兴吐场党办发〔2019〕18号

关于调整《吐列毛杜农场志（2000—2020年）》编纂工作组织机构的通知

各单位、各科室：

根据编纂工作需要，现将《吐列毛杜农场志（2000—2020年）》编纂工作组织机构进行调整，望各单位、各科室接此通知后，按照要求积极主动地配合编纂人员工作，为调查了解情况提供详实的历史资料。

此通知

附件：《吐列毛杜农场志（2000—2020年）》编纂工作组织机构及职责

（此页无正文）

中共内蒙古兴安盟吐列毛杜农场委员会办公室

2019 年 9 月 2 日

中共内蒙古兴安盟吐列毛杜农场委员会办公室　　2019 年 9 月 2 日印发

附件：

《吐列毛杜农场志（2000—2020年）》编纂工作组织机构及职责

一、组织机构

（一）《吐列毛杜农场志（2000—2020年）》编纂工作委员会

主　任：隋德慧（吐列毛杜农场党委书记、场长）

副主任：许　刚（吐列毛杜农场党委副书记）

委　员：韩聚东（吐列毛杜农场党委委员、副场长）

李连生（吐列毛杜农场党委委员、副场长）

丁晓明（吐列毛杜农场党委委员、副场长）

姜文涛（吐列毛杜农场党委委员、副场长）

滕　倩（吐列毛杜农场党委委员、纪检书记、工会主席）

王翠清（吐列毛杜农场总财会师）

张宝君（吐列毛杜农场总农艺师）

（二）《吐列毛杜农场志（2000—2020年）》编纂工作委员会办公室

主　　任：许　刚（吐列毛杜农场党委副书记）

副 主 任：滕　倩（吐列毛杜农场党委委员、纪检书记、工会主席）

陈　福（吐列毛杜农场场志办主编）

工作人员：胡占双（吐列毛杜农场行政办公室主任）
　　　　　陈　宏（吐列毛杜农场生产科长）
　　　　　马向东（吐列毛杜农场绿办主任）
　　　　　许　强（吐列毛杜农场劳资科长）
　　　　　王树有（吐列毛杜农场民政办主任）
　　　　　温艳霞（吐列毛杜农场群工部主任）
　　　　　高春艳（吐列毛杜农场综治办主任）
　　　　　黄　伟（吐列毛杜农场场志编纂人员）
　　　　　任　娇（吐列毛杜农场场志编纂人员）
　　　　　陈良忠（吐列毛杜农场场志编纂人员）

（三）《吐列毛杜农场志（2000—2020年）》编纂工作编辑人员

主　　编：陈　福
编辑人员：韩聚东　滕　倩　王树有　马向东
　　　　　高春艳　韩艳秋　高艳玲　孔　颖
　　　　　黄　伟　任　娇　陈良忠　白巴图孟贺
工作人员：白青山　高艳玲　孔　颖

二、职　责

修编、补撰《吐列毛杜农场志》（2000—2020年）部分。

兴安盟地方志办公室文件

兴地志办〔2021〕5号

关于对《吐列毛杜农场志（2000—2020年）》内容审核意见

自治区党委宣传部出版印刷发行处：

按照志书编纂出版的相关要求，为进一步规范志书的编纂出版，盟地方志办公室对《吐列毛杜农场志（2000—2020年）》稿内容进行了审核把关，尤其对志稿当中所载涉及政治、民族、保密、史实等重点内容进行了认真严格的审阅。通过审核认为《吐列毛杜农场志（2000—2020年）》稿内容丰富，记述清晰，在政治、保密、民族、意识形态等方面不存在问题，符合编印要求，望贵处给予审核，批准出版发行。

兴安盟地方志办公室

2021年5月14日

后记

《内蒙古吐列毛杜农场志》的编纂工作于2018年4月开始，历时两年半时间，数易其稿，经盟志办评审通过，现将出版发行。

《内蒙古吐列毛杜农场志》记载了2000年以来的生产、建设、改革、发展历史轨迹，真实客观地反映了农场政治、经济、文化、生活发展历程，充分反映了吐列毛杜农场人艰苦奋斗、勇于开拓、锐意进取、无私奉献的农垦精神，不仅是一部让我们了解、认知历史的好志书，更是一部激励、教育下一代农垦人励精图治，建设好农场的好教材。

《内蒙古吐列毛杜农场志》的编纂工作，共经历了发动群众、组织队伍，拟定篇章、征集资料，分篇总纂、评审修改，印刷出版四个阶段。

近两年半的时间，在场党委的直接领导下和场各部门各单位及场外单位的大力支持下，为保证志书的真实性，编纂人员赴通辽档案馆、呼伦贝尔市档案馆、呼伦贝尔市农牧场管理局档案馆、科右中旗气象局查阅了农场档案室的全部1000卷档案资料，获取了翔实的资料，还通过走访、座谈、电话、微信等联系方式获取2000—2006年存在民间的第一手资料。

2018年4月，党委副书记、副场长隋德慧找到退休干部陈福，商议续篇《内蒙古吐列毛杜农场志》，并为《兴安农垦志》提供

1960—2018 年农场的相关资料。

为保证场志编纂工作的顺利进行，场在机关办公楼特意安排一间办公室作为场志办公室，配备电脑、桌、椅等办公用品，并先后安排孔颖、袁红、高艳玲、马向东、高春艳、温艳霞、王树友、许强为场志办进行服务。

同年 4 月，成立《内蒙古吐列毛杜农场志》编纂委员会，由党委书记、场长武宝权任主任；党委副书记隋德慧任副主任；党委委员、副场长许刚，党委委员、副场长韩聚东，党委委员、纪检书记李连生，党委委员、副场长丁晓明，党委委员、工会主席姜文涛，总财会师王翠清，总农艺师张宝君任委员。

编纂委员会下设办公室，主任隋德慧，副主任韩聚东、陈福，工作人员有滕倩、胡占双、陈宏、马向东、许强、王树有、温艳霞、高春艳。由陈福任主篇，编纂人员有韩聚东、滕倩、王树有、马向东、高春艳、韩艳秋、高艳玲、孔颖，勤务人员有白青山、高艳玲、孔颖。

编纂委员会办公室的职责：一是积极主动配合《兴安农垦志》编纂人员的工作，收集、整理及撰写本单位和部门的相关史料，并及时为局编纂人员提供翔实的历史资料。二是修篇、补撰《吐列毛杜农场志（2000—2020 年）》部分内容。

2019 年 4 月 10 日《吐列毛杜农场志（2000—2020 年）》的编写工作正式开始，场党委抽调白德才、任娇为编纂人员，2019 年 9 月因工作需要编纂人员白德才调出，增加黄伟为编纂人员。

2019 年 9 月 2 日《吐列毛杜农场志（2000—2020 年）》调整了组织机构，《吐列毛杜农场志（2000—2020 年）》编纂委员会，由党委书记、场长隋德慧任主任；党委副书记许刚任副主任；党委委员、副场长韩聚东，党委委员、副场长李连生，党委委员、副场长丁晓明，党委委员、工会主席姜文涛，党委委员、纪检书记、工会主席滕倩任委员，总财会师王翠清，总农艺师张宝君。

编纂委员会下设办公室，主任为许刚，副主任为滕倩、陈福，工作人员有滕倩、胡占双、陈宏、马向东、许强、王树有、温艳霞、高春艳、黄伟、任娇、陈良忠。由陈福任主篇，编纂人员有韩聚东、滕倩、王树有、马向东、高春艳、韩艳秋、高艳玲、孔颖、黄伟、任娇、陈良忠、白巴图孟贺，勤务人员白青山、高艳玲、孔颖。

一部志书的系统性、完整性与延续性能否保证，关键在于纲、目的确定，纲举才能目张。主篇陈福在《场志》编纂工作的前期，多次找到《兴安农垦志》主篇张月胜和《兴安农垦志》办公室副主任胡龙，就吐列毛杜农场场志的章、节、目进行商讨。

编纂提纲确立后，主篇陈福就《吐列毛杜农场志（2000—2020年）》的纂写任务进行了分工：

凡例	陈福编辑
概述	陈福编辑
大事记	陈福、任娇编辑
第一编　建置　沿革	黄伟编辑
第二编　自然环境	黄伟编辑
第三编　人口　民族　职工生活	黄伟编辑
第四编　农场机构与人员	黄伟编辑
第五编　基本建设　生态环境保护	黄伟、任娇编辑
第六编　农业	黄伟编辑
第七编　畜牧业	黄伟编辑
第八编　林业	黄伟编辑
第九编　商业	黄伟编辑
第十编　电力　交通　通信　邮政　网络	黄伟编辑
第十一编　经营管理	黄伟编辑
第十二编　人事劳动　社会保障	任娇编辑
第十三编　党的建设	任娇编辑
第十四编　群团组织	任娇编辑
第十五编　社会治安综合治理	任娇编辑
第十六编　民政　精神文明建设	任娇编辑
第十七编　教育　卫生	任娇编辑
第十八编　文化　体育　档案管理	任娇编辑
第十九编　艺文	任娇整理

第二十编　人物　荣誉　　　　　　　　　　　　　　任娇编辑

附录　　　　　　　　　　　　　　　　　　　　　　陈福编辑

场志编纂工作是一项浩瀚的系统工程，对于篇入志书的内容必须如实反映历史事实。为确保场志的历史性和真实性，3名编纂人员做了大量认真细致的调查工作。在1000多册的档案中找出有价值的资料进行摘录、梳理、分类、编纂成稿。在此期间，3名编纂人员日夜奋战，放弃休息时间，加班加点进行编写工作，同时两位年轻编者是临时抽调过来，自已的本职工作还要坚持完成。

编写任务确定以后由于每名编纂人员之间了解农场发展历史的阅历与业务水平不同，这就需要他们之间互相取长补短、相互借鉴、共同提高。在资料搜集工作完成后的纂写过程中，3名编纂人员克服了诸多困难，夜以继日、奋笔疾书。陈福主篇力求每件事史实准确，任娇、黄伟2人是初次从事志书编纂工作，遇到很多困难，但是她们工作认真谦虚、不耻下问。在编写的过程中，兴安盟地方志办公室的岳晓勇主任、窦向华副主任及《兴安农垦志》办公室主任胡龙、主编张月胜一行亲临吐列毛杜农场指导《内蒙古吐列毛杜农场志》的编写，并提出要求。3名编纂人员按照兴安盟地方志办公室领导和专家的要求，力求志书的写作格式、纪年用法、文字书写、章节层次、志书忌讳词语等均按规定要求执行，达到规范统一、严谨合理。各篇内容纂写完成后，编辑们先互相传阅，提出自己的看法与意见，再由主篇陈福逐篇、逐章、逐节一字不漏地审阅修改，其修改遍数不止两次、三次，初稿完成后再由其他编委校对、勘误，反复修改、校对后才最终定稿。

2021年1月，《内蒙古吐列毛杜农场志》初稿完成，送交出版社、兴安盟地方志审阅。兴安盟档案史志馆副主任窦向华在繁忙的工作中抽出时间对《内蒙古吐列毛杜农场志》的初稿给予了详细的审阅，并提出改进部分的详细内容和增减章节调节方式的修改意见。2021年5月10日，兴安盟档案史志管副主任窦向华带领地方志编审科长包美娜、编辑顾婉彤，到吐列毛杜农场召开《内蒙古吐列毛杜农场志》评审会议。编纂委员会办公室主任许刚，副主任滕倩、陈福以及工作人员在吐列毛杜农场参加了评审会。会上，评审组对《内蒙古吐列毛杜农场志》志稿提出了具体意见建议，同时希望志书全体编纂人员再接再厉，发扬艰苦拼搏、连续作战、精益求精精神，制订修改方案，做好分工梳理问题，举一反三，及时调整、补充、修改、完善相关内容。在修改期间，盟档案史志馆始终给予了指导和帮助，解决了修改过程中遇到的问题，使志书的修改顺利完成，达到出版印刷的标准。

《内蒙古吐列毛杜农场志》的编纂完成，与相关单位与部门、各界人士的协助与支持是分不开的。在场志编纂其间，兴安盟地方志办公室、科右中旗气象局、呼伦贝尔市档案馆、海拉尔农牧场管理局档案室、通辽档案馆、兴安盟农牧场局组织部、宣传部等单位都对《内蒙古吐列毛杜农场志》的编纂工作给予了大力支持，使志书内容出处更加翔实，内容更加严谨。为使志书质量得到进一步保证，吐列毛杜农场的部分领导和老同志及有关科室负责人也对志书中个别内容的不当之处提出了宝贵的意见，使志书的内容更加完美。

对上述各单位及各位朋友的支持和帮助，谨表诚挚的谢意！

尽管3名编纂人员克服了很多困难，但因资料欠丰、经验不足，疏漏和错讹之处在所难免，恳请领导和读者不吝赐教，予以匡正。

兴安盟农牧场管理局吐列毛杜农场党委副书记
兴安农垦集团有限责任公司吐列毛杜分公司党委副书记 许刚

2021年5月